Erwerbslosigkeit

Psychologie sozialer Ungleichheit, Band 12

Herausgegeben von Thomas Kieselbach
Universität Bremen

Jeannette Zempel
Johann Bacher
Klaus Moser (Hrsg.)

Erwerbslosigkeit

Ursachen, Auswirkungen und Interventionen

Leske + Budrich, Opladen 2001

Herausgeber

Dipl.-Psych. Jeanette Zempel, geb. 1967, Studium der Psychologie und Informatik, Dipl.-Psych. 1995 an der Universität Gießen, 1996-1998 wissenschaftliche Mitarbeiterin am Lehrstuhl für Arbeits- und Organisationspsychologie, seit 1998 wissenschaftliche Assistentin am Lehrstuhl für Wirtschafts- und Sozialpsychologie der Universität Erlangen-Nürnberg.

Prof. Dr. Johann Bacher, geb. 1959, Mag. rer. soc. oec. 1983 in Linz (Österreich), Dr. rer. soc. oec. 1986 ebenfalls in Linz, 1994 Habilitation im Fach Soziologie an der Universität Linz, seit 1998 Inhaber des Lehrstuhls für Soziologie an der WiSo-Fakultät in Nürnberg.

Prof. Dr. Klaus Moser, geb. 1962, 1981-1986 Studium von Psychologie und Wissenschaftslehre an der Universität Mannheim, von 1986-1995 wissenschaftlicher Angestellter an der Universität Hohenheim, Stuttgart, dort 1989 Promotion und 1994 Habilitation, von 1995-1998 Professor für Arbeits-, Betriebs- und Organisationspsychologie an der Universität Gießen, seit 1998 Professor für Psychologie, insbesondere Wirtschafts- und Sozialpsychologie an der Universität Erlangen-Nürnberg.

Die Deutsche Bibliothek – CIP-Einheitsaufnahme

Ein Titeldatensatz für diese Publikation ist bei
Der Deutschen Bibliothek erhältlich

ISBN: 3-8100-3158-5

Gedruckt auf säurefreiem und alterungsbeständigem Papier.

Satz: Leske + Budrich
Druck: DruckPartner Rübelmann, Hemsbach
Printed in Germany

Ziel und Inhalt der Reihe "Psychologie sozialer Ungleichheit"

Die Entwicklung der Arbeitsmärkte in den hochindustrialisierten Ländern hat für viele Menschen in den vergangenen Jahrzehnten die Erfahrung von Arbeitsplatzverlust und Arbeitslosigkeit mit sich gebracht. Auch wenn die Bewältigung beruflicher Brüche nicht zwangsläufig zu persönlichen Krisen mit psychosozialen Schädigungen führen muß, ist dennoch zu betonen, daß besonders bei verletzlichen Gruppen eine solche Erfahrung den Weg in Langzeitarbeitslosigkeit und damit oft verknüpft soziale Ausschließung begünstigt.

In der Reihe werden Themen behandelt, die sich mit den individuellen, organisationsbezogenen und sozialpsychologischen Folgen beruflicher Umbrüche sowie daraus folgenden Risiken sozialer Ausgrenzung befassen. Der Schwerpunkt liegt im Bereich der psychologischen Arbeitslosenforschung, welche die individuellen und gesellschaftlichen Kosten einer inzwischen weitgehend naturalisierend akzeptierten Massenarbeitslosigkeit aufzeigen will. Darüber hinaus wird der Blick auch auf jene indirekten Folgen der Arbeitsmarktkrise gelenkt, welche sich in Arbeitsplatzunsicherheit oder prekären Arbeitsverhältnissen zeigen und sich als eine verstärkte Einbeziehung von Merkmalen der Arbeitslosigkeit in Beschäftigungsverhältnisse charakterisieren lassen. Gleichfalls werden auch Fragestellungen behandelt, die sich auf die psychische Verarbeitung von Armut und Wohnungslosigkeit richten.

Ein wichtiger Orientierungspunkt liegt in dem von der Weltgesundheitsorganisation (WHO) in den 80er Jahren konzipierten Programm "Soziale Gerechtigkeit und Gesundheit". Dort wurden Zusammenhänge zwischen Arbeitslosigkeit und gesundheitlichen Folgewirkungen aufgezeigt, Möglichkeiten der Begrenzung des schädigenden Einflusses durch Interventionsansätze diskutiert sowie Streu-Effekte von Massenarbeitslosigkeit auf Beschäftigte angesprochen.

Die Reihe versucht in einer unübersichtlicher gewordenen Berufswelt Perspektiven aufzuzeigen, welche die individuelle Bewältigung von erzwungenen Berufswechseln erleichtern und damit krisenhafte Verläufe begrenzen helfen. Dies erfolgt durch die Betonung sowohl der gesellschaftlichen wie auch der persönlichen Verantwortung für berufliche Neuorientierungen bei industriellen Umstrukturierungen.

Die Reihe "Psychologie sozialer Ungleichheit" wendet sich an Psychologen, Soziologen, Pädagogen, Ökonomen und Praktiker im sozialen Bereich, die in ihrer täglichen Arbeit häufig mit den psychischen Folgen von beruflichen Umbrüchen und sozialer Ungleichheit konfrontiert sind. Einbezogen werden eigenständige empirische Arbeiten sowie Literaturüberblicke und Tagungsberichte. Neben theoretischen Erörterungen werden auch Praxisevaluationen veröffentlicht, welche die Möglichkeiten und Grenzen von Interventionsansätzen im Bereich von Arbeitslosigkeit und Arbeitsbedingungen untersuchen.

Prof. Dr. Thomas Kieselbach

Institut für Psychologie der Arbeit, Arbeitslosigkeit und Gesundheit (IPG), Zentrum für Public Health, Universität Bremen

Inhaltsverzeichnis

Abbildungsverzeichnis

Tabellenverzeichnis

1 Erwerbslosigkeit. Einleitung und Überblick

Jeannette Zempel, Johann Bacher & Klaus Moser

Arbeitslosigkeit und "unemployment" sind zwar Begriffe, die erst seit Ende des 19. Jahrhunderts gebräuchlich sind, das Problem selbst ist aber (natürlich) schon viel älter. So könnte bereits der Pyramidenbau auch eine Arbeitsbeschaffungsmaßnahme gewesen sein (Garraty, 1978). Die Bezeichnung "arbeitslos" hat sich eingebürgert, obwohl sie mißverständlich ist. Als "Arbeitslose" werden nämlich auch Personen bezeichnet, die sehr wohl arbeiten (z.B. im Haushalt), aber bei einem Arbeitsamt als arbeitssuchend registriert sind. Einige haben daher gefordert, von "Erwerbslosigkeit" zu sprechen, um damit im übrigen insbesondere Hausarbeit, die nach wie vor vor allem Hausfrauenarbeit ist, nicht weiter zu diskriminieren. Die Autorinnen und Autoren des vorliegenden Bands haben sich unterschiedlich entschieden, wenn es um die Verwendung der beiden Begriffe geht. Ob es (politisch) korrekter ist, von "Erwerbslosigkeit" zu sprechen, mag allerdings bezweifelt werden. Wie ist etwa eine Person zu bezeichnen, die keiner geregelten (abhängigen) Beschäftigung nachgeht und von den Zinsen eines beträchtlichen Besitzes lebt? Sie hat einen Erwerb, könnte aber arbeitslos sein in dem Sinne, daß sie sich dem Arbeitsmarkt zur Verfügung gestellt hält. Oder wie ist ein Selbständiger einzuschätzen, dessen neugegründete Firma gerade einen wichtigen Kunden verloren hat und daher das laufende Geschäftsjahr mit Verlust abschließen wird? Wir müßten ihn wohl als erwerbslos, nicht aber als arbeitslos bezeichnen.

Paul und Moser (in diesem Band) formulieren als Voraussetzung dafür, jemanden als "arbeitslos" zu bezeichnen, daß er oder sie nicht nur erwerbs(arbeits)los ist, sondern daß auch Bereitschaft und Fähigkeit existieren, für eine bezahlte Arbeitstätigkeit zur Verfügung zu stehen. Dieses Kriterium ermöglicht es, Hausfrauen und -männer, Kinder, Studierende und Rentner ebenso nicht als Arbeitslose zu betrachten wie Personen, die aufgrund körperlicher oder geistiger Erschwernisse dem Arbeitsmarkt nicht zur Verfügung stehen. Aber auch dieser Zugang löst nicht alle Probleme, so können beispielsweise Hausfrauen bereit sein, eine bezahlte Arbeitstätigkeit aufzunehmen, die ihren Fähigkeiten entspricht. Zudem stellt sich die Frage, wer mangelnde Bereitschaft oder fehlende Fähigkeiten feststellt. Überlegungen wie die vorstehenden mögen "akademisch" wirken, sie haben aber rasch praktische Relevanz, was man sich anhand der folgenden Beispiele vergegenwärtigen kann: (1) Arbeitslosigkeitsquoten werden oft als Maßzahl für mehr oder weniger erfolgreiche arbeitsmarktpolitische Maßnahmen herangezogen, zu diskutieren ist aber, ob etwa ältere Erwerbslose, Personen in Umschulungsmaßnahmen oder gar solche, die sich nicht mehr als arbeitslos registrieren lassen, weil sie sich als auf dem Arbeitsmarkt chancenlos wahrnehmen, zurecht nicht mehr in entsprechenden Arbeitslosigkeitsstatistiken berücksichtigt werden. (2) Arbeitslos zu sein hat eine Reihe von inzwischen als gesichert betrachtbaren Auswirkungen auf die seelische Gesundheit (*Paul & Moser*, in diesem Band), aber hängen diese Ergebnisse nicht doch von der Art ab, wie diese "Gruppe" definiert wird?

Arbeitslosigkeit wird seit mehreren Jahren in Meinungsumfragen als wichtigstes gesellschaftliches Problem der Bundesrepublik Deutschland genannt. Es handelt sich dabei um eine komplexe Problemstellung, die nicht nur auf nationaler, sondern auch auf europäischer und globaler Ebene zunehmend Bedeutung gewinnt. Eine Vielzahl von Teildisziplinen untersucht nicht nur ursächliche Zusammenhänge, sondern versucht darüber hinaus, Maßnahmen abzuleiten und deren Effekte zu bewerten. Typischerweise werden in den jeweiligen Disziplinen nur Ausschnitte möglicher Ursachen und Maßnahmen analysiert. Ziel des vorliegenden Herausgeberbands ist es, Integrationen vorzubereiten, die es beispielsweise in Zukunft erlauben werden, über Wechselwirkungen von Maßnahmen auf Einzelebene und auf gesamtwirtschaftlicher Ebene zu befinden.

Bisher befassen sich bereits die verschiedensten wissenschaftlichen Disziplinen mit Teilfragestellungen, die z.B. von den psychosozialen Auswirkungen der Erwerbslosigkeit bis hin zu sozialpolitischen Maßnahmen reichen. In der bisherigen Forschung wurden nur äußerst selten Versuche unternommen, interdisziplinäre Integrationen vorzunehmen. Eine der wenigen Ausnahmen ist die Untersuchung von Brenner (1986), in der versucht wurde, volkswirtschaftliche Entwicklungen und individuelles Erleben und Verhalten in Zusammenhang zu bringen. Weitere (potentielle) Integrationsmöglichkeiten betreffen z.B. die rechtsphilosophische Begründbarkeit arbeitspolitischer Maßnahmen (vgl. den Beitrag von *Schachtschneider*, in diesem Band) oder den Vergleich von marktregulativen und marktkonformen (z.B. im Bereich der Organisationsrestrukturierung stattfindenden) Maßnahmen zur Beschäftigungsförderung (vgl. etwa die Beiträge von *Bacher, Müntnich, Voigt, Wießner und Zempel* sowie *Galais und Moser*, in diesem Band).

Das Thema des vorliegenden Herausgeberbands ist "problemorientiert". Damit ist gemeint, daß ein soziales Problem untersucht wird und dann charakteristische Fragen gestellt werden:

Welche Ursachen sind für das gestellte bzw. zu besprechende Problem anzuführen?

Drei beispielhafte Untersuchungsansätze werden hier vorgestellt. *Zwick* legt dar, daß der individuell gültige Zusammenhang zwischen höherer Qualifikation und geringerem Erwerbslosigkeitsrisiko aus volkswirtschaftlicher Sicht nicht den Schluß zulasse, daß eine höhere Bildung der Bevölkerung tendenziell zur Reduzierung der Erwerbslosigkeit beiträgt. Anhand einer Verknüpfung zweier ökonomischer Theorien (Insider-Outsider-Theorie und Humankapitaltheorie) wird erläutert, daß Beschäftigte ein Interesse an der Erhöhung von Qualifikationsanforderungen haben, sich aber im Zuge der zunehmenden Professionalisierung von Berufen der Nutzen von Investitionen in das Humankapital für Arbeitslose gering oder zumindest unsicher erweist. Beschäftigte und Arbeitnehmer profitieren von der Differenz zwischen den Kosten der Ausbildung und der zusätzlichen Arbeitsproduktivität. Für Arbeitslose, die erworbene Fähigkeiten und Fertigkeiten nicht am Arbeitsmarkt umsetzen können, sind die Investitionen in das Humankapital dagegen verloren. Ausgehend von diesen Modellüberlegungen schlägt *Zwick* vor, daß der Staat nicht in den Erwerb von grundlegenden Kenntnissen durch Arbeitslose investieren, sondern den Erwerb von spezifischem Humankapital fördern sollte. *Reichel* kommt aufgrund seiner makroökonomischen Analysen der OECD-Länder zu anderen Schlußfolgerungen. Ausgehend von einem neoklassischen Wachstumsmodell identifiziert er drei Faktoren, welche die Arbeitslosenquote beeinflussen: Die Nettoinvestitionsquote, die Lohnzurückhaltung und die Zuwachsrate der Zahl der Erwerbspersonen. Seiner Ansicht nach sollen vor allem Maßnahmen zur Förderung der Nettoinvestitionen ergriffen werden. Lohnzurückhaltung hält er für eine zwar erforderliche und notwendige, aber eher defensive Maßnahme. Die beiden Beiträge zeigen, daß unter Ökonomen unterschiedliche – und wie die Begutachtung durch externe Fachkollegen zeigte – sehr kontroverse Auffassungen über die Ursachen der Erwerbslosigkeit bestehen, die im vorliegenden Herausgeberband nicht vollständig abgedeckt werden könnten.

Abele und Stief schließlich untersuchen aus individual-psychologischer Sicht im Rahmen einer Längsschnittstudie Determinanten der Erwerbslosigkeit bei Akademikern. Fach- und geschlechtsspezifische Faktoren sowie die berufliche Selbstwirksamkeitserwartung bestimmen nach ihren Ergebnissen den mehr oder weniger gelungenen Berufseinstieg von Hochschulabsolventen.

Ist das Problem tatsächlich ein gravierendes und wie gehen die Betroffenen damit um?

Hier betrachtet der vorliegende Band vor allem die Auswirkungen auf Erleben und Verhalten, die in sechs Beiträgen thematisiert werden. In der bereits erwähnten Meta-Analyse fassen *Paul und Moser* die Forschungsergebnisse von 51 Längsschnittstudien zusammen und überprüfen u.a. die in der Arbeitslosigkeitsforschung immer wieder strittige Frage, ob Erwerbslosigkeit zu psychischen Befindensbeeinträchtigungen führt oder psychisch belastete Personen eher ihren Arbeitsplatz verlieren bzw. eher Schwierigkeiten haben, wieder eine Stelle zu finden. Das umfassende Datenmaterial belegt anhand großer Effektstärken die symptomverursachende Wirkung von Erwerbslosigkeit (Reduzierung des Selbstwerts, Zunahme psychischer Symptome), liefert aber auch gleichzeitig Belege für eine eher als schwach zu bewertende Verursachung der Erwerbslosigkeit bzw. deren Dauer durch psychische Symptome. Speziell längerandauernde Erwerbslosigkeit (allgemein wird hier von einem Zeitraum von über einem Jahr ausgegangen) nimmt in den letzten Jahren in Deutschland rapide zu. *Mohr* legt in ihrem Beitrag dar, daß Langzeiterwerbslosigkeit besondere Probleme für die Betroffenen bewirkt und gekennzeichnet sein kann durch Dequalifizierung und Veränderungen in der Einstellung zur Erwerbsarbeit. Sie hebt hervor, daß es bisher keine ausreichenden Erkenntnisse zum längerfristigen Verlauf gesundheitlicher Beeinträchtigungen gebe. Körperliche und psychosoziale Befindlichkeit verschlechtern sich innerhalb des ersten Jahres rapide. Sie analysiert Kontinuität und Reversibilität der Symptomentwicklung und diskutiert wichtige Fragen und Probleme für die Forschung und Interventionen. *Beelmann, Kieselbach und Traiser* untersuchen die soziale Ausgrenzung jugendlicher Erwerbsloser in Ost- und Westdeutschland und kommen zu dem Ergebnis, daß Jugendliche mit einem hohen Ausgrenzungsrisiko eine ganze Reihe negativer sozialer und gesundheitlicher Folgewirkungen aufweisen. Neben der Ausgrenzung vom Arbeitsmarkt sind sie von erheblichen finanziellen Problemen und gesundheitlichen Belastungen (z.B. Schlafstörungen, depressive Verstimmungen, Zukunftsängste und berufliche Perspektivlosigkeit, Alkoholkonsum, geringes Selbstwertgefühl, suizidale Gedanken) betroffen.

Da der Verlust des Arbeitsplatzes mit materiellen Einbußen einhergeht, besteht die These, daß Erwerbslosigkeit mit einem erhöhten Risiko zur Verarmung verbunden sei. *Stelzer-Orthofer* analysiert, inwieweit trotz sozialstaatlicher finanzieller Unterstützungen, die in den Wohlfahrtsstaaten Europas bezogen werden können, Erwerbslosigkeit mit einem erhöhten Armutsrisiko verbunden ist. Anhand nationaler europäischer Armutsdaten wird der Zusammenhang zwischen Erwerbslosigkeit und Armutsrisiko in Abhängigkeit von verschiedenen Typen europäischer Wohlfahrtsstaaten dargestellt.

Ein Beitrag von *Bacher* beschäftigt sich mit dem Zusammenhang von Erwerbslosigkeit und der Entwicklung rechtsextremer Einstellungen in unterschiedlichen Erscheinungsformen, wie z.B. Ausländerfeindlichkeit und Antisemitismus. Neben einer Reihe theoretischer Erklärungsansätze wird der Wirkungszusammenhang zwischen sozialem Status und rechtsextremen Einstellungen empirisch untersucht. Die Ergebnisse verdeutlichen einen indirekten Zusammenhang zwischen Erwerbslosigkeit und rechtsextremen Einstellungen, wobei Erwerbslosigkeit dazu führen kann, daß die eigene Wirtschaftslage schlechter eingeschätzt wird und in der Folge politische Unzufriedenheit und rechtsextreme Einstellungen verstärkt werden.

In welcher Form der Verlust des Arbeitsplatzes von Betroffenen als ungerecht erlebt werden kann, erläutern *Maes, Schmal und Schmitt* in ihrem Beitrag. Der subjektive Konstruktionsprozeß, aufgrund dessen es zu einem Ungerechtigkeitserleben kommen kann, wird in seinen unterschiedlichen Facetten und in seinen weitreichenden Folgen in Form von Streßsymptomen, Qualifizierungsbemühungen, kon- oder destruktivem Verhalten usw. dargestellt.

Wenn es um die Auswirkungen von Erwerbslosigkeit geht, wird zuerst vor allem daran gedacht, wie die direkt Betroffenen damit umgehen. Allerdings wurden in der Literatur auch die Auswirkungen auf die Familie (z.B. Silbereisen & Walper, 1989; Schindler, Wacker & Wetzels, 1990) oder auf die Personen, die ihren Arbeitsplatz behalten haben, untersucht (vgl. dazu die Beiträge von *Kieselbach* und *Hofmann*, in diesem Band). Eine noch weitergehende Frage lautet, welcher Zusammenhang zwischen der Entwicklung der Erwerbslosigkeit und überindividuellen bis hin zu gesamtgesellschaftlichen Wahrnehmungen dieses Problems besteht, z.B. hinsichtlich der Einschätzung der Dringlichkeit dieses Problems oder der Arbeitsplatzunsicherheit. Die amtlichen Zahlen der Erwerbslosenstatistik erreichen v.a. durch die Medien eine gesamtgesellschaftliche Reichweite. *Hagen* prüft in seiner Studie, wie die Medien die Wahrnehmung der Erwerbslosigkeit als privates als auch als öffentliches Problem in der Gesellschaft beeinflussen. Er liefert klare Belege dafür, daß die Medien mit einer geringen Zeitverzögerung das Ausmaß der Aufmerksamkeit der Bevölkerung für die Dringlichkeit des nationalen Problems Erwerbslosigkeit bestimmen, diese Einschätzung aber nicht auf die private Wahrnehmung des Problems im Sinne von Befürchtungen um den eigenen Arbeitsplatz generalisiert wird.

Welche Maßnahmen "sozialtechnologischer Art" tragen dazu bei, das Problem zu reduzieren?

Die in dem dritten Abschnitt vorgestellten Maßnahmen gehen auf Existenzgründungen von Erwerbslosen, Zeitarbeit, Arbeitsstiftungen, Outplacement und Bildungsprojekte eines Arbeitsamtes ein. Die verschiedenen Maßnahmen werden vorgestellt und ihr Erfolg wird eingeschätzt.

Im Rahmen zweier empirischer Studien untersuchen *Bacher, Müntnich, Voigt, Wießner und Zempel* den Gründungserfolg vormals Erwerbsloser. Dabei wird deutlich, daß Existenzgründungen aus Erwerbslosigkeit durchaus erfolgreich sind, wobei verschiedene Faktoren, wie beispielsweise das Humankapital oder die Inanspruchnahme von Beratung als erfolgsförderlich identifiziert wurden.

Auch Zeitarbeit kann ein Konzept zur Wiedereingliederung in ein konventionelles Arbeitsverhältnis darstellen. *Galais und Moser* untersuchen in ihrem Beitrag, welche personenbezogenen Faktoren die Übernahmewahrscheinlichkeit in ein konventionelles Arbeitsverhältnis erhöhen.

Arbeitsstiftungen – in Österreich mittlerweile ein bewährtes Instrument der Arbeitsmarktpolitik zur sozialen Abfederung von umfangreichen Betriebsschließungen – werden von *Seckauer und Gerich* vorgestellt. Sie kommen nach einer Befragung von Stiftungsabsolventen zu der Einschätzung, daß berufliche Neuorientierungen im Rahmen einer Stiftungsteilnahme bei entsprechenden motivationalen Voraussetzungen häufig mit einem Qualitätsgewinn bei beruflichen Veränderungen und einem Einkommensgewinn insbesondere von jüngeren Personen einhergehen.

Die von Arbeitsämtern durchgeführten Bildungsmaßnahmen werden an einem Beispiel eines schweizerischen Arbeitsamtes vorgestellt. *Jacomet und Steimen* erläutern die Qualitätsgrundsätze und Strategien als auch das darauf aufbauende Bildungs- und Förderangebot des Arbeitsamtes der Stadt Zürich, das insbesondere mit der Kombination von Bildungs- und Beschäftigungsmaßnahmen gute Erfahrungen gemacht hat

Trainingsmaßnahmen für Erwerbslose zielen im nicht-fachbezogenen Bereich auf die Unterstützung arbeitsbezogener Einstellungen und sozialer Kompetenzen ab. Die Evaluation solcher Maßnahmen stellt somit ein besonderes Problem dar. *Zempel und Moser* erläutern ein Modell als auch Evaluationskriterien zur Messung von Trainings- und Transfereffekten von entsprechenden Maßnahmen und führen Besonderheiten aus, die bei einer solchen Evaluation zu beachten sind.

Die Möglichkeiten von Outplacement-Konzepten zur Erhaltung der Einstellungs- und Beschäftigungsfähigkeit von durch Personalabbau betroffenen Mitarbeitern stellt *Hofmann* in seinem Beitrag vor. Dabei geht er neben der Beschreibung des Leistungsprofils solcher Konzepte auf erfolgskritische Faktoren, ethische Aspekte und die Förderung von Outplacementprojekten im Rahmen der staatlichen Sozialplangestaltung auf Basis des Sozialgesetzbuches III (SGB III) ein, bevor er eine Einschätzung des Erfolgs von Outplacement-Maßnahmen vornimmt.

Die Fördermöglichkeiten, die nach der Reformierung des Arbeitsförderungsgesetzes in Form des Sozialgesetzbuches III inzwischen im staatlichen Sozialplan vorgesehen sind, und die geplante Evaluation dieser Maßnahmen werden im weiteren von *Brinkmann* erläutert und anhand eines Modellversuches näher vorgestellt. Diskutiert wird dabei von ihm – wie in dem Beitrag von *Zempel und Moser* – die Frage, wie Maßnahmen evaluiert werden sollen. *Brinkmann* tritt für eine stärkere experimentelle psychologische Vorgehensweise ein.

Welche alternativen Sichtweisen des Problems sind denkbar?

Aus juristischer Warte läßt sich die Frage analysieren, inwieweit ein Rechtsanspruch auf Arbeit im Gesetz verankert ist. Bei seinen Ausführungen greift *Schachtschneider* die Menschenrechte, die europäische Sozialcharta, die bayerische Verfassung und das Grundgesetz auf und führt basierend auf dem Sozial- und Eigentumsprinzip aus, in welcher Form ein Recht auf einen Arbeitsplatz und die Pflicht zur Arbeit besteht.

Kieselbach betont die Notwendigkeit einer gesellschaftlichen Begleitung beruflicher Übergangsprozesse in Form eines integrierten Outplacement- und Replacementkonzepts, in dem neben den Interessen der entlassenden Organisation auch die des Individuums, eine adäquate Wiederbeschäftigung zu erlangen, gleichberechtigt berücksichtigt werden. *Kieselbach* erläutert die Vorteile eines solchen "aktiven Sozialplans" im Sinne einer Integration von Qualifizierungsangeboten und sozialen Unterstützungsmaßnahmen in den Arbeitskontext für Entlassene und die Organisation und führt einzelne Elemente eines solchen sozialen Konvois aus.

Für eine grundlegende Neuorientierung der Arbeitslosenforschung tritt *Fryer* ein. In ihr sollte nicht das einzelne Individuum im Vordergrund stehen, sondern die Gemeinde. Die Forschung sollte partizipativ, problembezogen, emanzipativ und präventiv sein. Das Vorbild für eine derartige Untersuchung ist seiner Ansicht nach die Marienthal-Studie, auf welche alle diese Kriterien zutreffen. Er plädiert daher für eine Rückbesinnung auf diesen Forschungsansatz, den er als charakteristisch für die Gemeindepsychologie ansieht. *Wacker* kommt in seinem historischen Rück- und Ausblick zu anderen Schlußfolgerungen. Er vertritt die Auffassung, daß es vorrangiges Ziel der Arbeitslosenforschung sein sollte, gemeinsam mit Rehabilitationspsychologen und Berufspädagogen Techniken und Strategien für den Eintritt in Wiederbeschäftigung und zur Förderung der Beschäftigungsfähigkeit zu entwickeln. Er tritt also für ein stärker sozial-technologisches Verständnis der Arbeitslosenforschung ein; Maßnahmen, die beim Individuum ansetzen, werden nicht abgelehnt. *Wacker* ist der Ansicht, daß die Marienthalstudie wissenschaftsgeschichtlich überschätzt wird, und begründet seine Annahme durch einen Rückgriff auf die Forschungsarbeiten von Rowntree. Die Beiträge von *Wacker* und *Fryer* zeigen, daß die Marienthalstudie unterschiedlich interpretiert werden kann und verschiedene praktische Schlußfolgerungen zulässig sind. Auch für Interpretationen und Überlegungen, die in anderen Beiträgen dieses Bandes ausgeführt werden, gilt, daß man zu anderen Interpretationen oder praktischen Schlußfolgerungen als den hier vorgestellten gelangen kann, wie z.B. bei der Bewertung der Zeitarbeit (siehe dazu Galais & Moser, in diesem Band), der Frage, ob Existenzgründungen von Arbeitslosen ein erfolgreiches arbeitsmarktpolitisches Instrument sind (siehe dazu Bacher et al., in diesem Band), den Forderungen, daß der Staat bei Arbeitslosen nur den Erwerb spezifischen Humankapitals fördern soll (siehe dazu Zwick, in diesem Band; aber auch andere Beiträge in diesem Band von Kieselbach; Jacomet & Steimen; u.a.), oder der Annahme, daß Lohnzurückhaltungen zur Bekämpfung der Arbeitslosigkeit unvermeidbar sind. Die vorliegende Publikation bietet keine endgültigen Antworten, zeigt aber unterschiedliche Möglichkeiten des Umgangs mit dem Problem Erwerbslosigkeit auf.

Ausgangspunkt des vorliegenden Bands war eine Tagung, die im Herbst 1999 an der Universität Erlangen-Nürnberg in Zusammenarbeit mit dem Sozialwissenschaftlichen Forschungszentrum Nürnberg stattfand und durch die finanzielle Unterstützung der Fritz-Thyssen-Stiftung, der Hermann-Gutmann-Stiftung und des WiSo-Fakultätsbunds ermöglicht wurde. Eine Auswahl der dort vorgebrachten Beiträge wurde gründlich überarbeitet und um weitere für das vorliegende Werk ergänzt. Verschiedenen Fachkollegen (u.a. Prof. Dr. Jörg Stender, Prof. Dr. Claus Schnabel, Prof. Dr. Rudolf Winter-Ebner) gilt besonderer Dank für ihr Engagement und für wertvolle Hinweise bei der Revision früherer Versionen der vorliegenden Beiträge. Der Band konnte dank der Unterstützung von Cornelia Mehlhorn, Roman Soucek und Karsten Paul zügig fertiggestellt werden. Zudem war Julia Leitl behilflich. Dem Verlag Leske + Budrich und Herrn Kieselbach als dem Herausgeber der Reihe 'Psychologie sozialer Ungleichheit' danken wir für die produktive Zusammenarbeit.

Bei der Verwendung einer geschlechtsneutralen Schreibweise wurden unterschiedliche Zugänge gewählt. Ein Teil der Autoren und Autorinnen entschied sich für eine geschlechtsneutrale Schreibweise, der andere Teil verzichtete aus Gründen der Lesbarkeit auf eine neutrale Schreibweise.

Nürnberg, im Mai 2001

Jeannette Zempel Johann Bacher Klaus Moser

Literatur

Brenner, M. H. (1986). Zur Abschätzung der sozialen Kosten der Volkswirtschaft. Implikationen für psychische Gesundheit, körperliche Gesundheit und kriminelles Verhalten. In B. Klees & S. Weyerer (Hrsg.), *Weg vom Fenster. Arbeitslosigkeit und ihre Folgen* (S. 108-205). Frankfurt a. M.: Nachrichten Verlag.

Garraty, J. A. (1978). *Unemployment in history: Economic thought and public policy.* New York: Harper & Row.

Schindler, H., Wacker, A. & Wetzels, P. (Hrsg.) (1990). *Familienleben in der Arbeitslosigkeit. Ergebnisse europäischer Studien.* Heidelberg: Asanger.

Silbereisen, R. K. & Walper, S. (1989). Arbeitslosigkeit und Familie. Auswirkungen ökonomischer Deprivation durch Arbeitslosigkeit auf die Familie und die Entwicklungsperspektiven ihrer Mitglieder. In R. Nave-Herz & M. Markefka (Hrsg.), *Handbuch der Familien- und Jugendforschung. Band 1: Familienforschung* (S. 535-557). Luchterhand: Neuwied.

2 Auswirkungen von Investitionen in Humankapital auf die Erwerbslosigkeit

Thomas Zwick[1]

[1] Für wichtige Anmerkungen zu diesem Papier danke ich Peter Jacobebbinghaus, Joan Muysken, Jeannette Zempel und einem anonymen Gutachter.

2.1 Einleitung

Im wirtschaftspolitischen Diskurs scheint es eine allgemein akzeptierte Tatsache zu sein, daß Weiterbildung und höhere Qualifikationen eine gute Strategie gegen Arbeitslosigkeit sind.[2] Dies ist für den einzelnen Arbeitnehmer auch richtig: Je höher die individuelle Ausbildung, desto geringer ist das Risiko, arbeitslos zu werden. Dieser Zusammenhang wird schnell deutlich, wenn man sich die Qualifikationsstruktur der Arbeitslosigkeit in ausgewählten Ländern ansieht (siehe Tabelle 2.1).

Tabelle 2.1: Arbeitslosenquote nach Qualifikation

Land	Ohne Ausbildung	Mit betrieblicher Ausbildung	Mit höherer Qualifizierung
Deutschland	13,9	8,8	5,4
Niederlande	8,2	4,8	4,3
Österreich	4,9	2,8	1,7
USA	12,6	6,2	3,2

Quelle: OECD, 1996

Ein ähnliches Muster hat die erwartete Dauer von Arbeitslosigkeit während des Berufslebens, ebenfalls nach Qualifikationsniveaus gestaffelt. Hier ist die Erwartung, arbeitslos zu sein, von Beschäftigten ohne weiterführende Schule (unter sekundärem Schulniveau) im OECD-Schnitt 3,2 Jahre bei den Männern und bei den Frauen 2,4 Jahre. Bei Beschäftigten mit weiterführender Schule aber ohne Hochschulabschluß (unter tertiärem Schulniveau) liegt sie bei beiden Geschlechtern bei 2,0 Jahren und bei Hochschulabsolventen (tertiäres Schulbildungsniveau) bei 1,3 Jahren. Hierbei gibt es natürlich erhebliche nationale Differenzen, siehe OECD (1998). Insgesamt ist jedoch klar, daß das Risiko, arbeitslos zu werden, stark mit der erreichten Schulbildung abnimmt. Gleiches gilt für die Berufsbildung.

Eine weitere positive Auswirkung der Schul- und Berufsbildung sind höhere Einkommen. Die Lohnfunktion wird üblicherweise mit einer sogenannten Mincer-Funktion berechnet (siehe zum Beispiel Asplund & Pereira, 1999[3]). Dabei wird der Logarithmus des Bruttostundenlohnes durch die Ausbildungsjahre, die Arbeitsjahre und das Quadrat der Arbeitsjahre erklärt. Auf der Basis der Mincer-Funktionen ergeben sich für Deutschland Bildungsrenditen zwischen gut 5% und knapp 14%, je nach Berechnungsmethode und Beobachtungszeitraum (siehe Lauer & Steiner, 1999). Die Renditen für Investitionen in Humankapital steigen dabei mit der Höhe der Bildung, d.h. ein in eine Lehrausbildung investierter Geldbetrag hat eine niedrigere Rendite als die Investition des gleichen Betrags in ein Universitätsstudium.

---

2 So schreibt zum Beispiel Lindbeck (1996) auf Seite 628: "Investment in human capital, (...), is another policy action that hardly needs any recommendation today." Weitere ähnliche Zitate finden sich in Zwick (1998).

3 Dieses Buch gibt einen aktuellen Überblick über Bildungsrenditen in Europa.

Die Schlußfolgerung, der individuelle Zusammenhang – höhere Qualifikation bedeutet geringeres Arbeitslosigkeitsrisiko und hohe Bildungsrenditen – ließe sich auf die gesamte Volkswirtschaft übertragen und mit höherer Bildung der Bevölkerung nehme somit tendenziell (abgesehen von den konjunkturellen Einflüssen) die Arbeitslosigkeit ab, ist jedoch vorschnell. Seit der Bildungsexpansion in den siebziger Jahren in Deutschland beispielsweise hat die Schul- und Berufsbildung der Bevölkerung stetig zugenommen, die Arbeitslosigkeit und die Beschäftigung zeigen jedoch große Schwankungen und keineswegs einen eindeutigen Trend hin zu mehr Beschäftigung.[4] Bildungsausgaben haben überhaupt nur unter der Annahme, daß alle Beteiligten ein Interesse daran haben, gemeinwirtschaftlich optimal in ihr Humankapital zu investieren, einen positiven Effekt auf die Gesamtbeschäftigung. In diesem Beitrag wird argumentiert, daß diese Annahme unter Umständen falsch ist und Investitionen in Humankapital sogar die Wiederbeschäftigung von Arbeitslosen oder den Eintritt von Berufsanfängern in den Arbeitsmarkt hemmen kann.

Im nächsten Abschnitt wird die sogenannte Insider-Outsider-Theorie vorgestellt. Hierbei wird zwischen den Interessen der Berufstätigen (Insider) und Arbeitslosen (Outsider) unterschieden und gezeigt, unter welchen Umständen Insider den Zutritt von Outsidern zum Arbeitsmarkt behindern. Daraufhin werden die Anreize, in Humankapital zu investieren, näher beleuchtet und in einem weiteren Schritt die Humankapitaltheorie mit der Insider-Outsider-Theorie verknüpft. Aus der Verknüpfung beider Theorien wird abgeleitet, daß Insider durch Investitionen in Humankapital die Beschäftigung von Outsidern verhindern können. Schließlich werden Empfehlungen ausgesprochen, wie die Beschäftigung durch wirtschaftspolitische Maßnahmen dennoch erhöht werden kann.

2.2 Die Insider-Outsider-Theorie

In diesem Abschnitt werden die Grundzüge der Insider-Outsider-Theorie kurz dargestellt.[5] Diese Theorie zeigt, wie Arbeitslosigkeit entstehen kann, wenn die Arbeitnehmer ihren Nutzen und die Unternehmen ihren Gewinn maximieren. Somit ist sie eine der wenigen ökonomischen Theorien, die Arbeitslosigkeit erklären kann, ohne daß Friktionen angenommen werden, die die Wirkung der Marktkräfte hemmen. In vielen anderen ökonomischen Theorien über Arbeitslosigkeit wird zum Beispiel angenommen, daß der Reallohn nicht sinken kann oder daß manche Marktteilnehmer kurzsichtig handeln. Die Grundüberlegung bei der Insider-Outsider-Theorie ist, daß aus unterschiedlichen (später noch näher erläuterten) Gründen Arbeitslose, wenn sie eingestellt werden, für die Unternehmen höhere Kosten verursachen als die bisher Beschäftigten. Die Beschäftigten nützen diese Kostendifferenz, um die Löhne künstlich hoch zu halten und ihre Arbeitsplätze gegenüber arbeitslosen Konkurrenten zu verteidigen. Die höheren Löhne führen zu einem geringeren als gesamtgesellschaftlich erwünschten Beschäf-

---

[4] Ein oberflächlicher (und möglicherweise irreführender) Blick auf die deutsche Statistik zeigt, daß zum Beispiel im Zeitraum 1991 bis 1996 der Anteil der Hochqualifizierten an den Beschäftigten von 10,8% auf 14,1% zugenommen hat, im gleichen Zeitraum jedoch die Arbeitslosenquote von 6,1% auf 10,3% gestiegen ist, siehe z.B. Zwick (2000).

[5] Gute Beschreibungen der Insider-Outsider Theorie sind auch in Lindbeck und Snower (1986) und Blanchard und Summers (1986) zu finden.

tigungsniveau und zu einem höheren Nutzen der Beschäftigten im Vergleich zu den Arbeitslosen. In diesem Fall würden die Arbeitslosen somit gerne mit den Beschäftigten tauschen und sind deshalb "unfreiwillig" arbeitslos. Die Insider-Outsider-Modelle gehen dabei immer davon aus, daß alle Arbeitswilligen (also Beschäftigte und Arbeitslose) die gleichen Fähigkeiten und Fertigkeiten haben. Einige hatten früher Glück und bekamen oder behielten eine Arbeitsstelle. Andere hatten Pech und sind jetzt arbeitslos. Auf einem Arbeitsmarkt ohne Rigiditäten (also ohne Mobilitätskosten, Lohnrigiditäten oder Marktmacht) würde das Arbeitsüberangebot dadurch beseitigt, daß der Preis (Lohn) für das überschüssige Gut (Arbeit) so lange sinkt, bis alle eine Arbeitsstelle gefunden haben, die zu diesem Lohn arbeiten wollen. Irgendwann erreicht der Lohn dann ein Niveau, bei dem der Nutzen der Arbeitslosen sich nicht mehr erhöhen würde, wenn sie eine (in ihren Augen relativ schlecht bezahlte) Arbeitsstelle annehmen würden. Diejenigen, die bei einem funktionierenden Arbeitsmarkt nicht arbeiten, sind dann "freiwillig" arbeitslos, da die Differenz zwischen Lohn aus einer Beschäftigung und Arbeitslosenunterstützung die Nachteile, die die Beschäftigung mit sich bringt (zum Beispiel das sogenannte Arbeitsleid, weniger Freizeit etc.), nicht aufwiegt. Der Lohn, bei dem die Arbeitslosen gerade noch arbeiten wollen anstatt arbeitslos zu sein, wird als Reservationslohn bezeichnet. Er hängt unter anderem von der Höhe der Arbeitslosenhilfe bzw. des Arbeitslosengeldes, der Familiensituation und anderen Einkünften ab. In der Insider-Outsider-Theorie legen die Insider den Lohn auf ein Niveau oberhalb des Reservationslohnes der Outsider. Somit hätte ein Unterbieten des Lohnangebotes für die Arbeitslosen zwei Vorteile. Zum einen würden die Arbeitsnachfrage steigen und mehr Arbeitswillige eine Stelle finden. Zum anderen würden die billigeren Arbeitslosen die teureren Beschäftigten ersetzen. Somit muß die Insider-Outsider-Theorie zeigen, weshalb die Arbeitslosen den künstlich hohen Lohn der Beschäftigten nicht unterbieten und somit die Beschäftigten nicht gezwungen sind, ihre Lohnforderung zu senken.

Welche Argumente nennt die Insider-Outsider-Theorie, daß Arbeitslose den herrschenden Lohn nicht unterbieten können, auch wenn sie gerne für weniger Entgelt arbeiten würden?

Eine Literaturrichtung (siehe zum Beispiel Blanchard & Summers, 1986; Carruth & Oswald, 1987; Gottfries & Horn, 1987) nimmt an, daß nur die Beschäftigten die Löhne beeinflussen können und die Arbeitslosen keine Möglichkeit haben, durch Unterbieten der Löhne eine Arbeitsstelle zu finden. In Deutschland ist diese Variante nicht unrealistisch, da durch Tarifbindung die Löhne oft für eine ganze Branche festgelegt sind und die Unternehmen Arbeitnehmern für die gleiche Arbeit nicht unterschiedliche Löhne bezahlen beziehungsweise Arbeitnehmer entlassen können, nur weil sie andere, billigere Arbeitskräfte gefunden haben. Wenn die Beschäftigten aber bestimmen können, wie hoch der Lohn ist, dann werden sie den Lohn gerade so hoch wählen, daß ihre Weiterbeschäftigung gesichert ist. Da die Beschäftigten das Los der Arbeitslosen in diesem Falle nicht berücksichtigen (brauchen), bekommen diese keine Arbeitsstellen angeboten. Es reduziert den Nutzen der Beschäftigten nur, wenn das Lohnniveau sinkt, und zusätzliche Beschäftigung hat keine positive Auswirkungen auf den Nutzen der bereits Beschäftigten.

Eine weitere Literaturrichtung geht davon aus, daß Arbeitslose den Lohn selbst bestimmen und somit die Beschäftigten unterbieten können, indem sie zum Beispiel nur ihren Reservationslohn fordern (siehe zum Beispiel Lindbeck & Snower, 1986; Lindbeck & Snower, 1988; Muysken & Zwick, 1998; Zwick, 1998). Hier ergibt sich die

Frage, warum der Arbeitsmarkt trotzdem nicht vollständig funktioniert, d.h. die Beschäftigung von Arbeitslosen für die Unternehmen teurer ist als die Weiterbeschäftigung der bisherigen Arbeitskräfte. Die Beschäftigten fordern hier höhere Löhne als den Reservationslohn der Arbeitslosen, behalten dennoch ihre Arbeitsplätze und reduzieren somit die Arbeitsnachfrage unter das gesamtgesellschaftlich optimale Niveau. Durch die Renten der Beschäftigten und die ungenügende Arbeitsnachfrage entsteht wieder unfreiwillige Arbeitslosigkeit. Lindbeck und Snower haben in einer Serie von Artikeln gezeigt, daß unfreiwillige Arbeitslosigkeit entsteht, wenn die Beschäftigung ehemaliger Arbeitsloser höhere Kosten verursacht als die Weiterbeschäftigung der bisherigen Mitarbeiter. Das erste Argument für die Differenz in den Kosten zwischen Arbeitslosen und Beschäftigten sind Kosten bei der Entlassung beziehungsweise Einstellung von Beschäftigten (Transaktionskosten). Lindbeck und Snower (1986) nennen hierbei Einarbeitungskosten und Trainingskosten bei Einstellungen und Abfindungszahlungen bei Entlassungen. Sie erwähnen auch, daß einige Tarifabsprachen zwischen Gewerkschaften und Arbeitgeberverbänden darauf abzielen, die Fluktuationskosten zu erhöhen. Die Stammbelegschaft setzt ihre Lohnforderung ein wenig unter den Reservationslohn der Arbeitslosen zuzüglich der Einstellungs- und Entlassungskosten. Diesen Lohn können die Arbeitslosen nicht unterbieten, da ihnen nach Abzug der zusätzlichen Kosten weniger Lohn gezahlt würde als wenn sie arbeitslos blieben. Somit ist der Lohn der Beschäftigten höher als der Reservationslohn, die Arbeitslosen können ihn jedoch nicht realisieren, da die Unternehmen bei ihnen die Fluktuationskosten abziehen.

Ein weiterer Grund dafür, daß Arbeitslose den Unternehmen höhere Kosten verursachen als die Stammbelegschaft, ist die Drohung der Beschäftigten, nicht mit neuen Kollegen zusammen zu arbeiten, die das Lohnniveau unterbieten. In diesem Falle wären die neu Angestellten nicht so produktiv wie die länger Beschäftigten, weil sie zum Beispiel nicht richtig eingearbeitet werden (siehe Lindbeck & Snower, 1988). Fehr und Kirchsteiger (1994) verweisen darauf, daß die Motivation von neu eingestellten Beschäftigten möglicherweise auch geringer ist als die Motivation der Stammbelegschaft, wenn den neuen Beschäftigten bewußt wird, daß sie einen niedrigeren Lohn für die gleiche Arbeit erhalten. Die Differenz in der Arbeitsproduktivität führt wieder zu einem Lohnabschlag, der den realisierten Lohn der Arbeitslosen unter deren Reservationslohn sinken läßt, obwohl die bisher Beschäftigten höhere Arbeitsentgelte bekommen.

Einen Schritt weiter geht die Annahme, daß die Beschäftigten damit drohen, neue Kollegen, die den Lohn unterboten haben, aktiv bei der Arbeit zu behindern. Wenn die Unternehmen diese Diskriminierung antizipieren, sind die Arbeitslosen, auch wenn sie nur ihren Reservationslohn fordern, zu teuer und werden deshalb nicht eingestellt (siehe auch Lindbeck & Snower, 1988).

Ein letztes Argument in der Literatur sind negative Effekte auf die Arbeitsmoral, die eine sogenannte hire-und-fire Mentalität hat. Die Stammbelegschaft wird demoralisiert, wenn sie ihre Arbeitsplätze ständig gefährdet sieht, und dies reduziert den Gewinn der Unternehmen stärker als der Ersatz von teureren Beschäftigten durch billigere Arbeitslose (siehe Lindbeck & Snower, 1989). Die Beschäftigten können hier trotz höherer Löhne sicher sein, daß das Unternehmen sie nicht durch billigere Arbeitslose ersetzt, da dies das Betriebsklima beeinträchtigt und somit die Arbeitsproduktivität stärker senkt als die eingesparten Arbeitskosten.

Alle genannten Insider-Outsider-Modelle haben eine Gemeinsamkeit: Wenn die Arbeitslosen die Stammbelegschaft unterbieten können und wenn es keine der oben genannten zusätzlichen Kosten der neu angeworbenen Arbeitnehmer gegenüber den länger Beschäftigten gäbe, würde der Arbeitsmarkt geräumt und es gäbe keine unfreiwillige Arbeitslosigkeit. Empirisch sind Belege für die Existenz von Insider-Verhalten, so wie es in den oben genannten Modellen beschrieben wird, allerdings eher selten. Das liegt unter anderem daran, daß der Reservationslohn der Arbeitslosen nicht gemessen werden kann und die Lohnsetzung ja gerade dazu führt, daß keine neuen Beschäftigten eingestellt werden (siehe zum Beispiel Franz, 1990).

In diesem Beitrag wird ein Modell beschrieben, bei dem Arbeitslose die Beschäftigten frei unterbieten können und die Beschäftigten außer der Möglichkeit, in Humankapital zu investieren, keine Möglichkeit haben, die Kosten der Arbeitslosen im Vergleich zu den Kosten der Beschäftigten zu erhöhen. Es wird somit gezeigt, daß die Investition in Bildung den gleichen Effekt haben kann wie Entlassungskosten oder die Weigerung der Stammbelegschaft, mit neuen Kollegen zu kooperieren: Die Beschäftigung ist niedriger als gesellschaftlich wünschenswert.

2.3 Investitionen in Humankapital

Um deutlich machen zu können, wie Investitionen in Humankapital als Zutrittsbarriere auf dem Arbeitsmarkt dienen können, soll vorerst noch kurz geklärt werden, wie Bildung in der volkswirtschaftlichen Theorie gesehen wird. Bildung ist eine Investition unter Unsicherheit. Derjenige, der heute eine Schule besucht oder eine Weiterbildung macht, hat heute Ausgaben. Auch wenn der Staat die Aus- oder Weiterbildung bezahlt, so entgehen dem sich Bildenden doch mögliche Einkünfte, die er oder sie in dieser Zeit realisieren könnte (Opportunitätskosten). Diese realen oder fiktiven Kosten werden in Kauf genommen, da die Investition in Bildung möglicherweise in der Zukunft einen höheren Nutzen abwirft. Der zusätzliche Nutzen kann in Form einer höheren Arbeitsplatzsicherheit oder in höherer Entlohnung bzw. Arbeitsproduktivität liegen (siehe Einleitung). Eine Voraussetzung für Vorteile aus Bildung ist allerdings, daß die erworbenen Fähigkeiten auf dem Arbeitsmarkt auch gebraucht werden, das heißt eine höhere Arbeitsproduktivität implizieren. Inwiefern Bildung jedoch zu einer höheren Arbeitsproduktivität führt, ist zu dem Zeitpunkt der Investition in Humankapital unklar. Wenn bestimmte Fähigkeiten und Fertigkeiten auf dem Arbeitsmarkt keine zusätzliche Arbeitsproduktivität mit sich bringen, nachdem sie erworben wurden, sind die Investitionskosten verloren. Die Kosten können nicht wieder eingefordert werden und werfen keine Rendite ab.

Die möglichen Erträge aus Fähigkeiten und Fertigkeiten haben zwei Dimensionen. Zum einen ist wichtig, wie breit einsetzbar sie sind, das heißt in wie vielen Unternehmen oder Tätigkeiten die Arbeitsproduktivität steigt. Zum Beispiel ist die Fertigkeit, ein Uhrwerk zusammen zu setzen, nur sehr begrenzt außerhalb der Uhrenindustrie einsetzbar. Die Uhrenindustrie in Deutschland ist jedoch seit Jahren schrumpfend und beschäftigt nur noch wenige Arbeitskräfte. Die zweite Dimension ist die Zeitdauer. Viele Fertigkeiten sind nur für begrenzte Zeit produktiv einsetzbar und veralten anschließend. Wenn sich beispielsweise Gesetze ändern, dann ist das mit den alten Gesetzen verbundene Detailwissen häufig veraltet, und die Beschäftigten sind gezwungen, Kosten aufzuwenden, um sich mit den neuen Gesetzen vertraut zu machen.

Wenn die Beschäftigten, die in zusätzliches Humankapital, wie zum Beispiel die Fertigkeit ein Uhrwerk zusammenzusetzen, investiert haben, eine adäquate Stelle finden, so lange die neuen Fertigkeiten und Fähigkeiten aktuell sind, und diese zu höherer Arbeitsleistung führen, entsteht im Regelfall jedoch ein Überschuß zwischen den Kosten der Ausbildung und der zusätzlichen Arbeitsproduktivität. Diesen Überschuß bezeichnet man als Rente. Die Rente wird auf dem Arbeitsmarkt zwischen Arbeitgeber und Arbeitnehmer je nach der Verhandlungsposition der Marktteilnehmer aufgeteilt. Somit haben auch die Arbeitgeber ein Interesse an gut ausgebildeten Arbeitnehmern, da sie normalerweise einen Teil der Rente aus Humankapitalinvestitionen abschöpfen können.

Die Motivation, in Aus- oder Weiterbildung zu investieren, hängt somit von einer Reihe von Faktoren ab: Zuerst von der Wahrscheinlichkeit, daß man eine der Ausbildung adäquate Arbeitsstelle findet oder die in der Weiterbildung erlernten Fähigkeiten rasch produktiv umsetzen kann. Außerdem ist natürlich wichtig, wie stark der Lohn durch die neue Qualifikation steigt oder das Risiko, entlassen zu werden, abnimmt. Schließlich spielen die Investitionskosten noch eine ausschlaggebende Rolle.

2.4 Verknüpfung der Insider-Outsider-Theorie mit der Humankapitaltheorie

In diesem Abschnitt wird ein Modell vorgestellt, in dem die Insider-Outsider-Theorie und die Humankapitaltheorie zusammengefaßt werden. Es wird gezeigt, wie die Beschäftigten Investitionen in Humankapital nützen können, um einen Lohn zu sichern, der unfreiwillige Arbeitslosigkeit erzeugt und Arbeitslose von Beschäftigung ausschließt.[6]

Die Ausgangssituation ist, daß technischer Fortschritt Investitionen in neuartige Fähigkeiten und Fertigkeiten für alle Beschäftigten notwendig macht. Nur wer mit der neu eingeführten Technik umgehen kann, hat die Möglichkeit, in dem Unternehmen zu arbeiten. Eine vereinfachende zusätzliche Annahme ist, daß die Volkswirtschaft nur aus einem Unternehmen besteht und die Alternative zur Beschäftigung in diesem repräsentativen Unternehmen Arbeitslosigkeit ist.

Das Unternehmen maximiert seinen Gewinn durch die Entscheidung, wen und wie viele Arbeitnehmer es beschäftigt. Die Produktionsfunktion besteht hierbei aus der Anzahl der Arbeitnehmer und der Höhe des Humankapitals der Arbeitnehmer. Das Unternehmen bezahlt seinen Arbeitnehmern einen von der Höhe des Humankapitals abhängigen Lohn. Hieraus folgt, daß die Arbeitsnachfrage des Unternehmens negativ von den Lohnkosten und positiv von der Arbeitsproduktivität abhängt. Für das Unternehmen gibt es ein optimales Humankapitalniveau. Das Modell ist so konstruiert, daß die Arbeitsnachfrage des Unternehmens so hoch wie das Arbeitsangebot ist, wenn die Arbeitnehmer optimal in Humankapital investieren und nur einen Teil der durch die Investition in Humankapital entstandenen Rente abschöpfen.

---

6 Die in diesem Abschnitt verbal beschriebene Struktur ist formal in Muysken und Zwick (1998) und Zwick (1998, Kap. 3) abgeleitet. Dort wird auch auf die notwendigen Annahmen detaillierter eingegangen.

Es gibt ein festes Arbeitskräftepotential. Es wird in der Tradition der Insider-Outsider-Modelle angenommen, daß die potentiellen Arbeitskräfte zufällig in einen arbeitenden und einen arbeitslosen Teil geteilt werden. Alle potentiellen Arbeitnehmer sind gleich. Sie maximieren ihren monetären Nutzen, das heißt, in ihrer Nutzenfunktion befinden sich ausschließlich Geldeinheiten. Sowohl die Beschäftigten als auch die Arbeitslosen sind risikoneutral, können den Lohn festlegen und außerdem bestimmen, wie viel sie in Humankapital investieren. Die Investition in Humankapital hängt positiv von dem damit verbundenen Lohnaufschlag und der Wahrscheinlichkeit ab, eine Arbeitsstelle in dem Unternehmen zu bekommen. Je höher die Lohnforderung ist, desto geringer ist jedoch die Arbeitsnachfrage des Unternehmens und somit die Wahrscheinlichkeit, die Arbeitsstelle zu behalten oder zu bekommen.

Eine wichtige Annahme ist, daß die Arbeitslosen das Verhalten der Arbeitnehmer bei der Festlegung der Investitionen in Humankapital und der Lohnforderung beobachten können. Sie können somit immer dann, wenn es ihnen möglich ist, die Stammbelegschaft unterbieten und ersetzen. Dies entspricht der Annahme, daß die Arbeitslosen "perfekte Wettbewerber" sind, siehe Lindbeck und Snower (1986), und schließt die oben genannten Gründe für Differenzen zwischen den Kosten für Beschäftigte und Arbeitslose aus.

In dieser Modellsituation beobachten wir Folgendes: Die Beschäftigten maximieren ihren Nutzen wie in anderen Insider-Outsider-Modellen auch, indem sie den Lohn so hoch setzen, daß keine Arbeitslosen zusätzlich beschäftigt werden. Die Beschäftigten verändern ihr Investitions- und Lohnsetzungsverhalten nur dann, wenn sie durch die Arbeitslosen unterboten werden können. Die Arbeitslosen können nur glaubhaft drohen, die Beschäftigten zu unterbieten, wenn sie gleichzeitig dem Unternehmen eine Erhöhung des Gewinnes anbieten und dabei mindestens ihren Reservationslohn fordern können. Der Reservationslohn der Outsider ist gleich der Arbeitslosenunterstützung plus der Investitionskosten in Humankapital. Er nimmt somit mit der Höhe der notwendigen Investitionen in Humankapital zu. Die Arbeitslosen investieren nur dann in Humankapital, wenn sie die Möglichkeit sehen, damit einen Arbeitsplatz zu bekommen, und wenn die Investitionskosten nicht zu hoch sind. In Zwick (1998) ist dies der Fall, wenn es viele Arbeitslose gibt und wenn die Arbeitslosenunterstützung relativ gering ist. Die zusätzliche Arbeitsproduktivität der Humankapitalinvestition spielt in diesem Modell keine Rolle, da sowohl Beschäftigte als auch Arbeitslose davon profitieren. Wenn die Anzahl der Arbeitslosen klein und die Arbeitslosenunterstützung hoch ist, können die Arbeitslosen die Beschäftigten nicht unterbieten, obwohl die Beschäftigten den maximalen Nutzen aus Investition und Lohnforderung ziehen und einen höheren Lohn als den Reservationslohn der Outsider fordern. Es gibt also Konstellationen, in denen die Beschäftigten die maximale Rente abschöpfen können, weil es den Arbeitslosen nicht möglich ist, den Gewinn, den die Beschäftigten dabei dem Unternehmen bieten, zu übertreffen. In diesem Fall bleibt das Beschäftigungsniveau auf der Höhe der bisher Beschäftigten und alle Arbeitslosen bleiben unfreiwillig arbeitslos.

Wenn die Arbeitslosen die Beschäftigten allerdings bei der optimalen Lohnforderung unterbieten können, weil zum Beispiel die Anzahl der Arbeitslosen hoch ist oder die Arbeitslosenunterstützung niedrig, ändern die Beschäftigten ihr Investitions- und Lohnsetzungsverhalten, so daß die Arbeitsnachfrage steigt. Hier führt die glaubhafte Drohung der Arbeitslosen, einen höheren Gewinn zu bieten als die Beschäftigten, zu einer Erhöhung der Beschäftigung und einer Reduktion der Rente der Beschäftigten.

Für die Beschäftigten ist es besser, ihren Anteil an der Rente zu reduzieren und Arbeitslose in den Arbeitsmarkt zu lassen, als ihren Arbeitsplatz aufs Spiel zu setzen.

Somit kann die Investition in Humankapital zu Renten der Beschäftigten führen, die sie nicht mit den Arbeitslosen teilen müssen. Diese Renten werden reduziert und die Beschäftigung erhöht, wenn die Arbeitslosen glaubhaft damit drohen können, die Beschäftigten zu unterbieten. Dazu müssen die Arbeitslosen allerdings bereits dann in Humankapital investieren, wenn noch nicht sicher ist, ob sie tatsächlich auch eine adäquate Beschäftigung finden. Die Motivation der Arbeitslosen, in Humankapital zu investieren, steigt mit der Chance auf Beschäftigung und sinkt mit den Investitionskosten und der Höhe der Arbeitslosenunterstützung.

2.5 Auswirkungen der Investition in Humankapital auf Arbeitslosigkeit

Lassen sich die in dem oben beschriebenen ökonomischen Modell festgestellten Verhaltensweisen der Beschäftigten und der Arbeitslosen auch in der Realität wiederfinden? Das Modell zeigt, daß Arbeitnehmer ein Interesse daran haben, daß Arbeitslose nicht in die auf ihren Arbeitsplätzen benötigten Fähigkeiten und Fertigkeiten investieren. Da Investitionen in Humankapital verloren gehen, wenn kein adäquater Arbeitsplatz gefunden wird, investieren Arbeitslose ungern in Fähigkeiten, die nur in einem kleinen Bereich verwertbar sind. Hier ist das Risiko zu groß, keine geeignete Arbeitsstelle zu bekommen und somit umsonst in Weiterbildung investiert zu haben. Deshalb ist es nicht verwunderlich, daß Arbeitslose häufig auf allgemeine Fähigkeiten und Fertigkeiten setzen, aber selten in sehr spezifische Qualifikationen investieren. Zusätzlich wirkt die schnelle Veralterung der Qualifikationen negativ auf die Motivation von Arbeitslosen, in notwendige neue Qualifikationen zu investieren. Aufgrund des höheren Innovationstempos sind viele Qualifikationen nur noch eine kurze Zeit produktiv einsetzbar. Beschäftigte sind sich sicher, daß sie ihre neu erworbenen Fähigkeiten auch rasch nützen können (wenn sie nicht um die Arbeitsstelle bangen müssen). Arbeitslose hingegen können oft nicht vorhersehen, wann sie eine Stelle angeboten bekommen. Womöglich sind die teuer erworbenen Fähigkeiten zu dem Zeitpunkt aber bereits wieder veraltet oder nur mehr eine sehr eingeschränkte Zeit nutzbar.

Ein ähnliches Argument gilt für die Investitionskosten. Je höher die Eintrittsbarrieren in bestimmte Arbeitsverhältnisse sind, desto eher sind Arbeitslose entmutigt, in die notwendigen Qualifikationen zu investieren.

In der Realität wird aber genau die Tendenz beobachtet, daß die für eine neue Arbeitsstelle notwendigen Investitionen in Humankapital nur für einen kleinen Arbeitsbereich angewandt werden können, schnell veralten und teuer sind. Diese Phänomene können unter dem Stichwort "Professionalisierung" zusammengefaßt werden. Professionalisierung in einzelnen Berufen kann dazu führen, daß die Anforderungen an die Schul- und Berufsbildung steigen und gleichzeitig der potentielle Arbeitsbereich, in dem die Qualifikation anwendbar ist, schrumpft.

Professionalisierung führt somit nach der oben ausgeführten Theorie dazu, daß Arbeitnehmer sich häufig keiner Konkurrenz um ihre Position ausgesetzt sehen, da Arbeitslose nicht in die erforderlichen Qualifikationen investieren wollen, die einen Eintritt in ihr Segment des Arbeitsmarktes erlauben würden. Dies führt dazu, daß diese

Arbeitnehmer höhere Lohnforderungen durchsetzen können und Renten abschöpfen. Altrichter und Gorbach (1993) schreiben: „Professionalisierung meint im Kern die Monopolisierung bestimmter Dienstleistungen für die Angehörigen einer bestimmten, qualifizierten Ausbildung“ (S. 78). Ein Motiv der Professionalisierung sehen auch Altrichter und Gorbach (1993) in der Möglichkeit, „ein größeres Stück des gesellschaftlichen Status-Kuchens (in Form von materieller Versorgung, sozialem Ansehen und Sicherheit in der Berufsfindung und -ausübung) und damit auch günstigere Bedingungen der Tätigkeitsausübung zu sichern“ (S. 78). Die Möglichkeit der spezialisierten Arbeitnehmer, höhere Löhne durchzusetzen und Monopolrenten abzuschöpfen, führt wiederum dazu, daß die Arbeitsnachfrage niedriger ist als möglich und gesellschaftlich erwünscht.

Eine der Konsequenzen der Professionalisierung, die Erhöhung der Qualifikationsanforderungen für bestimmte Tätigkeiten, ist in Deutschland in den letzten Jahren unschwer erkennbar. Einerseits steigen ständig die Qualifikationsanforderungen bei gegebenen Tätigkeiten, das heißt Tätigkeiten, bei denen zum Beispiel früher der Hauptschulabschluß ausreichend war, werden heute von Abiturienten ausgeführt. Diese Erhöhung der Qualifikationsanforderungen wird ergänzt durch eine Verschiebung der Beschäftigung hin zu Branchen, die höhere Qualifikationen verlangen (zum Beispiel unternehmensnahe Dienstleistungen wie Softwarehäuser oder Unternehmensberatungen). Diese Verschiebung nennt man intersektoral. Die Erhöhung der Qualifikationsanforderungen für gegebene Tätigkeiten wird analog als intrasektoral bezeichnet. Mit Hilfe einer Komponentenzerlegung (shift-share Analyse) kann jedoch gezeigt werden, daß die durch die Professionalisierung verursachte intrasektorale Verschiebung einen erheblich größeren Anteil an der Qualifikationserhöhung hat als die intersektorale Verschiebung, vgl. Tabelle 2.2. Die Datenbasis ist der Mikrozensus, eine repräsentative Befragung von 1% der Bevölkerung der Bundesrepublik Deutschland (eine genaue Beschreibung des Datensatzes ist unter anderem in Zwick & Schröder, 2001 zu finden). Die Befragten geben hierbei unter anderem auch detailliert an, in welchem Wirtschaftssektor sie arbeiten und welche Berufsbildung sie haben. Somit lassen sich aus den Angaben Rückschlüsse auf die Verschiebung der Beschäftigung zwischen den unterschiedlichen Wirtschaftszweigen in Deutschland ziehen.

Tabelle 2.2: Shift-share Analyse zwischen 1991 und 1996 auf Basis der Sektoreinteilung in Verarbeitendes Gewerbe und Dienstleistungen

Berufsbildung	Intersektoral	Intrasektoral	Gesamteffekt	Anteil Intrasektoraler Effekt
Kein Abschluß	-0,0024	-0,0057	-0,0081	0,7070
Lehrberufsabschluß	-0,0018	-0,0250	-0,0269	0,9311
Meister	-0,0029	-0,0040	-0,0069	0,5819
Fachhochschule	-0,0001	0,0155	0,0156	--*
Universität	0,0072	0,0100	0,0172	0,5808

Anmerkung: * Inter- und Intrasektoraler Effekt sind gegenläufig.
Quelle: Eigene Berechnungen auf Basis des Mikrozensus 1991 und 1996.

Tabelle 2.2 zeigt, daß der Anteil der Beschäftigten mit einem Berufsbildungsniveau unter der Fachhochschule zwischen 1991 und 1996 zurückgegangen ist (Spalte "Gesamteffekt"). Der Gesamteffekt läßt sich in den intrasektoralen und den intersektoralen Effekt aufteilen. Dabei zeigt sich, daß die Erhöhung der Qualifikation bei gegebenem Wirtschaftssektor eindeutig dominiert. Dies ist leicht an den hohen Anteilen der intrasektoralen Verschiebung in der letzen Spalte erkennbar. Die hier berechneten Anteile des intrasektoralen Effekts entsprechen in etwa den in der Literatur zu findenden Werten. Pfeiffer und Falk (1999) berechnen beispielsweise einen Anteil von 87,0% für die Beschäftigten mit Berufsabschluß zwischen 1978 und 1994 bei einer sehr detaillierten Sektoreinteilung in 269 Branchen. Dies bedeutet, daß knapp 90% der Erhöhung der Qualifikation durch die Erhöhung innerhalb der Sektoren stattfindet und nur gut 10% durch die Verschiebung der Beschäftigung von Sektoren mit relativ geringem durchschnittlichem Qualifikationsniveau zu Sektoren mit relativ hoch qualifizierten Beschäftigten erklärt werden kann. Für die USA und Großbritannien werden ähnliche Werte berechnet (siehe die Literaturübersicht in Pfeiffer & Falk, 1999, S. 63).

Andererseits nehmen die Berufsbereiche ständig zu, in denen ein formaler Abschluß zur Ausübung der Tätigkeit erforderlich ist. So werden zum Beispiel zur Zeit die Schaffung von Lehrberufen im Bereich Sport und Freizeit diskutiert. Diese Tätigkeitsfelder waren bisher fast ausschließlich "Amateuren" als Nebentätigkeit vorbehalten. Die in diesem Bereich Tätigen benötigten keine formale Berufsqualifikation und es ist absehbar, daß in Zukunft nach Einführung der Lehrberufe eine Berufsqualifikation zur Ausübung dieser Tätigkeiten erforderlich sein wird (siehe auch Zwick & Schröder, 2001). Ein weiteres Beispiel sind Sozialarbeit und die Erwachsenenbildung. Schon seit geraumer Zeit wird hier die Professionalisierung vorangetrieben (siehe zum Beispiel die Beiträge in Gieske, Tietgens, Schäffter, Venth & Müller, 1988).

Mit Professionalisierung und Höherqualifikation ist häufig auch eine Spezialisierung der Ausbildung verbunden. Stein (1993) diskutiert diesen Zusammenhang am Beispiel der sozialwissenschaftlichen Studiengänge. Er stellt hierbei fest, daß die mangelnde Tradierung sozialwissenschaftlicher Berufsrollen nur geringe Arbeitsplatzpotentiale und Tätigkeitsfelder für Sozialwissenschaftler eröffnet, die nicht von Absolventen anderer Studienrichtungen besetzt werden können, und Sozialwissenschaftler sich deshalb einer breiten Arbeitsmarktkonkurrenz ausgesetzt sehen. Auf der anderen Seite bedeutet die steigende Spezialisierung in den sozialwissenschaftlichen Studiengängen auch, daß den Spezialisten der Weg in andere Teilarbeitsmärkte versperrt sein kann (Stein, 1993, S. 225). Dies wird dann zum Problem, „wenn die Studierenden Spezialisierungen eher aus Neigung, denn aus beruflichen Orientierungen wählen“ (Stein, 1993, S. 223).

Stigler (1971) verweist auf einen noch weitergehenden und direkteren Weg bestimmter Berufsgruppen, sich durch den Erwerb einer Qualifikation von Konkurrenz abzuschotten: Die staatliche Lizenz einen Beruf auszuüben. Wenn der Staat die Anzahl der Berufsausübenden beschränkt, treffen alle oben genannten Phänomene in Reinform zu: Die Spezialisten genießen höhere Einkommen, Arbeitsplatzsicherheit und Renten als unreglementierte Berufe, wie die Untersuchung von Stigler zeigt. Beispiele für staatlich regulierten Arbeitsmarktzutritt für bestimmte Berufe in Deutschland sind Notare, Taxibetriebe und soziale sowie medizinische Berufe ohne Niederlassungsfreiheit.

2.6 Schlußfolgerungen für die Wirtschaftspolitik

Was können wir aus dem oben vorgestellten Modell und den daraus abgeleiteten Konsequenzen der Professionalisierung auf die Arbeitslosigkeit für die Wirtschaftspolitik lernen? Wie kann der Staat die Beschäftigung erhöhen, wenn sich die Stammbelegschaften aus Eigeninteresse durch Qualifikationsanforderungen abschotten und die daraus gewonnenen Lohnsetzungsspielräume nützen? Der Insider-Outsider-Theorie zu Folge ist Konkurrenz um die Arbeitsplätze gut für die Arbeitslosen. Wenn Beschäftigte sich dem Konkurrenzdruck der Arbeitslosen ausgesetzt sehen, senken sie die Lohnforderungen und erhöhen somit indirekt die Gesamtbeschäftigung. Wie kann der Staat nun den Druck auf die Beschäftigten erhöhen, wenn die Arbeitslosen nicht motiviert sind, in marktgängige Qualifikationen zu investieren, weil die Kosten zu hoch oder der erwartete Nutzen aus der Investition zu unsicher oder gering ist? Zum einen sollte der Staat den Druck organisierter Berufsgruppen widerstehen, den freien Zutritt zur Ausübung von Berufen durch Lizenzen zu beschränken. Zum anderen muß untersucht werden, bei welchen Investitionen in Qualifikationen Hürden der oben genannten Art für die Outsider bestehen, d.h. bei welchen Qualifikationen nur in sehr beschränkten Bereichen mit einer adäquaten Beschäftigung zu rechnen ist, beziehungsweise die zusätzliche Produktivität nur von kurzer Dauer ist. Es kann nicht im Sinne der Allgemeinheit sein, allen Arbeitslosen den Erwerb von neuen Qualifikationen zu bezahlen, die diese auch von sich aus erworben hätten, weil diese Qualifikationen auf jeden Fall einen höheren Ertrag abwerfen als sie kosten. Es ist somit nicht sinnvoll, pauschal alle Kosten der Weiterbildung von Arbeitslosen zu tragen. Die Arbeitslosen haben schließlich selbst auch ein Interesse daran, durch den Erwerb von Qualifikationen ihre zukünftigen Chancen auf Arbeitsplätze und höheren Lohn zu verbessern. Grundlegende Kenntnisse der deutschen Sprache, Fremdsprachenkenntnisse und numerische Fähigkeiten veralten nicht, sind beinahe universell einsetzbar, sind relativ kostengünstig zu erwerben und erhöhen in fast allen Arbeitsverhältnissen die Arbeitsproduktivität. Somit sollten Arbeitslose von sich aus bereits motiviert sein, diese Qualifikationen selbst zu erwerben.

Der Staat hingegen ist dort gefordert, wo hohe Eintrittshürden und sehr spezifische oder kurzlebige Qualifikationserfordernisse Arbeitslose davon abhalten, in Qualifikationen zu investieren, die auf dem Arbeitsmarkt geschätzt werden. Er kann durch gezielte Subventionen von Investitionen in spezifische oder schnell veraltende Fertigkeiten die Hürde für Arbeitslose senken, sich diese Fertigkeiten anzueignen. Ein Beispiel sind hier die momentan wieder diskutierten Informatik-Kenntnisse. Offensichtlich besteht ein höherer Bedarf der Wirtschaft an diesen Fähigkeiten als angeboten wird, und dennoch scheuen sich viele Arbeitslose, sich in Informatikprogrammen zu schulen. Eine Konsequenz sind sehr hohe Löhne für diejenigen, die eine adäquate Stelle haben, und Arbeitslosigkeit zum Beispiel bei älteren Technikern, die früher bei der Deutschen Post oder der Deutschen Telekom gearbeitet haben und in großem Umfang vorzeitig in Ruhestand geschickt wurden. Diese Menschen hätten die kognitiven und formalen Fähigkeiten, die der Umgang mit modernen Softwareprogrammen erfordert. Allerdings ist die ihnen verbleibende restliche Arbeitszeit zu kurz, daß sich hohe Investitionen in die Einarbeitung in diese Programme noch lohnt. Hinzu kommt, daß sie meistens eine relativ hohe Arbeitslosenunterstützung erhalten, da die Sozialpläne relativ großzügig waren. Eine Subventionierung der arbeitswilligen, älteren Techniker würde die Beschäftigung erhöhen, die Löhne für diese Tätigkeiten wohl geringfügig senken und den Verlust wertvollen Humankapitals durch die Arbeitslosigkeit bzw. Frühverrentung reduzieren.

Literatur

Altrichter, H. & Gorbach, S. (1993). Professionalität im Wandel: Konsequenzen für Begriffsbestimmung und professionelle Ausbildung diskutiert am Beispiel Personalentwicklung. *Zeitschrift für Personalforschung, 1*, 77-95.

Asplund, R. & Pereira, P. T. (1999). *Returns to human capital in Europe.* Helsinki: PURE.

Blanchard, O. & Summers, L. (1986). Hysteresis and the European unemployment problem. In S. Fischer (Ed.), *NBER macroeconomic annuals* (S. 23-78). Cambridge, Mass.: MIT Press.

Carruth, A. & Oswald, A. (1987). On union preferences and labour market models: Insiders and outsiders. *Economic Journal, 97*, 431-445.

Fehr, E. & Kirchsteiger, G. (1994). Insider power, wage discrimination and fairness. *Economic Journal, 104*, 571-583.

Franz, W. (1990). Hysteresis in economic relationships: An overview. In W. Franz (Ed.), *Hysteresis effects in economic models.* Heidelberg: Physica.

Gieske, W., Tietgens, H., Schäffter, O., Venth, A. & Müller, W. (1988). *Professionalität und Professionalisierung.* Bad Heilbrunn: Klinkhardt.

Gottfries, N. & Horn, H. (1987). Wage formation and the persistence of unemployment. *Economic Journal, 97*, 877-884.

Lauer, C. & Steiner, V. (1999). Returns to human capital in Germany: Review of the empirical literature. In R. Asplund & P. T. Pereira (Eds.), *Returns to human capital in Europe* (S. 125-146). Helsinki: PURE.

Lindbeck, A. (1996). Microfoundations of unemployment theory. *Weltwirtschaftliches Archiv, 132*, 609-637.

Lindbeck, A. & Snower, D. (1986). Wage setting, unemployment, and insider-outsider relations. *American Economic Review, 76*, 235-239.

Lindbeck, A. & Snower, D. (1988). Cooperation, harassment, and involuntary unemployment: An insider-outsider approach. *American Economic Review, 78*, 167-188.

Lindbeck, A. & Snower, D. (1989). Job security, work incentives and unemployment. In S. Honkapohja (Ed.), *Information and incentives in organizations* (S. 191-212). Oxford: Basil Blackwell.

Muysken, J. & Zwick, T. (1998). Insider power breeds human capitalists. In F. Haslinger & O. Stönner-Venkatarama (Eds.), *Aspects of the distribution of income* (S. 419-440). Marburg: Metropolis.

OECD (1996). *Education at a glance – indicators.* Paris.

OECD (1998). *Education at a glance – indicators.* Paris.

Pfeiffer, F. & Falk, M. (1999). *Der Faktor Humankapital in der Volkswirtschaft: Berufliche Spezialisierung und technologische Leistungsfähigkeit.* Baden-Baden: Nomos.

Stein, M. (1993). *Zur Problematik von Professionalisierungs- und Substitutionsprozessen neuer Berufsgruppen am Beispiel der Absolventen sozialwissenschaftlicher Studiengänge.* Bochum: Brockmeyer.

Stigler, G. (1971). The theory of economic regulation. *The Bell Journal of Economics and Management Science, 2*, 1-21.

Zwick, T. (1998). *Unemployment and human capital.* Maastricht: Unigraphic.

Zwick, T. (2000). Trends bei Beschäftigung und Qualifikation in Deutschland. In Verein der Freiburger Wirtschaftswissenschaftler (Hrsg.), *WissensWert* (S. 265-275). Baden-Baden: Nomos.

Zwick, T. & Schröder, H. (2001). *Wie aktuell ist die Berufsbildung im Dienstleistungssektor? Sektorale Besonderheiten und deren Auswirkungen auf den Qualifikationsbedarf.* Baden-Baden: Nomos.

3 Makroökonomische Ursachen von Erwerbslosigkeit – eine neoklassische Perspektive

Richard Reichel

3.1 Problemaufriß

Die in vielen OECD-Ländern nach wie vor bedrückend hohe Arbeitslosigkeit stellt neben den Finanzierungsproblemen der sozialen Sicherungssysteme das wichtigste wirtschaftspolitische Problem der Gegenwart dar. Insbesondere in Deutschland ist noch kein substantieller Abbau der Unterbeschäftigung erkennbar. Die gegenwärtige konjunkturelle Erholung schlägt zwar zunehmend positiv auf den Arbeitsmarkt durch, eine mittelfristige Reduktion der Arbeitslosenquoten auf Werte um 5% ist dennoch nicht zu erwarten. Dies hat bereits zu pessimistischen Langzeitprognosen wie der These vom Ende der Erwerbsgesellschaft geführt.

Vor diesem Hintergrund bleibt freilich zu fragen, warum andere Industrieländer, die vom Strukturwandel ähnlich wie Deutschland betroffen sind in den vergangenen Jahren weitaus größere Erfolge am Arbeitsmarkt erzielen konnten. Ein Ländervergleich verdeutlicht die extremen Unterschiede. Die Arbeitslosenquoten (1999) der beschäftigungspolitisch erfolglosen Länder reichen von gut 10% (Deutschland, Frankreich, Italien, Belgien) bis zu 15% (Spanien, hier allerdings mit fallender Tendenz). Eine Mittelgruppe verzeichnet zwar keine Vollbeschäftigung, aber dennoch deutlich niedrigere Quoten, die zwischen 5% und 8% liegen (Großbritannien, Irland, Kanada, Dänemark). Schließlich zeigen andere Länder mit Quoten zwischen 2% und 4%, daß Vollbeschäftigung auch heute kein unerreichbares Ziel darstellt (Schweiz, USA, Niederlande).[1] Besonders instruktiv ist dabei der zeitliche Verlauf der Arbeitslosenquoten ehemaliger Problemländer, zeigt dieser doch, daß auch aus einer Situation hoher Arbeitslosigkeit (die Anfang der 90er Jahre in fast allen Industrieländern herrschte) Vollbeschäftigung oder zumindest eine wesentliche Verbesserung der Beschäftigungslage erreicht werden kann.

Bereits diese differenzierte Betrachtung der länderspezifischen Erfahrungen zeigt, daß von einer Tendenz zu immer höherer dauerhafter Unterbeschäftigung nicht die Rede sein kann. Auf der anderen Seite ist es im Sinne eines umfassenden Erklärungsansatzes wünschenswert, unterschiedliche nationale Politikstrategien auf den Feldern der Lohnpolitik, der aktiven und passiven Arbeitsmarktpolitik oder auch der Geld- bzw. Fiskalpolitik[2] und allgemeinen Wirtschaftspolitik zu berücksichtigen sowie länderspezifische Besonderheiten, beispielsweise die demographische Entwicklung, in die Analyse zu integrieren. Ein Ansatz, der zumindest einige Elemente integriert, soll im folgenden vorgestellt werden, ohne daß er den Anspruch erhebt, eine allumfassende Erklärung zu liefern.

---

1 Die unterschiedlichen Erfassungsmethoden erklären nur einen (kleineren) Teil der Differenzen zwischen den Ländern. Auf die hier verwendeten standardisierten Quoten der OECD (1996) trifft dieses Argument noch weniger zu. Größtenteils irrelevant wird es, wenn der zeitliche Verlauf in einem Land betrachtet wird.

2 Eine Diskussion der Effekte bzw. der Wirksamkeit von Geld- und Fiskalpolitik ist im gewählten Analyserahmen nicht möglich. Festzuhalten bleibt aber, daß beide Politiken kurz- und mittelfristig durchaus wirksam sein können. Bei unserer empirischen Schätzung dürfte sich dies primär in den Wachstumsraten des Sozialprodukts niederschlagen, die in den Indikator der Lohnpolitik eingehen. Vgl. zu den Bedingungen der Wirksamkeit von Geld- und Fiskalpolitik Collignon (1999).

Dabei soll das zeitliche Verhalten der (an der Arbeitslosenquote gemessenen) Arbeitslosigkeit in Deutschland (alte Bundesländer), aber auch in anderen Industrieländern erklärt werden. Die Zeitreihenperspektive ergibt sich hierbei aus der Konzentration der einschlägigen Literatur auf Querschnittsanalysen, die meist versuchen, die in den letzten 25 Jahren stark gestiegenen Arbeitslosenquoten in den OECD-Ländern durch Variablen wie das Realzinsniveau, Energiepreisschocks, die Steuerbelastung oder die institutionelle Struktur der Lohnfindung zu erklären (Phelps & Zeoga, 1998; Nickell, 1998). Obwohl diese, meist als allgemeine Gleichgewichtsmodelle formulierten Ansätze länderspezifische Unterschiede der Höhe der Arbeitslosigkeit recht gut zu erfassen vermögen (Nickell, 1998), sind die Resultate bei der Erklärung länderspezifischer Zeitreihenverläufe vielfach unbefriedigend (Madsen, 1998).[3] Beispiele "erfolgreicher" zeitreihenanalytischer Ansätze sind demgegenüber die Arbeiten von Hansen (1996) und Henry und Nixon (1999). Bei Hansen steht die sog. "wage wedge", also die Differenz zwischen Produzenten- und Konsumentenlöhnen im Vordergrund, wobei sich mit wachsender Differenz die Arbeitslosenquote erhöht. Henry und Nixon verwenden diese Variable (mit ähnlichen Ergebnissen) zwar auch, untersuchen aber zusätzlich die Rolle von Ölpreis- und Terms of Trade-Schocks, Realzinsen und Lohnersatzleistungen. Als Ergebnis kann festgehalten werden, daß steigende Zinsen und Importpreise bzw. höhere Lohnersatzleistungen einen Anstieg der Arbeitslosigkeit zur Folge haben. Nicht berücksichtigt werden in diesem Ansatz allerdings Indikatoren der Lohnpolitik und der Kapitalbildung.

Um deren Bedeutung zu untersuchen, soll im weiteren das neoklassische Wachstumsmodell von Solow (1956) als Ausgangspunkt dienen. Dieses Modell bezieht sich zwar auf eine geschlossene Volkswirtschaft, dies muß indes keinen Nachteil darstellen. Vielmehr kann die empirische Erklärungskraft des Modells Hinweise auf seine praktische Relevanz geben. Sollte diese nicht gegeben sein, wären Modellerweiterungen angebracht. Wie sich anhand der später präsentierten empirischen Ergebnisse zeigen läßt, scheinen diese aber nicht erforderlich zu sein.

3.2 Arbeitslosigkeit in der neoklassischen Analyse

Es mag zunächst problematisch erscheinen, das Solow-Modell zur Analyse von Erwerbslosigkeit heranzuziehen, geht dieses Modell doch von flexiblen Preisen und Löhnen bzw. von Vollbeschäftigung aus. Dieser Einwand ist aber nur vordergründig richtig, da die Kombination des (makroökonomischen) Solow-Modells mit einem einfachen mikroökonomischen Optimierungskalkül durchaus Aussagen über die Determinanten der Arbeitslosigkeit zuläßt. Kernpunkt des Solow-Modells ist eine gleichgewichtige Kapitalintensität bzw. ein gleichgewichtiges (steady state) Pro-Kopf-Einkommen, das von drei Determinanten bestimmt wird, der Zuwachsrate der Bevölkerung bzw. der Zuwachsrate der Erwerbspersonen, wenn eine konstante Erwerbsneigung unterstellt wird, der Abschreibungsrate auf den Kapitalstock und der Spar- bzw. Investitionsquote

---

3 Neben der hier präsentierten Zeitreihenanalyse sind auch Querschnittsanalysen oder gepoolte Analysen möglich. Reine Querschnittsanalysen leiden allerdings unter dem statistischen Problem der "Informationsvernichtung" durch die Bildung von Durchschnitten (Informationsverdichtung), weswegen dieser Weg hier nicht beschritten werden soll. Theoretisch erfolgversprechender ist die Analyse von Paneldaten beispielsweise mit Hilfe von "fixed effects" oder "random effects" Modellen, durch die länderspezifische Effekte abgebildet werden können.

(die in einer geschlossenen Volkswirtschaft identisch sind). Berücksichtigt man zusätzlich technischen Fortschritt, so determiniert dieser ebenfalls die Höhe des Einkommensniveaus.

Die gleichgewichtige Kapitalintensität wiederum bestimmt den herrschenden Lohnsatz.[4] Je höher die Kapitalintensität (und damit das Pro-Kopf-Einkommen), desto höher ist der Reallohn bzw. das Lohn-Zins-Verhältnis. Dieser Zusammenhang ist darin begründet, daß eine hohe Kapitalausstattung pro Beschäftigten/Arbeitsplatz die Produktivität (Grenzprodukt) der eingesetzten Arbeit erhöht und damit die Zahlung hoher Löhne ermöglicht.[5] Ceteris paribus führen folgende Veränderungen der exogenen Variablen zu einem steigenden Reallohnniveau:

- eine Verringerung der Abschreibungsrate; dies ist gleichbedeutend mit einer höheren Nettoinvestitionsquote bei gegebener Bruttoinvestitionsquote;
- eine Verringerung der Zuwachsrate der Zahl der Erwerbspersonen; dies entspricht einer Reduktion des "demographischen Drucks" auf einen gegebenen Kapitalstock;
- eine Erhöhung der Bruttoinvestitionsquote.

Steigende Kapitalbildung und ein geringerer demographischer Druck werden im Solow-Modell als exogene Variablen betrachtet, die bei flexiblen Preisen und Löhnen zu einer Erhöhung des Wohlstandsniveaus bei Vollbeschäftigung führen.

Was geschieht nun, wenn negative externe Schocks wie beispielsweise eine Verringerung der Investitionsquote oder eine Zunahme der Wachstumsrate der Zahl der Erwerbspersonen (durch eine höhere Erwerbsneigung oder durch Zuwanderung) auftreten? Das Solow-Modell impliziert in diesem Fall einen Rückgang der Kapitalintensität, der Reallöhne und einen Anstieg des Zinsniveaus. Die Lohnflexibilität nach unten verhindert hierbei das Auftreten von Arbeitslosigkeit. Allerdings stellt sich sofort die Frage nach den Konsequenzen unzureichender Lohnflexibilität. Unterstellt man, daß auf negative exogene Schocks nicht mit einer Lohnreduktion, sondern mit unveränderten Reallöhnen "reagiert" wird, so folgt Arbeitslosigkeit. Dies läßt sich anhand des mikroökonomischen Kostenminimierungskalküls zeigen. Durch die mangelnde Lohnflexibilität müssen sich die Unternehmer an das nunmehr überhöhte Lohn-Zins-Verhältnis anpassen. Sie tun dies, indem sie genau jene Kapitalintensität der Produktion wählen, die vor dem Eintritt des exogenen Schocks optimal war. Die unmittelbare Folge ist, daß aufgrund verminderter Investitionen bzw. des gestiegenen Arbeitsangebots einem Teil der Erwerbspersonen kein "Hochlohnarbeitsplatz" mehr zur Verfügung gestellt werden kann (Reichel, 1999).

Um diesen Effekt auch empirisch messen zu können, bedarf es allerdings eines Indikators für die Lohnzurückhaltung. Im Gegensatz zu Indikatoren, die auf Veränderungen der Lohnquote abstellen, soll hier das Maß der "Lohnzurückhaltung" in der Definition von Lapp und Lehment (1997) verwendet werden. Es lautet

---

4 Vgl. hierzu die Lehrbuchdarstellung bei Neumann (1994, S. 12f.).

5 Auch empirisch ist dieser Zusammenhang evident, wenn man die niedrigen Löhne und Pro-Kopf-Einkommen (bzw. die Kapitalintensitäten) kapitalarmer Länder der sogenannten Dritten Welt betrachtet (Yarbrough & Yarbrough, 1997, S. 87, 118).

Lohnzurückhaltung = Zuwachsrate des Bruttoinlandsprodukts – Zuwachsrate des Lohnsatzes

wobei der Lohnsatz dem durchschnittlichen Bruttoarbeitseinkommen eines abhängig Beschäftigten entspricht. (Die beiden Größen der rechten Seite können sowohl nominal als auch real definiert werden.)

Je größer die so definierte Lohnzurückhaltung, d.h. je niedriger ceteris paribus die Lohnerhöhungen ausfallen, desto günstiger ist dies für die Entwicklung der Beschäftigtenzahl und desto niedriger ist die Arbeitslosenquote. Empirisch läßt sich beispielsweise feststellen, daß eine um einen Prozentpunkt höhere Lohnzurückhaltung zu einem zusätzlichen Anstieg der Beschäftigung um 0,9 Prozentpunkte führt (Lapp & Lehment, 1997).

Fassen wir die Determinanten der Arbeitslosenquote zusammen, so ergibt sich folgendes: Zu einer Erhöhung der Arbeitslosenquote kommt es ceteris paribus dann, wenn

- die Nettoinvestitionsquote fällt,
- die Zuwachsrate der Zahl der Erwerbspersonen steigt und
- die Lohnzurückhaltung negative Werte annimmt.

Aus Vereinfachungsgründen werden hier die (getrennten) Wirkungen der Abschreibungsrate und der Bruttoinvestitionsquote zur Nettoinvestitionsquote zusammengefaßt. Diese erfaßt dann die beschäftigungsschaffenden Effekte von Kapazitätserweiterungen.

3.3 Empirische Evidenz für Deutschland

Die empirischen Eigenschaften des vorgestellten Modellansatzes sollen zunächst für die alten Länder der Bundesrepublik Deutschland in den Jahren 1960 bis 1994 im Rahmen eines strukturellen Eingleichungsmodells überprüft werden. Die Beschränkung auf die alten Bundesländer und die angegebene Periode erfolgt aus Gründen der Datenverfügbarkeit. Hierzu wird folgende allgemeine Funktion verwendet:

$$u_t = f(u_{t-1}, I/Y, n, lz).$$

Die Arbeitslosenquote der Gegenwart u_t wird regressiert auf die Arbeitslosenquote des Vorjahrs u_{t-1}, die Nettoinvestitionsquote I/Y, die Zuwachsrate der Zahl der Erwerbspersonen n und die Lohnzurückhaltung lz. Die Variablen (Jahreswerte) sind wie folgt definiert:

- *Arbeitslosenquote*: Anteil der Arbeitslosen an den abhängigen Erwerbspersonen; $u_t = U_t / E_t$; mit U_t = registrierte Arbeitslose und E_t = abhängige Erwerbspersonen einschließlich der reg. Arbeitslosen; Quelle: Sachverständigenrat zur Begutachtung der gesamtwirtschaftlichen Entwicklung (Sachverständigenrat) (1996, S. 347).

- *Nettoinvestitionsquote*: Anteil der Nettoinvestitionen am Nettosozialprodukt zu Marktpreisen; Quelle: Sachverständigenrat (1996, S. 361).
- *Zuwachs Erwerbspers.*: Zuwachsrate der Zahl der 15- bis 64-jährigen Einwohner; Quelle: OECD Labour Force Statistics (1973, 1986, 1997).
- *Lohnzurückhaltung*: Zuwachsrate des Volkseinkommens abzüglich der Zuwachsrate der Bruttolohn- und Gehaltssumme je beschäftigten Arbeitnehmer (jeweils nominal); Quelle: Sachverständigenrat (1996, S. 357-362).

Dabei läßt sich die Einbeziehung der Arbeitslosenquote der Vorperiode mit der beobachteten strukturellen Persistenz der Arbeitslosigkeit begründen, die wiederum eine ihrer Ursachen in Rigiditäten des Arbeitsmarktes (institutionelle und rechtliche Regulierungen) hat. Überprüft wurde diese Hypothese wie folgt: Zunächst wurde für 11 europäische Länder ein einfaches autoregressives Modell der Form $u_t = c + \alpha \cdot u_{t-1} + \varepsilon_t$ geschätzt (Jahn & Wagner 1997, S. 53). Der länderspezifische Parameter α wurde sodann zwei ordinalen Maßen für die Arbeitsmarktflexibilität gegenübergestellt, (a) dem Flexibilitätsindikator von Koedijk und Kremers (1996) sowie (b) einem kombinierten Indikator, der die bei Nickell (1997) angegebenen Teilindikatoren "employment protection" und "labor standards" zusammenfaßt.[6] Dabei ergaben sich Korrelationskoeffizienten (Produkt-Moment-Korrelation) von +0,59 bzw. + 0,64. Dies zeigt, daß rigidere Arbeitsmärkte mit tendenziell höheren Werten des autoregressiven Parameters α einhergehen. Wenngleich dieses Ergebnis wegen des geringen Stichprobenumfangs nicht überbewertet werden darf, so zeigt es doch, daß ein Zusammenhang der eingangs formulierten Art wahrscheinlich ist und die Einbeziehung der Arbeitslosenquote der Vorperiode rechtfertigt.

Hinsichtlich der Zuwachsrate der Erwerbspersonen ergeben sich zwei Alternativen. Zum einen könnte diese Variable auf Basis der Definition "Erwerbspersonen = Erwerbstätige + Arbeitslose" ermittelt werden. In diesem Fall ergeben sich allerdings Endogenitätsprobleme, da die Arbeitslosenzahl ja auch Bestandteil der abhängigen Variable "Arbeitslosenquote" ist. Aus diesem Grund wurde als Maß für den demographischen Druck die oben beschriebene Zuwachsrate der Zahl der 15- bis 64-jährigen Personen verwendet.

Zu möglichen Endogenitätsproblemen sei folgendes vermerkt: Die der empirischen Schätzung zugrundeliegenden theoretischen Überlegungen gehen von der Exogenität der Variablen "Investitionsquote", "Lohnzurückhaltung" und "Zuwachsrate der Zahl der Erwerbspersonen" aus. Folgt man dem theoretischen Modell, so erfordert dies auch empirisch die Annahme der Exogenität dieser Variablen. Angesichts der vereinfachten Modellmechanik ist es allerdings denkbar, daß in der Realität zwischen diesen Größen Wechselbeziehungen bestehen. Mit anderen Worten, die Variablen können endogen sein. So könnte beispielsweise eine mehr oder weniger große Lohnzurückhaltung Auswirkungen auf die Investitionsquote haben, oder aber beide könnten eine Folge der konjunkturellen Entwicklung sein. Andererseits könnte die Zuwachsrate der Zahl der Erwerbspersonen ebenfalls nicht unabhängig von der wirtschaftlichen Entwicklung sein. So ist beispielsweise denkbar, daß steigende Löhne einen Anreiz zu verstärkter

---

[6] Der Indikator "employment protection" erfaßt die gesetzlichen Vorschriften hinsichtlich Einstellungen und Entlassungen, der Indikator "labor standards" berücksichtigt darüber hinaus Regelungen im Hinblick auf Arbeitszeiten, Zeitarbeitsverträge, Mindestlöhne und die Mitwirkungs- bzw. Mitbestimmungsrechte der Arbeitnehmer (vgl. Nickell, 1997, S. 59ff.)

Einwanderung bieten. Eine vollständige Abbildung dieser Effekte bei der empirischen Schätzung würde dann die Spezifikation eines Mehrgleichungsmodells bzw. die Einführung von (wiederum nicht unproblematischen) Instrumentvariablen erforderlich machen. Dies unterbleibt hier.

Nunmehr verbleibt noch die Klärung einer letzten Frage nach der genauen Spezifizierung der Schätzgleichung. Hier soll unterstellt werden, daß die Effekte, die von den Investitionen, der demographischen Entwicklung und der Lohnpolitik ausgehen, nicht nur im entsprechenden Jahr, sondern mit erheblichen Zeitverzögerungen wirken.[7] Deshalb wird im Rahmen der empirischen Schätzung ein "autoregressive distributed lag"-Modell (ADL-Modell) geschätzt und überprüft, wie weit diese Vergangenheitseffekte in die Gegenwart hineinwirken. Dabei ist die genaue lag-Spezifikation des ADL-Modells zunächst ungeklärt. (So sind beispielsweise auch Verzögerungen höherer Ordnung bei der Arbeitslosenquote denkbar.) Um zu einer endgültigen Spezifikation zu gelangen, wurde eine Vorgehensweise à la Hendry gewählt (Kennedy, 1993). Diese besteht in einer Testsequenz, die – beginnend mit einer möglichst allgemeinen Spezifikation – sukzessive zu immer restriktiveren Modellvarianten vordringt und diese anhand ökonometrischer Tests auf ihre empirischen Eigenschaften und ökonomische Plausibilität hin untersucht. (In der allgemeinen Spezifikation wurde ein maximaler time-lag von drei gewählt, um bei der Schätzung nicht zu viele Freiheitsgrade einzubüßen.) Diese endgültige Spezifikation erlaubt nun die simultane Erklärung der Arbeitslosigkeit durch mehrere Faktoren. Sie integriert folgende Ursachen von Arbeitslosigkeit:

1. Kapitalmangelarbeitslosigkeit, die durch eine (bei gegebenem Lohnniveau) zu geringe Investitionstätigkeit hervorgerufen wird;
2. Klassische Arbeitslosigkeit, die aus einem (bei gegebener Investitionstätigkeit) zu hohen Lohnsatz resultiert;
3. Demographische Arbeitslosigkeit, deren Ursache in einer wachsenden Erwerbsneigung oder verstärkter Zuwanderung zu sehen ist, ohne daß die Volkswirtschaft durch vermehrte Kapitalbildung dafür Sorge tragen würde, daß die neu in den Arbeitsmarkt eintretenden Personen zu den herrschenden Lohnsätzen mit einem adäquaten Kapitalstock ausgestattet werden.
4. Hystereseeffekte, die aus einer verzögerten Reaktion des Arbeitsmarktes auf Änderungen der exogenen steady-state-Parameter resultieren (Jahn & Wagner, 1997).

Dieser Schätzansatz ermöglicht damit die Untersuchung folgender Fragestellungen:

1. Inwieweit ist der neoklassische Ansatz überhaupt geeignet, den Verlauf der Arbeitslosenquote zu erklären?
2. Welche der diskutierten Faktoren erweisen sich als empirisch besonders bedeutsam?
3. Welche wirtschaftspolitischen Empfehlungen sind sinnvoll, um eine Verbesserung der Beschäftigungslage zu erreichen?

Die nachfolgende Tabelle 3.1 zeigt die endgültige Spezifikation (Spalte IV) sowie einige erweiterte Ansätze, die mit dem allgemeinen Modell beginnen (Spalte I). Bei den

---

7 Für die Lohnpolitik konnte dies empirisch belegt werden (vgl. hierzu Lapp & Lehment, 1997).

Gleichungen der Spalten II und III wurden jeweils insignifikante Koeffizienten eliminiert. In Klammern unter den Koeffizienten sind die t-Werte angegeben.

Tabelle 3.1: Schätzergebnisse bei unterschiedlichen Spezifikationen

	Variable	I	II	III	IV
Arbeitslosenquote der Vorperiode(n)	u_{t-1}	1,1181	1,0377	1,0020	0,9969
		(5,91)	(14,75)	(15,27)	(16,28)
	u_{t-2}	-0,0838	-	-	-
		(0,45)			
Lohnzurückhaltung	lz_t	-0,2715	-0,2729	-0,2414	-0,2278
		(4,73)	(4,86)	(4,51)	(5,60)
	lz_{t-1}	-0,1264	-0,1494	-0,2054	-0,1981
		(1,88)	(3,04)	(6,23)	(6,35)
	lz_{t-2}	-0,0327	-0,0508	-0,0676	-0,0712
		(0,65)	(1,65)	(2,23)	(2,45)
Investitionsquote	$(I/Y)_t$	-0,0466	-0,0408	-0,0741	-0,0830
		(0,73)	(0,67)	(1,24)	(2,35)
	$(I/Y)_{t-1}$	-0,1002	-0,1091	-0,0078	-
		(1,09)	(1,24)	(0,12)	
	$(I/Y)_{t-2}$	0,1026	0,1010	-	-
		(1,45)	(1,46)		
Zuwachrate d. Erwerbspers.	n_t	0,2966	0,2871	0,1170	-
		(1,74)	(1,72)	(0,81)	
	n_{t-1}	0,2070	0,2259	0,3928	0,4591
		(1,03)	(1,17)	(2,68)	(4,33)
	n_{t-2}	0,0969	0,1260	-	-
		(0,55)	(0,78)		
Regressionskonstante	$const$	0,4793	0,5456	1,2457	1,2972
		(0,53)	(0,63)	(1,64)	(1,92)
Modellprüfgrößen	$\overline{R}^2$ a)	0,9917	0,9920	0,9915	0,9919
	F b)	337,65	385,90	452,13	632,85
	$BG\ \chi^2$ c)	10,8419	2,4223	0,8222	0,9971
	JB d)	0,0576	0,1573	0,1521	0,2141
	$White\ \chi^2$ e)	20,3151	18,6035	16,2694	16,2758
	$ARCH\ \chi^2$ f)	1,0072	1,3182	1,4139	0,2876

Anmerkungen: [a] Korrigiertes Bestimmtheitsmaß; [b] F-Test auf Signifikanz der Gleichung; [c] Breusch-Godfrey-Test auf Autokorrelation; [d] Jarque-Bera-Test auf Normalverteilung der Residuen: [e] White-Test auf Heteroskedastizität; [f] Test auf autoregressiv bedingte Heteroskedastizität.

Quelle für Testgrößen: Greene, 1997, S. 255, 268, 595, 309, 550, 573.

Das Ergebnis der empirischen Schätzung einschließlich zweier weiterer Teststatistiken lautet also wie folgt:

$$(1)\quad u_t = \underset{(1{,}92)}{1{,}297} + \underset{(16{,}28)}{0{,}997u_{t-1}} - \underset{(5{,}60)}{0{,}228lz_t} - \underset{(6{,}35)}{0{,}198\,lz_{t-1}} - \underset{(2{,}45)}{0{,}071\,lz_{t-2}} - \underset{(2{,}36)}{0{,}083\,(I/Y)_t} + \underset{(4{,}33)}{0{,}459\,n_{t-1}}$$

$R^2 = 0{,}9935$, $\overline{R}^2 = 0{,}9919$

Autokorrelation: *Durbins* $h = -0{,}7813$ (Greene, 1997, S. 596)

Stationarität der Residuen: $DF = -6{,}6236$ (Greene, 1997, S. 848)

Das Modell zeigt eine sehr hohe Anpassungsgüte, alle Koeffizienten sind (bis auf die Konstante) mindestens auf dem 95%-Niveau signifikant.[8] Keiner der Tests indiziert einen Verstoß gegen die OLS-Annahmen. Angesichts einer maximalen Interkorrelation der exogenen Variablen von $r = 0{,}25$ sind auch keine störenden Multikollinearitätseffekte zu befürchten. Die Parameterstabilität wurde mittels eines CUSUM-Tests (Greene, 1997, S. 356) überprüft, der ebenfalls keinerlei Auffälligkeiten zeigte.[9] Weitere Hinweise auf die Zuverlässigkeit der Spezifikation liefert die Zerlegung des Theil-Koeffizienten bei der dynamischen ex post-Schätzung, die weiter unten präsentiert wird.

Abbildung 3.1: Tatsächliche und geschätzte Arbeitslosenquote, 1960-1994

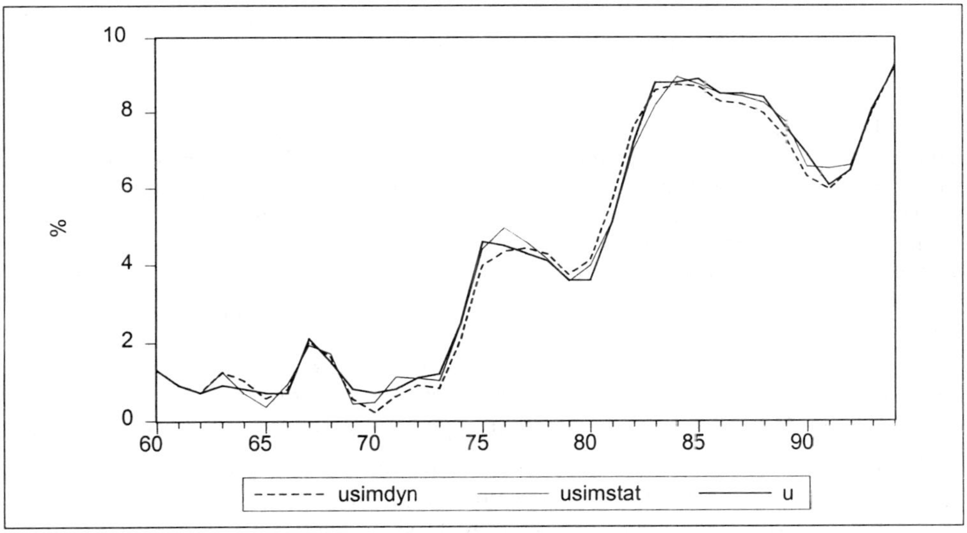

Verdeutlicht wird die Schätzung durch ein Schaubild, das den tatsächlichen Verlauf der Arbeitslosenquote in Westdeutschland sowie die Replikation durch die Schätzergebnisse zeigt. Unterschieden wird dabei zwischen der statischen (in der folgenden Abbildung 3.1 als usimstat bezeichnet) und der dynamischen "Simulation" (in der Abbildung 3.1 usimdyn bezeichnet). Die statische Schätzung verwendet bei der Ermittlung der Parameter die jeweils beobachteten Werte der Arbeitslosenquote der Vorperiode, die dynamische Schätzung verwendet die durch das Modell selbst ermittelten Werte dieser Größe.

8 Bei der Arbeitslosenquote erwiesen sich über einen time lag von zwei hinausgehende Verzögerungen höherer Ordnung als insignifikant. Auf eine tabellarische Darstellung wurde deshalb verzichtet.

9 Analoge Resultate liefert eine rekursive Koeffizientenschätzung. Alle Koeffizienten zeigen nach einer kurzen Einschwingphase Stabilität über die Zeit, was auf die Abwesenheit stärkerer exogener Schocks hindeutet.

Zur Überprüfung der Hypothese, die beobachtete Wirkung der Variable "Lohnzurückhaltung" bilde lediglich den Konjunkturverlauf ab, der seinerseits für die Bewegungen der Arbeitslosenquote verantwortlich sei, wurde die Wachstumsrate des realen Sozialprodukts gyr zusätzlich in die Schätzgleichung (1) aufgenommen. Dabei werden zunächst ebenfalls Zeitverzögerungen von bis zu zwei Jahren einbezogen. Man erhält folgendes Resultat:

1. Die Koeffizienten der Variablen lz_t und lz_{t-1} gehen betragsmäßig geringfügig zurück, bleiben aber hochsignifikant negativ. Der Koeffizient von lz_{t-2} wird insignifikant.
2. Der Einfluß der Zuwachsrate der Erwerbspersonen bleibt nahezu unverändert.
3. Keine der Variablen gyr_t, gyr_{t-1} und gyr_{t-2} ist signifikant (der maximale t-Wert beträgt 1,31). Auf der anderen Seite verschwindet der Einfluß der Nettoinvestitionsquote.
4. Reduziert man die Anzahl der Zeitverzögerungen bei der Variable gyr, so kehrt der signifikante Einfluß der Investitionsquote sowie der um zwei Jahre verzögerten Lohnzurückhaltung zurück. Ein signifikanter Einfluß von gyr ergibt sich bei keiner Spezifikationsalternative.

Dieser Befund läßt sich wie folgt interpretieren: Beim Einfluß der Lohnzurückhaltung handelt es sich nicht lediglich um einen Reflex der Konjunktur, da sonst die Wachstumsrate des Realeinkommens einen signifikant negativen Einfluß hätte aufweisen müssen (höheres Wachstum verbunden mit geringerer Arbeitslosigkeit). Das ist aber nicht der Fall. Vielmehr zeigt die Insignifikanz der Investitionsquote bei Einführung der Einkommenswachstumsrate, daß hier konjunkturelle Wechselbeziehungen bestehen bzw. daß die Investitionsquote den Konjunkturverlauf zumindest approximativ (anstelle des Einkommenswachstums) abbildet.

Angesichts der hohen Anpassungsgüte stellt sich allerdings die Frage, ob diese nicht der Einbeziehung der verzögerten Arbeitslosenquote zuzuschreiben ist, zumal eine entsprechende Autoregression das Ergebnis $u_t = 0{,}279 + 0{,}9887 \cdot u_{t-1}$ liefert, wobei das Bestimmtheitsmaß bei 0,93 liegt. Gegen die Haltbarkeit dieses Arguments läßt sich aber folgendes anführen: Zunächst zeigt ein Wald-Test (Greene, 1997, S. 164), daß der Koeffizient der verzögerten Arbeitslosenquote nicht signifikant von Eins verschieden ist. Folglich kann auf beiden Seiten der Gleichung u_{t-1} subtrahiert werden und man erhält auf der linken Seite die Veränderung der Arbeitslosenquote in Prozentpunkten (Δu_t), während auf der rechten Seite nur noch "echte" erklärende Variablen stehen. Wäre die Anpassungsgüte primär auf eine Schein- oder Trendkorrelation zurückzuführen, so wäre zu erwarten, daß sich diese drastisch verschlechtert oder in Bezug auf einige/mehrere Determinanten völlig zusammenbricht. Wie die folgende Schätzgleichung (2) zeigt, ist dies aber nicht der Fall.

$$(2)\quad \Delta u_t = \underset{(7,78)}{1{,}265} - \underset{(9,06)}{0{,}229 lz_t} - \underset{(7,76)}{0{,}199\, lz_{t-1}} - \underset{(2,56)}{0{,}071\, lz_{t-2}} - \underset{(7,16)}{0{,}081\,(I/Y)} + \underset{(4,42)}{0{,}459\, n_{t-1}}$$

$R^2 = 0{,}909 \qquad F = 52{,}23$

Teststatistiken (vgl. Quellenangabe bei Tabelle 3.1):

Autokorrelation:	*Durbin Watson* = 2,2657
	Breusch – Godfrey $\chi^2 = 0{,}9272$
Normalverteilung und Stationarität der Residuen:	*JB* = 0,2237 *DF* = −6,654
Heteroskedastizität:	*White* $\chi^2 = 12{,}8357$
ARCH-Effekte:	$\chi^2 = 0{,}2796$

Dieses Ergebnis zeigt, daß über 90 Prozent der Schwankungen von Δu_t durch die Variablen $lz, I/Y$ und n erklärt werden können.[10] Die Koeffizientenwerte ändern sich kaum, während die Signifikanzniveaus deutlich ansteigen und die diagnostischen Tests wiederum keine Annahmenverletzungen anzeigen. Insofern kann die Vermutung eines primär trendmäßigen Zusammenhangs zwischen der Arbeitslosenquote und ihren Determinanten nicht bestätigt werden.

Damit lassen sich folgende Ergebnisse festhalten:

1. Der Schätzansatz zeigt eine sehr gute ex post-Anpassungsgüte, der zeitliche Verlauf der Arbeitslosenquote in Westdeutschland wird zuverlässig nachgebildet. Dieses Ergebnis unterstützt den neoklassischen Theorieansatz und begründet die Annahme, daß keine wesentlichen Determinanten der Arbeitslosigkeit unberücksichtigt geblieben sind.
2. Alle theoretischen Determinanten erweisen sich als statistisch signifikant und zeitlich stabil. Die Abweichungen zwischen statischer und dynamischer ex post-Simulation sind sehr gering. Anzeichen für Spezifikationsfehler finden sich keine. Dies wird auch deutlich, wenn der Ungleichheitskoeffizient von Theil (1961) bzw. seine Zerlegung betrachtet wird. Zunächst ergibt sich bei der dynamischen Schätzung ein Koeffizientenwert von 0,0278, was auf die Zuverlässigkeit der Schätzung hinweist.[11] Die Zerlegung in Bias-, Varianz- und Kovarianzanteil liefert folgende Werte: Bias-Anteil: 0,0758; Varianz-Anteil: 0,0036; Kovarianz-Anteil: 0,9205. Angesichts des hohen Kovarianz-Anteils wird deutlich, daß die unsystematischen Prognosefehler dominieren.
3. Allerdings zeigen die Ergebnisse auch, daß die quantitative Bedeutung der einzelnen Determinanten sehr unterschiedlich ist. Eine Erhöhung der Investitionsquote um einen Prozentpunkt führt in der kurzfristigen Betrachtung zu einer Absenkung der Arbeitslosenquote um lediglich knapp 0,1 Prozentpunkte. Von einer rein investitionsfördernden Wirtschaftspolitik sind demnach kurzfristig eher geringe positive Wirkungen auf den Arbeitsmarkt zu erwarten.

---

10 Die Einbeziehung der Wachstumsrate des Realeinkommens ergab wie bereits bei der Niveauschätzung durchweg insignifikante Koeffizienten für diese Variable.

11 Bei perfekter Vorhersage nimmt der Koeffizient den Wert "Null" an.

4. Demgegenüber führt eine zusätzliche Lohnzurückhaltung um einen Prozentpunkt zu einer Senkung der Arbeitslosenquote um einen halben Prozentpunkt, wobei sich die Wirkung über drei Jahre verteilt. In absoluten Zahlen entspricht dies einer Reduktion der Arbeitslosenzahlen um ca. 120.000 Personen. Dieses Resultat zeigt, daß eine Politik der Lohnzurückhaltung spürbare Beschäftigungseffekte hat, jedoch langfristig angelegt sein muß, um die Arbeitslosenquote drastisch abzusenken. Die gegenwärtige tarifpolitische Erfahrung zeigt aber, daß die Perioden ausgeprägter Lohnzurückhaltung zu kurz sind, um eine signifikante Besserung am Arbeitsmarkt herbeizuführen. Lediglich in den 80er Jahren konnten mittelfristig geringe Erfolge erzielt werden, wobei die demographische Entwicklung eine stärkere Entspannung verhinderte. Vor dem Hintergrund dieser Resultate ist der treppenförmige Anstieg der Arbeitslosenquote in den Jahren 1974/75, 1980/82 und 1993/94 durch die expansive Lohnpolitik in den Jahren 1974, 1980/82 und 1993 wesentlich mitverursacht worden.
5. Auch die demographische Entwicklung hat deutliche Auswirkungen. Ein Anstieg der Wachstumsrate der Zahl der Erwerbspersonen um einen Prozentpunkt zieht mit einjähriger Verzögerung einen Anstieg der Arbeitslosenquote um reichlich 0,4%-Punkte nach sich. Insbesondere in den 80er und 90er Jahren wurde mit Zuwachsraten von jährlich um 0,8% der Arbeitsmarkt erheblich belastet. Dabei resultierte die gestiegene Zahl an Erwerbspersonen einerseits aus den demographischen Veränderungen der deutschen Wohnbevölkerung, andererseits aus einer erhöhten Erwerbsneigung und verstärkter Zuwanderung.
6. Weitere Informationen über die relative Bedeutung der einzelnen erklärenden Variablen erhält man durch die Berechnung standardisierter Regressionskoeffizienten (beta-Koeffizienten). Da diese gegenüber den unstandardisierten Koeffizienten den Vorteil der Dimensionsunabhängigkeit besitzen, kann der quantitative Einfluß der Regressoren direkt verglichen werden. Die Berechnung ergab folgende Resultate: Bildet man die Summe der (drei) standardisierten Koeffizienten der Lohnzurückhaltung, so erhält man einen Wert von -0,333. Demgegenüber betragen die beta-Koeffizienten der Investitionsquote -0,122 und der Wachstumsrate der Zahl der Erwerbspersonen 0,074. Hieraus folgt wiederum eine relativ starke Wirkung der Lohnzurückhaltung, wobei aber beachtet werden muß, daß sich die volle Wirkung erst nach drei Jahren einstellt. Der Einfluß der Investitionen sowie der demographischen Variable sind demgegenüber geringer.

Insgesamt kann der neoklassische Ansatz den Verlauf der Arbeitslosigkeit bemerkenswert gut erklären, so daß eine Einbeziehung zusätzlicher Variablen wie beispielsweise Indikatoren der Fiskal- oder Geldpolitik nicht notwendig erscheint.[12] Experimente mit solchen ad hoc einbezogenen Größen wie beispielsweise verschiedenen Zinssätzen zeigten denn auch keine Verbesserung der Schätzergebnisse. Daraus kann wiederum der vorsichtige Schluß gezogen werden, daß die in Deutschland vorherrschende Arbeitslosigkeit primär klassischer Natur ist, wobei der Begriff "klassisch" in einem weiten Sinn zu interpretieren ist. Er umfaßt nicht nur Hochlohnarbeitslosigkeit, sondern ebenso demographische Arbeitslosigkeit und Kapitalmangelarbeitslosigkeit aufgrund unzurei-

12 Dies bedeutet nicht, daß Geld- und Fiskalpolitik nicht wirksam wären. Vielmehr ist davon auszugehen, daß sich diese Wirkungen (kurz- und mittelfristig) in der Zuwachsrate des Einkommens oder auch in der Investitionsquote niederschlagen.

chender Investitionstätigkeit. Mangelnde Kapitalbildung wiederum kann prinzipiell auch keynesianisch erklärt werden. Derartige Deutungsversuche stellen auf den inversen Zusammenhang zwischen der Investitionsquote und dem kurzfristigen Zinsniveau, welches durch die Notenbankpolitik beeinflußt wird, ab. Nach dieser Argumentation ist der Abfall der Investitionsquote durch eine überzogene monetäre Restriktionspolitik der Bundesbank verursacht worden (Heise, 1996). Allerdings scheint dieses keynesianische Erklärungsmuster lediglich in einer sehr kurzfristigen Perspektive anwendbar. So hat die restriktive Geldpolitik der Bundesbank in den späten Boomphasen um 1973/74, 1979/80 und 1992/93 die Investitionstätigkeit wahrscheinlich abgebremst, die Alternative wäre aber höhere Inflation und ein dann späterer konjunktureller Einbruch gewesen. Am Gesamtbild einer trendmäßig fallenden Investitionsquote ändert dies freilich wenig. Ebenso steht es nicht in der Macht der Notenbank, die langfristigen Realzinsen wesentlich zu beeinflussen.[13] Allein diese sind aber als Determinanten der Investitionstätigkeit relevant, wobei die gestiegenen Realzinssätze in Deutschland wiederum neoklassisch erklärt werden können (Neumann, 1990).[14]

3.4 Empirische Evidenz für weitere Industrienationen

Um die unter Abschnitt 3 vorgestellten Ergebnisse noch breiter abzusichern, wurden die "neoklassischen" Regressionen auch für weitere (insgesamt 11) Industrienationen mit Arbeitsmarktproblemen berechnet. Die Stützzeiträume variierten hierbei je nach Datenverfügbarkeit geringfügig, beziehen sich jedoch alle auf den Zeitraum von 1960 bis in die 90er Jahre. Die wesentlichen Implikationen der neoklassischen Theorie konnten durch diese zusätzlichen Regressionen bestätigt werden. Einen Überblick gibt die nachfolgende Tabelle 3.2. Hier werden die (mindestens auf dem 95%-Niveau) signifikanten Koeffizienten durch ein "+" oder "-" indiziert. Aus Übersichtsgründen findet sich unter der jeweiligen Variable das theoretisch erwartete Vorzeichen. Die Arbeitslosenquote der Vorperiode ist in jedem Land signifikant, weshalb eine entsprechende Spalte weggelassen wurde.

---

13 An dieser Stelle sei auf die unterschiedliche Höhe des Realzinses in Deutschland während der 50er und 80er Jahre verwiesen. In beiden Perioden wurde von der Bundesbank eine vergleichbar restriktive Geldpolitik verfolgt, die auch ähnlich niedrige Inflationsraten zur Folge hatte. Dennoch war der Realzins in den 80er Jahren wesentlich höher (Mankiw, 1999; Holtfrerich, 1998).

14 Diese Erklärung ist keine rein theoretische, sondern findet auch empirische Unterstützung. Geht man von einem neoklassischen Wachstumsmodell mit intertemporaler Nutzenmaximierung aus, so wird die Höhe des Realzinses einerseits durch das Grenzprodukt des Kapitals, andererseits durch die Höhe der Zeitpräferenzrate (die die Minderschätzung zukünftigen Konsums abbildet) bestimmt. Der Realzins ist um so höher, je höher das Grenzprodukt und je höher die Zeitpräferenzrate ist. Dabei stimmt das Grenzprodukt des Kapitals im steady state mit der Wachstumsrate des Realeinkommens überein. Beobachtet man nun bei gegebener Zuwachsrate des Einkommens einen Anstieg des Realzinses, so deutet dies auf eine gestiegene Zeitpräferenzrate hin. Empirisch läßt sich für Deutschland in der Tat seit der ersten Hälfte der 70er Jahre eine wachsende Differenz zwischen dem Realzins (dessen Ermittlung hier nicht Gegenstand der Erörterung sein kann) und dem Einkommenswachstum beobachten. Dies spricht für eine zunehmend stärkere Gewichtung des Gegenwartskonsums in Deutschland. Bei Neumann (1990, S. 108ff., S. 157ff., S. 179ff.) findet sich eine breite Diskussion empirischer Befunde.

Tabelle 3.2: Regressionsergebnisse für 11 OECD-Länder[15]

Land	$(I/Y)_t$ (-)	lz_t (-)	lz_{t-1} (-)	lz_{t-2} (-)	n_t (+)	n_{t-1} (+)	R^2
Österreich	-				+		0,95
Belgien		-	-	-			0,98
Spanien	-	-	-				0,99
Irland		-	-	-		+	0,96
Finnland	-	-		-			0,98
Frankreich	-	-					0,99
Japan	-	-	-				0,97
Niederlande	-	-				+	0,95
Schweden	-	-					0,94
Großbritannien	-		-				0,98
USA	-	-			+		0,93
Summe hypothesen-konformer Befunde	9	9	5	3	2	2	

Die Ergebnisse lassen sich wie folgt zusammenfassen:

1. Der vorgestellte Schätzansatz führt in diesen Ländern zu ähnlich hohen Bestimmtheitsmaßen zwischen $R^2 = 0{,}93$ und $R^2 = 0{,}99$.
2. Die Investitionsquote erweist sich in 9 von 11 Ländern als statistisch signifikant. Lediglich für Belgien und Irland läßt sich kein Einfluß der Nettoinvestitionen feststellen.
3. Ein theoriekonformes und statistisch signifikantes Verhalten der Lohnzurückhaltung ergibt sich für 10 der 11 Länder, wenn zeitliche Verzögerungen mitberücksichtigt werden. Österreich stellt hier einen Ausnahmefall dar, der weiterer Untersuchungen bedarf.
4. Die demographische Variable zeigt sich demgegenüber als in lediglich vier Ländern bedeutsame Größe. Der Einfluß der Entwicklung der Erwerbspersonenzahlen hängt offensichtlich damit zusammen, wie stark der demographische Druck ist. So läßt sich beispielsweise in den USA, ein Fall eines klassischen Einwanderungslands mit (noch) relativ hoher interner Reproduktionsrate, ein signifikanter Erklärungsbeitrag feststellen.

Die empirischen Eigenschaften des neoklassischen Modells werden deshalb nochmals exemplarisch für die USA im folgenden Schaubild dargestellt, wobei als Schätzzeitraum ebenfalls die Periode 1960-94 gewählt wurde. Die Regressionsgleichung einschließlich einiger Teststatistiken lautet:

---

[15] *I/Y* bezeichnet die Investitionsquote, *lz* die Lohnzurückhaltung und *n* die Zuwachsrate der Zahl der Erwerbspersonen.

$$\underset{(3,59)}{u_t = 2{,}803} + \underset{(11,97)}{0{,}833\, u_{t-1}} - \underset{(3,33)}{0{,}188\, lz_t} - \underset{(4,23)}{0{,}313\,(I/Y)_t} + \underset{(3,64)}{0{,}776\, n_{t-1}}$$

$$R^2 = 0{,}9349 \qquad F = 97{,}00$$

Teststatistiken (vgl. Quellenangabe bei Tabelle 3.1):

Autokorrelation:	*Durbins* $h = -.4589$
	Breusch – Godfrey $\chi^2 = 0{,}2919$
Normalverteilung und Stationarität der Residuen:	$JB = 2{,}5617 \qquad DF = -5{,}9223$
Heteroskedastizität:	*White* $\chi^2 = 7{,}0232$
ARCH-Effekte:	$\chi^2 = 0{,}4077$

Abbildung 3.2: Tatsächliche, statisch und dynamisch geschätzte Arbeitslosenquote der USA

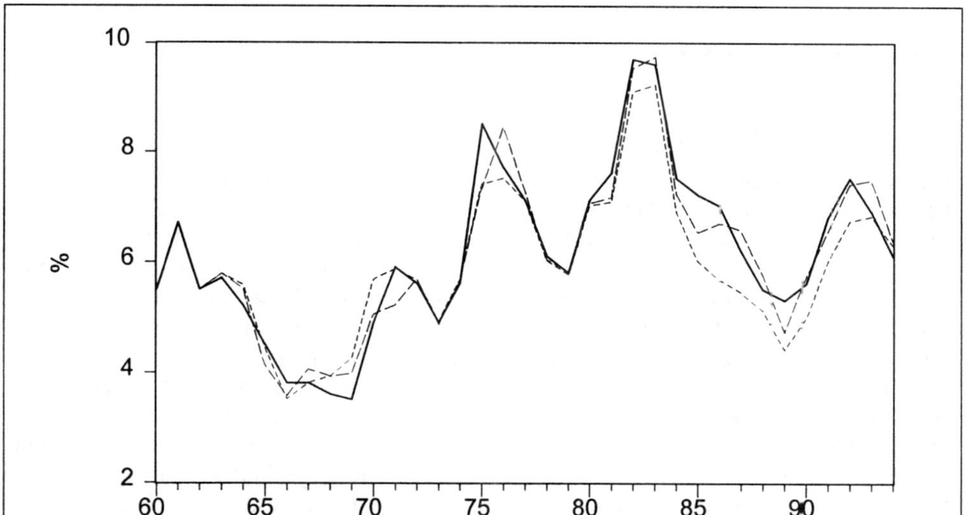

Ähnlich wie im Fall Westdeutschland wird der historische Verlauf durch das Regressionsmodell zuverlässig abgebildet. Daß die Anpassungsgüte etwas geringer ausfällt, liegt an der vergleichsweise höheren konjunkturellen Volatilität der US-amerikanischen Arbeitslosenquote.[16] Im Vergleich zu Deutschland ist auch der Einfluß der Lohnzurück-

[16] Diese schlägt sich auch im geringeren Wert des autoregressiven Koeffizienten nieder. Wie bereits bei der Schätzung für Deutschland waren höhere Verzögerungen von u aber nicht signifikant.

haltung, der Investitionen und der demographischen Größe unterschiedlich stark. Während der Einfluß der Lohnzurückhaltung erheblich kleiner ist (0,19 verglichen mit einer Koeffizientensumme von 0,49 für Deutschland), ist der Effekt der Investitionen und der Zuwachsrate der Zahl der Erwerbspersonen deutlich größer, wobei hier nicht vollständig geklärt werden kann, auf welche Faktoren dies zurückzuführen ist. Zumindest partiell dürfte dies aus der hier höheren Interkorrelation zwischen den Variablen lz und I/Y resultieren ($r = 0{,}58$).

All dies zeigt, daß die neoklassische Theorie die Entwicklung der Arbeitslosigkeit in den wichtigsten Industrieländern durchaus erklären kann. Die wirtschaftspolitischen Konsequenzen sind ebenso klar. Soll das Beschäftigungsproblem gelöst werden, so sind eine langfristig investitionsfreundliche Wirtschaftspolitik und eine dauerhaft zurückhaltende Lohnpolitik erforderlich. Die Erfahrungen anderer Länder (Irland, Niederlande), die diesen Weg (zumindest in Ansätzen) beschritten haben, bestätigen diese Schlußfolgerung. Beim demographischen Faktor ist eine differenzierte Analyse angesagt. Offensichtlich kommt es immer dann zu Problemen am Arbeitsmarkt, wenn die Zahl der Erwerbspersonen (sei es durch natürliches Bevölkerungswachstum, sei es durch Zuwanderung) steigt, und dieser demographische Druck nicht durch verstärkte Kapitalbildung oder geringere Lohnsteigerungen aufgefangen wird.

3.5 Weitere Aspekte

Kausale Wirkung der Lohnpolitik?

Gegen das Konzept der Lohnzurückhaltung ist kritisch eingewendet worden, daß es sich bei dem empirisch beobachtbaren Zusammenhang nicht um eine Kausalbeziehung im Sinne der neoklassischen Theorie handelt, sondern um einen ex post Reflex des Konjunkturverlaufs (von der Vring, 1998). Unser Modell geht von der Exogenität der Investitionsquote und der demographischen Entwicklung aus und unterstellt angesichts eines ebenfalls gegebenen (mittelfristigen oder langfristigen) Pfads der Einkommensentwicklung eine Reaktion des Lohnzuwachses, der mit Vollbeschäftigung mehr oder weniger vereinbar ist. Steigen die Löhne zu schnell, resultieren bei gegebenem Einkommenswachstum Beschäftigungsverluste. Umgekehrt kann durch eine entsprechend zurückhaltende Lohnpolitik auch in Zeiten geringen Wirtschaftswachstums Vollbeschäftigung gewährleistet werden. Von der Vring interpretiert die gegenläufige Entwicklung von Löhnen und Beschäftigung allerdings anders. Er geht davon aus, daß die Beschäftigung durch das reale Wachstum determiniert wird und die Lohnzuwächse zunächst gegeben sind. Fällt das Wachstum unvorhergesehen kräftig aus, so steigt die Beschäftigung und es folgt ex post ein Zurückbleiben der Lohnzuwächse, also "unbeabsichtigte" Lohnzurückhaltung. Die Folge dieser Entwicklung ist die empirisch beobachtbare Gegenläufigkeit. Umgekehrt erscheint in Rezessionen die Lohnzurückhaltung sogar als "negativ" und wegen des Einkommenseinbruchs kommt es gleichzeitig zum Beschäftigungsabbau. In den Augen von der Vrings ist es also der Einkommenseffekt, der Beschäftigung schafft oder vermindert und weniger (oder gar nicht) der Substitutionseffekt durch veränderte Faktorpreisrelationen. Diese Argumentation hat indes zwei "Schwachstellen". Zum einen steht sie nicht im Widerspruch zum neoklassischen Ansatz. Ob eine bestimmte Lohnzurückhaltung ex ante bewußt angestrebt oder ex post (möglicherweise zufällig) realisiert wird, ist für den Substitutionseffekt durch die veränderte Lohn-Zins-Relation unerheblich. Von der Vrings Einwand reduziert sich dann letztlich auf ein ex ante Prognoseproblem, wobei sich die Frage stellt, wie exakt sich die zukünftige Einkommensentwicklung abschätzen läßt. Lohnforderungen und -abschlüsse orientieren sich dabei sowohl an der Einkommens- und Produktivitätsentwicklung der Vorperiode als auch an den erwarteten Zuwächsen. Die Erfahrung zeigt nun, daß expansive Lohnforderungen meist am Ende einer konjunkturellen Aufschwungsphase bzw. zu Beginn der Rezession erhoben und durchgesetzt werden. Hier ist absehbar, daß hohe Lohnsteigerungen einerseits die Rezession verschärfen und andererseits zu Beschäftigungsverlusten führen. In Deutschland sind derartige Verhaltensmuster mehrfach beobachtet worden und zwar 1974/75, 1980/82 und 1992/93. Als Folge stieg jedesmal die Arbeitslosigkeit stark an. Von einer Zwangsläufigkeit kann trotzdem nicht gesprochen werden. Dies zeigt die Lohnpolitik in der zweiten Hälfte der 80er Jahre. Damals blieb die "Minirezession" von 1987 dank zurückhaltender Lohnzuwächse ohne größere Beschäftigungsfolgen. Über die Teilperiode hinweg war die moderate Lohnpolitik von steigender Beschäftigung und (aufgrund demographischer Effekte allerdings nur leicht) fallender Arbeitslosigkeit begleitet. Diese Erfahrungen sprechen denn doch für einen erheblichen ex ante-Einfluß der Lohnpolitik. Mit Blick auf den neoklassischen Substitutionsmechanismus läßt sich also folgendes festhalten: Entscheidend für Einbrüche bei der Beschäftigung sind (neben den anderen oben diskutierten Einflußgrößen) divergierende Entwicklungen bei den Löhnen und der Produktion. Es kommt in keiner Weise darauf an, wie diese Divergenzen entstehen, ob sie also Ergebnis bewußter Lohnpolitik oder – angesichts von Unsicherheiten bei der Prognose des konjunkturellen Verlaufs – von Fehlprognosen sind. Ebenso irrelevant ist die zeitliche Reihenfolge des Aufeinandertreffens beispielsweise von geringen oder negativen Zuwachsraten des Realeinkommens und unangepaßten Lohnreaktionen. Beschäftigungsmäßig relevant ist ausschließlich die Existenz einer bestimmten Höhe der Lohnzurückhaltung. Beim empirisch beobachteten Ergebnis handelt es sich somit nicht um eine Scheinkorrelation, sondern um die Nicht-Falsifizierung einer theoretischen Implikation.

Gewichtiger ist indes die Unterstellung, die Beschäftigung werde primär durch das reale Wachstum und weniger durch die Faktorpreise bestimmt. Diese Argumentation stützt sich auf Okuns Law, das den Zusammenhang zwischen der Änderung der Arbeitslosenquote (in Prozentpunkten) und der Veränderungsrate des realen Sozialprodukts beschreibt.[17] Regelmäßig ergibt sich ein inverser Zusammenhang, der einer zweiseitigen Kausalinterpretation zugänglich ist. Es stellt sich nun die Frage, ob Lohnzurückhaltung einen zusätzlichen Erklärungsbeitrag leistet. Hierzu kann das oben für Westdeutschland angeführte modifizierte Modell mit der Änderung der Arbeitslosenquote als abhängiger Variable verwendet werden. Ersetzt man die Lohnzurückhaltungsvariable durch die Zuwachsrate des realen Sozialprodukts, so kann überprüft werden, wie sich die Schätzgleichung ändert. Das Ergebnis ist ein Abfall der Anpassungsgüte auf nur noch $R^2 = 0{,}815$, gegenüber $R^2 = 0{,}909$ in der Version mit Lohnzurückhaltung (vgl. Glei-

[17] Am Okunschen Gesetz lassen sich einige Kritikpunkte anbringen, beispielsweise die fragliche zeitliche Stabilität des Zusammenhangs, die durch die fehlende explizite Berücksichtigung des Produktivitätsfortschritts erklärt werden kann, oder die implizite Unterstellung einer zeitinvarianten langfristigen Wachstumsrate des Realeinkommens (vgl. hierzu Altig, Fitzgerald & Rupert, 1997). Im Rahmen dieses Beitrags kann die Diskussion hierüber aber nicht vertieft werden.

chung (2)).[18] Die Lohnpolitik liefert demnach neben dem Einkommenswachstum durchaus einen eigenständigen Erklärungsbeitrag und bestätigt das bereits diskutierte Resultat einer Niveauregression unter zusätzlicher Einbeziehung der Wachstumsrate des Realeinkommens.

Weitere Hinweise auf die Relevanz der Lohnpolitik erhält man, wenn ergänzend zur Zeitreihenbetrachtung eine Querschnittsanalyse für einzelne Branchen durchgeführt wird. Eine solche wurde von Neumann (1989) präsentiert. Neumann untersuchte die Determinanten der Beschäftigungsentwicklung in 31 Zweigen des verarbeitenden Gewerbes im Durchschnitt der Jahre 1983 bis 1987. Er ermittelte einen hochsignifikanten Einfluß der Lohnentwicklung auf die Beschäftigung. Schätzt man auf Basis der angegebenen Daten eine Gleichung mit der Variable "Lohnzurückhaltung" als Determinante des Beschäftigungswachstums, so ergibt sich ebenfalls ein theoriekonformer hochsignifikanter Zusammenhang. Da es sich hier um Querschnittsdaten handelt, die als Mittelwert einer Periode konjunktureller Aufschwungjahre berechnet wurden, sind konjunkturelle Effekte als Erklärung des Zusammenhangs wenig wahrscheinlich.

3.5.1 Die Kaufkrafttheorie des Lohns

Angesichts dieser Befunde stellt sich die Frage, welche Bedeutung der sogenannten Kaufkrafttheorie des Lohns zukommen kann. Hiernach fördert eine expansive Lohnpolitik die Beschäftigung, da hohe Lohnsteigerungen die Lohnsumme und damit die effektive Nachfrage erhöhen. Diese wiederum verbessert die Absatzchancen der Produzenten, induziert neue Investitionen und fördert so indirekt die Beschäftigung. Unsere Ergebnisse deuten indes auf das genaue Gegenteil hin. Wie läßt sich dies erklären? Die Antwort ist, daß hohe Lohnsatzsteigerungen die Lohnsumme zwar sehr kurzfristig erhöhen, weil der zusätzliche Kostendruck erst mit zeitlicher Verzögerung zu Entlassungen und damit zu einer wieder verringerten Lohnsumme führt. Bereits nach weniger als einem Jahr dominieren jedoch die Beschäftigungsverluste und der Nachfrageeffekt bleibt aus (Witterauf, 1983; Welsch, 1998). Das Ausbleiben einer empirischen Bestätigung des Kaufkraftarguments stützt damit indirekt die neoklassische Sichtweise.

3.5.2 Die Niederlande als Vorbild?

Im Gegensatz zu Deutschland konnten die Niederlande beschäftigungspolitisch durchaus Erfolge erzielen (OECD, 1998). So wurde die zu Beginn der 80er Jahre mit ca. 12% noch extrem hohe Arbeitslosenquote inzwischen auf Werte um 3% gesenkt. Wie sind diese Erfahrungen vor dem Hintergrund des neoklassischen Modells zu beurteilen? Die Nettoinvestitionsquote sank in den Niederlanden – vergleichbar mit der deutschen Entwicklung – von ca. 20% in den 60er Jahren auf ca. 8% zu Beginn der 80er Jahre. Bis Mitte der 90er verharrte sie auf etwa diesem Wert, stieg aber danach leicht an. Insgesamt verlief die Investitionstätigkeit in den vergangenen zehn Jahren etwas günstiger als in Deutschland. Ähnliches gilt für die demographische Entwicklung. Seit 1980 ist in

[18] Die Zuwachsrate des realen Sozialprodukts wurde zeitgleich und mit einer Verzögerung von einem Jahr einbezogen. Im Gegensatz zur Lohnzurückhaltung war der Koeffizient für den Vorvorjahreswert nicht signifikant. Auch ergeben sich im Vergleich zum ursprünglichen Ansatz bei kaum veränderten Koeffizientenwerten durchweg geringere t-Werte. Weiterhin zeigten alle Spezifikationstests deutlich schlechtere Ergebnisse.

den Niederlanden ein stetiger Abfall der Wachstumsrate der Zahl der Erwerbspersonen zu beobachten, so daß hiervon ein nicht unerheblicher permanenter Entlastungseffekt auf den Arbeitsmarkt ausgeht. Die Lohnzurückhaltung war im Gegensatz zu Deutschland weitaus größer und weist seit Ende der 70er Jahre (also bereits einige Zeit vor dem Pakt von Wassenaar (Ministry of Economic Affairs, 2000)) eine steigende Tendenz auf. In den 90er Jahren betrug sie durchschnittlich 2%-Punkte – gegenüber etwa 0,5%-Punkten in Deutschland. Die niederländische Lohnpolitik war damit ähnlich zurückhaltend wie die der USA und weitaus beschäftigungsorientierter als die deutsche. Fügt man diese Elemente zusammen, so verwundert es nicht, daß die Arbeitsmarktentwicklung relativ günstig verlief. Allerdings läßt sich die positive Beschäftigungsentwicklung mit den Faktoren Investitionstätigkeit, geringerer demographischer Druck und Lohnzurückhaltung nicht vollständig erklären, da ein erheblicher Teil der Arbeitslosigkeit nicht beseitigt, sondern lediglich umverteilt bzw. versteckt wurde. Eine Ausweitung der Frühverrentung (insbesondere durch großzügig gehandhabte Erwerbsunfähigkeitsrenten), der Teilzeitarbeit und staatlich subventionierter Beschäftigungsverhältnisse müssen als wenig ursachenadäquat angesehen werden und zeigen, daß von einem "Beschäftigungswunder" wie in den USA in den Niederlanden kaum gesprochen werden kann. So stieg die Beschäftigungsquote von 1985 (dem historischen Tiefstand) bis 1996 lediglich von 48% auf 52%, während sie im Jahre 1970 noch 59% betragen hatte. Zentrales Problem war auch in den Niederlanden eine global unzureichende Investitionstätigkeit. Hier gab es nur graduelle Unterschiede zu anderen Industrienationen. Die niederländische Erfahrung zeigt aber auch, daß Lohnzurückhaltung ein unverzichtbares Element einer auf Wiedergewinnung der Vollbeschäftigung gerichteten Strategie sein muß. Bestätigt wird dies auch durch eine Studie von Broersma, Koeman und Teulings (2000). Die Autoren kommen zum Schluß, daß "...low wage increases in The Netherlands compared to the rest of Europe are the main factor explaining the fast employment growth" (Broersma et al., 2000, S. 96).

3.6 Wirtschaftspolitische Implikationen

Aus der theoretischen Analyse und den empirischen Erfahrungen ergeben sich folgende Empfehlungen zur Wiedererlangung einer günstigen Beschäftigungssituation:

1. Kernerfordernis der Schaffung gut bezahlter Arbeitsplätze ist ein hohes Niveau der Kapitalbildung, insbesondere der Nettoinvestitionstätigkeit. Da nahezu alle Industrieländer in der Vergangenheit hier einen erheblichen Rückgang verzeichnen mußten, sollte eine offensive Beschäftigungsstrategie zunächst hier ansetzen. Dabei ist in kurzfristiger Perspektive die Vermeidung bzw. die Dämpfung konjunktureller Einbrüche durch eine geeignete Geld- und Fiskalpolitik notwendig. Diese Forderung ergibt sich aus der Beobachtung, wonach es meist am Ende von Phasen der Hochkonjunktur zu einer zu expansiven Lohnpolitik kommt. Eine langfristig neoklassische bzw. angebotsorientierte Sichtweise steht dieser keynesianischen Forderung dabei nicht entgegen. Mittel- und langfristig muß es aber darum gehen, Anreize für eine verstärkte Kapitalbildung zu geben.
2. Die demographische Entwicklung ist – was die interne Reproduktion einer Wohnbevölkerung angeht – wirtschaftspolitisch kaum bzw. nur sehr langfristig zu be-

einflussen. Überdies müssen die langfristigen Wirkungen auf die sozialen Sicherungssysteme (Rentenversicherung) im Auge behalten werden. Bei der Migrationspolitik sollte die Priorität auf der Zuwanderung von Personen liegen, die entweder mit knappem Humankapital oder aber mit Sach- bzw. Geldkapital ausgestattet sind.

3. Lohnzurückhaltung ist, so wirksam sie auch sein mag, um Arbeitslosigkeit zu verhindern oder zu begrenzen, eine eher defensive Maßnahme, da sie die negativen Auswirkungen eines Kapitalmangels begrenzen kann. Angesichts bereits bestehender hoher Arbeitslosigkeit führt an ausgeprägter Lohnzurückhaltung über mehrere Jahre aber kein Weg vorbei. Dabei können die niederländischen Erfahrungen als Richtschnur dienen. Verfolgt man über 5 Jahre eine Politik der Lohnzurückhaltung von 2%-Punkten, so ist nach unseren Modellrechnungen mit einem Abbau der Arbeitslosenzahlen von ca. einer Million zu rechnen.

Literatur

Altig, D., Fitzgerald, T. & Rupert, P. (1997). Okun's law revisited: Should we worry about low unemployment? *Federal Reserve Bank of Cleveland, Economic Commentary v. 15. Mai 1997.*

Broersma, L., Koeman, J. & Teulings, C. (2000). Labour supply, the natural rate, and the welfare state in the Netherlands: The wrong institutions at the wrong point in time. *Oxford Economic Papers, 52,* 96-118.

Collignon, S. (1999). Unemployment, wage developments and the economic policy mix in Europe. *Empirica, 26,* 259-269.

Greene, W. H. (1997). *Econometric Analysis* (3rd edition). Upper Saddle River: Prentice Hall.

Hansen, G. (1996). Unemployment and the wage wedge. *Zeitschrift für Wirtschafts- und Sozialwissenschaften, 116,* 167-183.

Heise, A. (1996). Ist die Massenarbeitslosigkeit eine Begleiterscheinung des Strukturwandels? *List Forum für Wirtschafts- und Finanzpolitik, 22,* 195-206.

Henry, B. & Nixon, J. (1999). *Unemployment dynamics in the UK.* Centre for Economic Forecasting, London Business School, Discussion Paper No. 09-99.

Holtfrerich, C.-L. (1998). Geldpolitik bei festen Wechselkursen. In Deutsche Bundesbank (Hrsg.), *Fünfzig Jahre Deutsche Mark: Notenbank und Währung in Deutschland seit 1948* (S. 347-438). München: Beck.

Jahn , E. & Wagner, T. (1997). *Neue Arbeitsmarkttheorien.* Düsseldorf: Werner.

Kennedy, R. (1993). *A guide to econometrics* (3rd edition). Oxford: Blackwell.

Koedijk, K. & Kremers, J. (1996). Market opening, regulation and growth in Europe. *Economic Policy,* 443-467.

Lapp, S. & Lehment, H. (1997). Lohnzurückhaltung und Beschäftigung in Deutschland und in den Vereinigten Staaten. *Die Weltwirtschaft,* 67-83.

Madsen, J. B. (1998). General equilibrium macroeconomic models of unemployment: Can they explain the unemployment path in the OECD? *Economic Journal, 108,* 850-867.

Mankiw, N. G. (1999). *Grundzüge der Volkswirtschaftslehre.* Stuttgart: Schäffer-Poeschel.

Ministry of Economic Affairs (2000). *Developments of the Dutch economy; from Dutch disease to Dutch miracle.* In: http://minez.nl/aep/publications/rapport/factshen.htm, 6. 12. 2000.

Neumann, M. (1989). 35-Stunden-Woche – Probleme und Risiken. Institut der deutschen Wirtschaft, *Beiträge zur Wirtschafts- und Sozialpolitik, 178.*

Neumann, M. (1990). *Zukunftsperspektiven im Wandel: Lange Wellen in Wirtschaft und Politik.* Tübingen: Mohr & Siebeck.

Neumann, M. (1994). *Theoretische Volkswirtschaftslehre III: Wachstum, Wettbewerb und Verteilung* (2. Aufl.). München: Vahlen.

Nickell, S. (1997). Unemployment and labor market rigidities: Europe versus North America. *Journal of Economic Perspectives*, *11*, 55-74.

Nickell, S. (1998). Unemployment: Questions and some answers. *Economic Journal*, *108*, 802-816.

Organisation for Economic Co-Operation and Development. (1973). *Labor Force Statistics*. Paris: OECD.

Organisation for Economic Co-Operation and Development. (1986). *Labor Force Statistics*. Paris: OECD.

Organisation for Economic Co-Operation and Development. (1996). *OECD economic outlook*, *59*. Paris: OECD.

Organisation for Economic Co-Operation and Development. (1997). *Labor Force Statistics*. Paris: OECD.

Organisation for Economic Co-Operation and Development. (1998). *OECD economic survey "Netherlands"*. Paris: OECD.

Phelps, E. S. & Zeoga, G. (1998). Natural-rate theory and OECD unemployment *Economic Journal*, *108*, 782-801.

Reichel, R. (1999, Oktober). *Löhne, Investitionen und Arbeitslosigkeit*. Vortrag gehalten am 1. 10. 99 auf der Jahrestagung des Vereins für Socialpolitik. Unveröffentlichtes Manuskript.

Sachverständigenrat zur Begutachtung der gesamtwirtschaftlichen Entwicklung (1996). *Jahresgutachten 1996/97*. Wiesbaden: Bundestagsdrucksache.

Solow, R. M. (1956). A contribution to the theory of economic growth. *Quarterly Journal of Economics*, *70*, 65-94.

Theil, H. (1961). *Economic forecasts and policy*. Amsterdam: North Holland.

von der Vring, T. (1998). Lohnzurückhaltung als Mittel der Beschäftigungsvermehrung? *WSI-Mitteilungen*, *12/98*, 832-836.

Welsch, H. (1998). Lohnpolitik, Beschäftigung und Europäische Währungsunion: Eine Simulationsstudie, *Wirtschaftswissenschaftliche Diskussionsbeiträge der Universität Oldenburg*, *V-183-98*.

Witterauf, P. (1983). *Beschäftigungspolitik heute – Ein internationaler Vergleich der Depressionsbekämpfung in den 70er Jahren*. Gelsenkirchen: Mannhold.

Yarbrough, B. V. & Yarbrough, R. M. (1997). *The world economy: Trade and finance* (4th edition). Fort Worth et al.: Dryden Press.

4 Prädiktoren von Akademikererwerbslosigkeit: Ergebnisse der Erlanger Längsschnittstudie zur beruflichen Laufbahnentwicklung von Hochschulabsolventinnen und -absolventen im Vergleich (BELA-E)

Andrea E. Abele & Mahena Stief

4.1 Einleitung

Akademiker und Akademikerinnen haben im Vergleich zu anderen Bildungsgruppen ein niedrigeres Erwerbslosigkeitsrisiko. 1998 waren im Jahresdurchschnitt 10,5% aller Erwerbspersonen[1] arbeitslos gemeldet. Unter Fachhochschulabsolvierenden waren es dagegen nur 2,6% und unter Universitätsabsolvierenden 3,9% (Reinberg, 1999). Die Betrachtung der Zahl der Erwerbslosen läßt aber keine Vernachlässigung des Themas Akademikererwerbslosigkeit in der Forschung zu. So waren beispielsweise 1998 knapp 200.000 Personen mit Universitäts- oder Fachhochschulabschluß erwerbslos (Reinberg, 1999). In der näheren Zukunft ist keine Verbesserung bezüglich der Erwerbssituation von Akademikern zu erwarten (Engelbrecht & Jungkunst, 1999; Institut für Arbeitsmarkt und Berufsforschung (IAB), 1995), hält doch der Trend zur Akademisierung der Gesellschaft an. Studierten beispielsweise 1955 nur etwa 10.000 Personen in der alten Bundesrepublik Deutschland, waren im Wintersemester 1999/2000 knapp 1,8 Millionen Personen an deutschen Universitäten eingeschrieben (Statistisches Bundesamt, 2000).

Vor diesem Hintergrund stellt sich die Frage, welche Hochschulabsolvierenden ein höheres bzw. niedrigeres Risiko der Erwerbslosigkeit haben und ob es Prädiktoren gibt, die den Erwerbsstatus vorhersagen können. Individuelle Determinanten von Akademikererwerbslosigkeit sind bisher selten untersucht worden. Der Fokus der wenigen Längsschnittstudien zur Erwerbslosigkeit von Akademikern liegt vor allem auf den psycho-sozialen Folgen von Erwerbslosigkeit und nicht auf deren Determinanten.

Ein besonders kritischer Punkt der Berufsentwicklung von Akademikern ist der Berufseinstieg. Gelingt es Hochschulabsolventen nicht, schnell eine Stelle zu finden, dann kann sich eine längere Phase der Erwerbslosigkeit nachteilig auf die weitere berufliche Entwicklung auswirken (Klein, 1990; Schneer & Reitmann, 1997; Steiner, 1990; Winefield, Winefield & Tiggermann, 1992). Beim Übergang ins Erwerbsleben treten auch häufig sogenannte prekäre Beschäftigungsverhältnisse auf, d.h. solche, die zeitlich befristet, ausbildungsinadäquat oder schlecht bezahlt sind.

Der vorliegende Beitrag beschäftigt sich mit zwei Aspekten der Erwerbslosigkeit von Akademikern und Akademikerinnen in der Berufseintrittsphase. Erstens untersuchen wir den Prozeß des Übergangs vom universitären in das Beschäftigungssystem sowie den Berufsstatus eineinhalb Jahre nach dem Hochschulabschluß. Dabei werden Unterschiede zwischen Männern und Frauen und zwischen Personen verschiedener fachlicher Provenienz analysiert. Zweitens untersuchen wir längsschnittlich personale Prädiktoren eines mehr oder weniger gelungenen Berufseinstiegs. Insbesondere betrachten wir den Einfluß von Studienleistungen und beruflichen Selbstwirksamkeitserwartungen. In Anlehnung an Bandura (1997) definieren wir berufliche Selbstwirksamkeitserwartungen als Überzeugung, berufsrelevantes Verhalten aufgrund eigener Kompetenzen ausführen und berufliche Ziele erreichen zu können (Abele, Stief & Andrä, 2000).

Wir stützen uns dabei auf Daten aus der Erlanger Längsschnittstudie BELA-E (*BE*rufliche *LA*ufbahnentwicklung-*E*rlangen), die an einer Stichprobe von circa 2.000

[1] Erwerbspersonen setzen sich zusammen aus Arbeitssuchenden und Erwerbstätigen ohne geringfügig Beschäftigte.

Personen die Berufsentwicklung von Absolvierenden der Universität Erlangen-Nürnberg untersucht.

4.2 Prädiktoren von Akademikererwerbslosigkeit

Erwerbslosigkeit ist vor dem Hintergrund der Berufslaufbahn und nicht nur als singuläres Ereignis zu verstehen. Berufslaufbahn meint den lebenslangen und mehr oder weniger geordneten und vorhersagbaren Prozeß, der sowohl eine Abfolge von Phasen und äußerem Verhalten als auch Veränderungen von Personen, z.B. von Einstellungen, Zielen oder Selbstkonzept, umfaßt. Dieser Prozeß ist Ergebnis einer Interaktion von individuellen Faktoren, sozialen und allgemeineren Kontextbedingungen und vom Individuum aktiv beeinflußbar (vgl. Osipow & Fitzgerald, 1996). Sozialwissenschaftliche Theorien beschreiben Berufsentwicklung unter verschiedenen Perspektiven. Personbezogene Ansätze fragen nach Unterschieden in berufsrelevanten Variablen zwischen mehr oder weniger erfolgreichen Personen, während kontextbezogene Ansätze günstige oder ungünstige allgemein-gesellschaftliche und wirtschaftliche Rahmenbedingungen für die berufliche Entwicklung betonen. Transaktionale Ansätze fokussieren auf das Wechselspiel zwischen personalen und kontextuellen Bedingungen in Bezug auf die berufliche Laufbahnentwicklung. Neben den allgemeinen Variablen Geschlecht, Alter und ethnische Zugehörigkeit werden unter dem Blickwinkel personbezogener Ansätze zum Beispiel Fähigkeiten, Interessen, Eigenschaften, Selbstbild, Ziele oder Erwartungen (insbesondere Selbstwirksamkeitserwartung) untersucht (z.B. Lent, Brown & Hakkett, 1994). Unter kontextbezogener Perspektive werden sowohl aktuelle als auch frühere Rahmenbedingungen betrachtet, die durch die gesellschaftliche, wirtschaftliche und Arbeitsmarktsituationen gegeben sind (z.B. geschlechts- und ausbildungsspezifische Gelegenheitsstrukturen oder Sozialisationsbedingungen; vgl. Astin, 1984). Neue theoretische Ansätze und Reformulierungen älterer Modelle konzeptionalisieren Berufsentwicklung als transaktionalen Prozeß (z.B. Abele, 2000a; Lent et al., 1994; McFayden & Thomas, 1997; Super, 1992).

In der vorliegenden Arbeit werden personbezogene Prädiktoren von Akademikererwerbslosigkeit untersucht. Nach einem Überblick zum Einfluß von Studienfach und Geschlecht (vgl. Abschnitt 4.2.1) sowie weiteren personbezogenen Prädiktoren von Akademikererwerbslosigkeit (vgl. Abschnitt 4.2.2) stellen wir die Hypothesen und den methodischen Ansatz der Studie vor (vgl. Abschnitt 4.2.3).

4.2.1 Einfluß von Studienfach und Geschlecht auf Akademikererwerbslosigkeit

Die Erwerbslosenquoten unter Akademikern variieren mit dem Studienfach und dem Geschlecht (z.B. Klein, 1990; Schaufeli, 1997). Tabelle 4.1 gibt einen Überblick über Erwerbslosenquoten in ausgewählten Studienfächern und Fachgruppen im Jahr 1995 (Parmentier, Schade & Schreyer, 1998). Neuere Zahlen liegen noch nicht vor. Besonders betroffen von Erwerbslosigkeit waren Personen mit einem Abschluß in dem Bereich Kultur und Medien, während die Erwerbslosenquote bei Juristen und Medizinern relativ niedrig lag.

Tabelle 4.1: Erwerbslosenquoten in ausgewählten universitären Fächern und Fachgruppen getrennt nach Geschlecht 1995 (Parmentier et al., 1998)

	Ingenieur-wissen-schaften[1]	Naturwissen-schaften [2]	Kultur & Medien[3]	Gesell-schaft & Soziales[4]	Recht & Wirtschaft[5]	Medizin[6]	Lehramt
1995 Gesamt	6,2%	6,0%	6,5%	5,8%	4,1%	2,8%	2,7%
1995 Frauen	10,6%	9,6%	7,6%	7,0%	6,0%	4,0%	3,3%
1995 Männer	5,5%	5,0%	5,4%	4,7%	3,4%	1,9%	1,9%

Anmerkungen: [1] v.a. Architektur, Maschinenbau, Elektrotechnik, Bau-, Fertigungs-, Wirtschaftsingenieurwesen; [2] u.a. Biologie, Chemie, Physik, Mathematik, Informatik; [3] v.a. Kunst, Musik, Geschichte, Germanistik, Dolmetschen; [4] u.a. Psychologie, Pädagogik, Theologie; [5] v.a. Jura, BWL, VWL; [6] v.a. Human-, Zahn-, Tiermedizin, Pharmazie.

Wie Tabelle 4.1 auch zeigt, sind Akademikerinnen stärker von Erwerbslosigkeit betroffen als Akademiker. Dies gilt unabhängig vom Studienfach. Auch wenn Frauen Studienabschlüsse vorweisen können, in denen die Berufsaussichten besser sind, wie es z.B. 1995 in der Medizin und im Lehramt der Fall war, liegt der Anteil erwerbsloser Frauen trotzdem über dem der erwerbslosen Männer. Besonders stark von Erwerbslosigkeit waren 1995 Ingenieurinnen, Naturwissenschaftlerinnen und Absolventinnen aus den Bereichen Kunst und Medien sowie Gesellschaft und Soziales betroffen. Betrachtet man die Situation von Akademikerinnen auf der Ebene einzelner Studienfächer und nicht der Fächergruppen, so war 1995 nur in einem einzigen universitären Studienfach der Erwerbslosenanteil zwischen den Geschlechtern ungefähr gleich und zwar in der Musikwissenschaft (Frauen 2,3%, Männer 2,4%). Mit dieser einen Ausnahme sind Absolventinnen jedes Studienfachs bis zu doppelt so häufig erwerbslos wie ihre männlichen Kommilitonen (Parmentier et al., 1998; Schreyer, 1999). Die Erwerbslosenquote betrug 1998 unter Universitätsabsolventinnen generell 4,6% und unter Fachhochschulabsolventinnen 3,1%. Dagegen waren lediglich 3,4% der Universitätsabsolventen und 2,4% der Fachhochschulabsolventen erwerbslos gemeldet.

Es stellt sich die Frage, wie sich die Erwerbslosenquoten seit 1995 geändert haben. Neue nach Geschlecht und Studienfach getrennte Mikrozensus-Daten sind erst wieder ab 2002 zu erhalten. Sicher ist, daß vor allem Ingenieure mittlerweile erheblich bessere Beschäftigungschancen haben. Diese Entwicklung dürfte sich auch für einen Teil der Naturwissenschaftler positiv auswirken. Neuere Daten legen jedoch nahe, daß Frauen unabhängig von solchen konjunkturellen Entwicklungen in den meisten Fächern immer noch mit höheren Erwerbslosenquoten konfrontiert sind. Im Vergleich zum Frauenanteil der Absolvierenden (1998 42%) sind mehr Akademikerinnen erwerbslos gemeldet (47% aller arbeitslosen Akademiker sind im Jahr 1998 Frauen). Vergleicht man weiterhin die Frauenquoten unter Studienanfängern (1995 Ingenieur- 24%, Naturwissenschaften 34%, Kultur und Medien 60%, Gesellschaft und Soziales 60%, Recht und Wirtschaft 39%, Medizin 56%) mit den Frauenanteilen unter den Erwerbslosen (Ingenieur- 28%, Naturwissenschaften 39%, Kultur und Medien 58%, Gesellschaft und Soziales 60%, Recht und Wirtschaft 41% und Medizin 60%), so zeigt sich in den meisten Fachgruppen, daß Frauen verhältnismäßig stärker von Erwerbslosigkeit betroffen sind.

Frauen und Absolvierende der Geisteswissenschaften (Philosophie, Soziologie, Pädagogik, Psychologie, Geschichte, Literatur- und Sprachwissenschaften) sind bereits beim Berufseinstieg einem höheren Erwerbslosigkeitsrisiko ausgesetzt. Tabelle 4.2 gibt eine Übersicht über eine Reihe von Absolventenbefragungen. Bis auf wenige Ausnahmen (Minks, 1992; Rappensperger, 1996) berichten alle Studien höhere Erwerbslosenquoten für Frauen, unabhängig von der Fachrichtung, dem Jahr des Studienabschlusses und dem Erhebungszeitpunkt.

Tabelle 4.2: Erwerbslosenquoten von Hochschulabsolventen und -absolventinnen

Studie von:	Studienabschluß	Studienfach	Zeit zwischen Examen und Erhebung	Erwerbslosenquote Frauen	Erwerbslosenquote Männer
Minks & Filaretow (1995)	1989	Magisterabschluß	4 Jahre	35,0%*	24,0%*
Minks (1996a)	1990	Naturwissenschaften	18 Monate	5,0%	3,0%
Minks (1996a)	1993	Informatik, Mathematik	1 Jahr	5,0%	4,0%
Minks (1996b)	1993	Elektrotechnik, Maschinenbau (Uni)	1 Jahr	9,0%	5,0%
Teichler et al. (1992)	1983-85	Wirtschaftswissenschaften (FH + Uni)	ca. 2 Jahre	10,0%	5,0%
Minks (1992)	1988/89	Wirtschaftswissenschaften	ca. 5 Monate	40,0%*	30,0%*
			ca. 1 Jahr	20,0%*	20,0%*
Rappensperger (1996)	1991-93	Wirtschaftswissenschaften	1 Jahr	20,7%	10,6%
			2 Jahre	4,9%	4,7%

Anmerkung: * Erwerbslose Personen plus solche in Aus- und Weiterbildung.

4.2.2 Personbezogene Prädiktoren von Akademikererwerbslosigkeit

Einige Längsschnittstudien konnten die Bedeutung personaler Faktoren für den Einstieg oder Wiedereinstieg ins Berufsleben belegen. Allerdings werden bei den berichteten Studien oft recht kurze Follow-up Zeiträume von bis zu einem halben Jahr gewählt (z.B. Creed, 1999; Wanberg, Kanfer & Rotundo, 1999), in seltenen Fällen länger (z.B. Winefield, Tiggemann & Winefield, 1991). Daher untersuchen die Studien eher den Zusammenhang mit schnellem Berufseinstieg oder Wiedereinstieg als mit dem mittelfristigen Berufsstatus.

Es wurde gezeigt, daß der Berufsstatus abhängt von Fähigkeiten und Bildung, zum Beispiel von generellen Fähigkeiten, sprachlichen Fähigkeiten und Intelligenz (Creed, 1999; Caspi, Wright, Moffitt & Silva, 1998) und vom Bildungsgrad (Caspi et al., 1998; Klein, 1990; Vesalainen & Vuori, 1999). Auch die durch Lehrer eingeschätzte Fähigkeit sagt den Erwerbsstatus vorher (Winefield et al., 1991). Daneben konnte auch gezeigt werden, daß der Berufsstatus mit Studienleistungen (Note, Studiendauer) zusammenhängt (Klein, 1994; Saks & Ashforth, 1999).

Neben Fähigkeiten, Bildung und akademischen Leistungen ist auch der Umgang mit Erwerbslosigkeit wichtig für einen Berufseinstieg oder Wiedereinstieg. Schaufeli (1997; Schaufeli & van Yperen, 1993) konnte an einer Stichprobe von Akademikern zeigen, daß problemorientiertes Coping mit dem Berufsstatus ein halbes Jahr später bzw. ein Jahr später zusammenhängt. Das heißt Personen, die sich aktiv mit dem Berufseinstieg beschäftigten, waren später häufiger erwerbstätig als Personen, die dies nicht taten. Leana und Feldman (1995) konnten diesen Zusammenhang für männliche Arbeiter, die durch eine Firmenschließung erwerbslos wurden, ebenfalls belegen. Darüber hinaus fanden die Autoren auch einen Zusammenhang zwischen symptomorientiertem Coping, also der Suche nach sozialer Unterstützung, und dem Berufsstatus neun Monate später. Weiterhin finden Erwerbslose mit höherer Eigeninitiative schneller eine neue Beschäftigung als Personen mit niedriger Eigeninitiative (Frese, Fay, Hilburger, Leng & Tag, 1997).

Weitere Studien zeigen die Bedeutung von Kompetenz- und Ergebniserwartungen für den Berufseinstieg oder Wiedereinstieg. In der oben erwähnten Studie von Schaufeli (1997) sagte die Einschätzung der eigenen Chancen auf dem Arbeitsmarkt den Berufsstatus nach einem halben Jahr, nicht aber nach einem Jahr vorher (vgl. auch Schwarzer & Hahn, 1995). Auch habitueller Optimismus, gemessen mit dem Life Orientation Test, hängt mit dem späteren Berufsstatus zusammen (Leana & Feldman, 1995). Weiterhin korreliert Selbstwirksamkeit mit aktiver Arbeitssuche von Erwerbslosen (z.B. Wanberg et al., 1999). Generelle und spezifische Selbstwirksamkeitserwartungen sagen den späteren Erwerbsstatus vorher. An einer kleinen Stichprobe von Personen, die ihre Arbeit verloren, konnten Kanfer und Hulin (1985) zeigen, daß Selbstwirksamkeit bezüglich der Arbeitssuche den Berufsstatus vier Wochen später vorhersagt. Personen mit höherer Selbstwirksamkeit hatten später häufiger eine Arbeit als Personen mit niedriger Selbstwirksamkeit. Wanberg, Watt und Rumsey (1996) fanden dagegen bei einer Stichprobe Erwerbsloser keinen Effekt der Selbstwirksamkeit bezüglich der Arbeitssuche auf den Berufsstatus zwei und fünf Monate später. Eden und Aviram (1993) wiesen für Erwerbslose einen Effekt der generellen Selbstwirksamkeit auf den Berufsstatus zwei Monate später nach. Dieser Effekt konnte für den Berufseinstieg von Hochschulabsolvierenden querschnittlich, jedoch nicht über einen Zeitraum von vier Monaten repliziert werden (Saks & Ashforth, 1999).

Zusammenfassend sprechen die berichteten Studien dafür, daß Selbstwirksamkeit mit dem (Wieder-)Einstieg ins Berufsleben korreliert. Allerdings unterliegt diese Interpretation einer Einschränkung, da in den meisten Studien Leistungsunterschiede nicht kontrolliert wurden. Die gefundenen Effekte der Selbstwirksamkeit auf den Berufsstatus könnten also auch Effekte der Leistung sein, indem Personen mit besseren Fähigkeiten auch höhere Selbstwirksamkeitserwartungen haben könnten.

4.2.3 Analyse von Akademikererwerbslosigkeit im Rahmen des Projekts BELA-E

Um die Bedeutung von personalen Variablen für die Berufsentwicklung zu untersuchen, sind prospektive Längsschnittstudien nötig, bei denen über einen längeren Zeitraum hinweg die Entwicklung einer Befragtengruppe hinsichtlich der interessierenden Bereiche analysiert wird. Idealerweise erfolgt eine solche prospektive Längsschnittstudie mit mindestens zwei Kohorten (z.B. zwei Absolventenjahrgänge), um tatsächliche Veränderungen von reinen Meßzeitpunkt- oder Kohorteneffekten trennen zu können. Bei der Erlanger Längsschnittstudie zur beruflichen Laufbahnentwicklung von Akademikerinnen und Akademikern im Vergleich (BELA-E) wählten wir ein solches prospektives längsschnittliches Vorgehen. In zwei Erhebungswellen wurden knapp 2.000 Absolventinnen und Absolventen sämtlicher Fachrichtungen der Universität Erlangen-Nürnberg, an der nahezu alle universitären Fächer studiert werden können, unmittelbar nach ihrem Examen zum ersten Mal schriftlich befragt. Die zweite Befragung erfolgte eineinhalb Jahre später. Eine dritte Erhebung drei Jahre nach dem Examen läuft zur Zeit, weitere Erhebungen sind geplant.

Hypothesen: Ausgehend von der Literaturübersicht zur Erwerbslosigkeit unter Akademikern (Abschnitt 4.2.1) vermuten wir, daß Frauen der Berufseinstieg weniger gut gelingt als Männern, unabhängig von der studierten Fachrichtung. Das heißt Frauen sind häufiger erwerbslos oder ausbildungsinadäquat beschäftigt und brauchen länger für den Berufseinstieg. Daneben ist zu erwarten, daß vor allem Absolvierenden geisteswissenschaftlicher, aber auch naturwissenschaftlicher Fächer der Berufseinstieg schlechter gelingt als Absolvierenden wirtschafts- und ingenieurwissenschaftlicher Fächer. Weiterhin untersuchen wir die prädiktive Bedeutung von Studienleistungen, also Studiendauer und Abschlußnote, und der beruflichen Selbstwirksamkeitserwartung für die Schnelligkeit des Berufseinstiegs sowie für den Berufsstatus 17 Monate nach dem Examen. Wir nehmen an, daß Studiendauer und Examensnote einen mehr oder weniger gelungenen Berufseinstieg vorhersagen. Die referierten Studien zum Einfluß von Studienleistungen (Abschnitt 4.2.2) lassen vermuten, daß letztere Zusammenhänge zwar bedeutsam aber gering sind. Daneben untersuchen wir Zusammenhänge zwischen beruflicher Selbstwirksamkeit und der beruflichen Situation, insbesondere der Erwerbslosigkeit. Wir nehmen an, daß Personen mit niedriger Selbstwirksamkeit beruflich weniger erfolgreich sind unabhängig davon, welche Examensleistung sie erzielt und wie lange sie studiert haben (vgl. Abschnitt 4.2.2).

Erwerbslosigkeit wird hinsichtlich verschiedener Kriterien analysiert. Wir untersuchen den Verlauf des Berufseinstiegs, d.h. die Dauer der Erwerbslosigkeit zwischen Examen und erster Arbeitsstelle, Übergangstätigkeiten und Erwerbslosigkeitszeiten zwischen Beschäftigungsverhältnissen. Daneben analysieren wir die Ausbildungsadäquatheit bestehender Beschäftigungsverhältnisse sowie offene (keine oder geringfügige Beschäftigung) versus verdeckte Erwerbslosigkeit (z.B. Personen in Arbeitsamtweiterbildung, Personen mit Promotion ohne Stelle oder ohne Stipendium).

4.3 Methode

4.3.1 Design

Wir wendeten ein gemischt quer-, längsschnittliches Design an. Die erste Absolventenkohorte wurde 1994/95 befragt, die zweite 1996. Die erste Befragung beider Stichproben fand unmittelbar nach dem Examen statt, die zweite 17 Monate später. Die Erhebung zweier Kohorten diente der Kontrolle von Meßzeitpunkt- und Kohorteneffekten.

Entsprechende Analysen erbrachten keine Befunde (vgl. Abele, 2000a, 2000b). Wir werden im Folgenden deshalb die Befunde beider Stichproben gemeinsam darstellen.

Die Absolvierenden kamen aus der Juristischen, Medizinischen, Philosophischen, Technischen, Naturwissenschaftlichen, Wirtschafts- und Sozialwissenschaftlichen (kurz: "Wirtschaftswissenschaften") oder Erziehungswissenschaftlichen Fakultät der Universität Erlangen-Nürnberg. Die Zahl von N = 1.930 ausgefüllten Fragebogen entspricht einer Rücklaufquote der Vollerhebung von 44%. Bei der zweiten Erhebung konnten N = 1.398 Personen (Nettorücklaufquote 79%) erneut befragt werden.

4.3.2 Stichprobe

Die Gesamtstichprobe besteht zum ersten Erhebungszeitpunkt aus 826 Frauen und 1.104 Männern. Der Altersdurchschnitt beträgt 27 Jahre. Tabelle 4.3 zeigt die Verteilung bezüglich der Studienfachrichtungen. Die geschlechtsspezifische Fächerverteilung zeigt das bekannte Muster niedriger Frauenanteile in den Ingenieurwissenschaften, der Mathematik und Physik und sehr hoher Frauenanteile beim Lehramt sowie bei geisteswissenschaftlichen Studiengängen. Die Stichprobe entspricht hinsichtlich Geschlechts- und Fachzusammensetzung in etwa den Populationsdaten der entsprechenden Jahrgänge der Universität Erlangen-Nürnberg (Abele, Andrä & Schute, 1999a). Auch die Stichprobe des zweiten Befragungszeitpunktes ist repräsentativ. Sie unterscheidet sich nicht von der des ersten Befragungszeitpunkts (vgl. Abele, 2000b).

Tabelle 4.3: Verteilung der Gesamtstichprobe auf Studienfächer

Fachrichtungen	Stichprobe [1] N	(%)	% Frauen
Juristische Fakultät	126	(6,5%)	50,0%
Medizinische Fakultät	311	(16,1%)	44,7%
Geisteswissenschaften [2]	176	(9,1%)	71,0%
Naturwissenschaftliche Fakultät I (Mathematik, Physik)	117	(6,1%)	14,5%
Naturwissenschaftliche Fakultät II (Biologie, Chemie, Pharmazie)	102	(5,3%)	53,9%
Naturwissenschaftliche Fakultät III (Geologie, Geographie, Paläontologie)	25	(1,3%)	48,0%
Wirtschafts- u. Sozialwissenschaften	411	(21,3%)	41,6%
Ingenieurwissenschaften	354	(18,3%)	8,5%
Lehramt	306	(15,9%)	69,3%

Anmerkungen: [1] N = 1928, von 2 Frauen fehlen Angaben zum Studienfach [2] Magisterstudiengänge (N = 155, Fächer: Philosophie, Soziologie, Pädagogik, Psychologie, Geschichte, Literatur- u. Sprachwissenschaften) und Dipl.-Psychologie (N = 21).

4.3.3 Meßinstrumente

Der Fragebogen der ersten Erhebung enthält unter anderem soziodemographische Angaben, Angaben zur universitären Ausbildung, zur Arbeitsplatzsuche und beruflichen Situation. Daneben wurden psychometrische Skalen zur Erfassung von Motiven, Zielen,

Einstellungen, Eigenschaften und Erwartungen eingesetzt (vgl. Abele, 2000a, Abele et al., 1999a; Abele, Schute & Andrä, 1999b). Im vorliegenden Beitrag sind folgende Variablen, die zum ersten Meßzeitpunkt erhoben wurden, von Interesse: Alter, Geschlecht, Abschlußnote, Studiendauer und Zeitpunkt des Examens (Monat und Jahr des Staatsexamens, Diploms oder Magisterabschlusses). Daneben wurden zum ersten Befragungszeitpunkt berufliche Selbstwirksamkeitserwartungen mit einer neu konstruierten Skala erhoben (z.B. "Schwierigkeiten im Beruf sehe ich gelassen entgegen, da ich meinen Fähigkeiten vertrauen kann"; Abele et al., 2000).

Der Fragebogen der zweiten Erhebung erfaßte unter anderem soziodemographische Veränderungen, Einschätzungen der eigenen beruflichen Situation und Perspektiven, Angaben zur privaten Lebenssituation, Ziele, Werthaltungen und arbeitsbezogene Einstellungen. Die Personen wurden darüber hinaus gebeten, ihren bisherigen Berufsverlauf detailliert zu beschreiben, d.h. sie sollten unter anderem die Abfolge der Arbeitsstellen, Berufspausen und gegebenenfalls Ausbildungsphasen inhaltlich und zeitlich protokollieren. Aus diesen Angaben wurden folgende Variablen gebildet: Zeitdauer bis zur ersten Stelle in Monaten (Zeitraum zwischen Examen und erster Stelle in Monaten), Gesamterwerbslosigkeitsdauer (Zeitdauer bis zur ersten Stelle plus Monate der Erwerbslosigkeit nachdem die erste Stelle angetreten wurde), Übergangstätigkeiten bis zur ersten regulären Beschäftigung (z.B. Aushilfsjobs, Praktika) und Berufsgruppe (Erläuterung siehe 4.4.1).

4.4 Ergebnisse

4.4.1 Übergang vom Bildungs- in das Beschäftigungssystem

Zeitdauer zwischen Examen und erster regulärer Berufstätigkeit: 53% aller Befragten hatten bereits drei Monate nach dem Examen ihre Referendariats-, AiP-Stelle[2] oder ihre erste reguläre berufliche Tätigkeit aufgenommen. Der Mittelwert beträgt M = 5,26 Monate. Frauen treten später eine Stelle an (M = 5,86) als Männer (M = 4,82; $F(1/1370) = 6{,}18$, $p < .05$). Geisteswissenschaftler finden am langsamsten ihre Stelle (M = 7,91), Mediziner finden am schnellsten eine AiP-Stelle (M = 2,95), die anderen Fächer liegen dazwischen (Jura M = 4,64; Naturwissenschaften M = 6,58; Wirtschaftswissenschaften M = 5,73; Ingenieurwissenschaften M = 4,49; Lehramt M = 5,32; $F(6/1370) = 19{,}58$, $p < .001$). Schließt man diejenigen Befragten, die zum zweiten Befragungszeitpunkt noch keine Stelle haben, aus dieser Auswertung aus, dann ergeben sich die in Abbildung 4.1 dargestellten Werte. Der Fakultätsunterschied bleibt bestehen, $F(6/1277) = 9{,}72$, $p < .001$, während Frauen nur tendenziell später in den Beruf einsteigen (M = 4,94) als Männer (M = 4,27; $F(1/1277) = 2{,}99$, $p < .08$). In beiden Varianzanalysen ist die Interaktion von Fach und Geschlecht nicht signifikant.

[2] Anstellung als "Arzt im Praktikum" vor Erteilung der Approbation.

Abbildung 4.1: Zeit zwischen Examen und erster Arbeitsstelle differenziert nach Studienfach und Geschlecht (nur Befragte die zu t2 berufstätig sind)

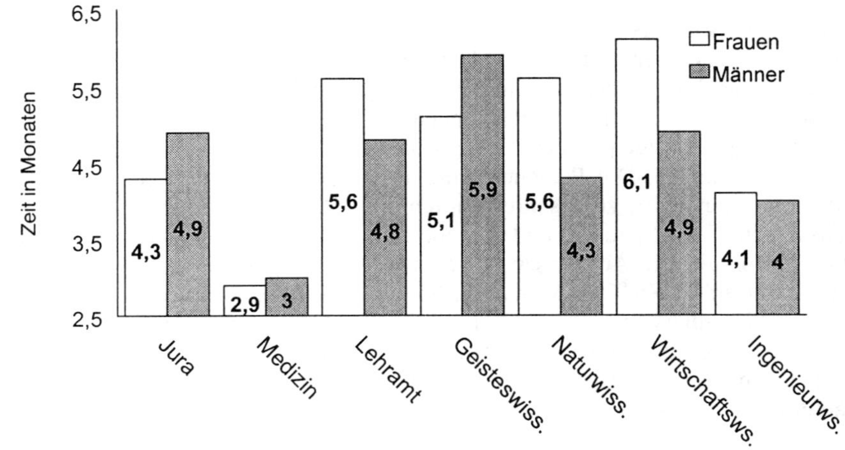

Gesamtdauer der Erwerbslosigkeit: Die Gesamtdauer der Erwerbslosigkeit ist sehr hoch mit der Dauer zwischen Examen und erster regulärer Tätigkeit korreliert, r = .98, d.h. nur ein Bruchteil der Befragten (4%) wird innerhalb des Befragungszeitraums nach Aufnahme einer Beschäftigung wieder erwerbslos. Fach- und Geschlechtsunterschiede in der Gesamterwerbslosigkeit bestehen insofern analog zur Zeitdauer zwischen Examen und erster regulärer Berufstätigkeit.

Übergangstätigkeiten vor der ersten regulären Berufstätigkeit: Insgesamt ein Viertel der Befragten hat vor ihrer eigentlichen Berufstätigkeit diverse Übergangstätigkeiten ausgeübt. Diese reichen von fachfremden geringfügigen Tätigkeiten (50%) über kurzzeitige Werkstudenten- oder Hilfskrafttätigkeiten (25%), Praktika (8%) bis zu Weiterbildungsmaßnahmen, z.B. Qualifizierungsmaßnahmen des Arbeitsamts (13%). Abbildung 4.2 zeigt die Verteilung der Personen mit Übergangstätigkeiten differenziert nach Fach und Geschlecht. Personen mit einem Studienfach, das einen weiteren Ausbildungsabschnitt vorsieht (Jura, Medizin, Lehramt), übten seltener Übergangstätigkeiten aus als die restlichen Befragten ($\chi^2(6) = 67,47$, $p < .001$), obwohl gerade in Jura die durchschnittliche Übergangszeit vergleichbar zu den Fächergruppen ohne zweiten Ausbildungsabschnitt ist. Besonders häufig waren Übergangstätigkeiten bei Personen mit geisteswissenschaftlichen Abschlüssen. Generell übten Frauen häufiger Übergangstätigkeiten aus (29,3%) als Männern (21,7%; $\chi^2(1) = 8,98$, $p < .01$). Übergangstätigkeiten wurden im Schnitt ein halbes Jahr lang (M = 5,81 Monate) ausgeübt. Hierbei gab es keine Fach- oder Geschlechtsunterschiede.

Abbildung 4.2: Übergangstätigkeiten bis zur ersten Arbeitsstelle differenziert nach Studienfach und Geschlecht

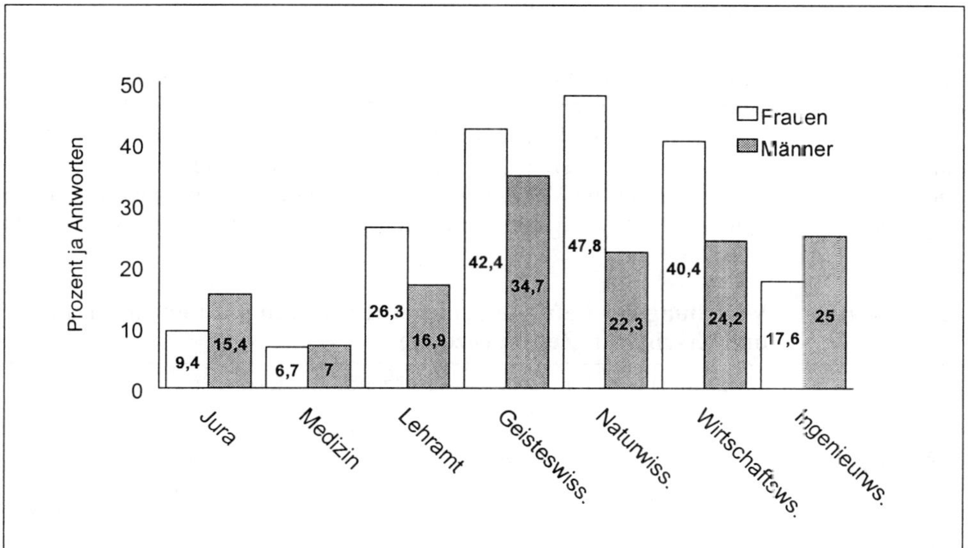

Berufsgruppe: Schließlich wurden alle Befragten anhand des studierten Fachs, der beruflichen Position, des Tätigkeitsbereichs und der Ausbildungsadäquatheit der Stelle einer von sechs Gruppen zugeordnet. Diese Einteilung lehnt sich an die Unterscheidung in erwerbstätige versus nicht erwerbstätige Personen versus Vollzeitstudenten (z.B. Tiggemann & Winefield, 1989) und zusätzlich an eine Differenzierung ausbildungsadäquater und ausbildungsinadäquater Erwerbstätigkeit (z.B. Teichler, Schomburg & Winkler, 1992) an. Daneben unterscheiden wir Berufseinsteiger an Universitäten von Berufseinsteigern in der Wirtschaft bzw. im öffentlichem Dienst und von Personen, die sich im zweiten Ausbildungsabschnitt befinden, da eine Vergleichbarkeit der Beschäftigungsfelder nicht gegeben ist.

- Gruppe 1 "Zweiter Ausbildungsabschnitt" (N = 543): Personen, die den zweiten Ausbildungsabschnitt im Fach Jura, Medizin, Pharmazie oder im Lehramt absolvieren, sowie Zahnärzte in ihrer Anerkennungsphase;
- Gruppe 2 "Wissenschaftlicher Nachwuchs" (N = 179): Personen mit bezahlter Tätigkeit an einer Universität oder Forschungseinrichtung (wissenschaftliche Angestellte oder Assistenten und Personen mit einem Promotionsstipendium);
- Gruppe 3 "Berufseinsteiger" (N = 521): Personen, die außerhalb der Universität ausbildungsadäquat eine Stelle angetreten haben;
- Gruppe 4 "Ausbildungsinadäquat Beschäftigte" (N = 62): Personen, die eine nicht ausbildungsadäquate Stelle haben (z.B. Sekretärinnen, Verkäufer);
- Gruppe 5 "Erwerbslose" (N = 53): Personen, die noch nie eine Stelle hatten, nur kurzzeitig beschäftigt waren oder lediglich geringfügige Tätigkeiten ausüben;

- Gruppe 6 "Personen in Weiterbildung" (N = 40): Personen, die eine weitere Ausbildung bzw. Weiterbildung angeschlossen haben oder ohne Stelle bzw. Stipendium an der Universität promovieren.

92% der Personen, die ein Fach mit zweitem Ausbildungsabschnitt studiert haben, befanden sich siebzehn Monate nach dem Examen in diesem zweiten Ausbildungsabschnitt. Die restlichen waren Nachwuchswissenschaftler (2,5%), erwerbslos (2,2%), arbeiteten in einem anderen Berufsfeld (2,4%) oder absolvierten eine weitere Ausbildung (1,4%). Tabelle 4.4 zeigt die Verteilung der Befragten mit Studium ohne zweiten Ausbildungsabschnitt (N = 855) auf die Berufsgruppen differenziert nach Geschlecht und Fachrichtung.

Tabelle 4.4: Verteilung der Befragten auf Berufsgruppen nach Fachrichtung und Geschlecht (Zeilenprozente)

	Nachwuchs-wissensch.	Berufsein-steiger	Ausbildungs-inadäquat Beschäftigte	Erwerbslos	Weiter-bildung
Geisteswiss.	14%	43%	20%	11%	11%
- Frauen	13%	41%	20%	15%	11%
- Männer	18%	47%	20%	4%	12%
Naturwissensch.	47%	31%	5%	9%	8%
- Frauen	35%	26%	12%	21%	5%
- Männer	53%	33%	2%	3%	10%
Wirtschaftswiss.	7%	82%	7%	2%	1%
- Frauen	6%	79%	13%	1%	1%
- Männer	7%	84%	4%	3%	1%
Ingenieurwiss.	22%	70%	2%	5%	2%
- Frauen	33%	48%	-	19%	-
- Männer	21%	72%	3%	3%	2%
Gesamt	21%	61%	8%	6%	5%
- Frauen	17%	51%	15%	12%	6%
- Männer	23%	65%	4%	3%	4%

Es gibt deutliche Unterschiede zwischen den Fachrichtungen ($\chi^2(12) = 232{,}92$, $p < .001$) und zwischen den Geschlechtern ($\chi^2(4) = 58{,}96$, $p < .001$). Die Erwerbslosenquote ist besonders hoch unter Frauen und unter Absolventen der Geistes- und Naturwissenschaften und niedrig in Ingenieur- sowie Wirtschaftswissenschaften. Der Prozentsatz von Berufseinsteigern ist bei Personen aus den Geistes- und Naturwissenschaften nur halb so groß wie bei denjenigen aus den Wirtschafts- und Ingenieurwissenschaften. Bei den Naturwissenschaftlern ist der Anteil von Nachwuchswissenschaftlern besonders groß (u.a. liegt dies an der hohen Promotionsfrequenz in Chemie, Physik und auch Biologie, vgl. Abele, 1999). Geisteswissenschaftler sind dagegen häufiger als Absolvierende anderer Fächer ausbildungsinadäquat beschäftigt. Frauen sind häufiger ausbildungsinadäquat beschäftigt und häufiger erwerbslos als Männer.

Betrachtet man innerhalb der Gruppe der Erwerbstätigen den Prozentsatz an Personen, die derzeit eine ausbildungsadäquate Position innehaben, faßt man also die Gruppen "Nachwuchswissenschaftler" und "studienadäquater außeruniversitärer Berufseinstieg" zusammen[3], besteht ein hochsignifikanter Unterschied zu Lasten der Geisteswissenschaftler ($\chi^2(3) = 93{,}48$, $p < .001$) und der Frauen ($\chi^2(1) = 52{,}62$, $p < .001$). Frauen sind zu 68% ausbildungsadäquat beschäftigt, Männer zu 88%. Innerhalb der Fachrichtungen ist der Geschlechtsunterschied in den Natur- und Ingenieurwissenschaften signifikant. Der Anteil ausbildungsinadäquat Beschäftigter unterscheidet sich ebenfalls signifikant zwischen den Fächern ($\chi^2(3) = 46{,}69$, $p < .001$) sowie zwischen Männern und Frauen ($\chi^2(1) = 28{,}18$, $p < .001$). Frauen sind häufiger ausbildungsinadäquat beschäftigt (15%) als Männer (4%), ebenso Geisteswissenschaftler. Innerhalb der Studienfächer ist der Geschlechtsunterschied in den Natur- und Wirtschaftswissenschaften nicht signifikant.

Die Prozentsätze von derzeit nicht beschäftigten Personen oder solchen in einer Weiterbildung sind ebenfalls Tabelle 4.4 zu entnehmen[4]. Zum Zeitpunkt der zweiten Befragung sind 6% erwerbslos, davon deutlich mehr Frauen (12%) als Männer (3%; $\chi^2(1) = 23{,}04$, $p < .001$). Der Geschlechtsunterschied ist bis auf Wirtschaftswissenschaften (mit gleicher Tendenz) bei allen Studienfächern signifikant. Der Fachunterschied mit höheren Werten bei Geistes- und Naturwissenschaften ist ebenfalls signifikant ($\chi^2(3) = 17{,}95$, $p < .001$). 34% der erwerbslosen Personen waren noch nie beschäftigt, 38% gehen bisher nur geringfügigen Beschäftigungen nach und 28% waren nach ihrem Examen schon einmal beschäftigt. Bezüglich der Gesamtstichprobe haben 1% (N = 15) aller Befragten eine Beschäftigung aufgenommen und diese bis zum zweiten Befragungszeitpunkt wieder verloren, ohne eine neue Stelle zu finden.

Bei Personen in Weiterbildung gibt es keinen Geschlechtsunterschied ($\chi^2(1) = 1{,}38$, $p < .24$), jedoch einen signifikanten Fachunterschied ($\chi^2(3) = 34{,}08$, $p < .001$). Geistes- und Naturwissenschaftler sind häufiger in Weiterbildung als Wirtschaftswissenschaftler und Ingenieure. Bei der Art der Weiterbildung lassen sich Aufbau- oder Zweitstudium (43%, am häufigsten bei Absolvierenden der Geisteswissenschaften), Fachschulenbesuche (20%), Arbeitsamtweiterbildungen (18%, am häufigsten bei Absolvierenden der Naturwissenschaften) und Promotionsstudium ohne Finanzierung durch ein Stipendium oder eine Stelle (15%) unterscheiden. Es ist davon auszugehen, daß es sich in sehr vielen Fällen von Weiterbildung um eine Form verdeckter Erwerbslosigkeit handelt, da 38% dieser Personen derzeit aktiv auf Stellensuche sind und 50% explizit als Ziel angeben, in den Beruf einsteigen zu wollen.

Insgesamt 6% der Befragten sind eineinhalb Jahre nach dem Examen ohne Arbeitsplatz, zusätzliche 5% haben eine weitere Ausbildung angeschlossen (vgl. Tabelle 4.4). Summiert man diese Zahlen, ergibt sich somit eine – fachspezifisch sehr unterschiedliche – Erwerbslosenquote von etwa 7% bei den Männern (16% Geistes-, 13% Natur-, maximal 5% Wirtschafts- und Ingenieurwissenschaften), sowie von etwa 18% bei den Frauen (26% Geistes- und Natur-, 2% Wirtschafts-, 19% Ingenieurwissenschaften).

---

3 Befragte mit Abschluß in Jura, Medizin, Wirtschaftspädagogik und Lehramt, die nicht im zweiten Ausbildungsabschnitt sind, wurden fachbezogen neu zugeordnet: Juristen wurden den Wirtschaftswissenschaften zugeordnet, Mediziner den Naturwissenschaftlern, Lehrer je nach ihrer Fächerkombination den Natur- oder Geisteswissenschaftlern.

4 Hierbei sind diejenigen Personen, die sich derzeit im Erziehungsurlaub befinden (5 Frauen, ein Mann) nicht berücksichtigt. Letztere wurden ihren jeweiligen Berufsgruppen zugeordnet.

Berücksichtigt man, daß im Befragungszeitraum 7% der Frauen Mütter geworden sind, so sind letztere Zahlen wahrscheinlich etwas nach unten zu korrigieren[5] (nur Frauen, die im Befragungszeitraum nicht Mutter geworden sind, offene und verdeckte Erwerbslosigkeit: 22% Geistes-, 15% Natur-, 2% Wirtschafts-, 6% Ingenieurwissenschaften). Bezüglich der Erwerbslosigkeit von Müttern stellt sich die "Henne oder Ei"-Frage: Haben sie ein Kind bekommen, unter anderem weil sie keine adäquate Berufstätigkeit gefunden haben oder haben sie nicht nach einer Berufstätigkeit gesucht, weil sie ein Kind bekommen haben? In den Geistes- und den Naturwissenschaften zum Beispiel, in denen die Berufschancen schlechter sind, bekommen auch mehr Frauen schnell ein Kind als in den übrigen Fächern ($\chi^2(3) = 16{,}30$, $p < .001$), was ein wenig in Richtung der ersten Interpretation deutet. Dieser Unterschied könnte aber auch aus unterschiedlichen Werthaltungen und Lebensentwürfen von Frauen verschiedener fachlicher Provenienz resultieren.

4.4.2 Personbezogene Prädiktoren des Erfolgs beim Berufseinstieg

Nachdem nun allgemeine Rahmendaten zu Erwerbslosigkeitszeiten und beruflichen Positionen der Jungakademiker eineinhalb Jahre nach dem Examen bekannt sind, soll im nächsten Auswertungsschritt die Bedeutung der Studienleistung (erhoben über Studiendauer und Examensnote) und der beruflichen Selbstwirksamkeitserwartung für den beruflichen Status eineinhalb Jahre nach dem Examen analysiert werden. Wir beschränken uns bei dieser Auswertung auf diejenigen Personen, die kein Fach mit zweitem Ausbildungsabschnitt absolviert haben[6].

Deskriptive Analysen zu t1

Frauen und Männer unterscheiden sich nicht in der Studiendauer ($M = 11{,}8$; $M = 12{,}0$; $t(853) = -1{,}22$, n.s.) oder hinsichtlich der Abschlußnoten ($M = 2{,}03$; $M = 1{,}96$; $t(853) = 1{,}74$, n.s.). Auch in der beruflichen Selbstwirksamkeit gibt es keine Geschlechtsunterschiede ($M = 3{,}73$; $M = 3{,}82$; $t(853) = -1{,}75$, n.s.). Darüber hinaus haben wir auch das Alter der Befragten berücksichtigt, Männer und Frauen unterscheiden sich dabei nicht ($M = 27{,}1$; $M = 27{,}2$; $t < 1$).

Die beiden Leistungsvariablen Studiendauer und Note korrelieren gering miteinander ($r = .17$, $p <.001$), d.h. längere Studiendauern gehen mit schlechteren Noten einher. Beide Variablen hängen daneben mit dem Alter der Befragten zusammen. Ein höheres Alter korreliert mit längerer Studiendauer ($r = .38$, $p < .001$) und schlechteren Noten ($r = .16$, $p < .001$). Berufliche Selbstwirksamkeit korreliert in der zu erwartenden Richtung mit den Leistungsvariablen, bessere Leistungen gehen mit höherer Selbstwirksamkeit einher. Die Korrelationen sind allerdings sehr niedrig (Studiendauer: $r = -.12$, $p < .001$; Examensnote: $r = -.09$, $p < .01$).

---

5 Von den beschäftigungslosen Frauen sind 65% Mütter, davon haben zwei Drittel ihr jüngstes Kind zwischen dem Examen und dem ersten Befragungszeitpunkt bekommen. Unter den beschäftigungslosen Männern gibt es keinen Vater.

6 Juristen, Mediziner und Lehrer befinden sich zum zweiten Befragungszeitpunkt im Referendariat bzw. AiP. Da der eigentliche Berufseinstieg noch nicht erfolgt ist, können Prädiktoren des Berufseinstiegs hier nicht untersucht werden.

Hypothesentestung

Unsere Hypothese ist, daß Berufsstatus und Schnelligkeit des Berufseinstiegs durch die zum ersten Erhebungszeitpunkt erhobenen Leistungsvariablen und berufliche Selbstwirksamkeit vorhergesagt werden können. Zur Überprüfung berechnen wir Varianzanalysen mit den Faktoren Geschlecht und Berufsgruppe in Bezug auf Abschlußnote, Studiendauer und Selbstwirksamkeit getrennt nach den Fachrichtungen Geistes-, Natur-, Ingenieur- sowie Wirtschaftswissenschaften. Ferner ermitteln wir regressionsanalytisch den Zusammenhang der Prädiktorvariablen mit der Zeitdauer bis zur ersten regulären Berufstätigkeit.

Bei allen Befragten variieren die Abschlußnoten nach der Berufsgruppe (vgl. Tabelle 4.5). Nachwuchswissenschaftler hatten jeweils die besten Noten im Examen. Berufseinsteiger außerhalb der Universität unterscheiden sich in ihren Examensnoten von ausbildungsinadäquat Beschäftigten, nicht aber von Erwerbslosen oder Personen in Weiterbildung [7].

Tabelle 4.5: Abschlußnoten in den Berufsgruppen getrennt nach Fächergruppen

	Nachwuchs-wissensch.	Berufsein-steiger	Ausbildungs-inad. Besch.	Weiterbil-dung	Erwerbslos
Geisteswiss.	1,60 [a 1]	2,03 [b]	2,32 [c]	2,14 [b,c]	2,06 [b,c]
Naturwiss.	1,45 [a]	1,57 [a,b]	2,02 [c]	1,76 [b]	2,07 [c]
Wirtschaftsws.	2,05 [a]	2,30 [b]	2,52 [b]	2,83 [b]	2,65 [b]
Ingenieurwiss.	1,65 [a]	1,92 [b]	2,40 [c]	2,10 [a,b]	2,10 [b,c]

Anmerkung: [1] Mittelwerte einer Zeile mit ungleichen Buchstaben unterscheiden sich signifikant voneinander (Duncan Range Test).

Tabelle 4.6 bringt die entsprechenden Ergebnisse für die Studiendauer. Auch hier zeigen sich keine Geschlechtsunterschiede, aber Unterschiede in der Studiendauer nach der Berufsgruppe. Tendenziell haben die Nachwuchswissenschaftler am schnellsten studiert[8, 9].

7 *Examensnote*: Haupteffekt Berufsgruppe: Geisteswissenschaften $F(4/157) = 5,14$, $p < .01$, $\eta^2 = 11,1\%$; Naturwissenschaften $F(4/163) = 7,57$, $p < .001$, $\eta^2 = 18,7\%$; Wirtschaftswissenschaften $F(4/240) = 4,49$, $p < .01$, $\eta^2 = 6,3\%$; Ingenieurwissenschaften $F(4/257) = 6,40$, $p < .05$, $\eta^2 = 10,3\%$; Haupteffekt Geschlecht: Ingenieurwissenschaften $F(1/257) = 6,40$, $p < .05$, $\eta^2 = 2,4\%$ ($M = 1,65$; $M = 1,91$).

8 *Studiendauer*: Haupteffekt Berufsgruppe: Geisteswissenschaften $F(4/157) = 1,18$, n.s., $\eta^2 = 2,8\%$; Naturwissenschaften $F(4/163) = 5,40$, $p < .001$, $\eta^2 = 11,4\%$; Wirtschaftswissenschaften $F(4/240) = 5,99$, $p < .001$, $\eta^2 = 8,6\%$; Ingenieurwissenschaften $F(4/257) = 8,54$, $p < .001$, $\eta^2 = 6,4\%$.

9 Beim *Alter* ergeben sich analoge Effekte. Auch bei Kontrolle der Studiendauer unterscheiden sich die Berufsgruppen hinsichtlich ihres Alters. Die Effektstärken variieren zwischen 3,7% und 22,2%.

Tabelle 4.6: Studiendauer in den Berufsgruppen getrennt nach Fächergruppen

	Nachwuchs-wissensch.	Berufsein-steiger	Ausbildungs-inad. Besch.	Weiterbil-dung	Erwerbslos
Geisteswiss.	11,77	12,09	12,58	11,63	11,95
Naturwiss.	11,91 [a 1]	11,92 [a]	13,22 [b]	13,64 [b]	12,56 [a]
Wirtschaftsws.	10,41 [a]	11,08 [a,b]	12,44 [c]	9,67 [a]	12,33 [b,c]
Ingenieurwiss.	11,53 [a]	12,44 [b]	13,33 [b]	12,00 [a,b]	14,33 [c]

Anmerkung: [1] Mittelwerte einer Zeile mit ungleichen Buchstaben unterscheiden sich signifikant voneinander (Duncan Range Test).

Tabelle 4.7 zeigt die Mittelwerte zur beruflichen Selbstwirksamkeitserwartung getrennt nach den vier Fächergruppen. Varianzanalysen mit Geschlecht und Berufsgruppe als Faktoren sowie Studiendauer und Abschlußnote als Kovariate erbringen keinerlei Geschlechtsunterschiede, aber Unterschiede nach der Berufsgruppe[10]. Besonders hohe Werte haben Nachwuchswissenschaftler und Berufseinsteiger, niedrige Werte haben vor allem erwerbslose und inadäquat beschäftigte Personen.

Tabelle 4.7: Selbstwirksamkeit in den Berufsgruppen getrennt nach Fächergruppen

	Nachwuchs-wissensch.	Berufsein-steiger	Ausbildungs-inad. Besch.	Weiter-bildung	Erwerbslos
Geisteswiss.	4,13 [a 1]	3,87 [b]	3,56 [c]	3,55 [b,c]	3,56 [b,c]
Naturwiss.	3,72	3,57	3,02	3,49	3,39
Wirtschaftsws.	3,96 [a]	3,84 [a]	3,30 [b]	4,39 [a]	3,19 [b]
Ingenieurwiss.	3,98 [a]	3,95 [a]	3,19 [b]	4,00 [a,b]	3,40 [b]

Anmerkung: [1] Mittelwerte einer Zeile mit ungleichen Buchstaben unterscheiden sich signifikant voneinander (Duncan Range Test).

Wir berechnen abschließend eine hierarchische lineare Regression mit der abhängigen Variable "Zeitdauer bis zur ersten regulären Berufstätigkeit" für diejenigen Befragten, die kein Fach mit zweitem Ausbildungsabschnitt studiert haben und die zu t2 tatsächlich berufstätig sind. Im ersten Schritt gehen die Dummy-codierte Studienfachvariable und das Geschlecht ein. Im zweiten Schritt folgen Studiendauer, Abschlußnote und Lebensalter, im dritten Schritt geht die berufliche Selbstwirksamkeit ein (Tabelle 4.8). In den ersten beiden Schritten sagen lediglich das Studienfach und die Studiendauer die Schnelligkeit des Berufseinstiegs vorher. Kürzere Studiendauer geht mit schnellerem Berufseinstieg einher. Zusätzlich erklärt berufliche Selbstwirksamkeit 3.3% der Varianz in der abhängigen Variable. Hohe Überzeugungen eigener beruflicher Kompetenz gehen

10 *Selbstwirksamkeit*: Geisteswissenschaften $F(4/155) = 2,86$, $p < .05$, $\eta^2 = 7,9\%$; Naturwissenschaften $F(4/161) = 1,76$, n.s., $\eta^2 = 4,8\%$; Wirtschaftswissenschaften $F(4/238) = 2,74$, $p < .05$, $\eta^2 = 7,0\%$; Ingenieurwissenschaften, $F(4/255) = 2,80$, $p < .05$, $\eta^2 = 6,2\%$.

ebenfalls mit schnellerem Berufseinstieg einher. Dieser Zusammenhang ist unabhängig von der Studienleistung der Befragten[11].

Tabelle 4.8: Vorhersage der Zeitdauer bis zur ersten Arbeitsstelle

	R	R^2_{Change}	F_{Change}	β im entsprechenden Schritt	
Schritt 1	.15	2,3%	F(4/730) = 4.22; p < .01		
- Geisteswissenschaften				.08;	n.s.
- Naturwissenschaften				.04;	n.s.
- Wirtschaftswissenschaften				.12;	p < .01
- Geschlecht				-.07;	n.s.
Schritt 2	.18	0,9%	F(3/727) = 2.31; p > .07		
- Studiendauer				.11;	p < .01
- Abschlußnote				-.02;	n.s.
- Alter				-.05;	n.s.
Schritt 3	.26	3,3%	F(1/726) = 25.63; p < .001		
Berufl. Selbstwirksamkeit				-.19;	p < .001

4.5 Diskussion

Die Auswertung zu Erwerbslosigkeit, Übergangszeiten und Beschäftigungsstatus zusammenfassend läßt sich für die – repräsentative – Stichprobe der Absolventinnen und Absolventen der Universität Erlangen-Nürnberg folgendes festhalten: Mediziner, Juristen und Lehramtsabsolvierende sind zu über 90% in den zweiten Ausbildungsabschnitt eingetreten. Von den verbleibenden Absolvierenden hat über die Hälfte der Befragten vier Monate nach Studienabschluß eine berufliche Tätigkeit, die über reines "Jobben" hinausgeht. Im Mittel suchen die Befragten etwa sechs Monate nach einer Beschäftigung. Frauen suchen unabhängig vom Studienfach länger als Männer. Absolvierende geisteswissenschaftlicher Fächer suchen am längsten, gefolgt von Wirtschafts- und Naturwissenschaftlern. Am kürzesten suchen Absolvierende der Ingenieurwissenschaften. Innerhalb dieser Suchphase übt etwa ein Viertel der Befragten Übergangstätigkeiten (in der Regel Aushilfsjobs) aus. Vor allem Frauen und Absolvierende geisteswissenschaftlicher Fächer üben solche Tätigkeiten aus.

Auch bezüglich Erwerbslosigkeit und Beschäftigungsstatus gibt es deutliche Fachunterschiede. Die Erwerbslosenquoten sind relativ hoch in den Geistes- und Naturwissenschaften und niedrig in den Wirtschafts- und Ingenieurwissenschaften. Geisteswissenschaftler sind daneben auch vergleichsweise häufig ausbildungsinadäquat beschäftigt oder in Weiterbildung. Nur gut die Hälfte hat eineinhalb Jahre nach dem

[11] Es wurde auch eine Regressionsanalyse mit einem Teil der Stichprobe berechnet, wobei das Vorhandensein einer Stelle zu t1 als Kontrollvariable im zweiten Schritt mit eingeht. Der Effekt der Selbstwirksamkeit bleibt dabei signifikant.

Examen eine ausbildungsadäquate Arbeitsstelle gefunden. Naturwissenschaftler bleiben häufig an der Universität.

Die Hypothese eines fachspezifisch unterschiedlich günstigen Berufsstarts wird somit belegt. Wirtschaftswissenschaftler und Ingenieure haben derzeit sehr gute Chancen auf dem Arbeitsmarkt. Eineinhalb Jahre nach dem Studienabschluß haben sie unbefristete und daher sichere Arbeitsstellen inne, die gut bezahlt und inhaltlich adäquat sind (Abele, 2000b). Die Beschäftigungsquoten von Wirtschaftswissenschaftlern und auch der männlichen Ingenieure sind in unserer Studie sogar noch höher als die aus Absolventenbefragungen etwa 10 Jahre früher (vgl. Tabelle 4.2). Bei den Naturwissenschaftlern, von denen etwa die Hälfte vorerst an der Universität bleibt, um zu promovieren, sind die Beschäftigungsquoten schlechter als bei Wirtschaftswissenschaftlern und Ingenieuren. Im Vergleich zu den früheren Absolventenbefragungen sind sie für Frauen etwas schlechter und für Männer gleichbleibend gut (vgl. Tabelle 4.2). Von sicheren Beschäftigungen oder adäquat bezahlten Tätigkeiten kann man hier allerdings nur bei einem Drittel der Personen sprechen, die außerhalb der Universität eine Arbeitsstelle fanden. Längerfristig hängt das Ausmaß offener und verdeckter Erwerbslosigkeit von Naturwissenschaftlern erheblich davon ab, wie sich der Arbeitsmarkt gestaltet, wenn die Promovierenden die Universität nach einigen Jahren wieder verlassen. Für Geisteswissenschaftler gestaltet sich der Berufseinstieg innerhalb und außerhalb der Universität am schwierigsten. Aber auch hier liegen die Erwerbslosenquoten unter denen von 1993 (vgl. Minks & Filaretow, 1995; Tabelle 4.2). Für Juristen, Mediziner und Lehrer, die alle befristete Ausbildungsverträge zur Absolvierung ihres Referendariats oder AiP's inne haben, lassen sich bisher keine Aussagen treffen. Zusammenfassend gilt also, daß auch bei unserer Studie fachspezifische Unterschiede im Berufseinstieg bestehen, daß aber im Vergleich zu früheren Absolvierendenbefragungen die Arbeitsmarktchancen der von uns befragten Personen, mit Ausnahme der Naturwissenschaftler, besser sind[12].

Ein etwas anderes Bild ergibt sich allerdings, wenn man unsere Befunde mit den in Tabelle 4.1 zitierten Mikrozensusdaten von 1992 vergleicht. Danach liegen die Erwerbslosenquoten der männlichen Befragten der vorliegenden Stichprobe durchwegs unter diesen Zahlen, d.h. Männer haben eine höhere Erwerbsquote. Die Erwerbslosenquoten der weiblichen Befragten liegen dagegen darüber, d.h. Frauen haben eine niedrigere Erwerbsquote. Vergleicht man schließlich die in der BELA-Studie ermittelte Akademikererwerbslosigkeit eineinhalb Jahre nach dem Examen von durchschnittlich 6% mit der offiziellen Quote der erwerbslos gemeldeten Universitätsabsolvierenden von 1998 (3,9%), dann liegen die hier ermittelten Werte wiederum etwas höher. Letzteres liegt sicherlich an methodischen Unterschieden, da die offizielle Arbeitsmarktstatistik ein restriktiveres Erwerbslosigkeitskriterium verwendet, als wir es angelegt haben.

Entsprechend der Hypothese – und in Übereinstimmung mit den Arbeitsmarktstatistiken und den Absolventenbefragungen (vgl. Tabelle 4.1 und Tabelle 4.2) – haben Frauen eineinhalb Jahre nach dem Examen durchgehend einen weniger hohen Berufsstatus als Männer. Sie sind von höherer offener und verdeckter Erwerbslosigkeit betroffen und sind häufiger in sogenannten prekären Beschäftigungsverhältnissen. Allerdings sind die Quoten erwerbsloser Geistes- und Wirtschaftswissenschaftlerinnen niedriger

---

12 Ein Teil dieser Diskrepanz könnte auch regionale Unterschiede abbilden. Unsere Ergebnisse stützen sich auf die Befragung in einer Region, in der der Arbeitsmarkt vergleichsweise gut ist.

als in den in Tabelle 4.2 zusammengestellten Absolventenbefragungen. Höhere Erwerbslosigkeit und häufigere Beschäftigung in ausbildungsinadäquaten Positionen schon beim Berufsstart könnte im Laufe der Zeit die Diskrepanz zu den Berufskarrieren der Männer noch erhöhen (Abele, 2000a).

Die Gründe für den schlechteren Berufseinstieg von Akademikerinnen gegenüber Akademikern standen nicht im Mittelpunkt der vorliegenden Auswertung. Vier denkbare Gründe können dennoch ausgeschlossen werden: die Effekte sind nicht auf unterschiedliche Fachwahlen zurückzuführen, da der schlechtere Berufsstart der Frauen für alle Fächer gilt; sie sind nicht auf Noten- oder Studiendauerdiskrepanzen zu Männern zurückzuführen, da es diese nicht gibt; sie sind nicht auf unterschiedliche berufliche Selbstwirksamkeitserwartungen zurückzuführen, da es diese ebenfalls nicht gibt; und sie sind nicht auf Mutterschaft zurückzuführen, da auch Frauen ohne Kinder einen schlechteren Berufsstart haben als Männer.

Die Hypothesen zu Prädiktoren von Akademikererwerbslosigkeit wurden teilweise gestützt. Durch Studienleistungen (Dauer, Abschlußnote) kann insbesondere vorhergesagt werden, wer als Nachwuchswissenschaftler an der Universität bleibt. Für die anderen Parameter der beruflichen Integration nach eineinhalb Jahren, wie Erwerbslosigkeitsquote und Schnelligkeit der beruflichen Integration sind diese Variablen von marginaler Bedeutung. Das heißt, Stipendien oder Stellen an Universitäten werden vorzugsweise an solche Personen vergeben, die gute Examensergebnisse vorweisen können. Stellen außerhalb der Universität werden nach anderen Kriterien vergeben. Die Diskrepanz zu den Ergebnissen von Saks und Ashforth (1999) reflektiert möglicherweise Unterschiede zwischen Deutschland und Kanada. Bei den von Klein (1994) in Deutschland untersuchten Verwaltungswissenschaftlern, sind die Studienleistungen eventuell für potentielle Arbeitgeber aussagekräftiger, da der Studiengang im Vergleich zu anderen Studiengängen praxisnäher ist.

Berufliche Selbstwirksamkeit, also das Vertrauen in eigene berufliche Kompetenzen, ist ein signifikanter Prädiktor eines mehr oder weniger gelungenen Berufseinstiegs. Hohe berufliche Selbstwirksamkeitserwartungen begünstigen eine bessere und schnellere berufliche Integration. Die Effekte sind niedrig, aber über die Fächer hinweg konstant. Dieses Ergebnis bestätigt bisherige Befunde zur Vorhersage des Berufsstatus über kurze Zeiträume hinweg und belegt unsere Annahme, daß Selbstwirksamkeit auch über eineinhalb Jahre hinweg den Berufsstatus beeinflußt. Diesen Effekt konnten wir mit einem neu entwickelten Meßinstrument zeigen, das Selbstwirksamkeit weder sehr aufgabenspezifisch noch als Trait erfaßt, sondern im Hinblick auf den Beruf konzipiert ist (Abele et al., 2000). Wichtig bei diesem Befund ist, daß die prädiktive Wirkung beruflicher Selbstwirksamkeit unabhängig von Studienleistungen besteht, d.h. *keinen* verdeckten Leistungseffekt reflektiert (vgl. auch Abele et al., 1999a; Stief & Abele, 1999). Neben Leistungsrückmeldungen im Studium, die nur gering mit beruflicher Selbstwirksamkeit zusammenhängen, scheinen frühe Berufserfahrungen informativer zur Bewertung eigener beruflicher Kompetenzen zu sein (Abele et al., 2000; Bandura, 1997). Wir können ebenfalls ausschließen, daß es sich bei der Wirkung der Selbstwirksamkeit auf den Berufseinstieg um einen verdeckten Effekt des frühen Berufseinstiegs handelt. Die Ergebnisse sprechen für die Hypothese des Selektionseffekts der Selbstwirksamkeit auf objektive Variablen des beruflichen Verlaufs, d.h. wer sich selbst beruflich etwas zutraut, hat auch Erfolg. An anderer Stelle konnten wir auch einen Effekt auf subjektive Bewertungen des Berufsverlaufs zeigen (Stief & Abele, 1999), d.h. wer sich selbst etwas zutraut, fühlt sich später beruflich auch erfolgreich. Im weiteren Berufsverlauf kann man erwarten, daß eine positive berufliche Entwicklung, wenn sie als solche auch erlebt wird, langfristig zu einer Steigerung der beruflichen Selbstwirksamkeit führt, die dann wiederum die berufliche Entwicklung positiv beeinflussen kann.

Studien zu Prädiktoren des mehr oder weniger gelungenen Berufseinstiegs oder Wiedereinstiegs zeigen, daß aktives Handeln bei der Suche nach einer Arbeitsstelle einen schnellen Ausstieg aus der Erwerbslosigkeit begünstigt (vgl. Abschnitt 4.2.2; Frese et al., 1997; Leana & Feldman, 1995; Schaufeli, 1997). Wir konnten daneben einen positiven Effekt der Selbstwirksamkeit auf den Berufseinstieg belegen. Trainings für Erwerbslose zur Steigerung der Selbstwirksamkeit und allgemein zur Selbstmanagementoptimierung verbinden diese beiden Aspekte (z.B. Derow, 1982; Eden & Aviram, 1993) mit dem Ziel negative Folgen der Erwerbslosigkeit zu vermindern und Personen bei ihrer Arbeitssuche zu unterstützen. Diese Maßnahmen können hilfreich sein, sich die eigenen Kompetenzen zu vergegenwärtigen, realistische Einschätzungen und Handlungsstrategien zu entwickeln, gerade auch dann, wenn die allgemeinen Beschäftigungsaussichten nicht optimal sind. Dies gilt insbesondere für Akademiker, die durch ein breites Wissen, Zusatzqualifikationen und Flexibilität prinzipiell eher als andere Bildungsgruppen die Möglichkeiten haben, in andere anspruchsvolle Arbeitsbereiche als die, für die sie ursprünglich ausgebildet wurden, zu wechseln.

Literatur

Abele, A. E. (1999). Mit der Universität als Arbeitsplatz zufrieden: Ergebnisse einer Studie an der Universität Erlangen-Nürnberg. *Forschung und Lehre, 12*, 646-647.

Abele, A. E. (2000a). A dual impact model of gender and career related processes. In T. Eckes & H.-M. Trautner (Eds.), *The developmental social psychology of gender* (pp. 361-388). New Jersey: Erlbaum.

Abele, A. E. (2000b). *Dynamic Gender: The reciprocal influence between gender-related traits and career development: A prospective longitudinal study.* Manuscript submitted for publication.

Abele, A. E., Andrä, M. S. & Schute, M. (1999a). Wer hat nach dem Hochschulexamen schnell eine Stelle? Erste Ergebnisse der Erlanger Längsschnittstudie (BELA-E). *Zeitschrift für Arbeits- und Organisationspsychologie, 43*, 95-101.

Abele, A. E., Schute, M. & Andrä, M. S. (1999b). Ingenieurin versus Pädagoge. Berufliche Werthaltungen von Hochschulabsolventinnen und -absolventen als Resultat interessenspezifischer Selektions- und fachspezifischer Sozialisationseffekte. *Zeitschrift für Pädagogische Psychologie, 13*, 84-99.

Abele, A. E., Stief, M. & Andrä, M. S. (2000). Zur ökonomischen Erfassung der beruflichen Selbstwirksamkeitserwartung – Neukonstruktion einer BSW-Skala. *Zeitschrift für Arbeits- und Organisationspsychologie, 44*, 145-151.

Astin, H. S. (1984). The meaning of work in women's lives: A sociological model of career choice and work behavior. *The Counseling Psychologist, 12*, 117-126.

Bandura, A. (1997). *Self-efficacy: The exercise of control.* New York: Freeman.

Caspi, A., Wright, B. R. E., Moffitt, T. E. & Silva, P. A. (1998). Early failure in the labor market. *American Sociological Review, 63*, 424-451.

Creed, P. A. (1999). Predisposing factors and consequences of occupational status for long-term unemployed youth: A longitudinal examination. *Journal of Adolescence, 22*, 81-93.

Derow, R. (1982). *Sondierungsstudie "Verhaltenstraining für Arbeitslose"* (Information Nr. 40). Nürnberg: Bundesansalt für Arbeit, Psychologischer Dienst.

Eden, D. & Aviram, A. (1993). Self-efficacy training to speed reemployment: Helping people to help themselves. *Journal of Applied Psychology, 78*, 352-360.

Engelbrecht, G. & Jungkunst, M. (1999). Die Zukunft der Frauenbeschäftigung. *IAB Werkstattbericht, 20.*

Frese, M., Fay, D., Hilburger, T., Leng, K. & Tag, A. (1997). The concept of personal initiative: Operationalization, reliability and validity in two German samples. *Journal of Occupational and Organizational Psychology, 70*, 139-161.

Institut für Arbeitsmarkt und Berufsforschung (1995, Januar). *Beschäftigungssituation und -perspektiven von Hochschulabsolventen. Eine Synopse*. Tischvorlage für die 10. Sitzung des Ausschusses für Arbeitsmarkt und Berufsforschung am 19.1.1995.

Kanfer, R. & Hulin, C. L. (1985). Individuell differences in successful job searches following lay-off. *Personnel Psychology, 38*, 835-847.

Klein, T. (1990). Arbeitslosigkeit und Wiederbeschäftigung im Erwerbsverlauf: Theorieansätze und empirische Befunde. *Kölner Zeitschrift für Soziologie und Sozialpsychologie, 42*, 688-705.

Klein, T. (1994). Berufseinstieg und Berufsverlauf von Verwaltungswissenschaftlern. Ergebnisse der Konstanzer Absolventenbefragung. *Politische Vierteljahresschrift, 35*, 35-107.

Leana, C. R. & Feldman, D. C. (1995). Finding new jobs after a plant closing: Antecedents and outcomes of the occurrence and quality of reemployment. *Human Relations, 48*, 1381-1401.

Lent, R., Brown, S. D. & Hackett, G. (1994). Towards a unifying social cognitive theory of career and academic interest, choice and performance. *Journal of Vocational Behavior, 45*, 79-122.

McFayden, R. G. & Thomas, J. P. (1997). Economic and psychological models of job search behavior of the unemployed. *Human Relations, 50*, 1461-1483.

Minks, K. H. (1992). *Absolventenreport Wirtschaftswissenschaften*. Bonn: BMBW.

Minks, K. H. (1996a). *Absolventenreport Ingenieure*. Bonn: BMBW.

Minks, K. H. (1996b). *Frauen aus technischen und naturwissenschaftliche Studiengängen*. Hannover: HIS.

Minks, K. H. & Filaretow, B. (1995). *Absolventenreport Magisterstudiengänge*. Bonn: BMBW.

Osipow, S. H. & Fitzgerald, L. F. (1996). *Theories of Career Development* (4. Edition). Boston: Allyn & Bacon.

Parmentier, K., Schade, H.-J. & Schreyer, F. (1998). *IAB-Materialien, Sonderserie: Akademiker/innen – Studium und Arbeitsmarkt, 1* (Heft 0 bis 7). Nürnberg: IAB.

Rappensperger, G. (1996). *Berufseinstieg und Integration von Führungsnachwuchskräften. Eine Längsschnittuntersuchung unter besonderer Berücksichtigung geschlechtsspezifischer Aspekte*. Unveröff. Diss., Ludwig Maximilians Universität, München.

Reinberg, A. (1999). Der qualifikatorische Strukturwandel auf dem deutschen Arbeitsmarkt. *Mitteilungen aus der Arbeitsmarkt- und Berufsforschung, 32* (4), 434-447.

Saks, A. M. & Ashforth, B. E. (1999). Effects of individual differences and job search behavior on the employment status of recent university graduates. *Journal of Vocational Behavior, 54*, 335-349.

Schaufeli, W. (1997). Youth unemployment and mental health: Some Dutch findings. *Journal of Adolescence, 20*, 281-292.

Schaufeli, W. B. & van Yperen, N. W. (1993). Success and failure in the labour market. *Journal of Organizational Behavior, 14*, 559-572.

Schneer, J. A. & Reitman, F. (1997). The interrupted managerial career path: A longitudinal study of MBAs. *Journal of Vocational Behavior, 51*, 411-434.

Schreyer, F. (1999). Frauen sind häufiger arbeitslos – gerade wenn sie ein "Männerfach" studiert haben. *IAB Kurzbericht, 14.*

Schwarzer, R. & Hahn, A. (1995). Reemployment after migration from East to West Germany. *Applied Psychology: An International Review, 44*, 77-93.

Statistisches Bundesamt (2000). In: http://www.statistik-bund.de, 31.08.2000.

Steiner, V. (1990). *Determinanten individueller Arbeitslosigkeit: Mikroökonomische Erklärungsansätze und empirische Analysen für Österreich*. Wien: VWGÖ.

Stief, M. & Abele, A. E. (1999). *Berufliche Selbstwirksamkeitserwartung nach dem Examen als Prädiktor der beruflichen Integration eineinhalb Jahre später*. Vortrag gehalten in Marburg.

Super, D. E. (1992). Towards as comprehensive theory of career development. In D. Montross & C. Shinkman (Eds.), *Career development: Theory and practice* (pp. 35-64). Springfield, Il: Thomas.

Teichler, U., Schomburg, H. & Winkler, H. (1992). *Studium und Berufsweg von Hochschulabsolventen. Ergebnisse einer Langzeitstudie*. Bonn: BMBW.

Tiggemann, M. & Winefield, A. H. (1989). Predictors of employment, unemployment and further study among school-leavers. *Journal of Occupational Psychology*, *62*, 213-221.
Vesalainen, J. & Vuori, J. (1999). Job-seeking, adaptation and re-employment experiences of the unemployed. *Journal of Community and Applied Social Psychology*, *9*, 383-394.
Wanberg, C. R., Kanfer, R. & Rotundo, M. (1999). Unemployed individuals: Motives, job-search competencies, and job-search constraints as predictors of job seeking and reemployment. *Journal of Applied Psychology*, *84*, 897-910.
Wanberg, C. R., Watt, J. D. & Rumsey, D. J. (1996). Individuals without jobs: An empirical study of job-seeking behavior and reemployment. *Journal of Applied Psychology*, *81*, 76-87.
Winefield, A. H., Tiggemann, M. & Winefield, H. R. (1991). The psycological impact of unemployment and unsatisfactory umployment in young men and women. *British Journal of Psychology*, *82*, 473-486.
Winefield, H. R., Winefield, A. H. & Tiggemann, M. (1992). Employment status transitions in a longitudinal study of young people. *Psychological Reports*, *71*, 532-534.

5 Negatives psychisches Befinden als Wirkung und als Ursache von Arbeitslosigkeit: Ergebnisse einer Metaanalyse

Karsten Paul & Klaus Moser

5.1 Einleitung

Die Frage nach Ursache und Wirkung stellt sich für die psychologische Arbeitslosigkeitsforschung als ein besonders schwieriges Problem dar. Daß ein Zusammenhang zwischen Arbeitslosigkeit und psychischer Belastung existiert, wird heute von kaum einem Wissenschaftler noch ernsthaft in Zweifel gezogen. Ob die bei Arbeitslosen beobachtbaren psychischen Probleme aber die Folge der Arbeitslosigkeit sind, oder ob sie sich auf andere Ursachen zurückführen lassen, ist eine wichtige und komplexe Frage, über die bisher noch keine Einigkeit erzielt werden konnte (vgl. Fryer, 1997; Winefield, 1995). In dem hier vorliegenden Beitrag sollen nach einem Überblick über die Aussagen anderer Autoren die Ergebnisse einer Metaanalyse vorgestellt werden, die, wie wir hoffen, helfen werden, größere Klarheit in dieses schwierige Problemfeld zu bringen.

5.2 Zum Forschungsstand

Überblicksarbeiten zur psychologischen Arbeitslosigkeitsforschung existieren inzwischen in großer Zahl (z.B. Harrison, 1976; Warr & Parry, 1982; Warr, 1985; Platt, 1985; Fryer & Payne, 1986; Olafsson & Svensson, 1986; Warr, Jackson & Banks, 1988; Schultz-Gambard & Balz, 1988; Catalano, 1991; Ezzy, 1993; Hammarström, 1994). An dieser Stelle kann daher kein erschöpfender Überblick über diese Literatur geleistet, sondern nur eine Auswahl von Arbeiten vorgestellt werden, die für die Kausalitätsfrage unserer Ansicht nach von besonderer Relevanz sind.

Eisenberg und Lazarsfeld (1938). Aus heutiger Perspektive erscheint die Weltwirtschaftskrise mit ihren plötzlich, fast über Nacht auftauchenden Heerscharen von Arbeitslosen wie eine Naturkatastrophe, die unterschiedslos und in blinder Willkür mal diesen und mal jenen traf. Um so erstaunlicher mutet es an, wenn Eisenberg und Lazarsfeld (1938) in ihrer Überblicksarbeit über die Arbeitslosenforschung der dreißiger Jahre Überlegungen zu der Frage anstellen, ob Menschen mit bestimmten Merkmalen damals leichter arbeitslos wurden oder länger arbeitslos blieben als andere. Daß Arbeitslose im Vergleich zu Erwerbstätigen mehr Symptome psychischer Störung aufweisen, steht für die Autoren außer Frage. Sie betonen den sehr hohen Grad an Übereinstimmung, der bezüglich dieses Punktes unter den mit Arbeitslosigkeit beschäftigten Forschern herrscht. Wird das schlechte psychische Befinden Arbeitsloser aber auch von der Arbeitslosigkeit verursacht? Auf der einen Seite scheinen Eisenberg und Lazarsfeld diese Ansicht zu unterstützen, denn sie verwenden häufig Formulierungen wie „The general conclusion of practically all workers in the field is that unemployment tends to make people more emotionally unstable than they were previous to unemployment“ (S. 359). Solche Formulierungen implizieren, daß die Arbeitslosigkeit nicht nur ein Korrelat, sondern auch eine Ursache der psychischen Symptome der Arbeitslosen ist. Außerdem zitieren sie längsschnittliche Ergebnisse, nach denen Arbeitslose, wenn sie eine neue Stelle finden, eine deutliche Verbesserung ihres psychischen Befindens zeigen, was für eine Verursachung der Symptome durch die Arbeitslosigkeit spricht. Andererseits werfen Eisenberg und Lazarsfeld aber auch die Frage nach möglichen Selektionseffekten beim Weg in die oder aus der Arbeitslosigkeit auf. Sie diskutieren einige Variablen wie

Alter, ethnische Zugehörigkeit und körperliche Gesundheit, bei denen sie einen solchen Selektionseffekt für möglich erachten, wobei sie die Ansicht vertreten, daß solche Effekte eher bei der Suche nach einem neuen Job als beim Verlust eines Arbeitsplatzes von Bedeutung sind. Am Beispiel der Tramps, einer damals in den USA häufigen Gruppe von Arbeitslosen, gehen die Autoren dann auf die Frage ein, ob möglicherweise neben Variablen wie Alter und Gesundheit auch das Ausmaß psychischer Belastung einen Einfluß auf die Wahrscheinlichkeit, arbeitslos zu werden oder zu bleiben, ausübt. Ihrer Ansicht nach ist die Datenlage zu diesem Problembereich widersprüchlich und es bleibt für sie unklar, ob Arbeitslosigkeit die Menschen dazu bringt, ein Leben als Tramp zu führen, und dadurch psychische Probleme verursacht, oder ob umgekehrt erst die psychischen Probleme dazu führen, daß Menschen in ein Leben der Obdachlosigkeit und Landstreicherei hineingeraten. Die Autoren führen einige Arbeiten an, die für und einige die gegen die Hypothese einer Verursachung von Arbeitslosigkeit durch psychische Instabilität sprechen, und kommen zu dem Schluß: „Experimental findings are often contradictory" (S. 362).

Frese und Mohr (1978). Der Überblicksartikel von Frese und Mohr ist einer der ersten, die nach dem Wiederauftreten von Massenarbeitslosigkeit zu Beginn der 70er Jahre veröffentlicht wurden. Er nimmt aufgrund der Seltenheit neuerer Untersuchungen noch stark Bezug auf die Arbeitslosigkeitsforschung der 30er Jahre, kann aber zusätzlich auch die Ergebnisse einiger aktuellerer Studien referieren. Der Kausalitätsfrage widmen Frese und Mohr besonderes Interesse. Sie formulieren dabei vier Hypothesen, die das vermehrte Auftreten psychischer Schwierigkeiten bei Arbeitslosen erklären könnten:

1. „Psychisch gestörte Personen werden leichter arbeitslos.
2. Von vornherein gestörte Personen bleiben aufgrund ihrer Störung länger arbeitslos, und es kommt deshalb zu einer statistischen Häufung von psychischen Störungen bei Arbeitslosen (...).
3. Eine dritte Variable könnte hohe Arbeitslosigkeit und eine hohe Rate von psychischen Störungen bewirken.
4. Arbeitslosigkeit führt zu psychischen Störungen." (S. 317)

Die Gültigkeit der ersten Hypothese, wonach Menschen mit psychischen Problemen leichter arbeitslos werden, halten Frese und Mohr für wenig wahrscheinlich, da ihrer Meinung nach die Mehrzahl der Arbeitslosen ihre Stelle durch Massenentlassungen verloren haben dürfte und nicht durch individuelle Kündigung. Zudem zeigen nach Ansicht der Autoren die Ergebnisse einiger Studien, die ausschließlich an den Opfern von Massenentlassungen durchgeführt wurden, daß auch bei diesen eine erhöhte Rate psychopathologischer Symptome auftritt. Die erste Hypothese kann also höchstens einen Teil, aber nicht das ganze Ausmaß der psychischen Belastung Arbeitsloser erklären. Zur zweiten Hypothese, wonach psychisch belastete Arbeitslose länger in der Arbeitslosigkeit verbleiben als nicht belastete Personen, merken die Autoren an, daß diese Hypothese „nicht leicht von der Hand zu weisen" (S. 318) sei und zitieren zwei Studien, deren Ergebnisse für einen solchen Selektionsmechanismus bei der Stellensuche sprechen. Im Gegenzug führen sie dann aber zwei andere Studien ins Feld, bei denen sich ein solcher Effekt nicht nachweisen ließ bzw. bei denen sogar tendenziell gegenläufige Effekte auftraten. Die Ergebnisse der Forschung sind also widersprüchlich und Frese und Mohr schlußfolgern daraus, „daß die zweite Hypothese sich zur alleinigen Klärung des Kausalzusammenhangs nicht aufrecht erhalten läßt“ (S. 318).

Im Hinblick auf die dritte Hypothese, wonach eine dritte Variable sowohl für die Arbeitslosigkeit wie auch für das schlechte Befinden der Arbeitslosen verantwortlich sein könnte, gehen die Autoren vor allem auf das Qualifikationsniveau ein. Sie argumentieren, daß möglicherweise „die Rate der psychischen Störungen mit abnehmender Qualifikation zunimmt“ und daß gleichzeitig „Arbeiter mit geringem Qualifikationsniveau am meisten von der Arbeitslosigkeit bedroht sind“ (S. 318). Das Schul- und Ausbildungsniveau wäre also der kausale Faktor, der sowohl psychische Belastung als auch Erwerbslosigkeit verursacht und so zu einem statistischen Zusammenhang dieser beiden Variablen führt. Diese Überlegungen bleiben jedoch spekulativ, da den Autoren „keine empirische Überprüfung der dritten Hypothese bekannt“ ist (S. 318). Die vierte Hypothese schließlich, wonach Arbeitslosigkeit psychische Symptome verursacht, befindet sich nach Ansicht der Autoren in relativ guter Übereinstimmung mit der ihnen zugänglichen Literatur. Sie führen zwar eine Längsschnittstudie an, deren Ergebnisse diese Hypothese nicht unterstützen, können aber auf einige methodische Schwächen verweisen, die die Interpretierbarkeit dieser Untersuchungsergebnisse beeinträchtigen. Zwei andere in dieser Überblicksarbeit genannte Studien unterstützen die vierte Hypothese hingegen eindeutig. Insgesamt kommen Frese und Mohr zu dem Ergebnis, daß „die Frage der Kausalität noch nicht an jedem Punkt abgeklärt“ (S. 319) ist. Sie favorisieren als wahrscheinlichstes Erklärungsmuster eine Kombination aus den Hypothesen 2 und 4 und erklären: „Die wenigen methodisch differenzierten Langzeituntersuchungen, die in der Literatur vorliegen, können (...) die Hypothese bestätigen, daß psychische Probleme aufgrund der Arbeitslosigkeit entstehen. Gleichzeitig ist anzunehmen, daß psychische Störungen insofern, als sie den Handlungsspielraum einer Person verringern, auch zu Problemen bei der Arbeitssuche beitragen“ (S. 319). Der Arbeitslose gerät ihrer Ansicht nach also in einen Teufelskreis: „Als Folge der Arbeitslosigkeit entwickelt er psychische Störungen, diese bereiten ihm wiederum Schwierigkeiten bei der Arbeitssuche und reduzieren seine Chance der Wiedervermittlung“ (S. 319).

Dooley und Catalano (1980). Dooley und Catalano beschäftigen sich in ihrer Überblicksarbeit zwar nicht ausschließlich mit Arbeitslosigkeit, sondern auch mit anderen ökonomischen Variablen, bei denen möglicherweise ein Zusammenhang mit psychischen und Verhaltensstörungen besteht. Arbeitslosigkeit steht in ihrem Beitrag aber deutlich im Vordergrund. Die Autoren betonen, daß mit querschnittlichen Forschungsdesigns kein Aufschluß über die Richtung des kausalen Zusammenhangs gewonnen werden kann. Sie widmen den ihnen bekannten Längsschnittstudien daher besonders große Aufmerksamkeit. Nach Auskunft der Autoren findet sich in diesen Untersuchungen ein positiver Zusammenhang zwischen dem Verlust eines Arbeitsplatzes und nachfolgenden Verhaltensstörungen oder selbstberichteten Symptomen. Es existieren demnach starke empirische Belege dafür, daß Arbeitslosigkeit psychische Probleme verursacht. Die Autoren merken aber an, daß eine Bestätigung der Hypothese, wonach Arbeitslosigkeit zu psychischen Problemen führt, nicht gleichzeitig auch bedeutet, daß andere Erklärungsmöglichkeiten für die Häufung psychopathologischer Symptome unter Arbeitslosen und Armen widerlegt sind: „Social causation (poverty causes disorder) and selection (disordered people drift down economically relative to the normal population) are not mutually exclusive in principle. Apparent longitudinal support for one hypothesis does not rule out the other“ (S. 456). Direkte Tests der Drift-Hypothese können Dooley und Catalano nicht berichten, es bleibt also unklar, ob nicht auch Selektionsmechanismen bei der Verursachung der psychischen Symptome Arbeitsloser eine Rolle spielen.

Winefield (1995). Winefield kann in seinem Überblicksartikel bereits auf eine sehr große Zahl von Veröffentlichungen zum Thema Arbeitslosigkeit zurückgreifen und spricht von einer ungeheuren Zunahme des wissenschaftlichen Interesses an der Arbeitslosigkeit. Die Frage nach der Verursachung des Zusammenhangs zwischen Arbeitslosigkeit und psychischem Befinden stellt seiner Ansicht nach eine der wichtigsten Fragen der psychologischen Arbeitslosigkeitsforschung dar. Er warnt daher vor einer allzu voreiligen Interpretation der Symptome Arbeitsloser als Auswirkungen der Arbeitslosigkeit: „The fact that the unemployed may be less well adjusted than the employed does not imply that this difference is a consequence of being unemployed ('social causation'). It is possible that poorly adjusted individuals are more likely to be laid off and less likely to be offered jobs ('drift'). A further possibility is that a third factor, such as a prolonged illness, may be responsible for both the psychological maladjustment and the unemployment“ (S. 172). Nach Meinung des Autors unterstützt die Mehrzahl der verfügbaren Längsschnittuntersuchungen die sogenannte 'social causation'-Hypothese. Es existieren auf der anderen Seite auch einige Studien, deren Ergebnisse für die Drift-Hypothese sprechen. Bei einer Studie findet sich allerdings auch ein Ergebnis, das für einen umgekehrten Drift-Effekt zu sprechen scheint, denn hier hatten diejenigen Arbeitslosen mit den höchsten Ausprägungen von Angst und Depression die höchste Wahrscheinlichkeit, im folgenden Jahr eine Stelle zu finden. Alles in allem kommt Winefield zu dem Ergebnis, daß die Datenlage zur Kausalitätsfrage „conflicting and inconclusive“ (S. 195) sei und sich eindeutige Schlußfolgerungen nicht ziehen lassen. Die wahrscheinlichste Antwort auf die Frage, welche der beiden Hypothesen, 'drift' oder 'social causation', als gültig anzusehen ist, lautet nach Winefield daher: „both“ (S. 195).

Murphy und Athanasou (1999). Es existieren bisher nur sehr wenige Überblicksarbeiten auf dem Gebiet der psychologischen Arbeitslosigkeitsforschung, die sich metaanalytischer Techniken bedienen und eine quantitative Integration der Ergebnisse der Primärstudien vornehmen. Da die metaanalytischen Versuche von Temple et al. (1991) und Foster (1991) mit erheblichen methodischen Problemen behaftet sind, sollen sie hier nicht besprochen werden. Murphy und Athanasou beschränken ihre Metaanalyse auf lediglich 16 Längsschnittstudien, die in den Jahren von 1986 bis 1996 erschienen sind. In einigen von diesen Studien werden zudem nicht genügend Daten mitgeteilt, um eine Effektstärkenberechnung zu ermöglichen, so daß schließlich nur neun Untersuchungen in die eigentliche Metaanalyse eingehen. Da es sich bei diesen Untersuchungen aber eben um Längsschnittstudien handelt, sind die Ergebnisse der Arbeit von Murphy und Athanasou für die Kausalitätsproblematik von großer Bedeutung. Die Autoren kommen zu dem Ergebnis, daß die ihnen zur Verfügung stehenden Längsschnittdaten stark für die Auffassung sprechen, daß Arbeitslosigkeit psychische Probleme verursacht, da Personen, die im Verlauf der Längsschnittstudien ihre Arbeit verlieren, mehr Symptome aufweisen als erwerbstätige Vergleichgruppen, und da sich die Belastungswerte nach einer Wiederanstellung vermindern. Dieses Ergebnis wird von Murphy und Athanasou als relativ konsistent eingeschätzt, und zwar trotz des Umstandes, daß die Primäruntersuchungen sich beträchtlich im Hinblick auf wichtige Variablen wie z.B. Länge des Follow-up-Zeitraumes, Art der Stichprobenziehung oder Land der Datenerhebung unterscheiden. Als Effektstärke für die Verschlechterung des psychischen Befindens beim Wechsel von der Erwerbstätigkeit in die Arbeitslosigkeit berechnen die Autoren einen Wert von d = 0,36 (n = 616)[1]. Für die Befindensverbesserung bei einem Wechsel von der Arbeitslosigkeit in die Erwerbstätigkeit geben sie einen Wert von d = 0,54 (n = 1509) an. Seine Stelle zu verlieren führt also zu einer Verschlechterung der psychischen Gesundheit, als Arbeitsloser einen neuen Job zu finden dagegen zu einer deutlichen Verbesserung. Beides spricht für eine Verursachung der Symptome durch die Arbeitslosigkeit.

Murphy und Athanasou stellen fest, daß sich die Effektstärken von ihrem Betrag her deutlich unterscheiden. Die erste bezeichnen sie als kleinen Effekt, während sie der anderen tatsächliche praktische Bedeutsamkeit zuschreiben. Als Erklärungsversuch für die Diskrepanz weisen sie auf die kleine Zahl von Studien und von Versuchspersonen hin und schlagen vor, das Ergebnis eher als „initial tentative hypothesis" (S. 96) denn als sichere Erkenntnis anzusehen. Murphy und Athanasou weisen auch darauf hin, daß bei einer kleinen Zahl von Primäruntersuchungen auch Drift- bzw. Selektionseffekte gefunden wurden. Sie schlußfolgern daraus: „The least fit may be more likely to lose employment, or the more fit more easily to gain re-employment" (S. 90). Dieses Statement wird aber mit deutlicher Skepsis vorgetragen, und da in den nach Einschätzung der Autoren methodisch besonders gelungenen Untersuchungen keine solchen Selektionseffekte gefunden wurden, gehen Murphy und Athanasou nicht weiter auf dieses Phänomen ein und unterziehen es auch keiner metaanalytischen Prüfung.

Als Fazit kann festgehalten werden, daß die Arbeit von Murphy und Athanasou metaanalytische Daten liefert, die deutliche Belege für die Social-causation-Hypothese darstellen. Die Autoren vernachlässigen aber das Selektionsproblem, und die Möglichkeit, daß eine dritte Variable sowohl Arbeitslosigkeit als auch psychische Symptome hervorrufen könnte, wird mit keinem Wort erwähnt.

Fazit. Zusammenfassend kann gesagt werden: Alle Autoren älterer Überblicksartikel gehen davon aus, daß zumindest ein Teil der Symptome Arbeitsloser durch die Erfahrung der Arbeitslosigkeit verursacht wird. Einige Autoren (z.B. Fryer & Payne, 1986; Schultz-Gambard & Balz, 1988) erachten dieses Erklärungsmuster offenbar als das einzig interessierende und gehen auf andere Erklärungsmöglichkeiten nicht oder nur sehr oberflächlich ein. In der Mehrzahl der Überblicksarbeiten wird aber auch die Möglichkeit diskutiert, daß psychisch belastete Menschen eher ihre Stelle verlieren und länger in der Arbeitslosigkeit verbleiben als nicht belastete Menschen. Solche Selektionseffekte werden von einem Teil der Autoren für wahrscheinlich gehalten (z.B. Frese & Mohr, 1978). Andere Autoren kommen hingegen zu dem Schluß, daß solche Selektionseffekte unwahrscheinlich sind (z.B. Murphy & Athanasou, 1999). Die dritte mögliche Erklärung für die Häufung psychischer Symptome unter Erwerbslosen, daß nämlich ein dritter Faktor sowohl die Arbeitslosigkeit wie auch die psychischen Symptome verursacht, wird nur in einer Minderheit der Überblicksarbeiten überhaupt erwähnt (Frese & Mohr, 1978; Winefield, 1995).

Unser eigenes Forschungsprojekt hatte im Hinblick auf die Kausalitätsfrage zum Ziel, die metaanalytischen Ergebnisse von Murphy und Athanasou an einer deutlich größeren Stichprobe von Längsschnittstudien zu überprüfen und um einige wichtige zusätzliche Analysen (z.B. zum Übergang von der Schule ins Erwerbsleben) zu ergän-

---

[1] Der Effektstärkekoeffizient *d* wird im Methodenteil näher erläutert.

zen. Außerdem beabsichtigten wir, eine Überprüfung der Selektionshypothese vorzunehmen.

5.3 Methode

Auswahl der abhängigen Variablen. Als Indikatoren der psychischen Gesundheit wählten wir einige Variablen aus, die in der psychologischen Arbeitslosigkeitsforschung bereits häufiger untersucht wurden und deren Relevanz für die Frage nach dem psychischen Befinden Arbeitsloser vermutlich außer Zweifel steht:

- Allgemeine psychische Symptome aus verschiedenen Störungsbereichen
- Depressionssymptome
- Angstsymptome
- Psychosomatische Symptome
- Externalität
- Lebenszufriedenheit
- Emotionales Wohlbefinden
- Selbstwertgefühl.

Literaturrecherche. Die Literatursuche fand vor allem in Form einer ausgedehnten Recherche in verschiedenen computergestützten Literaturdatenbanken (PsycLit, Psyndex, MedLine, Wiso 3, Dissertational Abstracts, Diss-CD) statt. Außerdem wurden die Theorieteile und Literaturverzeichnisse einiger wichtiger älterer Überblicksarbeiten nach Hinweisen auf weitere verwendbare Arbeiten durchsucht. Diese Suche wurde dann auch auf die Theorieteile und Literaturverzeichnisse der bereits gewonnenen und als metaanalytisch verwertbar eingestuften Primärarbeiten erweitert.

Kriterien für die Aufnahme von Primärstudien in die Metaanalyse. Eine Primäruntersuchung wurde nur dann in die Metaanalyse aufgenommen, wenn folgende fünf Aufnahmekriterien erfüllt waren:

1. Die Grundpopulation, aus der die Stichprobe gezogen wurde, bestand nicht aus Patienten medizinischer Einrichtungen.
2. Es wurde neben einer Stichprobe von Arbeitslosen auch eine Vergleichsgruppe Erwerbstätiger untersucht.
3. Es kamen quantitative, standardisierte psychometrische Verfahren zur Anwendung.
4. Die Darstellung der Ergebnisse ließ die Berechnung einer Effektstärke zu.
5. Die Homogenität bzw. Reinheit der Arbeitslosenstichprobe konnte als ausreichend gesichert angesehen werden.

Der fünfte Punkt ist von besonderer Bedeutung und stellt ein großes Problem in der psychologischen Arbeitslosigkeitsforschung dar. Bei vielen Untersuchungen findet nämlich keine klare Unterscheidung zwischen Arbeitslosen und anderen Nichterwerbstätigen statt, so daß es zu einer Vermischung mit Studierenden, Hausfrauen und Rentnern kommt (vgl. Warr & Parry, 1982). Da wir in unserer Metaanalyse aber nicht die Psychologie der Nichterwerbstätigkeit im weiteren Sinne, sondern die der Arbeitslosigkeit untersuchen wollten, mußten solche Primärstudien von der Analyse ausgeschlossen werden. Zu diesem Zweck wurden vier Bedingungen formuliert, von denen mindestens eine auf jede Studie zutreffen mußte, damit diese in die Metaanalyse aufgenommen wurde:

1. Es wird im Text ausdrücklich gesagt, daß die Versuchspersonen beim Arbeitsamt, einer Gewerkschaft oder einer vergleichbaren Institution als Arbeitslose gemeldet sind.
2. Die arbeitslosen Untersuchungsteilnehmer werden ausreichend gut von anderen Gruppen Nichterwerbstätiger abgegrenzt, z.B. indem Daten getrennt für Arbeitslose, Studenten, Hausfrauen und Rentner berichtet werden. Unter diese Bedingung fallen auch Studien, in denen ausdrücklich davon die Rede ist, daß die Teilnehmer unfreiwillig nichterwerbstätig sind.
3. Es wird berichtet, daß die Untersuchungsteilnehmer in den letzten drei Jahren Opfer einer Fabrikschließung oder einer Massenentlassung wurden, so daß davon ausgegangen werden kann, daß ihre gegenwärtige Nichterwerbstätigkeit unfreiwillig ist.
4. Keine der oberen Bedingungen ist gegeben, aber es kann aus anderen Gründen davon ausgegangen werden, daß es sich bei den Nichterwerbstätigen um wirkliche Arbeitslose handelt.

Die vierte Bedingung ist etwas unspezifisch, läßt sich in jedem einzelnen Fall aber gut rechtfertigen. Insgesamt fanden nur sehr wenige Studien (7%) auf diesem Weg Eingang in die Metaanalyse.

Zur Qualität der verwendeten Stichproben. Leider handelt es sich bei der großen Mehrzahl der in den Primärstudien untersuchten Stichproben um Gelegenheitsstichproben, bei denen die Repräsentativität für die Gesamtbevölkerung unsicher ist bzw. nicht überprüft wurde. Die Arbeitslosen wurden beispielsweise häufig durch persönliches Ansprechen auf Arbeitsämtern rekrutiert. Nur selten haben die Forscher Zugang zu den Daten von Arbeitsämtern oder Gewerkschaften. Auch bei den erwerbstätigen Vergleichspersonen handelt es sich meist um Gelegenheitsstichproben. Nicht selten werden beispielsweise ehemalige Arbeitslose, die wieder eine Stelle gefunden haben, als Vergleichsgruppe herangezogen. All dies macht eine ausreichende Repräsentativität der in die Metaanalyse eingehenden Stichproben für die Gesamtheit der Erwerbspersonen in den westlichen Industrieländern zwar nicht unmöglich, läßt sie aber als nicht genügend gesichert erscheinen.

Glücklicherweise finden sich unter den Primärstudien aber auch einige, denen es mit großem Aufwand gelingt, die Repräsentativität ihrer Stichprobe für ein Land, eine Region oder eine Stadt sicherzustellen. Vergleicht man die durchschnittlichen Effektstärken dieser Untersuchungen mit den Ergebnissen der Metaanalyse für alle verfügbaren Primärstudien, so stellt man fest, daß die Ergebnisse für den Vergleich von Arbeitslosen und Erwerbstätigen in beiden Fällen sehr ähnlich sind. Man kann daher unserer Ansicht nach schlußfolgern, daß aus der nicht gesicherten Bevölkerungsrepräsentativität vieler Primärstudien keine große Gefahr für die Validität der Gesamtergebnisse der Metaanalyse resultiert, da die Ergebnisse dieser Untersuchungen gut mit den Ergebnissen jener Primärstudien übereinstimmen, bei denen die Bevölkerungsrepräsentativität gesichert ist.

Statistische Verfahren. Als Effektstärkenkoeffizient wurde Cohens d verwendet. Hierbei handelt es sich um die Differenz der Mittelwerte zweier Gruppen, in unserem Fall zwischen Arbeitslosen und Erwerbstätigen, geteilt durch die gepoolte Standardabweichung der beiden Gruppen (vgl. Rosenthal, 1994). Bei manchen Primäruntersuchungen wird dieselbe Variable mit verschiedenen Meßverfahren erhoben. Um eine Inflation von Effektstärken und damit verbundene Probleme statistischer Abhängigkeit zu verhindern, wurde in solchen Fällen immer nur eine Effektstärke errechnet und weiterverwendet. Wenn bei Längsschnittuntersuchungen Messungen für mehr als zwei Erhebungszeitpunkte vorlagen, so wurden Effektstärken nur für dasjenige Zeitintervall errechnet, in dessen Verlauf die größte Anzahl von Wechseln im Erwerbsstatus auftrat. Dies geschah, um zu verhindern, daß Werte derselben Versuchsperson mehrmals in die Effektstärkeberechnungen eingehen konnten, was möglicherweise zu Problemen statistischer Abhängigkeit geführt hätte. Der zeitliche Abstand zwischen den Zeitpunkten der Datenerhebung schwankt bei den verwendeten Längsschnittstudien im übrigen zwischen einem Minimum von 6 Wochen und einem Maximum von 8 Jahren bei einem Median von 12 Monaten.

5.4 Ergebnisse

Da der Schwerpunkt des hier vorliegenden Beitrags auf der Kausalitätsproblematik liegt und Querschnittuntersuchungen zur Lösung dieser Problematik nur sehr wenig beitragen können, werden die Ergebnisse der Querschnittanalyse im folgenden nur sehr knapp dargestellt und das Hauptgewicht auf die Darstellung der längsschnittlichen Ergebnisse gelegt. Eine ausführlichere Darstellung der Querschnittsergebnisse findet sich an anderer Stelle (Paul & Moser, 2001; Moser & Paul, 2001). Insgesamt konnten für den Querschnittvergleich 172 eigenständige Untersuchungen herangezogen werden[2]. Aus diesen wurden 414 Einzeleffektstärken berechnet. Die Stichprobengrößen der einzelnen Studien schwanken zwischen 20 und 12285 Versuchpersonen. Für die Längsschnittanalyse konnten aus 51 eigenständigen Untersuchungen 347 Effektstärken errechnet werden. Die in die Metaanalyse aufgenommenen Studien stammen fast ausschließlich aus Europa (49%), Nordamerika (40%) oder Australien und Neuseeland (10%). Die älteste Untersuchung wurde im Jahr 1963 durchgeführt, die jüngste im Jahr 1997. 83% der Arbeiten wurde nach 1980 veröffentlicht, nur 2% 1970 oder früher, wobei sich eine relativ große Streuung über die verschiedenen Formen wissenschaftlicher Publikation findet.

5.4.1 Ergebnisse aus der Querschnittanalyse

Bei Arbeitslosen zeigt sich ein konsistent schlechteres psychisches Befinden als bei Erwerbstätigen. Dies gilt für alle acht hier untersuchten Indikatoren psychischer Gesundheit: Arbeitslose zeigen mehr allgemeine psychische Symptome, mehr Kennzeichen der Depression und der Angst, mehr psychosomatische Symptome, externalere Kontrollüberzeugungen, weniger Lebenszufriedenheit, ein schlechteres emotionales Wohlbefinden und ein geringeres Selbstwertgefühl als die erwerbstätigen Vergleichspersonen. Die Stärke dieser negativen Effekte des Erwerbsstatus auf die psychische

[2] Eine Liste der verwendeten Primärstudien ist bei den Autoren erhältlich.

Gesundheit schwankt allerdings erheblich. Für die Lebenszufriedenheit und die allgemeinen psychischen Symptome finden sich mit d = 0,59 und d = 0,44 mittelgroße Effektstärken[3], während sich bei der Externalität und den psychosomatischen Symptomen mit d = 0,13 und d = 0,09 nur sehr schwache Effekte zeigen. Die übrigen Effektstärken liegen zwischen den genannten Werten.

Es lassen sich auch Moderatoreffekte für die Variablen Alter, Geschlecht, beruflicher Status und Dauer der Arbeitslosigkeit nachweisen. Trotz dieser Moderatoreffekte findet sich aber keine einzige Personengruppe, bei der Arbeitslose nicht ein deutlich schlechteres seelisches Befinden aufweisen als Erwerbstätige. Berechnet man aus denjenigen Studien, die die entsprechenden Daten mitteilen, den durchschnittlichen Prozentsatz psychisch belasteter Personen unter den Arbeitslosen und den Erwerbstätigen, ergibt sich folgendes Bild: Von n = 8357 in k = 42 Einzelstichproben untersuchten Arbeitslosen wurden ca. 37% als in klinisch bedeutsamer Weise psychisch beeinträchtigt eingestuft. Bei den 23481 untersuchten Erwerbstätigen (k = 41) betrug dieser Anteil hingegen nur 23%. Dieser Unterschied von 14 Prozentpunkten macht deutlich, daß auch mittelgroßen und kleinen Effektstärken eine sehr große praktische Bedeutung zukommt, wenn sie sich wie bei der Arbeitslosigkeit auf Massenphänomene beziehen, von denen Millionen von Menschen betroffen sind. Eine Effektstärke von d = 0,44 für den Zusammenhang von Arbeitslosigkeit und allgemeinen psychischen Symptomen ist dann nämlich gleichbedeutend mit dem psychischen Leid abertausender Menschen.

5.4.2 Ergebnisse aus der Längsschnittanalyse

Testung der Hypothese, daß Arbeitslosigkeit psychische Symptome verursacht. Um feststellen zu können, ob Arbeitslosigkeit psychische Symptome verursacht, muß man Personen, die einen Wechsel im Erwerbsstatus erleben, vor und nach diesem Wechsel untersuchen. Ergibt sich parallel zur Veränderung des Erwerbsstatus eine Veränderung im psychischen Befinden in Form einer Verschlechterung beim Eintritt in die Arbeitslosigkeit und einer Verbesserung beim Austritt aus der Arbeitslosigkeit, so ist dies ein starker Beleg für die Verursachung psychischer Probleme durch die Arbeitslosigkeit. Um aber die Längsschnittergebnisse für diejenigen Personen, die zwischen dem ersten und dem zweiten Erhebungszeitpunkt einen Wechsel im Erwerbsstatus durchmachen, besser verstehen zu können, ist es sinnvoll, sich zunächst die Ergebnisse für jene Personen anzusehen, die keinen Wechsel im Erwerbsstatus erleben.

---

[3] Positive Werte bedeuten, daß Arbeitslose ein schlechteres Befinden in der entsprechenden Variable aufweisen als Erwerbstätige.

Abbildung 5.1: Längsschnittergebnisse bei kontinuierlich Erwerbstätigen

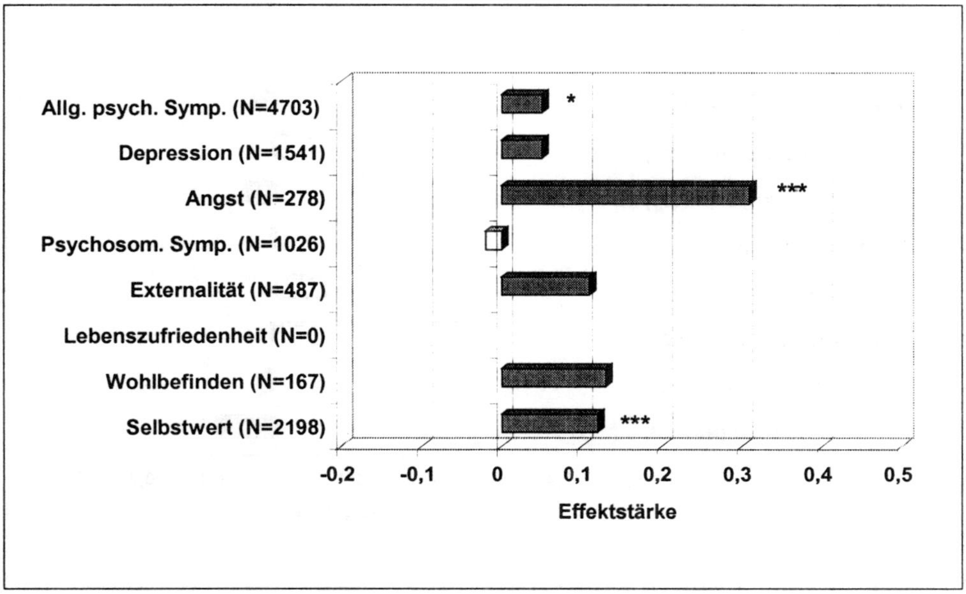

Anmerkung: Positive Werte bedeuten eine Befindensverbesserung vom ersten zum zweiten Erhebungszeitpunkt (*** p < .001; ** p < .01; * p < .05).

Wie man an Abbildung 5.1 sieht, ergibt sich für Menschen, die zu beiden Untersuchungszeitpunkten erwerbstätig sind, eine leichte, aber konsistente Verbesserung des psychischen Befindens. Diese Befindensverbesserung tritt als Trend mit einer Ausnahme bei allen untersuchten Indikatoren psychischen Befindens auf und wird in drei Fällen auch statistisch signifikant (Angstsymptome, d = 0,31; Selbstwertgefühl, d = 0,12; allgemeine psychische Symptome, d = 0,05). Die entsprechenden Effektstärken fallen aber bei allen Variablen klein oder sehr klein aus und übersteigen in keinem Fall den Wert von d = 0,31 (Angstsymptome).

Dieser Befund ist etwas überraschend und erklärungsbedürftig, da man bei kontinuierlich Erwerbstätigen eine Stabilität des Befindens erwarten würde. Vermutlich handelt es sich um Testungseffekte in dem Sinne, daß die Versuchspersonen sich bei einer mehrmaligen Befragung aufgefordert fühlen, eine Veränderung in ihrem Befinden zu beschreiben (vgl. Winefield, 1995). Solche unerwünschten Effekte wiederholter Testung sind bei Längsschnittstudien keine Seltenheit und werden schon von Wohlwill als „ärgerliches Problem" (Wohlwill, 1977, S. 181) longitudinaler Forschungsdesigns bezeichnet. Für den General Health Questionnaire, das in der Arbeitslosigkeitsforschung am häufigsten verwendete Verfahren zur Messung psychischer Belastung, konnte eine Anfälligkeit für solche Effekte wiederholter Testung im Sinn einer artifiziellen Abnahme der Belastungswerte vom ersten zum zweiten Erhebungszeitpunkt auch empirisch nachgewiesen werden (vgl. Ormel, Koeter & van den Brink, 1989). Festzuhalten bleibt, daß bei kontinuierlich Erwerbstätigen eine schwache, aber konsistente Besserung der Testwerte nachgewiesen werden kann.

Abbildung 5.2: Längsschnittergebnisse bei kontinuierlich Arbeitslosen

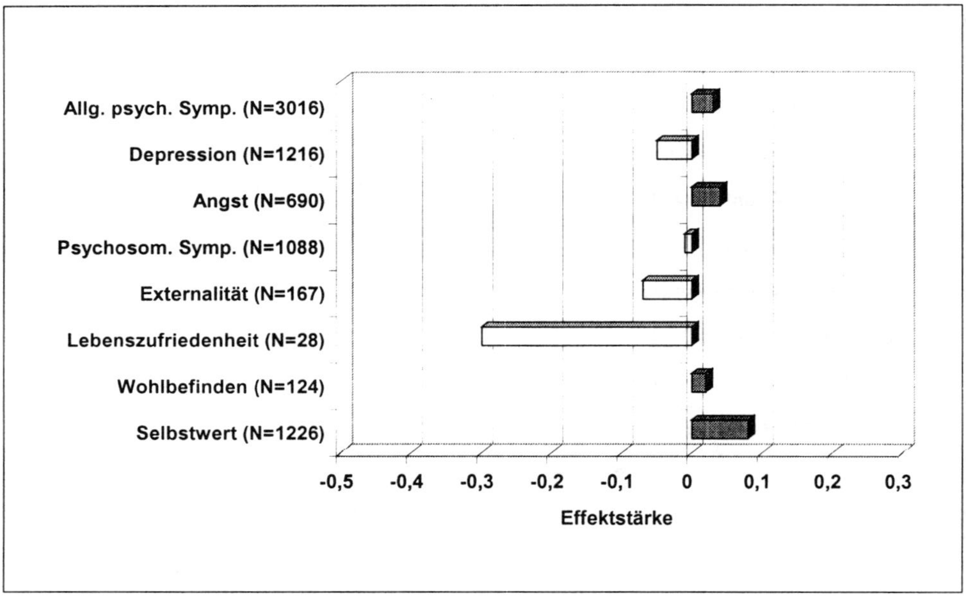

Anmerkung: Positive Werte bedeuten eine Befindensverbesserung vom ersten zum zweiten Erhebungszeitpunkt (*** p < .001; ** p < .01; * p < .05).

Bei Personen, die zu beiden Erhebungszeitpunkten arbeitslos waren, zeigt sich dagegen keine signifikante Veränderung ihrer psychischen Gesundheit (siehe Abbildung 5.2). Bis auf eine Ausnahme weisen alle Effektstärken einen sehr kleinen Betrag auf und streuen unsystematisch um den Nullpunkt. Die vergleichsweise große Effektstärke im Fall der Lebenszufriedenheit (d = -0,30) basiert auf einer sehr kleinen Stichprobe (N = 28) und sollte daher mit entsprechender Vorsicht betrachtet werden.

Auch dieses Ergebnis ist etwas überraschend, da sich in der Analyse der Querschnittstudien ein Moderatoreffekt der Arbeitslosigkeitsdauer in der Form nachweisen ließ, daß Langzeitarbeitslose eine stärkere Belastung berichten als Kurzzeitarbeitslose (vgl. Moser & Paul, 2001; Paul & Moser, 2001). Es wäre somit zu erwarten, daß in den Längsschnittstudien eine Befindensverschlechterung bei kontinuierlich Erwerbslosen zwischen dem ersten und dem zweiten Erhebungszeitpunkt festzustellen ist. Möglicherweise läßt sich das Fehlen eines solchen Effektes dadurch erklären, daß die durch die permanente Arbeitslosigkeit verursachte Verschlechterung des Befindens durch die bei kontinuierlich Erwerbstätigen gefundenen Testungseffekte, die ja zu einer Verbesserung der Testwerte führen, neutralisiert wird. Insgesamt ergibt sich dann aus dem positiven Effekt der wiederholten Testung und dem negativen Effekt der kontinuierlichen Erwerbslosigkeit ein Nulleffekt. Folgt man dieser Argumentation, so sind die Ergebnisse der Längsschnittanalyse für die kontinuierlich Erwerbslosen durchaus mit den Ergebnissen der Moderatoranalyse für die Dauer der Arbeitslosigkeit aus dem Querschnittvergleich vereinbar.

Abbildung 5.3: Längsschnittergebnisse zum Übergang von der Erwerbstätigkeit in die Arbeitslosigkeit

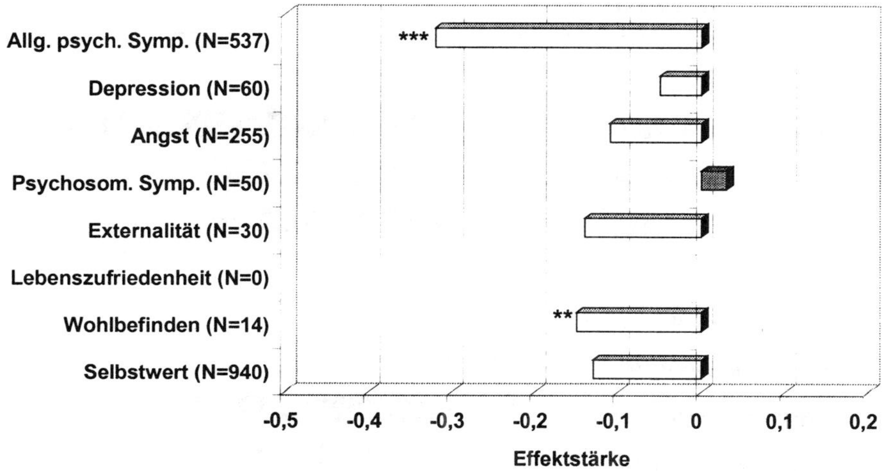

Anmerkung: Negative Werte bedeuten eine Verschlechterung des Befindens beim Übergang von der Erwerbstätigkeit in die Arbeitslosigkeit (*** p < .001; ** p < .01; * p < .05).

Bei einem Wechsel von der Erwerbstätigkeit in die Arbeitslosigkeit findet sich erwartungsgemäß eine Zunahme psychischer Symptome. Dieser Trend tritt bei sechs von sieben Indikatoren psychischer Gesundheit auf und wird bei zwei Variablen (allg. psych. Symptome, d = -0,32; Selbstwertgefühl, d = -0,13) statistisch signifikant (vgl. Abbildung 5.3). Nur bei einer Variable (psychosomatische Symptome, d = 0,03) findet sich ein gegenläufiger Trend, der aber äußerst schwach ausfällt und nicht signifikant wird. Menschen, die ihre Stelle verlieren, erleiden insgesamt eine nachweisbare Verschlechterung ihrer psychischen Gesundheit, was als starker Beleg dafür gelten kann, daß zumindest ein Teil der psychischen Probleme Arbeitsloser durch die Arbeitslosigkeit verursacht wird.

Die Ergebnisse der Längsschnittanalyse für diejenigen Personen, die zwischen den Erhebungszeitpunkten einen Wechsel von Arbeitslosigkeit zur Erwerbstätigkeit durchlaufen, sind im wesentlichen eine Umkehrung der Ergebnisse für jene Personen, die einen Wechsel von der Erwerbstätigkeit zur Arbeitslosigkeit erleben (vgl. Abbildung 5.4). Es findet sich erwartungsgemäß eine deutliche Verbesserung des seelischen Befindens, die bei fünf von acht Indikatoren psychischer Gesundheit auch signifikant wird (allgemeine psychische Symptome, d = 0,47; Depressionssymptome, d = 0,30; emotionales Wohlbefinden, d = 0,28; Angstsymptome, d = 0,25; Selbstwertgefühl, d = 0,20). Nur bei zwei von acht Variablen findet sich ein schwacher gegenläufiger Trend, der nicht signifikant wird. Menschen, die aus der Arbeitslosigkeit herausfinden, zeichnen sich demnach durch eine deutliche Verbesserung ihres psychischen Zustands aus.

Auch dieses Ergebnis spricht für eine Verursachung der psychischen Probleme Erwerbsloser durch den Zustand der Erwerbslosigkeit.

Abbildung 5.4: Längsschnittergebnisse zum Übergang von der Arbeitslosigkeit in die Erwerbstätigkeit

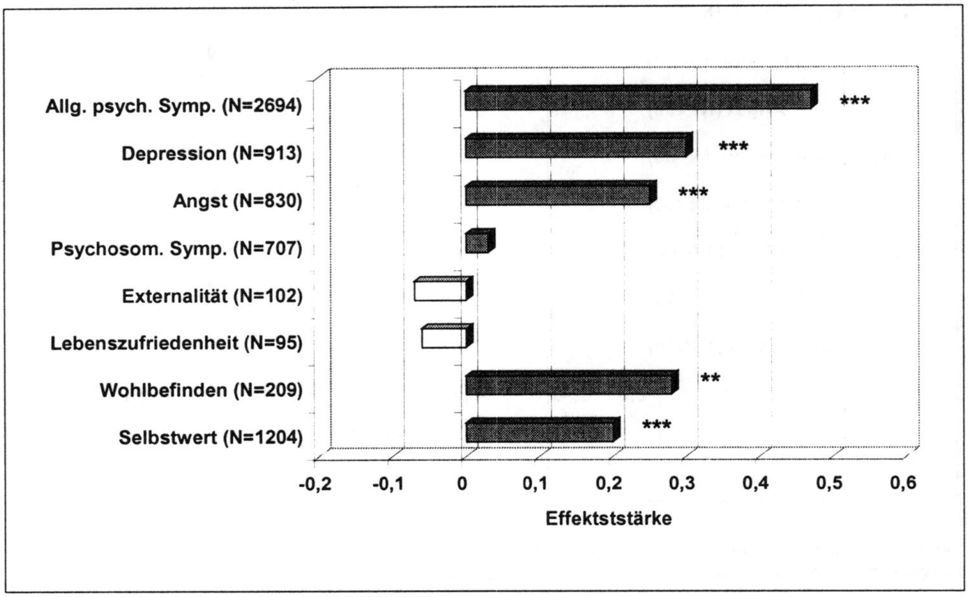

Anmerkung: Positive Werte bedeuten eine Befindensverbesserung beim Übergang von der Arbeitslosigkeit in die Erwerbstätigkeit (*** p < .001; ** p < .01; * p < .05).

Die Ergebnisse, die an Schülerstichproben gewonnen wurden, unterstützen ebenfalls die Hypothese, daß Arbeitslosigkeit psychische Symptome verursacht. Wie man an Abbildung 5.5 sehen kann, findet sich bei Schülern, die nach der Schule einen Arbeitsplatz finden, eine deutliche Verbesserung der seelischen Gesundheit. Dieser Trend tritt bei allen sechs Indikatoren psychischen Befindens, für die Daten zur Verfügung stehen, auf, und wird bei fünf Variablen auch statistisch signifikant (Selbstwertgefühl, d = 0,55; allgemeine psychische Symptome, d = 0,36; Depressionssymptome, d = 0,26; Externalität, d = 0,23; Angst, d = 0,21).

Abbildung 5.5: Längsschnittergebnisse für den Übergang von der Schule zur Erwerbstätigkeit

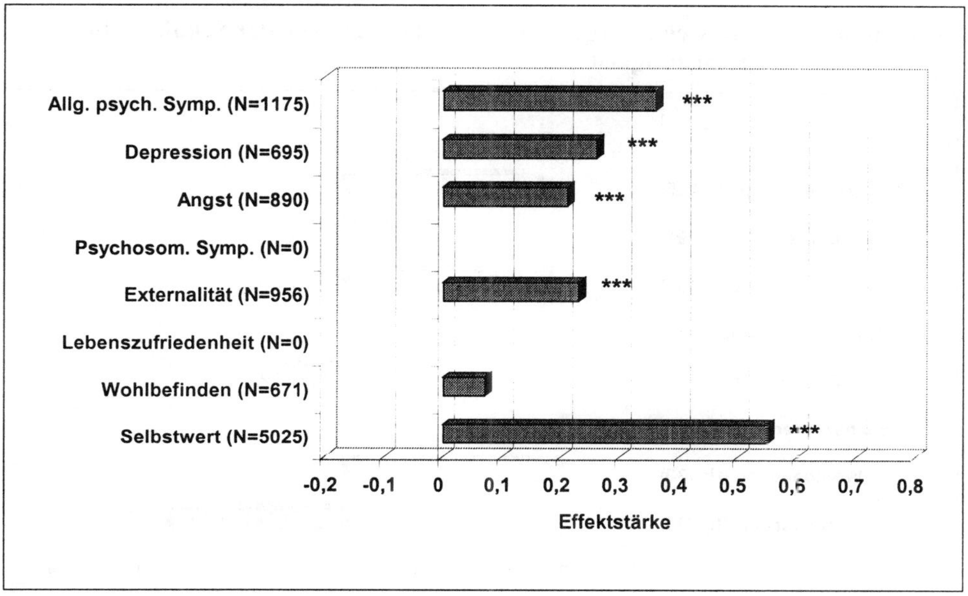

Anmerkung: Positive Werte bedeuten eine Verbesserung des Befindens beim Übergang von der Schule bzw. dem Studium in die Erwerbstätigkeit (*** p < .001; ** p < .01; * p < .05).

Bei Schülern, die nach der Schulzeit arbeitslos werden (siehe Abbildung 5.6), zeigt sich bei vier von sechs Variablen hingegen eine Verschlechterung des Befindens, die in zwei Fällen (emotionales Wohlbefinden, d = -0,29; allgemeine psychische Symptome, d = -0,23) auch signifikant wird. Ein unerwartetes Ergebnis findet sich allerdings beim Selbstwertgefühl. Hier tritt nicht nur beim Übergang von der Schule zur Erwerbstätigkeit, sondern auch bei einem Wechsel von der Schule zur Arbeitslosigkeit eine signifikante Verbesserung der Testwerte auf (d = 0,24). Für das Selbstwertgefühl junger Menschen scheint die Beendigung der Schule demnach auch dann positive Konsequenzen zu haben, wenn sie mit anschließender Arbeitslosigkeit einhergeht. Die entsprechende Verbesserung beim Wechsel von der Schule in die Arbeitslosigkeit fällt allerdings signifikant kleiner aus als diejenige, die bei einem Wechsel von der Schule in die Erwerbstätigkeit auftritt.

Man kann also sagen, daß die Verursachungshypothese auch durch Längsschnittergebnisse, die an Schülern gewonnen wurden, eindeutig gestützt wird. Beim Übertritt in die Erwerbstätigkeit zeigt sich nämlich eine Verbesserung des Befindens, beim Übertritt in die Arbeitslosigkeit in der Regel eine Verschlechterung, was für die Verursachung der psychischen Probleme junger Arbeitsloser durch die Arbeitslosigkeit spricht. Im Fall der einen Variable, bei der beim Übergang zur Arbeitslosigkeit keine Verschlechterung, sondern eine Verbesserung des Befindens auftritt, fällt diese Verbesserung signifikant schwächer aus als die entsprechende Verbesserung beim Übergang in die Erwerbstätigkeit. Auch dieses an sich unerwartete Ergebnis läßt sich demnach gut mit der Hypothese einer Verursachung psychischer Symptome durch die Arbeitslosigkeit vereinbaren.

Abbildung 5.6: Längsschnittergebnisse zum Übergang von der Schule in die Arbeitslosigkeit

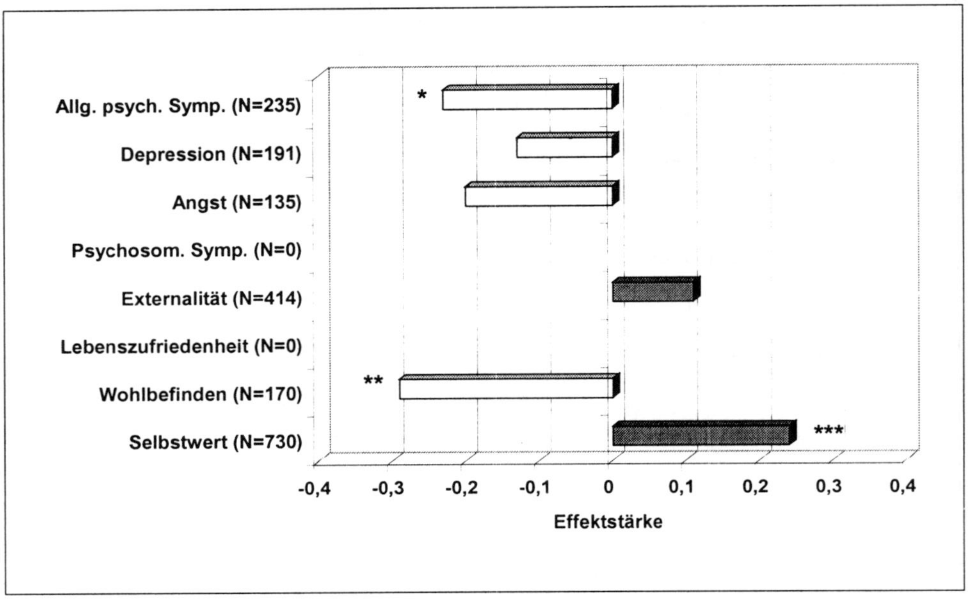

Anmerkung: Negative Werte bedeuten eine Verschlechterung des Befindens beim Übergang von der Schule bzw. dem Studium in die Arbeitslosigkeit (*** p < .001; ** p < .01; * p < .05).

Vergleicht man die oben dargestellten Ergebnisse mit der existierenden Literatur, so stellt man eine gute Übereinstimmung fest. In den meisten narrativen Überblicksartikeln wird eine Verursachung psychischer Symptome durch Arbeitslosigkeit entweder als erwiesen angesehen (z.B. Fryer & Payne, 1986; Warr, Jackson & Banks, 1988) oder für sehr wahrscheinlich gehalten (z.B. Frese & Mohr, 1978; Winefield, 1995). Nur wenige Autoren enthalten sich diesbezüglich einer eindeutigen Stellungnahme (z.B. Platt, 1985).

Auch bei einem Vergleich der hier gefundenen Ergebnisse mit der Metaanalyse von Murphy und Athanasou (1999) stellt man eine gute Übereinstimmung fest. Diese Autoren errechnen für den Wechsel von der Erwerbstätigkeit in die Arbeitslosigkeit eine Effektstärke von d = -0,36 und für den Wechsel von der Arbeitslosigkeit in die Erwerbstätigkeit eine Effektstärke von d = 0,54. Unsere Effektstärken für die entsprechende Variable (allgemeine psychische Symptome) betragen d = -0,32 und 0,47 und liegen damit sehr nahe bei denen von Murphy und Athanasou. Auffällig ist an den Ergebnissen beider Metaanalysen, daß die Befindensverschlechterung beim Eintritt in die Arbeitslosigkeit bei der Mehrzahl der Variablen etwas schwächer ausfällt als die Befindensverbesserung beim Verlassen der Arbeitslosigkeit. Vermutlich lassen sich diese Ergebnisse mit den oben angesprochenen Testungseffekten erklären. Menschen, die mehrmals untersucht werden, neigen offensichtlich dazu, bei der späteren Untersuchung weniger Symptome zu berichten als bei der ersten Untersuchung. Beim Verlust eines Arbeitsplatzes kommt es, wie wir gesehen haben, zu einer Verschlechterung der psychischen Gesundheit. Dieser Verschlechterung wirkt die durch die Testungseffekte bewirkte artifizielle Besserungstendenz entgegen und läßt den Effekt des Arbeitsplatzverlustes kleiner erscheinen, als er tatsächlich ist. Bei einem Wechsel von der Arbeitslosigkeit in die Erwerbstätigkeit tritt demgegenüber eine Besserung des Befindens ein. Die durch die Testungseffekte verursachte artifizielle Verbesserung der Testwerte addiert sich dem hinzu und läßt den positiven Effekt des Wiedereintritts in die Erwerbstätigkeit etwas größer erscheinen als er tatsächlich ist.

Es existiert aber noch eine andere Erklärungsmöglichkeit für das Phänomen der unterschiedlichen Effektgrößen beim Weg in die und aus der Arbeitslosigkeit (vgl. Frese & Mohr, 1978; Winefield, 1995). Dieses Erklärungsmodell ergibt sich aus einer Besonderheit mancher Längsschnittuntersuchungen im Bereich der Arbeitslosigkeitsforschung. Einige dieser Untersuchungen werden nämlich erst nach der offiziellen Bekanntgabe von drohenden Massenentlassungen oder Fabrikschließungen konzipiert und initiiert. Zum Zeitpunkt der ersten Datenerhebung sind die untersuchten Versuchspersonen bei solchen Studien dann zwar noch erwerbstätig, wissen aber schon, daß ihre Arbeitsplätze stark gefährdet oder nicht mehr zu retten sind. Drohender Arbeitsplatzverlust wirkt sich aber mit hoher Wahrscheinlichkeit negativ auf das psychische Befinden der betroffenen Arbeitnehmer aus (vgl. Pelzmann, 1985, Schnall et al., 1992). Die bei Beginn dieser Untersuchungen an Erwerbstätigen gewonnenen Daten sind also durch die Auswirkungen der Arbeitslosigkeit kontaminiert und stellen eine zu negative Einschätzung der psychischen Gesundheit Erwerbstätiger dar. Dadurch ergibt sich bei einem Vergleich mit später während der Arbeitslosigkeit erhobenen Daten möglicherweise eine Unterschätzung der durch die Arbeitslosigkeit hervorgerufenen Befindensverschlechterung (vgl. Frese & Mohr, 1978; Winefield, 1995).

In der hier vorliegenden Metaanalyse wurde versucht, dieses Erklärungsmodell empirisch zu überprüfen. Es fanden sich unter den in der Metaanalyse verwendeten Studien allerdings nur zwei, bei denen solche Antizipationseffekte wahrscheinlich erschienen (Iversen & Sarboe, 1988; Hamilton, Hoffman, Broman & Rauma, 1993). Schließt man diese beiden von der Metaanalyse aus, führt dies bei zwei Variablen zu einem gewissen Anstieg der entsprechenden Effektstärken (bei Depressionssymptomen von d = -0,05 zu d = -0,21; bei allgemeinen psychischen Symptomen von d = -0,32 zu d = -0,35). Beide Effektstärken fallen aber immer noch deutlich kleiner aus als die entsprechenden Effektstärken für den Wechsel von der Arbeitslosigkeit zur Erwerbstätigkeit (Depression, d = 0,30; allg. psych. Symptome, d = 0,48). Bei den sechs anderen Indikatoren psychischer Gesundheit ergeben sich durch einen Ausschluß der problematischen Untersuchungen keinerlei Veränderungen. Die Eliminierung von Antizipationseffekten hat also nur sehr geringe Auswirkungen auf das Muster der Ergebnisse. Es ist allerdings möglich, daß in dem verbleibenden Datenmaterial noch versteckte Antizipationseffekte wirksam sind, die nicht identifiziert werden konnten. Insgesamt kann man wohl folgende Schlußfolgerungen ziehen: Antizipationseffekte existieren vermutlich, scheinen in dem in die vorliegende Metaanalyse eingegangenen Datenmaterial aber eher selten zu sein und tragen daher eher wenig zur Klärung der Frage bei, warum die Symptomzunahme beim Eintritt in die Arbeitslosigkeit schwächer ausfällt als die Symptomreduktion beim Austritt aus der Arbeitslosigkeit. Testungseffekte haben vermutlich eine größere Erklärungskraft für die beobachteten Phänomene.

Zusammenfassend kann gesagt werden, daß die hier gefundenen metaanalytischen Ergebnisse für die im Bereich der Arbeitslosigkeitsforschung durchgeführten Längsschnittstudien ein sehr starker Beleg für die Hypothese sind, daß Arbeitslosigkeit nicht nur mit psychischen Beschwerden korreliert ist, sondern diese auch verursacht. Sowohl die bei Erwachsenen wie die bei jüngeren Menschen gewonnenen Befunde sprechen für die Gültigkeit dieser Hypothese: Der Übergang von der Schule oder der Erwerbstätigkeit in die Arbeitslosigkeit wird in der Regel von einer Beeinträchtigung der psychischen Gesundheit begleitet, während der Übergang von der Schule oder der Arbeitslosigkeit in die Erwerbstätigkeit mit einer deutlichen Verbesserung des Befindens einhergeht.

Testung der Hypothese, daß psychisch belastete Personen leichter arbeitslos werden und länger in der Arbeitslosigkeit verbleiben als unbelastete.

Trotz der Belege für eine Verursachung psychischer Symptome durch die Arbeitslosigkeit kann die Existenz eines Drift- oder Selektionseffekts noch nicht ausgeschlossen werden, denn die Hypothese der Verursachung psychischer Symptome durch Arbeitslosigkeit und die Selektionshypothese schließen einander logisch nicht aus und können gleichzeitig gültig sein. Zudem fallen die in den Längsschnittanalysen gefundenen Effektstärken in den meisten Fällen deutlich kleiner aus als die in den Querschnittvergleichen gefundenen (vgl. Moser & Paul, 2001; Paul & Moser, 2001), so daß ein Teil des querschnittlichen Zusammenhangs zwischen Erwerbsstatus und psychischer Gesundheit noch unaufgeklärt bleibt. Um die Selektionshypothese zu überprüfen, müssen Personen untersucht und miteinander verglichen werden, die zunächst den gleichen Erwerbsstatus haben, sich aber später in diesem Status unterscheiden. Die entscheidende Frage ist hierbei, ob sich die beiden Gruppen mit unterschiedlichem späteren Erwerbsstatus in ihrer psychischen Gesundheit auch dann schon unterscheiden, wenn der Erwerbsstatus noch identisch ist. Läßt sich ein solcher Effekt nachweisen, so ist dies ein starker Hinweis darauf, daß spätere Unterschiede im Erwerbsstatus durch frühere Unterschiede in der psychischen Symptombelastung bedingt sind.

In Abbildung 5.7 sind die Ergebnisse für den Vergleich von Erwerbstätigen, die im gesamten Verlauf einer Längsschnittuntersuchung erwerbstätig bleiben, mit solchen Erwerbstätigen dargestellt, die zwischen dem ersten und dem zweiten Erhebungszeitpunkt ihre Stelle verloren haben. Wie man sieht, weisen kontinuierlich Erwerbstätige ein konsistent besseres psychisches Befinden auf als solche Erwerbstätige, die später ihren Arbeitsplatz verlieren. Dieses Ergebnis findet sich als Trend bei allen sieben Variablen, für die entsprechende Daten vorliegen, und wird in vier Fällen auch statistisch signifikant (emotionales Wohlbefinden $d = 1{,}02$; Selbstwertgefühl $d = 0{,}23$; allgemeine psychische Symptome $d = 0{,}12$; Depressionssymptome $d = 0{,}12$). Die Effektstärken fallen für diesen Vergleich aber bis auf eine Ausnahme, die sich auf eine eher kleine Gesamtstichprobe bezieht (emotionales Wohlbefinden, $N = 181$), alle klein oder sehr klein aus. Ein Selektionseffekt beim Wechsel von der Erwerbstätigkeit in die Arbeitslosigkeit in der Form, daß seelisch belastete Menschen eher ihre Stelle verlieren oder aufgeben als unbelastete, ist also nachweisbar, scheint aber nur sehr schwach zu sein.

Abbildung 5.7: Befindensunterschiede zwischen kontinuierlich Erwerbstätigen und Erwerbstätigen, die arbeitslos werden

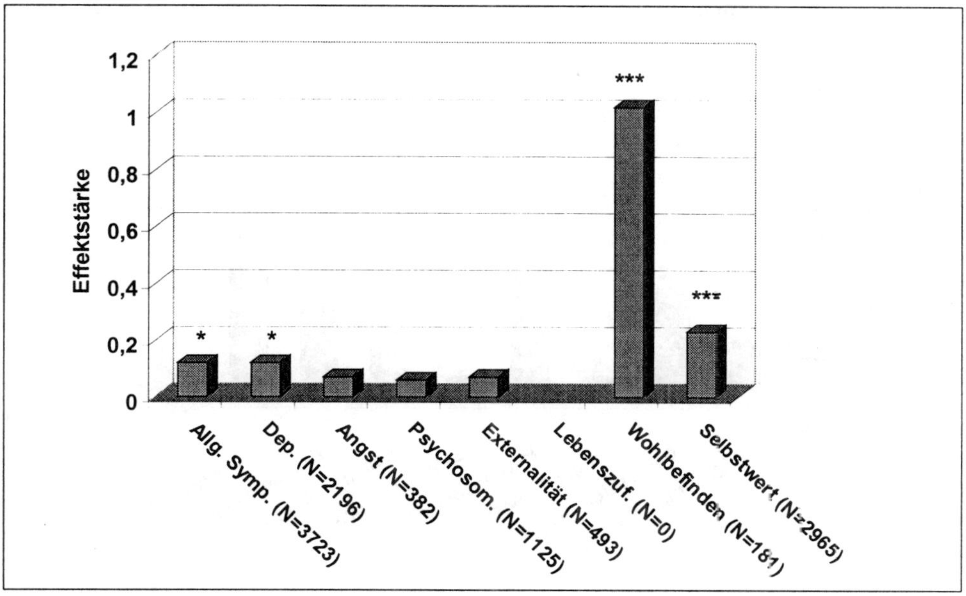

Anmerkung: Positive Werte bedeuten, daß kontinuierlich Erwerbstätige ein besseres Befinden aufweisen als Erwerbstätige, die in naher Zukunft ihren Job verlieren (*** p < .001; ** p < .01; * p < .05).

Die metaanalytischen Ergebnisse zur Frage, ob sich ein Selektionseffekt auch bei der Stellensuche nachweisen läßt, sind in Abbildung 5.8 und Abbildung 5.9 dargestellt.

Abbildung 5.8 bezieht sich auf den Vergleich von Arbeitslosen, die bei der Stellensuche in naher Zukunft erfolgreich sein werden, mit solchen Arbeitslosen, denen kein Erfolg beschieden ist und die auch beim zweiten Erhebungszeitpunkt noch arbeitslos sind. Wie man sieht, zeigt sich bei denjenigen Arbeitslosen, denen es in absehbarer Zeit gelingt, eine neue Stelle zu finden, ein besserer psychischer Gesundheitszustand als bei den kontinuierlich Arbeitslosen. Dieser Effekt zeigt sich als Tendenz bei sechs von acht untersuchten Indikatoren seelischer Gesundheit und wird bei drei Variablen (Selbstwertgefühl d = 0,16; psychosomatische Symptome d = 0,13; Depressionssymptome d = 0,12) auch statistisch signifikant. Der Betrag der Effektstärken fällt allerdings sehr klein aus und übersteigt in keinem Fall den Wert von d = 0,20. Ein Selektionseffekt bei der Stellensuche läßt sich also nachweisen, scheint aber sehr schwach zu sein.

Abbildung 5.8: Befindensunterschiede zwischen Arbeitslosen, die in naher Zukunft einen Arbeitsplatz finden, und Arbeitslosen, die arbeitslos bleiben

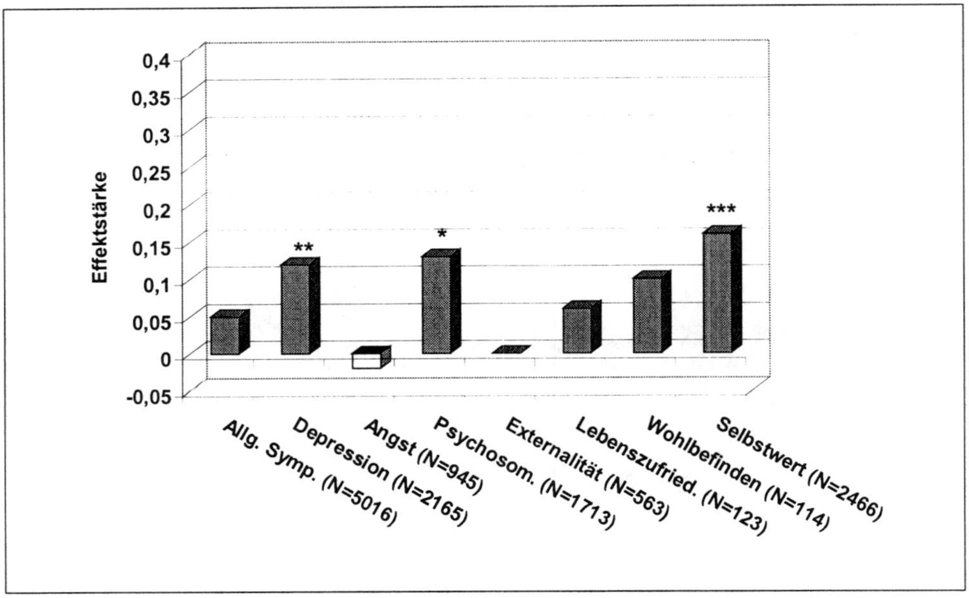

Anmerkung: Positive Werte bedeuten, daß Arbeitslose, die in naher Zukunft Arbeit finden, ein besseres Befinden aufweisen als kontinuierlich Arbeitslose (*** $p < .001$; ** $p < .01$; * $p < .05$).

Dieses Ergebnis findet weitere Bestätigung, wenn man sich die an Schülerstichproben gewonnenen Daten betrachtet (siehe Abbildung 5.9). Hier zeigt sich, daß junge Menschen, die später arbeitslos werden, schon in der Schule psychisch stärker belastet sind als junge Menschen, die nach der Schule einen Job finden. Ein entsprechender Trend findet sich bei vier von sechs Variablen, für die metaanalytisch verwendbare Daten aufgefunden werden konnten, und wird in zwei Fällen (Externalität d = 0,22, Selbstwertgefühl d = 0,17) statistisch signifikant. Auch bei diesem Vergleich weisen die Effektstärken allerdings durchgängig geringe oder sehr geringe Beträge auf. Auf die seelische Gesundheit bezogene Selektionseffekte existieren demnach auch auf dem Arbeitsmarkt für junge Menschen, fallen aber eher unbedeutend aus.

Es ergibt sich also folgendes Bild: Sowohl für den Verlust einer Stelle als auch für die Suche nach einem Arbeitsplatz läßt sich die Drift- bzw. Selektionshypothese als gültig bestätigen. Erwerbstätige, die ihre Stelle in naher Zukunft verlieren oder verlassen, weisen eine stärkere Symptombelastung auf als kontinuierlich Erwerbstätige. Das gleiche gilt für Arbeitslose bzw. Schulabsolventen, die bei der Stellensuche erfolglos sind im Vergleich zu erfolgreichen Stellensuchern. Eine besondere Rolle spielt hierbei offensichtlich das Selbstwertgefühl, da sich bei dieser Variablen bei allen Vergleichen signifikante Ergebnisse zeigen. Bei den Erwachsenen spielen offenbar auch Depressionssymptome eine bedeutende Rolle. Die genannten Drift-Effekte lassen sich zwar nachweisen, scheinen allerdings praktisch nicht sehr bedeutsam zu sein, da die errechneten Effektstärkekoeffizienten in nahezu allen Fällen klein oder sehr klein ausfallen.

Abbildung 5.9: Befindensunterschiede zwischen Schülern (Studenten), die nach der Schule einen Arbeitsplatz finden, und solchen, die arbeitslos werden

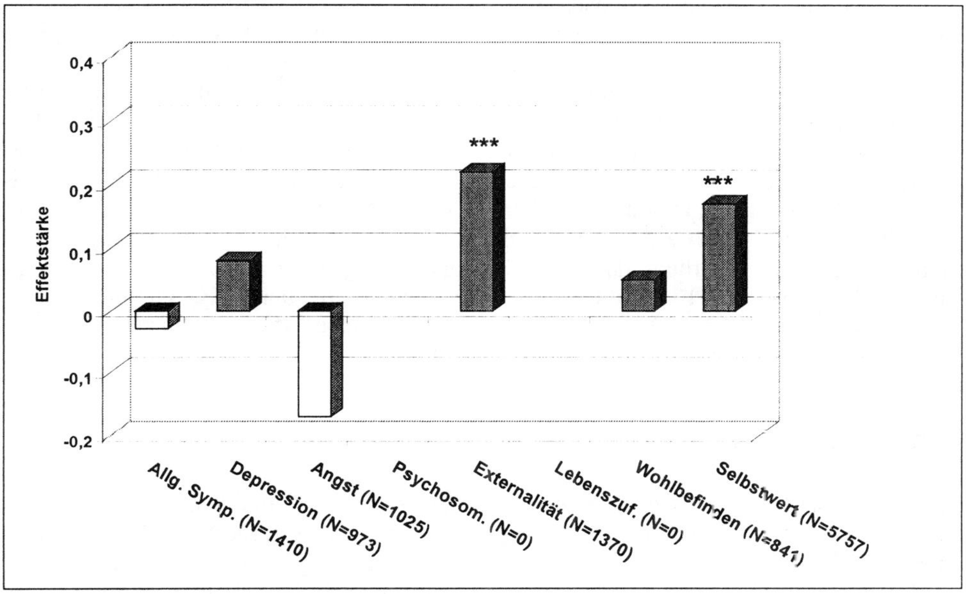

Anmerkung: Positive Werte bedeuten, daß Schüler, die nach der Schule Arbeit finden, ein besseres Befinden aufweisen als Schüler, die arbeitslos werden (*** p < .001; ** p < .01; * p < .05).

Vergleicht man diese Ergebnisse mit den Aussagen der älteren Überblicksliteratur, so stellt man eine nur geringe Übereinstimmung fest. Viele Autoren verneinen die Existenz solcher Drift-Effekte ausdrücklich (z.B. Schultz-Gambard & Balz, 1988) oder zweifeln ihre Existenz stark an (z.B. Murphy & Athanasou, 1999). Andere gehen nicht näher darauf ein (z.B. Fryer & Payne, 1986) oder kommen zu dem Ergebnis, daß die verfügbaren empirischen Daten keine eindeutige Schlußfolgerung zulassen (z.B. Eisenberg & Lazarsfeld, 1938). Nur wenige der älteren Autoren halten solche Effekte aufgrund der empirischen Datenlage für wahrscheinlich (z.B. Frese & Mohr, 1978; Winefield, 1995).

Diese zwiespältigen und inkonsistenten Schlußfolgerungen der älteren Literatur im Hinblick auf die Existenz von Drift-Effekten und die im Vergleich dazu doch sehr eindeutigen und konsistenten Ergebnisse der hier vorliegenden Metaanalyse sind unserer Ansicht nach ein Ausdruck der methodischen Überlegenheit metaanalytischer Techniken gegenüber narrativen Überblicksarbeiten. Schwache oder sehr schwache Effekte, wie sie bei den Drift-Phänomenen auf dem Weg in die und aus der Arbeitslosigkeit offensichtlich vorliegen, führen dazu, daß trotz der nachweisbaren Existenz des Effektes bei einzelnen Primärstudien immer wieder insignifikante oder hypothesenkonträre Ergebnisse auftreten können. Autoren von narrativen Überblicksarbeiten fühlen sich durch diese Ergebnisse vermutlich eher verunsichert und entschließen sich vorsichtshalber zu einer konservativen Schlußfolgerung im Sinne von „Nachweis noch nicht eindeutig gelungen“ oder „widersprüchliche Datenlage“. Das objektivere und weniger stark von kognitiven Heuristiken geprägte metaanalytische Vorgehen erweist sich demgegenüber beim Nachweis solcher schwachen Effekte als deutlich überlegen.

Insgesamt ergibt sich das Bild eines Circulus vitiosus, in den von Arbeitslosigkeit Betroffene hineingeraten: Psychisch belastete werden leichter arbeitslos als unbelastete Menschen. Der Zustand der Arbeitslosigkeit verursacht dann weitere psychische Probleme, die schließlich die Suche nach einer neuen Stelle erschweren und dazu führen, daß die schädigende Situation der Arbeitslosigkeit länger andauert als bei beschwerdefreien Menschen. Man kann also schlußfolgern, daß seelisches Leid sowohl eine Wirkung als auch eine Ursache von Arbeitslosigkeit ist. Vergleicht man die Größe der Effektstärken, welche die Drift-Hypothese unterstützen mit denjenigen, die die Social-causation-Hypothese unterstützen, so kann man feststellen, daß erstere deutlich kleiner ausfallen als letztere. Die Auswirkungen der Erwerbslosigkeit auf die psychische Gesundheit sind also deutlich stärker als die Auswirkungen der psychischen Gesundheit auf den Erwerbsstatus. Es ist aber wichtig festzuhalten, daß beide Hypothesen bestätigt werden konnten und zur Aufklärung des querschnittlichen Zusammenhangs zwischen Arbeitslosigkeit und psychischem Befinden beitragen.

5.5 Diskussion

Wie wir gesehen haben, läßt sich sowohl die Hypothese, daß psychische Störungssymptome durch Arbeitslosigkeit verursacht werden, als auch die Hypothese, daß psychisch belastete Menschen leichter arbeitslos werden und länger in der Arbeitslosigkeit verbleiben als unbelastete Menschen, mit metaanalytischen Techniken bestätigen. Es existiert aber noch eine dritte für die Kausalitätsfrage relevante Hypothese, welche besagt, daß möglicherweise sowohl die Arbeitslosigkeit als auch die psychischen Symptome der Arbeitslosen durch einen dritten Faktor verursacht werden. In der Literatur werden vor allem der körperliche Gesundheitszustand, insbesondere chronische Krankheiten (Winefield, 1995), sowie das Ausbildungsniveau (Frese & Mohr, 1978) als mögliche Drittvariablen genannt. Diese Hypothese ist allerdings sehr schwer zu überprüfen und wurde unseres Wissens noch nie einer direkten Testung unterworfen. Auf einige Aspekte dieser Problematik soll hier eingegangen werden.

Zum einen muß festgestellt werden, daß ein Zusammenhang zwischen chronischer körperlicher Krankheit und schlechtem psychischen Befinden überraschenderweise noch nicht eindeutig nachgewiesen werden konnte. Neben Untersuchungen, die für eine solche Annahme sprechen, existieren auch viele Studien, in denen kein entsprechender Zusammenhang gefunden wurde (vgl. Beutel, 1988). Nach Darstellung der Überblicksarbeit von de Haes und van Knippenberg (1985) finden sich selbst bei einer so schweren Krankheit wie Krebs für die meisten Indikatoren psychischen Befindens keine Unterschiede zwischen Patienten und Vergleichspersonen[4]. Der Einfluß der körperlichen Gesundheit auf das psychische Befinden dürfte also deutlich schwächer ausfallen als man intuitiv annehmen möchte. Zum anderen ist zu bedenken, daß in den gängigen Arbeitslosigkeitsdefinitionen in der Regel verlangt wird, daß eine Person arbeitsfähig sein und dem Arbeitsmarkt zur Verfügung stehen muß, um als arbeitslos gelten zu können (vgl. Schultz-Gambard & Balz, 1988; Feather, 1990). Schwere und chronische körperliche Krankheiten führten daher in vielen Fällen vermutlich eher zu Frühberentung als zu Arbeitslosigkeit. Zudem stellt sich bei näherer Betrachtung der erhöhten Krankheitshäufigkeit unter Erwerbslosen heraus, daß diese in erster Linie durch ein stark vermehrtes Auftreten psychischer Störungen bedingt ist. Körperliche Krankheiten treten unter Arbeitslosen zwar ebenfalls häufiger auf als unter Erwerbstätigen, der Unterschied zwischen beiden Personengruppen ist hier aber deutlich geringer als bei den psychischen Störungsbildern (vgl. Grobe, Dörning & Schwartz, 1999). Der Zusammenhang zwischen körperlichem Gesundheitszustand und Arbeitslosigkeit ist demnach also vergleichsweise schwach. Unserer Einschätzung nach ist die ursächliche Bedeutung der körperlichen Gesundheit für den Zusammenhang zwischen Arbeitslosigkeit und psychischer Gesundheit daher als geringer einzuschätzen als es auf den ersten Blick den Anschein haben mag, denn sowohl der Zusammenhang zwischen körperlicher Gesundheit und psychischem Befinden als auch der zwischen körperlicher Gesundheit und Erwerbsstatus scheinen nicht sehr bedeutsam zu sein.

Als weitere mögliche relevante Drittvariable wird in der Literatur das Qualifikationsniveau genannt. Dies beruht auf der Beobachtung, daß unter Arbeitslosen Geringqualifizierte regelmäßig überrepräsentiert sind, wohingegen Menschen mit guter Schul- und Berufsausbildung seltener arbeitslos werden (vgl. Bundesanstalt für Arbeit, 1998; Frese & Mohr, 1978). Gleichzeitig gibt es Hinweise darauf, daß Menschen aus den unteren sozioökonomischen Schichten tendenziell eine schlechtere psychische Gesundheit aufweisen als Angehörige der Mittel- und der Oberschicht (vgl. Weyerer & Dilling, 1984; Link & Dohrenwend, 1980). Die beobachtbare Korrelation zwischen Arbeitslosigkeit und schlechtem seelischem Befinden könnte also unter Umständen darauf beruhen, daß Personen mit geringer Qualifikation aufgrund ihrer schlechten Ausbildung einerseits häufiger arbeitslos werden und andererseits mehr psychische Störungssymptome aufweisen als besser ausgebildete Menschen. Der Zusammenhang zwischen Erwerbsstatus und psychischem Befinden wäre also ein rein statistischer, aber kein inhaltlicher. Das Zusammenwirken dieser drei Variablen läßt sich aber mit ebenso großer Plausibilität auch auf andere Weise interpretieren. Es wäre beispielsweise möglich, daß die Arbeitslosigkeit das entscheidende Bindeglied zwischen der geringen durchschnittlichen Qualifikation und der erhöhten Anzahl psychisch belasteter Menschen in den unteren Bevölkerungsschichten darstellt. Psychopathologische Symptome wären demnach in den unteren Bevölkerungsschichten nur deshalb häufiger anzutreffen, weil

---

[4] Die Autoren scheinen selbst etwas überrascht von ihrem Ergebnis zu sein. Sie kommen aber zu dem Schluß, daß man den Befund eines geringen Unterschieds zwischen Krebskranken und Gesunden trotz einiger methodischer Schwächen der Primärliteratur ernst nehmen muß. Als Erklärung diskutieren sie unter anderem die These, daß die tiefgreifende Erfahrung einer Krebserkrankung möglicherweise den Bewertungsmaßstab der Betroffenen für Wohlbefinden und Lebensqualität verändert, so daß den gleichen Skalenwerten bei Gesunden und Kranken unterschiedliche Bedeutung zukommen könnte. Beutel (1988) verweist hingegen auf die Vielfalt und Komplexität der Coping-Mechanismen chronisch Kranker, die häufig zu einer gelungenen Krankheitsbewältigung führen.

hier mehr Menschen von Arbeitslosigkeit betroffen sind. Neben diesen eher spekulativen Überlegungen läßt sich aber auch noch ein empirisches Argument gegen die Vermutung, das Ausbildungsniveau sei die Erklärung sowohl für die Arbeitslosigkeit wie für das schlechte Befinden Arbeitsloser, ins Feld führen. Denn wenn diese Hypothese zutrifft, dann sollte bei einer getrennten Betrachtung gut und schlecht ausgebildeter Personen der Zusammenhang zwischen Arbeitslosigkeit und psychischer Gesundheit innerhalb der beiden Gruppen verschwinden oder zumindest deutlich schwächer ausfallen als bei Betrachtung der Gesamtgruppe. Um diese Frage zu beantworten, wurde in unserer Metaanalyse eine Moderatoranalyse für den beruflichen Status der Untersuchungsteilnehmer durchgeführt. Zu diesem Zweck wurde der Vergleich zwischen Arbeitslosen und Erwerbstätigen getrennt für Menschen, deren berufliche Tätigkeit durch 'Handarbeit' geprägt ist (blue-collar), und für Menschen, die Bürotätigkeiten nachgehen (white-collar), vorgenommen. Geht man davon aus, daß der Berufsstatus hoch mit dem Ausbildungsniveau korreliert (vgl. Miller, 1991), so müßte bei Gültigkeit der Drittvariablen-Hypothese der Zusammenhang zwischen Erwerbslosigkeit und psychischem Befinden in den beiden Einzelgruppen verschwinden oder zumindest sehr klein werden. Dies ist aber nicht der Fall. Es existiert zwar ein Moderatoreffekt des Berufsstatus in der Form, daß der Unterschied zwischen Arbeitslosen und Erwerbstätigen bei Angehörigen von Blue-collar-Berufen größer ausfällt als bei Angehörigen von White-collar-Berufen, bei beiden Gruppen läßt sich aber nach wie vor ein signifikanter Zusammenhang zwischen Arbeitslosigkeit und beeinträchtigtem Befinden belegen (vgl. Moser & Paul, 2001; Paul & Moser, 2001). Im Vergleich zu den Effektstärken für die Gesamtgruppe fallen die entsprechenden Koeffizienten bei den White-collar-Berufen zum Teil etwas kleiner aus, bei den Blue-collar-Berufen hingegen etwas größer. Es findet sich also keine deutliche Verkleinerung der Effektstärkekoeffizienten im Vergleich zur Betrachtung der Gesamtgruppe aller Versuchspersonen, wie dies bei Gültigkeit der Drittvariablen-Hypothese zu erwarten wäre. Dieses Ergebnis ist nur schlecht mit der Vermutung zu vereinbaren, daß das Ausbildungsniveau der eigentliche Grund für den statistischen Zusammenhang zwischen Arbeitslosigkeit und psychischer Gesundheit ist.

Man kann zusammenfassend also sagen, daß die Hypothese, wonach eine dritte Variable für den Zusammenhang zwischen Arbeitslosigkeit und psychischer Gesundheit verantwortlich ist, zwar nicht direkt überprüft werden konnte, daß sich aber theoretische und empirische Argumente finden lassen, die gegen die Gültigkeit dieser Hypothese sprechen.

An dieser Stelle soll noch auf ein Interpretationsproblem der gewonnenen metaanalytischen Ergebnisse hingewiesen werden, das leicht zu Mißverständnissen führen kann. Wie wir gesehen haben, läßt sich auf der Ebene einzelner Individuen ein Selektionseffekt in der Form nachweisen, daß psychisch belastete Personen leichter arbeitslos werden und länger in der Arbeitslosigkeit verbleiben als wenig belastete Personen. Man kann also schlußfolgern, daß psychische Störungssymptome bei einigen Menschen Arbeitslosigkeit verursachen. Diese Aussage gilt aber zunächst nur in einer ganz bestimmten historischen Situation, nämlich für die Länder Europas, Nordamerikas und Australiens im letzten Viertel des 20ten Jahrhunderts, denn nahezu alle der in unserer Metaanalyse versammelten Studien stammen aus den genannten Ländern und dem genannten Zeitabschnitt. Die historische Situation, für die die Ergebnisse der Metaanalyse Gültigkeit beanspruchen können, ist demnach gekennzeichnet durch zunächst rasch ansteigende und dann auf relativ hohem Niveau verharrende Arbeitslosenraten, wie dies in den meisten OECD-Ländern in den 70er, 80er und frühen 90er Jahren des 20. Jahrhunderts der Fall war (vgl. Winefield, 1995). Offenbar setzen bei einer solchen ökonomischen Situation Verdrängungsprozesse um das knapp gewordene Privileg, einen Arbeitsplatz zu besitzen, ein, in denen Menschen mit psychischen Auffälligkeiten häufig das Nachsehen haben und es ihnen schwerer gelingt als unbelasteten Menschen, ihren Arbeitsplatz zu halten oder einen neuen zu finden. Diese Verdrängungsprozesse finden ihren 'wissenschaftlichen Niederschlag' dann in den in unserer Metaanalyse nachgewiesenen Selektionseffekten. Man kann aus unseren Ergebnissen aber nicht schlußfolgern, daß psychische Auffälligkeiten Arbeitslosigkeit im makroökonomischen Sinn 'verursachen', denn diese Annahme würde, wie Fryer (1997) feststellt, zu so unplausiblen Konsequenzen führen wie der Behauptung, die plötzlich ansteigenden Arbeitslosigkeitsraten in den siebziger Jahren des 20ten Jahrhunderts seien einer schlagartig in epidemischem Ausmaß zunehmenden Zahl psychischer Störungen geschuldet: „Rapid increases in mass unemployment, such as occured in the U.K. in the late 1970s and 1980s, are unlikely to have been due to an epidemic of mental health problems!" (S. 335). Man darf nicht vergessen, daß die Existenz von Massenarbeitslosigkeit bereits ein seit mehreren Jahren bestehendes ökonomisches Faktum war, als die übergroße Mehrheit der hier versammelten Studien zur Arbeitslosigkeit geplant und durchgeführt wurde. Massenarbeitslosigkeit trat also zuerst auf und ermöglichte durch ihre Existenz erst die Entstehung der hier gefundenen Selektions- bzw. Drift-Effekte. Davon zu sprechen, daß psychische Probleme Arbeitslosigkeit verursachen, ist also nur auf der Ebene einzelner Individuen zulässig und nur unter der Voraussetzung, daß die Gesellschaft, in der das Individuum sein Leben zu meistern versucht, von Massenarbeitslosigkeit belastet ist. Massenarbeitslosigkeit als überindividuelles, volkswirtschaftliches Phänomen läßt sich hingegen durch die hier gefundenen Drift-Effekte nicht erklären

Es gelang in dieser Arbeit, mit metaanalytischen Methoden zu belegen, daß Arbeitslosigkeit psychische Symptome verursacht, und daß dies der wichtigste kausale Faktor bei der Erklärung des Zusammenhangs zwischen Arbeitslosigkeit und psychischer Belastung ist. Es mußte aber auch festgestellt werden, daß psychisch belastete Menschen leichter arbeitslos werden und länger in der Arbeitslosigkeit verbleiben als unbelastete Menschen. Die Annahme der Existenz solcher Selektions- bzw. Drift-Effekte erfreut sich in der psychologischen Arbeitslosigkeitsforschung keiner großen Beliebtheit. Dies zeigt sich beispielsweise an den Äußerungen mancher Autoren wie z.B. von Schultz-Gambard und Balz (1988), die schon das Formulieren der Drift-Hypothese als unwissenschaftlich und moralisch fragwürdig zu brandmarken versuchen: „Während in der wissenschaftlichen Forschung die Annahme persönlicher Merkmale als Grund für Arbeitslosigkeit (...) als überwunden gelten kann, (...) besteht in der alltäglichen sozialen Interaktion mit einzelnen Arbeitslosen dennoch die Tendenz zu individuellen Schuldzuweisungen" (S. 246f.). Die geringe Beliebtheit zeigt sich auch in der völligen Mißachtung, mit der einige Autoren (z.B. Fryer & Payne, 1986) diese Hypothese behandeln und sie zeigt sich nicht zuletzt in der Theorienbildung im Bereich der Arbeitslosigkeitsforschung. Alle bekannten Theorien wie z.B. das Vitaminmodell von Warr (vgl. Warr, 1987) oder die Handlungs-Restriktionstheorie von Fryer und Payne (vgl. Fryer, 1986; Fryer & Payne, 1986) versuchen nämlich, das psychische Leiden Arbeitsloser als Folge bestimmter Merkmale der Arbeitslosigkeitssituation zu erklären. Es existiert hingegen keine einzige elaborierte Theorie, die auf psychische Leidenssymptome gerichtete Selektionsprozesse beim Arbeitsplatzverlust oder bei der Stellensuche thematisiert.

Diese Abneigung der Forscher gegen die Drift-Hypothese ist vermutlich durch eine starke Parteinahme der beteiligten Wissenschaftler für ihre 'Forschungsobjekte', die sie eben nicht als bloße Objekte behandeln wollen und einen damit zusammenhängenden Widerwillen gegen jede Äußerung zu erklären, die den Arbeitslosen unter Umständen schaden könnte. Als solche, möglicherweise schädliche Äußerungen werden auch Schlußfolgerungen angesehen, wonach Aspekte der Person, wie z.B. der psychische Gesundheitszustand, an der individuellen Verursachung der Arbeitslosigkeit mitbeteiligt sein könnten. Es wird offensichtlich vermutet, daß die Veröffentlichung solcher Aussagen zu einer verstärkten Stigmatisierung der Arbeitslosen als selbst an ihrem Unglück Schuldigen beitragen könnte. In der Folge dieser durch die Wissenschaft verstärken Stigmatisierung könnte dann, so die Befürchtung, die nur schwach in der Gesellschaft vorhandene Hilfsbereitschaft weiter absinken und sich die Lage der Arbeitslosen zusätzlich verschlechtern (vgl. Kieselbach, 1985, 1987).

Diese Argumentation erscheint nicht nur in Hinblick auf das damit verbundene Modell von psychologischer Wissenschaft als einem Unternehmen zur Meinungsformung psychologischer Laien fraglich. Sie weist im Hinblick auf die hier nachgewiesenen, sich auf das psychische Befinden beziehende Drift-Effekte auch einige inhaltliche Probleme auf. Zum einen ist es sehr fraglich, ob psychische Störungssymptome von psychologischen Laien als durch die Person selbst verschuldeter Makel angesehen werden, so daß unklar bleibt, warum der Nachweis solcher Selektionsprozesse zu einer verstärkten Stigmatisierung führen sollte. Die Feststellung, daß psychisch belastete Personen dem täglichen Leistungsdruck in der Arbeit weniger gut gewachsen sind und daher leichter ihren Arbeitsplatz verlieren als unbelastete, und daß selbstunsichere und depressive Menschen in Bewerbungssituationen Gefahr laufen, von potentiellen Arbeitgebern unterschätzt zu werden, ist etwas ganz anderes als die Behauptung, alle Arbeitslosen seien faul und hätten keine Lust zu arbeiten und hat unserer Ansicht nach nichts mit 'victim blaming' (Kieselbach, 1987) zu tun. Im Gegenteil, die Erkenntnis, daß Menschen, die mit ihren seelischen Problemen schon genug zu kämpfen haben zu allem Überfluß auch noch einer erhöhten Arbeitslosigkeitsgefahr ausgesetzt sind, daß es also vor allem die Leidenden sind, denen durch Arbeitslosigkeit noch mehr Leid zugemutet wird, könnte in der Bevölkerung durchaus auch zusätzliche Hilfsbereitschaft aktivieren. Außerdem kommt es durch den Versuch, die Arbeitslosen durch das Verschweigen oder Wegdiskutieren von Drift-Effekten auf dem Arbeitsmarkt zu schützen, zu einem sehr irritierenden Nebeneffekt. Wer auf diese Art versucht, die Erwerbslosen zu schützen, schützt gleichzeitig auch Mechanismen auf dem Arbeitsmarkt, die dazu führen, daß bei einer Verknappung von Arbeitsplätzen die Schwachen zuerst den Zugang zu Arbeit verlieren und am längsten davon ausgeschlossen bleiben. Die Leugnung von Selektionseffekten führt dazu, daß Arbeitslosigkeit als eine Art 'großer Gleichmacher' erscheint, der seine Opfer mit blinder Willkür auswählt und jeden gleichermaßen treffen und ins Unglück stürzen kann. Soviel Gleichheit existiert aber nicht in der Marktwirtschaft: Das Unglück der Arbeitslosigkeit trifft öfter und länger die Unglücklichen.

Literatur

Beutel, M. (1988). *Bewältigungsprozesse bei chronischen Erkrankungen*. Weinheim: Edition Medizin.

Bundesanstalt für Arbeit (1998). Arbeitsstatistik 1997: Jahreszahlen. *Amtliche Nachrichten der Bundesanstalt für Arbeit, 46*.

Catalano, R. A. (1991). The health effects of economic insecurity. *American Journal of Public Health, 81*, 1148-1152.

De Haes, J. C. J. M. & Van Knippenberg, F. C. E. (1985). The quality of life of cancer patients: A review of the literature. *Social Science and Medicine, 20*, 809-817.

Dooley, D. & Catalano, R. (1980). Economic change as a cause of behavioral disorder. *Psychological Bulletin, 87*, 450-468.

Eisenberg, P. & Lazarsfeld, P. F. (1938). The psychological effects of unemployment. *Psychological Bulletin, 35*, 358-390.

Ezzy, D. (1993). Unemployment and mental health: A critical review. *Social Science and Medicine, 37*, 41-52.

Feather, N. T. (1990). *The psychological impact of unemployment*. New York: Springer.

Foster, C. (1991). *"Because no man hath hired us": A study of the impact of unemployment on mental health through the analysis of linear structural relationships*. Unpublished dissertation, Brandeis University.

Frese, M. & Mohr, G. (1978). Die psychopathologischen Folgen des Entzugs von Arbeit: Der Fall Arbeitslosigkeit. In M. Frese, S. Greif & N. B. Brenner (Hrsg.), *Industrielle Psychopathologie* (S. 282-320). Bern: Huber.

Fryer, D. (1986). Employment deprivation and personal agency during unemployment: A critical discussion of Jahoda's explanation of the psychological effects of unemployment. *Social Behaviour, 1*, 3-23.

Fryer, D. (1997). International perspectives on youth unemployment and mental health: Some central issues. *Journal of Adolescence, 20*, 333-342.

Fryer, D. & Payne, R. (1986). Being unemployed: A review of the literature on the psychological experience of unemployment. In C. L. Cooper & I. T. Robertson (Eds.), *International Review of Industrial and Organizational Psychology* (pp. 235-278). Chichester Wiley.

Grobe, T. G., Dörning, H. & Schwartz, F. W. (1999). *Gmünder Ersatzkasse: GEK-Gesundheitsreport 1999: Auswertungen der GEK-Gesundheitsberichterstattung. Schwerpunkt: Arbeitslosigkeit und Gesundheit*. Sankt Augustin: Asgard.

Hamilton, V. L., Hoffman, W. S., Broman, C. L. & Rauma, D. (1993). Unemployment, distress, and coping: A panel study of autoworkers. *Journal of Personality and Social Psychology, 65*, 234-247.

Hammarström, A. (1994). Health consequences of youth unemployment – review from a gender perspective. *Social Science and Medicine, 38*, 699-709.

Harrison, R. (1976). The demoralising experience of prolonged unemployment. *Department of Employment Gazette, 84*, 339-348.

Iversen, L. & Sarboe, S. (1988). Psychological well-being among unemployed and employed people after a company closedown: A longitudinal study. *Journal of Social Issues 44*, 141-152.

Kieselbach, T. (1985). Gesundheits- und sozialpolitische Konsequenzen aus der Arbeitslosenforschung. In T. Kieselbach & A. Wacker (Hrsg.), *Individuelle und gesellschaftliche Kosten der Massenarbeitslosigkeit: Psychologische Theorie und Praxis* (S. 490-497). Weinheim: Beltz.

Kieselbach, T. (1987). Gesellschaftliche und individuelle Bewältigung von Arbeitslosigkeit. In H. Moser (Hrsg.), *Bedrohung und Beschwichtigung: Die politische und die seelische Gestalt technischer, wirtschaftlicher und gesundheitlicher Gefährdungen* (S. 28-55). Weinheim: Deutscher Studien Verlag.

Link, B. & Dohrenwend, B. P. (1980). Formulation of hypotheses about the true prevalence of demoralization in the United States. In P. B. Dohrenwend, B. S. Dohrenwend, M. Schwartz-Gould, B. Link, R. Neugebauer & R. Wunsch-Hitzig (Eds.), *Mental illness in the United States. Epidemiological estimates* (pp. 114-132). New York: Praeger.

Miller, D. C. (1991). *Handbook of research design and social measurement.* Newbury Park: Sage Publications.

Moser, K. & Paul, K. (2001). *Arbeitslosigkeit und seelische Gesundheit.* Manuskript eingereicht zur Publikation, Friedrich-Alexander-Universität Erlangen-Nürnberg.

Murphy, G. C. & Athanasou, J. A. (1999). The effect of unemployment on mental health. *Journal of Occupational and Organizational Psychology, 72,* 83-99.

Olafsson, O. & Svensson, P. G. (1986). Unemployment-related lifestyle changes and health disturbances in adolescents and children in the western countries. *Social Science and Medicine, 22,* 1105-1113.

Ormel, J., Koeter, M. W. J. & van den Brink, W. (1989). Measuring change with the General Health Questionnaire (GHQ): The problem of retest effects. *Social Psychiatry and Psychiatric Epidemiology, 24,* 227-232.

Paul, K. & Moser, K. (2001). *Unemployment and mental health: Metaanalyses.* Manuscript submitted for publication, Friedrich-Alexander-Universität Erlangen-Nürnberg.

Pelzmann, L. (1985). *Wirtschaftspsychologie: Arbeitslosenforschung, Schattenwirtschaft, Steuerpsychologie.* Wien: Springer.

Platt, S. (1985). Suicidal behaviour and unemployment: A literature review. In G. Wetscott, P. G. Svensson & H. F. K. Zöllner (Eds.), *Health policy implications of unemployment* (pp. 87-132). Copenhagen: World Health Organization.

Rosenthal, R. (1994). Parametric measures of effect size. In H. Cooper & L. V. Hedges (Eds.), *The Handbook of Research Synthesis* (pp. 232-244). New York: Russell Sage Foundation.

Schnall, P. L., Landsbergis, P. A., Pieper, C. F., Schwartz, J., Dietz, D., Gerin, W., Schlussel, Y., Warren, K. & Pickering, T. G. (1992). The impact of anticipation of job loss on psychological distress and worksite blood pressure. *American Journal of Industrial Medicine, 21,* 417-432.

Schultz-Gambard, J. & Balz, H. J. (1988). Schicksal arbeitslos: ein Überblick über die Ergebnisse angewandt-sozialpsychologischer Forschung zu den Folgen und Einflußfaktoren bei Arbeitslosigkeit. *Gruppendynamik, 19,* 239-273.

Temple, M. T., Fillmore, K. M., Hartka, E., Johnstone, B., Leino, E. V. & Motoyoshi, M. (1991). A meta-analysis of change in marital and employment status as predictors of alcohol consumption on a typical occasion. *British Journal of Addiction, 86,* 1269-1281.

Warr, P. B. (1985). Twelve questions about unemployment and health. In B. Roberts, R. Finnegan & D. Gallie (Eds.), *New approaches to economic life* (pp. 302-318). Manchester: Manchester University Press.

Warr, P. B. (1987). *Work, unemployment, and mental health.* Oxford: Clarendon Press.

Warr, P. B., Jackson, P. & Banks, M. (1988). Unemployment and mental health: Some British studies. *Journal of Social Issues, 44,* 47-68.

Warr, P. B. & Parry, G. (1982). Paid employment and women's psychological well-being. *Psychological Bulletin, 91,* 498-516.

Weyerer, S. & Dilling, H. (1984). Prävalenz und Behandlung psychischer Erkrankungen in der Allgemeinbevölkerung. *Nervenarzt, 55,* 30-42.

Winefield, A. H. (1995). Unemployment: Its psychological costs. In C. L. Cooper & I. T. Robertson (Eds.), *International Review of Industrial and Organizational Psychology* (pp. 169-212). Chichester: Wiley.

Wohlwill, J. F. (1977). *Strategien entwicklungspsychologischer Forschung.* Stuttgart: Klett-Cotta.

6 Langzeiterwerbslosigkeit

Gisela Mohr

6.1 Einführung

Obwohl Erwerbslosigkeit so alt ist wie die Industriegesellschaft, ist Langzeiterwerbslosigkeit eine Besonderheit der letzten 25 Jahre. Wie Nies (1979) aufzeigt, waren bis zur Mitte des 20. Jahrhunderts in den westlichen Industrieländern auch in Zeiten mit höherer Erwerbslosenquote die Betroffenen meist nur wenige Monate erwerbslos.

Von den über 4 Millionen Erwerbslosen in der Bundesrepublik Deutschland sind in den offiziellen Statistiken 1,5 Millionen als Langzeiterwerbslose ausgewiesen, also etwas mehr als jeder Dritte. Als langzeiterwerbslos gilt, wer ein Jahr oder länger erwerbslos gemeldet ist.

Besondere Beachtung ist dem Umstand zu widmen, daß gerade bei den Langzeiterwerbslosen eine starke Zunahme zu verzeichnen ist: 1993 waren über 950.000 Personen als Langzeiterwerbslose in den Statistiken der Bundesanstalt für Arbeit (BAA) dokumentiert. Fünf Jahre später sind es fast 1,5 Millionen. Vor allem ältere Erwerbslose über 55 Jahre haben ein hohes Risiko (50%), zu den Langzeiterwerbslosen zu gehören (BAA, 1998; Institut für Arbeitsmarkt- und Berufsforschung (IAB), 1999).

Diese rapide Zunahme scheint speziell für die Bundesrepublik Deutschland zu gelten. Das Bundesamt für Statistik in der Schweiz konstatiert einen Rückgang der Zahl der Langzeiterwerbslosen im vergangenen Jahr und führt dies auf eine bessere Arbeitsmarktlage zurück (Bundesamt für Statistik, 2000). Auch in Österreich nahm der Anteil der Langzeiterwerbslosen an der Gesamtzahl der Erwerbslosen ab (Arbeitsmarktservice Österreich, 2000). Inwieweit die Langzeiterwerbslosen in der Bundesrepublik Deutschland am prognostizierten Rückgang der Erwerbslosigkeit (Weidig, Hofer & Wolff, 1999) teilhaben werden, bleibt abzuwarten.

Karr (1997) weist auf die konzeptionelle Untererfassung der Langzeiterwerbslosen hin. Diese entsteht dadurch, daß immer nur jene als langzeiterwerbslos in den Statistiken auftauchen, die dies bereits sind. Unberücksichtigt bleiben solche, die in die Langzeiterwerbslosigkeit eingetreten sind, sich aber noch im ersten Jahr befinden. Zählt man diese zukünftigen Langzeiterwerbslosen hinzu, dann müßte die o.g. Zahl verdoppelt werden. Ähnliche Schätzungen gibt Karr für andere europäische Länder wie Großbritannien und Frankreich.

In der Bundesrepublik sind starke regionale Unterschiede festzustellen: Beispielsweise beträgt das Risiko, zu den Langzeiterwerbslosen zu gehören (das sogenannte "Verbleiberisiko"), in Sachsen-Anhalt 30%, in Merseburg sogar 39% (!). In Bayern hingegen ist es nur halb so hoch (16%, IAB, 1999). Zwei Drittel aller Wiedereingestellten werden innerhalb von vier Jahren erneut erwerbslos (Klein, 1990).

Diese Zahlen – insbesondere Umfang, regionale Ausprägungen und starke Zunahme der Langzeiterwerbslosigkeit – sind insofern von Bedeutung, weil damit Bedingungen angesprochen werden, unter denen Langzeiterwerbslose ihre Chancen auf den Wiedereinstieg einschätzen bzw. umsetzen müssen: Für diese Gruppe scheint in der Bundesrepublik Deutschland der Arbeitsmarkt zunehmend seine Durchlässigkeit zu verlieren.

Für die meisten Erwerbslosen endet die Berechtigung zum Bezug von Arbeitslosengeld nach spätestens einem Jahr. Damit sind die Langzeiterwerbslosen ökonomisch in einer wesentlich anderen Lage als kurzfristig Erwerbslose. Betrug das Arbeitslosengeld im Normalfall (für alleinstehende Erwerbslose) 60% des vorherigen Nettoeinkommens, so beträgt der danach eintretende Anspruch auf Arbeitslosenhilfe 53%. Dabei ist zu berücksichtigen, daß viele Sonderzahlungen nicht in die Berechnung der Ansprüche eingehen, d. h. die reale Reduzierung des Familieneinkommens wesentlich höher liegen dürfte (BAA, 2000 b).

Aus diesen einführenden Bemerkungen wird bereits deutlich, daß Langzeiterwerbslose eine besondere Problemgruppe darstellen. Ziel dieses Beitrages ist es, diese Besonderheiten näher zu beleuchten. Hierzu sollen zunächst – nach einigen weiteren Präzisierungen genereller Merkmale der Gruppe der Langzeiterwerbslosen – auf Fragestellungen, Vorgehensweisen und Probleme für Forschung und Intervention eingegangen werden.

Eine Darstellung der Probleme der Forschung erscheint erforderlich, da im Verlauf der beiden letzten Jahrzehnte in verschiedenen europäischen Ländern eine erfreuliche Zunahme von Studien beobachtet werden konnte, welche die Erwerbslosigkeit unter der Perspektive eines langfristigen Prozeßgeschehens betrachten. Die Erforschung lang andauernder Veränderungsprozesse ist eine komplexe Problemstellung. Selten gelingt es, – vor allem unter den Bedingungen der empirischen Feldforschung [1]- dafür ideale (Untersuchungs-) Bedingungen herzustellen. Die Vorgehensweisen in den entsprechenden Studien variieren beträchtlich. Es würde den Rahmen dieses Beitrags sprengen, dies jeweils darzustellen. Deshalb werden im dritten Abschnitt einige allgemeine Probleme der Forschung und Intervention aufgezeigt, die es erlauben, die später dargestellten Befunde besser einschätzen zu können.

6.2 Langzeiterwerbslos und schwervermittelbar

Langzeiterwerbslosigkeit ist heutzutage mehr oder weniger explizit verbunden mit den Begriffen "schwer vermittelbar" oder "besondere Problemgruppe". Welche Merkmale kennzeichnen die Gruppe der Langzeiterwerbslosen? Vorrangig sind es ältere Personen. Als zweiter "formaler" Hauptfaktor gilt eine gesundheitliche Einschränkung (IAB, 1999). Auch eine geringe Qualifikation erhöht die Gefahr der Langzeiterwerbslosigkeit. Für Frauen ist das Risiko größer als für Männer. Qualifikation ist für sie nicht gleichermaßen risikoreduzierend. Ihre Wiedereingliederungschancen sind insbesondere nach einer Phase der Kinderbetreuung gering (Klein, 1990). Hinzu kommt der Einfluß der regionalen Arbeitsmarktlage, die das "Verbleiberisiko" erhöht (s.o.). Der Einfluß von Persönlichkeitsmerkmalen hat sich hingegen in gut kontrollierten Längsschnittstudien nicht bestätigen lassen (vgl. hierzu Frese, 1994, wobei in dieser Studie die maximale Dauer der Erwerbslosigkeit allerdings erst bei acht Monaten lag).

6.3 Fragen und Probleme für Forschung und Intervention

Die Forschungsfragen liegen auf der Hand: Da die negativen Folgen der Erwerbslosigkeit für die Gesundheit der Betroffenen inzwischen ausreichend nachgewiesen worden

---

[1] ...und – so muß man für die vergangenen zwei Jahrzehnte in den europäischen Ländern ergänzen – für Personengruppen, die keine Lobby haben.

sind (vgl. Paul und Moser, in diesem Band), stellt sich zunächst die Frage, ob dieser Prozeß der Beeinträchtigung mit zunehmender Dauer der Erwerbslosigkeit fortschreitet oder ob er ab einem bestimmten Zeitpunkt zum Stillstand kommt und ob es allgemeingültige Verläufe gibt. Auch ist zu fragen, ob es sich um einen kontinuierlichen Prozeß handelt oder ob diskontinuierliche Verläufe anzunehmen sind. Damit verbunden ist die Frage, welche zusätzlichen Merkmale den Verlauf beeinflussen. Würde man Bedingungen für unterschiedliche Verläufe oder den Stillstand erkennen, ließen sich daraus eventuell Interventionsstrategien ableiten und optimale Zeitpunkte für die Intervention bestimmen. Schließlich ist zu fragen, ob Beeinträchtigungen, die während der Erwerbslosigkeit eingetreten sind, nach der Wiedervermittlung zurückgehen.

Sowohl die Frage, welche zusätzlichen Merkmale den Verlauf beeinflussen, als auch das Interesse, einen allgemeingültigen Verlauf festzuhalten, wurden vielfach in der Forschung aufgegriffen. Schon 1984 nennt Warr in einem Überblicksbeitrag 13 verschiedene Merkmale, die bis dahin Berücksichtigung fanden. Erste Versuche, ein Verlaufsmodell zu formulieren, finden sich bereits in der frühen Marienthalstudie (Jahoda, Lazarsfeld & Zeisel, 1933, 1975). Die Frage nach spezifischen Verläufen – fortschreitender Verlauf versus Stillstand, kontinuierlicher Verlauf versus diskontinuierlicher Verlauf, – könnte bislang nur mittels einer Metaanalyse der bestehenden Längsschnittstudien grob geschätzt werden. Einzelstudien – auch Längsschnittstudien – weisen selten mehr als zwei Erhebungszeitpunkte auf, so daß derartig differenzierte Verläufe bislang nicht abgebildet sind.

Allen bisher genannten Forschungsfragen ist gemein, daß mit ihnen lediglich ein besserer Umgang mit der Langzeiterwerbslosigkeit ins Auge gefaßt wird. Die Langzeiterwerbslosigkeit selbst wird als gegebenes Faktum betrachtet. Ein präventiver Ansatz ist hierin nicht zu erkennen. Ein zumindest sekundär-präventiver Ansatz liegt darin zu analysieren, welche Merkmale der Person und Situation – auch bei längerer Erwerbslosigkeit – die Wiedervermittlungschance erhöhen. Zu Fragestellungen in diesem Kontext – insbesondere der Klärung förderlicher Bedingungen für die Wiedervermittlung – hat sich der Forschungsstand in den letzten Jahren verbessert. Auf wesentliche Befunde wird in späteren Abschnitten eingegangen. Präventive Fragestellungen sprengen den Rahmen eines psychologischen Ansatzes, da Prävention von Erwerbslosigkeit Modelle zur Sicherung bzw. Neuverteilung der Erwerbsarbeit (und unbezahlten Arbeit) verlangt, was keine genuin psychologische Fragestellung mehr ist.

In einem allgemeineren Forschungskontext sind jene Forschungsarbeiten zu sehen, die dem Paradigmawechsel der letzten Jahre in der Erwerbslosigkeitsforschung folgen und sich mit den Fragen auseinandersetzen, welche positiven Aspekte Langzeiterwerbslose ihrer Situation abgewinnen können, welche Potentiale freigesetzt werden und wie Lebensgestaltung ohne Erwerbsarbeit aussehen kann. Damit verbunden ist die generelle Frage nach dem Stellenwert der Erwerbsarbeit für die Identitätsentwicklung und nach der Gestaltung der zukünftigen Arbeitsgesellschaft, in der bezahlte Arbeit nicht mehr in gewohnter Weise und im bisherigen Umfang den Lebensrhythmus bestimmen wird.

Die besonderen Forschungsprobleme sind damit ebenfalls evident: Die Mehrzahl der angesprochenen Fragen verlangt nach längsschnittlichen Untersuchungen, da es sich zumeist um die Analyse von Prozessen handelt. Längsschnittuntersuchungen sind generell mit dem Problem der Stichprobenreduzierung über die verschiedenen Untersuchungszeitpunkte behaftet. In der Erwerbslosigkeitsforschung verschärft sich diese

Problematik: Die ursprüngliche Untersuchungsgruppe teilt sich zu späteren Zeitpunkten in Erwerbslose, wieder Erwerbstätige, Rentner oder Rentnerinnen, in Umschulung befindliche Personen, als Hausfrau nicht mehr arbeitslos gemeldete (aber evtl. weiterhin arbeitssuchende, oder nicht mehr arbeitssuchende aber dennoch weiterhin arbeitsinteressierte!) Frauen usw. auf. Welche drastischen Verringerungen sich ergeben können, wird bei Gnegel und Mohr (1982) dokumentiert: Von den 125 zum ersten Zeitpunkt befragten erwerbslosen Industriearbeiterinnen sind sieben Jahre später 12 Personen erwerbslos. Diese Zahl würde sich für eine Studie zur Langzeiterwerbslosigkeit weiter um jene reduzieren, die erst seit kurzem wieder erwerbslos sind.

Hinzu kommt, daß durch die üblichen Wege der Stichprobengewinnung – z.B. über die Arbeitsvermittlungsorganisationen – vermutlich gerade die Problemgruppe der sehr lang Erwerbslosen unterrepräsentiert ist, da durch soziale Desintegrationsprozesse (s.u.) die Anbindung an solche Organisationen zumeist aufgehoben sein wird (vgl. hierzu z.B. auch die Angaben zur Stichprobenselektion bei Wanberg, 1995).

Ein besonderes Problem stellt in der Erwerbslosigkeitsforschung und insbesondere in den längsschnittlichen Designs die Erhebung von sogenannten base-line Werten dar, d.h. die Erfassung des Gesundheitszustandes *vor* dem Eintritt in die Erwerbslosigkeit. Wie Mohr (1995) aufzeigt, wäre es erforderlich, solche Daten schon vor dem Beginn der Arbeitsplatz*unsicherheit* zu erheben. Nur so lassen sich Kausalitätsrichtungen prüfen und Deckeneffekte feststellen. Allerdings handelt es sich hierbei um eine gemeinhin nicht zu realisierende Designanforderung.

Bei der Untersuchung von Langzeiterwerbslosigkeit stellt sich die naheliegende Frage, wie lang die Untersuchung angelegt sein soll. Da sich nach einem Jahr für die meisten Betroffenen erhebliche Veränderungen der Lebenssituation ergeben, ist von daher die Überschreitung dieses Zeitraums auf jeden Fall wünschenswert. Es liegt allerdings auf der Hand, daß der Umgang mit einer schon drei Jahre andauernden Erwerbslosigkeit eine völlig andere psychische Anforderung darstellt als eine Erwerbslosigkeit von 13 Monaten. Verkleij (1989) gibt an, daß nach drei bis fünf Jahren noch bzw. wieder Veränderungen (des somatischen Gesundheitszustandes) bei den Erwerbslosen festgestellt wurden. Dies zeigt die Notwendigkeit der Erfassung sehr langer Zeiträume. Insbesondere im Hinblick auf die Folgen der Erwerbslosigkeit für Frauen ist der Ansatz lebensverlaufsorientierter Forschung notwendig (vgl. Mohr, 1993), da Veränderungen, die sich kurzfristig als hilfreich erweisen (so z.B. das Ausweichen auf die "Alternativrolle Hausfrau") zu einem sehr viel späteren Zeitpunkt mit negativen Folgen für die weitere Erwerbsbiographie verbunden sein können.

Auch jemand, der 1975 als junger Mensch erwerbslos wurde und der bis heute keinen Einstieg in die Arbeitswelt gefunden hat, ist ein Langzeiterwerbsloser, wenngleich er in der Regel in der Statistik vermutlich als Sozialhilfeempfänger geführt wird und in der Öffentlichkeit weniger als langzeiterwerbslos, sondern vielmehr als desintegriert oder "asozial" (oder Hausfrau) betrachtet wird. Studien mit dieser Personengruppe werden kaum als Erwerbslosigkeitsstudien auffindbar sein. Shlay und Rossi (1992) weisen darauf hin, daß in den Vereinigten Staaten der Anteil der Erwerbslosen unter den Obdachlosen – gemittelt über die Angaben aus 42 Studien zur Situation von Obdachlosen – auf 81% geschätzt wird und die Erwerbslosigkeit meist länger andauerte als die Obdachlosigkeit, es sich also in diesem Sinne um Langzeiterwerbslose handelt.

Will man einen Prozeß der Veränderung abbilden, so stellt sich neben der eben diskutierten Frage der Untersuchungsdauer die Frage der Untersuchungszeitpunkte und deren Häufigkeit. Zu Beginn der achtziger Jahre waren die meisten längsschnittlichen Untersuchungsdesigns dadurch gekennzeichnet, daß zwei Untersuchungszeitpunkte vorlagen (vgl. z.B. Mohr & Frese, 1978). Ein Abstand von anderthalb Jahren galt bereits als relativ langer Zeitraum. Inzwischen liegen Untersuchungen vor, die eine drei- bis fünfjährige Erwerbslosigkeit umfassen (Verkleij, 1989; Strehmel, 1993) oder gar einen Zehnjahreszeitraum (Westin, 1989).

Generelle Empfehlungen über die Zeitpunkte und Häufigkeiten von Untersuchungen lassen sich derzeit nicht ableiten. Dazu sind theoretische Modellvorstellungen über die Entwicklung möglicher Beeinträchtigungen, insbesondere zur Frage, mit welcher zeitlichen Verzögerung welche gesundheitlichen Folgen auftreten, nicht differenziert genug bzw. noch nicht empirisch ausreichend abgesichert (Mohr, 1991). Will man Prozesse der Adaption und Fluktuation abbilden, so impliziert dies die Notwendigkeit, möglichst viele Untersuchungszeitpunkte zu wählen, sogenanntes "monitoring" zu betreiben. Dies erst würde es zulassen, eine Aussage treffen zu können, ab welchem Zeitpunkt eine Verschlechterung der Befindlichkeit, eine Veränderung der Familienbeziehung, der Abbau von Kompetenzen, die Verkleinerung des sozialen Umfeldes usw. zum Stillstand kommen oder eventuell sogar wieder kompensiert werden.

Damit ist auch die Frage der ökologischen Validität angesprochen: Erwerbslosigkeit – insbesondere Langzeiterwerbslosigkeit – beinhaltet Veränderungen der gesamten Lebenssituation und diese Veränderungen sind als Prozeß zu betrachten. Die Forderung nach ökologischer Validität impliziert, diese möglichst komplex abzubilden, da Veränderungen spezieller Bedingungen Rückwirkungen auf das Erleben und Verarbeiten der Erwerbslosigkeit auch noch nach längerer Erwerbslosigkeit mit sich bringen können (s.u.).

6.4 Besonderheiten der Langzeiterwerbslosigkeit

Befaßt man sich mit den Ergebnissen der Forschung zur Langzeiterwerbslosigkeit, so ist zu bedenken, daß die wenigsten Studien, in denen auch Langzeiterwerbslose zu den Befragten gehören, im Hinblick auf die besondere Situation der Langzeiterwerbslosen konzipiert wurden. Dies impliziert beispielsweise, daß häufig die gravierenden Veränderungen der materiellen Lebensumstände nur unzureichend dokumentiert sind oder mögliche spezifische Veränderungen bei Subgruppen (z.B. jährliche Einstellungstermine etc., s.u.) unberücksichtigt bleiben.

Für die in den nachfolgenden Abschnitten erwähnten Studien gilt, daß sie mit sehr unterschiedlich großen Stichproben durchgeführt wurden. Tendenziell weisen jene Studien, die viele Erhebungszeitpunkte und (bzw. oder) sehr lange Zeiträume einschließen, teilweise sehr kleine Gruppen von Langzeiterwerbslosen auf, d.h. deutlich unter hundert Personen zum letzten Erhebungszeitpunkt. Jedoch gibt es inzwischen auch einige (meist) neuere Studien, die selbst zu einem späteren Zeitpunkt noch Daten von über

Hundert oder gar mehreren Hundert Langzeiterwerbslosen enthalten.[2] Damit ist für die Gruppe der Langzeiterwerbslosen ein erfreulicher Forschungsstand erreicht. Jedoch ist hinsichtlich der Generalisierbarkeit der Befunde Vorsicht angebracht, da die Studien in den unterschiedlichsten Ländern durchgeführt wurden. Regionale Besonderheiten können die Situation der Langzeiterwerbslosen unterschiedlich beeinflußt haben.

Auch ist evident, daß Langzeiterwerbslose keine homogene Gruppe bilden. Einige der Ergebnisse lassen es als angemessen erscheinen, zwischen *lange* Erwerbslosen und *sehr lange* Erwerbslosen zu differenzieren: So verdeutlicht Claussen (1994), daß (unter den Bedingungen des norwegischen Arbeitsmarktes der achtziger Jahre mit einer rasch zunehmenden Erwerbslosenzahl) die psychosoziale Gesundheit als Selektionskriterium bei der Wiedereinstellung wirkt. Die anfangs dargestellten Zahlen von Klein (1990), wonach zwei Drittel aller Wiedereingestellten (in der Bundesrepublik Deutschland) innerhalb von vier Jahren erneut erwerbslos werden, deutet darauf hin, daß es sich bei einem Teil der Erwerbslosen um eine Gruppe handeln wird, die schon mehrfach Selektionsprozesse durchlaufen hat und deren Wiedervermittlungschancen sich beständig reduzieren. Sie haben demzufolge ein besonderes Risiko, Erwerbslose auf Dauer zu werden. Auch die o.g. Angaben von Shlay und Rossi (1992), wonach Obdachlose in Amerika zunächst erwerbslos waren und erst später obdachlos wurden[3], legen nahe, daß unter den sehr lange Erwerbslosen die Gruppe der sozial Desintegrierten eine relevante Subgruppe darstellt. Es ist zu vermuten, daß diese *sehr lange* erwerbslosen Personen sich in ihrem Bewältigungsverhalten und in ihrer Befindlichkeit von solchen Langzeiterwerbslosen unterscheiden, die auch nach einjähriger Erwerbslosigkeit noch eine reale Chance auf dem Arbeitsmarkt sehen.

Ein allgemein gültiges Kriterium zur Trennung der *langen* Erwerbslosen von den *sehr langen* Erwerbslosen zu nennen, erscheint nicht sinnvoll. Vielmehr sind hierzu psychologische Kriterien zu ermitteln, wie z.B. die Aufgabe der Wiedervermittlungshoffnung, die wiederum abhängig sein wird von anderen Merkmalen (z.B. Alter, Qualifikation, regionale Arbeitsmarktlage usw.).

Auf allgemeine Aussagen zu den gesundheitlichen Folgen der Langzeiterwerbslosigkeit soll hier nicht weiter eingegangen werden, da der generelle Befund der Erwerbslosigkeitsforschung auch als gültig für diese Gruppe betrachtet werden kann: Es kann inzwischen als nachgewiesen gelten, daß Arbeitslosigkeit mit einer Verschlechterung der psychosozialen Befindlichkeit und in der Mehrzahl der Fälle der Wiedereintritt mit einer Verbesserung der psychosozialen Gesundheit verbunden ist (vgl. dazu Paul & Moser, in diesem Band). Die negativen Folgen scheinen für psychosoziale Aspekte der Gesundheit eindeutiger und bedeutsamer zu sein als für körperliche Beeinträchtigungen (Leeflang, Klein-Hesselink & Spruit, 1992). Allerdings ist darauf hinzuweisen, daß eine

---

2 Bei Claussen (1994) sind dies 291 Personen, mit allerdings unbefriedigenden Angaben zur Dauer der Erwerbslosigkeit für diese Gruppe; Sales (1995) gibt 324 Personen für die letzte Erhebung an; bei Wadsworth, Montgomery und Bartley (1999) sind es 208 Personen, allerdings wird dort eine Dauer von mehr als 13 Monaten aggregiert ermittelt, d.h. unter den Langzeiterwerbslosen können Personen sein, die mehrere kürzere Phasen der Erwerbslosigkeit erlebt haben. Bei Liira und Leino-Arjas (1999) sind 162 Personen einbezogen, bei Verkleij (1989) sind es beim letzten Erhebungszeitpunkt noch 202 Personen. In der Studie von Warr und Jackson (1985) verbleiben 169 Personen in der Gruppe der Langzeiterwerbslosen.

3 Hierzu ist zu bemerken, daß eine zeitliche Ordnung noch keine kausale Zuordnung erlaubt, d.h. aus der vorangegangenen Erwerbslosigkeit kann noch nicht zwingend abgeleitet werden, daß diese ursächlich für die Obdachlosigkeit war.

beeinträchtigte psychosoziale Gesundheit bei Langzeiterwerbslosen einen Teufelskreis in Gang setzt. Zempel und Frese (2000) konstatieren auf der Grundlage ihrer Längsschnittdaten „...längere Erwerbslosigkeit führt zu psychischen Befindensbeeinträchtigungen und reduzierter Eigeninitiative, geringere Eigeninitiative verlängert die Dauer der Erwerbslosigkeit und die Folgen nehmen mit der Dauer weiter zu“ (S. 387).

Nachfolgend soll auf jene Fragen eingegangen werden, die anfangs als die besonderen Fragen bei dieser speziellen Gruppe von Erwerbslosen dargestellt wurden. Zunächst ist von besonderem Interesse, ob bei Langzeiterwerbslosen eine negative Veränderung solcher Merkmale fortschreitet, die als besonders relevant für die Wiedervermittlung betrachtet werden, wie z.B. die Qualifikation oder die Einstellung zur Erwerbstätigkeit.

6.4.1 Dequalifizierung

Geht man davon aus, daß mit beständigen technologischen Weiterentwicklungen heutzutage vor allem ein Lernen "on the job", d.h. in der Arbeitstätigkeit, stattfindet, dann bedeutet der Verlust der Erwerbsarbeit auch immer einen Verlust von Lern- bzw. Qualifizierungsmöglichkeiten (mit Ausnahme jener meist monotonen, repetitiven und anforderungsarmen, damit auch lernarmen "Restarbeitsplätze", die auch nach technologischen Erneuerungen erhalten bleiben oder gar neu entstehen). Bedenkt man die "Halbwertzeit" moderner Computerprogramme, dann kann eine Erwerbslosigkeit von drei Jahren bereits eine bedeutsame Lücke erzeugen. Qualifizierungsangebote für Erwerbslose für den Umgang mit den Neuentwicklungen in der Datenverarbeitungs- und Informations- bzw. Kommunikationstechnologie können hierzu nur bedingt einen Ersatz leisten, da die praktischen Fragestellungen in der betrieblichen Praxis immer nur simuliert werden können, mithin "Transferlücken" entstehen.

Bedeutsamer als die reale Dequalifizierungslücke wird jedoch die Bewertung und Zuschreibung von Qualifikationslücken durch potentielle Arbeitgeber sein. Es ist anzunehmen, daß bei Einstellungsentscheidungen eine Unterscheidung in Qualifikationsdefizit und Lernfähigkeitsdefizit kaum geleistet werden kann. Die bekannten psychosozialen Folgen der Erwerbslosigkeit, insbesondere depressive Reaktionen, Ängstlichkeit und eine Verminderung des Selbstwertgefühls sind mit Symptomatiken verbunden, die es – besonders für Entscheidungsträger in Betrieben, die in solchen diagnostischen Fragen ungeschult sind[4] – erschweren, Lernpotentiale zu erkennen. Studien, die den Qualifikationsverfall von Langzeiterwerbslosen tatsächlich untersuchen, sind nicht bekannt, vermutlich, da dieser Sachverhalt bezogen auf fachliches Wissen zu offensichtlich ist. Ob allerdings ein Verfall der "soft-skills" (z.B. Kommunikationsfähigkeit) oder der sogenannten überfachlichen Qualifikation, also z.B. die Fähigkeit zu lernen oder zu organisieren, tatsächlich *grundsätzlich* im Sinne der in der Entwicklungspsychologie gebräuchlichen "disuse"- Hypothese (vgl. Olbrich, 1989) zurückgehen, kann bezweifelt werden. Dies kann erst beurteilt werden, wenn bekannt ist, welche Qualität oder Quantität die sozialen Beziehungen der Erwerbslosen aufweisen (s.u.) und welche Tätigkeiten von den Erwerbslosen durchgeführt werden.

[4] Da die Mehrzahl der Beschäftigten in der Bundesrepublik Deutschland in Klein- und Mittelbetrieben tätig ist (vgl. Bundesanstalt für Arbeit, 2000a), ist zu erwarten, daß die Mehrzahl der Einstellungsentscheidungen von Personen getroffen wird, die keine einschlägige eignungsdiagnostische Qualifizierung haben.

Für eine Krankenschwester kann die Pflege eines Familienangehörigen, für eine Verwaltungsangestellte die Geschäftsführung im Sportverein, für eine Köchin die Organisation eines Haushaltes Qualifikationserhalt bedeuten. Auch hier ist fraglich, ob Personalentscheidungsträger zu einer solchen Sichtweise fähig oder bereit sind.

6.4.2 Veränderung der Einstellung zur Erwerbsarbeit

Gemeinhin wird angenommen, daß die Wiedervermittlungschancen bei solchen Erwerbslosen höher sind, die eine positive Einstellung gegenüber der Erwerbsarbeit – im angelsächsischen Bereich "employment commitment" – aufweisen. Eine Reduzierung wird demzufolge als besonders fatal angesehen.

Die Angaben zur Veränderung des Commitments in Abhängigkeit von der Erwerbslosigkeitsdauer sind widersprüchlich: Warr und Jackson (1985) finden keinen Zusammenhang zwischen Dauer der Erwerbslosigkeit und Veränderung des Commitments. Claussen (1994) berichtet auf der Grundlage einer grönländischen Studie, in der für 164 Erwerbslose Gesundheitsdaten aus einer ärztlichen Untersuchung (ergänzt um psychologische Merkmale) im Abstand von zwei Jahren erhoben und mit den Daten von Wiedereingestellten (N = 113) verglichen wurden, daß das Commitment nicht bedeutsam war für die Erklärung andauernder Erwerbslosigkeit.

Pernice (1996) kommt auf der Grundlage einer längsschnittlichen Erhebung mit 77 Langzeiterwerbslosen in Neuseeland zu dem Ergebnis, daß sich im Zeitraum eines Jahres der Anteil derjenigen mit hohem Commitment von 87% auf 67% reduziert hat. Von besonderem Interesse ist in diesem Zusammenhang jedoch, daß die Gruppe mit niedrigerem Commitment die bessere psychosoziale Gesundheit aufweist. Eine bessere psychosoziale Gesundheit wird sich in potentiellen Bewerbungssituationen positiv auswirken. Die Verminderung des Commitments stellt also möglicherweise eine gesundheitsförderliche kognitive Bewältigungsstrategie dar: Die anfangs formulierte These eines positiven Zusammenhangs zwischen Commitment und Wiedervermittlung ist also in Frage zu stellen.

6.4.3 Stillstand oder Adaption versus fortschreitende Desintegration

Speziell im Zusammenhang mit Langzeiterwerbslosigkeit stellt sich die Frage, ob die bekannten negativen gesundheitlichen Beeinträchtigungen mit der Dauer der Erwerbslosigkeit kontinuierlich fortschreiten, oder ob nach einer gewissen Zeit ein Stillstand festzustellen ist.

De Witte und Hooge (1997) zeigen hierzu in einer Studie mit Querschnittsdesign, daß die Langzeiterwerbslosen (durchschnittlich seit 5,5 Jahren erwerbslos) nicht mehr depressive Reaktionen bzw. negative Gefühle aufweisen als jene, die weniger als ein Jahr erwerbslos sind. Der Preis für den Stillstand – so kann aus der Studie von Zippay (1995) entnommen werden – ist der Rückzug vom Arbeitsmarkt (und die mit erfolglosen Bewerbungen verbundenen Mißerfolgserfahrungen). Erlebte Kontrolle und Aktivitäten zur Arbeitssuche sind zu Beginn häufiger. Eine Reduzierung ist – zumindest bei älteren Erwerbslosen – nach 15 bis 24 Monaten feststellbar (Zippay, 1995). Jones (1991) hat 28 Längsschnittuntersuchungen analysiert und kommt zu der Einschätzung, daß gesundheitliche Beeinträchtigungen in der Antizipationsphase am deutlichsten und zu diesem Zeitpunkt teilweise sogar gravierender sind als direkt nach dem Arbeitsplatzverlust. In den ersten sechs Monaten kommt es dann wieder zu einer Symptomzunahme und zu einer Abnahme im zweiten Jahr der Erwerbslosigkeit.

Somit kann einerseits angenommen werden, daß zumindest in bezug auf die *psychische* Beeinträchtigung (bislang aufgezeigt für depressive Reaktionen und negative Gefühle) eine weitere Zunahme bei langer Erwerbslosigkeit nicht mehr stattfindet. Unter "lange" ist hier eine Zeitspanne von drei bis fünf Jahren zu verstehen (vgl. auch Lahelma & Kangas, 1989).

Es erscheint allerdings wenig sinnvoll, diesen Stillstand mit dem eher positiv belegten Begriff der Adaption zu bezeichnen. Einerseits weist die Studie von Verkleij (1989) darauf hin, daß Verschlechterungen der *somatischen* Gesundheit auch nach drei bis fünfjähriger Erwerbslosigkeitsdauer noch festgestellt werden können. Andererseits ist der von Zippay konstatierte Rückzug vom Arbeitsmarkt im Kontext der Wertestruktur westlicher Industriegesellschaften eher ein Merkmal von Desintegration.

Derartige Desintegrationsprozesse bei Langzeiterwerbslosigkeit werden bislang in der Erwerbslosigkeitsforschung unzureichend sichtbar. Der Zugang zur Stichprobe – in vielen Untersuchungen über die Arbeitsverwaltung oder sonstige Träger von Maßnahmen für Erwerbslose – bedingt, daß nicht registrierte Erwerbslose, also z.B. auch obdachlose Erwerbslose und auch schwer Erkrankte und Hospitalisierte, unterrepräsentiert sind. Ihre Einbeziehung könnte jedoch das Bild vom "Stillstand" beobachtbarer Folgen verändern.

Allerdings sind naive Vermutungen und Verallgemeinerungen über Desintegrationsprozesse bei Erwerbslosen zurückzuweisen. Wie Bongarts und Gröhnke (1997) bei einer Gruppe von 175 langzeiterwerbslosen Teilnehmern einer Bildungsmaßnahme des Arbeitsamtes feststellen konnten, läßt die Dauer der Erwerbslosigkeit keinen Rückschluß auf ein geringeres Ausmaß sozialer Kontakte zu, verglichen mit einer entsprechenden Vergleichsgruppe nicht erwerbsloser Personen.

In diesem Zusammenhang ist auch die Studie von Wadsworth, Montgomery und Bartley (1999) von Interesse, in der negative Folgen für die sozioökonomische Integration und den Gesundheitszustand im mittleren Lebensalter für jene aufgezeigt wurden, die schon als Jugendliche länger erwerbslos waren. Hiermit wird auf die lebenslängliche Relevanz der Erwerbslosigkeit hingewiesen.

6.4.4 Kontinuität versus Diskontinuität

Die Frage nach kontinuierlichen versus diskontinuierlichen Verläufen stellt sich insbesondere deswegen, weil beim Vorliegen eines kontinuierlichen stetigen Verlaufes der bei einem Langzeiterwerbslosen erhobene (psychische) Gesundheitszustand jeweils die zum Zeitpunkt der Erhebung maximale Beeinträchtigung abbilden würde. Aus entsprechenden Untersuchungen könnte dann beispielsweise abgeleitet werden, bis zu welcher Dauer der Erwerbslosigkeit für eine Intervention eine größere oder raschere Aussicht auf Erfolg besteht, weil eine Beeinträchtigung noch nicht (zu) weit fortgeschritten ist. Die o.g. Befunde von de Witte und Hooge (1997), wonach bei langandauernder Erwerbslosigkeit depressive Reaktionen nicht weiter zunehmen, schließen eine Fluktuation der Depressivität über die Zeit nicht aus. Bisherige Befunde aus Längsschnittuntersuchungen mit mehreren Meßzeitpunkten sprechen für diskontinuierliche Verläufe: Verkleij (1989) gibt an, daß auch nach drei bis fünf Jahren noch bzw. wieder Veränderungen festgestellt wurden.

Strehmel und Mayring (1986) zeigen in ihrer Untersuchung eine Verschlechterung der Befindlichkeit bei langzeiterwerbslosen Lehrern in Abhängigkeit von den jährlichen Einstellungsterminen (und damit verbundenen Absagen auf Bewerbungen). Solche Veränderungen nach langer Zeit der Erwerbslosigkeit werden auch von Leana und Feldman (1992) dargestellt, dort in Verbindung mit Veränderungen der finanziellen Rahmenbedingungen. Hier zeigt sich also, was auch sonst in der Erwerbslosigkeitsforschung gilt: Eine differenzierende Erwerbslosigkeitsforschung ist geboten, um den jeweils spezifischen Bedingungen gerecht zu werden.

6.4.5 Reversibilität

Die Frage, inwieweit die allseits beschriebenen Folgen der Erwerbslosigkeit reversibel sind, stellt sich in zweifacher Hinsicht: Einerseits ist damit die Frage verbunden, ob *bei Beendigung* der Erwerbslosigkeit die negativen Folgen vollständig abgebaut werden und der Gesundheitszustand zum Zeitpunkt vor der Erwerbslosigkeit wieder erreicht wird. Andererseits stellt sich die Frage, ob *während* der Erwerbslosigkeit irgendwann wieder der frühere Gesundheitszustand erreicht werden kann, also eine Adaption stattfindet, deren Resultat eine vollständige Regeneration ist.

Die Mehrheit der Studien stellt eine Verbesserung der psychischen Gesundheit nach Wiedervermittlung fest (Murphy & Athanasou, 1999). Einiges deutet darauf hin, daß Verbesserungen der Gesundheit auch nach langer Erwerbslosigkeit noch möglich sind. Nach Verkleij (1989) sind es vor allem die wiederbeschäftigten Langzeiterwerbslosen, die eine drastische Verbesserung ihrer psychosozialen Befindlichkeit aufweisen. Claussen (1999) berichtet, daß der Alkoholkonsum bei langfristig Erwerbslosen nach der Wiedereinstellung zurückgeht. Dies galt nicht für alle Gruppen gleichermaßen. Der Autor vermutet, daß eine schlechte Arbeitsmarktlage und die empfundene Arbeitsplatzunsicherheit, die für einen Teil der Wiedervermittelten vorlag, eine Reduzierung erschwerten.

Eine Verbesserung der Befindlichkeit wird häufig auch für jene konstatiert, die in den Status des Rentners bzw. der Hausfrau wechseln (Frese & Mohr 1987; Mohr, 1993). Allerdings fehlen Studien, die die Stabilität dieser Gesundheitsverbesserungen verfolgen. Insbesondere für die Gruppe der zeitweiligen Hausfrauen wird sich mit zunehmenden Alter die Gefahr reduzierter Vermittlungschancen erhöhen. Die Annahme einer Tätigkeit, die nicht mehr dem ursprünglichen Qualifizierungs- und Einkommensniveau entspricht, kann eine "Abwärtsspirale" angesichts der hohen Wahrscheinlichkeit wiederholter Erwerbslosigkeit und der damit verbundenen Selektionsprozesse (s.o.) in Gang setzen. Hier scheint also eine lebensbiographische Perspektive zur Beurteilung der Folgen der Erwerbslosigkeit geboten.

Erst in den letzten Jahren weisen Studien – so z.B. Wanberg (1995) – vermehrt darauf hin, daß eine gesundheitliche Verbesserung bei Wiedereinstellung nicht für jene gilt, die in sogenannte "bad jobs", d.h. Tätigkeiten mit hoher Repetitivität und meist unsicherer Zukunftsperspektive, vermittelt werden.

Zur zweiten Frage, inwiefern in der Erwerbslosigkeit nach längerer Dauer der frühere Gesundheitszustand wieder erreicht wird, kann auf der Grundlage der bereits zuvor erwähnten Auswertung von 28 Längsschnittuntersuchungen durch Jones (1991) festgehalten werden, daß die Beeinträchtigungswerte gegenüber entsprechend parallelisierten Gruppen von Erwerbstätigen auch nach späten "Stabilisierungsphasen" (s.o.) erhöht bleiben. Entsprechend stellen Warr und Jackson (1985) fest, daß nach etwa einem halben Jahr eine Verbesserung der Befindlichkeit festzustellen ist, jedoch das Ausgangsniveau nicht wieder erreicht wird.

In der Regel liegen keine Vergleichsdaten aus der Zeit der Erwerbstätigkeit vor. Eine der seltenen Ausnahmen ist die Studie von Liira und Leino-Arjas (1999). Bei den von ihnen untersuchten langfristig Erwerbslosen nehmen die Beschwerden des Halte- und Stützapparates (muluscoskeletal symptoms) deutlich ab. Auch bei den von Brenner, Petterson, Arnetz und Levi (1989) untersuchten Arbeitern und Arbeiterinnen verbessert sich langfristig der Immunstatus und erreicht nach zwei Jahren einen besseren Zustand als kurz vor der (bereits absehbaren) Entlassung, also zur Zeit der Arbeitsplatzunsicherheit. Sehr lange Erwerbslosigkeit scheint sich demzufolge positiv auf den Immunstatus auszuwirken, zumindest im Vergleich zu den bereits in der Antizipationsphase verschlechterten Werten. Die Annahme liegt nahe, daß der Wegfall spezifischer Stressoren der Erwerbstätigkeit auch regenerative Prozesse ermöglicht, wobei allerdings daran zu erinnern ist, daß bei *sehr langer* Erwerbslosigkeit diese eventuell nicht anhalten (vgl. hierzu die Angaben von Verkleij (1989) im Abschnitt 6.4.3.). Auch für die psychosoziale Gesundheit nach längerer Erwerbslosigkeit wird in der Studie von Brenner u.a. (1989) eine Verbesserung festgestellt. Die Werte bleiben jedoch gegenüber der Vergleichsgruppe von Erwerbstätigen erhöht. Die Zahl der regelmäßigen Raucher nimmt unter diesen Langzeiterwerbslosen ab und der Anteil derjenigen, die sich sportlich betätigen (physical exercise), nimmt zu. Die Hintergründe der Verhaltensveränderungen werden allerdings in der Studie nicht erhellt: Es bleibt unklar, ob diese Veränderungen im Wesentlichen von den finanziellen Einschränkungen determiniert werden, ob darin ein Effekt der zur Verfügung stehenden Zeit zu sehen ist, oder ob gezielt neue gesundheitsbewußte Verhaltensweisen aufgenommen werden. Eine Verallgemeinerung der letztgenannten Befunde scheint verfrüht, da einerseits die Studie mit einer sehr spezifischen Stichprobe (Bau- und Forstarbeiter) durchgeführt wurde und andererseits die Instrumente zur Erfassung des Gesundheitsverhaltens nicht sehr ausgereift waren.

Generell gilt bei der Einschätzung der Ergebnisse zur Frage der Reversibilität, was zuvor schon im Zusammenhang mit der Diskussion zur Adaption formuliert wurde: Wären jene, die den Prozeß der Desintegration durchlaufen haben, in den Studien ausreichend repräsentiert, würde dies die bisherigen Aussagen zur Reversibilität einschränken. Unbeantwortet bleibt auch mit diesen Ergebnissen die Frage, *wie lange* und unter welchen Bedingungen eine Regenerationsfähigkeit erhalten bleibt.

6.4.6 Förderliche und hinderliche Bedingungen: Zur Bedeutung personaler und situativer Merkmale

Wie sonst in der Streß- bzw. Gesundheitsforschung auch, hat sich ein Netz sozialer Unterstützung als wichtig für die Verarbeitung der Erwerbslosigkeit erwiesen (Broomhall & Winefield, 1990; Schwarzer, Hahn & Jerusalem, 1993; Viinamäki, Koskela, Niskanen & Arnkill, 1993). Bedenkt man die Bedeutung der finanziellen Situation, so liegt es auf der Hand, finanzielle Hilfen durch andere als eine Form instrumenteller sozialer Unterstützung zu betrachten. Dies ist allerdings selten der Fall, obwohl in einer Studie in den USA 30% der befragten Erwerbslosen angaben, finanzielle Hilfen von der Familie und Freunden zu erhalten (Sales, 1995). Diese nimmt aber – wie auch andere Formen der Unterstützung – mit zunehmender Dauer der Erwerbslosigkeit ab (Jackson,

1988; Kong, Perrucci & Perrucci, 1993; Sales, 1995). Erwerbslose, die länger Unterstützung erhielten, blieben auch länger erwerbslos (Kong et al.., 1993). Diesen Zusammenhang erklären die Autoren mit der Bedeutung der materiellen Form der Unterstützung, die den Druck verringert, Konzessionen zu machen. (Zu berücksichtigen ist, daß in dieser Studie keine Langzeiterwerbslosen einbezogen waren.)

Hilfreich wurde von den älteren Erwerbslosen vor allem supportives Verhalten bei der Arbeitssuche (z.B. Ermunterungen, Verständnis für die Schwierigkeiten, emotionale Unterstützung bei der Verarbeitung von Absagen) erlebt. Interessanterweise nannte die Mehrheit der Befragten vor allem andere Erwerbslose als Quelle dieser Form der Unterstützung. Freunde und Familienmitglieder, die erwerbstätig oder in Rente waren, wurden kaum als Quelle für diese Art der Unterstützung genannt, so Rife und Belcher (1993) für Personen mit einer durchschnittlichen Erwerbslosigkeitsdauer von acht Monaten. Eine Veränderung des sozialen Umfeldes im Laufe langfristiger Erwerbslosigkeit ist anzunehmen, bisher in den Untersuchungen aber nicht ausreichend beschrieben. Jackson (1988) weist darauf hin, daß vor allem die sogenannten "weak ties" nach längerer Erwerbslosigkeit abnehmen. Dies ist eine kritische Veränderung: Der Studie von Engelbrech (1987) ist zu entnehmen, daß vor allem das weitere soziale Netz außerhalb des engeren Familienkreises Hilfen bei der Wiedervermittlung bietet.

Die langfristigen Veränderungen der Familien- bzw. Paarbeziehungen und deren Rückwirkung auf die Langzeiterwerbslosen sind bisher kaum untersucht. Gerade bei langzeiterwerbslosen Männern stellt sich die Frage des Rollenwechsels: Wie kann dieser vollzogen werden, um als Hilfe und Unterstützung anstelle von Bedrohung und Selbstwertminderung erlebt zu werden?

Auf die Bedeutung der finanziellen Ressourcen im Umgang mit Erwerbslosigkeit wurde vielfach hingewiesen. Obwohl schon in der Studie von Brinkmann (1984) der Umgang mit der freigewordenen Zeit gleichermaßen häufig als Problem genannt wurde wie die finanziellen Einschränkungen, scheinen letztere doch eine zentrale Rolle bei der Bewältigung der Erwerbslosigkeit, insbesondere vermutlich der Langzeiterwerbslosigkeit, zu spielen. Gezeigt wurde, daß das Erleben finanzieller Einschränkungen (und die empfundene Nichtkontrolle über die eigene Lebenssituation) depressive Reaktionen bei älteren Langzeiterwerbslosen begünstigt (Frese & Mohr, 1987).

6.4.7 Bedingungen des Wiedereinstiegs

Schon auf der Grundlage der Daten des sozioökonomischen Panels Mitte der achtziger Jahre kommt Klein (1990)[5] zu dem Befund, daß für die Zahl der ein Jahr und länger Erwerbslosen kaum mehr eine Reduzierung durch Wiedervermittlung feststellbar ist (was durch den o.g. raschen Zuwachs gerade in dieser Gruppe schon angedeutet wurde). Es sieht demnach in der Bundesrepublik Deutschland so aus: Wer erst einmal 12 Monate und länger erwerbslos ist, der bleibt es zumeist auch. Hinzu kommt, daß knapp drei Viertel aller Wiederbeschäftigten spätestens nach vier Jahren erneut arbeitslos sind, die meisten von ihnen bereits in den ersten neun Monaten nach der Wiedervermittlung. Es handelt sich demzufolge bei stabil wiedervermittelten Langzeiterwerbslosen ohnehin um eine Minderheit.

---

5 Es handelt sich um Daten von 808 Erwerbslosen und 488 Wiederbeschäftigten.

Entgegen den Erwartungen scheint es nicht so zu sein, daß ein hohes "employment commitment" mit einer besseren Wiedervermittlungschance verbunden ist. Auch sind mehr Arbeitssuchaktivitäten kein Garant für einen besseren Vermittlungserfolg: Zippay (1995) berichtet, daß ältere Erwerbslose, die die Arbeitssuche nach 15 bis 24 Monaten aufgegeben haben, sich in ihrem anfänglichen Arbeitssuchverhalten nicht von den jüngeren Wiedervermittelten unterscheiden, sondern nur im Erfolg ihres Suchverhaltens (vgl. auch Wanberg, Watt & Rumsey (1996), bei Erwerbslosen, die durchschnittlich sieben Monate ohne Erwerbsarbeit waren). Den Daten von Klems und Schmid (1990) zufolge, die auf einer Totalerhebung aller Langzeiterwerbslosen in Frankfurt/Main beruhen, sind hier Differenzierungen nach Qualifikation sinnvoll. Die Bewerbungshäufigkeit war nur bei den besser qualifizierten Erwerbslosen mit einer kürzeren Erwerbslosigkeitsdauer verbunden, nicht jedoch bei denen ohne Ausbildungsabschluß.

Nicht auszuschließen ist, daß besonders viele Arbeitssuchaktivitäten bei schwierigen Arbeitsmarktbedingungen geradezu dysfunktional sind. In der Evaluationsstudie von Kieselbach, Klink, Scharf und Schulz (1998, s.u.) gibt ein Fünftel der dort einbezogenen Langzeiterwerbslosen an, sich in den zwei Jahren vor Beginn der Studie mindestens dreißigmal beworben zu haben. Selbst wenn man bei einer solchen Information soziale Erwünschtheitseffekte vermutet, so verlangt die langanhaltende Suchaktivität doch ein erhebliches Maß an Fähigkeit zur Verarbeitung von Mißerfolgen.

Die Analyse amtlicher Statistiken (IAB, 1999) läßt den Schluß zu, daß eine beeinträchtigte Gesundheit, das Alter, Geschlecht und die regionale Arbeitsmarktlage herausragende Determinanten für die Wiedervermittlungschancen von Langzeiterwerbslosen sind, mithin größtenteils Merkmale, auf die die Betroffenen keinen Einfluß haben.

6.4.8 Potentialfreisetzung: Dauererwerbslosigkeit als Chance für neue Lebenskonzepte?

Bisherige Studien, die sich mit den Aktivitäten und der Zeitgestaltung von Langzeiterwerbslosen befassen, sind mit dem Mangel behaftet, daß das frühere Aktivitätsniveau vor der Erwerbslosigkeit zumeist retrospektiv erfaßt wird, eine Methode, die um so problematischer wird, je länger der erfragte Zeitraum zurückliegt. Ferner wurden sie mit gering Qualifizierten durchgeführt (z.B. Gnegel & Mohr, 1982; Mohr & Müller, 2000), so daß generelle Aussagen nicht möglich sind. Mit aller Vorsicht – abgeleitet aus Befunden der arbeitspsychologischen Forschung (z.B. Leitner, 1993) – läßt sich jedoch annehmen, daß die Erwerbslosigkeit mehrheitlich (noch) keinen Raum bietet für Potentialentfaltung oder neue Modelle der Lebensführung. Ein Rollenwechsel steht noch immer im Konflikt mit tradiertem Rollenverhalten. So berichten Ratcliff und Bodgan (1988), daß erwerbslose Frauen sich mit sogenannten "anti employment messages" auseinandersetzen müssen. Damit sind Äußerungen von Personen des sozialen Umfeldes gemeint, in denen betont wird, daß eine Frau sich vorzugsweise der Familie zu widmen habe, die Arbeitssuche also nicht positiv bewertet wird. In einer neueren experimentellen amerikanischen Untersuchung stellt Riggs (1997) fest, daß Studierende beiderlei Geschlechts auch heute noch der Meinung sind, daß dem Mann die Rolle des Hauptenährers zukomme.

Zwei Rahmenbedingungen sind bislang bekannt, unter denen beobachtet werden konnte, daß sich Erwerbslose im nennenswerten Umfang neuen Tätigkeiten zuwenden und ihre Zeit aktiv gestalten: absehbare zeitliche Befristung der Erwerbslosigkeit und eine gute Qualifikation (Fryer & McKenna, 1987), mithin beides Bedingungen, die für Langzeiterwerbslose gerade nicht zutreffen.

6.5 Maßnahmen bei Langzeiterwerbslosen

Will man Interventionen für Erwerbslose bewerten, so stellt sich die Frage, was ein Kriterium für den Erfolg sein kann. Die bereits genannten Forschungsbefunde legen nahe, nicht allein in der Wiedervermittlung ein Erfolgskriterium zu sehen. Unter dem Druck dieses Erfolgkriteriums würde die Gefahr steigen, daß lediglich solche Erwerbslosen Chancen haben, von Maßnahmen zu profitieren, für die ohnehin eine bessere Wiedervermittlungschance besteht. Trube und Luschei (2000) fordern eine Erweiterung auf qualitative Zielkriterien und eine Evaluation, die auch Informationen enthält über Bedingungen von Erfolg und Mißerfolg.

Eine Vielzahl der vorliegenden Evaluierungsstudien sind hinsichtlich der Bewertung der Maßnahmen für die Gruppe der Langzeiterwerbslosen wenig aussagekräftig, da die Angaben zur Dauer der Erwerbslosigkeit häufig nur sehr sumarisch gegeben werden (z.B. Creed, Machin & Hicks, 1996 oder Davies, 1996: "mindestens sechs Monate erwerbslos"; Donohue & Patton 1998: "zwischen sechs Monaten und acht Jahren"). Bedenkt man die grundsätzlich andere Situation der Langzeiterwerbslosen (und unter diesen wiederum die Unterschiede zwischen den *langen* und den *sehr langen* Erwerbslosen, vgl. Abschnitt 6.4) so scheint eine bessere Differenzierung der Befunde gerade im Hinblick auf die Dauer der Erwerbslosigkeit wünschenswert.

Eine Maßnahmenbeschreibung für 212 Erwerbslose, die mindestens 2 Jahre und zum Teil sogar seit über zehn Jahren erwerbslos waren (mit Ausnahme von fünf Teilnehmern), beschreiben Kieselbach u.a. (1998). Die Studie zeigt auch, wie schwer es ist[6], im Rahmen einer Maßnahme, die sich den Praxisanforderungen stellen muß, gerade mit einer solchen Teilnehmergruppe den klassischen Designanforderungen gerecht zu werden, die an eine Evaluationsstudie zu stellen sind.

Aus der Studie wird deutlich, daß die durchschnittliche Wiedervermittlungsquote für Interventionsmaßnahmen von ca. 30% (zum Überblick vgl. Kieselbach u.a., 1998) auch für diese kritische Gruppe von Langzeiterwerbslosen annähernd erreicht werden kann[7]: Die faktische Dauer der Erwerbslosigkeit betrug 7,5 Jahre, jedem Vierten fehlte ein Schulabschluß. Ein beträchtlicher Teil konnte von der Maßnahme nicht profitieren, weil gravierende gesundheitliche Beeinträchtigungen einer Arbeitsvermittlung im Wege standen. Dabei ist zu beachten, daß von den Wiedervermittelten ein beträchtlicher Teil (36%) in instabile Beschäftigungsverhältnisse geraten ist, d.h. nach neun Monaten erneut erwerbslos war. Dies betraf vor allem jene, die sich ihre Arbeitsstelle selbst gesucht hatten und auch häufiger befristete Beschäftigungsverhältnisse eingegangen waren. Diejenigen Maßnahmenteilnehmer, die ihre Stelle im Zusammenhang mit dem Betriebspraktikum erhielten, konnten stabilere Beschäftigungsverhältnisse erreichen.

Allerdings verlangt diese Erfolgsquote, daß neben der Vermittlung berufsbezogener Fähigkeiten auch die psychosoziale Stabilisierung der Erwerbslosen und in vielen Fällen Hilfe bei der Überwindung des Alkoholabusus in die Maßnahme mit einbezogen

---

6 und hinsichtlich mancher Forderung auch unethisch

7 Sie betrug während bzw. nach Abschluß der Maßnahme 26% und nach sechs Monaten 22%.

werden, ein Hinweis, der sich auch bei Amundson und Borgen (1987) findet: Auch sie sprechen sich bei Langzeiterwerbslosen dafür aus, zunächst Hilfe bei der Bewältigung der Erwerbslosigkeit anzubieten, bevor gezielt Fähigkeiten für die Arbeitssuche aufgebaut werden.

Ein Vergleich verschiedener Maßnahmen wurde von Vuori und Vesalainen (1999) durchgeführt. Dieser finnischen Studie ist zu entnehmen, daß Trainingsmaßnahmen, die auf eine allgemeine Kompetenzerweiterung ausgerichtet sind, zu einer besseren Wiedervermittlungsrate führen als die zeitweilige Beschäftigung in staatlich subventionierten Arbeitsverhältnissen oder eine allgemeine berufliche Qualifizierung (Sprachkenntnisse, Umgang mit neuen Technologien usw.). Zwar waren in dieser Studie nur 13,2% länger als ein Jahr erwerbslos. Jedoch wurden gezielt solche Teilnehmer für die drei Maßnahmen ausgewählt, die ein besonderes Risiko hatten, langzeiterwerbslos zu werden.

Der genauere Vergleich der Vermittelten mit den Abbrechern der Maßnahme bei Kieselbach u.a. (1998) gibt weiteren Aufschluß über wichtige Rahmenbedingungen: Vor allem die faktische Dauer der Erwerbslosigkeit und Vorstrafen sowie häufigere Selbstkündigungen kennzeichnen die Abbrecher. Auch geben die Abbrecher eine geringere soziale Einbindung und mehr finanzielle Belastungen an. Gleichzeitig ist bei ihnen die Überzeugung stärker ausgeprägt, grundsätzlich irgendwann wieder Arbeit zu finden. Die Autoren gehen davon aus, daß die soziale Einbindung in eine feste Partnerschaft für das Durchhaltevermögen und den Umgang bei anfänglichen Problemen des Wiedereinstiegs relevant sind. Die Einbeziehung der Angehörigen in künftige Maßnahmen für Langzeiterwerbslose leitet sich daraus ab.

Eine besondere Anforderung an die Gestaltung von Maßnahmen für Langzeiterwerbslose ergibt sich aus dem Befund von Frese und Mohr (1987), wonach jene Erwerbslosen in besonderem Maß depressive Reaktionen zeigen, die zunächst besondere Hoffnung auf Änderung ihrer Situation hatten und nach längerer Erwerbslosigkeit ihre Hoffnung aber enttäuscht sehen (obwohl sie zu Beginn der Erwerbslosigkeit keineswegs zu den eher depressiven Personen gehörten). Der Aufbau realistischer Haltungen ist eine der Gratwanderungen, die es bei der Unterstützung von Langzeiterwerbslosen zu bewältigen gilt.

6.6 Resümee

Hinsichtlich der anfangs formulierten Fragen kann – mit aller Vorsicht in Anbetracht mangelnder ökologischer Validität und kompromißbehafteter Forschungsdesigns der meisten Studien – festgehalten werden: Der Prozeß der Erwerbslosigkeit tritt schon ein, bevor die Kündigung ausgesprochen ist. Schon in dieser Unsicherheitsphase sind Streßreaktionen meßbar. Bei vielen wird direkt nach der Kündigung – zumindest hinsichtlich kurzfristiger Reaktionsindikatoren – durchaus eine Entlastung beobachtbar sein. Diese hält jedoch nicht an. Körperliche und psychosoziale Befindlichkeit verschlechtern sich im ersten Jahr deutlich, wobei für körperliche Gesundheitsindikatoren – vermutlich in Abhängigkeit von der früheren Belastungskonstellation im Beruf – auch Verbesserungen berichtet werden. Ob Beeinträchtigungen zum Stillstand kommen, läßt sich nicht allgemein beantworten, solange spezifische Gruppen von sehr lange Erwerbslosen in den Studien nicht mehr enthalten sind (Sozialhilfeempfänger, Obdachlose, hospitalisierte Erwerbslose, erwerbslose Hausfrauen). Weitergehende allgemeingültige Modelle über langfristige Verlaufsmodelle aufzustellen scheint wenig sinnvoll, da für Subgruppen erhebliche Diskontinuitäten in Abhängigkeit von besonderen situativen Bedingungen (wie z.B. jährlichen Einstellungsterminen, s. o.) beobachtbar sind. Durch Wiedervermittlung erscheinen die meisten der bisher beschriebenen Folgen reversibel zu sein. Allerdings wird einer bedeutsamen Gruppe von Langzeiterwerbslosen der Wiedereintritt in das Erwerbsleben nicht gelingen. Somit erfährt die Aussage der Reversibilität eine grundsätzliche Einschränkung.

Die Reduzierung des "employment commitments" ist eventuell ein funktionaler protektiver Mechanismus, da ein systematischer Zusammenhang zur psychosozialen Gesundheit festgestellt wurde und psychisch gesünderen Erwerbslosen der Wiedereinstieg eher gelingen wird. Interventionen müssen diese Gratwanderung im Auge behalten: Einerseits sollen Distanzierung und vollständiger Rückzug verhindert werden, andererseits muß die Fähigkeit erhalten bleiben, mit Mißerfolgen umzugehen. Fatal wäre der Aufbau unrealistischer Hoffnungen.

Bezogen auf den "harten" Kern der Dauererwerbslosen besteht die Anforderung, Hilfe und Betreuung beim eventuell erforderlichen Rollenwechsel anzubieten und neue Konzepte der Lebensgestaltung zu finden und einzuüben. Maßnahmen, die ausschließlich auf die Wiedervermittlung ausgerichtet sind, werden für diese Gruppe unzureichend sein. Forschung dazu, welche Bedingungen die innerfamiliäre Neuverteilung der Arbeit noch immer behindern, liegt kaum vor. Einige andere Fragen verlangen ebenso noch weitere Beachtung in der Forschung: das Ausmaß und die Bedeutung finanzieller Unterstützung durch andere, die Überprüfung der Stabilität der gesundheitlichen Verbesserung nach Wiedereinstellung, die Beachtung des Stellenwerts des Qualifikationsverfalls und die Frage, wie lange und unter welchen Bedingungen erlebte Beeinträchtigungen reversibel bleiben.

Auch wissen wir wenig darüber, wie Erwerbslose ihr Leben gestalten, ob und wie sie auf Dauer tagtäglich die acht (und häufiger viel) mehr freigewordenen Stunden des Tages füllen. Daß wir über diese alltägliche Lebensgestaltung so wenig wissen – gerade von den Langzeiterwerbslosen – ist erstaunlich, da doch schon in den ersten sozialwissenschaftlichen Studien des vorigen Jahrhunderts auf den Verlust der Zeitstruktur hingewiesen wurde. Ob mit zunehmenden Aktivitäten die Zeit als strukturiert erlebt wird oder umgekehrt – erst muß die Strukturierung der Zeit gelingen, dann werden Aktivitäten aufgebaut – ist undiskutiert. Angesichts der Vermutung, daß Phasen ohne Erwerbsarbeit in westlichen Industriegesellschaften in Zukunft Kennzeichen einer üblichen Berufs- bzw. Lebensbiographie sein werden, weist die Auseinandersetzung mit der Situation von Langzeiterwerbslosen demzufolge auf Fragen der Lebensgestaltung hin, die generell für die zukünftige Arbeitsgesellschaft von Interesse sein werden.

Zu beachten ist, daß Interventionen, in deren Mittelpunkt das Individuum steht, nur *ein* Zugangsweg sind. Die gesellschaftliche Veränderung der Verteilung bezahlter und unbezahlter Arbeit wird zukünftig gefordert sein, damit auch präventive Ansätze der Verhinderung von Langzeiterwerbslosigkeit eine Chance haben. Dies verlangt auch bei den Erwerbstätigen nach veränderten Lebensentwürfen.

Literatur

Amundson, N. E. & Borgen, W. A. (1987). Coping with unemployment: What helps and what hinders. *Journal of Employment Counseling, 24*, 97-106.

Arbeitsmarktservice Österreich (2000). *Arbeitsmarktdaten Ende September 2000.* In: http://www.ams.or.at, 10.10.2000.

Bongartz, T. & Gröhnke, K. (1997). Soziale Isolation bei Langzeiterwerbslosen? Eine netzwerkanalystische Betrachtung. In G. Klein & H. Strasser (Hrsg.), *Schwer vermittelbar. Zur Theorie und Empirie der Langzeiterwerbslosigkeit* (S. 197-219). Opladen: Westdeutscher Verlag.

Brenner, S. O., Petterson, I.-L., Arnetz, B. & Levi, L. (1989). Stress reaction to unemployment among Swedish blue collar-workers. In B. Starrin, P.-G. Svensson & H. Wintersberger (Eds.), *Unemployment, poverty and quality of working life. Some European experiences* (pp. 101-114). Berlin: edition sigma.

Brinkmann, C. (1984). Die individuellen Folgen langfristiger Arbeitslosigkeit. Ergebnisse einer repräsentativen Längsschnittuntersuchung. *Mitteilungen aus der Arbeitsmarkt- und Berufsforschung, 17*, 454-473.

Broomhall, H. S. & Winefield, A. H. (1990). A comparison of the affective well-being of young and middle-aged unemployed men matched for length of unemployment. *British Journal of Medical Psychology, 63* (1), 43-52.

Bundesamt für Statistik (2000, September). Provisorische Ergebnisse der Schweizerischen Arbeitskräfteerhebung 2000. Tiefste Erwerbslosenquote seit 1991. *Bundesamt für Statistik – Informationsdienst, Pressemitteilung Nr. 350-0090.* In: http://www.statistik.admin.ch/news/pm/dp00090.pdf, 10.10.2000.

Bundesanstalt für Arbeit (1998). Strukturanalyse 1998. Bestände und Zu- und Abgänge an Arbeitslosen und offenen Stellen. In *Sondernummer der Amtlichen Nachrichten der Bundesanstalt für Arbeit.* Nürnberg: Institut für Arbeitsmarkt- und Berufsforschung der Bundesanstalt für Arbeit.

Bundesanstalt für Arbeit (2000 a). Arbeitsmarkt 1999. In *Amtliche Nachrichten der Bundesanstalt für Arbeit, Sonderheft 48.*

Bundesanstalt für Arbeit (2000 b). *Was? Wieviel? Wer? Finanzielle Hilfen des Arbeitsamtes auf einen Blick.* Nürnberg: Bundesanstalt für Arbeit, Referat Presse- und Öffentlichkeitsarbeit.

Claussen, B. (1994). Psychologically and biologically assessed stress in a follow-up study of long term unemployed. *Work and Stress, 8*, 4-18.

Claussen, B. (1999). Alcohol disorders and re-employment in a 5-year follow-up of long-term unemployed. *Addiction, 94*, 133-138.

Creed, P. A., Machin, M. A. & Hicks, R. (1996). Neuroticism and mental health outcomes for long term unemployed youth attending occupational skills training programs. *Personality and Individual Differences, 21*, 537-544.

Davies, G. (1996). The employment support network – An intervention to assist displayed workers. *Journal of Employment Counseling, 33*, 146-154.

deWitte, H. & Hooge, J. (1997). Aanpassing aan werkloosheid? Een cross-sectionale vergelijking van kort- en langdurig werklozen. *Gedrag & Gezondheid, 25*, 145-155.

Donohue, R. & Patton, W. (1998). The effectiveness of a career guidance program with long-term unemployed individuals. *Journal of Employment Counseling, 35*, 179-194.

Engelbrech, G. (1987). Erwerbsverhalten und Berufsverlauf von Frauen: Ergebnisse neuerer Untersuchungen im Überblick. *Mitteilungen aus der Arbeitsmarkt- und Berufsforschung*, 181-196.

Frese, M. (1994). Psychische Folgen von Arbeitslosigkeit in den fünf neuen Bundesländern: Ergebnisse einer Längsschnittstudie. In L. Montada (Hrsg.), *Arbeitslosigkeit und soziale Gerechtigkeit* (S. 193-213). Frankfurt a. M.: Campus.

Frese, M. & Mohr, G. (1987). Prolonged unemployment and depression in older workers: A longitudinal study of intervening variables. *Social Science and Medicine, 25*, 173-178.

Fryer, D. & McKenna, S. (1987). The laying off on hands – Unemployment and the experience of time. In S. Fineman (Hrsg.), *Unemployment. Personal and social consequences* (S. 47-73). Suffolk: Richard Clay.

Gnegel, A. & Mohr, G. (1982). Wenn Frauen ihren Arbeitsplatz verlieren. In G. Mohr, M. Rummel & D. Rückert (Hrsg.), *Frauen: Psychologische Beiträge zur Arbeits- und Lebenssituation* (S. 88-102). München: Urban & Schwarzenberg.

Institut für Arbeitsmarkt- und Berufsforschung (1999). Langzeitarbeitslosigkeit: Früh erkennen, gezielt bekämpfen. In *IAB-Materialien, 1*, (S. 8-9). Nürnberg: Institut für Arbeitsmarkt- und Berufsforschung der Bundesanstalt für Arbeit.

Jackson, P. R. (1988). Personal networks, support mobilization and unemployment. *Psychological Medicine, 18*, 397-404.

Jahoda, M., Lazarsfeld, P. F. & Zeisel, H. (1933, 1975). *Die Arbeitslosen von Marienthal*. Frankfurt a. M.: Suhrkamp.

Jones, L. (1991). Specifying the temporal relationship between job loss and consequence: Implication for service delivery. *Journal of Applied Social Sciences, 16*, 37-62.

Karr, W. (1997). Die konzeptionelle Untererfassung der Langzeiterwerbslosigkeit. *Mitteilungen der Arbeitsmarkt- und Berufsforschung, 30*, 37-46.

Kieselbach, T., Klink, F., Scharf, G. & Schulz, S. (1998). *Ich wäre ja sonst nie wieder an Arbeit rangekommen! Evaluation einer Reintegrationsmaßnahme für Langzeiterwerbslose*. Weinheim: Deutscher Studienverlag.

Klein, T. (1990). Arbeitslosigkeit und Wiederbeschäftigung im Erwerbsverlauf. Theorieansätze und theoretische Befunde. *Kölner Zeitschrift für Soziologie und Sozialpsychologie, 42*, 688-705.

Klems, W., & Schmid, A. (1990) *Langzeiterwerbslosigkeit. Theorie und Empirie am Beispiel des Arbeitsmarktes Frankfurt/Main*. Berlin: Edition Sigma.

Kong, F., Perrucci, C. C. & Perrucci, R. (1993). The impact of unemployment and economic stress on social support. *Community Mental Health Journal, 29*, 205-221.

Lahelma, E. & Kangas, R. (1989). Unemployment and re-employment and psychic well being in Finland. In B. Starrin, P. G. Svensson & H. Wintersberger (Eds.), *Unemployment, poverty and quality of working life. Some European experiences* (pp. 135-164). Berlin: edition sigma.

Leana, C. R. & Feldman, D. C. (1992). *Coping with job loss: How individuals, organizations and communities respond to layoffs*. New York: McMillan.

Leeflang, R. L. , Klein-Hesselink, D. J. & Spruit, I. P. (1992). Health effects of unemployment: I. long-term unemployed men in a rural and an urban setting. *Social Science and Medicine, 34*, 341-350.

Leitner, K. (1993). Die Auswirkungen von Arbeitsbedingungen auf die psychosoziale Gesundheit. *Zeitschrift für Arbeitswissenschaft, 47*, 98-107.

Liira, J. & Leino-Arjas, P. (1999). Predictors and consequences of unemployment in construction and forest work during a 5-year follow-up. *Scandinavian Journal of Work, Environment and Health, 25*, 42-49.

Mohr, G. (1991). Fünf Subkonstrukte psychischer Befindensbeeinträchtigungen bei Industriearbeitern: Auswahl und Entwicklung. In S. Greif, E. Bamberg & N. Semmer (Hrsg.), *Psychischer Streß am Arbeitsplatz* (S. 91-119). Göttingen: Hogrefe.

Mohr, G. (1993). Frauenerwerbslosigkeit: Spekulationen und Befunde. In G. Mohr (Hrsg.), *Ausgezählt. Theoretische und empirische Beiträge zur Psychologie der Frauenerwerbslosigkeit* (S. 17-48). Weinheim: Deutscher Studien Verlag.

Mohr, G. (1995). *Erwerbslosigkeit: Überblick über Ergebnisse und Methoden der Forschung. Kurseinheit 1.* Hagen: Studienbrief der Fernuniversität Hagen.

Mohr, G. & Frese, M. (1978). Arbeitslosigkeit und Depression. Zur Langzeitarbeitlosigkeit älterer Arbeiter. In A. Wacker (Hrsg.), *Vom Schock zum Fatalismus* (S. 179-193). Frankfurt: Campus.

Mohr, G. & Müller, K. E. (2000). Zeitstrukturierung und Zeiterleben in der Erwerbslosigkeit. Eine qualitative Studie mit langzeiterwerbslosen Industriearbeiterinnen. *Verhaltenstherapie und psychosoziale Praxis, 2*, 53-63.

Murphy, C. M. & Athanasou, J. A. (1999). The effect of unemployment on mental health. *Journal of Occupational and Organizational Psychology, 72*, 83-99.

Nies, F. (1979). *Geschichte der Arbeitslosigkeit*. Frankfurt/Main: Pahl-Rugenstein.

Olbrich (1989). Erfolgreiches Altern aus funktionalistischer und interpretativer Perspektive. *Zeitschrift für Gerontopsychologie und -psychiatry, 2* (1-3), 314-318.

Pernice, R. (1996). Methodological issues in unemployment research: Quantitative and/or qualitative approaches? *Journal of Occupational and Organizational Psychology, 69*, 339-349.

Ratcliff, K. S. & Bodgan, J. (1988). Unemployed women. When "social support" is not supportive. *Social Problems, 35* (1), 54-63.

Rife, J. C. & Belcher, J. R. (1993). Social support and job search intensity among older unemployed workers: Implications for employment counselors. *Journal of Employment Counseling, 30,* 98-107.

Riggs, J. M. (1997). Mandates for mothers and fathers: Perceptions of breadwinners and care givers. *Sex Roles, 37* (7-8), 565-580.

Sales, E. (1995). Surviving unemployment: Economic ressources and job loss duration in blue-collar households. *Social Work, 40,* 483-491.

Schwarzer, R., Hahn, A. & Jerusalem, M. (1993). Negative affect in East German migrants: Longitudinal effects of unemployment and social support. *Anxiety, Stress and Coping, 6* (1), 57-69.

Shlay, A. B. & Rossi, P. H. (1992). Social Science Research and contemporary studies of homelessness. *Annual Review of Sociology, 18,* 129-160.

Strehmel, P. (1993). Erwerbslosigkeit hochqualifizierter Frauen – Eine Längsschnittstudie mit Lehrerinnen nach dem Referendariat. In G. Mohr (Hrsg.), *Ausgezählt. Theoretische und empirische Beiträge zur Psychologie der Frauenerwerbslosigkeit* (S. 153-186). Weinheim: Deutscher Studien Verlag.

Strehmel, P. & Mayring, P. (1986). Arbeitslosigkeit: Belastungen und kognitive Verarbeitung: Ausgewählte Ergebnisse aus einer Längsschnittuntersuchung. In *Augsburger Berichte zur Entwicklungspsychologie und Pädagogischen Psychologie* (Bd. 2). Augsburg: Universität Augsburg, Lehrstuhl für Psychologie, Forschungsstelle für Pädagogische Psychologie und Entwicklungspsychologie.

Trube, A. & Luschei, F. (2000) Entwicklungs und Vermittlungs- Assistenz (EVA) – Ein Instrument zur Wiedereingliederung Langzeitarbeitsloser. Abschlußbericht über die Evaluation des Projekts "Entwicklungs- und Vermittlungs- Assistenz (EVA) im Auftrag des Instituts für Arbeitsmarkt- und Berufsforschung (IAB), Nürnberg. In *Schriftenreihe des Zentrums für Planung und Evaluation Sozialer Dienste der Universität Gesamthochschule Siegen, 7.*

Verkleij, H. (1989). Vulnerabilities of very long term unemployed in the Netherlands: Results of a longitudinal study. In B. Starrin, P. G. Svensson & H. Wintersberger (Eds..), *Unemployment, poverty and quality of working life. Some European experiences* (pp. 79-100). Berlin: edition sigma.

Viinamäki, H., Koskela, K., Niskanen, L. & Arnkill, R. (1993). Unemployment and mental wellbeing: A factory closure study in Finland. *Acta Psychiatrica Scandinavica, 88* (6), 429-433.

Vuori, J. & Vesalainen, J. (1999). Labor market interventions as predictors of re-employment, job seeking activity and psychological distress among the unemployed. *Journal of Occupational and Organizational Psychology*, 72, 523-538.

Wadsworth, M. E., Montgomery, S. M. & Bartley, M. J. (1999). The persisting effect of unemployment on health and social well-being in men early in working life. *Social Science and Medicine, 48,* 1491-1499.

Wanberg, C. R. (1995). A longitudinal study of the effects of unemployment and quality of reemployment. *Journal of Vocational Behavior, 46,* 40-54.

Wanberg, C. R., Watt, J. D. & Rumsey, D. J. (1996). Individuals without jobs: An empirical study of job seeking behavior and reemployment. *Journal of Applied Psychology, 81,* 76-87.

Warr, P. (1984). Work and unemployment. In P. J. D. Drenth, H. Thierry, P. J. Willems & C. J. de Wolff (Eds.), *Handbook of work and organizational psychology* (pp. 413-443). New York: John Wiley & Sons, Ltd.

Warr, P. & Jackson, P. (1985). Factors influencing the psychological impact of prolonged unemployment and re-employment. *Psychological Medicine, 15,* 795-807.

Weidig, I., Hofer, P. & Wolff, H. (1999). Arbeitslandschaft 2010 nach Tätigkeiten und Qualifikationsebenen. *Beiträge aus der Arbeitsmarkt- und Berufsforschung, 227.*

Westin, S. (1989). Job-loss, unemployment and health: A case for general practice. In B. Starrin, P. G. Svensson & H. Wintersberger (Eds.), *Unemployment, poverty and quality of working life* (pp. 175-194). Berlin: edition sigma.

Zempel, J. & Frese, M. (2000). Prädiktoren der Erwerbslosigkeit und Wiederbeschäftigung. In *Verhaltenstherapie und psychosoziale Praxis, 3,* 379-390.

Zippay, A. (1995). Tracing behavioral changes among discouraged workers: What happens to the work ethic? *Psychological Reports, 76*, 531-543.

7 Jugendarbeitslosigkeit und soziale Ausgrenzung: Ergebnisse einer qualitativen Analyse in Ost- und Westdeutschland

Gert Beelmann, Thomas Kieselbach & Ute Traiser

7.1 Einführung

Das Problem der Jugendarbeitslosigkeit hat in den letzten Jahren in der Bundesrepublik zunehmend größere Aufmerksamkeit erfahren. Sowohl in der wissenschaftlichen als auch in der öffentlichen Diskussion gilt das Thema Arbeitslosigkeit im allgemeinen und Jugendarbeitslosigkeit im besonderen als eines der zentralen gesellschaftlichen Herausforderungen. Vor allem das unzureichende Angebot von Ausbildungs- und Beschäftigungsstellen für junge Menschen und die Diskrepanz zwischen den Qualifikationsanforderungen der Nachfrageseite und den realen schulischen und beruflichen Voraussetzungen der Angebotsseite hat die Situation für die Betroffenen in den vergangenen Jahren enorm verschärft. Nicht zuletzt durch die deutsche Vereinigung hat das Problem Jugendarbeitslosigkeit eine neue Dimension erfahren. Allerdings ist seit 1998 eine leichte Kehrtwende in den Arbeitsmarktstatistiken zu beobachten (vgl. Abbildung 7.1). Mit der Implementierung des Sofortprogramms zur Bekämpfung der Jugendarbeitslosigkeit hat die Bundesregierung die Dringlichkeit erkannt, sich verstärkt den Arbeitsmarktproblemen von Jugendlichen anzunehmen. Erste Ergebnisse einer Befragung von Maßnahmeteilnehmern legen eine positive Bilanz des Programms nahe, das 1999 startete und im Jahr 2000 fortgesetzt wird (vgl. Dietrich, 2000). Erste Effekte des Programms finden ihren Niederschlag in den offiziellen Arbeitslosenraten der Bundesanstalt für Arbeit (vgl. Abbildung 7.1). Die Arbeitslosenraten der unter 25jährigen Jugendlichen entwickelten sich seit Beginn der neunziger Jahre in der Bundesrepublik kontinuierlich nach oben und erreichten ihren Höchststand 1997 mit 12,2%. Für die Jahre 1998 (11,8%) und 1999 (10,5%) waren sinkende Raten zu verzeichnen, die sich auch in der ersten Jahreshälfte 2000 fortsetzten (im Vergleich der Vorjahrsmonate durchschnittlich um 0,8% Punkte). Inwieweit dieser Trend anhalten wird, hängt nicht zuletzt von der Nachhaltigkeit des Jugendsofortprogramms ab.

Im Vergleich west- und ostdeutscher Jugendlicher zeigen sich parallele Entwicklungen, wobei die Arbeitslosigkeitsraten in Ostdeutschland während der letzten Jahre nahezu doppelt so hoch lagen wie die der westdeutschen Jugendlichen. Erst ab dem Höchstwert von 17% im Jahre 1998 zeichnet sich in Ostdeutschland ein leichter Rückgang ab. Allerdings liegen die Quoten auch im Jahr 1999 mit 15,8 auf einem deutlich höherem Niveau als in Westdeutschland. Die höchste Arbeitslosenrate der unter 25jährigen wurde im Westen 1997 mit 11,1% erreicht. 1999 lag sie deutlich unter 10% (9,1%).

Im Vergleich zum europäischen Ausland liegen die Arbeitslosenraten Jugendlicher in der Bundesrepublik deutlich niedriger, vor allem im Vergleich zu den südeuropäischen Ländern, die zwei- bis dreimal so hohe Quoten aufweisen (z.B. Spanien 29,5%, Italien 32,7% im Jahr 1999). Geringer sind die Raten z.B. in den Niederlanden (7,2%, 1999).

Abbildung 7.1: Arbeitslose Jugendliche in West- und Ostdeutschland (unter 25 Jahren)[1]

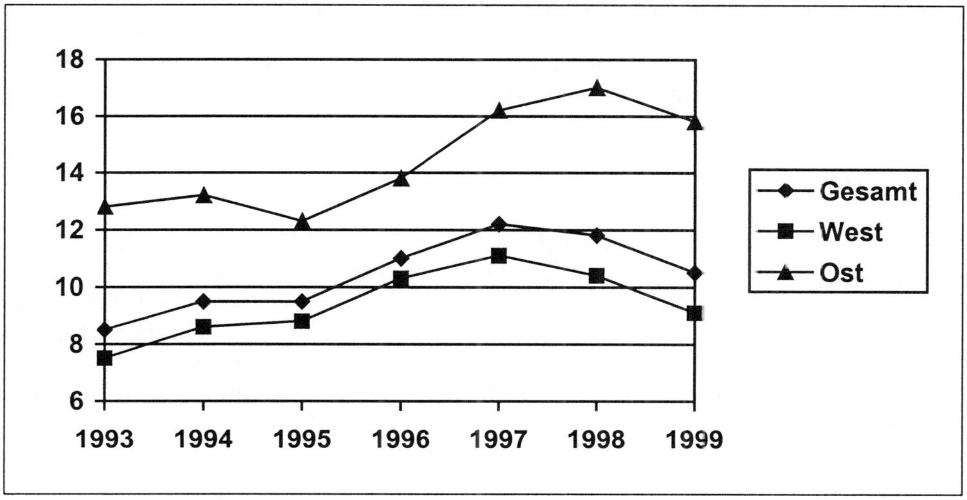

Anmerkung:

[1] in % der abhängigen zivilen Erwerbspersonen derselben Altersgruppe; Quelle: Bundesanstalt für Arbeit, 2000

Unabhängig vom quantitativen Ausmaß der Jugendarbeitslosigkeit wird das gegenwärtige Niveau vor allem aus ökonomischen und sozialpolitischen Gründen europaweit als unakzeptabel hoch angesehen. Hinsichtlich der individuellen und gesellschaftlichen Folgen von Arbeitslosigkeit im Jugendalter besteht außerdem breiter Konsens in der sozialwissenschaftlichen Diskussion, daß der unfreiwillige Wegfall von Arbeit bzw. die Chancenlosigkeit, eine Arbeitsstelle zu bekommen, zu einer Vielzahl psychosozialer und ökonomischer Problemlagen führt, die einen destabilisierenden Einfluß auf das soziale und gesundheitliche Befinden der Jugendlichen haben können (Kieselbach & Beelmann, 2000; Kieselbach, Beelmann & Stitzel, 2000). Das spezifische Problem von Jugendlichen besteht nicht nur darin, keinen adäquaten Zugang zum Arbeitsmarkt mehr zu finden, sondern in der Gefährdung der sozialen Integration bei langfristig andauernder Arbeitslosigkeit auch die soziale Integration zu gefährden (Kieselbach, Beelmann, Erdwien, Stitzel & Traiser, 2000).

Ausgehend von diesen Überlegungen werden im folgenden Ergebnisse der nationalen Studie eines europäischen Forschungsprojektes dargestellt. An dem von Thomas Kieselbach koordinierten Gesamtprojekt nehmen insgesamt sechs Länder teil, drei nordeuropäische (Schweden, Belgien, Deutschland) und drei südeuropäische (Griechenland, Italien und Spanien). Die forschungsleitende Fragestellung des Projektes lautet: Welche Mechanismen beeinflussen den Prozeß der sozialen Ausgrenzung bei langzeitarbeitslosen Jugendlichen? Oder anders gefragt: Unter welchen Bedingungen führt Langzeitarbeitslosigkeit bei Jugendlichen zu sozialen Ausgrenzungsprozessen?

In der ersten Phase des Projektes stand die Aufarbeitung des theoretischen und empirischen Materials im Vordergrund (Kieselbach, 2000a, 2000b). Die zweite Phase, deren nationale Ergebnisse im folgenden zusammenfassend präsentiert werden, bestand aus der Analyse qualitativer Daten. Es wurden Interviews mit langzeitarbeitslosen Jugendlichen in Ostdeutschland (Rostock) und Westdeutschland (Bremen) durchgeführt (vgl. Kieselbach, van Heeringen, La Rosa, Lemkow, Starrin & Sokou, 2001). In der dritten Phase des Projektes wurden Experten aus unterschiedlichen Institutionen einbezogen, die nach innovativen Interventionsansätzen und Gegenmaßnahmen zur Problematik Jugendarbeitslosigkeit befragt wurden.

7.2 Methode

Fünfzig langzeitarbeitslose Jugendliche wurden mit der Methode des problemzentrierten Interviews befragt (Witzel, 1982, 1996). Mit Hilfe eines strukturierten Leitfadens wurden die Interviews durchgeführt, die zwischen 60 und 90 Minuten dauerten. Der Zugang wurde über Arbeits- und Sozialämter sowie über Jugendfreizeiteinrichtungen erreicht. Die Jugendlichen sind durch Einladungen der Ämter gebeten worden, an der Interviewstudie teilzunehmen. Bei der Auswahl der Jugendlichen wurden folgende Stichprobenkriterien berücksichtigt:

- Alter: 20-24 Jahre
- registrierte Langzeitarbeitslose (mindestens ein Jahr arbeitslos gemeldet; keine Teilnahme an ausbildungs- bzw. berufsvorbereitenden Maßnahmen oder sonstiger Weiterqualifizierung, die länger als zwölf Wochen andauert)
- deutsche Staatsangehörigkeit (aus Gründen der Vergleichbarkeit im Kontext der europäischen Studie wurden in jedem Land nur Jugendliche mit der jeweiligen Staatsangehörigkeit befragt; damit sollte der Einfluß von länderspezifischen Problemgruppen, z.B. Aussiedler, die unabhängig vom Arbeitslosenstatus erhöhte berufliche Integrationshemmnisse aufweisen, vermieden werden)
- Gleichverteilung hinsichtlich Geschlecht und Qualifizierungsniveau für Ost- und Westdeutschland

Knapp die Hälfte der befragten Jugendlichen stammen aus der Region Rostock (Ostdeutschland, n = 24) und aus Bremen (Westdeutschland, n = 26). Beide Regionen weisen hinsichtlich der Wirtschaftsstruktur vergleichbar schwierige Bedingungen auf (strukturschwache Regionen, Werftenproblematik). Im Zentrum der qualitativen Analyse standen sechs Dimensionen sozialer Ausgrenzung (Kronauer, 1997), anhand derer Typen gebildet wurden. Im einzelnen waren dies:

Ausgrenzung vom Arbeitsmarkt: Nach unserer Definition ist Ausgrenzung vom Arbeitsmarkt dann gegeben, wenn die Wiedereingliederung bzw. der Zugang zum regulären Arbeitsmarkt aufgrund struktureller wie personenbezogener Barrieren dauerhaft versperrt ist. Darunter wird verstanden, daß die Betroffenen nicht nur objektiv geringe Chancen haben, sondern sich auch subjektiv vom Arbeitsmarkt zurückziehen.

Institutionelle Ausgrenzung: Von institutioneller Ausgrenzung wird gesprochen, wenn sich die arbeitslosen Jugendlichen nicht oder nur unzureichend von gesellschaftlichen Institutionen unterstützt fühlen. In Bezug auf das Arbeitsamt und das Sozialamt bedeutet dies, daß aus Sicht der Betroffenen keine ausreichenden Hilfestellungen zur Stabilisierung der individuellen Arbeitsmarktsituation geleistet werden. Das Abhängigkeitsgefühl und die Kontrolle durch staatliche Institutionen sind ebenfalls Merkmale dieser Ausgrenzungsdimension.

Kulturelle Ausgrenzung: Das Risiko kultureller Ausgrenzung trifft bei den Jugendlichen zu, die sich von der Möglichkeit abgeschnitten sehen, einen gesellschaftlich vorgegebenen Lebensstil aufrechtzuerhalten. Herrschende Normen und Werte, Konsummuster sowie politische Teilhabe sind hierbei von zentraler Bedeutung.

Ökonomische Ausgrenzung: Als ökonomisch ausgegrenzt gelten arbeitslose Jugendliche, wenn sie einen durchschnittlichen Lebensstandard nicht erreichen können und sich in materieller Hinsicht stark eingeschränkt fühlen. Das beinhaltet nicht nur Konsummöglichkeiten, sondern auch die Teilhabe an kulturellen Ereignissen und sozialen Aktivitäten. Häufig kommt eine kritische finanzielle Situation in übermäßigen Schulden zum Ausdruck.

Ausgrenzung durch gesellschaftliche Isolation: Soziale Isolation wird einerseits als Reduzierung der Sozialkontakte (Vereinzelung), andererseits als Beschränkung der Kontakte auf einen engen Personenkreis definiert (Subkultur, ausschließlich familiäre Kontakte).

Räumliche Ausgrenzung: Eine Form der räumlichen Ausgrenzung kann durch die räumliche Konzentration einer Gruppe von sozial eher benachteiligten Personen entstehen, die aus unteren sozialen Schichten stammen und in "Problem-Stadtteilen" leben.

In jedem Land wurde vorab festgelegt, welche Dimensionen in ihrer Bedeutung für die Befragten als zentral und weniger zentral einzuschätzen sind. Dies geschah vor dem Hintergrund theoretischen Vorwissens und der Auswertung erster Interviews. Für die deutsche Studie wurden Arbeitsmarktausgrenzung, ökonomische Ausgrenzung und Ausgrenzung durch gesellschaftliche Isolation als zentrale Dimensionen befunden. Als weniger zentral wurden die übrigen drei Dimensionen sozialer Ausgrenzung eingestuft (institutionelle Ausgrenzung, kulturelle Ausgrenzung und räumliche Ausgrenzung). Die Kodierung zu den einzelnen Dimensionen erfolgte durch die Analyse der jeweiligen thematischen Felder des transkripierten Interviews (die Auswertung des Interviewmaterials erfolgte EDV-gestützt mit winMAX 97). Durch die Interpretation und Abstimmung mit insgesamt drei Auswerter/innen konnte auf dem Wege der interpersonalen Konsensbildung bestimmt werden, ob entsprechende Merkmale einer Ausgrenzungsdimension gegeben sind oder nicht. Eine Typologie wurde daraufhin nach folgenden formalen Kriterien gebildet:

- der erste Typ bezeichnet diejenigen mit einem hohen Ausgrenzungsrisiko (in drei Dimensionen müssen soziale Ausgrenzungsrisiken vorliegen, darunter mindestens in zwei zentralen Dimensionen),
- die zweite Gruppe umfaßt Arbeitslose mit erhöhtem Ausgrenzungsrisiko (zwei zentrale Dimensionen können belegt sein, dazu jedoch keine weitere bzw. es darf höchstens eine zentrale Dimension vorliegen und beliebig viele nicht zentrale Dimensionen),
- der dritte Typ weist nur ein geringes Ausgrenzungsrisiko auf (höchstens eine Dimension darf belegt sein, wobei dies keine der zentralen Dimensionen ist).

Beschreibung der Stichprobe

Tabelle 7.1 gibt getrennt nach West- und Ostdeutschland einen Überblick über die Stichprobengröße, das Alter, die durchschnittliche Dauer der Arbeitslosigkeit und die schulische Qualifikation der Befragten. Das Durchschnittsalter der Jugendlichen in unserem Sample liegt bei 22 Jahren, wobei die Jugendlichen aus der ostdeutschen Stichprobe etwas jünger sind als die westdeutschen Jugendlichen (Ost: M = 22, SD = 1,33 versus West: M = 22,7, SD = 1,19). Die durchschnittliche Dauer der Arbeitslosigkeit liegt bei 30 Monaten (SD = 14,7). Die ostdeutschen Jugendlichen sind mit 33 Monaten (SD = 15,6) im Durchschnitt etwas länger arbeitslos als die Westdeutschen (27 Monate, SD = 13,3). Hinsichtlich der schulischen Qualifikation weisen neun der Befragten (18%) keinen Schulabschluß bzw. einen Sonderschulabschluß auf (sieben in Ost- und zwei in Westdeutschland). Bei den Jugendlichen mit Haupt- (48%) und Realschulabschluß (30%) besteht ein leichtes Übergewicht bei den westdeutschen Jugendlichen. Nur zwei Befragte aus Westdeutschland haben Abitur (4%).

Tabelle 7.1: Beschreibung der Stichprobe (N = 50)

	Westdeutschland	Ostdeutschland	Gesamt
Stichprobe	n = 26	n = 24	N = 50
Alter	22,7 (SD = 1,19)	22 (SD = 1,33)	22,3 (SD = 1,30)
durchschnittliche Dauer der Arbeitslosigkeit (in Monaten)	27 (SD = 13,3)	33 (SD = 15,6)	30 (SD = 14,7)
schulischer Abschluß			
- keinen Abschluß oder Sonderschule	n = 2	n = 7	n = 9
- Hauptschule	n = 15	n = 9	n = 24
- Realschule	n = 8	n = 7	n = 15
Abitur	n = 2	--	n = 2

Tabelle 7.2 zeigt die Verteilung unseres Samples hinsichtlich Geschlecht und beruflicher Qualifikation. Danach zeigt sich, daß deutlich mehr weibliche Jugendliche in Ostdeutschland von Arbeitslosigkeit betroffen sind. Hingegen überwiegen in Westdeutschland die männlichen Jugendlichen nur geringfügig. Bei der beruflichen Qualifizierung zeigen sich starke Unterschiede zwischen Ost- und Westdeutschland. Eine abgeschlossene berufliche Ausbildung weisen mehr als 60% der Befragten in Ostdeutschland auf, während der Anteil in Westdeutschland bei knapp 40% liegt. Diese Differenz ist auf den höheren Anteil überbetrieblicher Ausbildungen im Osten Deutschlands zurückzuführen.

Tabelle 7.2: Verteilung der Stichprobe hinsichtlich Geschlecht und Berufsausbildung in Ost- und Westdeutschland (in %)

	Ostdeutschland	Westdeutschland
männlich	37,5	53,8
weiblich	62,5	46,2
Abgeschlossene Berufsausbildung	62,5	38,5
Ohne Berufsausbildung	37,5	61,5

7.3 Jugendarbeitslosigkeit und soziale Ausgrenzung

Das Konzept der sozialen Ausgrenzung stammt aus der französischen Soziologie (vgl. Martin, 1996). Die Diskussion konzentriert sich dort vorwiegend auf die Problematik von Jugendlichen, die in ghettoartigen Vorstädten leben, größtenteils arbeitslos sind und zunehmend an den Rand der Gesellschaft gedrängt werden (Dubet & Lapeyronnie, 1994). Der Begriff "soziale Exklusion" gilt in der sozialwissenschaftlichen Diskussion als eine Fortführung und Weiterentwicklung der Diskussion um die Zunahme gesellschaftlicher Armutsprozesse und Formen von Desintegration. Die Verwendung des Begriffs "soziale Ausgrenzung" verweist auf zunehmende Marginalisierungstendenzen bestimmter sozialer Gruppen, die sich in den westlich-industrialisierten Ländern beobachten lassen. U.a. die Probleme von Arbeitslosen lassen sich mit dem Konzept der sozialen Ausgrenzung darstellen (vgl. Kronauer, Vogel & Gerlach, 1993). In der Bundesrepublik geht diese Diskussion vorwiegend auf Kronauer (1997) zurück, der eine Systematisierung bzw. Operationalisierung dieses Konzeptes vorlegte. Diese Konzeption haben wir in unserem Projekt bei der Untersuchung arbeitsloser Jugendlicher zugrunde gelegt und darüber hinaus eine Typologie entwickelt, in der sich unterschiedliche Risiken sozialer Ausgrenzung widerspiegeln (vgl. 7.2). Wir sprechen von Risiken sozialer Ausgrenzung, um zu verdeutlichen, daß es sich bei dem Konzept sozialer Ausgrenzung um einen Prozeß und nicht um einen Zustand handelt.

7.3.1 Beschreibung und Ergebnisdarstellung der Dimensionen sozialer Ausgrenzung

Das Konzept der sozialen Ausgrenzung sieht nach Kronauer (1997) sechs Dimensionen vor. Im folgenden werden die einzelnen Dimensionen anhand der Ergebnisse aus der nationalen Studie dargestellt.

Ausgrenzung vom Arbeitsmarkt (labour market exclusion)

Drei Viertel der langzeitarbeitslosen Jugendlichen haben sowohl schlechte Chancen bei der Reintegration in den Arbeitsmarkt als auch massive Zugangsprobleme zum Arbeitsmarkt. Die Ursache hierfür wird in der fehlenden und unzureichenden Qualifikation gesehen. Aber auch die pessimistische Einschätzung, daß eine Verbesserung der Qualifikation die individuellen Arbeitsmarktchancen nicht erhöht, ist eine Ursache für Zugangsprobleme am Arbeitsmarkt.

Institutionelle Ausgrenzung (institutional exclusion)

Bei mehr als der Hälfte der befragten Jugendlichen sind die Kontakte zu den arbeitsmarktbezogenen Institutionen durch einen subjektiv empfundenen Mangel an Unterstützung und Kommunikation gekennzeichnet.

Kulturelle Ausgrenzung (cultural exclusion)

Bei gut der Hälfte der Befragten sind Anzeichen kultureller Ausgrenzung sowohl in ökonomischer als auch in normativer Hinsicht festzustellen. Auch ein geringes Maß an politischer Teilhabe, das sich u.a. in einer massiven Skepsis gegenüber dem politischen System ausdrückt, zeigt sich bei den Jugendlichen. Die Betroffenen äußern starke Ohnmachtsgefühle und sehen sich zum Teil völlig ohne demokratische Mitbestimmungsmöglichkeiten.

Ökonomische Ausgrenzung (economic exclusion)

44% der Jugendlichen haben Schwierigkeiten für alltägliche Grundbedürfnisse (z.B. ausgewogene Ernährung, Mietkosten) aufzukommen oder ihnen stehen über den lebensnotwendigen Bedarf hinaus keinerlei finanzielle Mittel mehr zur Verfügung. In einigen Fällen werden zudem Schulden gemacht, die in absehbarer Zeit nur schwer zu begleichen sind.

Ausgrenzung durch gesellschaftliche Isolation (exclusion through social isolation)

Die Jugendlichen, die aufgrund der Arbeitslosigkeit einem hohen Risiko sozialer Isolierung ausgesetzt sind (40%), beklagen einen allgemeinen Rückgang sozialer Kontakte oder geben an, daß sich ihre Kontakte auf ein enges sozialräumliches Milieu reduziert haben.

Räumliche Ausgrenzung (spatial exclusion)

Das Problem der räumlichen Ausgrenzung ist in unserer Studie nur von geringer Bedeutung. Bei lediglich sechs Fällen aus Ostdeutschland liegt ein solches Risiko vor. Sie leben in Stadtteilen, in denen sich überwiegend soziale Randgruppen befinden und die sich außerdem durch eine vergleichsweise hohe Kriminalitätsrate auszeichnen.

7.3.2 Ergebnisdarstellung der Typologie zu sozialen Ausgrenzungsrisiken

Im folgenden werden die ermittelten Typen (hohes, erhöhtes und geringes Ausgrenzungsrisiko) anhand der zentralen und weniger zentralen Dimensionen sozialer Ausgrenzung charakterisiert (vgl. Abschnitt 7.2). Bezogen auf die Gesamtstichprobe ergibt sich die in Abbildung 7.3 dargestellte Verteilung. Die Gruppe der Jugendlichen mit hohem Ausgrenzungsrisiko stellt mit n = 24 (48%) den größten Anteil dar. Danach folgt der Typ "erhöhtes Risiko" mit 16 Befragten (32%) sowie die kleinste Gruppe von n = 10 (20%) mit einem geringen Ausgrenzungsrisiko.

Abbildung 7.2: Verteilung der Ausgrenzungstypen (N = 50)

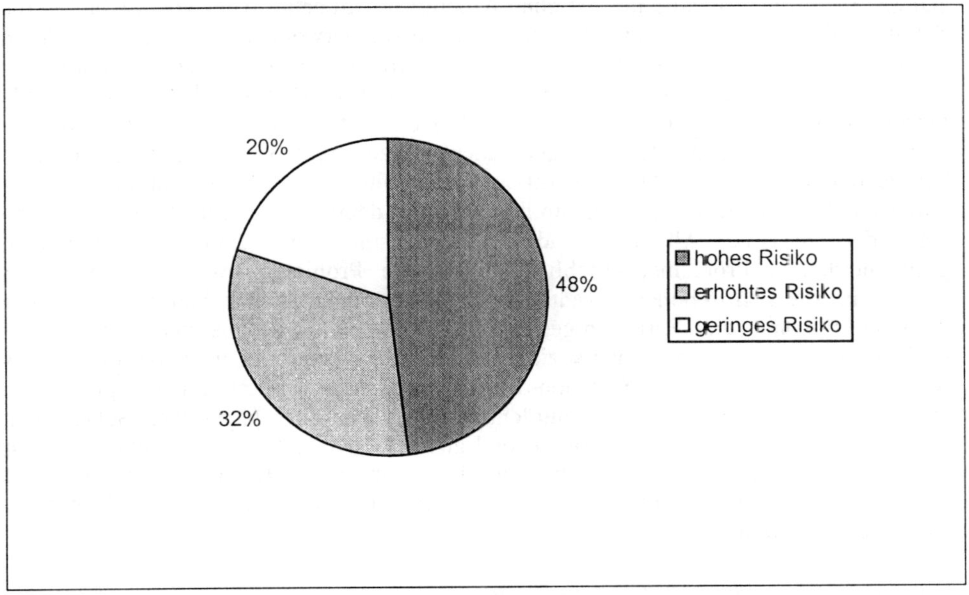

Personen mit hohem Ausgrenzungsrisiko

Durchschnittlich weist dieser Ausgrenzungstyp vier bis fünf Ausgrenzungsdimensionen auf. Dabei kommen am häufigsten die drei zentralen Dimensionen (Arbeitsmarkt, ökonomische Ausgrenzung und soziale Isolation) sowie kulturelle Ausgrenzung und institutionelle als nicht-zentrale Dimensionen vor. Welche Vulnerabilitäts-Faktoren beeinflussen im einzelnen das Ausgrenzungsrisiko in dieser Gruppe? Ein langzeitarbeitsloser Jugendlicher dieses Typs hat vor allem aufgrund geringer Qualifikation keine oder nur sehr geringe Chancen auf eine reguläre Beschäftigung und ist darüber hinaus kaum oder nicht mehr darum bemüht, einen Zugang zum Erwerbssystem zu bekommen (im Sinne der Selbstausgrenzung). Er leidet unter einer prekären finanziellen Lage, erfährt sowohl aus seinem sozialen Umfeld als auch von staatlichen Institutionen keine ausreichende Unterstützung. Er neigt in Einzelfällen zu deviantem Verhalten. Sein gesundheitliches Befinden ist gekennzeichnet von einer Vielzahl psychosozialer Belastungen. Ein Drittel der Befragten dieser Gruppe leidet unter massiven Schlaf- und Einschlafstörungen in Verbindung mit depressiven Verstimmungen und Ängsten. Die Hälfte der Jugendlichen dieser Gruppierung äußert zudem suizidale Gedanken.

Bei den soziodemographischen Merkmalen zeigen sich bei diesem Typ folgende Ergebnisse: Der überwiegende Teil der Befragten ist unverheiratet, nur vier Personen leben mit einem Partner zusammen. Zudem sind nur wenige Befragte in einer vollständigen Familie aufgewachsen. Die Dauer der Arbeitslosigkeit beträgt durchschnittlich 32 Monate. Ein Drittel der Befragten hat keinen Schulabschluß oder einen Sonderschulabschluß.

Exemplarisch wird dieser Typ durch den Fall *Andi* illustriert: Andi ist 20 Jahre alt, stammt aus Ostdeutschland und ist ohne Arbeit, seitdem er im Alter von 14 Jahren die Schule verlassen hat. Er lebt allein in einer Einzimmerwohnung und seine Freundin erwartet ein Kind von ihm. Vor der Phase der Arbeitslosigkeit liegen bei ihm einige bedeutsame Ereignisse, die für diesen Typ charakteristisch sind. Probleme in der Schule führen dazu, daß Andi keinen Schulabschluß erreicht. Familiäre Probleme und die Sozialisation betreffende Defizite tragen ebenso dazu bei, daß Andi massive Probleme bei der Integration in den Arbeitsmarkt hat. Seine schwierige Lebenssituation wird auch durch das Übergewicht der Vulnerabilitätsfaktoren deutlich. Besonders hervorzuheben sind der massive Alkohol- und Drogenkonsum, die daraus resultierenden gesundheitlichen Probleme, erhebliche finanzielle Probleme sowie sein deviantes Verhalten, was sich in hoher Gewaltbereitschaft ausdrückt. Dem stehen positiv nur der Freundeskreis und seine Partnerin gegenüber, die ihn emotional unterstützen. Insgesamt sind fünf der sechs Dimensionen sozialer Ausgrenzung belegt; es liegt somit ein hohes Ausgrenzungsrisiko vor. Die Situation der Arbeitslosigkeit wird zusätzlich begleitet von gravierenden gesundheitlichen Beeinträchtigungen. Neben den physischen Belastungen (Asthma, Halluzinationen), die vorwiegend aus dem Drogenkonsum resultieren, weist Andi ebenfalls psychische Belastungen in Form von Nervosität, Unruhe und Aggressivität auf. Außerdem zeigt er ein geringes Selbstwertgefühl und ist sehr besorgt um seine persönliche Zukunft.

Personen mit erhöhtem Ausgrenzungsrisiko

Empirisch sind in diesem Ausgrenzungstyp ein bis drei Ausgrenzungsdimensionen vereint. Neben der zentralen Dimension Arbeitsmarktausgrenzung ist in der Regel das Risiko institutioneller und kultureller Ausgrenzung gegeben (nicht zentrale Dimensionen). Im Vergleich zur Gruppe mit hohem Ausgrenzungsrisiko sind die Aspekte ökonomische Ausgrenzung und soziale Isolation weniger relevant. Die Jugendlichen in der Gruppe mit erhöhtem Risiko sozialer Ausgrenzung sind deutlich seltener von finanziellem Streß betroffen und fühlen sich stärker in ein soziales Netzwerk eingebunden. Die Hauptproblematik bei den Jugendlichen dieser Gruppe besteht in der Dimension Arbeitsmarktausgrenzung. Vor allem schulische und berufliche Qualifikationsdefizite sind wesentliche Merkmale diesen Typs. Die Jugendlichen sehen z.T. kaum Chancen auf berufliche Integration. Dieser Belastungsaspekt wird durch eine relativ stabile finanzielle Situation und ausreichende Integration in ein soziales Umfeld abgefedert. Hinsichtlich der gesundheitlichen Befindlichkeit weist diese Gruppe zwar vielfältige Belastungen auf, der Schweregrad kann jedoch als deutlich geringer im Vergleich zur Gruppe mit hohem Risiko angesehen werden. Einige Jugendliche dieser Gruppe weisen Schutzfaktoren zur Kompensation von Ausgrenzungsrisiken auf: Neben der Unterstützung aus dem sozialen Umfeld zeigen einige Jugendliche ein hohes Aktivitätsniveau am Arbeitsmarkt und vereinzelt eine eher optimistische Zukunftsorientierung im Kontext einer realistischen Situationswahrnehmung.

Hinsichtlich soziodemographischer Merkmale zeigen sich z.T. deutliche Unterschiede zum Typ "hohes Ausgrenzungsrisiko". Die Hälfte der Befragten leben mit einem Partner zusammen. Gut zwei Drittel sind bei beiden Elternteilen aufgewachsen. Bezüglich der Qualifikation weist die Mehrzahl einen Haupt- oder Realschulabschluß auf.

Als Beispiel für den Typ mit erhöhtem Ausgrenzungsrisiko ist *Olga* zu nennen. Olga stammt aus Westdeutschland, ist 23 Jahre alt, lebt ohne Partner und hat seit zwei Jahren keine Arbeit. Probleme vor der Arbeitslosigkeit sind schulische Defizite und das dreimalige Scheitern der Berufsausbildung. Ihre Situation in der Phase der Arbeitslosigkeit ist durch ein Gleichgewicht von protektiven Faktoren und Vulnerabilitätsfaktoren gekennzeichnet. Dadurch, daß sie bei ihren Eltern lebt, ist ihre finanzielle und räumliche Situation gesichert. Sie fühlt sich auch ausreichend institutionell unterstützt. Außerdem kann sie mit Hilfe aus dem Freundeskreis rechnen. Faktoren, die einer Integration in den Arbeitsmarkt entgegenstehen, sind das häufige Scheitern auf dem Ausbildungsmarkt und die damit einhergehende Demotivation. Ihre geringe Mobilität verstärkt dieses Problem noch zusätzlich. Außerdem bedeutet die familiäre Sicherheit gleichzeitig den Rückzug in familiäre Abhängigkeiten. Des weiteren spielen für Olga auch Schamgefühle eine wichtige Rolle. Insgesamt ist jedoch nur die Dimension der Arbeitsmarktausgrenzung belegt (wenngleich es sich dabei um eine zentrale Dimension handelt). Psychische Folgen der Arbeitslosigkeitssituation sind Schamgefühle, Gereiztheit und Langeweile.

Personen mit geringem Ausgrenzungsrisiko

Die Jugendlichen der Gruppe mit geringem Ausgrenzungsrisiko weisen überwiegend keine Merkmale sozialer Ausgrenzung auf. Lediglich zwei Jugendliche zeigen Ausgrenzungstendenzen im institutionellen Bereich. Die Jugendlichen dieser Gruppe haben ein deutlich höheres Qualifikationsniveau als die Befragten in den anderen Risikogruppen. Sie haben nicht nur objektiv eher gute Arbeitsmarktchancen, sondern nehmen auch subjektiv berufliche Integrationsmöglichkeiten wahr. Sie gelten als ökonomisch abgesichert, was z.T. aber auch mit geringen Konsumansprüchen und einem planvollen Umgang mit Geld zusammenhängt. Durch die Arbeitslosigkeit sind soziale Kontakte unberührt geblieben. Zentral für das gesundheitliche Befinden dieses Typs ist die Kombination von Be- und Entlastungsprofilen. Die Hälfte der Jugendlichen weist entlastende Aspekte in der Phase der Arbeitslosigkeit auf. Besonders ist aber auf die generell optimistische Grundeinstellung der Jugendlichen hinzuweisen. Sie haben konkrete Zukunftsperspektiven und bewerten ihre beruflichen Chancen positiv. Sie zeichnen sich durch ein hohes Engagement und aktive Zukunftsplanung aus.

Die Jugendlichen dieses Typs stammen vorwiegend aus vollständigen Familien, leben in einer Partnerschaft und verfügen über eine abgeschlossene Berufsausbildung. Sie sind mit durchschnittlich 20 Monaten kürzer arbeitslos als die Jugendlichen in den anderen Risikogruppen.

Beispielhaft für diesen Typ wird *Ingo* beschrieben. Ingo ist 22 Jahre alt, seit einem Jahr ohne Arbeit und stammt aus Westdeutschland. Er hat eine abgeschlossene Berufsausbildung und lebt bei seinen Eltern. Nach der Ausbildung wird er, möglicherweise aufgrund der vielen Fehlzeiten, nicht übernommen. Die Situation in der Phase der Arbeitslosigkeit ist gekennzeichnet durch eine Vielzahl von protektiven Faktoren. Er ist durch seine schulische und berufliche Ausbildung relativ hoch qualifiziert, besitzt klare berufliche Zielvorstellungen und erhält von Seiten des Arbeitsamtes angemessene Unterstützung. Er wird emotional und finanziell durch die Familie unterstützt und hat gute Nebenverdienstmöglichkeiten. Sein hohes Anspruchsniveau sowie die fehlende Bereitschaft, einen Führerschein zu machen, wirken jedoch einer schnellen Arbeitsmarktintegration entgegen. Dennoch sind keine der sechs Dimensionen sozialer Ausgrenzung belegt, auch gesundheitliche Beeinträchtigungen lassen sich nicht feststellen.

Zusammenfassend kann als Ergebnis festgestellt werden, daß der Typ "hohes Risiko sozialer Ausgrenzung" durch eine Kumulation vielfältiger sich bedingender Problemlagen gekennzeichnet ist, wobei die Ausgrenzung vom Arbeitsmarkt in allen Fällen vorliegt. Für den Typ mit erhöhtem Ausgrenzungsrisiko ist die Ausgrenzung vom Arbeitsmarkt bei gleichzeitiger ökonomischer Absicherung und weitgehender sozialer Integration charakteristisch. Dennoch bleibt das soziale Ausgrenzungsrisiko aufgrund der Arbeitsmarktausgrenzung insgesamt erhöht. Im Gegensatz dazu kann man bei dem Typ "geringes Ausgrenzungsrisiko" von sozialer Integration trotz Arbeitslosigkeit sprechen. Wenngleich sie länger als zwölf Monate ohne Arbeit sind, liegt keine Arbeitsmarktausgrenzung vor. Sie haben entweder konkrete Aussichten auf eine Arbeitsstelle oder aber eine deutlich bessere Qualifikation vorzuweisen.

7.4 Jugendarbeitslosigkeit und Gesundheit

Neben den Dimensionen sozialer Ausgrenzung wurden in den Interviews auch die gesundheitliche Situation der langzeitarbeitslosen Jugendlichen sowie gesundheitliche Effekte als Folge von Arbeitslosigkeit offen erfragt. Von besonderem Interesse waren dabei vor allem die gesundheitlichen Veränderungen nach Beginn der Arbeitslosigkeit. Direkte kausale Zusammenhänge lassen sich in einer qualitativen Querschnittstudie kaum nachweisen, jedoch ist es möglich, anhand der subjektiven Angaben Hinweise auf einen möglichen Zusammenhang von gesundheitlichem Wohlbefinden und dem Arbeitslosenstatus der betroffenen Jugendlichen zu erhalten. In der psychologischen Arbeitslosenforschung werden gesundheitliche Folgewirkungen vor dem Hintergrund sogenannter Moderator-Variablen diskutiert, die entweder in mittelbarem Bezug zur Arbeitslosigkeit stehen (z.B. Sozialisationsbedingungen oder gesundheitsrelevante Verhaltensweisen, die bereits im Vorfeld der Arbeitslosigkeit aufgetreten sind) oder in der Phase der Arbeitslosigkeit als wesentliche Verstärker Einfluß auf das gesundheitliche Befinden ausüben (z.B. finanzielle Belastungen, soziale Unterstützung oder Arbeits- und Berufsorientierung).

Hinsichtlich der drei Ausgrenzungstypen wurden die gesundheitlichen Effekte differenziert untersucht. Die folgende Darstellung beschränkt sich aber dabei auf die Gruppe der Jugendlichen mit hohem Ausgrenzungsrisiko, weil es sich dabei um die Gruppe handelt, bei der am ehesten gesundheitliche Beeinträchtigungen mit der Erfahrung von Arbeitslosigkeit in Zusammenhang gebracht werden können (vgl. Kieselbach & Beelmann, 2000).

Gesundheitliche Effekte langzeitarbeitsloser Jugendlicher des Typs "hohes Ausgrenzungsrisiko"

In unserer Studie wurden eine Reihe psychologischer Gesundheitsmerkmale offen erfragt. Neben den psychosozialen Belastungen, zu denen vor allem finanzieller Streß, Zukunftsängste, depressive Verstimmungen und Schlafstörungen zu zählen sind, wurden ebenso das Gesundheitsverhalten, das Selbstwertgefühl sowie suizidales Verhalten erfragt. Hinsichtlich dieser einzelnen Gesundheitsaspekte zeigen sich folgende Ergebnisse:

- Psychosoziale Belastungen
  Psychosoziale Belastungen konnten insgesamt in 21 der 24 Fälle dieses Typs festgestellt werden. Ein Drittel der Jugendlichen leidet dabei unter *Schlafstörungen*. Damit korrespondieren häufig depressive Verstimmungen und Ängste. Diese Belastung kann bei den Betroffenen als dauerhafter Stressor verstanden werden. Als weitere Belastung nannten vorwiegend ostdeutsche Jugendliche *Zukunftsängste und berufliche Perspektivlosigkeit*. Dies könnte ein Hinweis darauf sein, daß in Ostdeutschland die Arbeitsmarktchancen subjektiv schlechter bewertet werden. Ein weiterer wichtiger Streßfaktor stellt die *finanzielle Belastung* in nahezu allen Fällen dar. Vor allem die z.T. erheblichen Schulden sind eine Dauerbelastung, die unter schlechten Arbeitsmarktperspektiven nur schwer zu bewältigen sein werden.

- Gesundheitsverhalten
  15 Jugendliche des Typs "hohes Ausgrenzungsrisiko" nannten ein verändertes Gesundheitsverhalten als Folge von Arbeitslosigkeit. Ein zunehmender Alkoholkonsum wurde vorwiegend bei männlichen Jugendlichen gefunden. Der gesteigerte Alkoholkonsum dient einerseits als Bewältigungsstrategie, andererseits als Zeitvertreib. In einigen Fällen wird als Folge des z.T. exzessiven Konsums über aggressives Verhalten und Kontrollverlust berichtet.

- Selbstwertgefühl
  Ein Drittel der Jugendlichen berichten aufgrund der Arbeitslosigkeit über ein geringeres Selbstwertgefühl. Dies trifft vorwiegend für die Jugendlichen zu, die insgesamt vielfältigen Belastungen ausgesetzt sind und für sich äußerst schlechte Arbeitsmarktchancen sehen.

- Suizidales Verhalten
  Von den elf Jugendlichen, die suizidale Gedanken thematisieren, wurde in fünf Fällen Suizid als letzter Ausweg zur Bewältigung einer Vielzahl von Problemlagen als Folge von Arbeitslosigkeit gesehen.

7.5 Zusammenfassung und Ausblick

In der vorliegenden Studie haben wir eine Typologie hinsichtlich des Ausgrenzungsrisikos jugendlicher Langzeitarbeitsloser entwickelt. Dabei wurden drei Typen aufgrund inhaltlicher und formaler Kriterien gebildet: Jugendliche mit hohem und erhöhtem Ausgrenzungsrisiko sowie Jugendliche mit geringen Ausgrenzungsrisiken. Die Jugendlichen in der Gruppe mit hohem Risiko weisen eine massive Ausgrenzung vom Arbeitsmarkt in Verbindung mit erheblichem finanziellem Streß auf. Sie haben eine geringe schulische und berufliche Qualifikation und sind von vielfältigen gesundheitlichen Belastungen betroffen. Die Merkmale der Gruppe mit erhöhtem Risiko sind Ausgrenzung vom Arbeitsmarkt bei weitgehender ökonomischer Sicherheit, eine mittlere Qualifikation sowie relativ hohes Selbstwertgefühl. Der Typ mit geringen Ausgrenzungsrisiken zeichnet sich durch relativ gute Arbeitsmarktchancen, hohe Qualifikation, aktives Verhalten am Arbeitsmarkt und durch eine stabile finanzielle Situation aus. Man kann bei diesen Jugendlichen von sozialer Integration sprechen.

Eine Kumulation von Gesundheitsbelastungen zeigt sich in der Gruppe mit hohem Ausgrenzungsrisiko. Bei den psychosozialen Belastungen stehen Schlafstörungen und Zukunftsängste im Vordergrund. Aber auch finanzieller Streß gehört zu den zentralen Belastungen innerhalb dieser Gruppe. Daneben konnten vielfältige gesundheitsriskante Verhaltensweisen festgestellt werden, vor allem erhöhter Alkoholkonsum unter männlichen Jugendlichen. Insbesondere bei den extrem stark belasteten Jugendlichen wurde ein geringes Selbstwertgefühl und mangelndes Selbstvertrauen gefunden. Hinsichtlich suizidaler Gedanken findet sich eine Subgruppe von Jugendlichen, die als Folge der Arbeitslosigkeit Suizid als letzten Ausweg sehen. Bezüglich der gesundheitlichen Beeinträchtigungen unterscheidet sich der Typ mit hohem Ausgrenzungsrisiko deutlich von den anderen zwei Typen, die zwar auch gesundheitliche Beschwerden benannten, jedoch im weitaus geringerem Umfang.

Welche forschungsstrategischen Überlegungen lassen sich aus den Ergebnissen der Studie ableiten? Welche Implikationen ergeben sich hieraus für die psychologische Arbeitslosenforschung? Kann damit die soziologische Konzeption des Begriffs "Soziale Ausgrenzung" verbinden mit der psychologischen Wirkungsforschung? Kann damit die Lücke zwischen soziologischer und psychologischer Arbeitslosenforschung möglicherweise stärker geschlossen werden (vgl. Kronauer, Vogel & Gerlach, 1993)? Die Studie setzt genau an dieser Schnittstelle an und fragt, welche gesellschaftlichen Bedingungen Einfluß darauf haben, inwieweit die individuelle Erfahrung von Arbeitslosigkeit auch von sozialen Ausgrenzungsprozessen begleitet wird.

Aus Sicht der psychologischen Arbeitslosenforschung beinhaltet der Begriff der sozialen Ausgrenzung eine Vielzahl relevanter Moderator-Variablen für den Zusammenhang von Arbeitslosigkeit und psychischer Gesundheit (z.B. finanzieller Streß, soziale Unterstützung). Die Ergebnisse dieser Studie machen deutlich, daß langzeitarbeitslose Jugendliche mit hohem Ausgrenzungsrisiko eine Vielzahl negativer sozialer und gesundheitlicher Folgewirkungen aufzeigen. Insofern stellt das Konzept sozialer Ausgrenzung eine Systematisierung der vielfältigen sozialstrukturellen, ökonomischen und psychischen Belastungsaspekte für die individuelle Erfahrung von Arbeitslosigkeit dar. Mit Hilfe des Konzepts lassen sich möglicherweise die Folgen von Arbeitslosigkeit umfassender beschreiben und erklären als durch einzelne isolierte Indikatoren. Nicht zuletzt bietet das Konzept sozialer Ausgrenzung methodologisch den Vorteil, qualitative und quantitative Auswertungsstrategien stärker miteinander zu verknüpfen.

Für die betroffenen Jugendlichen, insbesondere für die extrem Gefährdeten, könnte das Konzept der sozialen Ausgrenzung Hinweise darauf liefern, an welchen biographischen Bruchstellen dringend Maßnahmen zur Umkehrung des Prozesses sozialer Ausgrenzung getroffen werden müßten. Die vielfältigen Facetten des Problembereichs Arbeitslosigkeit können mit diesem Konzept auf gesellschaftlicher und individueller Ebene beschrieben werden und damit Ausgangspunkt zur spezifischen Bekämpfung sozialer Ausgrenzungsprozesse sein.

Im Kontext der institutionellen Bekämpfung von Jugendarbeitslosigkeit liegen für die Bundesrepublik vielfältige Ansätze vor, die einerseits versuchen, arbeitslosen Jugendlichen durch Projektarbeit Arbeitsplätze zu vermitteln, andererseits soll aber auch verhindert werden, daß berufliche Umbruchphasen langandauernd sind und von sozialen Ausgrenzungsprozessen begleitet werden. Dabei wird im wesentlichen auf drei Interventionsstrategien gesetzt (vgl. Kieselbach, Beelmann & Traiser, 2000):

– Ausbildung und Qualifizierung
  Erste Priorität bei der Bekämpfung von Jugendarbeitslosigkeit in der Bundesrepublik haben Bildungs- und Ausbildungsinstitutionen. Ein Großteil aller Anstrengungen in diesem Bereich setzt auf schulische und betriebliche Qualifizierung. Damit soll dem zentralen Vermittlungshemmnis jugendlicher Arbeitsloser Rechnung getragen werden. Denn viele der Betroffenen haben erhebliche Qualifikationsdefizite und bisher kaum Erfahrung mit Arbeit machen können. Primäres Ziel bei der Qualifizierung und Ausbildung ist es, arbeitslosen und vor allem langzeitarbeitslosen Jugendlichen dadurch die Möglichkeit zu geben, eine eigenständige berufliche Perspektive zu entwickeln. Damit soll gleichzeitig ihre gesellschaftliche und kulturelle Integration gefördert und dauerhafte Arbeitsmarktausgrenzung verhindert werden.

– Kooperation und Vernetzung
  Bei der Vermittlung von Ausbildungs- und Arbeitsplätzen für arbeitslose Jugendliche hat die Kooperation und Vernetzung der Akteure auf dem Arbeitsmarkt eine wichtige Bedeutung. Durch Zusammenarbeit aller verantwortlichen Institutionen (Arbeitsverwaltung, Betriebe, Arbeiterkammern und externen Beratern) kann eine passgenaue Vermittlung von einzelnen Jugendlichen erreicht werden. Ein solcher Ansatz ist zwar erheblich kostenintensiv und verlangt von allen Beteiligten gegenseitiges Vertrauen sowie ein hohes Maß an Engagement, hat sich in der Praxis jedoch als ein effektives Instrument zur beruflichen Integration arbeitsloser Jugendlicher erwiesen. Dabei wird besonders an die gesellschaftliche Verantwortung der Betriebe appelliert, ohne deren konstruktive Mitarbeit ein solcher Ansatz zum Scheitern verurteilt wäre.

– Psychosoziale Stabilisierung und Persönlichkeitsentwicklung
  Ein dritter wichtiger Interventionsansatz neben der Qualifizierung und Vernetzung sind Maßnahmen, die sich stärker mit Berufsvorbereitung, emotionaler und psychosozialer Stabilisierung und der Förderung der Persönlichkeitsentwicklung arbeitsloser Jugendlicher auseinandersetzen. Größtenteils wird dieser Ansatz in Verbindung mit Qualifizierungs- und Ausbildungsmaßnahmen durchgeführt. Der zentrale Ansatz liegt darin, Jugendliche mit erheblichen psychischen, aber auch finanziellen und sozialen Problemen zu stabilisieren. Erst nach einer Phase der individuellen Restabilisierung erscheinen Strategien zur beruflichen Wiedereingliederung angezeigt.

Zukünftig wird es unter Berücksichtigung der beschriebenen Interventionsmöglichkeiten darum gehen, frühzeitig zu versuchen, jugendliche Arbeitslose durch institutionelle Hilfen zu unterstützen. Vor allem langzeitarbeitslose Jugendliche mit einer Häufung von Problemlagen bedürfen dieser institutionellen Hilfestellungen, um eine dauerhafte Ausgrenzung aus der Gesellschaft vorzubeugen.

Literatur

Bundesanstalt für Arbeit (2000). *Arbeitsmarkt in Zahlen. Jahreszahlen 2000.* Bundesanstalt für Arbeit (BA): Nürnberg.

Dietrich, H. (2000). *Ergebnisse aus der Begleitforschung zum Sofortprogramm zum Abbau der Jugendarbeitslosigkeit nach Abschluss der ersten Befragungswelle (Stand: 09.05.00).* Institut für Arbeitsmarkt- und Berufsforschung (IAB).

Dubet, F. & Lapeyronnie, D. (1994). *Im Aus der Vorstädte. Der Zerfall der demokratischen Gesellschaft.* Stuttgart: Klett.

Kieselbach, T. (Ed.). (2000a). *Youth unemployment and health. A comparison of six European countries* (Psychologie sozialer Ungleichheit, Bd. 9). Opladen: Leske + Budrich.

Kieselbach, T. (Ed.). (2000b). *Youth unemployment and social exclusion. A comparison of six European countries* (Psychologie sozialer Ungleichheit, Bd. 10). Opladen: Leske + Budrich.

Kieselbach, T. & Beelmann, G. (2000). Youth unemployment and health in Germany. In T. Kieselbach (Ed.), *Youth unemployment and health. A comparison of six European countries* (pp. 109-136) (Psychologie sozialer Ungleichheit, Bd. 9). Opladen: Leske + Budrich.

Kieselbach, T., Beelmann, G., & Stitzel, A. (2000). Comparative report. In T. Kieselbach (Ed.), *Youth unemployment and health. A comparison of six European countries* (pp. 15-34) (Psychologie sozialer Ungleichheit, Bd. 9). Opladen: Leske + Budrich.

Kieselbach, T., Beelmann, G., & Traiser, U. (2000). *Institutional responses for combating youth unemployment in Germany.* (in preparation).

Kieselbach, T., Beelmann, G., Erdwien, B., Stitzel, A., & Traiser, U. (2000). Youth unemployment and social exclusion in Germany. In T. Kieselbach (Ed.), *Youth unemployment and social exclusion. A comparison of six European countries* (pp. 131-174) (Psychologie sozialer Ungleichheit, Bd. 10). Opladen: Leske + Budrich.

Kieselbach, T., van Heeringen, K., La Rosa, M., Lemkow, L., Starrin, B. & Sokou, K. (2001). *Living on the edge. An empirical analysis of the risk of social exclusion of six European countries* (Psychologie sozialer Ungleichheit, Bd. 11). Opladen: Leske + Budrich.

Kronauer, M. (1997). "Soziale Ausgrenzung" und "Underclass": Über neue Formen der gesellschaftlichen Spaltung. *Leviathan, 25* (1), 28-49.

Kronauer, M., Vogel, B. & Gerlach, F. (1993). *Im Schatten der Arbeitsgesellschaft. Arbeitslose und die Dynamik sozialer Ausgrenzung.* Frankfurt a.M.: Campus.

Martin, C. (1996). French review article: The debate in France over "Social Exclusion". *Social Policy & Administration, 30* (4), 382-392.

Witzel, A. (1982). *Verfahren der qualitativen Sozialforschung. Überblick und Alternativen.* Frankfurt a.M.: Campus.

Witzel, A. (1996). Auswertung problemzentrierter Interviews: Grundlagen und Erfahrungen. In R. Strobl & A. Böttger (Hrsg.), *Wahre Geschichten? Zu Theorie und Praxis qualitativer Interviews* (S. 49-76). Baden-Baden: Nomos.

8 Erwerbslosigkeit und Armut – Eine theoretische und empirische Annäherung

Christine Stelzer-Orthofer

8.1 Einleitung

Es herrscht weitgehend Einigkeit in der sozialpolitischen Literatur, daß Arbeitslosigkeit und Armut in einem Zusammenhang stehen. Arbeitslosigkeit und der damit verbundene Verlust von Erwerbseinkommen werden als Hauptursachen von Armut und Verarmung angesehen. Wenn Ökonomie auf Lohnarbeit aufbaut, so die häufige und logische Argumentation, führt dies dazu, daß „jedes Individuum, das seine Arbeitskraft nicht oder nicht hinreichend verwerten kann, potentiell von einer Verarmung bedroht ist." (Kührt, 1982, zitiert nach Schulz, 1989, S. 137). Die Schätzungen von Dietz (1997, S. 137-138) legen nahe, daß alleine in Deutschland 1993 mehr als 12 Millionen Menschen „auf die eine oder andere Weise von Unterversorgung im Bereich Arbeit betroffen waren."[1] Der Verlust des Arbeitsplatzes bedeutet für die betroffene Person eine erhebliche materielle und psycho-soziale Belastung. Auch wenn soziale Transfers bezogen werden können, geht Erwerbslosigkeit mit finanziellen Einbußen einher, die insbesondere bei länger andauernder Arbeitslosigkeit mit Einschränkungen des Lebensstandards und einem erhöhten Armutsrisiko verbunden sind (vgl. Friedrich & Wiedemeyer, 1998).

Forschungen zum Thema Armut sind im Vergleich zum angloamerikanischen Raum hierzulande eher spärlich. Sie haben angesichts der hohen Arbeitslosenquoten im europäischen Raum aber an Aktualität gewonnen. Eine wesentliche Belebung und Ergänzung in den letzten zehn bis fünfzehn Jahren hat der Bereich der Armutsforschung durch die Einbindung der Zeitperspektive erfahren. Da sich verschiedene Sichtweisen ergeben, ob jemand zwei Monate, ein Jahr oder gar mehrere Jahre arbeitslos oder vom Bezug der Sozialhilfe abhängig ist, hat die sogenannte dynamische Armutsforschung, die meist am Beispiel des Sozialhilfebezugs operationalisiert wurde, dazu beigetragen, unterschiedliche Armutslagen anhand der unterschiedlichen Dauer- und Problemkonstellationen zu erfassen.[2]

Lange Zeit – vor allem in den Phasen des Wirtschaftsaufschwungs und der zunehmenden Arbeitskraftnachfrage – war man der Ansicht, daß die nachkriegsbedingte, politisch gewollte Entwicklung der europäischen Sozialstaaten, die mit einer Ausweitung sozialer Leistungen sowie der Anspruchsberechtigten und LeistungsbezieherInnen verbunden war, ohnehin dazu beitragen werde, Armut zum Verschwinden zu bringen. Übersehen wurde dabei, daß die den sozialen Sicherungssystemen zugrunde liegenden Anknüpfungspunkte primär auf Erwerbsarbeit – und hier wiederum primär auf Lohnarbeit – beruhen und Veränderungen bei Erwerbsmöglichkeiten und Erwerbsverhalten auch zu einer veränderten sozialen Absicherung führen. Mit Veränderungen bei den Erwerbsmöglichkeiten sind nicht nur die verringerten Chancen gemeint, in den Erwerbsarbeitsmarkt einzusteigen, oder die zunehmenden Risiken, aus dem Arbeitsmarkt

---

[1] Die Schätzungen von Dietz zur Unterversorgung schließen registrierte Arbeitslose, die "stille Reserve", geringfügig Beschäftigte, Kurzarbeitende, Beschäftigte in Arbeitsbeschaffungsmaßnahmen, Personen in Umschulung sowie Personen in Frühpension bzw. in Vorruhestand ein.

[2] Stellvertretend für kommunale Armutsverlaufsanalysen am Beispiel der Sozialhilfe sei auf die umfangreichen Arbeiten des Sonderforschungsbereiches 186 der Deutschen Forschungsgemeinschaft sowie des Zentrums für Sozialpolitik an der Universität Bremen verwiesen (vgl. z.B. Leibfried et al., 1995). Für Österreich liegen Verlaufsanalysen der SozialhilfebezieherInnen der Stadt Linz vor (vgl. Stelzer-Orthofer, 1997).

herauszufallen, sondern sie schließen auch alle jene Erwerbsformen ein, die sich unter dem Begriff "atypische Beschäftigung" fassen lassen.[3] Erwerbsarbeit ist Veränderungen unterworfen, die sich mit einer tendenziellen Entwicklung vom „System standardisierter Vollbeschäftigung zum System flexibel-pluraler Unterbeschäftigung" (Beck, 1986, S. 222) charakterisieren lassen. Wenn auch nicht jede vom Normalarbeitsverhältnis abweichende Beschäftigung zwangsläufig zu Prekarisierung von Beschäftigung führt, so kann doch davon ausgegangen werden, daß das Verarmungsrisiko von atypisch Beschäftigten größer ist, je kürzer die Dauer der Beschäftigung, je höher das Risiko des Arbeitsplatzverlustes, je niedriger das Einkommen und je geringer der sozial- und arbeitsrechtliche Schutz ist (vgl. Tálos, 1999b, S. 418-419).

Beispielhaft für atypische Arbeitsverhältnisse sei die sogenannte geringfügige Beschäftigung erwähnt, die ganz besonders in Großbritannien und in Dänemark weit verbreitet ist. Beide Länder weisen im internationalen Vergleich einen hohen Anteil von Beschäftigten mit einer Wochenarbeitszeit bis zu 10 bzw. bis zu 20 Stunden auf (vgl. Fink, 1999a, S. 89; Fink, 1999b, S. 167). Deutschland und Österreich zählen zu jenen Ländern mit einem beträchtlichen Zuwachs der sogenannten 630 DM- bzw. 3.899 Schilling-Jobs im letzten Jahrzehnt (vgl. Tálos, 1999b, S. 425-426). Wenn auch davon ausgegangen werden kann, daß das Einkommen aus solchen Jobs teilweise als "Zuverdienst" zum Haushaltseinkommen angesehen wird, ist offensichtlich, daß Erwerbsarbeit bei dieser immer größer werdenden Personengruppe nicht existenzsichernd wirkt und zudem kaum einen sozialen Schutz birgt.[4] Ungeachtet dessen, ob geringfügig Beschäftigte tendenziell den "working poor", also jener Gruppe von Personen, die zwar eine Erwerbsarbeit ausüben, aber dennoch nicht soviel verdienen, daß sie über den gängigen Armutsgrenzen liegen, oder der Gruppe der "workless poor" zugerechnet werden, die sozialversicherungsrechtliche Abgrenzung – um nicht zu sagen Ausgrenzung – führt dazu, daß keine eigenständige soziale Absicherung besteht. Die Folge ist ein hohes, vor allem geschlechtsspezifisches Verarmungsrisiko. Des weiteren sei angemerkt, daß aber auch sozialstaatliche Leistungen an und für sich ein „Verarmungsrisiko bei Leistungsbezieher/innen keineswegs ausschließen" (Tálos & Wörister, 1998, S. 547), da Grundsicherungselemente, wie z.B. ein existenzsicherndes Arbeitslosengeld – zumindest im deutschen Sprachraum – weitgehend fehlen (vgl. z.B. Wörister & Schmid, 2000).

Das neu entdeckte Phänomen Armut wird daher häufig mit "Erosionstendenzen" der Erwerbsarbeit in Verbindung gebracht. Armut wird als Folge der Entkoppelung von Wachstum und Beschäftigung und der damit verbundenen Arbeitslosigkeit, der Zunahme jener Zahl, die langfristig keiner Erwerbsarbeit nachgehen (können), sowie der Verbreitung von atypischen Beschäftigungsformen gesehen.

Es stehen dabei unterschiedliche Erklärungsansätze von arbeitsmarkt- bzw. arbeitslosigkeitsbedingter Armut zur Auswahl (vgl. Hanesch, 2000, S. 230). Beispielsweise beschreiben ökonomische Deutungsmuster Arbeitslosigkeit als ein Marktproblem und erklären sie durch mangelnde Anpassungsprozesse von Angebot und Nachfrage. Sozialstaatsbezogene Erklärungsversuche betrachten Arbeitslosigkeit und Armut als Produkt von sozialstaatlichem Handeln, wobei sich dabei zwei divergierende Erklä-

---

3 Ein ausgezeichneter Überblick zu den internationalen Trends atypischer Beschäftigung und deren politischer und sozialstaatlicher Regulierung findet sich in Tálos (1999a).

4 Details zur arbeits- und sozialrechtlichen Regulierung der geringfügigen Beschäftigung, die sich in vielen Nationen an Einkommens- und/oder Zeitgrenzen differenziert, finden sich in den Länderanalysen des Bandes von Tálos (1999a).

rungsmuster ausmachen lassen. Beiden gemeinsam ist, daß der Sozialstaat als Verursacher oder Produzent von Arbeitslosigkeit und Armut angesehen wird. Auf der einen Seite stehen jene auf Basis der neoklassischen Wirtschaftstheorie entwickelten Argumente, daß ein Zuviel an sozialstaatlichen Aktivitäten in einem überregulierten, marktstörenden Beschäftigungssystem mit zu hohen Lohn- und Lohnnebenkosten sowie zu großzügige Gewährung sozialstaatlicher Transfers zu Arbeitslosigkeit auf hohem Niveau führen (vgl. dazu z.B. Hanesch, 2000, S. 230-233; Böhnisch, Arnold & Schröer, 1999, S. 123-126, 132-136). Auf der anderen Seite werden Verarmung und Arbeitslosigkeit auf ein Zuwenig an Sozialstaat sowie auf Strukturmängel des sozialen Sicherungssystems zurückgeführt, die, begleitet von Deregulierungs- und Konsolidierungsmaßnahmen, zu einer Verschärfung des Arbeitslosigkeits- und Armutsproblems beitragen (vgl. z.B. Bonß & Ludwig-Mayerhofer, 2000, S. 129; Hanesch, 2000, S. 235).

Im vorliegenden Beitrag wird anhand nationaler europäischer Armutsdaten dem in der sozialpolitischen Literatur konstatierten engen Zusammenhang von Erwerbslosigkeit und Armutsrisiko nachgegangen, wobei vorab einige gängige Methoden zur Armutsmessung sowie das Ausmaß der Armutsgefährdung in der europäischen Union erläutert werden. Da der empirische Nachweis zur Korrelation von Armut und Arbeitslosigkeit nicht wirklich zufriedenstellend ausfällt, wird in die weitere Analyse die von Esping-Andersen (1990, 1998) entwickelte Wohlfahrtsstaatstypologie der sozialstaatlichen Sicherungsmodelle der Europäischen Union einbezogen. Im Wesentlichen geht es dabei um die Frage der grundlegenden Ausrichtung des Sozialsystems, der arbeitsmarktpolitischen Strategien sowie der Absicherung des Risikos der Arbeitslosigkeit. Daran schließt sich eine Typisierung von europäischen Wohlfahrtsstaaten nach der Höhe der Sozial- und Armutsquoten an, die auf die relativierende Funktion sozialstaatlichen Handelns hinsichtlich Erwerbslosigkeit und Armut aufmerksam machen soll.

8.2 Armut, Armutsgrenzen und Armutsmessung

Eine Analyse zu Armut und Armutsgefährdung kann nicht umhin, vorab eine Klärung des Begriffs vorzunehmen, da Anschauungen und Wahrnehmungen darüber, wer als arm oder armutsgefährdet zu gelten hat, beträchtlich variieren. Weitgehende Zustimmung in der Bevölkerung findet, daß jemand arm ist, der „sich nicht mindestens einmal am Tag ordentlich satt essen kann". Weniger Zustimmung herrscht allerdings – zumindest in Österreich – dahingehend, daß diejenigen arm sind, die auf „Unterstützung vom Sozialamt angewiesen" sind. Kaum noch Zuspruch findet der Armutsindikator „kann nie auf Urlaub fahren" (Schneidewind, zitiert nach Stelzer-Orthofer, 1997, S. 39-41). Armutsdefinitionen – so wird deutlich – sind immer auch ein Produkt subjektiver Wertungen.

Nichts "ordentliches zu essen haben" verweist auf eine absolute Armutsdefinition, deren Charakteristikum in der "absoluten Festlegung eines Existenzminimums" liegt, das in keiner Relation zum Wohlstandsniveau einer Gesellschaft im Sinne einer fortschreibenden Anpassung existiert (vgl. Zimmermann, 1993, S. 197). Es wird davon ausgegangen, daß ein gewisser Betrag – unabhängig vom jeweiligen Standard der Bevölkerung – „unentbehrlich zum 'Überleben' " ist (Steiner & Giorgi, 1997, S. 178).

Relative Armutsdefinitionen hingegen setzen ihren Bezugspunkt zum Wohlfahrtsniveau einer Gesellschaft. Armut wird in Relation zum gesellschaftlichen Wohlstand gesehen. Hinter diesen zwei unterschiedlichen Konzepten verbergen sich zwei unterschiedliche Sichtweisen: Während sich die absolute Armutsannäherung am gegebenen Lebensstandard armer Menschen orientiert, gehen relative Armutsdefinitionen von einer politisch gesellschaftlichen Sichtweise aus, die auf Ungleichheitsrelationen auch bei wachsendem gesellschaftlichen Reichtum abzielt. Armut ist hier als Aspekt sozialer Ungleichheit und sozialer Ausgrenzung zu verstehen. Klassische Armutskonzepte beziehen sich vornehmlich auf Verteilungsgesichtspunkte im Sinne von mangelnden finanziellen Ressourcen, der Begriff der sozialen Ausgrenzung schließt auch die Beziehungsebene ein, d.h. fehlende Partizipation, mangelnde soziale Integration und fehlende Macht (vgl. z.B. Room, 1995, S. 129, 1998, S. 271). Soziale Ausgrenzung ist demnach der umfassendere Begriff, der auf fehlende Teilhabemöglichkeiten im ökonomischen und sozialen Bereich verweist.

Armutsforschung läßt daher auf Fragen, wie "Wer ist arm?" oder "Welche Personengruppen sind ab wann als armutsgefährdet zu betrachten?", keine einfachen und eindeutigen Antworten zu. Sie variieren je nach Wahl der Begrifflichkeit, nach angewandter Methode sowie der definierten Schwellenwerte beträchtlich (vgl. Stelzer-Orthofer, 1997, S. 24-45).

Unter politischen Armutsgrenzen versteht man jene, die sich aus einem staatlich festgesetzten Minimumstandard oder Mindestsicherungssystem ableiten lassen. In Deutschland und Österreich können diese Grenzen beispielsweise durch Richt- und Leistungssätze der Sozialhilfe bestimmt sein. Als Vorteile einer solcherart politisch-staatlich definierten Armutsgrenze werden die Verfügbarkeit amtlicher Statistiken angeführt sowie, „daß in einer demokratischen Gesellschaft das staatlich definierte Existenzminimum am ehesten einen sozialen Konsens darüber repräsentiert, was in einer Gesellschaft als Armut zu gelten hat“ (Piachaud, 1992, S. 66). Einwände dagegen zielen darauf ab, daß es viel weniger der öffentliche Konsens sei, an dem sich politische Armutsschwellen orientieren, sondern daß sie viel eher als ein zufälliges Ergebnis einer Vielzahl von Faktoren wie beispielsweise fiskalische Engpässe, Regierungsideologie etc. zu betrachten seien (vgl. Piachaud, 1992, S. 67).

Das Argument des sozialen Konsenses schließt an das Konzept "Armut als öffentliche Wahrnehmung" an. Hier sollen Armutsgrenzen bei der Bevölkerung erfragt werden. Es geht darum festzustellen, was als Armut wahrgenommen wird. Wird jemand von der Allgemeinheit als arm angesehen, weil nicht genug Geld zum Essen zur Verfügung steht oder beispielsweise jemand, der sich "nie einen Luxus leisten" kann? Da die Vertreter dieses Ansatzes davon ausgehen, daß die Festlegung von Armutsstandards ohnehin mit Werturteilen verknüpft ist, sollen diese nicht von Fachleuten, sondern von der Bevölkerung insgesamt festgelegt und somit Armutsgrenzen von der Bevölkerung definiert werden.[5] Kritiker gehen allerdings davon aus, daß die öffentliche Wahrnehmung von Armut als Methode Armutsgefährdung zu quantifizieren ungeeignet ist (vgl. dazu Piachaud, 1992, S. 72-75).

Als praktikabel wird die Methode der relativen Verbrauchsausgaben angesehen. Anhand von nationalen Haushaltskonsumangaben werden mittels Standardisierungs-

[5] Zur Wahrnehmung von Armut in der Bevölkerung in den verschiedenen Ländern der EG Mitte der 70er Jahre vgl. Kommission der europäischen Gemeinschaften (1977).

verfahren durchschnittliche Pro-Kopf-Verbrauchsausgaben berechnet.[6] Als mögliche Armutsschwellen werden dann meist 40% und/oder 50% und/oder 60% der so errechneten durchschnittlichen Pro-Kopf-Ausgaben angesehen. Je nach herangezogener Schwelle sowie je nach den gewählten Gewichtungsfaktoren gibt es aber auch innerhalb dieses Ansatzes beträchtliche Unterschiede im Ausmaß der armutsgefährdeten Personen, Kinder und Haushalte (vgl. Stelzer-Orthofer, 1997, S. 25-27).

Die Methode der relativen Einkommensstandards beruht auf der Ressourcendefinition von Armut. Ansatzpunkt ist, daß bei ausreichender Verfügbarkeit von Geldeinkommen und/oder Vermögen keine Armut vorliegt. Als Basis der Analysen dienen Haushaltseinkommen. Werden bei der Methode der relativen Verbrauchsausgaben mittels Gewichtungsverfahren durchschnittliche Pro-Kopf-Verbrauchsausgaben errechnet, geht die Methode der relativen Einkommensstandards vom durchschnittlichen Pro-Kopf-Einkommen aus. Im Regelfall werden dann 40%, 50% oder 60% davon als Armutsschwellen definiert. Auch hier gilt wiederum, daß je nach Gewichtung und definierter Armutsschwelle die jeweiligen Anteile zur Armutsgefährdung variieren (vgl. Stelzer-Orthofer, 1997, S. 27-30).

Da sowohl der einkommens- als auch der ausgabenbezogene Ansatz auf finanzielle Aspekte abzielt und unterschiedliche Lebensbedingungen von Haushalten sich nicht nur auf Einkommen und Ausgaben reduzieren lassen, wird neuerdings auch versucht, soziale Ausgrenzung durch das Lebenslagenkonzept zu erfassen. Dieses zielt auf die gesamte Lebenssituation ab, operationalisiert anhand von Indikatoren wie z.B. Wohnungsausstattung, Gesundheitsversorgung, Bildung und soziale Kontakte (vgl. Townsend, 1970; Glatzer & Hübinger, 1990; Groenemeyer, 1999, S. 295-296). Es schließt den Aspekt der materiellen Ressourcen nicht aus, sondern geht über diesen hinaus. Lebenslagenkonzepte können unzweifelhaft als Bereicherung der Armutsforschung angesehen werden, sie sind aber vor allem auch hinsichtlich der empirischen Operationalisierung und der internationalen Vergleichbarkeit nur mit einem äußerst aufwendigen Meßverfahren zu realisieren.

Die Festsetzung von Armutsstandards und damit die Armutsmessung insgesamt ist kein einfach zu lösendes Problem, das – geht man über regionale und nationale Grenzen hinaus – noch um ein Vielfaches schwieriger wird. Durch die je nach gewähltem Ansatz und definierter Armutsschwelle stark abweichenden Größenordnungen der von Armut betroffenen Haushalte und Personen führt Armutsforschung oft zu kontroversen politischen Debatten, die zum einen zu einer Verharmlosung und zum anderen zu einer Dramatisierung von Armut führen können. Da Armut immer auch ein politisch brisantes Thema ist, "allemal geeignet, den politischen Gegner zielsicher zu markieren und vorzuführen" (Zwick, 1994, S. 8), ist zu den – die gesamten Sozialwissenschaften berührenden – Fragen der Objektivität anzumerken, daß Armutsforschung und Armutsmessung in dem Sinne objektiv zu sein hat, „daß sie explizit, eindeutig und überprüfbar“ ist und „auf einer Verwendung der besten verfügbaren Methoden beruht“ (Piachaud, 1992, S. 66).

6 Zu den üblichen, unterschiedlichen Gewichtungsfaktoren siehe beispielsweise Lutz, Wolf und Wagner (1993), wobei darauf aufmerksam zu machen ist, daß die dabei getroffenen Annahmen entscheidend das Ausmaß und die Struktur von Armutsgefährdung beeinflussen (vgl. Steiner & Giorgi, 1997, S. 178).

8.3 Armutsgefährdung in der Europäischen Union

Die Armutsdiskussion in Europa wurde wesentlich durch die Armutsprogramme der Europäischen Kommission bestimmt, die zugleich als Beginn einer vergleichenden europäischen Armutsforschung angesehen werden können. Im Rahmen des ersten Europäischen Armutsprogramms (1975-1981) wurden nationale Berichte zu Armut erstellt. Zudem wurde durch das zweite Europäische Armutsprogramm (1986-1989) eine verbesserte Datenerfassung sowie die Entwicklung von entsprechenden vergleichbaren Armutsindikatoren ermöglicht. Teil des dritten Armutsprogramms (1990-1994) waren länderübergreifende Studien, wie beispielsweise die Luxemburger Einkommensstudie oder der Beginn des Europäischen Haushaltspanels, das als „brauchbares Instrument für die Untersuchung der Verarmungsprozesse von Haushalten und ebenso des Weges von Haushalten aus der Armut heraus" angesehen wird (vgl. Room, 1995, S. 125-126). Alle genannten Studien ziel(t)en auf eine Verbesserung der Datenlage, eine Harmonisierung von nationalen Statistiken sowie auf die Vergleichbarkeit von Armutsgefährdung im europäischen Raum ab.

Die nachfolgend dargelegten Ergebnisse des European Community Household Panel (ECHP) basieren auf einer multidimensionalen Untersuchung mittels Standardfragebogen, bei der jedes Jahr Haushalte und Einzelpersonen zu zentralen Themen wie Einkommen (inkl. Sozialtransfers), Gesundheit, Bildung, Wohnung, Beschäftigungsmerkmale etc. befragt werden (vgl. Eurostat, 2000b, S. 11).[7] Das ECHP erfaßt alle Arten von Einkommen (inkl. Sozialtransfers) und zielt daher, zum Unterschied von anderen Varianten der Armutsbestimmung, auf Einkommensarmut ab.[8] Als Arbeitsdefinition wurde ein Ratsbeschluß vom Dezember 1994 herangezogen, in dem es heißt: „Als verarmt sind jene Einzelpersonen, Familien und Personengruppen anzusehen, die über so geringe (materielle, kulturelle und soziale) Mittel verfügen, daß sie von der Lebensweise ausgeschlossen sind, die in dem Mitgliedsstaat, in dem sie leben, als Minimum annehmbar ist" (vgl. Eurostat, 1997, S. 3). Dieser relative Armutsbegriff wurde in einem ersten Schritt der Auswertung der ersten Befragungswelle im Jahr 1994 durch eine Armutsschwelle von 50% des arithmetischen Mittels des Netto-Äquivalenzeinkommens definiert.[9]

Nur um eine etwaige Vorstellung über das Ausmaß der Armutsgefährdung zu bekommen: Im Europa der damaligen zwölf Mitgliedsländer lebten den Berechnungen nach mehr als 57 Millionen Einzelpersonen in knapp 23 Millionen Haushalten unterhalb

---

7 Die erste Welle des ECHP wurde 1994 in den zwölf damaligen EU-Mitgliedsstaaten durchgeführt. Die Erhebung beruhte auf einer Stichprobe von etwa 60.500 Haushalten, dies entspricht rd. 170 Tausend Einzelpersonen. 1995 hat sich Österreich, 1996 Finnland dem Projekt angeschlossen. Schweden nimmt am ECHP nicht teil (vgl. Eurostat, 2000b, S. 11).

8 Auf die Darlegung der Erhebung und Berechnung der nationalen monetären Einkommen in vergleichbaren "Kaufkraftparitäten" muß verzichtet werden.

9 Durch die Äquivalenzskalen werden Einkommen für Haushalte unterschiedlicher Größe und Zusammensetzung vergleichbar gemacht. Die bei den ECHP zugrundeliegenden Äquivalenzskalen sehen für den ersten Erwachsenen 1,0, für jeden weiteren Erwachsenen über 14 Jahre 0,5 und für jedes Kind unter 14 Jahren 0,3 vor (modifizierte OECD-Skala). Das Netto-Äquivalenzeinkommen errechnet sich durch die Anzahl der Erwachsenenäquivalente. So geht beispielsweise ein Haushalt mit 2 Erwachsenen und 2 Kindern unter 14 Jahren in die Berechnungen mit 2,1 Erwachsenenäquivalenten ein. Das gesamte Haushalts-Einkommen dividiert durch 2,1 ergibt das Netto-Äquivalenzeinkommen.

der oben definierten Armutsschwelle. Das entspricht in etwa 17% aller Einzelpersonen und Haushalte. Mehr als 13 Millionen Kinder, ca. 20% aller Kinder der europäischen Union, sind diesen Berechnungen nach von Armut betroffen (Eurostat, 1997, S. 3-4). Betrachtet man die soziodemographischen Merkmale dieser "armen" Haushalte, lassen sich auf den ersten Blick wenig Anhaltspunkte für Unterversorgung durch Erwerbslosigkeit finden.[10]

Zieht man aber den Arbeitsmarktstatus als Unterscheidungskriterium heran, so zeigt sich, daß 13% aller als arm eingestuften Haushalte in der EU eine arbeitslose Bezugsperson hatten. Demgegenüber stehen jene 33%, deren Bezugsperson "im Ruhestand" ist bzw. jene 35%, deren Bezugsperson den "working poor" zugerechnet wird. Daß das mit Arbeitslosigkeit verbundene Armutsrisiko dennoch als hoch anzusehen ist, wird besonders dadurch deutlich, daß 46% aller Haushalte mit einer arbeitslosen Bezugsperson, also nahezu jeder zweite Haushalt, tatsächlich in die Kategorie "arm" fällt (vgl. Tabelle 8.1).

Tabelle 8.1: Die armen Haushalte nach Arbeitsmarktstatus (1993) – 1. Welle des ECHP

Arbeitsmarktstatus der Bezugsperson	Verteilung armer Haushalte nach dem Arbeitsmarktstatus in %	Armutsquote nach Arbeitsmarktstatus in %
"Working Poor" (Unselbständig Erwerbstätige, Arbeitgeber, Selbständige, Mithelfende Familienangehörige)	35	10
Arbeitslos	13	46
Im Ruhestand	33	22
Sonstige nicht Erwerbstätige	19	43
Insgesamt	100	-

Quelle: Eurostat, 1997/6.

National differieren die Armutsquoten, d.h. der Anteil der Personen unter den jeweiligen nationalen Armutsschwellen, beträchtlich. Die Armutsquoten liegen zwischen 6% in Dänemark und 26% in Portugal. Die österreichische und die deutsche Quote der Armutsgefährdung von Einzelpersonen liegen jeweils bei ca. 11% (siehe Tabelle 8.2).

Ähnliche Ergebnisse – wenn auch auf höherem Niveau – zeigen sich auch bei der Auswertung der zweiten Welle des ECHP. Die Schwelle für niedriges Einkommen wurde – zum Unterschied von der oben dargelegten Herangehensweise – mit 60% des medianen Äquivalenz-Einkommens pro Person in jedem Mitgliedsstaat gewählt.[11] Der

---

10 Bei der Verteilung armer Haushalte nach dem Haushaltstyp zeigt sich, daß "Einzelpersonen über 65 Jahre" am häufigsten gefolgt von "Paaren ohne Kinder" vertreten sind (vgl. Eurostat, 1997, S. 5).

11 Eurostat hat schon bei der Auswertung der ersten Welle des ECHP eine 50% Medianschwelle getestet (vgl. Eurostat, 1997, S. 2). Da der Median ausreißerresistent ist, errechnen sich dabei niedrigere Armutsquoten. Neben dem neuen definitorischen Zugang (Niedrigeinkommen) dürfte dies mit ein Grund sein, daß bei der Auswertung der zweiten Welle des ECHP ein 60%-Median-Schwellenwert gewählt wurde.

Anteil der Bevölkerung mit niedrigem Einkommen liegt hier zwischen 11% in Dänemark und 24% in Portugal. Die deutschen und österreichischen Vergleichswerte betragen 18% bzw. 17% (siehe Tabelle 8.2).

Tabelle 8.2: Armutsgefährdungsquoten (1993) sowie Quote der Bevölkerung mit niedrigem Einkommen (1994)

Armutsquote 1993 (1. Welle des ECHP) Schwellenwert: 50% des arithmetischen Mittels	Nation	Quote der Bevölkerung mit niedrigem Einkommen 1994 (2. Welle des ECHP) Schwellenwert: 60%-Median-Schwelle
6%	Dänemark	11%
11%	Deutschland	18%
11%	Österreich*	17%
13%	Belgien	18%
13%	Niederlande	10%
14%	Frankreich	16%
15%	Luxemburg	14%
20%	Italien	19%
20%	Spanien	19%
21%	Irland	21%
22%	Griechenland	21%
22%	Vereinigtes Königreich	20%
26%	Portugal	24%
17%	EU	18%

Anmerkung: * Da Österreich bei der ersten Welle des ECHP noch nicht teilgenommen hat, finden sich sowohl in der linken als auch in der rechten Spalte die Werte aus dem Jahr 1994.
Quelle: Steiner & Giorgi, 1997, S. 196-197; Eurostat, 2000b.

Analysiert man die Risikofaktoren, um zur Gruppe der Bevölkerung mit niedrigem Einkommen zu gehören, so zeigt sich, daß Beschäftigte und Selbständige ein erheblich verringertes Einkommensarmutsrisiko haben (siehe Tabelle 8.3). Ebenso wird ersichtlich, daß es in der Bevölkerung mit niedrigem Einkommen "in der EU insgesamt relativ mehr Nichterwerbspersonen, Arbeitslose und Rentner gibt als in der übrigen Bevölkerung" (Eurostat, 2000b, S. 5). In allen dreizehn Ländern gibt es dreimal so viele Arbeitslose in der Bevölkerung mit niedrigem Einkommen als – relativ betrachtet – in der übrigen Bevölkerung. Großbritannien und Irland liegen mit einem Wert von etwas mehr bzw. etwas weniger als dem Vierfachen deutlich über dem europäischen Durchschnitt. Deutschland spiegelt den EU-Schnitt wider, der vergleichbare österreichische Wert liegt etwas darunter (siehe Tabelle 8.3). Weitere ausgewertete Armutsindikatoren im Sinne des Lebenslagenkonzepts, wie beispielsweise "kein Auto haben" oder "Unzufriedenheit mit der Finanzlage" weisen einen überproportionalen Anteil von arbeitslosen Personen aus (vgl. Eurostat, 2000b, S. 9-10).

Tabelle 8.3: Bevölkerung mit niedrigem Einkommen nach Erwerbsstatus (ab 16 Jahre), Niedrigeinkommensrisiko der übrigen Bevölkerung ist gleich 100

	EU13	B	Dk	D	El	E	F	Irl	I	L	NL	A	P	UK
Beschäftigt	46	37	35	64	37	36	41	21	45	77	53	78	40	31
Selbständig	60	170	106	97	77	116	92	78	114	-	-	143	168	64
Arbeitslos	293	247	125	292	165	258	313	329	376	-	194	237	155	421
Im Ruhestand	119	114	218	116	206	74	111	109	84	-	-	80	188	179
Sonst. Nicht-Erwerbspersonen	165	168	245	154	110	129	202	161	144	139	141	152	127	186

Anmerkung: (-) zu geringe Fallzahlen.
Quelle: Eurostat, 2000b, S. 5.

Als erstes Fazit der Auswertung der beiden Wellen des ECHP kann daher festgehalten werden, daß es in der Europäischen Union ein hohes Ausmaß an Armutsgefährdung und eine große Gruppe von Personen mit niedrigem Einkommen gibt, wobei nicht unbeträchtliche nationale Schwankungen zu berücksichtigen sind. Insgesamt betrachtet wird fast jeder zweite Arbeitslosenhaushalt als arm qualifiziert sowie ein hohes Risiko für arbeitslose Personen festgestellt, der Gruppe der Bevölkerung mit niedrigem Einkommen anzugehören. Beide Befunde sprechen für eine enge Verknüpfung von Armut und Arbeitslosigkeit.

8.4 Zum empirischen Zusammenhang zwischen Arbeitslosigkeit und Armut in Europa

Das hohe Armutsrisiko von Arbeitslosenhaushalten in Europa kann als Indikator für einen starken empirischen Zusammenhang von Erwerbslosigkeit und Armut gesehen werden, was dazu führt, daß Armut und Arbeitslosigkeit von Armuts- und Arbeitslosigkeitsforschung zumindest partiell gleichgesetzt wird (vgl. dazu auch Wacker, im vorliegenden Band). Selbst *der* Klassiker der Arbeitslosigkeitsforschung, nämlich die österreichische Marienthalstudie aus dem Jahre 1933, wurde von einem der Autoren als Beitrag zur Armutsforschung bezeichnet (Zeisl, 1933, zitiert in Wacker, in diesem Band). Aufgrund der drängenden sozialen Frage sowie der unzureichenden sozialen Absicherung konnten Armuts- und Arbeitslosenforschung zumindest Anfang dieses Jahrhunderts nicht getrennt gedacht werden.

Wertet man das hohe Armutsrisiko von Arbeitslosenhaushalten der europäischen ECHP-Daten als Indiz für eine arbeitslosigkeitsbedingte Armut Ende dieses Jahrhunderts und geht man von der oben erwähnten engen Verknüpfung von Armut und Arbeitslosigkeit aus, so müßte sich dies auch durch die Korrelation von nationalen Armuts- sowie Arbeitslosigkeitsquoten belegen lassen. Um zu prüfen, wie weit ein direkter empirischer Zusammenhang zwischen Armut und Arbeitslosigkeit besteht, werden die oben erläuterten nationalen Quoten sowie die jeweiligen für das betreffende Jahr vorliegenden Arbeitslosigkeitsraten nach dem Rangreihenprinzip korreliert (Tabelle 8.4).

Tabelle 8.4: Armuts-, Niedrigeinkommens- und Arbeitslosenquoten

		Armutsquote (1993)		Arbeitslosenquote (1993)		Quote der Bevölkerung mit niedrigem Einkommen (1994)		Arbeitslosenquote (1994)	
		in %	RR*	in %	RR*	in %	RR*	in %	RR*
Belgien	B	13	4	8,9	7	18	6	10,0	9
Dänemark	Dk	6	1	10,1	8	11	2	8,2	5
Deutschland	D	11	2	7,9	5	18	6	8,4	6
Frankreich	F	14	6	11,7	11	16	4	12,3	11
GB	GB	22	11	10,5	10	20	10	9,6	8
Griechenland	Gr	22	11	8,6	6	21	11	8,9	7
Irland	Ir	21	10	15,6	12	21	11	14,3	12
Italien	I	20	8	10,3	9	19	8	11,4	10
Luxemburg	L	15	7	2,7	1	14	3	3,2	1
Niederlande	NL	13	4	6,6	4	10	1	7,1	4
Österreich	A	11	2	3,9	2	17	5	3,8	2
Portugal	P	26	13	5,7	3	24	13	7,0	3
Spanien	E	20	8	22,8	13	19	8	24,1	13

Anmerkungen: * RR = Rangreihe
Spearmanscher Rangkorrelationskoeffizient: rho = 0,22 (1993).
Spearmanscher Rangkorrelationskoeffizient: rho = 0,34 (1994).

Dazu wurden Rangreihen gebildet, die jeweils vom niedrigsten zum höchsten Wert gehen: Beispielsweise nimmt Belgien mit einer Armutsquote von 13% im Jahr 1993 die vierte Position ein, die dazugehörige Arbeitslosenrate entspricht dem siebten Rangplatz. Bei der für 1994 angegebenen Quote der Bevölkerung mit niedrigem Einkommen von 18% ergibt sich der sechste Rang. Mit einer Arbeitslosenquote aus dem Jahr 1994 von 10% belegt Belgien den neunten Platz. Die ermittelten Positionierungen zu Arbeitslosen-, Armuts- und Niedrigeinkommensquoten – so zeigt sich schon am Beispiel Belgien – stimmen nicht überein. Deutschland weist (gemeinsam mit Österreich) Platz 2 bei der Armutsquote und Platz 5 bei der Arbeitslosenquote auf. Hingegen zeigt sich für Deutschland eine Übereinstimmung der Rangreihe für die Niedrigeinkommens- und die Arbeitslosenquote 1994, nicht jedoch für Österreich. Der jeweilige Spearmansche Rangkorrelationskoeffizient von rho 0,22 (1993) bzw. 0,34 (1994) macht deutlich, daß ein empirischer Zusammenhang zwischen Armut und Arbeitslosigkeit besteht, dieser aber bei weitem nicht so ausgeprägt ist, wie die einschlägige sozialpolitische Literatur vermuten läßt. Der nachgewiesene empirische Zusammenhang ist – da Aggregatdaten vorliegen – eher als schwach bis mittelschwach zu bezeichnen. Armut und Armutsgefährdung sind ganz offensichtlich, so ein weiteres Fazit, nicht nur durch Erwerbslosigkeit bestimmt, eine Erkenntnis, die schon Anfang des Jahrhunderts vom englischen Sozialforscher Rowntree festgehalten wurde (Rowntree, 1922, zitiert nach Wacker, in diesem Band).

Da davon ausgegangen werden kann, daß nationalstaatliche soziale Sicherung auf das Ausmaß der Armutsgefährdung maßgeblich Einfluß hat, werden im Folgenden die von Esping-Andersen (1990) typologisierten Wohlfahrtsstaatsregime als weiterer Bezugspunkt in die Analyse eingebunden.

8.5 Wohlfahrtsstaatswelten und Armutsgefährdung

Arbeit, Beschäftigung sowie die Risikoabsicherung im Falle einer Notlage sind wesentliche sozialstaatliche Elemente. Europaweit leben 52% der Bevölkerung in Haushalten, die Sozialleistungen (ohne Renten) beziehen (Eurostat, 1999a, S. 2). Sozialstaatliche Transfers (ohne Renten) verringern die europäische Armutsquote, im europäischen Durchschnitt betragen sie 9% des Einkommens (Eurostat, 1999b). Beispielsweise fallen in Österreich mehr als drei Viertel aller Arbeitslosengelder auf die untere Einkommenshälfte (vgl. Steiner & Giorgi, 1997, S. 200), was auf eine armutsvermindernde Funktion von sozialstaatlichen Leistungen im Falle der Arbeitslosigkeit schließen läßt.

Da die komparative Wohlfahrtsstaatsforschung darauf aufmerksam gemacht hat, daß – trotz mancher Gemeinsamkeiten und konvergenter Entwicklungstendenzen – Leitbilder und Gestaltungsstrukturen sozialstaatlich geregelter Sicherungssysteme beträchtlich divergieren, wird am Beispiel der von Esping-Andersen (1990) entwickelten Wohlfahrtsstaatstypologie – sowie deren Erweiterung durch Leibfried (1993) – der Frage des Einflusses auf Armutsgefährdung und Niedrigeinkommen nachgegangen.

Esping-Andersen (1990, 1998) hat eine theoretische und empirische Differenzierung in wohlfahrtsstaatliche Welten vorgenommen, die sich als Systeme der Staatsbürgerversorgung, der Versicherungssysteme und der selektiven Sicherungssysteme typisieren lassen. Ein Schlüsselbegriff der Zuordnung ist jener der "De-Kommodifizierung", der auf den Schutz gegen Einkommensausfälle verweist. Weitere in die Analyse einbezogene Indikatoren sind beispielsweise der Anteil von Fürsorgeausgaben, der Stellenwert der Vollbeschäftigung sowie die Bedeutung des Korporatismus (siehe Tabelle 8.5).

Tabelle 8.5: Wohlfahrtsstaatstypologie nach Esping-Andersen

Variablen und Indikatoren	liberaler Typus	konservati-verTypus	sozialdemo-kratischer Typus
Dekommodifizierung: Schutz gegen Marktkräfte und Einkommensausfälle - Einkommensersatzquote - Anteil individueller Finanzierungsbeiträge	schwach	mittel (?)	stark
Residualismus - Anteil der Fürsorgeleistungen an gesamten Sozialausgaben	stark	stark	schwach
Privatisierung - Anteil privater Ausgaben für Alter bzw. Gesundheit an den Gesamtausgaben	hoch	niedrig	niedrig
Korporatismus - Anzahl von nach Berufsgruppen differenzierten Sicherungssystemen - Anteil der Ausgaben für Beamtenversorgung	schwach	stark	schwach
Vollbeschäftigungsgarantie - Ausgaben für aktive Arbeitsmarktpolitik - Arbeitslosenquote, gewichtet mit der Erwerbsbeteiligung	schwach	schwach (?)	stark

Quelle: Kohl, 1994, zitiert in Schmid, 1996, S. 57.

Folgende Wohlfahrtsstaatsmodelle werden identifiziert:[12] Die wohlfahrtsstaatliche Sicherung im konservativen Modell ist primär an die verpflichtende Sozialversicherung gebunden, die in der Regel eine berufliche und gehaltsmäßige Statussicherung bietet. Die Leistungen der Sozialversicherung sind von der Höhe der Beiträge sowie von der Dauer der Versicherungspflicht abhängig. Der Bezugspunkt ist das Normalarbeitsverhältnis. Dem konservativen Modell werden die Länder Österreich, Frankreich, Deutschland und Italien zugerechnet. Das sozialdemokratische Wohlfahrtsstaatsmodell – als typische Vertreter gelten hier Schweden und Finnland – ist universalistisch-egalitär ausgerichtet, Anspruchsgrundlagen für Leistungen sind soziale Bürgerrechte. In Großbritannien, das den liberalen Typus vertritt, entsprechen die Leistungen einer bedarfsgeprüften Sozialfürsorge auf einem niedrigen Niveau. Im rudimentären oder postautoritären Wohlfahrtsstaatsmodell (vgl. Leibfried, 1993; Lessenich, 1997), das seine empirische Entsprechung in den südeuropäischen Ländern Spanien, Portugal und Griechenland findet, sind die Systeme sozialer Sicherung erst partiell entwickelt und Ansprüche auf soziale Leistungen bislang rechtlich nur wenig verankert. Jeder dieser Wohlfahrtsstaatstypen „verfügt über seine eigene Logik der Organisation der Sozialpolitik, der Muster sozialer Schichtung und Ungleichheit (...) sowie der Formen gesellschaftlicher Integration bzw. Ausgrenzung“ (Schmid, 1996, S. 56).

Da auf der Ebene konkreter Programme unterschiedliche Leistungselemente anzutreffen sind, lassen sich manche Länder keineswegs immer eindeutig zuordnen. Dänemark beispielsweise wird von Esping-Andersen (1998, S. 44) sowohl mit dem sozial-

[12] Übersichtliche kurze Darstellungen dazu finden sich beispielsweise in: Schmid, 1996, S. 55-61; Bieling, 1997, S. 31-35; Voges & Kazepov, 1998, S 226-227.

demokratischen als auch mit dem liberalen Typus in Zusammenhang gebracht. Auch die Niederlande repräsentieren einen Wohlfahrtsstaat, der sein Profil im Laufe der Jahre beträchtlich verändert hat, da das bestehende Sozialversicherungssystem durch universelle Leistungssysteme ergänzt wurde, was ihn "zu einer besonderen Mischform " macht, „die in Westeuropa einmalig ist“ (Schmid, 1996, S. 107). Selbstverständlich bleibt eine solcherart vorgenommene Typisierung nicht unwidersprochen.[13] Nicht nur die mangelnde Übereinstimmung der Idealtypen mit den sozialpolitischen Realitäten der Wohlfahrtsstaatswelten wird kritisiert (vgl. Schmid, 1996, S. 59-60), auch die Dynamik der realen Entwicklung gehe am Modell vorbei (vgl. Borchert, 1998, S. 173). Von feministischer Seite wird beispielsweise eingewandt, daß dem Geschlechterverhältnis bei der Analyse und Typisierung der Wohlfahrtsstaatswelten von Esping-Andersen zu wenig Rechnung getragen wird.[14]

Bieling (1997) verdeutlicht, daß die typologisierten Wohlfahrtsstaatsregime sich nicht nur in der jeweils vorherrschenden Konzeption sozialer Sicherheit, sondern auch hinsichtlich der arbeitsmarktpolitischen Zielsetzungen und Krisenbewältigung unterscheiden (siehe Tabelle 8.6). Ziel des sozialdemokratischen Wohlfahrtsstaates ist (bzw. war) eine Orientierung an der Vollbeschäftigung, die durch Einbeziehung möglichst aller Bevölkerungsgruppen in den Arbeitsmarkt erreicht werden soll (Inklusion).[15] Im Typus des liberalen bzw. residualen Wohlfahrtsstaatsmodells setzt sich das Prinzip der Eigenverantwortung dahingehend fort, daß dem Markt eine dominante Rolle zukommt: Dem liberalen Arbeitsmarktregime gilt als vorrangiges Prinzip die Vertragsfreiheit, was zu verstärkten Tendenzen sozialer Ungleichheit sowie Exklusionseffekten führt. Der rudimentäre Wohlfahrtsstaat hat soziale Sicherung nur partiell verwirklicht, Flexibilisierung führt zu atypischer Beschäftigung und Prekarisierung. In Österreich und Deutschland, dem konservativen oder korporatistischen Modell, ist die Statussicherung ein wesentliches Moment der sozialstaatlichen Sicherung. Deutlich wird dies durch die starke Anbindung sozialer Leistungen an das Normalarbeitsverhältnis, sie hängen primär von Beitragshöhe und -dauer ab und reproduzieren "nicht nur die ungleichen Bedingungen von Erwerbsarbeit, sondern auch die Unterschiede im Erwerbseinkommen" (Tálos & Wörister, 1994, S. 44).

---

13 Eine kritische Würdigung findet sich beispielsweise in nahezu allen Beiträgen des Sammelbandes: Lessenich & Ostner, 1998.

14 Die feministische Kritik setzt vor allem daran an, daß die geschlechtsspezifische Arbeitsteilung, die Unentgeltlichkeit der familialen Leistungen von Frauen und die damit verbundenen Diskriminierungen von Frauen am Arbeitsmarkt in der Analyse und Typologie ausgeblendet bleiben (vgl. Ostner, 1998, S. 228-229). Ferner wird die, wenn auch unterschiedlich ausgeprägte Geschlechterselektivität der sozialen Sicherungssysteme ignoriert (Schunter-Kleemann, 1992, S. 141-144).

15 Angemerkt werden muß, daß die Wirtschaftskrise in den 90er Jahren und die steigenden Arbeitslosenzahlen dazu geführt haben, daß auch das “universalistische Regulierungsgefüge (...) zu erodieren beginnt“ (vgl. Michelsen, 1997, S. 198-212).

Tabelle 8.6: Arbeitsmarktpolitische Zielsetzungen und Krisenbewältigung in unterschiedlichen Wohlfahrtsstaatsregimes

Regime-Typ	sozial-demokratisch	konservativ	liberal	postautoritär
Vertreter	Schweden	Deutschland/ Österreich	Großbritannien	Spanien
Zentrale regulative Idee	Universalismus	Statushierarchie	Selbst-verantwortung	"Modernität"
Dominantes Modell im welfare mix	Staat	Subsidiarität	Markt	Haushalt
Vorherrschendes System sozialer Sicherung	Versorgung	Versicherung	Fürsorge	Familienbindung
Vorrangiger Bezugspunkt regulativer Intervention	Voll-beschäftigung	Normalarbeits-verhältnis	Vertragsfreiheit	Flexibilität
Charakter-istisches Muster arbeitsmarkt-politischer Krisenregulierung	*full-employment* öffentliche Dienstleistungs-beschäftigung	*dis-employment* Vorruhestand	*self-employment* "neue Selbstän-digkeit"	*non-standard employment* atypische Be-schäftigung
Wesentlicher gesellschaftlicher Strukturierungs-effekt	Inklusion	Segmentierung	Exklusion	Prekarisierung

Quelle: Bieling, 1997, S. 32.

Wenngleich die vorgelegte Typologisierung in Wohlfahrtsstaats- oder Arbeitsmarktregime auch Platz für kritische Einwände schafft, ist sie doch mittlerweile zum Klassiker avanciert. Daher wird anhand der konstatierten Wohlfahrtsstaatswelten der Frage der Auswirkungen auf das Ausmaß der Armutsgefährdung nachgegangen. Als mögliche Annäherung an die These, daß Wohlfahrtsstaatsregime und Armutsgefährdung nicht getrennt gedacht werden dürfen, werden die nationalen Sozialquoten mit den Armutsquoten (1993) und der Quote der Bevölkerung mit niedrigem Einkommen (1994) in Zusammenhang gesetzt.

Dabei zeigt sich schon auf den ersten Blick (siehe Tabelle 8.7), daß Staaten mit höheren Sozialquoten geringere Armutsquoten sowie geringere Quoten der Bevölkerung mit niedrigem Einkommen aufweisen. Zumindest auf dieser makroökonomischen Ebene läßt sich daher ableiten, daß sich wohlfahrtsstaatliches Engagement, operationalisiert am Beispiel der Sozialausgaben, auf den Grad der Armutsgefährdung auswirkt. Die für die jeweiligen Jahre errechneten Spearmanschen Rangkorrelationskoeffizienten von rho = 0,82 (1993) und rho = 0,84 (1994) belegen diesen Zusammenhang. Umverteilungseffekte von wohlfahrtsstaatlichem Handeln tragen – so wird deutlich – zur Armutslinderung bei.

Tabelle 8.7: Armutsquoten, Quoten der Bevölkerung mit niedrigem Einkommen und Sozialquoten

		Armutsquote (1993)		Sozialquote[1)] (1993)		Quote der Bevölkerung mit niedrigem Einkommen		Sozialquote[1)] (1994)	
		in %	RR*	in %	RR*	in %	RR*	in %	RR*
Belgien	B	13	4	29,0	5	18	6	29,1	5
Dänemark	Dk	6	1	33,5	2	11	2	35,1	1
Deutschland	D	11	2	29,1	4	18	6	29,0	6
Frankreich	F	14	6	31,2	3	19	4	30,5	3
GB	GB	22	11	28,8	7	20	10	28,0	7
Griechenland	Gr	22	11	22,0	11	21	11	22,1	11
Irland	Ir	21	10	20,8	13	21	11	20,3	13
Italien	I	20	8	26,0	8	19	8	25,8	8
Luxemburg	L	15	7	25,2	9	14	3	24,7	9
Niederlande	NL	13	4	33,7	1	10	1	32,7	2
Österreich	A	11	2	29,0	5	17	5	29,8	4
Portugal	P	26	13	21,0	12	24	13	21,0	12
Spanien	E	20	8	24,4	10	19	8	23,3	10

Anmerkungen: * RR = Rangreihe
[1)] Quelle: Eurostat, 2000a, S. 27.
Spearmanscher Rangkorrelationskoeffizient: rho = 0,82 (1993)
Spearmanscher Rangkorrelationskoeffizient: rho = 0,84 (1994)

Großbritannien, als Vertreter des liberalen Regimetypus, nimmt insofern eine eigene Position ein, als eine hohe Armutsquote (1993: 22%), ein hoher Anteil der Bevölkerung mit niedrigem Einkommen (1994: 20%) und eine relativ hohe Sozialquote (1993: 28,8%; 1994: 28%) aufscheinen. Bedarfsgeprüfte Leistungen auf niedrigem Niveau führen dazu, daß ein hoher Anteil der Bevölkerung armutsgefährdet bleibt. Die konservativen Wohlfahrtsstaatsregime Deutschland, Frankreich und Österreich ähneln einander dahingehend, daß Sozialquoten auf hohem Niveau geringen Armutsraten und Niedrigeinkommensquoten gegenüberstehen. Dies bestätigt die Ergebnisse von Korpi und Palme (1998, zitiert nach Bacher, 2000, S. 17), daß einkommensabhängige, nicht-zielgruppenorientierte Leistungen eine größere Umverteilung von oben nach unten bewirken und somit Armut erfolgreicher bekämpfen als zielgruppenorientierte Programme wie beispielsweise in Großbritannien. Italien wiederum, das auch dem konservativen Typus zugerechnet wird, und Spanien als postautoritäres oder rudimentäres Wohlfahrtsstaatsregime sind ähnlich positioniert, da bei gleichen Armutsquoten respektive Niedrigeinkommensquoten vergleichbare Sozialausgaben vorliegen. Griechenland und Portugal, ebenfalls dem rudimentären Typ zugerechnet, weisen dahingehende Parallelen mit hohen Armutsquoten, hohem Anteil von Niedrigeinkommen und geringen Sozialquoten auf. Da die typischen Vertreter der sozialdemokratischen Regime nicht in das ECHP einbezogen sind[16], liegen keine direkt vergleichbaren Armuts- und Niedrig-

[16] Wie schon erwähnt, nimmt Schweden nicht am ECHP teil. Finnland hat sich dem Projekt erst 1996 angeschlossen.

einkommensquoten vor. Dennoch kann Schweden als ein Land mit geringen Armutsraten bezeichnet werden, die Sozialquote zählt zu den höchsten in Europa.

Tabelle 8.8: Sozialleistungsquoten und Armutsquoten nach Wohlfahrtsstaatstypen

Wohlfahrtsstaatstyp	Vertreter	Indikatoren	
sozialdemokratischer Wohlfahrtsstaat	Schweden *Dänemark* Niederlande	Sozialquoten Niedrigeinkommensquote	33%→ ←11%
konservativer Wohlfahrtsstaat	Deutschland Österreich Frankreich Belgien	Sozialquoten Armutsquoten Niedrigeinkommensquote	→29% – 31%← →11% – 14%← →17% – 19%←
liberaler Wohlfahrtsstaat	Großbritannien	Sozialquote Armutsquote Niedrigeinkommensquote	→28% – 29%← 22% 20%
postautoritärer oder rudimentärer Wohlfahrtsstaat	Italien Spanien Irland Griechenland Portugal	Sozialquote Armutsquote Niedrigeinkommensquote	→20% – 26%← →20% – 26%← →19% – 24%←

Nimmt man nun die typologisierten Wohlfahrtsstaatsmodelle und versucht anhand der vorliegenden Indikatoren (Armutsquote, Quote der Bevölkerung mit niedrigem Einkommen und Sozialquote) eine Zuordnung, zeigt sich Folgendes: Neben Schweden müssen Dänemark und die Niederlande dem universalistischen Wohlfahrtsstaatstyp zugerechnet werden, kennzeichnend sind die höchsten Sozialleistungsquoten Europas und der vergleichsweise geringe Anteil an Niedrigeinkommen. Zu den konservativen Wohlfahrtsstaaten zählen Deutschland, Österreich, Frankreich und Belgien, charakterisiert durch überdurchschnittliche Sozialquoten, moderate Armuts- und Niedrigeinkommensquoten. Dem rudimentären Wohlfahrtsstaatstypus lassen sich Italien, Spanien, Irland, Griechenland und Portugal zuordnen, eine unterdurchschnittliche Sozialquote steht einem hohen Armuts- und Niedrigeinkommensanteil gegenüber (siehe Tabelle 8.8). Deutlich wird, daß die generelle Ausrichtung des Wohlfahrtsstaats als relativierende Variable zu betrachten ist. Die stark differierenden Arbeitslosenquoten innerhalb der einzelnen Cluster würden keine Typologisierung zulassen. So schwankt beispielsweise die für die Analyse heranzuziehende Arbeitslosenquote der im postautoritären Typus zusammengefaßten Länder zwischen 7% (Portugal) und 24% (Spanien).

8.6 Resümee

Abschließend kann festgehalten werden, daß Arbeitslosigkeit und Armut in einem weniger direkten – zumindest empirisch feststellbaren – Zusammenhang stehen, als vielfach angenommen wird. Wiewohl die bisherigen Auswertungen des ECHP eine hohe Armutsgefährdung insgesamt sowie von Arbeitslosenhaushalten im besonderen belegen, bilden die generelle Ausrichtung des Wohlfahrtsstaatstypus sowie die Ausgabenquote für Sozialleistungen für die Erklärung des Niveaus der Armutsgefährdung einen zusätzlichen brauchbaren, empirisch evidenten Anhaltspunkt. Das in bezug auf Arbeitslosigkeit diskutierte Phänomen Armut darf daher nicht isoliert, sondern muß in Verbindung mit nationaler sozialstaatlicher Sicherung betrachtet werden. Entgegen jenen sozialstaatsbezogenen Erklärungsansätzen, die ein Zuviel an sozialstaatlichen Aktivitäten als Verursacher von Arbeitslosigkeit und Verarmung ansehen, zeigt sich anhand der vorliegenden Analysen, daß wohlfahrtsstaatliches Engagement zur Armutslinderung beiträgt.

Vor diesem Hintergrund ist es verwunderlich, wenn in vielen europäischen Ländern Reformen und Veränderungen diskutiert und umgesetzt werden, die generell auf Einsparungen im sozialen Sicherungssystem abzielen, sei es durch den erschwerten Zugang zu Leistungen oder durch generelle Leistungseinschnitte.[17] Sichtbar wird dies durch die in fast allen Nationen sinkenden Sozialquoten in den letzten Jahren (Eurostat, 2000a, S. 27). Dem Problem der Armutsgefährdung, ebenso wie der Arbeitslosigkeit in Europa, wird aber mit einem Abbau sozialer Sicherheit nicht beizukommen sein. Wenn sich auch das "golden age of welfare state" nicht unbeschränkt prolongieren läßt, wird es in Zukunft darum gehen, neue sozialpolitische Konzepte vorzulegen, die den veränderten Rahmenbedingungen des "wohlfahrtsstaatlichen Arrangements" (Kaufmann, 1997) Rechnung tragen und dennoch zu einer "gerechteren" Verteilung von (Erwerbs-) Arbeit und Einkommen führen (vgl. z.B. Gorz, 2000). Es wird notwendig sein, neue Balancen und Modelle im wohlfahrtsstaatlichen Gefüge zu finden (vgl. Tálos & Wörister, 1998, S. 586-587), die u.a. darauf abzielen, neue Formen der Erwerbstätigkeit einzubinden sowie gesellschaftlichen und sozialen Ausgrenzungstendenzen vorzubeugen. Zum einen könnte die Einführung von Mindeststandards in der Arbeitslosenversicherung wesentlich zur Verringerung des Verarmungsrisikos von arbeitslosen Menschen sowie deren Angehörigen beitragen. Zum anderen müßte das System der sozialen Sicherung dem Strukturwandel der Erwerbsarbeit dahingehend angepaßt werden, daß eine vom "Normalarbeitsverhältnis" abweichende Erwerbstätigkeit „nicht mit dem Risiko unzulänglicher sozialer Absicherung belastet ist“ (Vobruba, 1989, S. 220).

Eine aktiv gestaltete Politik, die sich gegen Armut und Verarmungsrisiken wendet, hat sich aber nicht nur um soziale Absicherung, sondern vorrangig auch um Arbeitsmarkt und Beschäftigungsmöglichkeiten zu kümmern. Die prekäre Arbeitsmarktsituation in Europa hat die Notwendigkeit der Europäisierung von Arbeitsmarkt- und Sozialpolitik sichtbar gemacht. Als Meilenstein auf dem Weg zu einer gemeinschaftlichen Arbeitsmarkt- und Sozialpolitik kann der Vertrag von Amsterdam (1997) angesehen werden, in dem eine gemeinschaftliche Beschäftigungspolitik primärrechtlich verankert wurde. Der Bereich der Beschäftigungspolitik bleibt zwar weiterhin auf nationalstaatlicher Ebene, der Europäische Rat legt aber "beschäftigungspolitische Leitlinien" als Zielvorgabe fest, die als Orientierung für die nationalen Arbeitsmarktpolitiken dienen. Diese sogenannte "Europäische Beschäftigungsstrategie" überläßt im Sinne des Subsidiaritätsprinzips den Mitgliedsländern, mit welchem Instrumentarium welche konkreten Zielvorgaben in welchem Zeitraum verwirklicht werden. So positiv die europäischen Initiativen Arbeitslosigkeit zu bekämpfen auch zu bewerten sind, es sollte dabei allerdings nicht außer Acht gelassen werden, daß es nicht nur um ein Mehr an Arbeitsplätzen, sondern auch um die Qualität der vorhandenen Arbeitsplätze geht.

---

[17] Zu den Kürzungen und Einsparungen von Ausgaben der Arbeitmarktpolitik sowie deren Auswirkungen auf arbeitslose Menschen in Österreich vgl. z.B. Artner, 1998; Stelzer-Orthofer & Mendler, 1998.

Ein Anwachsen der Gruppe der working poor, die zwar einen Job haben, aber dennoch nicht soviel verdienen, daß sie ein Abrutschen unter die Armutsschwelle verhindern können, wäre wohl eine sozialpolitisch, aber auch wirtschaftspolitisch unerwünschte Folge.

Literatur

Artner, R. (1998). Neue Entwicklungen des österreichischen Arbeitsmarktes und der österreichischen Arbeitsmarktpolitik. In C. Stelzer-Orthofer (Hrsg.), *Strategien gegen Arbeitslosigkeit* (S. 57-78). Linz: Sozialwissenschaftliche Vereinigung.

Bacher, J. (2000). Paradoxe Effekte von Wohlfahrtsleistungen. *Kontraste. Presse- und Informationsdienst für Sozialpolitik, 2*. Linz: Sozialwissenschaftliche Vereinigung.

Beck, U. (1986). *Risikogesellschaft*. Frankfurt a.M.: edition suhrkamp.

Bieling, H. J. (1997). Soziale Frage, sozialpolitische Regulierung und Europäische Integration. In H. J. Bieling & F. Deppe (Hrsg.), *Arbeitslosigkeit und Wohlfahrtsstaat in Westeuropa* (S. 17-51). Opladen: Leske + Budrich.

Böhnisch, L., Arnold, H. & Schröer, W. (1999). *Sozialpolitik. Eine sozialwissenschaftliche Einführung*. Weinheim: Juventa.

Bonß, W. & Ludwig-Mayerhofer, W. (2000). Arbeitsmarkt. In J. Allmendinger & W. Ludwig-Mayerhofer (Hrsg.), *Soziologie des Sozialstaats* (S. 109-144). München: Juventa.

Borchert, J. (1998). Zur Statik und Dynamik wohlfahrtsstaatlicher Regime. In S. Lessenich & I. Ostner (Hrsg.), *Welten des Wohlfahrtskapitalismus. Der Sozialstaat in vergleichender Perspektive* (S. 137-176). Frankfurt a.M.: Campus.

Dietz, B. (1997). *Soziologie der Armut. Eine Einführung*. Frankfurt a.M.: Campus.

Esping-Andersen, G. (1990). *The Three Worlds of Welfare Capitalism*. Cambridge: Polity Press.

Esping-Andersen, G. (1998). Die drei Welten des Wohlfahrtskapitalismus. Zur politischen Ökonomie des Wohlfahrtsstaates. In S. Lessenich & I. Ostner (Hrsg.), *Welten des Wohlfahrtskapitalismus. Der Sozialstaat in vergleichender Perspektive* (S. 19-56). Frankfurt a.M.: Campus.

Eurostat (1997). *Statistik kurz gefaßt. Bevölkerung und soziale Bedingungen: Einkommensverteilung und Armut im Europa der Zwölf – 1993, 1997/6*. Luxemburg: Eurostat Pressestelle.

Eurostat (1999a). *Memo Nr.8/99 vom 28.September 1999: Sozialleistungen und ihre Umverteilungseffekte*. Luxemburg: Eurostat Pressestelle.

Eurostat (1999b). *Statistics in focus. Population and soical conditions: Social benefits and their redistributive effect in the EU. Theme 3, 13/1999*. Luxemburg: Eurostat Pressestelle.

Eurostat (2000a). *Eurostat Jahrbuch 2000. 100 Basisindikatoren aus dem Eurostat Jahrbuch 2000. Europa im Blick der Statistik. Daten aus den Jahren 1988 – 1998*. In: http://europa.eu.int/-comm/eurostat/Public/datashop, 4.5.2000.

Eurostat (2000b). *Statistik kurz gefaßt. Bevölkerung und soziale Bedingungen: Soziale Ausgrenzung in den Mitgliedstaaten. Thema 3 – 1/2000*. Luxemburg: Eurostat Pressestelle.

Fink, M. (1999a). Atypische Beschäftigung in Dänemark. In E. Tálos (Hrsg.), *Atypische Beschäftigung. Internationale Trends und sozialstaatliche Regelungen* (S. 82-111). Wien: Manz Verlag.

Fink, M. (1999b). Atypische Beschäftigung in Großbritannien. In E. Tálos (Hrsg.), *Atypische Beschäftigung. Internationale Trends und sozialstaatliche Regelungen* (S. 161-190). Wien: Manz Verlag.

Friedrich, H. & Wiedemeyer, M. (1998). *Arbeitslosigkeit – ein Dauerproblem. Dimensionen, Ursachen, Strategien*. Opladen: Leske + Budrich.

Glatzer, W. & Hübinger, W. (1990). Lebenslagen und Armut. In D. Döring, W Hanesch & E. U. Huster (Hrsg.), *Armut im Wohlstand* (S. 31-55). Frankfurt a.M.: edition suhrkamp.

Gorz, A. (2000). *Arbeit zwischen Misere und Utopie*. Frankfurt a.M.: Suhrkamp

Groenemeyer, A. (1999). Armut. In G. Albrecht, A. Groenemeyer & F. W. Stallberg (Hrsg), *Handbuch soziale Probleme* (S. 270-318). Opladen: Westdeutscher Verlag.

Hanesch, W. (2000). Armut als Herausforderung für den Sozialstaat. In C. Butterwege (Hrsg), *Kinderarmut in Deutschland. Ursachen, Erscheinungsformen und Gegenmaßnahmen* (S. 220–243). Frankfurt a.M.: Campus.

Kaufmann, F. X. (1997). *Herausforderungen des Sozialstaats*. Frankfurt a.M.: edition suhrkamp.

Kommission der europäischen Gemeinschaften (1977). *The Perception of Poverty in Europe*. Brüssel: Kommission der europäischen Gemeinschaften.

Leibfried, S. (1993). Towards a european welfare state? On integrating poverty regimes into the European Community. In C. Jones (Ed.), *New perspectives on the welfare state in Europe* (pp. 133-156). New York: Routledge.

Leibfried, S., Leisering, L., Buhr, P., Ludwig, M., Mädje, E., Olk, T., Voges, W. & Zwick, M. (1995). *Zeit der Armut. Lebensläufe im Sozialstaat*. Frankfurt a.M.: edition suhrkamp.

Lessenich, S. (1997). Spanien. Arbeits- und Sozialpolitik im "postautoritären Wohlfahrtsstaat". In H. J. Bieling & F. Deppe (Hrsg.), *Arbeitslosigkeit und Wohlfahrtsstaat in Westeuropa*, (S. 281-310). Opladen: Leske + Budrich.

Lessenich, S. & Ostner, I. (Hrsg.) (1998). *Welten des Wohlfahrtskapitalismus. Der Sozialstaat in vergleichender Perspektive*. Frankfurt a.M.: Campus.

Lutz, H., Wolf, W. & Wagner, M. (1993). *Von Ausgrenzung bedroht. Struktur und Umfang der materiellen Armutsgefährdung im österreichischen Wohlfahrtsstaat der achtziger Jahre* (Forschungsberichte aus Sozial- und Arbeitsmarktpolitik Nr. 50). Wien: Bundesministerium für Arbeit und Soziales.

Michelsen, K. (1997). Luxussanierung des "Volksheims"? In H. J. Bieling & F. Deppe (Hrsg.), *Arbeitslosigkeit und Wohlfahrtsstaat in Westeuropa* (S. 185-216). Opladen: Leske + Budrich.

Ostner, I. (1998). Quadraturen im Wohlfahrtsdreieck. Die USA, Schweden und die Bundesrepublik im Vergleich. In S. Lessenich & I. Ostner (Hrsg.), *Welten des Wohlfahrtskapitalismus. Der Sozialstaat in vergleichender Perspektive* (S. 225-252). Frankfurt a.M.: Campus.

Piachaud, D. (1992). Wie mißt man Armut? In S. Leibfried & W. Voges (Hrsg.), *Armut im modernen Wohlfahrtsstaat. Kölner Zeitschrift für Soziologie und Sozialpsychologie. Sonderheft 32*, (S. 63-87). Opladen: Westdeutscher.

Room, G. (1995). Armut in Europa: Konkurrierende Analyseansätze. In P. Herrmann (Hrsg.), *Europäische Integration und Politik der Armutsprogramme*. (Studien zur Vergleichenden Sozialpädagogik, S. 124-146). Rheinfelden: Schäuble.

Room, G. (1998). Armut und soziale Ausgrenzung: Die neue europäische Agenda für Politik und Forschung. *Zeitschrift für Sozialreform, 44* (4-6), 268-278.

Schmid, J. (1996). *Wohlfahrtsstaaten im Vergleich*. Opladen: Leske + Budrich.

Schulz, J. (1989). *Armut und Sozialhilfe*. Stuttgart: Kohlhammer.

Schunter-Kleemann, S. (1992). Wohlfahrtsstaat und Patriarchat – Ein Vergleich europäischer Länder. In S. Schunter-Kleemann (Hrsg.), *Herrenhaus Europa – Geschlechterverhältnisse im Wohlfahrtsstaat* (S. 141-327). Berlin: edition sigma.

Steiner, H. & Giorgi, L. (1997). Armut und Armutsbekämpfung in Österreich. In Bundesministerium für Arbeit, Gesundheit und Soziales (Hrsg.), *Bericht über die soziale Lage 1996. Analysen und Ressortaktivitäten* (S. 177-205). Wien: Bundesministerium für Arbeit, Gesundheit und Soziales.

Stelzer-Orthofer, C. (1997). *Armut und Zeit*. Opladen: Leske + Budrich.

Stelzer-Orthofer, C. & Mendler, G. (1998). Budgetkonsolidierung und Arbeitslosigkeit. *SWS-Rundschau, 38* (3), 295-306.

Tálos, E. (1999a) (Hrsg.). *Atypische Beschäftigung. Internationale Trends und sozialstaatliche Regelungen*. Wien: Manz.

Tálos, E. (1999b). Atypische Beschäftigung. Verbreitung – Konsequenzen – sozialstaatliche Regelungen. Ein vergleichendes Resümee. In E. Tálos (Hrsg.), *Atypische Beschäftigung. Internationale Trends und sozialstaatliche Regelungen* (S. 417-468). Wien: Manz.

Tálos, E. & Wörister, K. (1994). *Soziale Sicherung im Sozialstaat Österreich*. Baden-Baden: Nomos.

Tálos, E. & Wörister, K. (1998). Soziale Sicherung im Vergleich. Österreich und seine Nachbarstaaten. In E. Tálos (Hrsg.), *Soziale Sicherung im Wandel. Österreich und seine Nachbarstaaten. Ein Vergleich* (S. 513-589). Wien: Böhlau.

Townsend, P. (1970). *The Concept of Poverty*. London: Heinemann.

Vobruba, G. (1989). *Arbeiten und Essen. Politik an den Grenzen des Arbeitsmarktes*. Wien: Passagen.

Voges, W. & Kazepov, Y. (1998). Einleitung. *Zeitschrift für Sozialreform, 44* (4-6), 225-233.

Wörister, K. & Schmid, G. (2000). *Sozialstaatliche Mindestsicherung im europäischen Vergleich.* Wien: Bundesministerium für Arbeit und Soziales.

Zimmermann, G. E. (1993). Armut: Konzepte, Definitionen und Operationalisierungskonzepte in der BRD. *Soziale Probleme, 4* (2), 193-228.

Zwick, M. M. (1994). Einmal arm, immer arm? Einleitung. In M. M. Zwick (Hrsg.), *Einmal arm, immer arm? Neue Befunde zur Armut in Deutschland* (S 7-21). Frankfurt a.M. Campus.

9 Macht Arbeitslosigkeit rechtsextrem?

Johann Bacher

9.1 Untersuchte Fragestellungen

Auf der Grundlage von sozialwissenschaftlichen Befragungen, die in Deutschland durchgeführt wurden, sollen zwei Fragestellungen untersucht werden: (1.) Äußern Arbeitslose rechtsextremere Einstellungen als andere Bevölkerungsgruppen? (2.) Wie läßt sich dies gegebenenfalls erklären?

Die Beschäftigung mit diesen Fragestellungen erscheint wegen einer nach wie vor hohen Arbeitslosigkeit in Deutschland und eines nach einem Rückgang bis Mitte der 90er Jahre erneuten Ansteigens fremdenfeindlicher Gewalt (Kleinert, Krüger & Willems, 1998, S. 14; Schad, 1999, S. 23) wissenschaftlich und vor allem gesellschaftspolitisch wichtig. In den zahlreichen Publikationen zum Thema Rechtsextremismus (siehe dazu unten), die in den 90er Jahren entstanden sind, wird die Thematik Arbeitslosigkeit und Rechtsextremismus nur am Rande erörtert. Auch in der Arbeitslosigkeitsforschung der 80er und 90er Jahre wurde das Thema nicht aufgegriffen. Im Vordergrund der sozialpsychologisch orientierten Arbeitslosigkeitsforschung standen die differentielle Wirkungsforschung (Wacker, 1990) einschließlich der Analyse der Auswirkungen auf das soziale Umfeld (z.B. Schindler, Wacker & Wetzels, 1990; Ge, Conger, Lorenz & Simons 1994, sowie die in der Zwischenzeit zum Klassiker avancierte Studie von Elder, 1999) und die Evaluation von Maßnahmen (z.B. Stelzer-Orthofer, 1991, 1998; Seckauer & Weidenholzer, 1999, sowie die Beiträge von Brinkmann und von Zempel & Moser, in diesem Band). Zudem wurden neben der Arbeitslosigkeit drohende Arbeitslosigkeit und deren psycho-soziale Auswirkungen untersucht (z.B. Fenwick & Tausig, 1994).

Im Unterschied dazu wurde in der Zwischenkriegszeit und in den 70er Jahren Fragen nach den politischen Orientierungen von Arbeitslosen intensiv diskutiert (siehe z.B. Hentschel, 1981; Wacker, 1976, sowie Fryer und Wacker, in diesem Sammelband). Allgemein ergaben sich bei Arbeitslosen keine stärkeren rechtsextremen Tendenzen. Die Reaktionen der Arbeitslosen hingen u.a. davon ab, ob sie gewerkschaftlich eingebunden waren oder nicht (Wacker, 1976, S. 99-108). Ob dieser Befund eines fehlenden Zusammenhangs zwischen Arbeitslosigkeit und Rechtsextremismus auch heute noch zutreffend ist, ist eine der im folgenden untersuchten Fragen.

Mit "Rechtsextremismus" soll dabei ein umfassendes Einstellungssyndrom (z.B. Benz, 1994a, S. 17; Heitmeyer, 1989b; Jäger & Jäger, 1999, S. 66-68) gemeint sein, das von natürlichen Ungleichheiten ausgeht, das Recht des Stärkeren betont, Gewalt befürwortet und autoritäre Strukturen akzeptiert. Es schließt als solches mehrere Subdimensionen ein, wie Ausländerfeindlichkeit, Fremdenfeindlichkeit, Antisemitismus, Nationalismus (in diesen zeigt sich die Befürwortung natürlicher Ungleichheit), Autoritarismus, Demokratiefeindlichkeit (folgt aus der Zustimmung zu autoritären Strukturen) usw. D.h., daß sich rechtsextreme Personen im Regelfall auch ausländerfeindlich, antisemitisch, autoritär, national usw. äußern. Umgekehrt ist das Auftreten einer Dimension unzureichend, um von einer rechtsextremen Orientierung sprechen zu können. Vertritt eine Person "nur" ausländerfeindliche Ansichten, ohne daß weitere Subdimensionen vorliegen, so wäre die Bezeichnung "rechtsextrem" unangebracht. Zwischen Rechtsextremismus und seinen Subdimensionen besteht meiner Ansicht nach – eine Auffassung, die nicht unumstritten ist, da mitunter eine Subdimension (beispielsweise Ausländerfeindlichkeit) mit Rechtsextremismus gleichgesetzt wird – folgender Zusammenhang:

Wer rechtsextrem ist, vertritt i.d.R. mehrere Subdimensionen (z.B. ausländerfeindlich ist). Umgekehrt läßt sich aber nicht sagen, daß jemand rechtsextrem ist, wenn eine bestimmte Subdimension vorhanden ist. Durch diese begriffliche Festlegung sollen Ausländerfeindlichkeit, Antisemitismus oder andere Subdimensionen nicht verharmlost werden. Sie können wichtige Vorstufen eines geschlossenen rechtsextremen Denkens sein.

9.2 Theoretische Erklärungsansätze

Die Zunahme rechtsextremer Organisationen und Gruppierungen in den 70er und 80er Jahren (Benz, 1994a, S. 11, 1994b) und die deutlich ansteigende rechtsextreme Gewalt zu Beginn der 90er Jahre (Benz, 1994a, 1994b, sowie Jäger, 1999, bezüglich antisemitischer Straftaten) trugen dazu dabei, daß Rechtsextremismus und seine unterschiedlichen Erscheinungsformen und Verhaltensäußerungen zu einem zentralen Thema der sozialwissenschaftlichen Forschung wurden, mit dem sich seit Mitte der 80er Jahre unterschiedliche Fachdisziplinen beschäftigt haben und beschäftigen. Neben jugendsoziologischen Arbeiten (z.B. Heitmeyer, 1989a, 1989b, 1992; Hoffmann-Lange, 1995a, 1995b; Kleinert et al., 1998; Pfeiffer & Wetzels, 1999) haben sich die politische Soziologie, die Politikwissenschaft und die Wahlforschung (z.B. Leggewie, 1990; Falter, 1994), die Kommunikationswissenschaft (z.B. Brosius & Esser, 1995; Ohlemacher, 1998; Weiß, 1994), die Zeitgeschichte (z.B. Benz, 1994a; Falter, 1991), die Sprachwissenschaften (z.B. Jäger & Jäger, 1999), die Psychologie (zusammenfassend z.B. Rommelspacher, 1997) und die Pädagogik (z.B. Heppner, 1997, sowie Arbeiten zum interkulturellen Lernen, wie z.B. Otten & Treuheit, 1994) mit dem Phänomen des Rechtsextremismus intensiv auseinandergesetzt. Mitunter wird die Rechtsextremismusforschung als selbständige Fachdisziplin (Winkler, 1996) betrachtet. Erschienen ist eine Reihe unterschiedlicher Forschungsergebnisse, Fachdisziplinen und Perspektiven zusammenfassende Sammelbände, wie z.B. Winkler, Jaschke und Falter (1996b), Benz (1994c), Mecheril und Teo (1997), Lederer und Schmidt (1995), Michel, Karsunke und Spengler (1998), mit allerdings zum Teil überschneidender Autorenschaft und inhaltlich ähnlichen Beiträgen.

Trotz dieser enormen Anstrengungen ist die Entwicklung eines integrierten Erklärungsansatzes bisher nicht gelungen (Erb, 1995, S. 39-41; Winkler, 1996; Winkler, Jaschke & Falter, 1996a, S. 19). Dieser ist aber in seinen Konturen ersichtlich. Aus Winkler et al. (1996b), Winkler (1996) und Überlegungen anderer Autoren lassen sich Anforderungen ableiten, die ein integriertes Modell erfüllen sollte (1.) Das Modell sollte zwischen rechtsextremen Einstellungen und rechtsextremen Handlungsweisen unterscheiden. (2.) Das Modell sollte mehrere Einflußfaktoren einbeziehen. (3.) Es sollte mehrere Ebenen, eine Mikro-, Meso- und Makroebene beinhalten und sollte (4.) dynamisch sein.

Eine Trennung zwischen rechtsextremen Einstellungen und Handlungsweisen ist erforderlich, da rechtsextremen Handlungen nicht immer eine rechtsextreme Einstellung zugrunde liegen muß. So ermittelten beispielsweise Willems et al. fünf unterschiedliche Tätertypen fremdenfeindlicher Gewalt (Eckert, Willems & Würtz, 1996, S. 160-162). Rechtsextreme bilden dabei nur einen Typus. Ferner werden rechtsextreme Parteien vielfach aus Protest und Politikverdrossenheit gewählt ohne entsprechenden ideologischen Hintergrund (z.B. Roth, 1990, zitiert in Klein & Falter, 1996, S. 289; kritisch dazu Klein & Falter, 1996). Hinzu kommt, daß rechtsextreme Einstellungen i.d.R. wesentlich stabiler sind als rechtsextreme Verhaltensweisen (Winkler et al., 1996a, S. 13).

Daß rechtsextreme Einstellungen und Verhaltensweisen nicht auf einen Faktor zurückgeführt werden können, ergibt sich aus der Komplexität des untersuchten Phänomens. Zu berücksichtigen sind (Winkler, 1996) neben Persönlichkeitsfaktoren und Ungleichheitslagen die Integration in die Gesellschaft und die politische Kultur mit ihren Manifestationen, wie z.B. Organisationsgrad rechter Gruppierungen, gesellschaftliche Reaktionen auf rechtsextreme Bewegungen usw. Bereits aus dieser unvollständigen Aufzählung ist ersichtlich, daß es sich um Faktoren auf unterschiedlichen Ebenen handelt. Persönlichkeitsfaktoren lassen sich der Mikroebene zuordnen, rechte Gruppierungen und ihre Organisationsstrukturen der Mesoebene, die Integration und die politische Kultur der Makroebene bzw. abhängig von der Operationalisierung der Meso- und der Makroebene.

Die Notwendigkeit einer dynamischen Betrachtung schließlich ergibt sich daraus, daß sich sowohl unterschiedliche Erscheinungsformen rechtsextremen Denkens (Benz, 1994a) als auch unterschiedliche Wellen rechtsextremer Wahlerfolge (Klein & Falter, 1996) und verschiedene Phasen rechtsextremer Gewalt (Erb, 1994, 1995; Eckert et al., 1996) feststellen lassen.

Ein Modell, das diesen Anforderungen genügt, kann auf folgende Erklärungsansätze von Rechtsextremismus zurückgreifen:

- *Modernisierungstheoretische Erklärungen* (Falter, 1994; Heitmeyer, 1989a, 1992): Zwei unterschiedliche Ansätze lassen sich unterscheiden: (1.) Modernisierung führt – insbesondere bei einem geringen sozialen Status – zu einem häufigeren Auftreten von sozialen und ökonomischen Problemen. Diese führen zu Deprivationsempfindungen, die ihrerseits politische Unzufriedenheit auslösen mit der Folge einer Zunahme rechtsextremer Einstellungen. (2.) Modernisierung führt zu Deprivationsgefühlen als Folge von Unsicherheiten (Heitmeyer, 1989a) und Zukunftsängsten (Kleinert, Krüger & Willems, 1998), ohne daß die Person konkret von Problemen betroffen sein muß.
- *Kontrolltheoretische Erklärung* (implizit enthalten in Hoffmann-Lange, 1995a): Ursache rechtsextremer Handlungen und Einstellungen ist fehlende bzw. geringe soziale Kontrolle rechtsextremer Handlungen. Dadurch ist es möglich, "erfolgreich" rechte Einstellungen zu geringen Kosten in Handeln umzusetzen. Des weiteren führen rechte Einstellungen zu politischer Unzufriedenheit mit dem derzeitigen System. Politische Unzufriedenheit ist also nicht Folge von Deprivationsgefühlen, sondern resultiert aus politischen Orientierungen.
- *Autoritätstheoretische Erklärung*: Autoritäre Erziehung führt zu einer autoritären Persönlichkeit (Adorno, 1973, Rommelspacher, 1997) verbunden mit rechtsextremen Einstellungen. Da die autoritäre Persönlichkeit als stabiler Persönlichkeitsfaktor betrachtet wird, ist der Einfluß der anderen Faktoren auf rechtsextreme Einstellungen gering.
- *Organisationstheoretische Erklärung:* Der Organisationsgrad, die Stärke rechter Gruppierungen und die diesen zugeschriebene Kompetenz beeinflussen rechtsextreme Einstellungen und Verhaltensweisen. Die Bedeutung der Kompetenzzu-

schreibung an rechte Parteien für die Wahlabsicht konnten z.B. Klein und Falter (1996) empirisch nachweisen.
- *Kommunikationstheoretische Erklärung* (Weiß, 1994): Durch die der Berichterstattung innewohnende Tendenz einer Personalisierung und Individualisierung werden rechtsextreme Vorstellungen unbewußt verstärkt, indem soziale Probleme als individuelle Probleme dargestellt werden, die von einzelnen erfolgreich gelöst werden können. Ein weiterer der Berichterstattung innewohnender Faktor ist jener des Negativismus, der Deprivationsgefühle und politische Unzufriedenheit erhöhen kann (Holtz-Bacha, 1990).
- *Kulturtheoretische Erklärung:* Abhängig von der gesellschaftlichen Akzeptanz des Rechtsextremismus werden rechtsextreme Einstellungen und Verhaltensweisen verstärkt oder abgeschwächt.

In Bezug auf die Ausgangsfragen läßt sich aus den modernisierungstheoretischen Überlegungen ein schwacher Zusammenhang zwischen der konkreten Arbeitslosigkeitsbetroffenheit des/der Einzelnen und rechtsextremem Denken und Handeln ableiten, da Arbeitslosigkeitsbetroffenheit ein ökonomisches und soziales Problem ist, das neben zahlreichen anderen Modernisierungsrisiken indirekt über Deprivationsgefühle und politische Unzufriedenheit rechtsextreme Einstellungen und in der Folge rechtsextremes Handeln beeinflußt. Kein Zusammenhang ergibt sich dagegen, wenn die anderen Erklärungen primär zutreffend wären, da sie die Ursache von Rechtsextremismus in fehlender Kontrolle, in autoritären Sozialisationsbedingungen, in organisations- und medienbezogenen Faktoren oder in kulturellen Gegebenheiten sehen.

Von der hier untersuchten Frage, ob Arbeitslosigkeit bei den Betroffenen zu rechtsextremen Tendenzen führt, ist die Frage zu trennen, welcher Zusammenhang zwischen der Arbeitslosenquote und dem Rechtsextremismus in einem Aggregat besteht. So ist z.B. denkbar, daß auf Aggregatebene ein gleichgerichteter Zusammenhang zwischen der Arbeitslosenrate und der Zustimmung zum Rechtsextremismus besteht, da Nicht-Arbeitslose einen Anstieg der Arbeitslosenrate als Bedrohung empfinden und in der Folge rechtsextreme Einstellungen entwickeln. Arbeitslosigkeit macht in dem Beispiel rechtsextrem, aber nicht weil die Arbeitslosen rechtsextreme Positionen vertreten, sondern dies die Nicht-Arbeitslosen tun. Vorstellbar ist auch, daß auf Aggregatebene Arbeitslosigkeit (Arbeitslosenrate) und Rechtsextremismus positiv oder negativ korrelieren, Arbeitslosigkeit also rechtsextrem macht oder nicht, sich auf der Individualebene aber Arbeitslose und Nicht-Arbeitslose nicht unterscheiden. Es dürfte somit deutlich geworden sein, daß in dem Beitrag die Frage, ob Arbeitslosigkeit rechtsextrem macht, nur von einem eingeschränkten und selektiven Blickwinkel aus untersucht wird.

9.3 Empirische Befunde

Welche der genannten Erklärungen zutreffend ist, läßt sich empirisch nur schwer prüfen, da in Untersuchungen immer nur Teilaspekte angesprochen werden können. Dadurch ergeben sich Restriktionen. In der nachfolgenden Analyse entstehen diese dadurch, daß aufgrund des vorhandenen Datenmaterials kontroll-, organisations-, kommunikations- und kulturtheoretische Erklärungen nicht explizit berücksichtigt werden konnten. Die damit verbundenen Einschränkungen sind nicht unproblematisch: So z.B.

ist es vorstellbar, daß Arbeitslose Medien unterschiedlich rezipieren und sich dadurch Zusammenhänge erklären lassen. Unterschiede sind auch hinsichtlich der sozialen Kontrolle, der Einbindung in und Kompetenzzuschreibung an rechte Bewegungen denkbar.

Für die Analyse des ALLBUS 1996 (Bacher, 1999) wurden folgende Subdimensionen rechtsextremen Denkens gebildet: Ausländerfeindlichkeit, Antisemitismus und politische Selbsteinstufung als rechts. Darüber hinaus wurde die Wahlabsicht für die Republikaner bei der nächsten Bundestagswahl als Verhaltensvariable in die Auswertungen einbezogen. Die Einstellung zu Ausländern wurde im ALLBUS 1996 dadurch erfaßt, daß positive und negative Aspekte der Anwesenheit von Ausländern und Ausländerinnen, wie "Ausländer bereichern unsere Kultur" oder "Ausländer belasten unser soziales System", zur Ablehnung oder Befürwortung vorgelegt wurden. Nach der Elimination des Items "Die Ausländer tun die unschönen Arbeiten", das kein Indikator für Ausländerfeindlichkeit ist, bilden die verbleibenden sechs Items eine Skala (Eigenwert des 1. Faktors = 2,8; Cronbachs Alpha = 0,77). Für die weitere Analyse wurde aus den Items ein mittlerer Gesamtpunktwert mit einem Skalenbereich von 1 ("stimme gar nicht zu") bis 7 ("stimme völlig zu") gebildet. In einem nächsten Schritt wurde die Variable bei einem Skalenwert von 5,5 dichotomisiert, um Personen mit einer extremen Ausländerfeindlichkeit (Personen mit Skalenwerten größer/gleich 5,5) von den anderen Befragten unterscheiden zu können. 18% der Befragten mit deutscher Staatsangehörigkeit zeigen bei dieser Vorgehensweise eine eindeutige ausländerfeindliche Einstellung. Sie ist in den neuen Bundesländern häufiger zu beobachten als in den alten Bundesländern (alte Bundesländer: 15%, neue Bundesländer: 25%). Ausländerfeindliche Einstellungen haben in den 80er Jahren in Deutschland nicht zugenommen (Wiegand, 1992). Dennoch schnitt Deutschland hinsichtlich ausländerfeindlicher Haltungen auch zu Beginn der 90er Jahre im europäischen Vergleich schlecht ab (Wiegand, 1992).

Zur Erfassung antisemitischer Einstellungen wurde im ALLBUS 1996 eine Skala mit vier Items verwendet. Die Items bezogen sich auf die Geschichte des Judentums, den Holocaust und Juden zugeschriebene negative Eigenschaften.[1] Die Items bilden einen Faktor (Eigenwert des 1. Faktors = 2,0; Cronbachs Alpha = 0,67). Für die weitere Analyse wurde wiederum ein mittlerer Gesamtpunktwert mit einem Skalenbereich von 1 ("stimme gar nicht zu") bis 7 ("stimme völlig zu") berechnet, der anschließend bei einem Skalenwert größer/gleich 5,5 zur Abbildung einer extremen antisemitischen Position dichotomisiert wurde. 6% der Befragten nehmen eine derartige Extremposition ein, wobei in den neuen Bundesländern deutlich geringere Werte auftreten (alte Bundesländer: 7%, neue Bundesländer: 2%). Diese Zahlenwerte liegen unter den in anderen Untersuchungen ermittelten Prozentwerten (Wittenberg, 1995). In einer vom SPIEGEL 1994 veröffentlichten Untersuchung wurden 4% der Bevölkerung in den neuen Bundesländern und 16% in den alten Bundesländern dem "harten" Kern von Antisemiten zugeordnet (Wittenberg, 1995, S. 42). Daraus läßt sich ableiten, daß durch die für beide Skalen (Antisemitismus und Ausländerfeindlichkeit) vorgenommene Dichotomisierung (starke versus nicht starke Ausländerfeindlichkeit bzw. starker versus nicht starker Antisemitismus) das Ziel der Erfassung extremer Einstellungen gelungen ist, da sich geringere Anteilswerte als in Vergleichsstudien ergeben. Wenn im folgenden von ausländer-

---

[1] Die vier Items lauteten: "Scham über deutsche Untaten an Juden", "Juden sind an der Verfolgung nicht unschuldig", "Juden haben auf der Welt zuviel Einfluß", "Juden nutzen deutsche Vergangenheit aus".

feindlichen oder antisemitischen Einstellungen gesprochen wird, sind damit die hier untersuchten extremen Haltungen gemeint.

Die politische Selbsteinstufung wurde mittels einer zehnstufigen Skala (1 = links, 10 = rechts) erhoben. Zur Erfassung einer rechten politischen Selbsteinstufung wurde die Skala bei einem Skalenwert von 8 dichotomisiert (rechte Selbsteinstufung = Skalenwerte von 8, 9 und 10). Eine rechte politische Selbsteinstufung liegt bei 10% der befragten Deutschen vor. In den alten Bundesländern bezeichnen sich signifikant mehr Personen als politisch rechts als in den neuen Bundesländern (alte Bundesländer: 11%, neue Bundesländer: 6%).

Bei der Frage nach der Wahlabsicht bei den nächsten Bundestagswahlen wurden als rechtsgerichtete Partei nur die Republikaner erfaßt. 2% der Befragten zeigen eine Präferenz für die Republikaner. Signifikante Unterschiede zwischen alten und neuen Bundesländern bestehen nicht (alte Bundesländer: 2%, neue Bundesländer: 1%). Zum Vergleich ermittelte Falter (1994) für 1993 eine durchschnittliche Wahlbereitschaft für rechte Parteien (Republikaner, DVU und NDP) von 5% in Westdeutschland und von 3% in Ostdeutschland. In der Tendenz stimmen somit die ALLBUS-Daten mit einer ebenfalls geringeren Wahlabsicht in Ostdeutschland mit den Ergebnissen Falters überein.

Die verwendeten Dimensionen (Ausländerfeindlichkeit, Antisemitismus, politische Selbsteinstufung und Wahlabsicht) korrelieren nur schwach miteinander (alte Bundesländer: Korrelationen zwischen .12 und .24; neue Bundesländer: .05 bis .24). Ein einheitliches geschlossenes rechtsextremes Weltbild, das eine rechte Selbsteinstufung, Ausländerfeindlichkeit und Antisemitismus mit einer starken Präferenz für die Republikaner umfaßt, existiert nicht. Von einem Syndrom kann nicht gesprochen werden. Wenn im folgenden dennoch von rechtsextremen Einstellungen und Haltungen gesprochen wird, so geschieht dies nur aus Gründen der sprachlichen Vereinfachung, damit nicht mehrere Subdimensionen aufgezählt werden müssen. Welche Subdimension bzw. Subdimensionen gemeint sind, geht aus dem jeweiligen Kontext hervor.

Tabelle 9.1: Rechtsextreme Einstellungen in Abhängigkeit vom sozialen Status der Befragten in den alten und neuen Bundesländern 1996

	Ausländer-feindlichkeit		Antisemitismus		Rechts-Einstufung		Wahlabsicht-Republikaner	
sozialer Status	in %	n	in %	n	in %	n	in %	n
erwerbstätig	14	1763	4	1761	9	1770	2	1424
arbeitslos	29	209	4	211	9	210	4	165
SchülerInnen/ StudentInnen	4	109	0	110	1	109	0	80
Hausfrau/-mann	20	315	7	307	11	313	1	246
RentnerIn	27	722	11	719	13	718	2	571
Gesamt	19	3009	6	2998	10	3011	2	2406
χ^2	89,0*		48,2*		17,8*		5,0	

Quelle: ALLBUS 1996, eigene Berechnungen, * $p < .05$.

Untersucht man nun empirisch den Zusammenhang zwischen dem sozialen Status und den erfaßten Dimensionen rechtsextremen Denkens und Handelns, so ergibt sich das in der Tabelle 9.1 dargestellte Bild: Arbeitslose haben überdurchschnittlich hohe Werte für eine extreme ausländerfeindliche Haltung. Sie unterscheiden sich in dieser Hinsicht zwar nicht von Rentnern/ Rentnerinnen, aber von Erwerbstätigen, Schülern/ Schülerinnen, Studenten/ Studentinnen und Hausfrauen/ -männern. Arbeitslose sind allerdings nicht antisemitischer eingestellt als der Gesamtdurchschnitt, sie stufen sich auch nicht häufiger als politisch rechts ein. In der Tendenz neigen sie allerdings stärker dazu, die Republikaner zu wählen.

Es läßt sich somit bei einem Vergleich mit der Gruppe der Erwerbstätigen ein Zusammenhang zwischen Ausländerfeindlichkeit und Arbeitslosigkeit feststellen. Das gilt auch auf der Ebene der Einzelitems der Skala zur Ausländerfeindlichkeit. In allen sechs Items bestehen statistisch signifikante Differenzen zwischen Arbeitslosen und Erwerbstätigen. Die Unterschiede zwischen den beiden Gruppen sind also nicht darauf zurückzuführen, daß Arbeitslose "nur" in jenen Aspekten (wie z.B. "AusländerInnen nehmen InländerInnen Arbeitsplätze weg") ausländerfeindlicher sind, die ihre Arbeitslosigkeitssituation betreffen. In diesen Aspekten treten aber besonders deutliche Unterschiede auf.

Der in der Tabelle 9.1 festgestellte Zusammenhang gilt sowohl in den alten als auch in den neuen Bundesländern mit allgemein höherer Ausländerfeindlichkeit in den neuen Ländern. In den alten Bundesländern äußern sich 22% der Arbeitslosen ausländerfeindlich (Erwerbstätige zu 11%), in den neuen Bundesländern sind dies 32% der Arbeitslosen bzw. 20% der Erwerbstätigen.

Im ALLBUS werden – wie bereits erwähnt – die Fragen zur Ausländerfeindlichkeit seit Beginn der 80er Jahre gestellt, wobei sich seit 1980 ein Rückgang ausländerfeindlicher Einstellungen feststellen läßt[2]. Ein Vergleich von Erwerbstätigen und Arbeitslosen (siehe Tabelle 9.2) erbringt ebenfalls einen Rückgang in beiden Gruppen: Bei den Erwerbstätigen gingen extreme ausländerfeindliche Haltungen in den 90er Jahren von 22,5% auf 9,8% zurück. Bei den Arbeitslosen gab es einen Rückgang von 27,3% auf 18,3%. Er war also deutlich geringer, so daß sich in den 90er Jahren beide Gruppen signifikant unterscheiden.

Tabelle 9.2: Ausländerfeindlichkeit in den 80er und 90er Jahren von Erwerbspersonen in den alten Bundesländern

	1980 – 1989		1990 – 1996	
Ausländer-feindlichkeit	Arbeitslose	Erwerbstätige	Arbeitslose	Erwerbstätige
nein	72,7	77,5	81,7	90,2
ja	27,3	22,5	18,3	9,8
Gesamt	100	100	100	100
	(n = 245)	(n = 4074)	(n = 180)	(n = 3156)
	$\chi^2 = 3{,}1$ (p = .08)		$\chi^2 = 13{,}4$ (p = .001)	

Quelle: kumulierter ALLBUS 1980-1996, eigene Berechnungen.

2 1996 stieg die Ausländerfeindlichkeit im Vergleich zu 1994 allerdings erneut an.

Untersucht man, ob sich die in den 90er Jahren gefundenen Unterschiede zwischen Erwerbstätigen und Arbeitslosen auf das Geschlecht, das Bildungsniveau und/oder das Alter zurückführen lassen, so zeigt sich, daß dies nicht möglich ist. Eine Erklärung durch unterschiedliche soziodemographische Profile der beiden Gruppen in den 90er Jahren im Vergleich zu den 80er Jahren (wie z.B. "Arbeitslose sind älter, häufiger Männer und schlechter qualifiziert und deshalb ausländerfeindlicher") ist nicht möglich. Allerdings kommt dem Alter (mit dem Alter steigt die Ausländerfeindlichkeit) und dem Bildungsniveau (Personen mit Abitur sind weniger ausländerfeindlich) eine stärkere Erklärungskraft zu (standardisierte Regressionskoeffizienten für alte Bundesländer in den 90er Jahren: b(Alter) = .11, b(Abitur) = -.10) als der Arbeitslosigkeit (b(arbeitslos) = .06). Geschlechtspezifische Unterschiede bestehen dagegen nicht: Weibliche Erwerbspersonen sind also nicht weniger oder mehr ausländerfeindlich als ihre männlichen Kollegen.

Die Ergebnisse widersprechen jenen individualisierungstheoretischen Vermutungen (Beck, 1986), die von der Annahme ausgehen, daß eine Entgrenzung (Arbeitslosigkeit ist nicht mehr nur für bestimmte Personengruppen charakteristisch, sondern kann jeden und jede treffen), Entzeitlichung (Arbeitslosigkeit kann von sehr unterschiedlicher Dauer sein) und Subjektivierung (Personen können aktiv bei entsprechender Unterstützung ihre Arbeitslosigkeit bewältigen) der Arbeitslosigkeit stattgefunden hat, mit der Folge, daß sich Arbeitslose und Erwerbstätige immer weniger unterscheiden. Wäre diese Vermutung zutreffend, müßte sich in der Tabelle 9.2 ein umgekehrter Zusammenhang ergeben: In den 80er Jahren könnten signifikante Unterschiede auftreten, in den 90er Jahren dagegen nicht mehr. Empirisch ist das Gegenteil der Fall. Die individualisierungstheoretisch ableitbare Hypothese einer Angleichung der Einstellungen der beiden Gruppen der Arbeitslosen und Erwerbstätigen ist somit nicht zutreffend, außer es wird angenommen, daß sich Einstellungen relativ schnell wandeln. Unter dieser Prämisse könnte die Entwicklung in Tabelle 9.2 wie folgt individualisierungstheoretisch interpretiert werden: Individualisierung hat allgemein wegen des Anstiegs des Bildungsniveaus, der Zunahme der sozialen und räumlichen Mobilität zu einem Rückgang der Ausländerfeindlichkeit geführt. Gleichzeitig bewirkt sie, daß Arbeitslosigkeit stärker deprivierend empfunden wird, da als Folge der Individualisierung der Verlust des Arbeitsplatzes in einem größeren Ausmaß als individuelles (subjektives) Versagen erfahren wird.

Auch modernisierungstheoretisch läßt sich der beobachtbare Rückgang zunächst schwer erklären, da angenommen werden müßte, daß in der ersten Hälfte der 90er Jahre Modernisierungsrisiken weniger häufig aufgetreten sind bzw. daß deren Auftreten weniger stark befürchtet wurde. (Möglicherweise war dies als Konsequenz des Zusammenbruchs der kommunistischen Länder in den alten Bundesländer tatsächlich kurzfristig der Fall.) Dennoch wäre der Schluß voreilig, daß durch den Befund der Tabelle 9.2 modernisierungstheoretische Erklärungen des Rechtsextremismus widerlegt seien. Es könnte z.B. der Fall sein, daß zwar ein allgemeiner Rückgang von Ausländerfeindlichkeit stattgefunden hat, der aber gerade wegen Modernisierungsrisiken bei Arbeitslosen schwächer ausgefallen ist.

Daher wurde in einem weiteren Analyseschritt auf der Individualebene ein modernisierungstheoretisches Erklärungsmodell empirisch geprüft. Als Datensatz fand der ALLBUS 1996 Verwendung. Neben den bereits bekannten abhängigen Variablen wurden folgende unabhängige Variablen gebildet:

- Einschätzung der eigenen Wirtschaftslage als Indikator für ein Deprivationsempfinden. Bei Personen, die ihre Wirtschaftslage als "schlecht" oder "sehr schlecht" bezeichnen, wurden Deprivationsgefühle angenommen. Insgesamt beurteilen 11% der Befragten ihre Wirtschaftslage als schlecht ("schlecht" und "sehr schlecht", alte Bundesländer: 9%, neue Bundesländer: 14%). Als alternativer Indikator wurde die Bewertung des eigenen Lebensstandards verwendet. Ein Deprivationsempfinden wurde angenommen, wenn der eigene Anteil am Lebensstandard in Deutschland als ungerecht empfunden wurde (gesamt: 9%, alte Bundesländer: 5%, neue Bundesländer: 17%).
- Negative Bewertung der Leistung von Politikern/Politikerinnen und Regierungsbeamten/Beamtinnen als Indikator für politische Unzufriedenheit. Aus den beiden Variablen ("Politiker versuchen, ihre Versprechen zu halten" und "Regierungsbeamte tun das Beste für unser Land") wurde ein Index zur Erfassung politischer Unzufriedenheit gebildet. Entsprechend diesem Vorgehen ergeben sich 19% politisch Unzufriedene. Der Anteil der Unzufriedenen ist in den neuen Bundesländern deutlich höher (alte Bundesländer: 16%, neue Bundesländer: 26%).
- Demographische Merkmale als Indikatoren für Sozialisationserfahrungen und Statuseffekte. Als solche wurden in die Analyse einbezogen: Alter, Geschlecht, Erhebungsgebiet und allgemeine Schulbildung. Die Wirkungen dieser Variablen sind nicht eindeutig zu interpretieren. Sie können Statuseffekte und/oder Sozialisationseffekte sein. Beispielsweise kann ein Einfluß der Variable "geringe schulische Bildung" auf ausländerfeindliche Einstellungen bedeuten, daß die Befragten mit einer geringeren schulischen Qualifikation autoritärer erzogen wurden und deshalb ausländerfeindlicher sind. Der Einfluß der Schulbildung wäre somit ein Hinweis auf einen Sozialisationseffekt. Er kann aber auch bedeuten, daß die Befragten aufgrund ihres geringeren Bildungsstatus derzeit stärker z.B. durch schlechte Arbeits- und Wohnbedingungen belastet sind, und daher häufiger ausländerfeindliche Einstellungen als Reaktion auf diese Belastungen entwickeln. In diesem Fall wären die Ergebnisse ein Hinweis auf einen Statuseffekt. Auch in der hier vorliegenden Untersuchung bleibt diese Frage ungeklärt.
- Einkommenssituation. Als Einkommensindikator wurde das Haushaltseinkommen verwendet. Im Unterschied zu den demographischen Merkmalen ist das Haushaltseinkommen vom derzeitigen Erwerbstatus abhängig, während die demographischen Merkmale den Erwerbsstatus beeinflussen.

Für die Analyse wurde folgende Kausalkette angenommen:

> demographische Merkmale → Erwerbsstatus (arbeitslos versus erwerbstätig) → geringes Haushaltseinkommen → Deprivationsempfinden → politische Unzufriedenheit → rechtsextreme Einstellungen → rechtsextremes Handeln (hier: rechtsextreme Wahlabsicht, hängt neben den Einstellungen zusätzlich von der Unzufriedenheit ab)

Diese Kausalkette wurde mit Hilfe einer explorativen Pfadanalyse (Holm, 1977)[3] untersucht (siehe Abbildung 9.1) Die angenommene modernisierungstheoretische Kausalkette konnte weitgehend bestätigt werden: Nur die angenommene signifikante Wirkung der politischen Unzufriedenheit (X6) auf die Rechts-Einstufung (Y3) und auf die Wahlabsicht (Y4) konnte nicht bestätigt werden. Zusätzlich trat eine direkte signifikante Wirkung der Arbeitslosigkeit auf die Einschätzung des Deprivationsempfindens auf. Der Arbeitslosigkeit kommt also über den Einkommensverlust hinausgehend eine belastende Wirkung zu, sie wirkt also nicht nur "ökonomisch", sondern auch "psychisch" und "sozial". Entsprechend den Ergebnissen wirkt Arbeitslosigkeit indirekt – mit Ausnahme der politischer Selbsteinstufung – auf rechtsextreme Einstellungen ein: Sie kann dazu führen, daß die eigene Wirtschaftslage (X8) schlechter eingeschätzt wird, daß in Folge die Unzufriedenheit mit der Politik (X6) steigt und in weiterer Folge ausländerfeindliche und antisemitische Einstellungen (Y1 und Y2) verstärkt werden, die ihrerseits die Wahlabsicht für die Republikaner (Y4) erhöhen.

Abbildung 9.1: Ergebnisse der explorativen Pfadanalyse für Erwerbspersonen (Erwerbstätige und Arbeitslose)

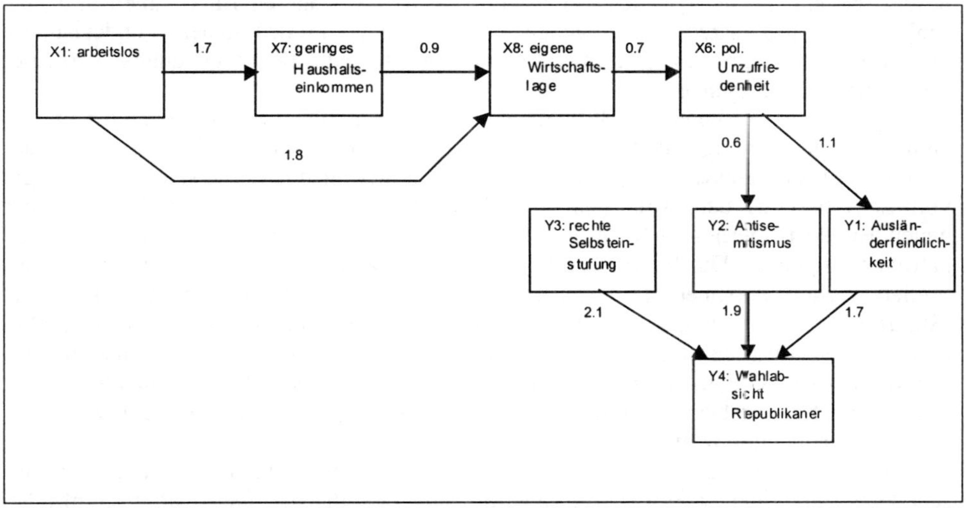

Quelle: ALLBUS 1996, eigene Berechnungen. In die Grafik wurden nur zu einem Fehlerniveau von $p < .01$ signifikante Zusammenhänge aufgenommen. Die Zahlenwerte sind nicht-standardisierte Regressionskoeffizienten aus der logistischen Regression. Aus Gründen der Übersichtlichkeit wurde die Wirkung der demographischen Variablen nicht eingezeichnet. Ihre Wirkungen werden im Text erklärt.

Arbeitslosigkeit tritt entsprechend den Analyseergebnissen häufiger bei Befragten in den neuen Bundesländern, bei Frauen und bei geringer Bildung auf. (Aus Gründen der Übersichtlichkeit wurden diese Wirkungen nicht in die Abbildung eingezeichnet.) Die

3 Die explorative Pfadanalyse ermöglicht die Analyse komplexer Ursachen-Wirkungszusammenhänge, indem auch kausale Zusammenhänge zwischen den unabhängigen Variablen untersucht werden. Mit Hilfe der explorativen Pfadanalyse kann beispielsweise folgendes Kausalmodell analysiert werden: X→Y→Z→U.

Untersuchungsergebnisse bilden somit hinlänglich bekannte Befunde aus der Arbeitslosigkeitsforschung ab, was für die Validität der vorliegenden Analyse spricht.

Die demographischen Variablen wirken aber nicht nur – wie erwartet – auf das Arbeitslosigkeitsrisiko, sondern auch auf die anderen Variablen ein. Dem Erhebungsgebiet kommt dabei ein direkter Einfluß auf die erfaßten rechtsextremen Einstellungen zu. Befragte aus den neuen Bundesländern sind unter sonst gleichen Bedingungen ausländerfeindlicher, aber weniger antisemitisch. Sie bezeichnen sich auch seltener als politisch rechts. Dieser Befund spricht gegen eine rein belastungstheoretische Interpretation, bei der angenommen wird, daß neben der Arbeitslosigkeit weitere in der Analyse nicht erfaßte Belastungen in den neuen Bundesländern wirksam sind, die zu rechtsextremen Einstellungen führen. Würde dies der Fall sein, müßten alle erfaßten rechtsextremen Einstellungen steigen. Dies ist nicht zutreffend. Die Ergebnisse sind somit ein Hinweis auf das Vorliegen von unterschiedlichen Sozialisationseffekten. Zu den Unterschieden zwischen alten und neuen Bundesländern läßt sich somit insgesamt festhalten: Die Ostdeutschen sind insgesamt ausländerfeindlicher, aber weniger antisemitisch. Eine Konvergenz in jüngerer Zeit stellt Wittenberg (2000) fest.

Die höhere Ausländerfeindlichkeit kann zusammenfassend zum Teil durch die höhere Arbeitslosigkeit, die auch bei Erwerbstätigkeit geringeren Einkommen und eine schlechtere Einschätzung der eigenen Wirtschaftslage in den neuen Bundesländern erklärt werden. Daneben gibt es kulturelle Unterschiede als Folge unterschiedlicher Sozialisationsbedingungen.

Neben der Wirkung des Befragungsgebietes zeigt sich – wie in anderen Untersuchungen – ein durchgehender Einfluß einer geringen Bildung auf die analysierten abhängigen Einstellungsvariablen. Personen mit einer geringen Bildung sind – unabhängig vom Erwerbsstatus, dem Alter, dem Geschlecht und der Zugehörigkeit zu den alten oder neuen Bundesländern – antisemitischer und ausländerfeindlicher und bezeichnen sich häufiger als rechts. Die Ergebnisse können als Sozialisations- und Statuseffekte interpretiert werden: Personen mit geringerer Bildung sind stärkeren Belastungen ausgesetzt (Statuseffekt) und verfügen auch über weniger personale und soziale Ressourcen (Status- und Sozialisationseffekt), diese zu bewältigen. Hinzukommen kann, daß in ihrer schulischen Ausbildung in einem geringeren Ausmaß eine kritische Auseinandersetzung mit rechtsextremem Denken stattfand (Sozialisationseffekt). Denkbar ist auch die Wirksamkeit von sozialer Wünschbarkeit.

Bei Verwendung der Beurteilung des eigenen Lebensstandards anstelle der Einschätzung der eigenen Wirtschaftslage als Indikator für das Deprivationsempfinden ergeben sich weitgehend identische Ergebnisse. In manchen Fällen verschwindet der signifikante Einfluß der demographischen Variablen auf die intervenierenden und abhängigen Variablen.

Zusammenfassend läßt sich festhalten: Zwischen Arbeitslosigkeit und rechtsextremem Denken und Handeln besteht ein indirekter Zusammenhang, der sich dadurch erklären läßt, daß Arbeitslosigkeit über eine schlechte Einschätzung der eigenen Wirtschaftslage oder des persönlichen Lebensstandards politische Unzufriedenheit "erzeugt", die ihrerseits ausländerfeindliche Einstellungen, aber nicht rechtsextreme Orientierungen allgemein verstärkt. Dieser Zusammenhang hat sich in den 90er Jahren im Vergleich zu den 80er Jahren verstärkt. Die gefundenen Beziehungen sind statistisch signifikant, numerisch aber schwach.

9.4 Zusammenfassung und Schlußfolgerung

In dem Beitrag wurde von einer eingeschränkten Perspektive aus der Zusammenhang zwischen Arbeitslosigkeit und Rechtsextremismus untersucht. Es wurde der Frage nachgegangen, ob Arbeitslose auf ihre Situation mit rechtsextremen Einstellungen reagieren. Theoretisch ist eine Beziehung zwischen der individuellen Betroffenheit von Arbeitslosigkeit und rechtsextremen Haltungen und Handlungen eher unwahrscheinlich. Von der Vielzahl theoretischer Ansätze ermöglichen nur modernisierungstheoretische Überlegungen die Ableitung einer indirekten Wirkung der Arbeitslosigkeit auf rechtsextreme Orientierungen und Handlungsweisen. Bei den anderen theoretischen Erklärungsansätzen ist dies ohne Zusatzannahmen nicht möglich.

Geht man empirisch der Frage nach, so ist zunächst festzuhalten, daß von einem einheitlichen, mehrere Subdimensionen umfassenden Einstellungssyndrom "Rechtsextremismus" nicht gesprochen werden kann. Die analysierten Subdimensionen (Ausländerfeindlichkeit, Antisemitismus, politische Selbsteinstufung und Wahlabsicht für die Republikaner) korrelieren nur mäßig untereinander.

Mit Ausnahme der politischen Selbsteinstufung ist es aber möglich, das Auftreten von Ausländerfeindlichkeit, Antisemitismus und der Wahlabsicht für die Republikaner modernisierungstheoretisch zu erklären: Arbeitslosigkeit reduziert das Haushaltseinkommen, dies führt zu einer schlechteren Bewertung der eigenen wirtschaftlichen Lage. Als Konsequenz davon steigt die politische Unzufriedenheit, dies bedingt wiederum eine Zunahme des Antisemitismus und der Ausländerfeindlichkeit mit der Folge, daß sich die Bereitschaft, die Republikaner zu wählen, erhöht. Arbeitslosigkeit – und dies ist ein wichtiges Ergebnis – wirkt dabei nicht nur indirekt über die Reduktion des Haushaltseinkommens auf die Einschätzung der wirtschaftlichen Lage ein, sondern auch direkt auf diese. Sie führt somit auch dann zu Deprivationsempfindungen, wenn die ökonomische Situation statistisch kontrolliert wird. Dieses Ergebnis kann als Hinweis dafür interpretiert werden, daß Jahodas These (Jahoda, 1983), der Erwerbsarbeit kommen neben der Existenzsicherung für das menschliche Wohlbefinden zentrale Erlebnisqualitäten zu, nach wie vor zutreffend ist.

Zu beachten ist, daß die untersuchte modernisierungstheoretische Kausalkette nur einen Teil der untersuchten Einstellungen (Ausländerfeindlichkeit und Antisemitismus) aufklärt. Daneben wirken die Bildung und das Erhebungsgebiet sowie weitere nicht erfaßte und untersuchte Variablen auf die Ausländerfeindlichkeit ein.

Auf der Grundlage der durchgeführten Analysen läßt sich des weiteren nicht sagen, ob die untersuchten Einstellungen bei den Arbeitslosen bereits vorher latent vorhanden waren und sich in der Situation der Arbeitslosigkeit manifestieren oder ob sie erst in der Arbeitslosigkeitsphase erworben wurden. Weiterführende, aber noch nicht abgeschlossene Untersuchungen, die ich in der Zwischenzeit zum Thema der Ausländerfeindlichkeit durchgeführt habe (Bacher, in Druck), legen die erste Vermutung nahe: Die Einstellungen sind vorab (latent) vorhanden, werden durch die Arbeitslosigkeit verstärkt und ausgelöst.

Aus den Analysen lassen sich im Hinblick auf die beiden Ausgangsfragen unter Hinzunahme theoretischer Überlegungen folgende Schlußfolgerungen ableiten, wobei die Frage der Bekämpfung der Ausländerfeindlichkeit im Vordergrund stehen soll:

- Die erfolgreiche Bekämpfung von Arbeitslosigkeit kann dazu beitragen, daß ausländerfeindliche Tendenzen abgeschwächt werden. Gleichzeitig besteht aber die Gefahr der Zunahme ausländerfeindlicher Einstellungen, wenn das Ziel der Bekämpfung von Arbeitslosigkeit nicht erreicht wird. Diese Entwicklung ist um so wahrscheinlicher, je vorrangiger das politische Ziel der Bekämpfung von Arbeitslosigkeit im Vergleich zu anderen politischen Zielen betrachtet wird.
- Die Auswirkungen von Arbeitslosigkeit auf Ausländerfeindlichkeit können durch Transferzahlungen abgeschwächt werden. Transferzahlungen alleine reichen aber nicht aus, da Arbeitslosigkeit als Ereignis unabhängig von der ökonomischen Lage als deprivierend empfunden wird.
- Anzunehmen, daß bei einer erfolgreichen aktiven Arbeitsmarkt- und Beschäftigungspolitik Ausländerfeindlichkeit bekämpft sei, wäre naiv. Fremdenfeindliche Einstellungen haben mehrere Ursachen und werden in Sozialisationsprozessen erlernt (Bacher, in Druck).
- Es erscheint daher v.a. wichtig, parallel zu einer Arbeitsmarkt- und Beschäftigungspolitik ein politisches und soziales Klima der Integration zu erzeugen und vorhandene Stigmatisierungs-, Etikettierungs- und Ausgrenzungstendenzen nicht zu verstärken.
- Wichtig wäre darüber hinaus eine Förderung von Strukturen, die statusgleiche Kontakte von Personen mit unterschiedlicher nationaler, ethnischer oder religiöser Zugehörigkeit zur Erreichung gemeinsamer Ziele ermöglichen. Derartige Maßnahmen legen neuere Untersuchungen (zusammenfassend Ruggiero & Kelman, 1999, S. 410-412) nahe, die durchgehend Allports These (Allport, 1954), daß unter bestimmten Bedingungen Kontakte zum Abbau von Vorurteilen beitragen können, bestätigen.

In Bezug auf die Rechtsextremismusforschung zeigen auch die hier durchgeführten Analysen, daß noch Forschungsbedarf besteht, auch wenn sich durchaus aus den vorhandenen Untersuchungen ein unterschiedliche Ansätze integrierendes Modell entwickeln läßt.

Literatur

Adorno, T. W. (1973). *Studien zum autoritären Charakter* (1.Aufl.). Frankfurt a. M.: Suhrkamp.

Allport, G. W. (1954). *The nature of prejudice*. Cambridge, MA.: Addison-Wesley.

Bacher, J. (1999). *Arbeitslosigkeit und Rechtsextremismus. Forschungsergebnisse auf der Basis des ALLBUS 1996 und der Nürnberger BerufsschülerInnenbefragung 1999* (Arbeits- und Diskussionspapier 99-6). Nürnberg: Universität Erlangen-Nürnberg.

Bacher, J. (in Druck). In welchen Lebensbereichen lernen Jugendliche Ausländerfeindlichkeit? *Kölner Zeitschrift für Soziologie, 2/2001.*

Beck, U. (1986). *Risikogesellschaft*. Frankfurt a.M.: Suhrkamp.

Benz, W. (1994a). Rechtsextremismus in Deutschland. Ideologie, Tradition, Erscheinungsformen. In W. Benz. (Hrsg.), *Rechtsextremismus in Deutschland. Voraussetzungen, Zusammenhänge, Wirkungen* (aktualisierte und erweiterte Neuausgabe, S. 11-29). Frankfurt a.M: Fischer.

Benz, W. (1994b). Vorwort. In W. Benz (Hrsg.), *Rechtsextremismus in Deutschland. Voraussetzungen, Zusammenhänge, Wirkungen* (aktualisierte und erweiterte Neuausgabe, S. 7-10). Frankfurt a.M.: Fischer.

Benz, W. (Hrsg.). (1994c). *Rechtsextremismus in Deutschland. Voraussetzungen, Zusammenhänge, Wirkungen* (aktualisierte und erweiterte Neuausgabe). Frankfurt a.M.: Fischer.

Brosius, H.-B. & Esser, F. (1995). *Eskalation durch Berichterstattung: Massenmedien und fremdenfeindliche Gewalt*. Opladen: Westdeutscher Verlag.

Eckert, R., Willems, H. & Würtz, S. (1996). Erklärungsmuster fremdenfeindlicher Gewalt im empirischen Test. *PVS, 27* (Sonderheft), 152-167.

Elder, G. H. (1999). *Children of the great depression*. New York: Harper Collins.

Erb, R. (1994). Rechtsextremistische Gruppengewalt in den neuen Bundesländern. In W. Benz (Hrsg.), *Rechtsextremismus in Deutschland. Voraussetzungen, Zusammenhänge, Wirkungen* (aktualisierte und erweiterte Neuausgabe, S. 137-153). Frankfurt a.M: Fischer.

Erb, R. (1995). Action. Über Jugendgruppen und rechte Gewalt. In S. Lamnek (Hrsg.), *Jugend und Gewalt. Devianz und Kriminalität in Ost und West* (S. 39-56). Opladen: Leske + Budrich.

Falter, W. (1991). *Hitlers Wähler*. München: Beck.

Falter, W. (1994). *Wer wählt rechts?* München: Beck.

Fenwick, R. & Tausig, M. (1994). The macroeconomic context of job stress. *Journal of Health and Behavior, 35*, 266-282.

Ge, X., Conger, R. D., Lorenz, F. O. & Simons, R. L. (1994). Parents' stressfull life events and adolescent depressed mood. *Journal of Health and Behavior, 35*, 28-44.

Heitmeyer, W. (1989a). Jugend, Staat und Gewalt in der politischen Risikogesellschaft. In W. Heitmeyer, K. Möller & H. Sünker (Hrsg.), *Jugend-Staat-Gewalt* (S. 11-45). Weinheim-München: Juventa.

Heitmeyer, W. (1989b). *Rechtsextremistische Orientierungen bei Jugendlichen. Empirische Ergebnisse und Erklärungsmuster einer Untersuchung zur politischen Sozialisation*. (3. Aufl.). Weinheim-München: Juventa.

Heitmeyer, W. (1992). *Die Bielefelder Rechtsextremismusstudie*. Weinheim-München: Juventa-Verlag.

Hentschel, U. (1981). Politische Einstellungen von Arbeitslosen. In A. Wacker (Hrsg.), *Vom Schock zum Fatalismus?* (S. 92-106). Frankfurt a.M.: Campus.

Heppner, S. (1997). *Interkulturelles Lernen in der außerschulischen Jugendbildungsarbeit*. Gelnhausen: TRIGA-Verlag.

Hoffmann-Lange, U. (1995a). Determinanten politischer Gewaltbereitschaft Jugendlicher in Deutschland. In S. Lamnek (Hrsg.), *Jugend und Gewalt. Devianz und Kriminalität in Ost und West* (S. 57-73). Opladen: Leske + Budrich.

Hoffmann-Lange, U. (Hrsg.). (1995b). Jugend und Demokratie in Deutschland. *DJI-Jugendsurvey, 1*. Opladen: Leske + Budrich.

Holm, K. (1977). Multiple lineare Regression und Pfadanalyse. In K. Holm (Hrsg.), *Die Befragung* (Bd. 5, S. 7-102) München: UTB.

Holtz-Bacha, C. (1990). *Ablenkung oder Abkehr von der Politik? Mediennutzung im Geflecht politischer Orientierungen*. Opladen: Westdt. Verlag.

Jäger, M. & Jäger, S. (1999). *Gefährliche Erbschaften. Die schleichende Restauration rechten Denkens*. Berlin: Aufbau TB.

Jäger, U. (1999). *Antisemitismus im Spiegel der Presse*. Unveröffentlichte Diplomarbeit, Friedrich-Alexander-Universität Erlangen-Nürnberg.

Jahoda, M. (1983). *Wieviel Arbeit braucht der Mensch? Arbeit und Arbeitslosigkeit im 20. Jahrhundert*. Weinheim: Beltz.

Klein, M. & Falter, J. (1996). Die dritte Welle rechtsextremer Wahlerfolge in der Bundesrepublik Deutschland. *PVS, 27* (Sonderheft), 288-312.

Kleinert, C., Krüger, W. & Willems, H. (1998). Einstellungen junger Deutscher gegenüber ausländischen Mitbürgern und ihre Bedeutung hinsichtlich politischer Orientierungen. *Aus Politik und Zeitgeschichte, B31*, 14-27.

Lederer, G. & Schmidt, P. (Hrsg.). (1995). *Autoritarismus und Gesellschaft. Trendanalysen vergleichender Jugenduntersuchungen 1945-1993*. Opladen: Leske + Budrich.

Leggewie, C. (1990). *Die Republikaner. Ein Phantom nimmt Gestalt an*. Berlin: Rotbuch.

Mecheril, P. & Teo, T. (Hrsg.). (1997). *Psychologie und Rassismus*. Reinbek b. Hamburg: Rowohlt.

Michel, K. M., Karsunke, I. & Spengler, T. (Hrsg.). (1998). *Auftritt von rechts* (Kursbuch 124). Berlin: Rowohlt-Berlin Verlag GmbH.

Ohlemacher, T. (1998). Fremdenfeindlichkeit und Rechtsextremismus. Mediale Berichterstattung, Bevölkerungsmeinung und deren Wechselwirkung mit fremdenfeindlichen Gewalttaten, 1991 – 1997. *Soziale Welt, 49*, 319-332.

Otten, H. & Treuheit, W. (Hrsg.). (1994). *Interkulturelles Lernen in Theorie und Praxis*. Opladen: Leske + Budrich.

Pfeiffer, C. & Wetzels, P. (1999). Zur Struktur und Entwicklung der Jugendgewalt in Deutschland. *Aus Politik und Zeitgeschichte, B26*, 3-22.

Rommelspacher, B. (1997). Psychologische Erklärungsmuster zum Rassismus. In P. I. Mecheril & T. Teo (Hrsg.). *Psychologie und Rassismus* (S. 153-172). Reinbek b. Hamburg: Rowohlt.

Ruggerio, K. M. & Kelman, H. C. (1999). Introduction to the issue. *Journal of Social Issues, 55* (3), 405-414.

Schad, U. (1999). Rechtsextremistische Orientierungen bei Jugendlichen und soziologisch-pädagogische Defizite. *Aus Politik und Zeitgeschichte, B26*, 23-29.

Schindler, H., Wacker, A. & Wetzels, P. (Hrsg.). (1990). *Familienleben in der Arbeitslosigkeit. Ergebnisse europäischer Studien*. Heidelberg: Asanger.

Seckauer, H. & Weidenholzer, J. (Hrsg.). (1999). *JobCreation im Dienstleistungssektor*. Linz: Sozialwissenschaftliche Vereinigung.

Stelzer-Orthofer, C. (Hrsg.). (1991). *Arbeitsmarktpolitik in Österreich*. Linz: Sozialwissenschaftliche Vereinigung.

Stelzer-Orthofer, C. (Hrsg.). (1998). *Strategien gegen Arbeitslosigkeit*. Linz: Sozialwissenschaftliche Vereinigung.

Wacker, A. (1976). *Arbeitslosigkeit*. Main-Köln: Europäische Verlagsanstalt.

Wacker, A. (1990). Einleitung. In H. Schindler, A. Wacker & P. Wetzels (Hrsg.), *Familienleben in der Arbeitslosigkeit. Ergebnisse europäischer Studien* (S. 9-21). Heidelberg: Asanger.

Weiß, R. (1994). Rechtsextremismus und vierte Gewalt. *Soziale Welt, 45*, 480-504.

Wiegand, E. (1992). Zunahme der Ausländerfeindlichkeit? Einstellungen zu Fremden in Deutschland und Europa. *ZUMA-Nachrichten 31, 16*, 7-28.

Winkler, J. R. (1996). Bausteine einer allgemeinen Theorie des Rechtsextremismus. Zur Stellung und Integration von Persönlichkeits- und Umweltfaktoren. *PVS, 27* (Sonderheft), 25-48.

Winkler, J. R., Jaschke, H.-G. & Falter, J. W. (1996a). Einleitung: Stand und Perspektiven der Forschung. *PVS, 27* (Sonderheft), 9-24.

Winkler, J. R., Jaschke, H.-G. & Falter, J. W. (Hrsg.). (1996b). Rechtsextremismus. Ergebnisse und Perspektiven der Forschung. *PVS, 27* (Sonderheft).

Wittenberg, R. (1995). Das Problem ist erkannt. Antisemitische Einstellungen unter Ost- und Westdeutschen. *Tribüne, 34* (136), 40-51.

Wittenberg, R. (2000). Antisemitische Einstellungen in Deutschland zwischen 1994 und 1998. *Kölner Zeitschrift für Soziologie und Sozialpsychologie, 52*, 118-131.

10 Arbeitslosigkeit aus einer gerechtigkeits-psychologischen Perspektive

Jürgen Maes, Andreas Schmal & Manfred Schmitt

10.1 Einleitung

Kann der Besitz von Arbeit gerecht sein? Ist Arbeitslosigkeit ungerecht? Von weiten Teilen der Bevölkerung sowie der Medienöffentlichkeit dürften solche Fragen mit großer Selbstverständlichkeit bejaht werden. Soziale Gerechtigkeit ist ein wahlentscheidendes Thema geworden und auf der Prioritätenliste zur Verwirklichung von sozialer Gerechtigkeit steht für viele die Bekämpfung der anhaltenden Massenarbeitslosigkeit an erster Stelle. Zunehmend wird eine Zweiteilung der Gesellschaft in privilegierte Arbeitsplatzinhaber und benachteiligte Arbeitslose (Kieselbach, 1997) befürchtet, die als soziale Ungerechtigkeit angeprangert wird. Als Konsequenz wird eine gerechtere Verteilung der Arbeit gefordert. Ganz andere Wortmeldungen hört man bisweilen von Seiten der Wirtschaft und aus der Politik: "Ist Arbeit denn überhaupt ein zu verteilendes Gut?" wird da zum Beispiel gefragt. Für Vertreter der Marktwirtschaft sind die Ereignisse und Ergebnisse auf dem Arbeitsmarkt Folgen von Angebot und Nachfrage und verschließen sich weitgehend einer ethisch-moralischen Bewertung (vgl. Merklein, 1994). In den USA stellt nach gängigem Verständnis ein Arbeitsverhältnis eine zweiseitige Willenserklärung dar und gilt nur solange, wie beide Seiten übereinstimmen, den Vertrag aufrecht zu erhalten. Ungerechtigkeiten können sich nach diesem Verständnis nur ergeben, wenn die Beendigung oder Verweigerung eines Arbeitsverhältnisses gegen gesetzlich definierte Gleichheitsprinzipien verstößt und z.B. eine Diskriminierung aufgrund von Geschlecht, Religion, Hautfarbe, Herkunft usw. darstellt (vgl. McCall, 1997). Solche normativen Fragen sollen hier nicht diskutiert werden. Für den empirisch arbeitenden Psychologen stellt Arbeitslosigkeit dann ein Gerechtigkeitsproblem dar, wenn sie von Menschen als ein solches empfunden wird. Die empirische Gerechtigkeitsforschung hat mittlerweile ein reichhaltiges Instrumentarium entwickelt, um solche (Un)gerechtigkeitsempfindungen auf ihre Voraussetzungen und Folgen hin zu untersuchen. Die Folgen reichen von individuellen Belastungen und Beeinträchtigungen der seelischen Gesundheit bis hin zu Gefährdungen des sozialen Friedens und erfordern daher intensive Forschungsbemühungen.

Im folgenden beschreiben wir zunächst auf einem molaren Niveau Arten von Ungerechtigkeitserlebnissen, wie sie die Forschung bisher identifiziert hat. Dazu werden die Modelle der relativen Deprivation und der relativen Privilegierung vorgestellt. In einem zweiten Schritt untersuchen wir auf einem molekulareren Niveau gerechtigkeitspsychologische Konzepte zu Voraussetzungen, unter denen Arbeitslosigkeit als ungerecht erlebt wird. Wir möchten an dieser Stelle darauf hinweisen, daß diese Ansätze sehr unterschiedlichen Forschungs- und Fachrichtungen entstammen und nicht immer ohne weiteres ineinander integrierbar sind. Schließlich beschäftigen wir uns mit personspezifischen Voreingenommenheiten in der Wahrnehmung von Ungerechtigkeit und ihren Folgen für die Verarbeitung von Arbeitslosigkeit.

10.2 Ungerechtigkeitsformen und ihre Folgen

10.2.1 Relative Deprivation

Gerechtigkeit ist ein äußerst ambivalenter Wert: In der menschlichen Geschichte war er sowohl entscheidender Auslöser von Umstürzen und Revolutionen als auch ein entscheidendes Argument für eine Rechtfertigung des Status Quo und gesellschaftliche Beharrung. Wie lange und warum werden Ungleichheiten gerechtfertigt und hingenommen, wann und warum werden bestehende Ungleichheiten als nicht länger tragbar erachtet? Mit solchen Fragen haben sich in den USA, angeregt durch die Bürgerrechtsbewegung, Ansätze zur sogenannten "relativen Deprivation" beschäftigt. Relative Deprivation meint das Gefühl einer Person, daß ihr im Vergleich zu anderen ein Gut ungerechtfertigterweise entzogen oder vorenthalten wird. Der Begriff geht auf Stouffer et al. (1949) zurück, die die Zufriedenheit von US-Soldaten der Military Police und des Air Corps untersuchten. Sie hatten eine höhere Zufriedenheit beim Air Corps vermutet, weil dort eine schnelle Karriere sehr wahrscheinlich und Beförderungen an der Tagesordnung waren, während es bei der Military Police nur sporadische Beförderungen gab. Tatsächlich verhielt es sich aber umgekehrt. Stouffer et al. erklärten sich die niedrigere Zufriedenheit beim Air Corps mit den vermehrten Vergleichsmöglichkeiten mit anderen beförderten Soldaten. Der subjektive Zufriedenheitsgrad war nicht abhängig von objektiven Bedingungen (absolut), sondern relativ zu Vergleichspersonen.

Fast alle Ansätze von relativer Deprivation gehen davon aus, daß das Gefühl der Benachteiligung von sozialen Vergleichen abhängt. Das erste formale Modell formulierte Davis (1959): Übertragen auf den Arbeitsmarkt wird danach eine relative Deprivation wahrgenommen, wenn eine Person A keinen Arbeitsplatz besitzt, aber einen Arbeitsplatz will, diesen Arbeitsplatz als verdient betrachtet und andere einen Arbeitsplatz besitzen. Formale Varianten stellen die Modelle von Runciman (1966) und Gurr (1970) dar. Das ausführlichste und meist diskutierte Modell stammt von Crosby (1976): Nach einer Metaanalyse relevanter Studien beschrieb sie Voraussetzungen und Folgen des Gefühls egoistischer relativer Deprivation. Danach fühlt sich – wiederum bezogen auf den Arbeitsmarkt – eine Person depriviert, wenn sie (a) sieht, daß andere einen Arbeitsplatz haben, (b) selbst auch einen Arbeitsplatz will, (c) fühlt, daß sie einen Arbeitsplatz verdient, (d) denkt, daß es möglich ist, einen Arbeitsplatz zu besitzen und (e) selbst nicht dafür verantwortlich ist, daß sie keinen Arbeitsplatz besitzt. Sehr unterschiedliche Verhaltensweisen können nach Crosbys Modell Folgen dieses Gefühls sein, je nachdem ob die Person hohe oder niedrige persönliche Kontrolle erlebt und ob sie intro- oder extrapunitiv eingestellt ist, ihren Ärger also nach innen oder außen richtet. Danach führt das Gefühl relativer Deprivation bei intropunitiven Personen mit niedriger Kontrolle zu Streßsymptomen, bei hoher Kontrolle zu Versuchen, die eigene Situation z.B. durch Weiterbildung zu verbessern oder aufzuwerten, bei extrapunitiven Personen mit niedriger Kontrolle zu destruktiven Lösungsversuchen, Gewalt gegen die Gesellschaft, Terror und Rebellion, mit hoher Kontrolle zu konstruktiven Maßnahmen zur Veränderung der Gesellschaft. Nach Gurr (1970) dagegen äußert sich relative Deprivation dann in politischer Gewalt, wenn das politische System für die eigene Entbehrung verantwortlich gemacht wird. Später hat Crosby (1984a) ihr Modell revidiert und sieht nun statt der ursprünglich postulierten fünf nur noch zwei Voraussetzungen für das

Deprivationsgefühl: Eine Person muß (a) ein Gut (z.B. einen Arbeitsplatz) begehren und (b) denken, daß sie ein Anrecht auf dieses Gut hat.

10.2.2 Fraternale relative Deprivation

Wenngleich solche Modelle subjektiver Entbehrungsgefühle eine beachtliche Anzahl von sozial und individuell hoch relevanten Verhaltensweisen und Wahrnehmungen in Beziehung setzen, so beschreiben sie doch nicht die gesamte Bandbreite potentieller Ungerechtigkeitserlebnisse. Das Erleben von Ungerechtigkeit setzt nämlich weder voraus, daß die sozialen Vergleiche immer zum Nachteil der eigenen Person ausgehen, noch, daß überhaupt die eigene Person vom Ergebnis des Vergleichs betroffen ist. Schon sehr früh hat deshalb Runciman (1966) die *egoistische Deprivation* um die sogenannte *fraternale Deprivation* ergänzt. Während sich eine egoistisch deprivierte Person im Vergleich zu einer anderen Person der eigenen Gruppe benachteiligt sieht, erlebt die fraternal deprivierte Person, daß die eigene Gruppe im Vergleich zu einer anderen Gruppe hinsichtlich bestimmter Zustände, Rechte oder Besitztümer benachteiligt ist. Nach Runcimans Vierfelderschema ist eine Person doppelt befriedigt, wenn sie mit der Position ihrer Gruppe in der Gesellschaft und mit ihrer eigenen Position in der Gruppe zufrieden ist, egoistisch depriviert, wenn sie mit der Position der Gruppe in der Gesellschaft zufrieden, aber mit ihrer eigenen Position unzufrieden, fraternal depriviert, wenn sie mit ihrer eigenen Position zufrieden, aber mit der Position der Gruppe in der Gesellschaft unzufrieden ist und doppelt depriviert, wenn sie sowohl mit der Position der Gruppe als auch mit der eigenen Position in der Gruppe unzufrieden ist. Ein ostdeutscher Arbeitsloser, der sich mit der Gruppe der Ostdeutschen identifiziert, könnte sich zum Beispiel als doppelt depriviert erleben (vgl. Schmal, 1994). Das Phänomen der fraternalen Deprivation gilt als relativ gut belegt. Forschungsergebnisse geben Anlaß zu der Vermutung, daß sozialer und politischer Protest eher aus fraternaler denn aus nur egoistischer Deprivation entsteht. So fanden z.B. Guimond und Dubé-Simard (1983) ein höheres Protestpotential unter Studierenden, die sich als Gruppe der Studierenden benachteiligt sahen, als unter solchen, die sich als persönlich benachteiligt erlebten; zu ähnlichen Ergebnissen kamen Vanneman und Pettigrew (1972), sowie Abeles (1976) für den Aktivismus der schwarzen Bevölkerung, sowie Crosby (1984a) für Benachteiligungen im Arbeitsleben. Nur wenige Studien beschäftigen sich explizit mit relativer Deprivation durch Arbeitslosigkeit. Zu erwähnen sind Walker und Mann (1987). Sie interviewten 64 arbeitslose Personen und bestätigten ihre Hypothese, daß egoistische relative Deprivation besser die Anzahl der Streß-symptome, fraternale relative Deprivation dagegen besser die Protestbereitschaft vorhersagt.

10.2.3 Relative Privilegierung

Aber auch das Erleben eigener *Vorteile* kann zu Ungerechtigkeitserlebnissen führen. Beobachtungen der amerikanischen Bürgerrechtsbewegung in den 60er Jahren zeigten, daß der soziale Protest häufig nicht von Mitgliedern benachteiligter Gruppen selbst getragen wurde, sondern von privilegierten weißen Mitgliedern der oberen Mittelschicht. Diese Sozialaktivisten konnten ihre bevorzugten Lebensumstände offensichtlich nicht genießen, weil sie diese nicht als verdient betrachteten und setzten sich deshalb für jene ein, denen ein ähnlich angenehmes Leben versagt blieb. Hoffman (1976) sah bei ihnen "existentielle Schuld" als ein entscheidendes Motiv für altruistisches Verhalten zugunsten der Schwächeren. Aufbauend auf diesen Beobachtungen haben Montada und seine Mitarbeiter das Konzept der relativen Privilegierung entwickelt (Montada, Schmitt & Dalbert, 1986). Immer wieder konnte gezeigt werden, daß eigene Privilegien, die nicht gerechtfertigt werden können, existentielle Schuldgefühle auslösen können, die als belastend erlebt werden (etwa Maes, Schmitt & Seiler, 1999) und zu Handlungen motivieren, die die erlebte Ungerechtigkeit abzustellen oder wiedergutzumachen in der Lage sind. So konnte Schmitt (1998) zeigen, daß existentielle Schuldgefühle Westdeutscher wegen ihrer besseren Chancen auf dem Arbeitsmarkt der stärkste Prädiktor für Solidarität mit den schlechter gestellten Ostdeutschen waren. Der Solidaritätsindex umfaßte dabei so wichtige Handlungsbereitschaften wie den Verzicht auf Gehaltserhöhungen im Westen, die Akzeptanz von Gehaltssenkungen im Westen, die Bereitschaft zur Hinnahme eigener Arbeitszeitverkürzungen ohne Lohnausgleich und die Bereitschaft zur Zahlung von Sonderabgaben zugunsten neuer Arbeitsplätze im Osten. Die Ergebnisse zum Konzept der relativen Privilegierung stehen im Einklang mit den in Laborexperimenten häufig bestätigten Postulaten der Equity-Theorie (Walster, Walster & Berscheid, 1978), wonach jedes Ungleichgewicht in den Input-Output-Relationen zweier Akteure, also nicht nur eigene Benachteiligung, sondern auch eigene Bevorzugung, als unangenehm erlebt wird und zu Ausgleichshandlungen motivieren kann.

10.3 Elemente von Ungerechtigkeit in der Arbeitslosigkeit

Globale Modelle zur relativen Deprivation haben ihre Wurzeln primär in einer soziologischen und politologischen Forschungstradition und nicht in der empirischen Sozialpsychologie. Im folgenden möchten wir daher auf einem molekulareren Niveau klären, wann und ob Arbeitslosigkeit als ungerecht empfunden werden kann und dabei weitere Konzepte der Gerechtigkeitspsychologie vorstellen.

10.3.1 Arbeit – ein begehrtes Gut?

Zuteilung, Entzug oder Vorenthaltung begehrter Ressourcen werden häufig zum Gegenstand von Gerechtigkeitsbewertungen gemacht und können dann zu (Un)gerechtigkeitserlebnissen führen. Eine der umfassendsten Taxonomien solcher Anlässe von Gerechtigkeitsbewertungen haben Schmitt und Montada (1982) aufgestellt; darin finden sich: Die Zuteilung materieller Güter (z.B. Geld, Spielzeug), positiv bewerteter Symbole (Lob, Auszeichnung), von Privilegien und Rechten (Benutzungserlaubnisse, Wahlrecht) oder von Positionen (Einstellung, Beförderung), sowie der Entzug materieller Güter (Geldstrafen, Steuerabgaben), positiv bewerteter Symbole (Tadel, Verwarnungen), von Privilegien und Rechten (Hausverbot, Entmündigung) oder Positionen (Kündigung). Auch wenn Arbeitslosigkeit in dieser Liste nicht explizit auftaucht, läßt sie sich gleich mehreren Kategorien zuordnen: Sie ist verbunden mit dem Entzug materieller Güter, positiv bewerteter Symbole wie der Möglichkeit, Lob und Anerkennung zu bekommen, und geht mit dem Verlust von Rechten, Privilegien und Positionen einher. Dies könnte einen dazu führen, Arbeit als ein ganz besonders begehrtes Gut zu betrachten.

Dies ist aber keineswegs so selbstverständlich, wie es zunächst klingt. Auch die Freiheit von Arbeit und der Verzicht auf Arbeit sind schon als menschliche Idealzustände propagiert worden. Wortgewaltig verspottete zum Beispiel Paul Lafargue (1883/1998), der Schwiegersohn von Karl Marx, die Arbeiterbewegung, die immer ein "Recht auf Arbeit" propagiert hatte und proklamierte statt dessen ein "Recht auf Faulheit". Mit ihrer bürgerlichen Fixierung auf die Arbeit setzten auch die Sozialisten seiner Meinung nach die Versklavung des Menschen durch Arbeit ins Unendliche fort. Dagegen gelte es, sich dem Paradies wieder anzunähern und eine Gesellschaft zu schaffen, in der immer mehr Menschen immer weniger arbeiten müßten, ja, man müsse den Menschen sogar verbieten, mehr als drei Stunden täglich zu arbeiten. Der Mathematiker Bertrand Russell (1957) stimmte in einem viel beachteten Buch das "Lob des Müßiggangs" an und erntete schließlich den Nobelpreis für Literatur. Interessant sind in diesem Zusammenhang auch manche gegenwärtigen Anwürfe gegen Arbeitslose, sie erholten sich in der "sozialen Hängematte" und genössen das Leben im "kollektiven Freizeitpark Deutschland". Solche Vorwürfe können sehr unterschiedlich motiviert sein: Sie können Ausdruck verletzter Gerechtigkeitsempfindungen sein oder einem kühlen politischen Kalkül entspringen, etwa aus wahltaktischen Überlegungen gesellschaftliche Gruppen gegeneinander auszuspielen und Arbeitslose auszugrenzen. Sie können aber auch von Neid getragen sein und lassen dann durchschimmern, daß vielleicht doch nicht immer die Arbeit an sich, sondern die Freiheit von Arbeit als ein begehrtes Gut betrachtet wird. In diesem Sinne würden Arbeitslose dann als privilegiert erlebt, weil sie den arbeitenden Menschen im durchaus erstrebenswerten Zustand der Freiheit von Arbeit ein Stück voraus sind.

Dennoch darf wohl angenommen werden, daß Arbeit für weite Bevölkerungskreise zumindest aufgrund ihrer Instrumentalität ein äußerst begehrtes Gut darstellt, weil sie für viele immer noch die wichtigste Voraussetzung zur Erlangung anderer notwendiger Ressourcen darstellt. Sie ermöglicht u.a. den Zugang zu materiellen Grundgütern, sozialen Kontakten, Wertschätzung und sozialer Anerkennung, ermöglicht den Aufbau von Qualifikationen und damit einhergehenden Selbstwertsteigerungen (vgl. auch Semmer & Udris, 1993). Selbst wer, um sich all diese Ressourcen zu erschließen, auf Arbeit nicht (mehr) angewiesen ist, mag Arbeit allein wegen ihres intrinsischen Wertes als begehrenswertes Gut ansehen, dessen Vorenthaltung Ungerechtigkeitserlebnisse auslösen kann. Schließlich sind die modernen Industriegesellschaften, wenn auch in mittlerweile säkularisierter Form, vom Geist der protestantischen Ethik geprägt (MacCrae, 1975): Disziplin und harte Arbeit sind immer noch weithin akzeptierte Werte, Menschen beziehen ihren Selbstwert und ihre Identität aus der Kraft ihrer Arbeit und den Früchten, die sie kraft ihrer Arbeit geerntet haben. Ob es in den vergangenen Jahrzehnten in Deutschland dramatische Veränderungen in den Einstellungen zur Arbeit gegeben hat, wird äußerst kontrovers diskutiert (Reuband, 1985; Pawlowsky & Strümpel, 1986; Reuband, 1986; Strümpel, 1987). Die in den Sozialwissenschaften seit längerem geführte Debatte um einen Wertewandel, weg von materiellen und hin zu "postmateriellen" Werten, hat bis heute zu keiner ganz eindeutigen Gesellschaftsdiagnose geführt: Während die einen vom Wertewandel (Stengel, 1991) oder gar einem Paradigmenwechsel von einer "Arbeitsgesellschaft" zu einer "Lebensgesellschaft" (Opaschowski, 1993, 1996) sprechen, sehen andere nur eine Weiterentwicklung oder Modernisierung der protestantischen Ethik (Voß, 1990). Wir werden davon auszugehen haben, daß es bezüglich der fundamentalen Einstellungen zur Arbeit große individuelle Unterschiede gibt und daß heute sehr unterschiedliche "Arbeitsethiken" (Furnham & Rose, 1987) nebeneinander bestehen. Hypothetisch nehmen wir an, daß Bewertungen von

Arbeitslosigkeit als ungerecht um so wahrscheinlicher werden, je mehr die betroffenen Personen instrumentell auf Arbeit angewiesen sind und je mehr sie der protestantischen Arbeitsethik anhängen. Je mehr dagegen der Zugang zu den erwähnten überlebensrelevanten Ressourcen von der Voraussetzung einer Arbeit entkoppelt wird und je weniger eine Person der protestantischen Arbeitsethik anhängt, desto weniger wird der Nichtbesitz von Arbeit zum Gegenstand von Ungerechtigkeitsbewertungen werden.

10.3.2 Anspruch auf Arbeit?

Von einem begehrenswerten Gut ausgeschlossen zu sein reicht allerdings nicht für ein Ungerechtigkeitserlebnis aus. Auch eine Weltumsegelung oder eine große Villa stellen sicherlich für viele begehrenswerte Güter dar. Trotzdem werden sich nur wenige ungerecht behandelt fühlen, wenn ihnen diese Schätze versagt bleiben. Damit der erzwungene Verzicht als ungerecht erlebt werden kann, müssen Menschen gleichzeitig das Gefühl haben, einen Anspruch auf das Gut zu haben, empfangsberechtigt zu sein. Verletzte Ansprüche scheinen sogar noch eher zum Motor für soziale Unruhen zu werden als materielles Elend an sich. So konnte kürzlich die Historikerin von Hodenberg (1997) zeigen, daß der viel besungene und zum Mythos stilisierte Aufstand der Schlesischen Weber von 1844 entgegen allen populären Deutungen weder eine klassenkämpferische Aktion war noch der schieren Verzweiflung über unermeßliches materielles Elend entsprang. Nicht Hunger, sondern das Verlangen nach "gerechter" Bezahlung war der Antrieb der an der Spitze marschierenden Baumwollweber, die gerade nicht zu den Ärmsten der Armen gehörten und deren Wut sich auch nicht gegen alle Fabrikanten richtete, sondern nur gegen bestimmte Familien, die ihnen den für angemessen erachteten Lohn für ihre Arbeit vorenthielten.

Subjektive *Anspruchsberechtigungen* können auf unterschiedliche Arten erworben werben: Sie können zum Beispiel aus einem Versprechen resultieren, das einer Person einmal gegeben wurde oder auf in einer Gesellschaft gültige Regeln gründen, auf die man sich bisher verlassen konnte. Jede Gruppe oder Gesellschaft hat solche expliziten oder auch impliziten Regeln, die festlegen, welche Handlungen und sonstigen Voraussetzungen einer Person zu welchen Ergebnissen berechtigen. Hat sie diese Voraussetzungen nachweisbar erfüllt, kann sie einen Anspruch auf die Zuteilung des Gutes erheben. In unserer Gesellschaft dürften zum Beispiel eine solide Schulbildung und der Erwerb von Qualifikationen als Voraussetzungen empfunden werden, die einen Anspruch auf Arbeit begründen können. Auch schlichte Gewohnheit und früherer Besitz können im Sinne von "Gewohnheitsrechten", die aus der normativen Kraft des Faktischen gespeist werden, einen Anspruch begründen. Nader (1975) hat in kulturvergleichender Perspektive festgestellt, daß es nahezu keinen Wert gibt, der nicht zu irgendeiner Zeit in irgendeiner Gesellschaft schon einmal als relevanter Beitrag gegolten hat, um die in dieser Gesellschaft relevanten Ressourcen zu erwerben. Nader (1975) merkt überdies an, daß Individuen dazu neigen, die Beiträge, mit denen sie aufgewachsen sind, als absolut zu betrachten; dies kann aber, wie Austin und Hatfield (1980) bemerken, schädliche Folgen in Zeiten raschen gesellschaftlichen Wandels haben: In traditionellen Gesellschaften führte etwa vornehme Abstammung zu Wertschätzung, in revolutionären Gesellschaften dagegen zu Verachtung oder sogar zum Tod. Aktuell lassen sich Verschiebungen hinsichtlich anspruchsbildender Beiträge in der Internet-Branche erkennen, wo die – in Deutschland bislang so wichtige – formale Ausbildung an Wert zu verlieren scheint.

Das dominante Zuteilungsprinzip für begehrte Ressourcen in westlichen Industriegesellschaften ist heute das Leistungsprinzip (Wahler, 1997; Becker, 1994; Jürgens, 1992): Wer bereit und fähig zu besonderen Leistungen ist, soll auch eher in den Genuß begehrter Ressourcen kommen. Als weitere weit verbreitete Zuteilungsprinzipien sind von der Forschung das Gleichheits- und das Bedürfnisprinzip (Schwinger, 1980) thematisiert worden. Nicht alle Güter werden in unserer Gesellschaft nach dem gleichen Verteilungsprinzip vergeben; welches Prinzip präferiert wird, hängt zumindest zum Teil vom sozialen Kontext ab (Deutsch, 1975): Beim Wahlrecht herrscht zum Beispiel das Gleichheitsprinzip, bei der Zuteilung von Sozialhilfe das Bedürftigkeitsprinzip, im Arbeits- und Berufsleben dagegen sehr stark das Leistungsprinzip: Die meisten Menschen akzeptieren es, wenn besonders qualifizierte Mitmenschen bevorzugt gute Stellen bekommen und wenn innerhalb eines Betriebes die leistungsfähigeren eher befördert und besser bezahlt werden. Neben den drei dominanten Prinzipien sind eine große Zahl weiterer Kriterien in Gebrauch. Montada (1995b) nennt Chancengleichheit, Seniorität, Status, Besitzstand und Mitgliedschaft in bestimmten Gruppen.

Die in einer Gesellschaft akzeptierten Zuteilungsregeln werden relativ früh in der Sozialisation gelernt, internalisiert und als verbindlich erlebt. Der amerikanische Sozialpsychologe Melvin Lerner (1977) hat dazu das Konzept des *persönlichen Vertrages* entwickelt: In diesem "Vertrag" verpflichtet sich das heranwachsende Kind, augenblickliche, vom Lustprinzip diktierte Bedürfnisse zurückzustellen, und erhält als Gegenleistung das Versprechen, für langfristig angelegte Investitionen später um so angemessener belohnt zu werden. Im persönlichen Vertrag erklärt sich ein Individuum bereit, bestimmte Dinge zu tun und andere zu unterlassen, unter der Voraussetzung, daß ihm bestimmte positive Konsequenzen daraus erwachsen, daß es einen Anspruch auf sie erwirbt. Der persönliche Vertrag beinhaltet also die Vorstellungen eines Individuums davon, was es verdient. Es übernimmt bestimmte Verpflichtungen (z.B. zu lernen, Kompetenzen aufzubauen, Qualifikationen zu erwerben), um damit bestimmte Rechte zu erwerben. Ist der persönliche Vertrag einmal herausgebildet, erhält das Verhalten des Individuums eine andere motivationale Basis: Es bemüht sich nun nicht mehr zu bekommen, was es will, sondern was es verdient. Um in einer komplexen Umwelt langfristig agieren zu können, ist das Individuum darauf angewiesen, daß die "Vereinbarungen" des persönlichen Vertrages Gültigkeit haben und von allen relevanten Sozialpartnern gleichermaßen beachtet werden. Beobachtungen von Ungerechtigkeit und Regelbruch stellen daher Bedrohungen für die Gültigkeit des persönlichen Vertrages dar. Muß ein Individuum erleben, daß ein Mitglied der eigenen Gruppe oder Gesellschaft nicht bekommt, was es verdient, stellt das den persönlichen Vertrag in Frage. In einem zusätzlichen *Sozialen Vertrag* verpflichtet sich das Individuum daher, auch dafür zu sorgen, daß andere das bekommen, was ihnen gerechterweise zusteht. Die Orientierung an persönlichem und Sozialem Vertrag ist für Lerner ein Kennzeichen erfolgreicher Sozialisation in westlichen Gesellschaften. Experimentell konnten er und seine Mitarbeiter zeigen, daß schon Grundschulkinder im Sinne der im persönlichen Vertrag festgelegten Anspruchsberechtigungen sich nicht nach ihren Wünschen, sondern nach Konzeptionen des Verdienens orientierten (Lerner, 1974; Long & Lerner, 1974; Braband & Lerner, 1975). Das Konzept des persönlichen Vertrages erklärt, warum Ansprüche oft als so unumstößlich erlebt werden – schließlich hat das Individuum Entbehrungen und

Verzicht auf sich genommen, um sich an den Vertrag zu binden; es macht gleichzeitig deutlich, warum gerade Arbeit ein so vehement verteidigter Anspruch ist: Schließlich wurden die meisten frühen Investitionen in Lern- und Leistungsprozesse vom Versprechen begleitet, sich damit die Voraussetzungen für eine solide berufliche Zukunft zu schaffen.

Aus der Nichterfüllung solcher Anspruchsberechtigungen, die nach Lerners metaphorischer Konstruktion als "Vertragsbruch" zu kennzeichnen wären, können Gerechtigkeitskonflikte erwachsen. Hat zum Beispiel ein Unternehmer einem Auszubildenden die spätere Übernahme versprochen, kann dieses Versprechen aber aufgrund einer veränderten Auftragslage nicht einhalten, könnte sich der Stellenaspirant wegen dieses verletzten Anspruchs ungerecht behandelt fühlen. Schließlich ist in seinem "persönlichem Vertrag" verankert, daß Versprechen normalerweise eingehalten werden. Geht eine Person davon aus, daß im Arbeitsleben das Leistungsprinzip herrscht und ist sie gleichzeitig fähig und bereit, Leistung zu erbringen, kann sie es als ungerecht erleben, wenn sie trotzdem nicht die Chance erhält, sich in einer Arbeit zu bewähren. Konflikte entstehen häufig, wenn verschiedene Personen unterschiedliche Kriterien bei Vergabeentscheidungen als gültig erachten oder unterschiedlich gewichten (Montada, 1995b).

Am unmittelbarsten sind jedoch Ungerechtigkeitserlebnisse zu erwarten, wenn sich die subjektive Anspruchsberechtigung aus einem allgemeinen Prinzip herleitet, das für alle Menschen gleichermaßen gilt, sei es als Naturrecht oder positives Recht. Dies ist der Fall, wenn man von einem Menschenrecht auf Arbeit ausgeht, wie es die Arbeiterbewegung seit 1848 propagiert hat oder wie es die UNO im Artikel 23 der Allgemeinen Erklärung der Menschenrechte von 1948 vorsieht.

So wie Arbeit nicht unbedingt eine begehrtes Gut darstellt, so ist es aber auch keineswegs zwingend, überhaupt einen Anspruch auf Arbeit, aufgrund welcher Vorbedingungen auch immer, zu erleben. Menschen könnten es auch als Zufall betrachten, ob jemand eine Arbeit findet oder nicht, und diesen Zufall akzeptieren. Auch aus der größten Leistungsbereitschaft ließe sich dann kein Anspruch auf Arbeit ableiten. Andere mögen die Verteilung begehrter Güter im Leben als Gnade oder göttliches Geschenk auffassen; auch aus einer solchen Sichtweise ließe sich kein Anspruch ableiten und mithin auch kein Anlaß für Ungerechtigkeitserlebnisse. In einer Untersuchung des Erstautors sahen aber 55 Prozent der Befragten einen Anspruch auf eine Arbeitsmöglichkeit als Naturrecht, nur einer von 126 Befragten wollte die Arbeitsmöglichkeit als Gnade betrachten und weniger als 10% von Zufall oder Umständen abhängig machen. 29 Prozent der Befragten machten die Arbeitsmöglichkeit von anderen Anspruchsvoraussetzungen, wie Leistung, abhängig.

10.3.3 Verteilung, Verantwortung und Vergleiche

Auch wenn in dieser Studie mehr als die Hälfte der Befragten ein Naturrecht auf Arbeit bejahte, wird doch im gesamtgesellschaftlichen Diskurs häufig die Frage gestellt: Kann es überhaupt ein natürliches Recht auf Arbeit geben, wenn doch in einer Marktwirtschaft nirgends ein zentraler Verteiler existieren kann? Die Gerechtigkeitspsychologie hat gezeigt, daß auch existentielle Gegebenheiten des Lebens, für die offensichtlich kein anderer Mensch verantwortlich ist, für Menschen Gerechtigkeitsfragen aufwerfen können: Sie erleben zum Beispiel Ungerechtigkeit in Naturkatastrophen wie Erdbeben, in schweren Krankheiten oder in eigenen Benachteiligungen, wie fehlenden Kompetenzen oder mangelnder physischer Attraktivität. Sie ruminieren über die Ungerechtigkeit des Schicksals und stellen sich die Frage "Warum gerade ich?" (Frey, 1992). Auch hier wird kaum jemand an einen verteilenden Gott denken, der die Erdbeben gerecht über die Regionen der Erde verteilen sollte. Letztlich handelt es sich um das alte Theodizee-Problem und die menschliche Grundfrage, "warum guten Menschen Böses widerfährt" (Kushner, 1983). Menschen verhalten sich häufig so, als hätten sie einen Vertrag mit Gott oder einer anderen metaphysischen Instanz, der ihnen für moralisches Wohlverhalten einen Anspruch auf Freiheit von Katastrophen aller Art garantiert. Treten solche Unglücksfälle dann doch auf, werden für selbstverständlich genommene Annahmen erschüttert und werfen eine Fülle von Fragen auf, etwa die schon erwähnte "Warum gerade ich?"-Frage. Fragen nach Verantwortung und Schuld werden um so wahrscheinlicher, je mehr soziale Agenten sichtbar sind, die Einfluß auf das eigene Schicksal gehabt haben könnten.

Vom Ergebnis solcher Frage- und Antwortprozesse wird es abhängen, ob Arbeitslosigkeit von Betroffenen als ungerecht erlebt wird. Wenn ein Gleichheitsrecht auf Arbeit vorausgesetzt wird, dann mag der verletzte Anspruch ausreichen, um Ungerechtigkeit zu erleben. Alle anderen Quellen von Anspruchsberechtigungen setzen umfassendere und kompliziertere kognitive Verrechnungen voraus. Wie schätze ich die von mir erbrachten Leistungen ein, reichen sie aus, um den Anspruch auf eine Arbeitsstelle zu begründen, wie schätze ich die Leistungen der anderen ein, wie lassen sie sich mit meinen Leistungen vergleichen, etc.? Wer glaubt, daß Arbeit von Qualifikation und Leistung abhängt, selbst überzeugt ist, diese Qualifikation erbracht zu haben, und trotzdem keine Stelle erhält, wird sich mit großer Wahrscheinlichkeit ungerecht behandelt fühlen, um so mehr, wenn nach seiner Wahrnehmung andere eine Stelle besitzen und dafür weniger Qualifikationen mitbringen. Schließlich muß eine Instanz vorhanden sein, die für die Ungerechtigkeit verantwortlich ist, an die entsprechende Klagen gerichtet, Forderungen erhoben und Ansprüche eingefordert werden können. Die Person wird sich von derjenigen Institution oder Person ungerecht behandelt fühlen, die z.B. die eigenen Qualifikationen oder die der anderen falsch eingeschätzt hat. Selbst wer von einem Naturrecht auf Arbeit überzeugt ist, braucht zwar keinen zentralen Verteiler, aber zumindest einen Adressaten, der dafür verantwortlich gemacht werden kann, daß einigen das Gleichheitsrecht auf Arbeit verweigert wird. Dies können zum Beispiel Politiker sein, die nicht genug für die Schaffung neuer Arbeitsplätze getan, die wirtschaftliche Rezession verschuldet, die Wirtschaftsunternehmen zu Rationalisierungsmaßnahmen ermutigt oder in irgendeiner anderen Weise das Geschehen beeinflußt haben. Montada (1994) hat in diesem Zusammenhang die interessante Unterscheidung zwischen unverdienter und ungerechter Arbeitslosigkeit eingeführt: Unverdient ist Arbeitslosigkeit danach immer dann, wenn sie von den Betroffenen nicht gewollt und nicht verschuldet ist; ungerecht ist sie dann, wenn andere Personen und Instanzen ausfindig gemacht werden können, denen man die Pflicht und die Möglichkeit zuschreiben kann, die Arbeitslosigkeit zu vermeiden bzw. zu beheben und die dies ohne akzeptable Rechtfertigung unterlassen haben. Nur wer die Wirtschaft als von der Politik völlig losgelöste und durch keinerlei gesellschaftliche Instanzen zu kontrollierende Sphäre betrachtet und jedweden politischen Gestaltungsspielraum ablehnt, sollte keinen Zuständigen für seine Forderungen ausfindig machen können.

Wir möchten noch weiter einschränken: Auch die Identifizierung von Zuständigen, die Verantwortungspflichten verletzt und ihren Aufgaben nicht nachgekommen sind, ist keine hinreichende Bedingung für ein Ungerechtigkeitserlebnis. Erst wenn dieses pflichtvergessene Verhalten durch keine Umstände rechtfertigt werden kann und nicht das geringste Verständnis dafür aufgebracht werden kann, wird ein Ungerechtigkeitserlebnis unausweichlich. Kommen wir auf den Unternehmer zurück, der seinem Auszubildenden eine Anstellung nach der Lehre versprochen hat. Auch wenn der Unternehmer für den verletzten Anspruch verantwortlich ist, muß der enttäuschte Stellenaspirant dies nicht als ungerecht empfinden. Wenn er die veränderte Auftragslage als Erklärung für den verletzten Anspruch akzeptiert, muß er keine Ungerechtigkeit erleben. Führt er die veränderte Auftragslage aber auf Managementfehler seines Chefs zurück, sieht die Lage wieder anders aus. Entschuldigt er in einem nächsten Schritt diese Managementfehler mit familiären Belastungen des Unternehmers, wird er wiederum zu einem anderen Urteil kommen. Die Suche nach Erklärung und Verständnis kann auf diese Weise ad infinitum fortgesetzt werden. Je nach Ergebnis wird sich der ehemalige Auszubildende, der nun unverhofft mit Arbeitslosigkeit konfrontiert ist, ungerecht behandelt fühlen oder nicht. Ungerechtigkeit resultiert nicht zwangsläufig aus wenigen gegebenen Voraussetzungen, sondern ist ein subjektiver Konstruktionsprozeß, der, abhängig von einer Vielzahl in die Betrachtung einbezogener Größen, sehr unterschiedlich ausfallen kann. Zu jedem Ungerechtigkeitsurteil gibt es alternative Sichtweisen (Montada, 1995a).

Ungerechtigkeit bedrückt und belastet. Dies mag auch ein Grund für das von Deprivationsforschern häufig festgestellte Phänomen sein, daß objektiv benachteiligte Menschen es häufig ablehnen, sich selbst als benachteiligt zu sehen und statt dessen lieber ihre Gruppe als depriviert betrachten (Crosby, 1984b). Im Forschungsprojekt GiP ("Gerechtigkeit als innerdeutsches Problem") konnten wir allerdings zeigen, daß auch die Wahrnehmung, daß die eigene Gruppe in ihren Arbeitsmöglichkeiten ungerecht benachteiligt, also im Terminus der oben geschilderten Modelle "fraternal depriviert" ist, sowie die Wahrnehmung, daß die eigene Gruppe in ihren Arbeitsmöglichkeiten ungerecht bevorzugt ist, was man analog als "fraternale Privilegierung" bezeichnen könnte, mit Beeinträchtigungen des Wohlbefindens und der seelischen Gesundheit einhergeht (Maes, Schmitt & Seiler, 1999).

Menschen suchen daher häufig gerade nicht das Ungerechtigkeitserlebnis, sondern versuchen Situationen so zu konstruieren, daß die Ungerechtigkeit minimiert wird. Allein in der Wahl des Vergleichsmaßstabs stehen ihnen dabei unzählige Möglichkeiten zur Verfügung. Modelle zur relativen Deprivation gehen häufig unreflektiert von der Selbstverständlichkeit gewisser sozialer Vergleiche aus. Menschen können sich aber einer Vielzahl sozialer Gruppen zugehörig fühlen und sich mit einer noch viel größeren Zahl anderer sozialer Gruppen vergleichen. Um Ungerechtigkeitsgefühle zu dämpfen, wählen sie zum Beispiel häufig Abwärtsvergleiche und kommen so zu dem Schluß, daß es anderen immerhin noch viel schlechter als ihnen geht (Wills, 1981). Kurzfristig Arbeitslose könnten sich zum Beispiel mit Langzeitarbeitslosen, Langzeitarbeitslose mit Schwerkranken vergleichen, um zu folgern, daß es ihnen noch vergleichsweise gut geht. Walker und Pettigrew (1984) haben darauf hingewiesen, daß Individuen nicht nur "Selbst" und "andere Individuen" sowie "in-group" und "out-group" miteinander vergleichen, sondern alle Kategorien gegeneinander testen. Schließlich gibt es neben der sozialen weitere Vergleichsdimensionen. Subjektive Standards werden häufig auch aus temporalen Vergleichen und eigenen vergangenen Erfahrungen (Gurr, 1970) sowie zukünftig erwarteten Möglichkeiten gewonnen. Daten aus dem GiP-Projekt zeigen, daß sowohl die Wahrnehmung kollektiver Verschlechterungen der beruflichen Möglichkeiten in der Vergangenheit als auch die Projektion zukünftiger kollektiver Verschlechterungen die individuelle Arbeitszufriedenheit reduziert (Schmal, 1998) und belastende Emotionen wie Angst und Hoffnungslosigkeit begünstigt (Schmitt, Maes & Schmal, 1999). Zusätzlich zu sozialen und temporalen Vergleichen trugen sozial-temporale Vergleiche, also relative vergangene Veränderungen im Vergleich zur anderen Gruppe (Beispiel: "In der Vergangenheit hat sich die Lage für uns mehr verschlechtert als für die andere Gruppe") und relativ zur Vergleichsgruppe veränderte Zukunftserwartungen (Beispiel: "Bei uns wird es weniger aufwärts gehen als bei der anderen Gruppe") zur Vorhersage der seelischen Gesundheit bei (Maes, Schmitt & Seiler, 1999). Nach der Referent Cognitions Theorie (Mark & Folger, 1986) führen Menschen ständig Vergleichsprozesse durch, wobei neben dem sozialen (andere Menschen oder Gruppen) und dem Erwartungsstandard (persönliche Vergangenheit) auch ein theoretischer Standard beachtet wird, der sich aus gesellschaftlichen und eigenen Normen und Idealen speist. Wahrgenommene Diskrepanzen zwischen Ist und Soll führen zur kognitiven Simulation alternativer Situationen. Wenn die positiven Folgen einer solchen simulierten Situation hoch sind, die Rechtfertigung und Fairneß des aktuellen Zustands aber ebenso wie die Wahrscheinlichkeit einer Besserung der Lage gering sind, kommt es zu relativer Deprivation.

Neben einem kreativen Gebrauch der Vergleichsdimensionen gibt es weitere Strategien, die Situation so zu konstruieren, daß erlebte Ungerechtigkeit minimiert wird (Montada, 1995a). Dazu gehören die Konstruktion noch schlechterer Handlungsausgänge (Filipp, 1992) nach dem Motto "Es hätte alles viel schlimmer kommen können" (etwa: "Es hätte ja auch gleich die ganze Familie arbeitslos werden können"), die Suche nach Gewinnen in den Verlusten ("Die Arbeitslosigkeit gibt mir die Möglichkeit, mich weiterzubilden, vertieft über meine beruflichen Ziele und Wünsche nachzudenken", etc.) oder Selbstbeschuldigungen ("Ich habe es mir selbst zuzuschreiben; ich hätte mich früher umorientieren sollen") für das erlittene Schicksal (Janoff-Bulman, 1979).

10.4 Personseitige Voreingenommenheiten

Welche der vielen möglichen Situationskonstruktionen letztlich gewählt wird, hängt nicht allein von der Salienz bestimmter Merkmale ab, aber auch nicht allein von der Phantasie und Reflexionsfreudigkeit der betroffenen Personen. Daneben gibt es gerechtigkeitsthematische Dispositionen, Präferenzen und Voreingenommenheiten (Montada, 1983), die sich als relativ stabile Persönlichkeitsmerkmale erwiesen haben. Auch unabhängig vom gegebenen Situationskontext gibt es individuelle Unterschiede in der Präferenz für das Gleichheits-, das Leistungs- und das Bedürftigkeitsprinzip als akzeptierte Zuteilungskriterien (Schmitt & Montada, 1982). Eine weitere wichtige Disposition im Umgang mit Ungerechtigkeit haben Schmitt, Neumann und Montada (1995) identifiziert: Sensibilität für erlittene Ungerechtigkeit. Menschen variieren im Ausmaß, in dem sie sich selbst als Opfer von Ungerechtigkeit sehen (Opferperspektive), in dem sie sich selbst als Nutznießer ungerechter Vorteile betrachten (Bevorzugtenperspektive) und in dem sie auf Ungerechtigkeiten aufmerksam werden, die anderen zustoßen (Beobachterperspektive) (vgl. Schmitt, Maes & Schmal, 1997). Ein Arbeitsloser mit hoher Ungerechtigkeitssensibilität aus der Opferperspektive wird seine Situation eher so konstruieren, daß die in ihr enthaltenen Ungerechtigkeiten betont werden. Er wird den für die Entstehung seiner Arbeitslosigkeit Verantwortlichen und den für ihre Behebung Zuständigen Vorwürfe machen und eher wenig Entschuldigungen und Rechtfertigungen gelten lassen. Ein Arbeitsplatzinhaber mit hoher Ungerechtigkeitssensibilität aus der Bevorzugtenperspektive wird dagegen eher zu existentiellen Schuldgefühlen neigen und zu Korrekturmaßnahmen motiviert sein. Hat er selbst Arbeit, wird er sich eher für diejenigen (mit)verantwortlich fühlen, die keine Arbeit haben, ist er selbst arbeitslos, wird er stärker an diejenigen denken, denen es noch schlechter geht als ihm.

Die meist untersuchte Gerechtigkeitsdisposition geht auf Lerner und seine Gerechtigkeitsmotivtheorie zurück (Lerner, 1980). Es liegen eine Reihe valider und reliabler Skalen vor, um das Ausmaß des individuellen Glaubens an eine gerechte Welt meßbar zu machen, darunter befinden sich auch bereichsspezifische Maße zur Messung des arbeitsbezogenen oder arbeitslosigkeitsbezogenen Gerechte-Welt-Glaubens (vgl. Maes, 1998). Nach Lerner wollen Menschen daran glauben, daß sie in einer gerechten Welt leben, in der jeder bekommt, was er verdient, und verdient, was er bekommt. Diese Illusion gibt ihnen die Kraft und Zuversicht, sich in einer komplexen Welt zu orientieren, Vertrauen in andere Menschen und die Gesellschaft aufzubauen, langfristig in Zukunftsaufgaben zu investieren. Wegen dieser vitalen Funktionen können und wollen Menschen ihren Gerechtigkeitsglauben nicht aufgeben und sind bei Konfrontation mit alltäglichen Ungerechtigkeiten bestrebt, diese zu korrigieren oder, wenn ihnen dies nicht möglich oder zu kostspielig ist, so umzudeuten, daß die Illusion einer gerechten Welt aufrechterhalten werden kann.

So wird der Gerechte-Welt-Glaube zu einer Erklärung für das weit verbreitete Blaming-the-victim-Phänomen (Ryan, 1971): Arbeitslose werden für ihr Schicksal selbst verantwortlich gemacht, damit sich die Beobachter suggerieren können, daß sie weiter in einer gerechten Welt leben, in der ihnen ein ähnliches Schicksal nicht widerfahren kann. So konnten Montada und Schneider (1989) zeigen, daß der Gerechte-Welt-Glaube Abwertung und Vorwürfe an Arbeitslose ebenso begünstigt wie Selbstverschuldungsvorwürfe an andere Opfergruppen. Paradoxerweise führt so ausgerechnet der Wunsch nach Gerechtigkeit dazu, daß den betroffenen Arbeitslosen das Leben noch schwerer gemacht wird, als es schon ist. Den ohnehin schon gravierenden Nachteilen durch Arbeitslosigkeit, wie reduziertes Einkommen, Verlust sozialer Kontakte, verringerte Möglichkeiten, die eigenen Kompetenzen und Qualifikationen einzusetzen und zu entwickeln, Problemen der Zeitstrukturierung und Verringerung des sozialen Status (vgl. Brinkmann & Wiedemann, 1994) sowie erhöhte Anfälligkeit für körperliche und psychische Erkrankungen (Brinkmann, 1984), die insgesamt die "primäre Viktimisierung" durch Arbeitslosigkeit ausmachen (Kieselbach, 1997), werden nun durch die Mitmenschen weitere Nachteile wie Ablehnung und Ausgrenzung hinzugefügt, was häufig als "sekundäre Viktimisierung" (Montada, 1991, 1993; Kiefl & Sieger, 1993) beschrieben worden ist.

Personen mit hohem Gerechte-Welt-Glauben neigen aber nicht nur dazu, unschuldigen Opfern Vorwürfe zu machen, sondern auch die Schuld für ihr eigenes Schicksal verstärkt bei sich selbst zu suchen (Comer & Laird, 1975; Bulman & Wortman, 1977). Lieber belasten sie sich mit noch so unbegründeten Schuldvorwürfen als den existentiell wichtigen Gerechte-Welt-Glauben aufzugeben, der nach neueren Untersuchungen einen Puffer gegen Streß und eine Ressource für Wohlbefinden und Leistungsfähigkeit darstellt (Tomaka & Blascovich, 1994; Dalbert & Maes, in press). Nicht nur die Bewertungen, auch die Befunde zu solchen mit Selbstbeschuldigungen verbundenen Gerechtigkeitswahrnehmungen von Arbeitslosigkeit sind uneinheitlich und strittig. Nach Kieselbach (1991) und Frese (1985) führt die internale Attribution der eigenen Arbeitslosigkeit im Sinne der Selbstverantwortlichkeit für den Verlust des Arbeitsplatzes bzw. des Verbleibs in Arbeitslosigkeit zu größeren psychosozialen Problemen als eine externale Attribution. Benson und Ritter (1990) fanden Zusammenhänge zwischen Depressivität und Glaube an eine gerechte Welt bei irischen Arbeitnehmern unmittelbar nach deren Entlassung. Feather und Barber (1983) weisen allerdings darauf hin, daß Selbstverschuldungsvorwürfe zwar mit erhöhter Depressivität korrelieren, gleichzeitig aber auch mit verstärkten Bemühungen einhergehen, eine neue Arbeitsstelle zu finden. Lerner und Somers (1992) fanden in einer Studie über die Reaktionen auf eine bevorstehende Werksschließung ein höheres Ausmaß an Streßsymptomen bei denjenigen Beschäftigten, die ihre bevorstehende Arbeitslosigkeit als ungerecht empfanden als bei denjenigen, die sich Selbstverschuldungsvorwürfe machten. Lerner (1996) fand sogar einen positiven Zusammenhang zwischen Gerechte-Welt-Glauben und aktiver Jobsuche, bei Maes (1999) korrelierte der Gerechte-Welt-Glaube mit einer erhöhten Weiterbildungsbereitschaft und einer positiven Einstellung zum lebenslangen Lernen. Dalbert (1997) hat die Bedeutung des Glaubens an eine gerechte Welt für die Verarbeitung von Arbeitslosigkeit an einer Stichprobe arbeitsloser Frauen aus den neuen Bundesländern untersucht. Sie fand Zusammenhänge zwischen Glaube an eine gerechte Welt und Depressivität nur bei Frauen, die sich fortwährend mit der "Warum-gerade-ich?"-Frage auseinandersetzten, ohne sie beantworten zu können. Bei denjenigen Frauen, die entweder die "Warum-gerade-ich?"-Frage vermieden oder diese Frage für sich beantwortet hatten, ging dagegen der Glaube an eine gerechte Welt mit verminderter Depressivität einher. Die insgesamt uneindeutigen Ergebnisse weisen auf die Rolle moderierender Variablen hin, die dringend eingehender untersucht werden sollten.

Unbedingt ist darauf hinzuweisen, daß es einen Unterschied macht, ob die Person selbst Arbeitslosigkeit auf sich attribuiert, oder ob Arbeitslosigkeit von ihrer Umwelt auf sie attribuiert wird. Wenn Außenstehende Arbeitslosigkeit auf die Betroffenen selbst attribuieren, begünstigen sie damit die von Kieselbach (1997) beschriebenen Prozesse der Bagatellisierung, Individualisierung und Naturalisierung von Massenarbeitslosigkeit. Diese Mechanismen sind geeignet, Ansprüche von Arbeitslosen abzuwehren, eine Identifikation mit ihnen zu erschweren und negative Maßnahmen gegen sie zu rechtfertigen. Sie tragen damit gerade nicht zu gemeinsamen Anstrengungen für gesamtgesellschaftliche Lösungsversuche bei. Für die Betroffenen selbst dagegen sind internale Attributionen ein zweischneidiges Schwert: Sie können auf der einen Seite zu Schuldgefühlen, Scham, Ärger und anderen belastenden Emotionen führen und die Bewältigung erschweren, auf der anderen Seite aber auch Handlungsmöglichkeiten eröffnen, die Zuversicht in erfolgreiche Bewältigung und zukünftige Vermeidung untermauern (ausführlich dazu: Montada, 1995a). Wann unterstellte Selbstverantwortlichkeit belastet und wann sie entlastet, ist empirisch bisher nicht geklärt. Montada (1995a) nimmt an, daß Selbstverantwortlichkeit nur dann hilfreich ist, wenn sie sich dem Opfer nicht aufdrängt oder von anderen eingeredet wird, sondern als bewußte Strategie gewählt wird, um die Angst vor Wiederholung, Hilflosigkeit, Empörung, Haß und überflutende Ungerechtigkeitsgefühle zu vermeiden oder zu vermindern.

10.5 Zusammenfassung

Sowohl Arbeitslosigkeit als auch der Besitz von Arbeit können von unterschiedlichen Personen als ungerecht empfunden werden. Ein Arbeitsloser kann sich im Vergleich mit anderen Personen als benachteiligt (egoistische relative Deprivation) oder seine Gruppe als benachteiligt im Vergleich zu einer anderen Gruppe (fraternale relative Deprivation) erleben. Ein Arbeitsplatzinhaber kann sich im Vergleich zu einer anderen Person als ungerecht bevorzugt (relative Privilegierung) oder seine Gruppe im Vergleich mit anderen Gruppen als relativ bevorzugt erleben (was man analog als fraternale relative Privilegierung bezeichnen könnte). Beide Zustände haben weitreichende Folgen, die von Streßsymptomen und Beeinträchtigungen der seelischen Gesundheit über Bildungs- und Qualifizierungsbemühungen bis zu konstruktiven oder destruktiven Versuchen führen können, die Gesellschaft zu verändern. Arbeitslosigkeit wird wohl nur dann als ungerecht empfunden werden, wenn es sich bei Arbeit zweifelsfrei um ein begehrenswertes Gut handelt, wenn berechtigte Ansprüche verletzt worden sind, es Personen oder Instanzen gibt, die für die Entstehung oder die Bekämpfung der Arbeitslosigkeit zuständig sind und diese Zuständigkeitspflichten ohne akzeptable Rechtfertigung oder Entschuldigung verletzt haben. Das Ungerechtigkeitserleben beruht auf einem subjektiven Konstruktionsprozeß, der sehr unterschiedlich ausfallen kann, je nachdem, welche sozialen, temporalen, sozial-temporalen oder idealen Vergleichsdimensionen gewählt werden, welche alternativen Resultate oder Schicksale konstruiert werden können, welche Vorteile den erlebten Beeinträchtigungen gegenüberstehen. Schließlich gibt es personale Dispositionen wie unterschiedliche Präferenzen für Verteilungsprinzipien, dispositionelle Ungerechtigkeitssensibilität und den Glauben an eine gerechte Welt, die nicht nur die Ungerechtigkeitskonstruktion, sondern auch die Verarbeitung von Arbeitslosigkeit und ihre Folgen beeinflussen. Unklar ist bisher, ob die mit dem Gerechte-Welt-Glauben einhergehenden internalen Attributionen eher förderliche oder schädliche Wirkungen entfalten. Auch die Wirkungen auf gesellschaftlicher Ebene sind ambivalent: Während es für das Individuum selbst belastend sein kann, sich als ungerecht benachteiligt zu erleben, kann es ein wichtiger Impetus für politische Anstrengungen sein, die ungerechten Schicksale von Individuen zu betonen.

Literatur

Abeles, R. P. (1976). Relative deprivation, rising expectations, and black militancy. *Journal of Social Issues, 32,* 119-137.

Austin, W. & Hatfield, E. (1980). Equity-Theorie, Macht und soziale Gerechtigkeit. In G. Mikula (Hrsg.), *Gerechtigkeit und soziale Interaktion. Experimentelle und empirische Beiträge aus der psychologischen Forschung* (S. 25-68). Bern: Huber.

Becker, F. G. (1994). *Grundlagen betrieblicher Leistungsbeurteilungen. Leistungsverständnis und -prinzip, Beurteilungsproblematik und Verfahrensprobleme.* Stuttgart: Schäffer-Poeschel.

Benson, D. E. & Ritter, C. (1990). Belief in a just world, job loss, and depression. *Social Focus, 23,* 49-63.

Braband, J. & Lerner, M. J. (1975). A little time and effort – who deserves what from whom? *Personality and Social Psychology Bulletin, 1,* 177-181.

Brinkmann, C. (1984). Die individuellen Folgen langfristiger Arbeitslosigkeit. Ergebnisse einer repräsentativen Längsschnittuntersuchung. *Mitteilungen aus der Arbeitsmarkt- und Berufsforschung, 17,* 454-473.

Brinkmann, C. & Wiedemann, E. (1994). Individuelle und gesellschaftliche Folgen von Erwerbslosigkeit in Ost und West. In L. Montada (Hrsg.), *Arbeitslosigkeit und soziale Gerechtigkeit* (S. 175-192). Frankfurt: Campus.

Bulman, R. & Wortman, C. B. (1977). Attributions of blame and coping in the "real world": Severe accident victims react to their lot. *Journal of Personality and Social Psychology, 35,* 351-363.

Comer, R. & Laird, P. C. (1975). Choosing to suffer as a consequence of expecting to suffer: Why do people do it? *Journal of Personality and Social Psychology, 32,* 92-101.

Crosby, F. (1976). A model of egoistical relative deprivation. *Psychological Review, 83,* 85-113.

Crosby, F. (1984a). Relative deprivation in organizational settings. *Research in Organizational Behavior, 6,* 51-93.

Crosby, F. (1984b). The denial of personal discrimination. *American Behavioral Scientist, 27,* 371-386.

Dalbert, C. (1997). Coping with an unjust fate: The case of structural unemployment. *Social Justice Research, 2,* 175-189.

Dalbert, C. & Maes, J. (in press). Belief in a just world as a personal ressource in school. In M. Ross & D. T. Miller (Eds.), *The justice motive in everyday life. Essays in honor of Melvin Lerner.* New York: Cambridge University Press.

Davis, J. A. (1959). A formal interpretation of the theory of relative deprivation. *Sociometry, 22,* 280-296.

Deutsch, M. (1975). Equity, equality, and need: What determines which value will be used as the basis of distributive justice? *Journal of Social Issues, 31* (3), 137-149.

Feather, N. T. & Barber, J. G. (1983). Depressive reactions and unemployment. *Journal of Abnormal Psychology, 92,* 185-195.

Filipp, S. H. (1992). Could it be worse? The diagnosis of cancer as a prototype of traumatic life events. In L. Montada, S. H. Filipp & M. J. Lerner (Eds.), *Life crises and the experience of loss in adulthood* (pp. 23-56). Hillsdale, N.J.: Lawrence Erlbaum.

Frese, M. (1985). Zur Verlaufsstruktur der psychischen Auswirkungen von Arbeitslosigkeit. In T. Kieselbach & A. Wacker (Hrsg.), *Individuelle und gesellschaftliche Kosten der Massenarbeitslosigkeit: Psychologische Theorie und Praxis* (S. 224-241). Weinheim: Beltz.

Frey, D. (1992). Psychological factors related to the recuperation process of accident patients. In L. Montada, S.-H. Filipp & M. J. Lerner (Eds.), *Life crises and experiences of loss in adulthood* (pp. 57-63). Hillsdale, N. J.: Erlbaum.

Furnham, A. & Rose, M. (1987). Alternative ethics: The relationship between the wealth, welfare, work, and leisure ethic. *Human relations, 40,* 561-574.

Guimond, S. & Dubé-Simard, L. (1983). Relative deprivation and the Quebec nationalist movement: The cognition-emotion distinction and the personal group deprivation issue. *Journal of Personality and Social Psychology, 44,* 526-535.

Gurr, T. R. (1970). *When men rebel.* Princeton: Princeton University Press.

Hodenberg, C. von (1997). *Aufstand der Weber. Die Revolte von 1844.* Bonn: Dietz.

Hoffman, M. (1976). Empathy, role-taking, guilt, and development of altruistic motives. In T. Lickona (Ed.), *Moral development: Current theory and research* (pp. 124-143). New York: Holt, Rinehart & Winston.

Janoff-Bulman, R. (1979). Characterological versus behavioral self-blame: Inquiries into depression and rape. *Journal of Personality and Social Psychology, 37,* 1798-1809.

Jürgens, E. (1992). *Leistung und Beurteilung in der Schule. Eine Einführung in Leistungs- und Bewertungsfragen aus pädagogischer Sicht.* Sankt Augustin: Academia-Verlag.

Kiefl, W. & Sieger, M. (1993). Kein Ausweg für Karin? Anmerkungen zur Opferkarriere. *Kriminalistik, 47,* 261-267.

Kieselbach, T. (1991). Unemployment. In R. Lerner, J. Brooks-Gunn & A. C. Petersen (Eds.), *Encyclopedia of adolescence* (pp. 1187-1201). Philadelphia: Garland Publisher.

Kieselbach, T. (1997). Job loss, unemployment, and social injustices: An introduction. *Social Justice Research, 10,* 111-125.

Kushner, H. (1983). *Wenn guten Menschen Böses widerfährt.* München: Tomus.

Lafargue, P. (1998). *Das Recht auf Faulheit. Widerlegung des "Rechts auf Arbeit" von 1848.* Grafenau: Trotzdem Verlag. (Originalausgabe erschienen 1883)

Lerner, M. J. (1974). The justice motive: "Equity" and "parity" among children. *Journal of Personality and Social Psychology, 29,* 539-550.

Lerner, M. J. (1977). The justice motive in social behavior. Some hypotheses as to its origins and forms. *Journal of Personality, 45,* 1-52.

Lerner, M. J. (1980). *The belief in a just world – a fundamental delusion.* New York: Plenum.

Lerner, M. J. (1996). Victims without harmdoers: Human casualities in the pursuit of corporate efficiency. In L. Montada & M. J. Lerner (Eds.), *Current societal concerns about justice.* (pp. 155-170). New York: Plenum Press.

Lerner, M. J. & Somers, D. (1992). Employees' reactions to an anticipated plant closure: The influence of positive illusions. In L. Montada, S. H. Filipp & M. J. Lerner (Eds.), *Life crisis and the experience of loss in adulthood* (pp. 229-254). Hillsdale: Erlbaum.

Long, G. T. & Lerner, M. J. (1974). Deserving, the "personal contract" and altruistic behavior by children. *Journal of Personality and Social Psychology, 29,* 551-556.

MacCrae, D. G. (1975). *Max Weber.* München: dtv.

McCall, J. J. (1997). Dismissal policies in the United States and Europe: Employment at will versus just case. *Social Justice Research, 10,* 253-265.

Maes, J. (1998). *Die Geschichte der Gerechte-Welt-Forschung: Eine Entwicklung in acht Stufen?* (Berichte aus der Arbeitsgruppe "Verantwortung, Gerechtigkeit, Moral", Nr. 111). Trier: Universität Trier – Fb 1, Psychologie.

Maes, J. (1999). Gerechtigkeitsempfinden und Lernen. Der Glaube an eine gerechte Welt im Kontext von Schule und Weiterbildung. *Grundlagen der Weiterbildung. Zeitschrift für Weiterbildung und Bildungspolitik im In- und Ausland, 10,* 55-58.

Maes, J., Schmitt, M. & Seiler, U. (1999). Ungerechtigkeit im wiedervereinigten Deutschland und psychosomatisches Wohlbefinden. In A. Hessel, M. Geyer & E. Brähler (Hrsg.), *Gewinne und Verluste sozialen Wandels. Globalisierung und deutsche Wiedervereinigung aus psychosozialer Sicht* (S. 182-199). Opladen: Westdeutscher Verlag.

Mark, M. & Folger, R. (1986). Responses to relative deprivation. *Review of Personality and Social Psychology, 5,* 192-218.

Merklein, R. (1994). Kann Arbeitslosigkeit ungerecht sein? Die zentrale Rolle der Löhne. In L. Montada (Hrsg.), *Arbeitslosigkeit und soziale Gerechtigkeit* (S. 282-291). Frankfurt: Campus.

Montada, L. (1983). Voreingenommenheiten im Urteilen über Schuld und Verantwortlichkeit. In L. Montada, K. Reusser & S. Steiner (Hrsg.), *Kognition und Handeln* (S. 156-168). Stuttgart: Klett.

Montada, L. (1991). Coping with life stress: Injustice and the question "Who is responsible?". In H. Steensma & R. Vermunt (Eds.), *Social justice in human relations, volume 2: Societal and psychological consequences of justice and injustice* (pp. 9-30). New York: Plenum.

Montada, L. (1993). Victimization by critical life events. In W. Bilsky, C. Pfeiffer & P. Wetzels (Eds.), *Fear of crime and criminal victimization* (pp. 83-98). Stuttgart: Enke.

Montada, L. (1994). Arbeitslosigkeit ein Gerechtigkeitsproblem? In L. Montada (Hrsg.), *Arbeitslosigkeit und soziale Gerechtigkeit* (S. 53-86). Frankfurt: Campus.

Montada, L. (1995a). Bewältigung von Ungerechtigkeit in erlittenen Verlusten. *Report Psychologie, 20* (2), 14-26.

Montada, L. (1995b). Empirische Gerechtigkeitsforschung. In Berlin-Brandenburgische Akademie der Wissenschaften (Hrsg.), *Berichte und Abhandlungen* (Band 1, S. 67-85). Berlin: Akademie Verlag.

Montada, L., Schmitt, M. & Dalbert, C. (1986). Thinking about justice and dealing with one's own privileges: A study of existential guilt. In H. W. Bierhoff, R. L. Cohen & J. Greenberg (Eds.), *Justice in social relations* (pp. 125-143). New York: Plenum Press.

Montada, L. & Schneider, A. (1989). Justice and emotional reactions to the disadvantaged. *Social Justice Research, 3,* 313-344.

Nader, L. (1975). Forums for justice: A cross-cultural perspective. *Journal of Social Issues, 31* (3), 151-170.

Opaschowski, H. (1993). Mehr Zeit zum Leben? Wie sich Arbeitszeitverkürzungen auf Lebensstil und Lebenssinn auswirken. *Universitas, 48,* 335-349.

Opaschowski, H. (1996). *Pädagogik der freien Lebenszeit.* Opladen: Leske + Budrich.

Pawlowsky, P. & Strümpel, B. (1986). Arbeit und Wertewandel: Replik. *Kölner Zeitschrift für Soziologie und Sozialpsychologie, 38*, 772-781.

Reuband, K.-H. (1985). Arbeit und Wertewandel – mehr Mythos als Realität? Von sinkender Arbeitszufriedenheit, schwindender Arbeitsethik und "vergiftetem" Arbeitsleben als deutscher Sondersituation. *Kölner Zeitschrift für Soziologie und Sozialpsychologie, 37*, 723-746.

Reuband, K.-H. (1986). Viel Lärm um nichts? Anmerkungen zu einer Replik von Peter Pawlowsky und Burkhard Strümpel zum Thema "Arbeit und Wertewandel". *Kölner Zeitschrift für Soziologie und Sozialpsychologie, 38*, 781-784.

Runciman, W. G. (1966). *Relative deprivation and social justice: A study of attitudes to social inequality in twentieth century England*. Berkeley: University of California Press.

Russell, B. (1957). *Lob des Müßiggangs*. Hamburg: Zsolnay.

Ryan, W. (1971). *Blaming the victim*. New York: Pantheon.

Schmal, A. (1994). Ungleichheiten auf dem Arbeitsmarkt zwischen Bevölkerungsgruppen und Regionen. In L. Montada (Hrsg.), *Arbeitslosigkeit und soziale Gerechtigkeit* (S. 87-106). Frankfurt: Campus.

Schmal, A. (1998). Zur Bedeutung von sozialen und temporalen Vergleichsprozessen sowie Gerechtigkeitsurteilen für die Arbeitszufriedenheit. In B. Reichle & M. Schmitt (Hrsg.), *Verantwortung, Gerechtigkeit und Moral* (S. 61-70). München: Juventa.

Schmitt, M. (1998). Gerechtigkeit und Solidarität im wiedervereinigten Deutschland. In B. Reichle & M. Schmitt (Hrsg.), *Verantwortung, Gerechtigkeit und Moral* (S. 87-98). München: Juventa.

Schmitt, M., Maes, J. & Schmal, A. (1997). *Gerechtigkeit als innerdeutsches Problem: Analyse der Messeigenschaften von Messinstrumenten für Einstellungen zu Verteilungsprinzipien, Ungerechtigkeitessensibilität und Glaube an eine gerechte Welt.* (Berichte aus der Arbeitsgruppe "Verantwortung, Gerechtigkeit, Moral", Nr. 105). Trier: Universität Trier – Fb 1, Psychologie.

Schmitt, M., Maes, J. & Schmal, A. (1999). Ungerechtigkeitserleben im Vereinigungsprozess: Folgen für das emotionale Befinden und die seelische Gesundheit. In M. Schmitt & L. Montada (Hrsg.), *Gerechtigkeitserleben im wiedervereinigten Deutschland* (S. 169-212). Opladen: Leske + Budrich.

Schmitt, M. & Montada, L. (1982). Determinanten erlebter Gerechtigkeit. *Zeitschrift für Sozialpsychologie, 13*, 32-44.

Schmitt, M., Neumann, R. & Montada, L. (1995). Dispositional sensitivity to befallen injustice. *Social Justice Research, 8*, 385-407.

Schwinger, T. (1980). Gerechte Güter-Verteilungen: Entscheidungen zwischen drei Prinzipien. In G. Mikula (Hrsg.), *Gerechtigkeit und soziale Interaktion* (S. 107-140). Bern: Huber.

Semmer, N. & Udris, I. (1993). Bedeutung und Wirkung von Arbeit. In H. Schuler (Hrsg.), *Lehrbuch Organisationspsychologie* (S. 133-165). Bern: Huber.

Stengel, M. (1991). Wertewandel. In L. von Rosenstiel, E. Regnet & M. Domsch (Hrsg.), *Führung von Mitarbeitern. Handbuch für erfolgreiches Personalmanagement* (S. 556-570). Stuttgart: Schaeffer.

Stouffer, S., Lumsdaine, A., Lumsdaine, M., Williams, R., Smith, M., Janis, I., Starr, S. & Cotrell, L. (1949). *The American soldier*. Princeton: Princeton University Press.

Strümpel, B. (1987). Wandel in der Einstellung zur Arbeit – Haben sich die Menschen oder hat sich die Arbeit geändert? Teil 2. In L. von Rosenstiel, H. E. Einsiedler & R. K. Streich (Hrsg.), *Wertewandel als Herausforderung für die Unternehmenspolitik* (S. 23-34). Stuttgart: Schäffer.

Tomaka, J. & Blascovich, J. (1994). Effects of justice beliefs on cognitive appraisal of and subjective, physiological, and behavioral responses to potential stress. *Journal of Personality and Social Psychology, 67*, 732-740.

Vanneman, R. D. & Pettigrew, T. F. (1972). Race and relative deprivation in the urban United States. *Race, 13*, 461-486.

Voß, G. G. (1990). Wertewandel: Eine Modernisierung der protestantischen Ethik? *Zeitschrift für Personalforschung, 4*, 263-275.

Wahler, P. (1997). *Berufliche Sozialisation in der Leistungsgesellschaft*. Pfaffenweiler: Centaurus.

Walker, I. & Mann, L. (1987). Unemployment, relative deprivation, and social protest. *Personality and Social Psychology Bulletin, 13*, 275-283.

Walker, I. & Pettigrew, T. F. (1984). Relative deprivation theory: An overview and conceptual critique. *British Journal of Social Psychology, 23,* 301-310.

Walster, E., Walster, G. W. & Berscheid, E. (1978). *Equity: Theory and research.* Boston: Allyn & Bacon.

Wills, T. A. (1981). Downward comparison principles in social psychology. *Psychological Bulletin, 90,* 245-271.

11 Erwerbslosigkeit und die Agenda-Setting-Hypothese – Über den Einfluß der Medien auf die Wahrnehmung eines privaten und öffentlichen Problems

Lutz M. Hagen

11.1 Erwerbslosigkeit als öffentliches und als privates Problem

Zwischen dem Juli 1993 und dem August 2000 nannten die Bundesbürger Erwerbslosigkeit Monat für Monat am häufigsten auf die offene Frage der Forschungsgruppe Wahlen nach dem wichtigsten Problem in Deutschland. Entsprechend äußerte sich seither durchweg über die Hälfte der Befragten, wobei mit 91 Prozent Nennungen im Februar 1998 ein Höhepunkt erreicht wurde. Das hängt ohne Zweifel mit dem weitgehend kontinuierlichen Zuwachs der Arbeitslosenquote zusammen, den Deutschland von 1991 bis 1997 verzeichnete. Waren 1991 bundesweit noch rund sechseinhalb Prozent aller zivilen Erwerbspersonen erwerbslos gemeldet, so betrug die Quote rund elfeinhalb Prozent im Jahr 1997. Der sechsjährige Zunahme-Trend scheint erst mit dem Jahr 1998 gebrochen, in dem – wie auch in den folgenden beiden Jahren – die Quote wieder zurückging. Das geringe Vertrauen in die Fähigkeiten der Regierung Kohl, das Erwerbslosenproblem zu lösen, hat vermutlich nicht wenige Wähler bei der vergangenen Bundestagswahl beeinflußt.

Für die meisten Demokratien läßt sich unter normalen Bedingungen ein Einfluß der Arbeitslosenquote auf die Regierungspopularität statistisch nachweisen. Arbeitslosenquote und Inflationsrate gelten als "big two": Diese beiden volkswirtschaftlichen Indikatoren gehören üblicherweise zu den stärksten Faktoren in ökonometrischen Modellen, mit denen in der Forschungstradition der Neuen Politischen Ökonomie die Regierungspopularität erklärt wird. Die Wachstumsrate des Sozialprodukts erweist sich gelegentlich als signifikant (Überblick bei Nannestad & Paldam, 1994). Wie Feld und Kirchgässner (1998) für die Popularität der Regierung Kohl zwischen 1984 und 1996 zeigen, verliert mit jedem Prozentpunkt, den die Arbeitslosenquote zunimmt, das Regierungslager in den alten Bundesländern langfristig dreieinhalb oder zweieinhalb Prozentpunkte an Zustimmung, je nachdem, ob monatlich oder quartalsweise gemessen wird. Interessanterweise kommt die Mehrzahl der einschlägigen Untersuchungen zu dem Schluß, daß weniger die individuelle wirtschaftliche Situation einer Person bzw. ihres Privathaushaltes die Bewertung der Regierung beeinflußt. Weitaus stärker prägt demnach das Fremdbild von der gesamtwirtschaftlichen Lage das politische Urteil (Nannestad & Paldam, 1994, S. 223-229). Daß diese sog. soziotropische Wahrnehmung gegenüber der egotropischen einen stärkeren Einfluß auf die Regierungspopularität hat, ist für die USA durch die einflußreiche Untersuchung von Kinder und Kiewiet (1979) und für andere Länder durch nachfolgende Studien bestätigt worden (Überblick bei Nannestad & Paldam, 1994) – auch für die Bundesrepublik (Lewis-Beck, 1988).

Erwerbslosigkeit ist also nicht nur ein persönliches Problem der Erwerbslosen und ihrer Familien, sie hat vielmehr auch eine bedeutsame gesellschaftlich-politische Dimension, deren Wahrnehmung offenbar stärker von anderen Faktoren als von der eigenen Betroffenheit abhängt. Soziotropische Wahrnehmung ist kommunikativ vermittelte Wahrnehmung. Es liegt auf der Hand, daß sie sich neben persönlichen Gesprächen aus der Berichterstattung der Massenmedien speist. Den reichhaltigen Forschungsergebnissen der Neuen Politischen Ökonomie zum Einfluß der Erwerbslosigkeit und anderer Aspekte der Wirtschaftslage auf Meinungsumfragen und Wahlausgänge stehen allerdings nur fragmentarische Erkenntnisse zur Rolle der Medien in diesem Prozeß gegenüber. So konsequent, wie der Mainstream der Politologen und Ökonomen die gesellschaftliche Informationsfunktion der Medien durchweg ignoriert (vgl. Gavin, 1998, S. 3; Nannestad & Paldam, 1994, S. 223), so stiefmütterlich haben Kommunikationswissenschaftler die Wirtschaft als Medienthema lange Zeit behandelt (Heinrich, 1991). Einflüsse der ego- und soziotropischen Wirtschaftswahrnehmung auf Popularitätsverläufe sind wesentlich besser untersucht als das Zustandekommen dieser Wahrnehmung: „After decades of attention, we are little beyond introspection in understanding the processes by which citizens come to perceive economic movements", lautet das Urteil von MacKuen, Erikson und Stimson (1992, S. 597) (ähnlich: Gavin & Sanders, 1998, S. 91).

Zu den Ausnahmen zählen die Arbeiten von Diana Mutz. Tatsächlich kann sie die These von der politischen Prädominanz soziotropischer Erwerbslosenwahrnehmung mit Strukturgleichungsmodellen auf der Grundlage zweier Querschnittsbefragungen und Zeitungsinhaltsanalysen für die USA ebenso belegen wie eine starke Dependenz dieser Wahrnehmung von den Medien: „Losing a job has an inescapable impact on an individual's everyday life; one the other hand, this study suggests that reading about unemployment in a newspaper may have greater consequences for U.S. political life" (Mutz, 1992, S. 502). Einige neuere deutsche Untersuchungen belegen, daß Bewertungen der Wirtschaftslage im wesentlichen auf Wahrnehmungen des Arbeitsmarkts beruhen und deuten auf Einflüsse der Medienberichterstattung hin (Müller, 1999; Brettschneider, 1999; Koschel, 1999). Die beiden erstgenannten Autoren untersuchen Daten der Medien-Tenor GmbH, deren Geschäftszweck die kontinuierliche quantitative Inhaltsanalyse einer ziemlich umfassenden deutschen Medienstichprobe ist. In den Forschungsberichten von Medien-Tenor wird regelmäßig darauf hingewiesen, daß die Tendenz der nationalen Wirtschaftsberichterstattung in den letzten Jahren im wesentlichen durch einen Focus auf das Erwerbslosenproblem geprägt ist (z.B. Vollbracht, 1999)

Inwiefern die Berichterstattung über Erwerbslosigkeit auch in Deutschland die Problemwahrnehmung in der Bevölkerung prägt, wie dies die US-amerikanischen Ergebnisse von Mutz (1992) erwarten lassen, soll in diesem Beitrag geprüft werden. Dazu wollen wir die Wahrnehmung von Erwerbslosigkeit als privates und öffentliches Problem in Deutschland während der langen Phase des Anstiegs von 1992 bis 1997 im folgenden eingehender betrachten und dabei ihr Wechselspiel mit der Beschäftigungsentwicklung und der Berichterstattung national einflußreicher Medien zeitreihenanalytisch untersuchen. Wie die nächsten Abbildungen verdeutlichen, sieht ein weitaus größerer Teil der Bevölkerung die Erwerbslosigkeit eher als gesellschaftliches, denn als individuelles Problem. Die Befragungsergebnisse stammen aus dem Politbarometer, das die Forschungsgruppe Wahlen (Mannheim) im Auftrag des ZDF monatlich repräsentativ für alle Bundestagswahlberechtigten erhebt.[1] Alle folgenden Befragungsdaten beziehen sich auf die Teilstichprobe von je rund 1.000 Personen für die alten Bundesländer. Wir stellen sie dem Verlauf der Erwerbslosigkeit gegenüber, wie sie durch die Arbeitslosenquote unter allen zivilen Erwerbstätigen erfaßt wird, die die Bundesanstalt für Arbeit seit 1992 für Gesamtdeutschland ausweist.

---

1 Mehrstufig geschichtete Zufallsauswahl (ADM-Mastersample), mündliche Befragung mit standardisiertem Fragebogen. In fünf der sechs untersuchten Jahre wurde jeweils in einem Monat während des Sommers keine mündliche Befragung durchgeführt. Die fehlenden Werte in diesen Monaten wurden jeweils durch Schätzwerte auf der Grundlage des ARIMA-Modells (s.u.) für die jeweiligen Reihe ersetzt.

Offensichtlich steigt der Anteil von Bürgern in den alten Ländern, die um ihren Arbeitsplatz fürchten, im Trend parallel zur offiziellen Arbeitslosenquote (Abbildung 11.1). Waren es am Anfang des Untersuchungszeitraums noch rund zehn Prozent der Berufstätigen, die ihren Arbeitsplatz als gefährdet ansahen, so stieg der Anteil binnen sechs Jahren auf das Doppelte. Die ausgeprägte Saisonalität der Arbeitslosenquote mit je einem Höhepunkt im Januar/Februar und einem weiteren im Juli spiegelt sich kaum im Verlauf der Arbeitsplatzsicherheit wider, bis auf gelegentlich starke Besorgniszunahmen im Herbst.

Abbildung 11.1: Erwerbslosigkeit als privates Problem

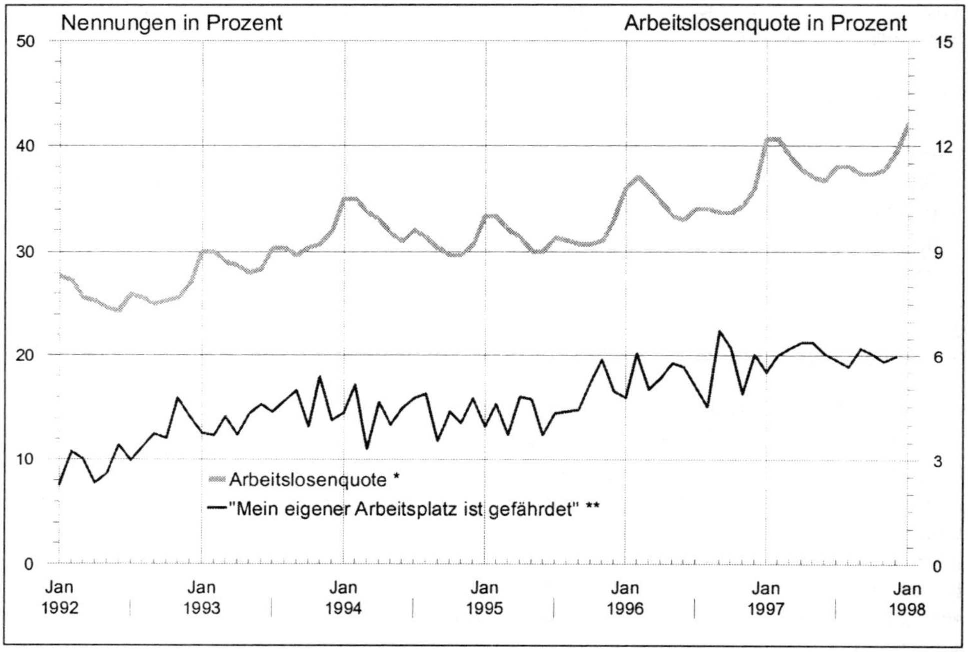

Anmerkungen:

* Anteil Erwerbslose an allen zivilen Erwerbspersonen (BfA).

** Frage: "Halten Sie Ihren Arbeitsplatz für sicher oder für gefährdet?", Anteil Nennungen "gefährdet" durch wahlberechtigte Berufstätige aus den alten Bundesländern (Politbarometer).

Die Wahrnehmung der Erwerbslosigkeit als nationales Problem entwickelte sich demgegenüber weitaus dynamischer (Abbildung 11.2). Während im Jahr 1992 weniger als 20 Prozent der Westdeutschen auf die Frage nach dem wichtigsten oder zweitwichtigsten Problem "Erwerbslosigkeit" oder etwas Sinngemäßes antworteten, meinten dies 1997 rund 80 Prozent. Der Anstieg verläuft nicht gleichmäßig, sondern ist stark geprägt durch zwei Zunahmen zum Januar 1994 und zum Januar 1996. Im Januar 1994 lag die Erwerbslosenzahl erstmals in der Geschichte der Bundesrepublik bei über vier Millionen und die Quote erstmals über zehn Prozent. Beide Grenzen wurden ein weiteres Mal im Januar 1996 gleichzeitig überschritten. Das ausgeprägte Winterhoch der Arbeitslosenquote spiegelt sich mit ein oder zwei Monaten Verzögerung bis auf 1995 auch im Verlauf der Problemnennungen wider. Darüber hinaus ist optisch keine saisonale oder sonstige kurzfristige Parallelität zwischen beiden Kurven erkennbar.

Abbildung 11.2: Erwerbslosigkeit als öffentliches Problem

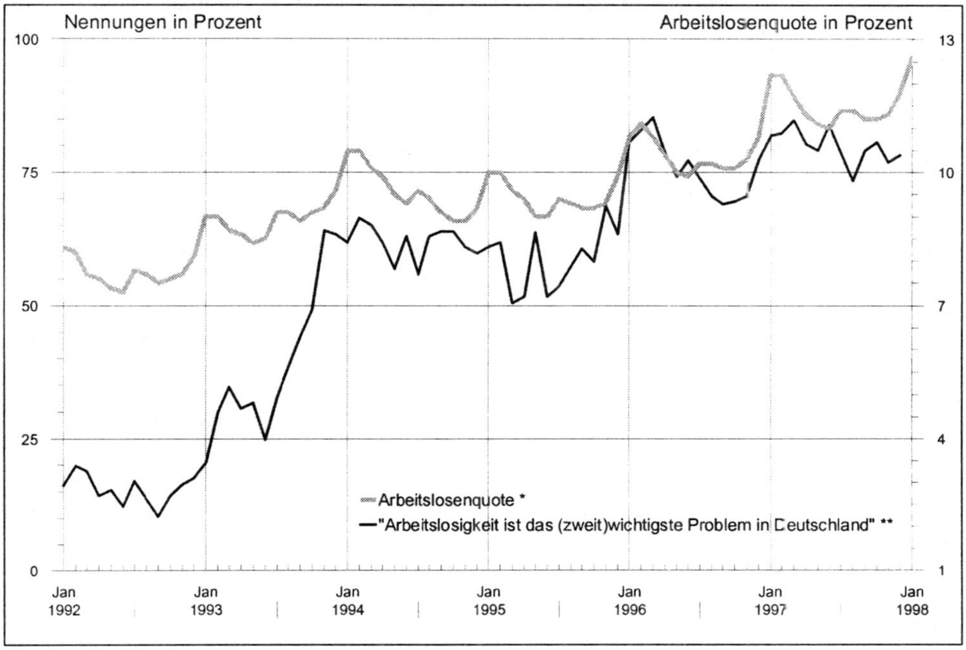

Anmerkungen:

* Anteil Erwerbslose an allen zivilen Erwerbspersonen (BfA).

** Frage: "Was ist Ihrer Meinung nach gegenwärtig das wichtigste Problem in Deutschland? Und was ist ein weiteres wichtiges Problem?", Anteil Nennungen "Erwerbslosigkeit" durch Wahlberechtigte aus den alten Bundesländern (Politbarometer).

Wieso steigt die Thematisierung in der Bevölkerung mit dem statistisch erfaßten Erwerbslosenanteil überproportional an, bis schließlich nur noch eine kleine Minderheit das Problem nicht zu den beiden wichtigsten zählt? Erwerbslosigkeit ist zwar individuell hochrelevant, doch die gesamtgesellschaftliche Entwicklung ist für den einzelnen unmittelbar nicht zu erfahren. Individuelle Erfahrungen mit Erwerbslosigkeit sind sehr unterschiedlich. Viele sind ein Arbeitsleben lang berufstätig, wenige sind durchweg und einige zeitweilig erwerbslos. Natürlich weiß man auch von Verwandten, Kollegen oder Bekannten, die erwerbslos sind, und sicher tragen Gespräche dazu bei, daß mit dem Anteil der Erwerbslosen auch der Anteil derer wächst, die darin ein gesellschaftliches Problem sehen. Schließlich steigt im Untersuchungszeitraum die Zahl derjenigen, die um ihren Arbeitsplatz fürchten, von knapp vier auf knapp acht Millionen und liegt damit kontinuierlich über der Zahl derer, die schon ohne Arbeit sind. Aber warum verläuft die Thematisierung der Erwerbslosigkeit als gesellschaftliches Problem so unterschiedlich von der Einschätzung der Arbeitsplatzsicherheit, wenn beides allein an der Sichtbarkeit im sozialen Umfeld liegen sollte?

Die zeitliche Abfolge der drei Reihen kann genauere Hinweise auf ihre kausalen Zusammenhänge geben. Sie läßt sich aus den Verlaufsgrafiken nur schwer herauslesen. Wir prüfen daher mit Kreuzkorrelationen der ARIMA-bereinigten Reihen, wie Arbeitslosenquote, Arbeitsplatzunsicherheit und nationale Problemwahrnehmung im Zeitverlauf zusammenhängen und stellen einige Bemerkungen zur eingesetzten Methode voran.

11.2 Zeitliche Abfolge von Problemwahrnehmungen und Erwerbslosenstatistik

Die kausalen Zusammenhänge zweier Zeitreihen können durch zeitversetzte Korrelation (Cross-Lag-Correlation) sichtbar gemacht werden – wenn die Wirkung in einer Veränderung besteht und das Meßintervall dem Wirkungsintervall hinreichend angepaßt ist. Da die Wirkung der Ursache folgt, läuft die abhängige Variable in ihrer Variation hinterher; sie korreliert zeitversetzt mit der verursachenden (vgl. Schulz, 1970, S. 75-90). Die Verlaufsähnlichkeit von Zeitreihen, sei sie auch asynchron, ist aber kein hinreichendes Anzeichen für einen kausalen Zusammenhang. Scheinkorrelationen durch Drittvariablen können bei Zeitreihen genauso auftreten wie bei Querschnittsdaten. Doch Zeitreihen bergen noch eine zusätzliche Ursache möglicher Scheinkorrelationen: ihre Eigendynamik. Die Messungen, aus denen eine Zeitreihe besteht, variieren typischerweise nicht rein zufällig[2], sondern hängen von vorausgegangen Werten ab. Ob es um die Erwerbslosenstatistik, Ergebnisse von Meinungsumfragen oder um Häufigkeiten bestimmter Medieninhalte geht – im Regelfall wird der aktuelle Wert von dem zuletzt gemessenen beeinflußt.

Solche Zusammenhänge zeigen sich als Autokorrelationen. Sie werden durch die Korrelation einer Zeitreihe mit ihren Lags ermittelt, den um ein oder mehrere Intervalle auf dem Zeitstrahl nach hinten verschobenen Werten derselben Reihe. Saisonale Effekte sind ein Sonderfall, bei dem die Autokorrelation zwischen auseinanderliegenden Meßpunkten auftritt, die in die gleiche Saison fallen. Schon wenn mehrere Zeitreihen mittelstark autokorreliert vom ersten Grad sind – also zum Lag 1 -, begünstigt dies interserielle Scheinkorrelationen und verletzt die Modellannahmen der üblichen Regressionsmodelle (Kirchgässner, 1981, S. 10-17).

Es ist für die Suche nach ursächlichen Zusammenhängen also unangemessen, Zeitreihen zu (kreuz-)korrelieren, ohne etwaige Autokorrelationen zu kontrollieren. Ein gängiges Verfahren besteht darin, alle univariaten Abhängigkeiten aus Zeitreihen zunächst zu entfernen. Die Residualreihe besteht nur noch aus Zufallsschwankungen, die Rauschen oder White Noise genannt werden, weshalb dieses Verfahren auch prewhitening heißt. Nach dem ARIMA-Verfahren von Box und Jenkins (1976) wird neben autoregressiven Anteilen (AR) und ihrem Sonderfall, der Integration (I) – bei dem der Autokorrelationskoeffizient genau eins beträgt – noch eine weitere Form der Eigengesetz-

---

2 "Zufällig" ist die Verteilung der Meßwerte über die Zeit und bedeutet hier nicht etwa: kontingent. Es bedeutet, die Zeitreihe folgt bei univariater Betrachtung dem Zufall, was nicht ausschließt, daß ihre Variation auf andere Faktoren zurückgeht.

lichkeit eliminiert: gleitende Durchschnitte (Moving Averages – MA). In ihrem Fall hängt der gegenwärtige Wert außer vom gegenwärtigen Zufallseinfluß nur von vergangenen Zufallsschocks ab (nicht wie bei AR-Effekten von den kompletten vorangegangenen Werten). Die Zeitreihe verläuft also als Folge der gewichteten gleitenden Mittelwerte aus den zufällig verteilten Einflüssen. MA-Prozesse, deren Effekte mit zunehmender Entfernung vom aktuellen Zeitpunkt schwinden statt zu kumulieren, lassen sich eigentlich durch AR-Koeffizienten darstellen. Die Kombination beider Typen von Parametern ermöglicht aber eine sparsame Modellierung.

Da Zeitreihen, die mit dem ARIMA-Verfahren auf ihre zufälligen Komponenten reduziert werden, nicht dem Einfluß der eigenen Vergangenheit unterliegen, kann er nicht die zeitversetzten Interkorrelationen verschleiern. Die ARIMA-Bereinigung vernichtet jedoch oft den größten Anteil der Varianz, erhält aber dabei den Zufallsfehler. Das skizzierte Verfahren ist somit ein relativ harter Test auf Interkorrelation und steht in der Kritik, weil es dazu tendiert, Scheinunabhängigkeiten zu diagnostizieren (Kirchgässner, 1981, S. 145; Harvey, 1994, S. 313).

Wir sehen die Strenge des Verfahrens für die vorliegende Untersuchung nicht als Nachteil an. Für alle folgenden Korrelations- und Regressionsrechnungen wurden die Zeitreihen daher nach dem Box-Jenkins-Verfahren bereinigt. Dies betrifft allerdings nicht die saisonalen Effekte, die den Verlauf der Arbeitslosenquote prägen. Die ARIMA-Modellierung wurde in diesem Fall mit der bereits saisonbereinigten Reihe durchgeführt, die die Bundesanstalt für Arbeit zur Verfügung stellt. Die Parameter der ARIMA-Bereinigungen werden in den Korrelations- bzw. Regressions-Tabellen angegeben, wobei diese drei Ziffern der Ordnung des jeweils eliminierten AR-, I- und MA-Effekts in dieser Reihenfolge entsprechen.[3] Wenn das verbliebene Rauschen aus verschiedenen Zeitreihen signifikant korreliert, nehmen wir dies als starken Beleg dafür, daß diese Zeitreihen entweder kausal unmittelbar zusammenhängen oder sich durch Drittvariablen gemeinsam bewegen. Den zeitversetzten Zusammenhang zwischen den Reihen bilden wir durch Kreuzkorrelationen im Abstand von maximal zwei Monaten ab. Dies gilt in der Agenda-Setting-Forschung (s.u.) üblicherweise als obere Grenze des optimalen Wirkungsintervalls bei medieninduzierten Thematisierungsprozessen (Rössler, 1997, S. 140-143). Es deckt sich zudem mit Erkenntnissen über die hohe Geschwindigkeit, mit der sich die Erwerbslosenstatistik in der Regierungspopularität niederschlägt (Nannestad & Paldam, 1994, S. 217). Signifikante Korrelationen außerhalb dieses Zeitfensters traten in unseren Ergebnissen tatsächlich kaum auf. Auf sie wird gegebenenfalls im Text hingewiesen. In den folgenden Tabellen gibt der Zeitindex unter den fünf rechten Spalten die Anzahl der Monate an, um die die Lead-Variable in einer Kreuzkorrelation der Lag-Variablen vorausläuft.

Tatsächlich läßt sich mit einer Kreuzkorrelation der ARIMA-bereinigten Zeitreihen auf dem üblichen fünf Prozent-Niveau kein signifikanter Zusammenhang zwischen Arbeitslosenquote und den Problemnennungen durch die Bevölkerung nach-

3 Es wurde jeweils das sparsamste ARIMA-Modell ausgewählt, dessen Residuen weder signifikante Autokorrelationen zum Lag eins noch saisonale Effekte erster Ordnung enthielten und auch keine summarisch signifikanten Autokorrelationen höherer Ordnung aufwiesen. Letzteres wurde mit der Box-Pierce-Q-Statistik über ein Viertel der Zeitreihe geprüft. Verblieben nach diesem Vorgehen mehrere Modelle, wurde dasjenige mit dem niedrigsten AIC-Wert gewählt (Akaikes Information Criterion). Dieser Wert sinkt mit der Sparsamkeit und der Anpassungsgüte des Modells (vgl. Scheufele, 1999, S. 118-119).

weisen.[4] In Tabelle 11.1 ragt allerdings die positive Korrelation der Problemnennungen mit der Arbeitslosenquote vom Vormonat heraus, die auf dem zehn Prozent-Niveau signifikant ist. Plausibel wird dieses zeitliche Muster, wenn man davon ausgeht, daß es von der Bekanntgabe der aktuellen Erwerbslosenstatistik herrührt, die stets am Anfang des Folgemonats veröffentlicht wird. Dagegen widerspricht es der Vermutung, die allgemeine Thematisierung des Erwerbslosenproblems in der Bevölkerung gehe überwiegend von der persönlichen Erfahrung aus. Wenn jemand erwerbslos wird und dies einen Projektionseffekt auf die gesellschaftliche Ebene auslöst, dann sollte sich die Einschätzung der Erwerbslosigkeit als allgemeines Problem bei dieser Person und ihrer Familie vorher oder spätestens mit dem Eintritt in die Erwerbslosigkeit verändern, und nicht erst einen Monat später. Das Gleiche gilt für Arbeitskollegen der Betroffenen, während man nicht ohne weiteres sagen kann, wie lange es durchschnittlich dauert, bis andere Bekannte von drohendem oder eingetretenem Arbeitsplatzverlust erfahren.

Tabelle 11.1: Arbeitsmarktstatistik und Problemwahrnehmung in der Bevölkerung: Kreuzkorrelationen ARIMA-bereinigter Zeitreihen, 1992-1997 monatsweise [1]

Lead:	Lag:					
Arbeitslosenquote [2]	"Erwerbslosigkeit ist e. Problem" [3]	-.05	.03	.07	.22 [+]	.11
Arbeitslosenquote	"Mein Arbeitsplatz ist gefährdet" [4]	-.02	**.27***	.06	.06	.05
"Mein Arbeitsplatz i. gefährdet"	"Erwerbslosigkeit ist e. Problem"	.15	-.02	**.28***	.14	-.05
	Vorlauf der Leadvariablen in Monaten:	-2	-1	0	1	2
		Lag läuft vor			Lead läuft vor	

Anmerkungen: * p < .05; [+] p < .10

1 Wenn eine Variable der anderen mit einer signifikanten Korrelation vorausläuft, so ist dies ein Anzeichen dafür, daß sie die Variation der anderen verursacht. Zumindest vermag die vorlaufende Variable die nachlaufende zu prognostizieren.

2 Anteil Erwerbslose an allen zivilen Erwerbspersonen (BfA), ARIMA-Bereinigung: (111), saisonale Bereinigung nach dem Census X-11-Verfahren.

3 Frage: "Was ist Ihrer Meinung nach gegenwärtig das wichtigste Problem in Deutschland? Und was ist ein weiteres wichtiges Problem?", Anteil Nennungen "Erwerbslosigkeit" durch Wahlberechtigte aus den alten Bundesländern (Politbarometer), ARIMA-Bereinigung: (010).

4 Frage: "Halten Sie Ihren Arbeitsplatz für sicher oder für gefährdet?", Anteil Nennungen "gefährdet" durch wahlberechtigte Berufstätige aus den alten Bundesländern (Politbarometer), ARIMA-Bereinigung: (011).

An der Erwerbslosenstatistik scheinen sich vorwiegend Höhergebildete zu orientieren: Im Teilaggregat der Personen mit Hochschulreife korrelieren die Arbeitslosenquote vom Vormonat und die nationalen Problemnennungen signifikant mit r = 0,29. In den beiden niedrigeren Bildungsgruppen zeigt sich dagegen zu keinem Lag ein signifikanter Zusammenhang. Das gilt für Personen mit Mittlerer Reife bzw. mit einem Bildungsgrad, der nicht über den Hauptschulabschluß hinausgeht.

4 Ohne weiteren Hinweis ist mit "signifikant" im folgenden immer gemeint, daß die Wahrscheinlichkeit für einen zufälligen Zusammenhang bei unter fünf Prozent liegt.

Ein weiterer Beleg für die These, wonach die Wahrnehmung der Erwerbslosigkeit als gesellschaftliches Problem nicht mit der persönlichen Arbeitssituation, sondern allenfalls mit der Veröffentlichung der nationalen Erwerbslosenstatistik zusammenhängt, findet sich, wenn die Kreuzkorrelationsanalyse mit der Arbeitslosenquote in den alten Bundesländern durchgeführt wird. Mit dieser Quote hängen die Problemnennungen der Westdeutschen zu keinem der fünf Lags auch nur auf dem zehn Prozent-Niveau signifikant zusammen, obwohl sie doch die reale Entwicklung in der Region mißt, die für die Befragten relevant sein müßte.

Ein Muster, das als Indiz für rein egotropische Wahrnehmung genommen werden kann, zeigt sich dagegen bei der subjektiven Arbeitsplatzsicherheit, die der Erwerbslosenstatistik um einen Monat signifikant vorausläuft. Die Angst um den eigenen Arbeitsplatz fällt also nicht mit der Bekanntgabe der Arbeitsmarktdaten zusammen oder folgt ihr. Das ist plausibel, da Entlassungen nicht von einem Tag auf den anderen erfolgen, sondern im vorhinein absehbar sind. Angesichts der üblichen Kündigungsfristen könnte man sogar vermuten, daß die Arbeitsplatzunsicherheit der Erwerbslosenentwicklung noch länger vorausläuft. Tatsächlich tritt eine signifikante positive Kreuzkorrelation der ARIMA-bereinigten Reihen auch bei vier Monaten Vorlauf der Arbeitsplatzunsicherheit vor der Arbeitslosenquote auf. Bei Aufspaltung des Gesamtaggregats zeigt sich, daß die Arbeitsplatzsicherheit in allen drei Bildungsgruppen der Arbeitslosenquote signifikant vorausläuft. Wenn die Arbeitsplatzsicherheit aber nicht erst auf die offizielle Statistik reagiert, wird sie vermutlich überwiegend durch persönliche Erfahrung bestimmt. Ein widersprüchliches Indiz sollten wir allerdings erwähnen: Auch die Wahrnehmung der Erwerbslosigkeit als privates Problem hängt in Westdeutschland bei allen Lags schwächer mit der Arbeitslosenquote der alten Bundesländer zusammen als mit der gesamtdeutschen Quote. Beim Vorlauf der Arbeitsplatzsicherheit um einen Monat korrelieren beide nur auf dem zehn Prozent-Niveau signifikant.

Schließlich zeigt Tabelle 11.1 noch, daß Arbeitsplatzunsicherheit und gesellschaftliche Problemwahrnehmung zeitgleich signifikant zusammenhängen. Das kann als weiterer Beleg dafür gewertet werden, daß die Einstufung der Erwerbslosigkeit als nationales Problem eigentlich zeitgleich oder vorauslaufend mit den offiziellen Arbeitsmarktdaten korrelieren müßte, wenn auch sie im wesentlichen auf Beobachtung der direkten Umwelt gründete. Dabei ist die Projektion der eigenen Erfahrung auf die nationale Situation nur eine Erklärungsmöglichkeit. Entsprechende sog. Looking-Glass-Effekte lassen sich beispielsweise für die Wahrnehmung des politischen Meinungsklimas nachweisen (Scherer, 1990). Die andere Möglichkeit liegt im umgekehrten Kausaleffekt. Denn mit der öffentlichen Thematisierung der Erwerbslosigkeit als gesellschaftliches Problem mag durchaus die Angst um den eigenen Arbeitsplatz steigen, was man als Kultivationseffekt bezeichnen kann (Gerbner & Gross, 1976). Dann sollte allerdings die Bekanntgabe der Erwerbslosenstatistik im gleichen Monat einen zusätzlichen signifikanten Effekt auf die Arbeitsplatzsicherheit haben, was durch die Daten aus Tabelle 11.1 nicht bestätigt wird. Wie außerdem Studien aus den USA belegen, treibt die Wahrnehmung der Erwerbslosigkeit als persönliches Problem deren Wahrnehmung als soziales Problem und nicht umgekehrt – sofern überhaupt signifikante Zusammenhänge zwischen beiden Phänomenen nachweisbar sind (Mutz, 1992).

Die Untersuchungen von Mutz (1993, S. 494) zeigen ferner, daß nur unter gut informierten Personen, die die Arbeitslosenquote ungefähr genau angeben konnten, die persönliche Erfahrung mit Erwerbslosigkeit (Entlassung oder problematische Jobsuche unter Familienmitgliedern) einen Einfluß auf die Beurteilung des amerikanischen Präsidenten hatte. Die Autorin interpretiert dies so, daß die gut Informierten sich erstens der persönlichen Kosten und Erträge politischen Handelns eher bewußt sind und zweitens eher feststellen können, daß ihre persönlichen Erfahrungen von anderen geteilt werden (484). Unsere Daten bestätigen dies insofern, als im Teilaggregat mit Personen, die höchstens einen Hauptschulabschluß besitzen, zu keinem Lag ein signifikanter Zusammenhang zwischen Arbeitsplatzunsicherheit und der Nennung von Erwerbslosigkeit als nationales Problem besteht, während in der mittleren Bildungsgruppe der zeitgleiche Zusammenhang signifikant ist. Allerdings zeigt sich auch in der höchsten Bildungsgruppe kein Zusammenhang, was den Ergebnissen von Mutz widerspricht. Möglicherweise generalisiert man in der höchsten Bildungsgruppe die eigenen Erfahrungen deshalb nicht, weil in dieser Gruppe die Gefahr, erwerbslos zu werden, am geringsten ist. Personen aus dieser Gruppe, die ihren Arbeitsplatz gefährdet sehen, könnten ihre Erfahrung daher möglicherweise für untypisch halten und folglich nicht mit der gesellschaftlichen Entwicklung als Ursache in Verbindung bringen.

Wir können jedenfalls davon ausgehen, daß auch in Deutschland der Zusammenhang zwischen der Problemsicht auf Erwerbslosigkeit als privates und als öffentliches Problem eher schwach ausgeprägt ist und dabei im wesentlichen eine Projektions-Beziehung herrscht.

Einen stärkeren Treiber der Thematisierung von Arbeitslosigkeit als nationales Problem kann man nach der bisherigen Betrachtung aber in der Medienberichterstattung vermuten, die nicht nur die Ergebnisse der amtlichen Erwerbslosenstatistik verbreitet, sondern durch diskretionäre Thematisierung auch den Verlauf jener öffentlichen Problembeachtung beeinflussen dürfte, die mit der Arbeitslosenquote nur relativ schwach zusammenhängt.

11.3 Über Agenda-Setting und die Aufdringlichkeit von Problemen

Daß Medien die Wahrnehmung von Erwerbslosigkeit als gesellschaftliches Problem prägen, wird durch die Agenda-Setting-Hypothese nahegelegt. Sie herrscht seit Jahrzehnten als Paradigma der empirischen Medienwirkungsforschung (Rogers, Hart & Dearing, 1997). McCombs und Shaw (1972) haben die Agenda-Setting-Hypothese mit ihrem bahnbrechenden Beitrag eingeführt, in dem sie die Wichtigkeit gesellschaftlicher Probleme für das Publikum auf deren Auffälligkeit als Thema in der Medienberichterstattung zurückführten. Diese Annahme ist durch Aggregatanalysen inzwischen vielfach bestätigt worden (vgl. Rössler, 1997). Agenda-Setting-Effekte sind durch die Dependenz der Menschen auf die Medien bedingt, d.h. durch das Ausmaß, in dem Ereignisse und Aussagen zu einem Thema nicht direkt, sondern nur medienvermittelt erfahrbar sind (DeFleur & Ball-Rokeach, 1982, S. 242). Mit der Dependenz steigt die Wahrscheinlichkeit, mit der Medieninhalte das Gedächtnis prägen. Und aus diesem Aufmerksamkeitseffekt resultiert wiederum ein Effekt auf die Bewertung von Wichtigkeiten. Man kann nämlich davon ausgehen, daß Themen ceteris paribus um so eher für wichtig befunden werden, je leichter sie aus dem Gedächtnis rekonstruierbar sind. Für diesen Mechanismus bei der individuellen Urteilsbildung ist der Begriff Priming geläufig (Price & Tewksbury, 1997).

Aus der Dependenzthese wird die Unterscheidung zwischen aufdringlichen und unaufdringlichen Themen in der Agenda-Setting-Forschung hergeleitet. Aufdringlichkeit (obtrusiveness) ist nach der These von Zucker (1978) ein Themenmerkmal, das die Dependenz der Rezipienten auf die Berichterstattung herabsetzt und damit Agenda-Setting-Einflüsse hemmt. Um so eher ein Problem auch direkt, d.h. medienunvermittelt erfahrbar ist, um so aufdringlicher ist es, um so schwächer der Einfluß der Medien. Zucker (1978) faßt Erwerbslosigkeit als aufdringliches Problem auf, was er durch seine Untersuchung bestätigt sieht, in der die Berichterstattung über Erwerbslosigkeit monatlich stärker zeitgleich als vorauslaufend, aber jeweils signifikant mit den Nennungen von Erwerbslosigkeit als nationales Problem in den USA korreliert. Dabei korrelieren die Berichterstattung wie die Befragungsergebnisse gleichermaßen hoch mit der Arbeitslosenquote (Zucker, 1978, S. 237). Zu ähnlichen Schlüssen kommen Behr und Iyengar (1985) und Demers, Craff, Choi und Pessin (1989) mit ihren methodisch etwas anspruchsvolleren Studien über die USA. In beiden Untersuchungen fällt der im Zeitverlauf bivariat signifikante Zusammenhang zwischen der Thematisierung von Erwerbslosigkeit in Fernsehnachrichten und den Problemnennungen in Meinungsumfragen bei Kontrolle der Arbeitslosenquote unter die Signifikanzschwelle. Alle genannten Autoren gehen implizit davon aus, daß mit der Arbeitslosenquote der Einfluß der persönlichen Umweltwahrnehmung kontrolliert werde. Unseres Erachtens ist das falsch. Vielmehr spiegelt sich darin die Verbreitung der Statistik durch die Medien. Die, wie unten noch ausgeführt wird, als Anlaß der Berichterstattung wie in kaum einem anderen Themenbereich dominiert.

Es ist außerdem irreführend, Arbeitslosigkeit pauschal als aufdringlich einzustufen. Aufdringlich ist allein die im persönlichen Umfeld wahrnehmbare Arbeitslosigkeit, die je nach Situation und Region stark variiert. Wie sich die Lage auf dem Arbeitsmarkt in nationaler Perspektive darstellt, läßt sich direkt kaum erfahren. Daher ist die nationale Arbeitslosigkeit ein unaufdringliches Problem. Dies wird durch die Ergebnisse von Shaw und Slater (1988) für die U.S. Gemeinde Richmond bestätigt. Sowohl zeitgleich als auch nachlaufend korrelierten dort die Nennungen von Erwerbslosigkeit als nationales Problem durch die Bevölkerung hoch mit der nationalen Arbeitslosenquote und stärker als mit der lokalen Quote. Dabei hingen sie ähnlich stark mit der nationalen Fernsehberichterstattung zusammen, die ihrerseits hoch mit der nationalen Quote korreliert war.

Damit wird die Kritik aus jüngeren Abhandlungen zum Agenda-Setting gestützt, die die ursprünglichen Auffassung, wonach Aufdringlichkeit allein ein Merkmal des Themas ist, für revisionsbedürftig halten (Eichhorn, 1995, S. 33; Rössler, 1997, S. 161-162). Im gleichen Maß wie die Dependenz von den Medien mit der Person variiert, so variiert auch die individuelle Aufdringlichkeit von Themen. Im Kontext der Erwerbslosigkeit bedeutet dies vor allem, die private Problemsicht von der nationalen Problemsicht zu unterscheiden. Die Agenda-Setting-Forschung hat sich bislang fast ausschließlich mit der nationalen Perspektive befaßt. Gegenüber den wenigen bereits erwähnten Studien, die die Agenda-Setting-Hypothese für das Thema Erwerbslosigkeit ablehnen, überwiegen andere Längsschnittstudien, die mit Aggregatsdaten für die USA zu gegenteiligen Ergebnissen kommen (Eaton, 1989; MacKuen, 1981; Neuman, 1990; Zhu & Boroson, 1997). Entsprechende Effekte werden ferner mit Querschnittstudien auf Individualdatenniveau nachgewiesen (Mutz, 1992; Erbring, Goldenberg & Miller, 1980);

und auch die vielzitierten Agenda-Setting-Experimente durch Iyengar und Kinder (1987) zeigten – oft starke – Effekte zum Thema Erwerbslosigkeit.

Aus Deutschland sind uns zwei Studien über relativ kurze Zeiträume bekannt, die die Agenda-Setting-Hypothese bezüglich des Themas Erwerbslosigkeit prüfen. In beiden Fällen wird der Effekt der Thematisierung von Arbeitslosigkeit durch Nachrichtensendungen der reichweitenstärksten deutschen Fernsehprogramme untersucht. So finden Kepplinger, Gotto, Brosius und Haak (1989) auf der Grundlage wöchentlich aggregierter Daten im Verlauf des Jahres 1986 keinen statistisch signifikanten Einfluß der Fernsehnachrichten auf die Nennungen der Erwerbslosigkeit als nationales Problem in der Bevölkerung und auch keinen umgekehrten Zusammenhang. Vermutlich liegt dies auch an einem Decken-Effekt: Der Anteil von "Arbeitslosigkeit" unter den Problemnennungen im Untersuchungszeitraum lag mit geringer Variation durchweg bei rund 80 Prozent; daher konnten Effekte einer zunehmenden Thematisierung in den Medien nur noch marginal sein. Dagegen sieht Brettschneider (in Druck) die Agenda-Setting-Hypothese beim Thema Erwerbslosigkeit bestätigt. Er stellt fest, daß die Problemnennungen in der Bevölkerung im Zeitraum Januar 1996 bis Mai 1998 mit der Auffälligkeit des Themas Erwerbslosigkeit in den durch die Medien-Tenor GmbH codierten Fernsehnachrichtensendungen bivariat stärker korrelieren als mit der Arbeitslosenquote.

Zum privaten Problemaspekt sind uns nur zwei Studien bekannt. Sie stellen weder für Deutschland (Brosius & Weimann, 1995) noch für die USA (Mutz, 1992) einen Zusammenhang zwischen der Thematisierung in den Medien und Arbeitsplatzunsicherheit in der Bevölkerung fest.

11.4 Ursachen und Wirkungen der Berichterstattung über Erwerbslosigkeit

Wir prüfen nun, ob die Thematisierung der Arbeitslosigkeit als öffentliches oder als privates Problem in Deutschland sich im relativ langen Zeitraum von 1992-1997 durch die Berichterstattung verschiedener Medien erklären läßt. Auf der Suche nach Agenda-Setting-Effekten stellen wir die Verläufe von Bevölkerungsansichten und Erwerbslosenstatistik der Thematisierung von Erwerbslosigkeit in drei ausgewählten Nachrichtenquellen gegenüber, die in unserem Projekt "Medien und Konjunkturklima" durch eine quantitative Inhaltsanalyse erhoben wurde.[5] Mit dem universellen Nachrichtendienst (Basisdienst) der Deutschen Presseagentur, der Hauptausgabe der Tagesschau und der BILD-Zeitung wurden die nach Breitenwirkung einflußreichsten deutschen Nachrichtenquellen ausgewählt. Während die Tagesschau und die BILD-Zeitung jeweils die reichweitenstärkste Nachrichtenquelle im elektronischen bzw. im Printmediensektor sind, beruht die Bedeutung der dpa nicht auf ihrer direkten Reichweite in der Bevölkerung. Vielmehr prägt die dpa die Berichterstattung aller deutschen Nachrichtenmedien, vor allem jedoch der lokalen/regionalen Abonnementzeitungen und läßt sich zugleich als Sammelbecken und Verstärker der deutschen Nachrichtenberichterstattung ver-

---

[5] Das Projekt wurde von der Deutschen Forschungsgemeinschaft mit einer Sachbeihilfe gefördert und unter der Leitung von Lutz M. Hagen am Lehrstuhl für Kommunikations- und Politikwissenschaft der Friedrich-Alexander-Universität Erlangen-Nürnberg durchgeführt.

stehen.[6] Zwar ist weder die Nachrichtenagentur noch die Nachrichtensendung ein Massenmedium im Sinne einer eigenständigen Organisation, die ein Massenpublikum direkt bedient. Wir wollen dennoch der Einfachheit halber im folgenden statt von den drei Nachrichtenquellen immer von den drei Medien sprechen.

In der Tagesschau wurden bis auf den Wetterbericht, in der BILD-Zeitung wurden bis auf den Sport- und Lokalteil jeweils alle Beiträge gezählt, die wertende oder deskriptive Aussagen zum Verlauf bzw. zum Stand der Erwerbslosigkeit in Deutschland enthielten.[7] Bei der Tagesschau umfaßte die Analyse Anmoderationen und Sprechermeldungen, die im Redaktionssystem gespeichert waren, sowie – bei Bildbeiträgen – Zusammenfassungen des Beitragstextes und eine Beschreibung des Bildinhaltes. Bei BILD wurde der Titelblock analysiert, d.h. Überschrift, Ober- und Unterüberschriften und fetter Vorspann. Die dpa wurde per Datenbankrecherche ausgewertet. Dabei wurden monatlich alle Meldungen gezählt, die im Datenbanksystem mit einer nationale Kennung versehen waren und mindestens einen der folgenden Wortstämme enthielten: "arbeitslos" oder "erwerbslos".[8] Nach diesem Verfahren wurden in der Tagesschau pro Monat durchschnittlich rund zwei, in der BILD-Zeitung gut sechs und im dpa-Basisdienst 180 Meldungen über die Arbeitsmarktentwicklung in Deutschland gemessen.

---

6 Der thematisch universelle Basisdienst der führenden deutschen Nachrichtenagentur dpa wurde im Untersuchungszeitraum 1991 bis 1997 zeitweise von allen, zeitweise von allen außer einer der deutschen Tageszeitungsvollredaktionen (publizistischen Einheiten) bezogen und von allen überregionalen Funk- und Fernseh-Nachrichtenredaktionen. Es ist empirisch gut belegt, daß die dpa eine Leitfunktion im deutschen Mediensystem hat (Hagen, 1995, S. 18-22). dpa prägt nachweislich die Medienberichterstattung, insbesondere der regionalen Abonnementzeitungen, die 1997 werktäglich über 70 Prozent der Bevölkerung erreichten (Typologie der Wünsche Intermedia (TdWI), 1997). Umgekehrt erfüllt dpa die Funktion eines Echos und Verstärkers der Berichterstattung deutscher publizistischer Medien: Die Berichterstattung anderer Medien und anderer Agenturen zählt zu den wichtigsten Quellen der Berichterstattung von dpa. Generell werden viele Agenturmeldungen durch Medienbeiträge oder deren Vorankündigung in Pressemeldungen angestoßen (Wilke & Rosenberger, 1991, S. 86-89).

Mit der Tagesschau wurde die führende deutsche Nachrichtensendung analysiert. Sie erreichte von 1991-1997 täglich rund zwölf Prozent der Bevölkerung ab 14 Jahre. Das entspricht durchschnittlich und relativ konstant einem Anteil von etwa 40 Prozent unter allen Personen, die an einem Abend in einem der fünf reichweitenstärksten Programme Nachrichten sehen (GfK-Wochenberichte). Die Tagesschau genießt außerdem von allen Nachrichtensendungen die höchste Glaubwürdigkeit (Darschin & Horn, 1997, S. 273).

Die BILD-Zeitung ist das mit Abstand auflagen- und reichweitenstärkste Printmedium in Deutschland. Sie erreicht werktäglich mit einer Auflage von 4,7 Millionen Exemplaren rund 18 Prozent der Bevölkerung ab 14 Jahre. Die höchste Reichweite nach dem Haushaltsnettoeinkommen erzielt sie mit 20 Prozent in der Einkommensklasse zwischen 2.500 DM bis unter 3.000 DM. Während BILD unter Menschen mit Abitur oder Studium acht Prozent erreicht, sind es bei Hauptschulabgängern mit Abschluß und Berufsausbildung 24 Prozent (TdWI, 1997). Sie ist auch deshalb ein interessantes Analyseobjekt, weil sie als Boulevardzeitung viele explizite und drastisch wertende Aussagen enthält.

7 Unser Dank geht an die überaus kooperative Redaktion und das Archiv von ARD-aktuell beim NDR und an die Datenbankabteilung der dpa. Es ist alles andere als selbstverständlich, daß sie uns Zugang zu den archivierten Inhalten gewährt haben.

8 Die Vergleichbarkeit des inhaltsanalytischen Verfahrens mit der Datenbankrecherche wurde an der Berichterstattung der FAZ im Zeitraum 1994-1997 geprüft. Wie sich dabei zeigte, korrelierten die Verläufe von inhaltsanalytischen Codierungen und Funden aus der Datenbankrecherche zum Thema Erwerbslosigkeit auf monatlicher Basis mit $r = 0.72$, auf Quartalsbasis mit $r = 0.88$

Abbildung 11.3: Thematisierung von Erwerbslosigkeit in der Bevölkerung und durch die Medien

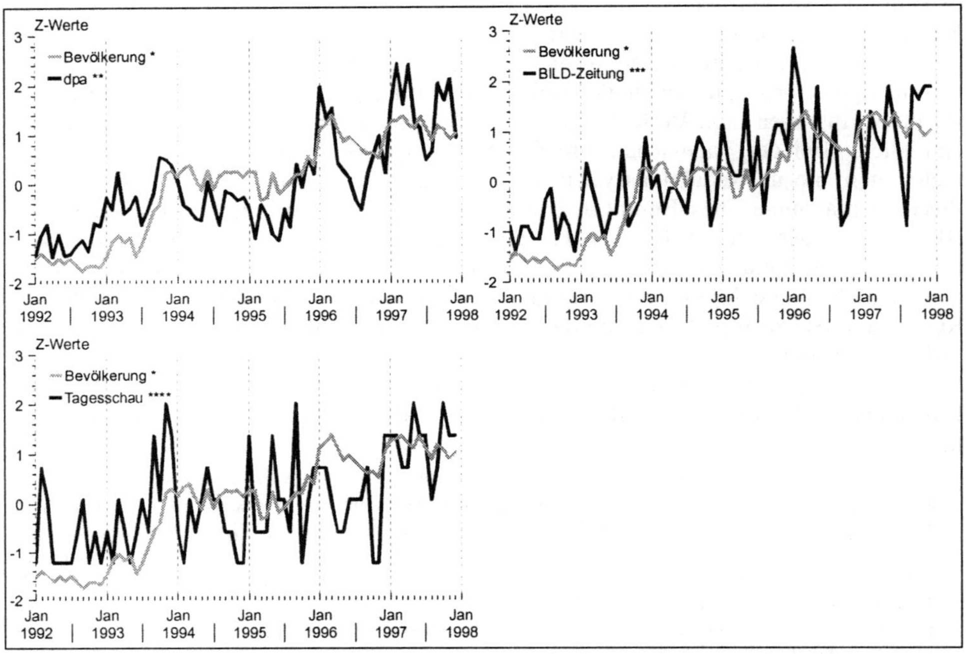

Anmerkungen:

* Frage: "Was ist Ihrer Meinung nach gegenwärtig das wichtigste Problem in Deutschland? Und was ist ein weiteres wichtiges Problem?", Anteil Nennungen "Erwerbslosigkeit" durch Wahlberechtigte aus den alten Bundesländern, Politbarometer (z-standardisiert).

** Anzahl Beiträge im Basisdienst der dpa, die die Wortstämme "arbeitslos" oder "erwerbslos" enthalten (z-standardisiert).

*** Anzahl Beiträge in der BILD-Zeitung, die wertende oder deskriptive Aussagen zum Verlauf bzw. zum Stand der Erwerbslosigkeit in Deutschland enthalten (z-standardisiert).

****Anzahl Beiträge in der 20 Uhr-Ausgabe der Tagesschau, die wertende oder deskriptive Aussagen zum Verlauf bzw. zum Stand der Erwerbslosigkeit in Deutschland enthalten (z-standardisiert).

Wie Abbildung 11.3 mit monatlich aggregierten Verläufen zeigt, nimmt die Arbeitsmarkt-Berichterstattung aller drei Medien mit der Zeit zu. Dabei schlägt die Berichterstattung der dpa am stärksten in den Wintern 1993/94, 1995/96 und 1996/97 aus. Mit anderen Worten immer dann, wenn die Erwerbslosenzahl die vier Millionengrenze überschritt. Dieser zahlenmagische Effekt zeigt sich bei der Tagesschau ebenfalls deutlich im Winter 1993/94 und 1996/97, bei BILD dagegen nur 1995/96. Wieder einmal wird hier die Triebkraft negativen Geschehens für die Berichterstattung belegt. Sie läßt sich für die Wirtschaftsberichterstattung generell nachweisen (Friedrichsen, 1992; Kalt, 1994) und entspricht dem allgemeinen Nachrichtenfaktor Negativismus, der durch die einschlägige Forschung gut belegt ist (Schulz, 1990). Am Negativismus der Medien wird viel Kritik geübt, vor allem da er mit der Zeit und der Ausbreitung der privaten Programme in Deutschland zugenommen hat (Kepplinger & Weißbecker, 1991; Bruns

& Marcinkowski, 1996, S. 472; Pfetsch, 1996, S. 494). Er folgt allerdings zu einem gewissen Grad schon aus der öffentlichen Informationsaufgabe der Massenmedien, die Mißstände zu thematisieren haben – und dies natürlich um so eher, je mehr Personen betroffen sind (Hagen, 1995, S. 44ff). Das Erwerbslosenthema handelt von einem Mißstand, der für einen Großteil der Bevölkerung bedeutsam ist.

Bei aller Negativität und Relevanz des Themas fällt aber seine kontinuierliche und abstrakte gesellschaftliche Entwicklung größtenteils durch das medientypische Aufmerksamkeits- und Erzählraster, das auf (möglichst dramatische) Episoden im persönlichen Handeln (von Eliten) fokussiert (Bennett, 1988, S. 23ff; Schulz, 1990). Die monatlichen Pressekonferenzen des Präsidenten der Bundesanstalt für Arbeit gehören da zu den wenigen Ausnahmen (s.u.). Mit der Arbeitslosenquote steht ferner ein mächtiges Symbol zur Verfügung, das die Dinge auf einen einfachen Nenner bringt und glaubwürdig ist. Werden Grenzwerte überschritten, bietet dies offenbar bereits im Vorfeld einen guten Anlaß, die abstrakte Entwicklung in die ereignisfixierten Standardformen der Berichterstattung zu gießen und das Dramatische daran zu betonen. Die Fokussierung auf amtliche Indikatoren der makroökonomischen Lage wird dem deutschen Wirtschaftsjournalismus generell oft zum Vorwurf gemacht (Heinrich, 1989).

Eine auch kurzfristige Parallelität der Beitragshäufigkeit mit den Nennungen von Erwerbslosigkeit als nationales Problem ist in Abbildung 11.3 bei der dpa schon mit bloßem Auge erkennbar. Durch die monatlich sehr hohe Zahl an Beiträgen verläuft die Berichterstattung dieses Mediums am gleichmäßigsten. Dabei schwingt sich der Verlauf der Bevölkerungszeitreihe jeweils in den drei Zeiträumen auf ein dauerhaft höheres Niveau ein, in denen die Berichterstattung besonders stark zunimmt. Im Winter 1993/94 erhöht sich das Niveau am stärksten. Dabei liegt der lokale Höhepunkt der Berichterstattung nicht nur bei der dpa sondern auch bei den beiden anderen Medien vor dem lokalen Höhepunkt der Bevölkerungszeitreihe, und nur in der Tagesschau nimmt die Thematisierung ebenso rasant zu wie in der Bevölkerung. Daß die beiden folgenden Niveauverschiebungen bei den Problemnennungen im Vergleich zur Berichterstattungsintensität sukzessive schwächer ausfallen ist als Decken-Effekt zu interpretieren. Schließlich nannten schon im September 1995, vor dem zweiten Anstieg, 60 Prozent der Bevölkerung die Erwerbslosigkeit als eines der beiden wichtigsten Probleme, im November 1996, vor dem dritten Anstieg, waren es gar 70 Prozent.[9]

Die Zusammenhänge zwischen der Medienberichterstattung und der Problemwahrnehmung in der Bevölkerung lassen sich tatsächlich schon bei zeitgleicher Korrelation als Agenda-Setting interpretieren. Das hängt mit den Zeitpunkten der Messung zusammen. Das Politbarometer wird üblicherweise an vier oder fünf aufeinanderfolgenden Werktagen beginnend mit dem zweiten oder dritten Montag im Monat erhoben. Damit begannen die Befragungen im Untersuchungszeitraum normalerweise einige

---

9 Tatsächlich zeigt ein Scattergramm zwischen der Thematisierung durch die dpa und den Problemnennungen durch die Bevölkerung einen logistischen Zusammenhang, wie er für die Diffusion von Information und Innovationen typisch ist und auch in der Agenda-Setting-Forschung oft postuliert wird (Neuman, 1990). Mit anderen Worten steigt die Thematisierung in der Bevölkerung zunächst schwach aber stärker werdend, schließlich stark und dann immer schwächer werdend mit der Anzahl der Beiträge an. Die Krümmung dieser logistischen Kurve ist aber noch so moderat, daß die erklärte Varianz bei einer Regression der Bevölkerungs- auf die Beitragszeitreihe mit den unbereinigten Zeitreihen nur um rund zehn Prozent höher liegt als bei einer linearen Regression (63 Prozent Varianzaufklärung im Vergleich zu 57 Prozent).

Tage bis zu zwei Wochen, nachdem die Bundesanstalt für Arbeit die neueste Erwerbslosenstatistik bekannt gegeben hatte. Die offizielle Bekanntgabe der Erwerbslosenzahlen für den Vormonat erfolgt normalerweise zwischen dem 5. und 8., gelegentlich noch am 9. oder 10. jeden Monats. Von 1992 bis 1997 kam es nur fünf Mal vor, daß die Erwerbslosenstatistik erst während der Befragung bekannt gegeben wurde. Dabei lagen noch mindestens drei Erhebungstage auf oder nach dem Bekanntgabetermin. Die Medien berichten meist unmittelbar nach dem Pressetermin, das ist bei den Funkmedien also schon am selben Tag, bei der Tagespresse einen Tag später. Besonders in den Printmedien wird aber die Erwerbslosenstatistik oft durch Vermutungen und Prognosen über die neuesten Werte schon am vorauslaufenden Tag thematisiert. In der Tagesschau und in der BILD-Zeitung entfällt jeweils ein Drittel aller Beiträge über die deutsche Arbeitsmarktentwicklung auf die drei Tage vor, an und nach der Pressekonferenz. Während davon bei der Tagesschau über drei Viertel auf den Tag der Pressekonferenz fallen, berichtet die BILD-Zeitung in über der Hälfte dieser Fälle am Tag nach, zu einem guten Viertel noch am Tag während der Pressekonferenz. Die weit überwiegende Zahl der Befragten hatte also vor dem Interview nicht nur die Gelegenheit gehabt, aus den Medien die Erwerbslosenzahlen vom Vormonat zu erfahren, sondern konnten auch noch die Berichterstattung während der kommenden ein bis zwei Wochen rezipieren, die bereits auf der Grundlage der neuesten Statistik stattfand. Hingegen ist es sehr unplausibel, daß die Befragungsergebnisse, die normalerweise jeweils am vorletzten Freitag in jedem Monat durch das ZDF veröffentlicht werden, in diesem Monat einen deutlichen Einfluß auf die Anzahl der Beiträge in den Medien haben sollten.

Tatsächlich zeigen sich bei allen Medien in Tabelle 11.2 signifikante zeitgleiche Zusammenhänge der ARIMA-bereinigten Reihen mit den Problemnennungen in der Bevölkerung, die deutlich stärker sind, als die Korrelation zwischen Problemnennungen und Arbeitslosenquote vom Vormonat (vgl. Tabelle 11.1). Im Falle der dpa läuft die Berichterstattung der Bevölkerung zusätzlich um zwei Monate signifikant voraus. Die zeitgleichen Effekte lassen sich nach unseren obigen Ausführungen als Bestätigung der Agenda-Setting-Hypothese deuten, da im Verlauf eines Monats zwar die Medienberichterstattung und die amtliche Statistik sich auf die Meinungsumfrage auswirken können, aber nicht umgekehrt. Wären die Problemnennungen dagegen überwiegend durch persönliche Erfahrung getrieben, sollten sie der Arbeitsmarktstatistik nicht hinterherlaufen. Bei BILD und der Tagesschau korreliert die Berichterstattung auch in jeder einzelnen der drei Bildungsgruppen (höchstens Hauptschulabschluß, mittlere Reife, Hochschulreife) allein zeitgleich signifikant mit den Problemnennungen. Dabei scheinen die Fernsehnachrichten die Problemsicht in der untersten Bildungsgruppe stärker zu beeinflussen ($r = .45$) als in den Gruppen mit mittleren ($r = .30$) bzw. höchsten Bildungsgraden ($r = .32$). Die Unterschiede zwischen den Korrelationskoeffizienten in den drei Gruppen sind aber – wie auch bei dpa und BILD – nicht signifikant.

Tabelle 11.2: Medienberichterstattung Problemwahrnehmung in der Bevölkerung und Arbeitslosenquote: Kreuzkorrelationen ARIMA-bereinigter Zeitreihen, monatsweise [1]

Lead:	Lag:					
dpa-Basisdienst [2]	"Erwerbslosigkeit ist ein Problem" [3]	.06	.0[illegible]	**.28***	.11	**.26***
BILD-Zeitung [4]	"Erwerbslosigkeit ist ein Problem"	.07	-.05	**.38***	-.03	-.13
Tagesschau [5]	"Erwerbslosigkeit ist ein Problem"	-.02	.19 +	**.38***	-.09	.07
dpa-Basisdienst	"Mein Arbeitsplatz ist unsicher" [6]	.05	.00	.09	.22 +	.04
BILD-Zeitung	"Mein Arbeitsplatz ist unsicher"	.09	-.05	-.08	-.04	.08
Tagesschau	"Mein Arbeitsplatz ist unsicher"	-.04	-.01	.15	-.08	.14
Arbeitslosenquote [7]	dpa-Basisdienst	.05	-.11	.18	**.27***	-.10
Arbeitslosenquote	BILD-Zeitung	.04	-.05	-.09	.11	-.10
Arbeitslosenquote	Tagesschau	-.11	.14	-.09	.22	.12
	Vorlauf der Leadvariablen in Monaten:	-2	-1	0	1	2
		Lag läuft vor			Lead läuft vor	

Anmerkungen: * $p < .05$; + $p < .10$

[1] Wenn eine Variable der anderen mit einer signifikanten Korrelation vorausläuft, so ist dies ein Anzeichen dafür, daß sie die Variation der anderen verursacht. Zumindest vermag die vorlaufende Variable die nachlaufende zu prognostizieren.

[2] Anzahl Beiträge im Basisdienst der dpa, die die Wortstämme "arbeitslos" oder "erwerbslos" enthalten, ARIMA-Bereinigung: (011).

[3] Frage: "Was ist Ihrer Meinung nach gegenwärtig das wichtigste Problem in Deutschland? Und was ist ein weiteres wichtiges Problem?", Anteil Nennungen "Erwerbslosigkeit"

[4] Anzahl Beiträge in der BILD-Zeitung, die wertende oder deskriptive Aussagen zum Verlauf bzw. zum Stand der Erwerbslosigkeit in Deutschland enthalten, ARIMA-Bereinigung: (012).

[5] Anzahl Beiträge in der 20 Uhr-Ausgabe der Tagesschau, die wertende oder deskriptive Aussagen zum Verlauf bzw. zum Stand der Erwerbslosigkeit in Deutschland enthalten, ARIMA-Bereinigung: (0[illegible]1).

[6] Frage: "Halten Sie Ihren Arbeitsplatz für sicher oder für gefährdet?", Anteil Nennungen "gefährdet" durch wahlberechtigte Berufstätige aus den alten Bundesländern (Politbarometer), ARIMA-Bereinigung: (011).

[7] Anteil Erwerbslose an allen zivilen Erwerbspersonen (BfA), ARIMA-Bereinigung: (111), saisonale Bereinigung nach dem Census X-11-Verfahren.

Zum Vorlauf der dpa ist noch festzustellen, daß er bei Aufspaltung der Befragten in Teilaggregate nach Bildungsgruppen nur unter Personen mit Hauptschulabschluß oder niedrigerem Bildungsgrad im zweiten Monat auftritt. Zusätzlich besteht in dieser Gruppe auch ein signifikanter zeitgleicher Zusammenhang. In der mittleren Bildungsgruppe ist der Zusammenhang mit der dpa allein bei einem Monat vorauslaufender Berichterstattung signifikant. Während in der höchsten Gruppe (Hochschulreife) allein der zeitgleiche Zusammenhang signifikant ist, was bei den beiden anderen Medien in allen Bildungsgruppen der Fall ist. Wir interpretieren das Nachlaufen in den Gruppen mit niedrigerer Bildung im Licht der Erkenntnis, daß die Nutzung von Printmedien und informierenden Inhalten mit dem Bildungsgrad sinkt (Berens, Meder & Kiefer, 1997; Berg & Kiefer, 1996). Demnach gibt es Teilaggregate, die erst zeitverzögert, etwa vermittelt durch interpersonelle Kommunikation oder Zeitschriften mit längerem Erscheinungsrhythmus, auf die Thematisierung der dpa reagieren. Die dpa-Berichterstattung schlägt sich ihrerseits schnell in den Tageszeitungen, dagegen langsamer in Printmedien mit längerem Erscheinungsintervall nieder.

Die Effekte der Berichterstattung auf die Meinungsverteilung im Aggregat der Bevölkerung, die sich hier zeigen, betreffen also nicht allein das Publikum der von uns betrachteten Medien. Vielmehr spiegelt sich darin auch eine mittelbare Wirkung auf andere durch persönliche Gespräche und den arteriellen Informationsfluß im Mediensystem, dessen Ursprung häufig die Agenturberichterstattung ist (Breed, 1955). Auch wenn das klassische Meinungsführermodell (Lazarsfeld, Berelson & Gaudet, 1944, S. 151) durch die spätere Forschung modifiziert wurde, steht doch außer Zweifel, daß Mehrstufenflüsse im massenkommunikativen Prozeß eine wichtige Rolle spielen (Schenk, 1987, S. 244-279) und Medieninhalte ein beliebtes Sujet von Gesprächen sind (Kepplinger & Martin, 1986). Das dürfte auch auf die nationale Wirtschaftslage zutreffen, die nicht nur als Medienthema stets präsent ist, über die auch im persönlichen Gespräch viel geredet wird (Wyatt, Katz & Kim, 2000).

Kontrolliert man die Korrelation zwischen der Nennung von Erwerbslosigkeit als nationales Problem und der Arbeitslosenquote vom Vormonat gegen die Berichterstattungsumfänge aller drei Medien vom laufenden Monat bleibt sie nur in einem Fall signifikant: Mit einem Monat Verzögerung schlägt sich die Arbeitslosenquote in den Problemnennungen der Personen aus der höchsten Bildungsgruppe nieder, was mit stärkerer Beachtung der Statistik in den Berichterstattung erklärt werden kann. Im Gesamtaggregat und in den beiden übrigen Bildungsgruppen bestätigt sich das Ergebnis unserer bivariaten Betrachtung, wonach die Arbeitslosenquote keinen Einfluß hat. Der Berichterstattungsumfang der Medien übt somit auf die Problemnennungen einen Einfluß aus, der weitgehend vom kontinuierlichen Verlauf der Erwerbslosigkeit unabhängig ist, der also auf der diskretionären Thematisierung durch die Redaktionen beruht. Während sich die Personen mit Hochschulreife offenbar noch an der Arbeitslosenquote vom Vormonat orientieren, die in der Berichterstattung verbreitet wird, reagieren die beiden übrigen Bildungsgruppen allein auf den Umfang der Arbeitsmarktberichterstattung in den Medien. Die signifikanten Korrelationen zwischen der Berichterstattung der einzelnen Medien und dem Anteil Problemnennungen in allen Bildungsgruppen und im Gesamtaggregat bleiben allesamt bei Kontrolle der Arbeitslosenquote vom Vormonat bestehen. Das gleiche gilt, wenn die Quoten aus den fünf Monaten im Zeitraum von zwei Monaten vor dem Berichterstattungsmonat bis zwei Monate danach gemeinsam als Kontrollvariable verwendet werden.

Wie Tabelle 11.2 weiter zeigt, beeinflussen die aktuellen Veränderungen der Problemsicht in der Bevölkerung die Thematisierungsverläufe in den Medien nicht. Ein signifikanter Vorlauf der Meinungen in der Bevölkerung vor den Medien, der sich als sog. reverse Agenda-Setting interpretieren ließe, ist weder beim nationalen Problem noch bei der Arbeitsplatzsicherheit festzustellen. Nur im Fall der Tagesschau könnte der auf dem zehn Prozent-Niveau signifikante Vorlauf der Problemnennungen entsprechend interpretiert werden. Plausibler ist allerdings die These, daß die Tagesschau den übrigen Medien hinterherläuft, was durch die Korrelation mit der dpa-Berichterstattung vom Vormonat gestützt wird (beide bereinigt), die ebenfalls 0.19 beträgt, wobei der zeitgleiche Effekt mit $r = 0.31$ dominiert. Der typische thematische Nachlauf von Fernsehnachrichten, die im Vergleich zu den Printmedien weniger durch investigativen Journalismus geprägt sind und sich wegen ihres geringen Umfangs oft auf die Kulminationsphase von Ereignis- und Thematisierungsverläufen beschränken müssen, ist in der Agenda-Setting-Forschung unter dem Schlagwort Scheinwerfereffekt bekannt und gut belegt (Überblick bei Rössler, 1997, S. 144-147).

Die Auffälligkeit des nationalen Problems Erwerbslosigkeit in den Medien ist dagegen vom Reflex auf die steigende Arbeitslosenquote geprägt. Doch läßt sich die Thematisierung damit nur teilweise erklären. Schließlich reagiert unter den Medien nur die dpa auf dem fünf Prozent-Niveau signifikant auf die Arbeitslosenquote vom Vormonat. Der Zusammenhang bei der Tagesschau ist noch mit zehnprozentiger Irrtumswahrscheinlichkeit überzufällig. Dabei gilt es zu beachten, daß die starke Thematisierung von kritischen Werten, die die Arbeitslosenquote oder -zahl überschreitet, ein nicht-linearer Effekt ist, den unser lineares Modell nicht erfaßt. Außerdem erfassen wir mit der Methode der Kreuzkorrelation zwischen ARIMA-bereinigten Reihen nur Einflüsse kurzfristiger Veränderungen. Die Trends wurden damit schließlich aus den Reihen entfernt. Wie Abbildung 11.3 leicht erkennen läßt, nimmt aber auch in der BILD-Zeitung, die Thematisierung mit dem langfristigen Anstieg der Arbeitslosenquote zu. Daß gleichwohl keine Korrelation zwischen den bereinigten Reihen auftritt, bedeutet, daß BILD nicht direkt auf die aktuelle Entwicklung der Quote in den letzten beiden Monaten reagiert.

Im Gegensatz zur Nennung der wichtigsten nationalen Probleme hängt die Einschätzung der Arbeitsplatzsicherheit im Gesamtaggregat zu keinem Lag mit irgendeinem der Berichterstattungsverläufe signifikant zusammen (Tabelle 11.2). Allerdings deutet sich ein Effekt der um einen Monat vorauslaufenden dpa- Berichterstattung an. Er ist auf dem Zehn-Prozent-Niveau signifikant. Was nicht als Scheinkorrelation durch die Arbeitslosenquote zu interpretieren ist, da die direkte Umweltwahrnehmung ja der amtlichen Statistik vorauslaufen müßte (vgl. Tabelle 11.1). Der Effekt der vorauslaufenden dpa-Berichterstattung auf die Arbeitsplatzsicherheit ist in der mittleren Bildungsgruppe signifikant. Die Berichterstattung der beiden anderen Medien hängt dagegen zu keinem Lag signifikant mit der Arbeitsplatzsicherheit in irgendeiner der Bildungsgruppen zusammen. Wir finden also die Erkenntnis bestätigt, daß Massenmedien die Wahrnehmung von Erwerbslosigkeit als – aufdringliches – privates Problem keinesfalls stark beeinflussen. Entgegen den erwähnten US-amerikanischen Untersuchungen deutet allerdings die Wirkung der dpa in der mittleren Bildungsgruppe auf einen Kultivationseffekt hin. Dies ist ja auch die einzige Gruppe, in der wir einen signifikanten zeitgleichen Zusammenhang zwischen privater und nationaler Problemsicht fanden (s.o.). Er verschwindet, wenn der Umfang der Erwerbslosenberichterstattung in der dpa vom Vormonat statistisch kontrolliert wird. Während umgekehrt der signifikante zeitversetzte Einfluß der dpa auf die Arbeitsplatzunsicherheit bei Kontrolle der nationalen Problemnennungen bestehen bleibt.

Der unterschiedliche Einfluß der Medien auf Arbeitsplatzsicherheit und die Einschätzung der Medien als nationales Problem wird in Abbildung 11.4 sehr anschaulich. Beide Verläufe sind hier jeweils getrennt nach Bildungsgruppen dargestellt. Die integrierende und synchronisierende Kraft der Medien auf die soziotropische Wahrnehmung springt ins Auge, wenn man das nationale Problembewußtsein und die Arbeitsplatzsicherheit im Vergleich betrachtet. Die Einschätzungen der Arbeitsplatzsicherheit variieren weitaus stärker zwischen den Bildungsgruppen als die Problemnennungen, die durch die Medienberichterstattung angeglichen werden. Statistisch läßt sich dies durch Cronbachs Alpha veranschaulichen, das die durchschnittlichen Korrelation zwischen mehreren standardisierten Variablen anzeigt. Es beträgt nur 0,30 zwischen den ARIMA-bereinigten Verläufen der Arbeitsplatzunsicherheit in den drei Bildungsgruppen, im Vergleich zu 0,89 bei den Problemnennungen. Die Berichterstattung bewirkt tatsächlich, daß quer durch alle Schichten der Bevölkerung ein einheitliches Bild von der nationalen Arbeitsmarktsituation herrscht.

Abbildung 11.4: Synchronisation der Wahrnehmung von Erwerbslosigkeit als nationales Problem in verschiedenen Bildungsgruppen durch die Medien

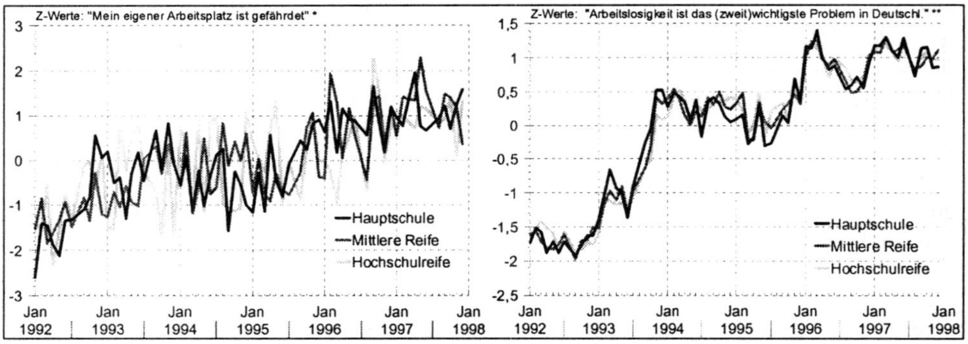

Anmerkungen:

* Frage: "Halten Sie Ihren Arbeitsplatz für sicher oder für gefährdet?", Anteil Nennungen "gefährdet" durch wahlberechtigte Berufstätige aus den alten Bundesländern, Politbarometer (z-standardisiert).

** Frage: "Was ist Ihrer Meinung nach gegenwärtig das wichtigste Problem in Deutschland? Und was ist ein weiteres wichtiges Problem?", Anteil Nennungen "Erwerbslosigkeit" durch Wahlberechtigte aus den alten Bundesländern, Politbarometer (z-standardisiert).

Ein interessanter Unterschied zwischen egotropischer und soziotropischer Wahrnehmung zeigt sich auch in den Mittelwertunterschieden zwischen den Bildungsgruppen, die man aus den standardisierten Verläufen nicht erkennen kann: Personen aus der obersten Bildungsgruppe nennen im Durchschnitt die Erwerbslosigkeit signifikant häufiger als gesellschaftliches Problem (56,7 Prozent) verglichen mit Personen aus der mittleren (55,4 Prozent) und der untersten Bildungsgruppe (54,5 Prozent). Dabei sind Personen mit niedriger Bildung eher persönlich von Erwerbslosigkeit betroffen. Und das spiegelt sich auch in ihrer Arbeitsplatzunsicherheit wider, die signifikant höher ist als in den beiden anderen Gruppen. In der niedrigsten Bildungsgruppe geben im Durchschnitt 17,5 Prozent an, sich ihres Arbeitsplatzes nicht sicher zu sein. In der mittleren und höchsten Bildungsgruppe tun dies dagegen nur 14,5 bzw. 14,2 Prozent. Der Unterschied im Vergleich zur Wahrnehmung der nationalen Situation durch die drei Gruppen ist ein weiterer Beleg dafür, daß die eigene Lage nicht ohne weiteres generalisiert wird.

11.5 Zusammenfassung und abschließende Bemerkungen

Unsere Untersuchung liefert klare Belege für Agenda-Setting-Effekte der Tageszeitungen und des Fernsehens auf die Wahrnehmung von Erwerbslosigkeit als nationales Problem in Deutschland. Damit wird die Mehrzahl der einschlägigen US-amerikanischen Untersuchungen bestätigt, die zu ähnlichen Ergebnissen kommen.

Ein entscheidender Unterschied zeigt sich zwischen dem nationalen Problem und der privaten Problemsicht: Das Selbstbild (Arbeitsplatzunsicherheit) hängt im Gegensatz zum Fremdbild (Erwerbslosigkeit als gesellschaftliches Problem) kaum von der Medienberichterstattung ab. Dies läßt sich erklären, wenn man der Unterscheidung von Zucker (1978) folgt – aber nicht seiner pauschalen Einstufung der Erwerbslosigkeit – und die Arbeitsplatzsicherheit als aufdringlichen Problemaspekt, die nationale Arbeitsmarktsituation hingegen als unaufdringlich auffaßt.

Die Westdeutschen bewerten die nationale Dringlichkeit des Problems offenbar weitgehend unabhängig von ihrer privaten Bedrohung durch Erwerbslosigkeit. Das könnte zwar mit der Sondersituation nach der Wiedervereinigung und der hohen Arbeitslosigkeit in den neuen Ländern zusammenhängen, entspricht aber andererseits den Ergebnissen von Untersuchungen aus den USA. Auch Personen mit niedriger Bildung, die am stärksten von Erwerbslosigkeit betroffen sind, scheinen nicht dazu zu neigen, ihre persönlichen Erfahrungen zu generalisieren.

Die amtlichen Zahlen der Erwerbslosenstatistik spielen für die Medienberichterstattung eine zentrale Rolle. Sie sind ihr wichtigster Anlaß, überzeugendster Inhalt und Maßstab für die Schwere des Problems, womit sie die Berichterstattungsintensität beeinflussen. Dabei reagiert die kurzfristige Thematisierung des nationalen Problems durch die Medien auf die Entwicklung am Arbeitsmarkt periodenweise nicht-linear. Starke Thematisierungsschübe in den Medien werden im Untersuchungszeitraum im wesentlichen durch Überschreiten der vier Millionen Arbeitslosen-Grenze am Jahresanfang ausgelöst. Im Trend steigt die Beitragsanzahl zwar in allen drei untersuchten Medien mehr oder weniger parallel zur Arbeitslosenquote. Die Methode der Kreuzkorrelation von ARIMA-bereinigten Zeitreihen hat aber den Nachteil, daß sie den größten Teil der optisch erkennbaren langfristigen Kovarianz zwischen Quote und Berichterstattung nicht berücksichtigen kann. Dafür deckt sie die kurzfristige Abfolge der verschiedenen Reihen im Zeitverlauf auf den Monat genau auf und ermöglicht so Schlußfolgerungen über Kausalzusammenhänge.[10] Ein linearer Zusammenhang, der auf dem herkömmlichen Niveau signifikant ist, zeigt sich daher, wenn die Reihen auf ihre Zufallsschocks reduziert werden, nur bei der dpa. Und ausgerechnet die Thematisierung in der BILD-Zeitung, dem in dieser Untersuchung insgesamt einflußreichsten Medium, hängt kurzfristig kaum mit der realen gesellschaftlichen Reichweite des Erwerbslosenproblems zusammen, wobei hingegen die nationale Problemsicht der Bevölkerung den Medien auch kurzfristig proportional folgt.

So zentral die statistischen Zahlen über den Arbeitsmarkt für die Berichterstattung auch sind: Daß die Bevölkerung mit ihren Problemeinschätzungen auf die Medienberichterstattung reagiert, hängt nur in der obersten Bildungsgruppe auch proportional mit

---

[10] Eine neuere methodische Alternative, die kurz- und langfristige Effekte gleichermaßen zu analysieren vermag, besteht in der Kombination von Kointegrationsanalysen mit vektorautoregressiven Verfahren (vgl. Rüdel, 1989).

der Wahrnehmung dieser Zahlen zusammen. In den übrigen Bildungsgruppen ist es die formale Auffälligkeit des Themas, durch die die Berichterstattung wirkt – zumindest unter den hier untersuchten Faktoren.

Wie sind unsere Ergebnisse zu werten? Führen die Medien die Bevölkerung am thematischen Gängelband, während sie deren mehrheitliche Meinungsentwicklung ignorieren? Tatsächlich reagieren die Medien kurzfristig weder auf Veränderungen der Arbeitsplatzsorgen in der Bevölkerung, noch der nationalen Problemsicht. Dabei ist aber zweierlei zu berücksichtigen:

Erstens läßt sich der Beachtungsverlauf in den Medien durch den starken Focus auf die Arbeitslosenstatistik legitimieren, wenn man die Arbeitslosenquote als validen Indikator der Problemreichweite akzeptiert. Dies gilt aber nur bei isolierter Betrachtung des Problems. Über den relativen Nachrichtenwert im Vergleich zu anderen Themen ist damit nichts gesagt. Vermutlich ist gerade das Vorliegen eines einfachen und relativ präzisen Problemindikators mit ein Grund für die hohe Sensibilität, die die Medien der Erwerbslosigkeit entgegenbringen.

Zweitens konnten wir bestimmte Einflüsse des Publikums auf seine Medien statistisch nicht erfassen. Man muß schließlich davon ausgehen, daß im Mediensystem langfristige Erfahrungen mit der Reagibilität des Publikums für bekannte Themen, und gerade für den Dauerbrenner Erwerbslosigkeit bestehen. Wenn aber Journalisten folglich das Interesse ihres Publikums für bestimmte Themen (richtig) antizipieren, dann muß die zeitliche Reihenfolge Medium-Publikum nicht nur kausal, sondern auch final interpretiert werden: Es wird also über Arbeitslosigkeit berichtet, weil dieses Thema erfahrungsgemäß die Aufmerksamkeit des Publikums findet. Wir haben es daher langfristig mit einem transaktionalen Zusammenhang zu tun (Früh & Schönbach, 1982). Das ändert aber nichts an der Tatsache, daß die Berichterstattung mit ganz geringer Zeitverzögerung das Ausmaß der Aufmerksamkeit der Bevölkerung für nationale Probleme bestimmt und damit in erheblichem Maß auch die Bewertungen der gesamtwirtschaftlichen Lage und die politischen Prioritäten beeinflußt.

Literatur

Behr, R. L. & Iyengar, S. (1985). Television news, real-world cues and changes in the public agenda. *Public Opinion Quarterly, 49*, 38-57.

Bennett, L. W. (1988). *News. The politics of illusion* (2. Aufl.). New York: Longman.

Berens, H., Meder, A. & Kiefer, M.-L. (1997). Spezialisierung der Mediennutzung im dualen Rundfunksystem. Sonderauswertung zur Langzeitstudie Massenkommunikation. *Media Perspektiven, 2*, 80-91.

Berg, K. & Kiefer, M.-L. (1996). *Massenkommunikation V. Eine Langzeitstudie zur Mediennutzung und Medienbewertung 1964-1995*. Baden-Baden: Nomos.

Box, G. E. P. & Jenkins, G. M. (1976). *Time series analysis. Forecasting and control* (revised edition). Englewood Cliffs, NJ: Prentice Hall.

Breed, W. (1955). Newspaper "Opinion Leaders" and processes of standardization. *Journalism Quarterly, 32*, 277-284, 328.

Brettschneider, F. (1999). Wirtschafts-Berichterstattung und ihre Folgen. *Medien Tenor , 88*, 40-43.

Brettschneider, F. (in Druck). Reality Bytes: Wie die Medienberichterstattung die Wahrnehmung der Wirtschaftslage beeinflußt. In J. W. Falter, O. W. Gabriel & H. Rattinger (Hrsg.), *Politische Kultur im vereinigten Deutschland*. Opladen: Leske und Budrich.

Brosius, H.-B. & Weimann, G. (1995). Medien oder Bevölkerung: Wer bestimmt die Agenda? *Rundfunk und Fernsehen, 43*, 312-329.

Bruns, T. & Marcinkowski, F. (1996). Konvergenz Revisited. Neue Befunde zu einer älteren Diskussion. *Rundfunk und Fernsehen, 44* (4), 461-478.

Darschin, W. & Horn, I. (1997). Informationsqualität der Fernsehnachrichten aus Zuschauersicht. *Media Perspektiven, 5*, 269-275.

DeFleur, M. L. & Ball-Rokeach, S. (1982). *Theories of mass communication* (4. ed.). New York: Longman.

Demers, D. P., Craff, D., Choi, Y.-H. & Pessin, B. M. (1989). Issue obtrusiveness and the agenda-setting effects of national network news. *Communication Research, 16*, 793-812.

Eaton, H. Jr. (1989). Agenda-setting with bi-weekly data on content ot three national media. *Journalism Quarterly, 66*, 942-948.

Eichhorn, W. (1995). *Agenda-Setting-Prozesse. Eine theoretische Analyse individueller und gesellschaftlicher Themenstrukturierung*. München: Fischer.

Erbring, L., Goldenberg, E. N. & Miller, A. H. (1980). Front-page news and real-world cues. A new look at agenda-setting by the media. *American Journal of Political Science, 24*, 16-49.

Feld, L. P. & Kirchgässner, G. (1998). Offizielle und verdeckte Erwerbslosigkeit und ihr Einfluß auf die Wahlchancen der Regierung und der Parteien: Eine ökonometrische Analyse für die Ära Kohl. In M. Kaase & H.-D. Klingemann, (Hrsg.), *Wahlen und Wähler. Analysen aus Anlaß der Bundestagswahl 1994* (S. 527-570). Wiesbaden: Westdeutscher.

Friedrichsen, M. (1992). *Wirtschaft im Fernsehen: Eine theoretische und empirische Analyse der Wirtschaftsberichterstattung im Fernsehen*. München: Fischer.

Früh, W. & Schönbach, K. (1982). Der dynamisch-transaktionale Ansatz. Ein neues Paradigma der Medienwirkungen. *Publizistik, 27*, 74-88.

Gavin, N. T. (1998). Introducion. In N. T. Gavin (Ed.), *The economy, media and public knowledge* (pp. 1-8). London: Leicester University Press.

Gavin, N. T. & Sanders, D. (1998). Television, economy and the public's political attitudes. In N. T. Gavin (Ed.), *The economy, media and public knowledge* (pp. 90-111) London Leicester University Press.

Gerbner, G. & Gross, L. (1976). Living with Television. The Violence Profile. *Journal of Communication, 26* (2), 173-199.

Hagen, L. M. (1995). *Informationsqualität von Nachrichten. Meßmethoden und ihre Anwendung auf die Dienste von Nachrichtenagenturen*. Opladen: Westdeutscher.

Harvey, A. C. (1994). Ökonometrische *Analyse von Zeitreihen* (2. Auflage). München: Oldenbourg.

Heinrich, J. (1989). Wirtschaftsjournalismus. Zur Fundierung einer rezipientenorientierten Wirtschaftsberichterstattung. *Publizistik, 24*, 284-296.

Heinrich, J. (1991). Forschungsstand Wirtschaftsjournalismus im deutschsprachigen Raum. In S. Klaue (Hrsg.), *Marktwirtschaft in der Medienberichterstattung. Wirtschaftsjournalismus und Journalistenausbildung* (S. 57-72). Düsseldorf: ECON-Verlag.

Iyengar, S. & Kinder, D. R. (1987). *News that matters: Television and American opinion*. Chicago: University of Chicago Press.

Kalt, G. (1994). *Soll und Haben im Informationswettbewerb. Gewichtung, Tendenz und Aufbereitung von Wirtschaftsthemen in Fernsehnachrichten. Ein Vergleich zwischen ARD und RTL vor dem Hintergrund der Deutschen Presse-Agentur*. Frankfurt: IMK.

Kepplinger, H. M., Gotto, K., Brosius, H.-B. & Haak, D. (1989). *Der Einfluß der Fernsehnachrichten auf die politische Meinungsbildung*. Freiburg: Alber.

Kepplinger, H. M. & Martin, V. (1986). Die Funktionen der Massenmedien in der Alltagskommunikation. *Publizistik, 31*, 118-128.

Kepplinger, H. M. & Weißbecker, H. (1991). Negativität als Nachrichtenideologie. *Publizistik, 36*, 330-342.

Kinder, D. R. & Kiewiet, D. R. (1979). Economic discontent and political behavior: The role of personal grievances and collective economic judgements in congressional voting. *American Journal of Political Science, 23*, 495-527.

Kirchgässner, G. (1981). *Einige neuere statistische Verfahren zur Erfassung kausaler Beziehungen zwischen Zeitreihen. Darstellung und Kritik*. Göttingen: Vandenhoeck & Ruprecht.

Koschel, F. (1999). Wirtschaftlich geht's uns Gold. *Message, 1* (1), 130-132.
Lazarsfeld, P. F., Berelson, B. & Gaudet, H. (1944). *The people's choice. How the voter makes up his mind in a predidential campaign.* New York: Duell, Sloane and Pearce.
Lewis-Beck, M. S. (1988). *Economics and elections: The major Western democracies*. Ann Arbor: Michigan University Press.
MacKuen, M. B. (1981). Social communication and the mass policy agenda. In M. B. MacKuen & S. L. Coombs (Eds.). More than news: Media power in public affairs (pp. 19-144). Beverly Hills, CA: Sage.
MacKuen, M. B., Erikson, R. S. & Stimson, J. A. (1992). Peasants or bankers? The American electorate and the U.S. economy. *American Political Science Review, 86* (3), 597-611.
McCombs, M. E. & Shaw, D. L. (1972). The agenda-setting function of mass media. *Public Opinion Quarterly, 36*, 176-187.
Müller, M. (1999). Das Fernsehen konstruiert die wirtschaftliche Realität. Wirtschaft im Fernsehen und Bevölkerungsmeinung: Eine Zusammenhangsanalyse. *Medien Tenor, 83*, 40-43.
Mutz, D. C. (1992). Mass media and depoliticization of personal experience. *American Journal of Political Science, 36* (2), 483-508.
Mutz, D. C. (1993). Direct and indirect routes to politicizing personal experience: Does knowledge make a difference? *Public Opinion Quarterly, 57*, 483-502.
Nannestad, P. & Paldam, M. (1994). The VP-function: A survey of the literature on vote and popularity functions after 25 years. *Public Choice, 79*, 213-245.
Neuman, W. R. (1990). The threshold of public attention. *Public Opinion Quarterly, 54*, 159-176.
Pfetsch, B. (1996). Konvergente Fernsehformate in der Politikberichterstatttung? Ein Vergleich öffentlich-rechtlicher und privater Programme 1985/86 und 1993. *Rundfunk und Fernsehen, 4*, 479-498.
Price, V. & Tewksbury, D. (1997). News values and public opinion. A theoretical acount of media priming and framing. In G. Barnett & F. J. Boster (Eds.), *Progress in the communication sciences* (pp. 173-213). Norwood, NJ: Ablex.
Rössler, P. (1997). *Agenda Setting: Theoretische Annahmen und empirische Evidenzen einer Medienwirkungshypothese*. Opladen: Westdeutscher.
Rogers, E. M., Hart, W. B. & Dearing, J. W. (1997). A paradigmatic history of agenda-setting research. In S. Iyengar & R. Reeves (Eds.), *Do the media govern? Politicians, voters, and reporters in America* (pp. 225-236). Thousand Oaks, CA: Sage.
Rüdel, T. (1989). *Kointegration und Fehlerkorrekturmodelle. Mit einer empirischen Untersuchung zur Geldnachfrage in der Bundesrepublik Deutschland.* Heidelberg: Physica.
Schenk, M. (1987). *Medienwirkungsforschung*. Tübingen: Mohr.
Scherer, H. (1990). *Massenmedien, Meinungsklima und Einstellung: Eine Untersuchung zur Theorie der Schweigespirale*. Opladen: Westdeutscher.
Scheufele, B. (1999). *Zeitreihenanalyse in der Kommunikationsforschung. Eine praxisorientierte Einführung in die uni- und multivariate Zeitreihenanalyse mit SPSS for Windows*. Stuttgart: Edition 451.
Schulz, W. (1970). *Kausalität und Experiment in den Sozialwissenschaften. Methodologie und Forschungstechnik.* Mainz: von Hase und Koehler.
Schulz, W. (1990). *Die Konstruktion von Realität in den Nachrichtenmedien* (2., unveränderte Aufl.). Freiburg: Alber.
Shaw, D. L. & Slater, J. W. (1988). Press puts unemployment on agenda: Richmond community opinion, 1981-1984. *Journalism Quarterly, 69*, 902-920.
Typologie der Wünsche Intermedia (TdWI). (1997). *Typologie der Wünsche Intermedia, Erhebung 1997.* Offenburg: B.A.C. Burda Advertising Center.
Vollbracht, M. (1999). Konjunkturbild beeinflußt Bürgermeinung. Die Wirtschaftsberichterstattung in den TV-Nachrichten August '94 – Mai '99. *Medien Tenor, 86*, 18-22.
Wilke, J. & Rosenberger, B. (1991). *Die Nachrichtenmacher. Zu Struktur und Arbeitsweisen von Nachrichtenagenturen am Beispiel von AP und dpa.* Wien: Böhlau.
Wyatt, R. O., Katz, E. & Kim, J. (2000). Bridging the spheres: Political and personal conversation in public and private spaces. *Journal of Communication, 50* (1), 71-92.

Zhu, J.-H. & Boroson, W. (1997). Susceptibility to agenda setting: A cross-sectional and longitudinal analysis of individual differences. In M. McCombs, D. L. Shaw & D. Weaver (Eds.), *Communication and democracy. Exploring the intellectual frontiers in agenda-setting theory* (pp. 69-84). Mahwah, NJ: Lawrence Erlbaum.

Zucker, H. G. (1978). The variable nature of news media influence. In B. D. Ruben (Ed.), *Mass communication yearkbook, Vol. 2* (pp. 225-240). New Brunswick, NJ: Transaction.

12 Erfolg von Existenzgründungen aus Arbeitslosigkeit

Johann Bacher, Michael Müntnich, Kai-Ingo Voigt, Frank Wießner & Jeannette Zempel

12.1 Einleitung und untersuchte Fragestellungen

Die Gründung neuer Unternehmen spielt in der öffentlichen Wahrnehmung eine herausragende Rolle, wenn die wirtschaftlichen und gesellschaftlichen Zukunftschancen Deutschlands diskutiert werden. Neue Unternehmen sollen den Wettbewerb stimulieren und vor allem auch weitere Arbeitsplätze schaffen (vgl. dazu z.B. Egeln, 2000, S. 5-29). Angesichts einer hohen Arbeitslosigkeit gewinnt das Thema Unternehmensgründung[1] auch als mögliche Erwerbsalternative für Arbeitslose an Bedeutung.

Die deutsche Arbeitsmarktpolitik hat mit dem Überbrückungsgeld (siehe dazu z.B. Wießner, 1998, 2001) nach §57 SGB III[2] (vormals §55a AFG[3]) ein Instrument geschaffen, das arbeitslosen Personen den Schritt in die berufliche Selbständigkeit erleichtern soll. Zugang zum Überbrückungsgeld haben Arbeitslose, die bis zur Aufnahme der selbständigen Tätigkeit mindestens vier Wochen Arbeitslosengeld oder Arbeitslosenhilfe bezogen haben, sowie bestimmte Gruppen von Maßnahmenteilnehmern und -teilnehmerinnen. Weitere Fördervoraussetzung ist die positive Stellungnahme einer externen fachkundigen Stelle über die Tragfähigkeit der Existenzgründung. Das Überbrückungsgeld wird grundsätzlich für sechs Monate in Höhe des Beitrages geleistet, den der Antragsteller oder die Antragstellerin als Arbeitslosengeld oder -hilfe zuletzt bezogen hat oder im Falle der Arbeitslosigkeit hätte beziehen können. Daneben umfaßt das Überbrückungsgeld zusätzlich auch die auf Arbeitslosengeld und -hilfe entfallenden Sozialversicherungsbeiträge. Während einer gewissen Übergangszeit ist eine Rückkehr in die Arbeitslosenversicherung möglich (§147 SGB III).

Neben der finanziellen Förderung wurden in der jüngsten Vergangenheit zusätzlich flankierende Beratungsangebote geschaffen, wie z.B. die Möglichkeit der Teilnahme an Qualifizierungsmaßnahmen, Individualberatung, Hilfe bei der Entwicklung eines Business Planes oder auch begleitendes Coaching nach der Gründung. Diese Maßnahmen werden zum Großteil finanziert über die Freie Förderung (§10 SGB III), den Europäischen Sozialfond (ESF) und Sonderprogramme des Arbeitsministeriums.

Das Überbrückungsgeld stellt somit ein komfortabel ausgestattetes Instrument dar, allerdings ohne Rechtsanspruch. In den letzten Jahren bewegte sich die Zahl der Bewilligungen jeweils knapp unter der 100.000er Grenze. Im Jahr 2000 hat die Selbstverwaltung der Bundesanstalt für Arbeit mit einem Volumen von knapp 1,5 Mrd. DM entsprechende Existenzgründungen gefördert.

Mit der thematischen Verknüpfung von Arbeitslosigkeit und beruflicher Selbständigkeit ergeben sich eine Reihe von Fragestellungen: Sind die vermehrten Existenzgründungen von vormals Arbeitslosen ein Zeichen für eine wirtschaftliche Reorganisation oder eher Beleg für die katastrophale Lage auf dem Arbeitsmarkt (Bögenhold & Staber, 1990)? Sind Existenzgründungen aus Arbeitslosigkeit genauso erfolgreich wie Existenzgründungen aus Erwerbstätigkeit oder sind sie weniger erfolgreich und warum? Was bedeutet "Erfolg" in diesem Zusammenhang?

---

[1] Die Bezeichnungen "Unternehmensgründung", "Existenzgründung" und "Selbständigkeit" werden synonym verwendet.

[2] Drittes Sozialgesetzbuch.

[3] Arbeitsförderungsgesetz, das 1998 vom SGB III abgelöst wurde.

Vor diesem Hintergrund soll nachfolgend der Erfolg von Existenzgründungen aus Arbeitslosigkeit theoretisch und empirisch untersucht werden. Zunächst werden auf der Grundlage von theoretischen Ansätzen der Existenzgründungs- und Arbeitslosenforschung Hypothesen über den Erfolg von Existenzgründungen aus Arbeitslosigkeit entwickelt. Daran anschließend werden zwei empirische Studien zu Existenzgründungen aus Arbeitslosigkeit und deren Ergebnisse dargestellt. Abschließend werden Schlußfolgerungen aus den bisherigen Ausführungen diskutiert.

12.2 Theoretische Vorüberlegungen

In ihrer auch international viel beachteten Münchner Gründerstudie unterscheiden Brüderl, Preisendörfer und Ziegler (1996, zusammenfassend Ziegler, 2000, S. 35-48) vier Einflußfaktoren auf den Gründungserfolg: Verfügbarkeit von Humankapital, Unterstützung durch soziale Netzwerke, Transaktionskosten und Organisationsumwelt. Die Humankapitalfaktoren ermöglichen nach Ansicht der Autoren eine höhere Produktivität. Sie lassen sich einteilen in allgemeines, branchenspezifisches und unternehmerisches Humankapital. Existenzgründer und -gründerinnen mit höherem Humankapital haben selektive Vorteile gegenüber der Konkurrenz. Hinsichtlich der Wirkung von sozialen Netzwerken sind nach Ansicht der Autoren schwache Bindungen entscheidend, da sie den Zugang zu neuen Kunden, Lieferanten, Mitarbeitern und eventuellen Geschäftspartnern ermöglichen.

Da arbeitslose Existenzgründer und -gründerinnen i.d.R. über weniger Humankapital und in einem geringeren Ausmaß über die oben genannten schwachen sozialen Bindungen verfügen und mit der Dauer der Arbeitslosigkeit das Humankapital und schwache soziale Bindungen weiter abnehmen dürften, läßt sich ein negativer Zusammenhang zwischen dem Gründungserfolg und der Arbeitslosigkeit bzw. der Dauer der Arbeitslosigkeit vermuten. Hinzu kommen vergleichsweise begrenzte finanzielle Mittel, die häufig zu Gründungen in Branchen mit einer starken Konkurrenz führen, wodurch der Erfolg von Existenzgründungen aus Arbeitslosigkeit weiter reduziert wird.

In dem soziologischen Erklärungsansatz der Münchner Gründerstudie werden persönlichkeitsbezogene Faktoren nur in Form des Humankapitals berücksichtigt. Psychologische und betriebswirtschaftliche Ansätze zur Erklärung des Gründungserfolges schreiben der Persönlichkeit des Gründers oder der Gründerin eine größere Bedeutung zu. Häufig wird auch auf sogenannte Push-Pull-Faktoren verwiesen. Gemeint sind damit die unmittelbaren Motive beim Übergang in die berufliche Selbständigkeit. Hierbei wird zwischen positiven Anreizeffekten (Demand-, Pullfaktoren; z.B. Erkennen einer Marktlücke, Streben nach Unabhängigkeit etc.) und negativen Auslösern der beruflichen Selbständigkeit (Pushfaktoren, z.B. Arbeitslosigkeit) unterschieden. Eine etwas andere Systematisierung der kontrastierenden Pole ist bei Bögenhold (1987) zu finden. Er unterscheidet "Gründungen aus der Ökonomie der Selbstverwirklichung" und "Gründungen aus der Ökonomie der Not". Gründungspersonen aus der Selbstverwirklichung kommen i.d.R. aus gesicherten und gut dotierten beruflichen Positionen, während arbeitslose Gründer und Gründerinnen beispielhaft für die Ökonomie der Not stehen. Gemeinsam ist den Ansätzen die Annahme, daß Pullfaktoren mit größerem Erfolg verbunden sind. Folglich ist bei Existenzgründungen aus der Arbeitslosigkeit, wo vermutlich die Pushfaktoren ein größeres Gewicht haben werden, ein geringerer Erfolg zu erwarten.

Nach Schumpeter (1964) sind Unternehmer und Unternehmerinnen[4] dadurch gekennzeichnet, daß sie durch Innovationen diskontinuierliche und radikale Veränderungsprozesse in der Wirtschaft durch die "Durchsetzung neuer Kombinationen" in der Form der Herstellung neuer Produkte, der Einführung neuer Produktionsmethoden, der Erschließung neuer Absatzmärkte, der Eroberung neuer Bezugsquellen oder der Reorganisation von Industriezweigen auslösen. Gründungspersonen sind lebendige Personen, die vielfältige Entscheidungen treffen und gestaltend in das Wirtschaftsleben eingreifen. Sie haben eine hohe Leistungsmotivation (McClelland, 1961), handeln aber nicht unbedingt rational nach dem Modell des homo oeconomicus (Martinelli, 1994, S. 478).

Unternehmer und Unternehmerinnen verfügen idealerweise über eine Reihe von erfolgsfördernden Persönlichkeitsmerkmalen. Als solche werden in der psychologischen Unternehmensforschung spezifische arbeitsbezogene Einstellungen, wie eine unternehmerische Orientierung, diskutiert und in empirischen Untersuchungen belegt (u.a. Göbel, 1998, S. 99-122; Zempel, 1999, S. 77). Diese umfassen sowohl Innovationsinteresse und Selbstwirksamkeit (Lumpkin & Dess, 1996, S. 135-172), Handlungsorientierung als auch Eigeninitiative und Aktivitätsniveau (Miner, Smith & Bracker, 1994, S. 627-630; Frese, Fay, Hilburger, Leng & Tag, 1997, S. 139-161). Vergleicht man nun diese erfolgsfördernden Faktoren mit der besonderen psychischen und persönlichen Situation von Arbeitslosen (Frese, 1994, S. 193-214; Fryer & Payne, 1986; Moser & Paul, 2001; Paul & Moser in diesem Band; Winefield, 1995; Zempel & Frese, 1997), so läßt sich vermuten, daß die persönlichen Ausgangsbedingungen vormals arbeitsloser Existenzgründer und -gründerinnen ohne zusätzliche Entwicklungs- und Unterstützungsmaßnahmen als ungünstig einzuschätzen sind. Zusammenfassend läßt sich somit folgende *Hypothese* formulieren:

Existenzgründungen aus der Arbeitslosigkeit sind im Vergleich zu Existenzgründungen aus anderen Gründen weniger erfolgreich, da arbeitslose Existenzgründer und -gründerinnen

- *in einem geringeren Umfang das für eine Unternehmensgründung erforderliche allgemeine, branchenspezifische und unternehmerische Humankapital besitzen,*
- *seltener über informelle Netzwerkkontakte in Form schwacher Bindungen verfügen,*
- *mit geringeren finanziellen Mitteln ausgestattet sind,*
- *daher häufiger Unternehmen in Sparten mit niedrigen Markteintrittsbarrieren und einer starken Konkurrenz gründen,*
- *in die Existenzgründung ohne erfolgsversprechendere Eigenmotivationen gedrängt werden (häufigeres Auftreten von Pushfaktoren) und*
- *allgemein weniger häufig erfolgsfördernde persönliche Ausgangsbedingungen (arbeitsbezogene Einstellungen, psychisches Befinden, Persönlichkeitsmerkmale) aufweisen.*

---

[4] Selbstverständlich sind nicht alle Existenzgründer und -gründerinnen Unternehmer und Unternehmerinnen im Schumpeterschen Sinn. Voraussetzung für letzteres ist, daß von Existenzgründern und -gründerinnen Innovationen ausgehen.

Andererseits werden Existenzgründungen aus Arbeitslosigkeit – wie in der Einleitung dargestellt – durch das Überbrückungsgeld und die damit verbundenen Aktivitäten besonders gefördert. Gründungswillige Arbeitslose erhalten unter bestimmten Voraussetzungen für einen erfolgreichen Start in eine Selbständigkeit finanzielle Förderungen und instrumentelle Unterstützung (in Form von Beratung).

Beratungs- und Trainingseffekte beziehen sich auf die Wirkung der flankierenden Unterstützungsangebote, die während der Existenzgründung oder in der Anfangsphase ("Coaching") in Anspruch genommen werden können. Es läßt sich annehmen, daß sich arbeitslose Existenzgründer und -gründerinnen häufiger beraten lassen und dadurch mangelnde Voraussetzungen kompensieren. Als ein erster Grund hierfür kann angeführt werden, daß arbeitslose Existenzgründer und -gründerinnen mehr Zeit haben. Des weiteren haben Arbeitslose häufig ein geringeres Selbstvertrauen (Lumpkin & Dess, 1996), sind folglich unsicherer und nehmen daher möglicherweise mehr Beratung in Anspruch. Es läßt sich daher folgende *Alternativhypothese* entwickeln:

> *Existenzgründungen aus Arbeitslosigkeit können genauso erfolgreich sein wie andere Gründungen, wenn durch die gezielte Förderung (finanzielle Förderung und Beratung) die oben genannten erfolgsmindernden Faktoren ausgeglichen werden.*

Neben der gezielten Förderung sind Selektionseffekte denkbar, die zusätzlich zum Erfolg des Überbrückungsgeldes beitragen können. Sie bestehen darin, daß nur Personen mit hohen "Erfolgsaussichten" am Programm teilnehmen. Hierfür sind mehrere Gründe denkbar. Es melden sich nur Personen mit hohen Erfolgsaussichten für das Programm (Selbstselektion)[5], oder es werden Personen mit hohen Erfolgsaussichten gezielt ausgewählt (Fremdselektion). Fremdselektion kann erfolgen durch die Arbeitsamtmitarbeiter und -mitarbeiterinnen und durch die externen Experten, welche die wirtschaftliche Tragfähigkeit der geplanten Existenzgründung beurteilen. Es könnte vermutet werden, daß diese Personengruppen von sehr restriktiven Vorstellungen über erfolgreiche Existenzgründungen ausgehen, so daß nur Personen mit hohen Erfolgsaussichten gefördert werden (Rossi & Freeman, 1989, S. 182). Es läßt sich folgende *Hypothese* formulieren:

> *Existenzgründungen aus Arbeitslosigkeit können genauso erfolgreich sein wie andere Gründungen, da eine Selbst- und/oder Fremdselektion stattfindet.*

Bei den bisherigen Ausführungen stand die Frage im Vordergrund, ob sich Existenzgründungen aus Arbeitslosigkeit von anderen Existenzgründungen unterscheiden. Es lassen sich daraus aber auch Antworten auf die Frage nach den Einflußfaktoren auf den Erfolg von Existenzgründungen vormals Arbeitsloser ableiten. Auf der Grundlage das Modells von Brüderl, Preisendörfer und Ziegler (1996) läßt sich beispielsweise die Hypothese formulieren, daß Existenzgründungen aus Arbeitslosigkeit um so erfolgreicher sein werden, je höher das Humankapital ist, je mehr schwache soziale Bindungen vorhanden sind und je geringer die Marktkonkurrenz ist.

Zusammenfassend lassen sich somit theoretisch Argumente dafür anführen, daß arbeitslose Existenzgründer und -gründerinnen weniger erfolgreich sein werden, da sie

---

5 Es kann sich dabei auch um Mitnahmeeffekte handeln. Diese werden in Abschnitt 12.3.1.4 diskutiert.

bestimmte Handikaps mitbringen, die aber möglicherweise durch eine gezielte Förderung und Selektionseffekte ausgeglichen werden. Des weiteren lassen sich von den erörterten theoretischen Perspektiven aus unmittelbar Faktoren ableiten, die einen Einfluß auf den Erfolg von Existenzgründungen vormals Arbeitsloser haben.

12.3 Empirische Befunde

Zur empirischen Analyse der untersuchten Fragestellungen und Hypothesen soll nachfolgend auf zwei Erhebungen zurückgegriffen werden: Auf die Münchner Gründerstudie aus Arbeitslosigkeit (Müntnich, 1998) und die IAB-Untersuchung zur Evaluation des Überbrückungsgeldes (Wießner, 1998). Allerdings können mit beiden Datenquellen die Hypothesen nur ansatzweise geprüft werden, da nicht alle relevanten Variablen erfaßt wurden.

12.3.1 Die Münchner Gründerstudie aus Arbeitslosigkeit

12.3.1.1 Datenmaterial

Die Untersuchung wurde vom Lehrstuhl für Soziologie an der Universität München 1998 durchgeführt (Hinz, Hahnzog & Huchler, 1998) und dem Lehrstuhl für Soziologie der Universität Erlangen-Nürnberg für eine Sekundäranalyse (Müntnich, 1998) zur Verfügung gestellt. Theoretisch und methodisch lehnt sie sich an die Studie von Brüderl, Preisendörfer und Ziegler (1996) an. Das Design (Hinz et al., 1998, S. 3-4; Müntnich, 1998, S. 80-81) wurde so gewählt, daß sich zwei Gruppen von Existenzgründungen unterscheiden lassen: Existenzgründungen aus Arbeitslosigkeit (N = 94) und Existenzgründungen aus Erwerbstätigkeit (N = 93). Die Befragung wurde postalisch ohne Kontrolle des Rücklaufs durchgeführt (Netto-Rücklaufquote ca. 20%). Dadurch haben sich Verzerrungen ergeben (siehe unten). Die geringe Fallzahl führte zu weiteren Einschränkungen bei der Datenanalyse (siehe ebenfalls unten).

12.3.1.2 Erfolgsindikatoren

Neben dem Überleben nach drei Jahren wurde als weicher Erfolgsindikator die Beurteilung der betrieblichen Entwicklung auf einer fünfstufigen Skala von 1 "sehr schlecht" bis 5 "sehr gut" in die Analysen einbezogen. Von den erfaßten Gründungen bestanden nach drei Jahren noch 88% fort. Die betriebliche Entwicklung wird mit 3,4 leicht positiv eingeschätzt. Für die Überlebensquote ergibt sich somit ein unerwartetes, positives Bild. Eine Ursache hierfür könnte eine geringere Teilnahmebereitschaft nicht-erfolgreicher Gründer und Gründerinnen in der postalischen Befragung und somit eine Überschätzung der Überlebensquote sein.

In der Tat haben sich in anderen empirischen Untersuchungen deutlich geringere Überlebensquoten von neugegründeten Unternehmen herausgestellt: Boeri und Cramer (1992, S. 553-555) berichten, daß aus der Gruppe der von ihnen untersuchten westdeutschen Neugründungen nur 40% die ersten 10 Jahre überlebten (diese dann mit einem Durchschnitt von 6,1 Beschäftigten). Auch die ersten Münchner bzw. Leipziger Gründerstudien aus den Jahren 1990 und 1995 zeigten im Ergebnis durchweg niedrigere Überlebensquoten (Ziegler, 2000, S. 38).

Interessant ist auch ein Blick auf die Faktoren, die sich im Rahmen dieser Studien als "überlebensfördernd" herausgestellt haben: Im Bereich der individuellen Ressourcenausstattung der Gründer und Gründerinnen ist dies vor allem das spezifische Humankapital (insbesondere eine frühere Branchenerfahrung), bei den betrieblichen Merkmalen sind es ein höheres Startkapital und eine größere Mitarbeiterzahl schon zum Zeitpunkt der Gründung. Auch waren "echte" Teamgründungen i.d.R. widerstandsfähiger als Einzelgründungen (Ziegler, 2000, S. 40-41).

Aus Branchensicht hatten Gründungen in der Industrie und vor allem im Bausektor deutlich bessere Überlebenschancen als Einzelhandels-, Verkehrs- und Speditionsbetriebe sowie Gründungen im Versicherungs- und Gastgewerbe. Weitergehende Studien belegen, daß innovative bzw. technologieorientierte Neugründungen eine deutlich höhere Überlebenswahrscheinlichkeit (und auch eine höhere Beschäftigungswirkung) aufweisen als nicht-innovative, der Anteil der "Innovativen" an der Gesamtheit aller Neugründungen jedoch vergleichsweise klein ist (Sternberg, 2000, S. 70-71).

Interessant ist weiterhin, daß im Vergleich zu einer selbständigen Betriebsgründung die Anbindung an ein anderes Unternehmen (z.B. als Filiale, Zweigstellenbetrieb oder Franchise-Unternehmen) die Überlebens- und Wachstumschancen nicht etwa erhöht, sondern verringert (Ziegler, 2000, S. 41), die Unterstützung des Gründers bzw. der Gründerin durch das soziale Umfeld das Durchhaltevermögen – und damit die Überlebenswahrscheinlichkeit des Unternehmens – dagegen positiv beeinflußt (Bühler, 1999).

Alles in allem liegt die Überlebensquote, wie sie sich im Rahmen der hier vorgestellten Untersuchung herausgestellt hat, mit 88% deutlich über den in früheren Studien ermittelten Werten. In der Erhebung wurden somit vor allem erfolgreiche Gründungen, und zwar sowohl von vormals Arbeitslosen als auch von ehemaligen Erwerbstätigen, erfaßt. Die Studie eignet sich somit primär zur Beschreibung erfolgreicher Gründungen, da die Gruppe der Erfolglosen mit N = 23 Fällen sehr klein ist.

12.3.1.3 Unabhängige Variablen

Entsprechend den theoretischen Ausführungen können eine Reihe von Variablen den Gründungserfolg beeinflussen. Sie wurden für die Datenanalyse in folgende Gruppen zusammengefaßt (siehe Tabelle 12.1): Personenbezogene, unternehmensbezogene, gründungsbezogene und umweltbezogene Merkmale. Als personenbezogene Merkmale wurden neben dem Geschlecht (31% der in die Analyse einbezogenen Existenzgründer und -gründerinnen sind weiblich) und dem Alter (die analysierten Existenzgründer und -gründerinnen sind im Durchschnitt 43 Jahre alt) betrachtet: Allgemeines, branchenspezifisches und unternehmerisches Humankapital, Eigenkapitalanteil und unternehmerische Eigenmotivation.

Hinsichtlich der Humankapitalfaktoren ergibt sich folgendes Bild: Im Durchschnitt haben die Befragten eine mittlere schulische Bildung (allgemeines Humankapital, Mittelwert 3,6 auf einer Skala von 1 (=gering) bis 5 (=hoch)). 82% der Befragten der beiden Gruppen bringen Führungserfahrungen, also unternehmerisches Humankapital, mit. Zwei Drittel (66%) waren in der Branche der Existenzgründung tätig, besitzen also ein branchenspezifisches Humankapital. Unternehmerische Eigenmotivationen, also Pullfaktoren, liegen in einem geringeren Ausmaß vor (Mittelwert 1,4 auf einer Skala von 0 (=gering) bis 4 (=hoch)).

Der Großteil der Unternehmen wird im Dienstleistungsbereich gegründet (88%) und verfügt zum Gründungszeitpunkt über eine halbe Mitarbeiterstelle (Mittelwert 0,6). In 63% der Fälle erfolgt die Gründung ohne Fremdkapital. 26% der Unternehmen werden überhaupt ohne Startkapital gegründet. Möglicherweise hat ein Teil der Befragten geldwertige Sacheinlagen in das neugegründete Unternehmen außer Acht gelassen, da ein Unternehmen ohne Sachkapital betriebswirtschaftlich unmöglich ist, oder es handelt sich um Franchisebetriebe. Bei 53% der Gründungen liegt das Startkapital unter 21.000,- DM. Für die Gründung wurden im Durchschnitt 2,3 unterschiedliche Beratungseinrichtungen, wie z.B. Handelskammer, Banken, Unternehmensberater, Steuerberater usw., kontaktiert.

Tabelle 12.1: Untersuchte unabhängige Variablen des Gründungserfolgs

Variablen	Skalendefinition
personenbezogene Merkmale	
Geschlecht	weiblich = 1, männlich = 0
Alter	offene Frage
allgemeines Humankapital	allgemeine Schulbildung, Index: 1 (gering) bis 5 (hoch)
branchenspezifisches Humankapital	Tätigkeit in der Branche der Existenzgründung: 0 = nein, 1 = ja
unternehmerisches Humankapital	Führungserfahrung aus bisherigem Berufsleben: 0 = nein, 1 = ja;
Eigenkapitalanteil	1 – (Höhe Fremdkapital / Startkap. inkl. Fremdkapital)
unternehmerische Eigenmotivation	Index aus Frage zu Gründungsmotiven: Selbstverwirklichung + Streben nach Unabhängigkeit, Leistungsfähigkeit beweisen + Gute Idee für Produkt/Dienstleistung, 0 = gering (keines der vier Motive wurde genannt), 4 = hoch (alle vier Motive wurden genannt)
unternehmensbezogene Merkmale	
Branche	Dienstleistung: 1 = ja, 0 = sonstige;
Rechtsform	Einzelunternehmen o. HR = 1, 0 = sonstige;
Fremdkapital	Fremdkapital bei Gründung vorhanden: 1 = ja, 0 = nein
Startkapital	Höhe des Startkapitals inkl. Fremdkapital in DM
Beschäftigte bei der Gründung	Mitarbeiterindex: Vollzeitbeschäftigte + 0,5 x Teilzeitbeschäftigte + 0,25 x geringfügig Beschäftigte
gründungsbezogene Merkmale	
Inanspruchnahme von Beratung	Anzahl der in Anspruch genommenen Beratungen: 0 = keine, 8 = alle erfaßten Beratungseinrichtungen einschließlich der Beratung durch Freunde und Bekannte
umweltbezogene Merkmale	
branchenspezifische Konkurrenz	Indexbildung der branchenspezifischen Wettbewerbssituation (Zahl der Konkurrenten/ Preise/ Qualität/ Werbung/ Innovation/ Produktpalette) 1 = sehr schwach bis 5 = sehr stark

Datenquelle: Münchner Gründerstudie (Hinz et al., 1998), Operationalisierungen durch die Autoren.

12.3.1.4 Ergebnisse

Zunächst wurde mittels t-Test bivariat untersucht, ob sich arbeitslose Existenzgründer und -gründerinnen hinsichtlich des Erfolgs und der Faktoren, die diesen beeinflussen, signifikant von den Existenzgründungen aus Erwerbstätigkeit unterscheiden. Zwischen den beiden Gruppen besteht bezüglich der Überlebensquote kein signifikanter Unterschied: 87% der Existenzgründungen aus Erwerbsarbeit bzw. 88% derer aus Arbeitslosigkeit haben die ersten drei Jahre überlebt. Die betriebliche Entwicklung wird ebenfalls von beiden Gruppen gleich beurteilt.

Entsprechend dem theoretischen Teil kann eine Ursache für fehlende Unterschiede im Erfolg und in der Erfolgsbeurteilung, in der Wirkung des Überbrückungsgeldes und der damit verbundenen flankierenden Beratungen vermutet werden: Die finanzielle Unterstützung, die angesichts einer oft wirtschaftlich schwierigen Anfangszeit nicht unterschätzt werden darf, sowie Beratung und Training und/oder Selektion führen dazu, daß vormals Arbeitslose genauso erfolgreich ein Unternehmen gründen können wie vormals Erwerbstätige.

Als empirischer Hinweis für das Vorliegen von Selektionseffekten kann angeführt werden, daß sich vormals erwerbstätige und arbeitslose Existenzgründer und -gründerinnen, mit Ausnahme der unternehmerischen Eigenmotivation, nicht signifikant in den untersuchten personenbezogenen Merkmalen der Tabelle 12.1 unterscheiden. Dagegen bestehen deutliche Unterschiede zur Gruppe der Arbeitslosen: Während beispielsweise 1995 39% der Arbeitslosen (Statistisches Bundesamt, 1997, S. 99) keine abgeschlossene Berufsausbildung haben, sind dies bei den arbeitslosen Gründungspersonen nur 6%.

Wie die Selektion zustande kommt, kann empirisch aufgrund der vorliegenden Daten nicht untersucht werden. Es kann sich theoretisch auch um Mitnahmeeffekte handeln. Beim Überbrückungsgeld sind verschiedene Varianten von Mitnahme denkbar: Eine Form könnte darin bestehen, daß durch das Überbrückungsgeld die Bezugsdauer von Leistungen in Höhe des Arbeitslosengeldes verlängert wird. Zum anderen könnte bei bereits bestehender Absicht, sich selbständig zu machen, die Arbeitslosigkeit bewußt herbeigeführt werden, um in den Genuß der finanziellen Förderung zu kommen. Für beide Ausprägungen von Mitnahme ergeben sich aus der IAB-Untersuchung nur geringe Hinweise (Wießner, 1998). Eine Mitnahme kann dennoch nicht ausgeschlossen werden. Rund 10% der Empfänger und Empfängerinnen von Überbrückungsgeld machten sich bereits nach der Mindestfrist von 4 Wochen selbständig. Demgegenüber war vor der Aufnahme der selbständigen Tätigkeit etwa ein Fünftel der Geförderten länger als ein Jahr ohne Beschäftigung und damit langzeitarbeitslos. Gleichwohl hatten knapp 70% der Leistungsbezieher und -bezieherinnen bei Aufnahme ihrer selbständigen Tätigkeit noch leistungsrechtliche Restansprüche auf Arbeitslosengeld, darunter über 26% noch für mindestens ein halbes Jahr und knapp 10% sogar noch für länger als ein Jahr.

Neben Selektionseffekten sind auch Hinweise auf Beratungs-/Trainingseffekte vorhanden: Arbeitslose Existenzgründer und -gründerinnen nehmen signifikant mehr Beratung in Anspruch. Im Durchschnitt kontaktieren sie 2,7 der acht erfaßten Beratungsmöglichkeiten, während erwerbstätige Gründer und Gründerinnen nur 1,8 Beratungsmöglichkeiten aufsuchen (t-Wert = -3,4, $p < .01$).

Die beiden Gruppen unterscheiden sich des weiteren bezüglich der unternehmerischen Eigenmotivation, der Wahrnehmung der Konkurrenz und der Beschäftigtenzahl bei Gründung. Vormals arbeitslose Existenzgründer und -gründerinnen werden weniger häufig aufgrund von Pullfaktoren zur Gründung veranlaßt (t-Wert = -1,9, $p < .10$). Sie gründen Unternehmen mit weniger Beschäftigten (t-Wert = -2,4, p < .05) und nehmen mehr branchenspezifische Konkurrenz (t-Wert = 2,3, p < .05) wahr. Es treten also Faktoren auf, die in den früheren Münchner und Leipziger Gründungsstudien als erfolgsreduzierend ermittelt wurden (Ziegler, 2000, S. 45)[6]. Dort zeigte sich, daß sich vormals arbeitslose Gründer und Gründerinnen für weniger erfolgversprechende Betriebsformen und Branchen (geringe Beschäftigtenzahl, starke Konkurrenz) entscheiden; bei Vorliegen derselben Voraussetzungen waren die Gründungen aus Arbeitslosigkeit im Hinblick auf Überleben und Erfolg jedoch nicht schlechter ausgeprägt als die Gründungen aus Erwerbstätigkeit (vgl. Ziegler, 2000, S. 45).

Zusammenfassend zeigt die Münchner Studie, daß Existenzgründungen aus Arbeitslosigkeit durchaus erfolgreich sein können. Dies unterstreicht auch ein Bericht des Internationalen Arbeitsamtes (International Labour Organization (ILO), 2000, S. 29), demzufolge Leistungsempfänger und -empfängerinnen des Überbrückungsgeldes eine höhere Überlebensquote haben: Während nach drei Jahren noch 70% der Gründungen von Beziehern und Bezieherinnen des Überbrückungsgeldes fortbestanden, waren dies nur 64% bei "normalen" Unternehmensgründungen.

12.3.2 IAB-Untersuchung des Überbrückungsgeldes

Die Münchner Gründerstudie aus Arbeitslosigkeit gibt nur geringe Anhaltspunkte für den Erfolg von Existenzgründungen durch Arbeitslose. Daher soll nachfolgend die IAB-Untersuchung des Überbrückungsgeldes, die sich vertiefend mit erfolgsfördernden und erfolgsbehindernden Faktoren für Gründungen aus der Arbeitslosigkeit beschäftigt, diskutiert werden.

12.3.2.1 Grundgesamtheit, Stichprobenkonstruktion und -ziehung

Die IAB-Untersuchung ist in zwei Phasen untergliedert. Zunächst wurde im Sommer 1995 in ausgewählten Arbeitsamtsbezirken[7] eine Aktenrecherche der Förderfälle eines bestimmten Zeitraumes[8] durchgeführt. Im Anschluß daran wurden die ausgewählten Probanden in kurzen Telefoninterviews um ergänzende Angaben gebeten. Im Sommer 1997 erfolgte dann bei den gleichen Personen der Stichprobe eine postalische Nachbefragung. Mit den Probanden, die an der schriftlichen Befragung nicht teilgenommen hatten, wurde wiederum ein kurzes Telefoninterview durchgeführt. Die Untersuchung ermöglicht so die Beobachtung der Gründungsverläufe für einen Zeitraum von durchschnittlich etwa drei Jahren bis maximal 45 Monate.

---

6 Wie bereits erwähnt, konnten bei den multivariaten Analysen keine signifikanten Einflußfaktoren für das Überleben ermittelt werden.

7 Die Arbeitsamtsbezirke (11 im Westen, 4 im Osten) wurden nach einem kombinierten geschichteten und quotenkontrollierten Verfahren ausgewählt. Berücksichtigt wurden Arbeitslosenquote und Struktur der Arbeitslosigkeit, Beschäftigungsentwicklung sowie Förderanteile.

8 In den ausgewählten Arbeitsämtern wurden alle im ersten und zweiten Quartal 1994 sowie die im vierten Quartal 1994, im ersten Quartal 1995 und in der ersten Hälfte des zweiten Quartals 1995 bewilligten Anträge auf Übergangsgeld ausgewertet (Vollerhebung in den ausgewählten Arbeitsämtern). Die im dritten Quartal des Jahres 1994 bewilligten Anträge wurden nicht mit in die Erhebung aufgenommen, weil in diesen Zeitraum eine Novellierung des Überbrückungsgeld-Paragraphen fiel und in der Übergangsphase die Behandlung der Förderfälle nach altem und neuem Recht nicht trennscharf abgegrenzt werden kann. Die Grundgesamtheit umfaßte 54.859 Fälle.

Von den ursprünglich 4.486 Fällen der Aktenrecherche (netto, d.h. bereinigt um neutrale Ausfälle: 4.331 Fälle) haben 67% der Probanden (2.883 Fälle) die Fragebögen zurückgeschickt. Weitere 22% (963 Fälle) konnten telefonisch befragt werden. Insgesamt liegt der Ausschöpfungsgrad der Netto-Stichprobe damit bei annähernd 90 Prozent.

12.3.2.2 Erhobene Merkmale

Im Lichte der unterschiedlichen Erkenntnisinteressen seitens der Wirkungsforschung im allgemeinen und der Arbeitsverwaltung im besonderen war die IAB-Studie zur Evaluation des Überbrückungsgeldes sehr breit angelegt. Für Kausalanalysen steht daher eine entsprechende Vielzahl personenbezogener, betriebsbezogener und umfeldbezogener Merkmale zur Verfügung, die in weiten Teilen denen der Münchner Gründerstudie vergleichbar sind. Da eine vollständige Diskussion des erhobenen Datenmaterials den Rahmen der vorliegenden Publikation bei weitem übersteigen würde, sei hier nur auf eine Reihe von Variablen eingegangen, die sich im Rahmen verschiedener Logit-Modelle als besonders erfolgsrelevant erwiesen haben.

Da die IAB-Stichprobe ausschließlich aus Überbrückungsgeld-Empfängern und -Empfängerinnen besteht, soll kurz auf die *Höhe der Förderung* eingegangen werden. Hierfür ist zum einen die Höhe der zuvor bezogenen Lohnersatzleistung relevant, zum anderen auch der Zeitpunkt der Bewilligung der Förderung. Denn die sog. "Altfälle", die vor August 1994 bewilligt wurden, hatten weitaus weniger günstige Förderkonditionen als die späteren Gründungen, die nach "neuem Recht" gefördert wurden. Während den "Neufällen" im Durchschnitt 9.000,- DM zur Verfügung standen, mußten sich die "Altfälle" mit durchschnittlich 3.300,- DM begnügen[9].

Entsprechend niedrig fällt auch das insgesamt eingesetzte *Startkapital* der Überbrückungsgeldempfänger und -empfängerinnen aus. Mehr als die Hälfte der Befragten gab an, sich mit weniger als 10.000,- DM selbständig gemacht zu haben. Aus den Erhebungsdaten geht nicht eindeutig hervor, ob die Befragten bei ihren Angaben das Überbrückungsgeld zum Startkapital bereits hinzu addiert haben. Wegen der monatlichen Zahlweise erscheint dies allerdings wenig wahrscheinlich. Frauen gründeten ihre Existenzen mit noch weniger Startkapital als die männlichen Geförderten. Erstaunlicherweise wurden fast 20% der Gründungen völlig ohne Kapital realisiert.

Das Untersuchungsdesign gestattet es weiterhin, die Konsequenzen eines Berufs- oder Branchenwechsels im Hinblick auf den Gründungserfolg zu analysieren. Im Zuge ihrer Existenzgründung haben zwei von fünf der Geförderten die Branche gewechselt. Die Mobilitätsbewegungen konzentrieren sich vor allem in Richtung des tertiären Sektors, in dem sich etwa 80% der geförderten Gründer und Gründerinnen niederlassen. Neben einer Vielzahl individueller Gründe sind hierfür sicher auch die relativ niedrigen Einstiegsbarrieren mitausschlaggebend.

12.3.2.3 Datenanalyse

Zur Identifizierung möglicher Determinanten des Gründungserfolges wurde eine Reihe von Logit-Analysen durchgeführt. Der Einfachheit halber wurde als abhängige Variable der relativ leicht feststellbare "Verbleib in Selbständigkeit zum Stichtag der Erhebung

---

9 Zusätzlich entrichtet das Arbeitsamt für die Geförderten einen pauschalierten Sozialversicherungsbeitrag.

(September 1997)" gewählt. Die "jüngsten" Unternehmen waren zu diesem Zeitpunkt ca. 28 Monate alt, die "ältesten" etwa 45 Monate. Im Durchschnitt liegt die Existenzgründung rund drei Jahre zurück. Damit sind jedoch keine Einschätzungen zur Qualität der neugegründeten Unternehmen und ihrer wirtschaftlichen Dynamik möglich.

Die in den Teilmodellen untersuchten Variablenbündel wurden aufgrund theoretischer Vorüberlegungen zusammengestellt. Zusätzlich wurden die Untersuchungsteilnehmer und -teilnehmerinnen nach allgemeinen Problemen im Gründungskontext sowie nach den Ursachen für die Aufgabe der selbständigen Tätigkeit befragt. Die Befunde dieser beiden Untersuchungsstränge weisen auf eine zentrale Bedeutung von Humankapital und Startkapital für den Gründungserfolg hin.

12.3.2.4 Der Erfolg von Existenzgründungen aus der Arbeitslosigkeit

Insgesamt betrachtet fällt die Bilanz für die Geförderten auf der Mikroebene rund drei Jahre nach dem Schritt in die Selbständigkeit durchaus positiv aus. Über 70% der ursprünglich Geförderten sind immer noch selbständig, der überwiegende Teil davon (67%) im ursprünglichen Tätigkeitsbereich. Weitere 12% oder zwei Fünftel der nicht mehr selbständig Tätigen sind sozialversicherungspflichtig beschäftigt, ein Prozent ist in anderer Form erwerbstätig. Arbeitslos gemeldet sind zur Zeit der Befragung insgesamt 11% der Probanden, darunter 2% ohne Leistungsansprüche. 1% der ehemals Geförderten nimmt an FuU-Maßnahmen[10] teil. Rechnet man von der Antwortkategorie "Sonstiges", die aber auch Abgänge in Studium, Wehr-/Zivildienst und Ähnliches umfaßt, einen Teil hinzu, so dürften zum Zeitpunkt der Befragung nicht mehr als 13% der ehemaligen Empfänger und Empfängerinnen von Überbrückungsgeld in irgendeiner Weise Arbeitsamtsleistungen in Anspruch genommen haben.

In diesem Zusammenhang ist hervorzuheben, daß die Aufgabe der selbständigen Tätigkeit nicht zwingend mit Scheitern oder Mißerfolg gleichzusetzen ist. Vorstellbar ist beispielsweise auch, daß ein Unternehmen mit Gewinn verkauft wird oder eine Person ihre berufliche Situation durch den Wechsel von der Selbständigkeit zurück in ein abhängiges Beschäftigungsverhältnis sogar verbessert. Allerdings stehen in der Untersuchung hierzu keine Informationen zur Verfügung. Gleichzeitig ist jedoch kritisch darauf hinzuweisen, daß fast jeder Zweite, der zum Befragungszeitpunkt nicht mehr selbständig tätig war, nach eigenen Angaben noch Schulden aus dem "Abenteuer Selbständigkeit" hat.

Neben dem Verbleib der Geförderten in der Selbständigkeit liegt ein zweites Erfolgsmaß für die Wirkung der Förderung sowie für die individuelle unternehmerische Leistung in der Schaffung weiterer Arbeitsplätze durch die neu gegründeten Unternehmen. Abgesehen von der überwiegend positiven Verbleibsbilanz konnten die Geförderten in erheblichem Maße zusätzlich neue Arbeitsplätze schaffen.[11] Demnach entsteht durch das Förderinstrument nicht nur "Selbst-Beschäftigung" für die Gründerpersonen, sondern es fungiert zunehmend auch als Beschäftigungs-Multiplikator. Von den in Selbständigkeit verbliebenen Befragten gaben 45% an, über mindestens einen Mitarbeiter zu verfügen[12] (von diesen wiederum haben 57% mindestens einen sozialversicherungspflichtig Beschäftigten; ohne Differenzierung nach Voll- oder Teilzeit).

---

[10] Im SGB III "Förderung der beruflichen Weiterbildung" (FbW) nach §§ 77 ff.

[11] Auch hier können zum gegenwärtigen Zeitpunkt nur Bruttoangaben zu den im Zuge der geförderten Gründungen neu entstandenen Arbeitsplätze gemacht werden.

[12] Dies entspricht einem knappen Drittel aller ursprünglich Geförderten.

Gegenüber dem Gründungszeitpunkt hat sich die Zahl der zusätzlich Beschäftigten innerhalb von drei Jahren nahezu verfünffacht bzw. in den letzten beiden Jahren etwa verdoppelt. Nach einer mittleren Dauer von drei Jahren in selbständiger Tätigkeit errechnet sich für jeden vormals mit Überbrückungsgeld Geförderten durchschnittlich ein zusätzlicher Mitarbeiter.

12.3.2.5 Determinanten des Gründungserfolges bei arbeitslosen Existenzgründern

In der IAB-Studie zum Überbrückungsgeld war der Versuch unternommen worden, dem Untersuchungsgegenstand von zwei Seiten aus näher zu kommen. Zunächst wurden mit Hilfe multivariater Verfahren potentielle Erfolgsfaktoren analysiert. Daran anschließend wurden die Ursachen des Mißerfolges mit explorativen Verfahren erkundet und die Resultate durch bivariate Betrachtungen fundiert. Vor allem die logistischen Regressionsanalysen der Determinanten des Erfolges zeigen ein heterogenes Bild, das sich einer einfachen Interpretation weitgehend entzieht (Wießner, 2001). Leichter zu deuten waren dagegen die von den Gründern und Gründerinnen genannten Probleme und die Ursachen für die Aufgabe der Selbständigkeit. Hier kristallisieren sich zwei zentrale Brennpunkte heraus, die tendenziell von den Resultaten der Logit-Analysen gestützt werden. Den vormals arbeitslosen Existenzgründern und -gründerinnen mangelt es vor allem an ausreichender Ausstattung mit den beiden Produktionsfaktoren *Startkapital* und *unternehmerisches Humankapital.* Deshalb werden diese beiden kritischen Bereiche, ergänzt durch einige weitere erklärende Variablen, in einem Regressionsmodell nachfolgend sumarisch betrachtet (siehe Tabelle 12.2).

Als erstes fällt die relativ geringe – und damit unbefriedigende – Erklärungskraft des Modells auf. In der vorliegenden Modellspezifikation sind lediglich einschlägige verwertbare Erfahrungen, die Gründungsbranche sowie die Höhe des Startkapitals von signifikanter Bedeutung für den Gründungserfolg. Von den untersuchten Humankapitalfaktoren sind nur hilfreiche Erfahrungen (Fremdeinschätzung)[13] signifikant. Zwischen dem Startkapital und dem Erfolg besteht ein deutlicher proportionaler Zusammenhang. Je mehr Startkapital zur Verfügung steht, desto höher ist die Überlebenschance. Des weiteren ergeben sich geringere Überlebenschancen im tertiären Sektor, mit Ausnahme der Branche "Verkehr und Nachrichten".

In anderen Teilmodellen zeigten sich folgende weitere Einflußfaktoren (siehe ausführlich Wießner, 2001). In einem Teilmodell zum leistungsrechtlichen Hintergrund der Überbrückungsgeldempfänger und -empfängerinnen konnte festgestellt werden, daß bei Konstanz der Förderhöhe Gründer und Gründerinnen nach dem "neuen" Förderrecht tendenziell schlechter abschneiden. Darüber hinaus ergaben sich in einigen Teilmodellen signifikante Wirkungen des Geschlechts und der Region mit geringeren Überlebensquoten für Frauen und besseren Erfolgschancen im Osten.

---

[13] Die Variable "*Hilfreiche Erfahrungen erkennbar / nicht erkennbar*" beruht auf subjektiven Einschätzungen der Forschungssachbearbeiter und -bearbeiterinnen des IAB im Rahmen einer Aktenrecherche im Arbeitsamt. Hierzu ist kritisch anzumerken, daß zum Zeitpunkt der Einschätzung bereits erste Verbleibsinformationen zu den Untersuchungsteilnehmern vorlagen, so daß es sich bei den Einschätzungen möglicherweise um "self-fullfilling prophecies" handeln kann. Gleichwohl ist die Validität von Expertenurteilen im Gründungskontext nicht zu unterschätzen.

Tabelle 12.2: Determinanten des Erfolges zum Befragungszeitpunkt 1997 – logistische Regression Humankapital und Startkapital

Ausgewählte Merkmale	odds ratios (exp(b)) (= logarithm. R.-koeffizient)
Geschlecht (Referenz: Männer)	
Frauen	0,8624
Alte / Neue Bundesländer (Referenz: West)	
Ost	1,1551
Vormalige berufl. Stellung (Referenz: Nichtfacharbeiter)	
Facharbeiter	1,3649
Meister	2,1174
Einfacher Angestellter	0,9453
Gehobener Angestellter	0,9224
Selbständiger	1,0999
Sonstiges	0,5920
Hilfreiche Erfahrungen (Selbsteinschätzung) (Referenz: keine)	
vorhanden	1,0124
Hilfreiche Erfahrungen (Fremdeinschätzung) (Referenz: keine)	
vorhanden	1,7442***
Branchenmobilität (Referenz: branchentreu)	
Branchenwechsler	1,0066
Berufliche Mobilität (Referenz: lin. Berufsbiographie)	
Partielle Mobilität	0,6919
Totale Mobilität	0,7906
Gründungsbranche (Referenz: nicht tertiärer Sektor)	
Handel	0,6301*
Verkehr und Nachrichten	0,7000
Kredit und Versicherung	0,5431*
Sonstige Dienstleistungen	0,6558*
Förderrecht (Referenz: "altes" Recht)	
"neues" Förderrecht	0,9085
Gesamtbetrag Überbrückungsgeld (Referenz: bis zu 3.000 DM)	
3.001 bis 6.000 DM	1,3086
6.001 bis 9.000 DM	1,2269
9.001 DM und mehr	1,4857
Höhe des Startkapitals (Referenz: kein Startkapital)	
Unter 5.000 DM	0,8490
5.000 bis unter 10.000 DM	1,7011**
10.000 bis unter 25.000 DM	1,6325*
25.000 bis unter 50.000 DM	2,4465***
50.000 bis unter 100.000 DM	2,7225***
100.000 DM und mehr	3,8013***
Fälle im Modell	2402
-2LogLikelihood-Ratio-Test : χ^2 (df)	179,051 (28)
"Pseudo-R^2"	≈ 8,6%
R^2 (Cox & Snell)	0,092
R^2 (Nagelkerke)	0,136

Anmerkungen: Signifikanzniveau: * 95%, ** 99%, *** 99,9%.

Insgesamt leisten die untersuchten Modelle nur einen vergleichsweise geringen Beitrag zur Erklärung des Gründungserfolgs. Eine Ursache hierfür ist darin zu sehen, daß die wirtschaftliche Prosperität eines Unternehmens oftmals von sog. "weichen Faktoren" im Betrieb und in dessen Umfeld sowie von "soft skills" der Gründerperson abhängt. Der Untersuchung sind jedoch Merkmale wie beispielsweise die kommunikative Fähigkeit eines Selbständigen, die für den Absatz seiner Produkte oder Dienstleistungen sicherlich relevant ist, nicht zugänglich. Das gleiche gilt für Umfeldfaktoren, wie z.B. die räumliche Lage eines Geschäftes, Schaufenster, Dekoration, Parkmöglichkeiten etc. Diese Beispiele zeigen gleichzeitig auch die Grenzen des Untersuchungsansatzes auf. Die Erfolgsrelevanz solcher Faktoren könnte beispielsweise durch vertiefende Einzelfallstudien untersucht werden.

12.4 Schlußfolgerungen

Existenzgründungen aus Arbeitslosigkeit werden in Deutschland durch das Überbrückungsgeld in einem besonderen Ausmaß gefördert. Geht man den Fragen nach, (a) wie erfolgreich Existenzgründungen von Arbeitslosen sein können, (b) wie sich ihr Erfolg von anderen Gruppen unterscheidet, z.B. von vormals erwerbstätigen Existenzgründern und -gründerinnen, und (c) von welchen Faktoren der Erfolg abhängt, so lassen sich theoretisch eine Reihe von Faktoren dafür anführen, daß Existenzgründungen aus Arbeitslosigkeit weniger erfolgreich sein werden als beispielsweise solche aus Erwerbstätigkeit.

Empirisch zeigt sich, daß Existenzgründungen aus Arbeitslosigkeit entgegen theoretischen Annahmen im üblichen Umfang durchaus erfolgreich sind. Erfolgsfördernd sind die Höhe des Startkapitals, das Humankapital, die Inanspruchnahme von Beratung, aber auch Selektions- und möglicherweise Mitnahmeeffekte.

Empirisch zeigt sich, daß Unternehmensgründungen durch vormals Arbeitslose i.d.R. nur ein geringes Startkapital haben. Zum Teil dürfte dies auch auf Schwierigkeiten von arbeitslosen Existenzgründern und -gründerinnen, einen Kredit bei Banken zu erhalten, zurückzuführen sein (ILO, 2000, S. 29). Sollen Unternehmensgründungen aus Arbeitslosigkeit in Zukunft weiterhin gefördert werden, so sind Maßnahmen zu überlegen, die eine ausreichende Startfinanzierung gewährleisten.

Erfolgsfördernd ist des weiteren eine umfangreiche(re) Beratung und Betreuung. Wirtschafts- und arbeitsmarktpolitische Anstrengungen auf dem Gebiet der Beratung und Betreuung werden derzeit europaweit zur Förderung des Unternehmertums getätigt (Stelzer-Orthofer & Reisinger, 2000). Dabei sollte aufgrund der bisher vorliegenden Untersuchungsergebnisse zum Gründungserfolg – wo möglich und sinnvoll – verstärktes Gewicht auf folgende Aspekte gelegt werden: Motivation zu Teamgründungen, Förderung des Erwerbs von unternehmerischem Humankapital, intensive Beratung bei einem Branchenwechsel.

Die Frage, ob das Instrument des Überbrückungsgelds weiter ausgebaut und mehr Arbeitslose zu einer Selbständigkeit motiviert werden sollen, läßt sich aufgrund der Untersuchungsergebnisse nicht beantworten. Angesichts der bisherigen Erfolgsbilanz mit einer Überlebenswahrscheinlichkeit von über 70% nach drei Jahren erscheint auf den ersten Blick eine weitere Aufstockung des Finanzvolumens des Überbrückungsgeldes und damit einhergehend eine weitere Forcierung der Gründungsaktivitäten vormals

Arbeitsloser verlockend. Gegenüber solchen Schritten können jedoch Vorbehalte angebracht werden: Empirische Aussagen zur Wirkung des Förderinstruments auf den Arbeitsmarkt bleiben insgesamt betrachtet bisher eher vage. Mit den vorliegenden Untersuchungen ist insbesondere eine Abschätzung des Nettoeffektes des Überbrückungsgeldes für den Arbeitsmarkt nicht möglich. Neben den bereits angesprochenen Mitnahmeeffekten müßten dazu die Emergenzeffekte der Verdrängung und der Substitution berücksichtigt werden. Auch zu den möglichen Erträgen alternativer Mittelverwendungen sind keine Einschätzungen möglich. Meager und Evans (1997, S. 51) vermuten, daß ein Ausbau des Förderinstruments die Erfolgsbilanz reduzieren würde.

Aufgabe zukünftiger Forschung könnte es daher sein, Antworten auf diese Frage zu finden. Hierzu können Einzelfallstudien unter Verwendung branchenspezifischer Erfolgskriterien, die über das Überleben hinausgehen, hilfreich sein. Wünschenswert sind aber nach wie vor auch repräsentative branchenübergreifende und internationale Studien, in denen in einem stärkeren Ausmaß als bisher sozialpsychologische und soziologische Einflußfaktoren auf den Gründungserfolg von Arbeitslosen in die Erhebung einbezogen werden. Des weiteren ist es trotz aller methodischer Schwierigkeiten wichtig, Vergleichsgruppen zu bilden.

Literatur

Boeri, T. & Cramer, U. (1992). Employment growth, incumbents and entrants. *International Journal of Industrial Organization, 10*, 545-565.

Bögenhold, D. (1987). *Der Gründerboom. Realität und Mythos der neuen Selbständigkeit.* Frankfurt a.M.: Campus.

Bögenhold, D. & Staber, U. (1990). Selbständigkeit als ein Reflex auf Arbeitslosigkeit? Makrosoziologische Befunde einer international komparativen Studie. *Kölner Zeitschrift für Soziologie und Sozialpsychologie, 42*, 265-279.

Brüderl, J., Preisendörfer, P. & Ziegler, R. (1996). *Der Erfolg neugegründeter Betriebe. Eine empirische Studie zu den Chancen und Risiken von Betriebsgründungen.* Berlin: Duncker + Humblot.

Bühler, C. (1999). *Die strukturelle Eingebundenheit neugegründeter Unternehmen.* Unveröffentlichte Dissertation, Ludwigs-Maximilian-Universität München.

Egeln, J. (2000). Die volkswirtschaftliche Bedeutung junger Unternehmen. In G. Buttler, H. Herrmann, W. Scheffler & K.-I. Voigt (Hrsg.), *Existenzgründung – Rahmenbedingungen und Strategien* (S. 3-32). Heidelberg: Physica.

Frese, M. (1994). Psychologische Folgen von Arbeitslosigkeit in den fünf neuen Bundesländern: Ergebnisse einer Längsschnittstudie. In L. Montada (Hrsg.), *Arbeitslosigkeit und soziale Gerechtigkeit* (S. 193-214). Frankfurt a.M.: Campus.

Frese, M., Fay, D., Hilburger, T., Leng, K. & Tag, A. (1997). The concept of personal initiative: Operationalization, reliability and validity in two German samples. *Journal of Occupational and Organizational Psychology, 70*, 139-161.

Fryer, D. & Payne, R. (1986). Being unemployed: A review of the literature on the psychological experience of unemployment. In C. L. Cooper & I. T. Robertson (Eds.), *International Review of Industrial and Organizational Psychology* (pp. 235-278). Chichester: Wiley.

Göbel, S. (1998). Personeneigenschaften, Strategien und Erfolg bei Kleinunternehmern. In M. Frese (Hrsg.), *Erfolgreiche Unternehmensgründer: Psychologische Analysen und praktische Anleitung für Unternehmer in Ost- und Westdeutschland* (S. 99-122). Göttingen: Verlag für angewandte Psychologie.

Hinz, T., Hahnzog, S. & Huchler, A. (1998). *Münchner Gründerstudie.* Unveröffentlichtes Manuskript, München.

International Labour Organization (ILO) (Hrsg.). (2000). Unternehmensgründungen durch Arbeitslose. *Die Welt der Arbeit. 35*, 28-29.

Lumpkin, G. T. & Dess, G. G. (1996). Clarifying the entrepreneurial orientation construct and linking it to performance. *Academy of Management Review, 21,* 135-172.

Martinelli, A. (1994). Entrepeneurship and management. In N. J. Smelser & R. Swedberg (Eds.), *The handbook of economic sociology* (pp. 476-503). Princeton, New York: Princeton University Press.

McClelland, D. C. (1961). *The achieving society*. New York: Van Nostrand.

Meager, N. & Evans, C. (1997). *The evaluation of active labour market measures for the long term unemployed.* Geneva: International Labour Organization.

Miner, J. B., Smith, N. R. & Bracker, J. S. (1994). Role of entrepreneurial task motivation in the growth of technologically innovative firms: Interpretations from the follow-up data. *Journal of Applied Psychology, 79*, 627-630.

Moser, K. & Paul, K. (2001). *Arbeitslosigkeit und seelische Gesundheit.* Unveröffentlichtes Manuskript, Friedrich-Alexander-Universität Erlangen-Nürnberg.

Müntnich, M. (1998). *Gründungsaktivitäten und Erfolgsfaktoren von betrieblichen Gründungen aus Arbeitslosigkeit.* Unveröffentlichte Diplomarbeit, Friedrich-Alexander-Universität Erlangen-Nürnberg.

Rossi, P. H. & Freeman, H. E. (1989). *Evaluation. A systematic approach* (4th edition). Newbury Park: Sage.

Schumpeter, J. A. (1964). *Theorie der wirtschaftlichen Entwicklung – Eine Untersuchung über Unternehmergewinn, Kapital, Kredit, Zins und Konjunkturzyklus* (6.Aufl.). Berlin: Duncker + Humblot.

Statistisches Bundesamt (Hrsg.). (1997). *Datenreport 1997* (Schriftenreihe der Bundeszentrale für politische Bildung, 340). Bonn: Bundeszentrale für politische Bildung.

Stelzer-Orthofer, C. & Reisinger, R. (2000). *Business for Dinner? – Unternehmensgründungen durch Frauen im oberösterreichischen Mühlviertel.* Manuskript eingereicht zur Publikation.

Sternberg, R. (2000). *Entrepreneurship in Deutschland – Das Gründungsgeschehen im internationalen Vergleich.* Berlin: Ed. Sigma.

Wießner, F. (1998). *Positive Zwischenbilanz für "Überbrückungsgeld-Empfänger". IAB-Kurzbericht Nr.1.* Nürnberg: IAB.

Wießner, F. (2001). *Arbeitslose werden Unternehmer. Eine Evaluation der Förderung von Existenzgründungen vormals Arbeitsloser mit Überbrückungsgeld nach § 57 SGB III (vormals §55a AFG)* (Beiträge zur Arbeitsmarkt- und Berufsforschung, 241). Nürnberg: IAB.

Winefield, A. H. (1995). Unemployment its psychological costs'. *International Review of Industrial and Organizational Psychology, 10*, 169-212.

Zempel, J. (1999). Selbständigkeit in den neuen Bundesländern. Prädiktoren, Erfolgsfaktoren und Folgen. In K. Moser, B. Batinic & J. Zempel (Hrsg.), *Unternehmerisch erfolgreiches Handeln* (S. 69-93). Göttingen: Verlag für Angewandte Psychologie.

Zempel, J. & Frese, M. (1997). Arbeitslose: Selbstverantwortung überwindet die Lethargie. *Psychologie Heute, 6*, 42-48.

Ziegler, R. (2000). Überlebens- und Erfolgschancen neugegründeter Betriebe in den alten und den neuen Bundesländern. In G. Buttler, H. Herrmann, W. Scheffler & K.-I. Voigt (Hrsg.), *Existenzgründung – Rahmenbedingungen und Strategien* (S. 33-48). Heidelberg: Physica.

13 Zeitarbeit als Sprungbrett in ein "Normalbeschäftigungsverhältnis"? Individuelle Determinanten der Übernahme und des Wohlbefindens von Zeitarbeitnehmern

Nathalie Galais & Klaus Moser

13.1 Zeitarbeit als Beschäftigungsform

Über 280.000 Arbeitnehmer waren im Jahre 2000 in Deutschland bei Zeitarbeitsunternehmen beschäftigt (Bundesverband Zeitarbeit Personal-Dienstleistungen e.V. (BZA), 2000[1]). Leiharbeit stellt eine Beschäftigungsform dar, bei der die Arbeitnehmer in einem triangulären Arbeitsverhältnis stehen, wobei Arbeitgeber (Zeitarbeitsunternehmen) und Beschäftiger (Entleiher-Unternehmen) nicht identisch sind (Bode, Brose & Voswinkel, 1994). Die Arbeitnehmer gehören quasi zwei Organisationen gleichzeitig an: dem Verleiherunternehmen, bei dem sie angestellt sind, und dem Entleiherunternehmen, dem sie für einen befristeten Einsatz ihre Arbeitsleistung zur Verfügung stellen. Immer häufiger greifen Unternehmen auf Leiharbeitnehmer zurück, um Personalengpässe zu überbrücken (Ditges, 2000; Voswinkel, 1995; Davis-Blake & Uzzi, 1993). Teilweise nutzen sie diese Dienstleistung aber auch, um mit Arbeitnehmern in Kontakt zu treten und Personal zu rekrutieren (Moser & Zempel, in Druck). Auch die Zeitarbeitsunternehmen verstehen sich zunehmend als Personalvermittler[2] statt als bloße Verleiher und werben Arbeitskräfte mit der Aussicht auf eine dauerhafte Anstellung in einem Einsatzunternehmen. Tatsächlich hat sich Zeitarbeit[3] als Sprungbrett in ein "normales Beschäftigungsverhältnis" herausgebildet. Dies zeigt sich u.a. auch in der Kooperation von Zeitarbeitsunternehmen mit der Bundesanstalt für Arbeit (z.B. Adecco auf der Expo 2000) oder bei gewerkschaftlichen Projekten, die auf dem Konzept der Zeitarbeit basieren (z.B. START, siehe Vanselow & Weinkopf, 1996).

13.1.1 Zeitarbeit als Übergangslösung

Die Überbrückung von Arbeitslosigkeit sowie der berufliche Wiedereinstieg (z.B. nach Erziehungsurlaub) bilden die vorherrschenden Motive, einen Arbeitsplatz in einem Zeitarbeitsunternehmen anzunehmen (s.u.). Die Übernahme durch ein Einsatzunternehmen ist dabei das Ziel der meisten Zeitarbeitnehmer in Deutschland (vgl. z.B. Schröder, 1997; Brose, Schulze-Böing & Wohlrab-Sahr, 1987). Rund 55% der Zeitarbeitnehmer, die zum ersten Mal einen Arbeitsvertrag mit einem Zeitarbeitsunternehmen abschließen, waren zuvor arbeitslos, jeder achte sogar länger als ein Jahr. Circa ein Drittel aller Zeitarbeitnehmer wechselt innerhalb von sechs Monaten in ein "normales" Beschäftigungsverhältnis (BZA, 2000). Schröder (1997) fand, daß sich an die Phase der Leiharbeit mit höherer Wahrscheinlichkeit ein normales Beschäftigungsverhältnis anschließt als Arbeitslosigkeit. Eine berufliche Integration in ein Normalbeschäftigungsverhältnis nach Leiharbeit ist daher beobachtbar. Klar ist jedoch noch nicht, welche

---

[1] Informationen des Bundesverbandes Zeitarbeit Personal-Dienstleistungen e.V. (BZA) (2000) zu finden unter http://www.bza.de.

[2] Dies wurde durch die Aufhebung des Vermittlungsmonopols der Bundesanstalt für Arbeit (1994) ermöglicht (zur genaueren Entwicklung siehe Voswinkel, 1995).

[3] Voswinkel (1995) weist darauf hin, daß Leiharbeit ebenso wie befristete Arbeitsverhältnisse zwei unterschiedliche Formen der Zeitarbeit darstellen. In der Literatur wird der Begriff Zeitarbeit jedoch häufig synonym für Leiharbeit verwendet, um wertende Beiklänge zu vermeiden, auch wenn es nicht der korrekten Bezeichnung im AÜG entspricht (Voswinkel, 1995, S. 125). Auch in diesem Beitrag ist, wenn von Zeitarbeit die Rede ist, Leiharbeit gemeint.

Variablen vorhersagen können, ob sich dieses "dauerhafte Beschäftigungsverhältnis" nach Leiharbeit einstellt.

Kernfrage 1: Welche individuellen Faktoren begünstigen eine Übernahme durch ein Einsatzunternehmen?

13.1.2 Das Wohlbefinden von Zeitarbeitnehmern

Trotz der beobachtbaren Integration von vormals Arbeitslosen sind die anfänglichen Bedenken im Bezug auf die Zeitarbeit nicht völlig ausgeräumt, auch wenn sich beispielsweise die Gewerkschaften mittlerweile weniger vehement gegen diese Beschäftigungsform einsetzen. Der schlechte Ruf der Zeitarbeitsbranche, der sich vor allem aufgrund bekannt gewordener illegaler Arbeitnehmerüberlassungen, schlechter Bezahlung und mangelhafter sozialer Absicherung sowie Zuteilung von unzumutbaren Arbeitstätigkeiten und fehlender betrieblicher Mitsprache entwickelte, scheint sich zwar langsam zu verbessern, Leiharbeit wird jedoch weiterhin nicht als gleichwertige Beschäftigungsform angesehen. Bisher ist es der Zeitarbeitsbranche nicht gelungen, sich als eine echte Alternative zum "normalen" bzw. dauerhaften Beschäftigungsverhältnis zu etablieren, da sowohl die vergleichsweise geringere Entlohnung als auch die höhere Belastung durch den häufigen Wechsel von Arbeitsplatz und -tätigkeit sich im Vergleich zu einem Normalbeschäftigungsverhältnis als nachteilig darstellen (vgl. z.B. Klock, 1990). Leiharbeit ist lediglich als Übergangsphase in ein normales Beschäftigungsverhältnis[4] "salonfähig" geworden. "Wenn schon Leiharbeit", so bemerkt beispielsweise die ÖTV in Nordrhein-Westfalen, "dann als arbeitsmarktpolitisches Instrument" (Internetseite der ÖTV Nordrhein-Westfalen, http://www.oetv-nw1.de/INFO/arbeitslos/Leiharbeit.htm, 10.09.2000).

Selbst wenn Leiharbeit sich als Weg aus der Arbeitslosigkeit bzw. Maßnahme gegen die Entstehung von Arbeitslosigkeit darstellt, bleibt zu klären, wie sich diese Beschäftigungsform auf das Befinden der Arbeitnehmer auswirkt, zeichnet sie sich doch durch ein erhebliches Belastungspotential aus. Bereits die von Arbeitnehmervertretern thematisierte schlechtere rechtliche und soziale Absicherung von Leiharbeitnehmern stellt einen Belastungsfaktor dar. Weitere Belastungen, die charakteristisch für diese Beschäftigungsform sind, lassen sich bei Betrachtung der spezifischen Arbeitssituation der Zeitarbeitnehmer aus arbeits- und organisationspsychologischer Sicht identifizieren.

Kernfrage 2: Wie wirkt sich Zeitarbeit auf das Wohlbefinden der Arbeitnehmer aus und welche Rolle spielt hierbei das Erfolgen oder Ausbleiben einer Übernahme durch ein Einsatzunternehmen?

13.1.3 Die spezifische Arbeitssituation von Zeitarbeitnehmern

Bisher gibt es noch keine Untersuchungen, die sich mit den psychologischen Determinanten der Übernahme oder den Auswirkungen auf das Befinden von Zeitarbeitnehmern

---

[4] Während viele Zeitarbeitsunternehmen in ihrem Unternehmenskonzept Zeitarbeit als eine vorübergehende Phase (Überbrückung, Neuorientierung, Weiterqualifikation) verstehen, sehen andere in "Zeitarbeit" eine zukünftig dominierende Beschäftigungsform (z.B. Junggeburt, 1999).

befassen. Im folgenden werden wir ausgehend von dem Belastungspotential der spezifischen Arbeitssituation von Zeitarbeitnehmern individuelle Determinanten herausarbeiten, die für die Übernahme bzw. das Befinden der Zeitarbeitnehmer von Bedeutung sein könnten, und im Anschluß ihre empirische Überprüfung vorstellen.

Wie schon erwähnt, befinden sich Zeitarbeitnehmer im Vergleich mit Normalarbeitnehmern in einer besonderen Arbeitssituation. Sie werden teilweise kurzfristig in Einsatzunternehmen eingesetzt und wechseln häufig den Arbeitsplatz (im Durchschnitt beträgt die Einsatzdauer etwa 3-6 Monate; persönl. Mitteilung BZA, 12.09.2000), wobei dies branchenabhängig schwankt, die Höchsteinsatzdauer bei einem bestimmten Einsatzunternehmen ist jedoch durch das Arbeitnehmerüberlassungsgesetz auf ein Jahr begrenzt (Art. 1 § 3 I Nr. 6 AÜG). Aufgrund der kürzeren und befristeten Zusammenarbeit mit ihren jeweiligen Kollegen kann es zu einer mangelnden Integration in den Einsatzunternehmen kommen und die Zeitarbeitnehmer werden möglicherweise geringere soziale Unterstützung am Arbeitsplatz erfahren. Beim Vergleich von Zeitarbeitnehmern und dauerhaft Beschäftigten zeigte sich entsprechend, daß Zeitarbeitnehmer isolierter sind als Festangestellte, seltener Feedback bei ihren Vorgesetzten einholen und weniger Informationen weitergeben als Neueinsteiger, die festangestellt wurden (Sias, Kramer & Jenkins, 1997). Auch der geringere Status im Einsatzunternehmen, bedingt durch die "temporäre" Stellung im Unternehmen, sowie geringeres Einkommen können integrationshemmend wirken.

Zeitarbeitnehmer werden typischerweise dort eingesetzt, wo es zu Engpässen kommt, es viel zu tun gibt und wenig Zeit für eine systematische Einarbeitung bleibt. Gleichzeitig sind sie gezwungen, sich in einem unbekannten Arbeitsfeld zurechtzufinden und sich sowohl auf neue Arbeitsinhalte als auch auf Kollegen einzustellen. Unter diesen Umständen ist es wahrscheinlich, daß sie häufiger als andere Arbeitnehmer Fehler machen und Mißerfolge erleben. Außerdem werden sie häufiger für Teilaufgaben eingesetzt, an deren Planung und Konzeption sie weniger wahrscheinlich partizipieren können als die festangestellten Mitarbeiter des Einsatzunternehmens. Es kann daher davon ausgegangen werden, daß die Persönlichkeitsförderlichkeit (Hacker, 1986) der Arbeitstätigkeiten für Zeitarbeitnehmer vergleichsweise gering ist. Daher mag es auch kommen, daß Zeitarbeitnehmer weniger zufrieden mit ihrer Arbeit zu sein scheinen als Festangestellte (Krausz, Brandwein & Fox, 1995). Dies gilt vor allem für jene, bei denen Push-Faktoren (z.B. Arbeitslosigkeit) überwogen und Zeitarbeit eine Notlösung darstellte (Feldman, Doerpinghaus & Turnley, 1995).

Vor allem Zeitarbeitnehmer, die sich erhoffen, von einer Entleiherorganisation übernommen zu werden, engagieren sich möglicherweise stärker, zeigen vielleicht überangepaßtes Verhalten oder betreiben gar Selbstausbeutung. So fand Rogers (1995), daß sich Zeitarbeitnehmer stärker von ihrer Arbeit entfremden als "Normalarbeitnehmer". Einschränkend ist allerdings anzumerken, daß Wieland et al. (Projektgruppe MenBit, 1999) kein höheres Streßempfinden bei Zeitarbeitnehmern feststellen konnten als bei einer Vergleichsgruppe in anderen Beschäftigungsverhältnissen.

Die Arbeitssituation von Zeitarbeitnehmern unterscheidet sich somit sowohl in der Arbeitsgestaltung, dem Beschäftigungsverhältnis als auch den Motiven der Arbeitnehmer von "Normalbeschäftigungsverhältnissen". In Tabelle 13.1 sind die besonderen Bedingungen von Zeitarbeitnehmern in den Einsatzorganisationen nochmals zusammengefaßt dargestellt.

Tabelle 13.1: Charakteristische Merkmale von Zeitarbeitsverhältnissen

- Häufiger Wechsel von Arbeitsumfeld, Tätigkeiten, Arbeitsbereichen, Kollegen und Vorgesetzten
- Fehlen von dauerhaften sozialen Beziehungen im Unternehmen (soziale Unterstützung)
- Häufigeres Auftreten von Fehlern bzw. Mißerfolgen aufgrund von Unerfahrenheit oder Unkenntnis betrieblicher Abläufe und Routinen
- Geringer sozialer Status (Einordnung in betriebsinterne Hierarchie ist nicht möglich, Dreieckssituation)
- Geringere Bezahlung als Festangestellte
- Motivation liegt vor allem in der Übernahme in ein "normales Beschäftigungsverhältnis" (Push-Faktoren dominieren)

13.2 Determinanten der Übernahme und des Wohlbefindens von Zeitarbeitnehmern

Bedenkt man die oben skizzierte Situation der Zeitarbeitnehmer, scheint es besonders wichtig für sie zu sein, sich schnell anzupassen, Beziehungen zu Kollegen aufzubauen und Fuß zu fassen sowie Mißerfolge gut bewältigen zu können. Wir gehen davon aus, daß diese Faktoren die Integration[5] in die Einsatzorganisationen erleichtern und letztendlich eine Übernahme begünstigen. Außerdem sollten sich diese internen Ressourcen auch positiv auf das Wohlbefinden auswirken, da sie helfen, diese schwierigen Arbeitsbedingungen leichter zu meistern. Außerdem ist zu erwarten, daß die Übernahmewahrscheinlichkeit und das Wohlbefinden nicht unabhängig voneinander sind. So mag sich eine neue berufliche Perspektive, die sich den Arbeitnehmern durch das Einsatzunternehmen eröffnet, positiv auf ihr Wohlbefinden auswirken, während man davon ausgehen kann, daß die Enttäuschung eines Übernahmewunsches sich negativ auf das Wohlbefinden auswirken dürfte. Im folgenden werden Strategien, die mit Anpassung und Mißerfolgsverarbeitung in Zusammenhang stehen, vorgestellt und in ihrer Bedeutung für die Übernahme und das Wohlbefinden der Arbeitnehmer[6] überprüft.

13.2.1 Anpassung: Soziale Kompetenzen und Inkonsistenz

Die Bereitschaft und die Fähigkeit, sich an die organisationale Umwelt anzupassen, wird allgemein in der Karriereforschung als wichtige Determinante einer gelungenen organisationalen Sozialisation gesehen (Moser, in Druck; Schuler & Barthelme, 1996). Anpassung zeigt sich somit nicht nur in der Fähigkeit, Erwartungen zu erkennen und auf ein entsprechendes Verhaltensrepertoire zurückgreifen zu können, sondern auch in

---

5 Eine erfolgte Übernahme bzw. das Angebot einer Übernahme durch ein Einsatzunternehmen wird als Indikator einer gelungenen Integration gesehen, die wir nicht direkt gemessen haben. Wobei uns bewußt ist, daß dies ein sehr hartes Kriterium darstellt. Die Übernahmewahrscheinlichkeit kann als sehr valides "Fremdrating" einer gelungenen Integration, die durch die Übernahme honoriert wird, angesehen werden.

6 Das "Wohlbefinden" wird für alle Probanden zum zweiten Meßzeitpunkt gleichermaßen erhoben, unabhängig von ihrer Beschäftigungssituation (seien sie noch als Zeitarbeitnehmer beschäftigt, in ein "Normalbeschäftigungsverhältnis" übergegangen oder arbeitslos).

der Bereitschaft, diesen Erwartungen zu entsprechen. Nach Snyder (1979) zeichnen sich Personen, die in sozialen Interaktionen herausfinden, welches Verhalten angemessen ist, das eigene Verhalten gut kontrollieren können und sowohl fähig als auch gewillt sind, sich der jeweiligen Situation anzupassen, durch ein hohes Maß an Selbstdarstellungskontrolle (Self-Monitoring) aus (Moser, Diemand & Schuler, 1996; Mielke & Kilian, 1990; Nowack & Kammer, 1987).

In bisherigen Untersuchungen erwiesen sich hohe Werte in Self-Monitoring als karriereförderlich (Moser, Galais & Kuhn, 1999; Kilduff & Day, 1994; Snyder & Copeland, 1989; Caldwell & O'Reilly, 1982; Sypher & Sypher, 1983). Insbesondere für sogenannte "boundary spanner", also Personen, die beruflich vielen verschiedenen Rollenanforderungen ausgesetzt sind, wurde die Bedeutung von Self-Monitoring betont (Moser et al., 1999; Caldwell & O'Reilly, 1982). Auch bei Zeitarbeitnehmern handelt es sich um Personen, die durch ihre Zugehörigkeit zu zwei Unternehmen und ihre besondere Position in den Einsatzunternehmen verschiedene Rollen einnehmen, daher kann man davon ausgehen, daß Personen mit hohem Self-Monitoring als Zeitarbeitnehmer erfolgreicher sind.

Das Konstrukt Self-Monitoring mißt zum einen die sozialen Kompetenzen einer Person, zum anderen auch die Bereitschaft, sich inkonsistent zu verhalten, d.h. gegebenenfalls auch gegen die eigenen inneren Einstellungen und Positionen zu handeln (Moser et al., 1996). Während davon ausgegangen werden kann, daß soziale Fertigkeiten auch bei Zeitarbeitnehmern als Schlüsselqualifikation angesehen werden können, stellt sich die Frage, welche Bedeutung dem Faktor Inkonsistenz zukommt. Von gewerkschaftlicher Seite wurde nämlich häufig befürchtet, daß das vorherrschende Motiv der Übernahme zu überangepaßtem Verhalten und dem Wunsch, es "jedem recht zu machen" – also zu einem hohen Maß an Inkonsistenz – führen könnte. Ansonsten würden die Zeitarbeitnehmer Gefahr laufen, vom Einsatzunternehmen ausgetauscht, nicht übernommen und letztendlich von dem Zeitarbeitsunternehmen gekündigt zu werden. Moser et al. (1999) fanden, daß Inkonsistenz sich zumindest für den Erfolg von Arbeitstätigen mit geringerer Erfahrung in ihrem Beruf bezahlt machte. Daher könnte vermutet werden, daß sich dieser Zusammenhang für Zeitarbeitnehmer bestätigen könnte, die sich ja häufig in der Position von neuen, unerfahrenen Mitarbeitern befinden.

Annahme 1: Hohe soziale Fertigkeiten und Inkonsistenz erhöhen die Übernahmewahrscheinlichkeit.

13.2.2 Fuß fassen: Die Rolle von Networking

Im vorigen Abschnitt sind wir auf Anpassungsfähigkeiten und -strategien von Zeitarbeitnehmern eingegangen, die dazu dienen, sich auf die wechselnden Arbeitsumwelten einzustellen. Gerade im Hinblick auf eine Übernahme ist es jedoch wichtig, überdauernde und tragfähige Beziehungen mit einflußreichen Personen zu entwickeln. Es gilt, Netzwerke zu bilden und Austauschbeziehungen, die für die berufliche Entwicklung förderlich sein könnten, zu initiieren. Daher sollten Zeitarbeitnehmer "Networking" betreiben, was sowohl den Aufbau wie die Pflege und die Nutzung von Beziehungen umfaßt (Wolff & Moser, 1999). In der Literatur wird Networking als eine wichtige Determinante des beruflichen Erfolgs (Wolff & Moser, 1999; Kotter, 1982) und Aufstiegs betrachtet (Burt, Jannotta & Mahoney, 1998; Luthans, Rosenkrantz & Hennessy,

1985). Daher sollte es im Hinblick auf die Übernahme und die soziale Integration im Unternehmen vorteilhaft für Zeitarbeitnehmer sein, Networking zu betreiben.

Annahme 2: Networking wirkt sich positiv auf die Übernahmewahrscheinlichkeit der Zeitarbeitnehmer aus.

13.2.3 Umgang mit Mißerfolgen

Zeitarbeitnehmer werden bei ihren Einsätzen häufiger Fehler machen und mit Mißerfolgen konfrontiert werden, zum einen weil sie wegen ihrer temporären Stellung im Unternehmen weniger gut eingearbeitet und informiert werden, zum anderen weil die Passung zwischen Zeitarbeitnehmern und Arbeitsplatz meist nicht vollständig hergestellt werden kann. In Zeitarbeitsunternehmen gilt teilweise die Daumenregel einer 80%-igen Passung zwischen Arbeitnehmern und Arbeitsplatz. D.h. das Anforderungsprofil der Arbeitsstelle deckt sich nicht ganz mit der Ausbildung oder dem Eignungsprofil des Arbeitnehmers. Man stelle sich eine kürzlich diplomierte Chemikerin vor, die in einer Buchhaltungsabteilung eingesetzt wird, oder einen arbeitslosen Buchhalter, der als Sekretär arbeitet. Trotz hoher Qualifikation bekleiden beide Arbeitnehmer eine Arbeitsstelle, die ihrer Ausbildung nicht entspricht. Sicherlich werden sie einige Kompetenzen aus ihrem beruflichen Hintergrund anwenden können, aber es wird beiden noch zusätzlich abverlangt, daß sie sich spezifische Kenntnisse und Fertigkeiten aneignen. Hier kann also nur von einer bedingten Passung zwischen Arbeitnehmer und Arbeitsstelle gesprochen werden.

An diesen Beispielen wird deutlich, daß mangelnde Passung nicht hinreichend durch Kategorien wie Über- oder Unterqualifikation beschrieben werden kann und sich für den einzelnen Arbeitnehmer komplexer darstellt. Auch bei einer gegebenen Überqualifikation kann es bei neuen Aufgaben zu einer Überforderung kommen. Fehler, Mißverständnisse und Erschwernisse sind daher zu erwarten. Daher sollten die Zeitarbeitnehmer von einer Feedbackverarbeitung profitieren, die Mißerfolge als Informationen werten und nicht als persönliches Versagen, wohlwissend, daß Fehler und Mißerfolge in der Situation eines Zeitarbeitnehmers zu erwarten sind. Ungünstig sollte es sich jedoch auswirken, wenn die Zeitarbeitnehmer dazu tendieren, Mißerfolge selbstreflexiv zu verarbeiten (Kluger & DeNisi, 1996), was zu Entmutigungseffekten führen kann (Kuhl, 1981).

Annahme 3: Eine selbstreflexive Mißerfolgsverarbeitung geht mit einer geringeren Übernahmewahrscheinlichkeit und mit einem eingeschränkten Wohlbefinden der Zeitarbeitnehmer einher.

13.3 Die Untersuchung

Im folgenden werden die Ergebnisse einer Untersuchung vorgestellt, die als Pilotstudie für eine breiter angelegte Untersuchung dient. Es handelt sich um eine längsschnittlich angelegte Fragebogenuntersuchung mit zwei Meßzeitpunkten. Die erste Erhebung erfolgte vorwiegend während der ersten Phase der Zeitarbeit, die zweite sechs Monate später.[7]

13.3.1 Stichprobe

Die Verteilung der Fragebögen wurde durch verschiedene Zeitarbeitsunternehmen[8] vorgenommen. Die Stichprobe beschränkte sich auf kaufmännisches Personal. Die ausgefüllten Fragebögen wurden an unseren Lehrstuhl zurückgesendet. Die Befragten wurden außerdem gebeten, ihre Adresse getrennt von den ausgefüllten Fragebögen auf einer Karte an uns zu senden. Auf diese Weise konnten die Adressen für die zweite Befragung gesammelt und die Anonymität der Befragten gewahrt werden. Insgesamt wurden 250 Fragebögen an Zeitarbeitsunternehmen zur Weitergabe verteilt. 48 Personen (33 Frauen und 15 Männer) schickten den Fragebogen komplett ausgefüllt an uns zurück. Das Durchschnittsalter der Probanden lag bei 31,5 Jahren. Der größte Teil der Befragten (36%) hatte die mittlere Reife abgelegt. Ein Viertel hatten ein Hochschulstudium abgeschlossen, zehn Prozent hatten die Hochschulreife abgelegt, wiederum ein Viertel hatte den Hauptschulabschluß und vier Prozent hatten keinen Abschluß. 46% der Probanden gaben an, vor der Zeitarbeitstätigkeit arbeitslos gewesen zu sein. Zum Zeitpunkt der Befragung waren ca. 50% der Befragten im ersten Monat ihrer Beschäftigung bei dem jeweiligen Zeitarbeitsunternehmen, ein weiterer Teil (25%) bis zu acht Wochen und das letzte Viertel der Befragten arbeitete länger als drei Monate bei einem Zeitarbeitsunternehmen. 70% der Probanden befanden sich im ersten Einsatz.

Bei der zweiten Erhebung nahmen insgesamt noch 25 Personen teil (16 Frauen und 9 Männer). Die zweite Stichprobe unterschied sich nicht in der soziodemographischen Zusammensetzung von jener des ersten Meßzeitpunktes. Nur noch die Hälfte dieser Befragten befand sich im ersten Einsatz.

13.3.2 Datenerhebung

Zum ersten Meßzeitpunkt wurden Self-Monitoring (Inkonsistenz und soziale Fertigkeiten), Networking, Mißerfolgsverarbeitung und psychosomatische Beschwerden mittels Skalen erfaßt. Das Ausfüllen des Fragebogens war relativ aufwendig, da außerdem zahlreiche Fragen zu den Erfahrungen in den Organisationen gestellt wurden, und dauerte etwa 30-45 Minuten. Die zweite Erhebung nahm höchstens fünf Minuten in Anspruch und beinhaltete vor allem Fragen zum beruflichen Verbleib der Befragten und wiederum zu psychosomatischen Beschwerden. Im folgenden wird kurz auf die verwendeten Skalen und Maße eingegangen.

Soziale Fertigkeiten und Inkonsistenz

Zur Messung der sozialen Fertigkeiten ($\alpha = .72$, M = 1,53, SD = 0,25, $45 < N < 48$) und der Inkonsistenz ($\alpha = .62$, M = 1,29, SD = 0,20, $45 < N < 48$) wurde die deutsche Übersetzung der Self-Monitoring Skala von Snyder (1974) (mit den Skalenwerten "stimmt

---

7 Eine breiter angelegte Untersuchung an 200 Leiharbeitnehmern mit drei Meßzeitpunkten hat im Jahr 2000 begonnen.

8 Die Zeitarbeitsfirmen wurden gebeten, ihren neu eingestellten Mitarbeitern den Fragebogen auszuhändigen.

nicht" (= 1) und "stimmt" (= 2)) mit 18 Items verwendet (deutsche Version des Fragebogens von Nowack & Kammer, 1983).

Networking

Networking wurde mit einer 10-Item-Version der Networking-Skala von Wolff und Moser (1999) gemessen (z.B. "Ich tausche mit Kollegen aus anderen Abteilungen bei inoffiziellen Gelegenheiten berufliche Tips aus"; $\alpha = .85$, $M = 2{,}63$, $SD = 0{,}68$, $45 < N < 48$; Antwortalternativen von "trifft gar nicht zu" (= 1) bis "trifft völlig zu" (= 5)).

Mißerfolgsverarbeitung

Im Hinblick auf die Mißerfolgsverarbeitung wurde untersucht, inwiefern Fehler bei der Arbeit zu Selbstzweifel führen. Dies wurde mittels der folgenden drei Items erfaßt: "Wenn ich bei der Arbeit etwas falsch gemacht habe, dann...zweifle ich an mir / denke ich darüber nach, ob ich für diese Arbeit überhaupt geeignet bin / bin ich geknickt" ($\alpha = .89$, $M = 2{,}42$, $SD = 1{,}06$, $45 < N < 48$; Antwortalternativen von "trifft gar nicht zu" (= 1) bis "trifft völlig zu" (= 5)).

Wohlbefinden

Das Wohlbefinden der Zeitarbeitnehmer wurde gemessen anhand einer Skala mit 8 Items zur Erfassung der psychosomatischen Beschwerden nach Mohr (1986) (Antwortalternativen von "trifft gar nicht zu" (= 1) bis "trifft völlig zu" (= 5)) sowohl zum ersten ($\alpha = .90$, $M = 1{,}93$, $SD = 0{,}89$, $45 < N < 48$) als auch zum zweiten Meßzeitpunkt ($\alpha = .88$, $M = 1{,}99$, $SD = 0{,}87$, $N = 23$[9]) erhoben.

Übernahme

Zum ersten Meßzeitpunkt wurde erfragt, inwiefern den Zeitarbeitnehmern bereits ein Übernahmeangebot durch ein Einsatzunternehmen in Aussicht gestellt worden war[10]. 25 Personen gaben an, daß dies der Fall gewesen sei, und 21 Personen hatten keine Festanstellung in Aussicht gestellt bekommen (zwei fehlende Werte). Zum zweiten Meßzeitpunkt wurde nach einer tatsächlich erfolgten Übernahme durch ein ehemaliges Einsatzunternehmen gefragt. 10 von 25 Personen waren zum zweiten Meßzeitpunkt durch ein Einsatzunternehmen übernommen worden.

13.3.3 Ergebnisse

Die Überprüfung der Rolle von Anpassungsstrategien, Networking und Mißerfolgsverarbeitung für die Übernahme und das Befinden der Befragten erfolgte korrelativ. Da Schröder (1997) zeigen konnte, daß vor allem jene Zeitarbeitnehmer übernommen wurden, die schon vor der Phase der Zeitarbeit bessere Chancen auf dem Arbeitsmarkt hatten, haben wir aus Vergleichsgründen zusätzlich den Bildungsabschluß und vorheri-

---

9 Es wurden nur Personen in die Berechnungen aufgenommen, für die ein vollständiger Datensatz für die Skala vorlag.

10 Genauer Wortlaut des Items: "Mir wurde eine feste Anstellung in Aussicht gestellt, von einem Unternehmen, in dem ich als Leiharbeiter beschäftigt war."

ge Arbeitslosigkeit ("ja" versus "nein") als unabhängige Variable aufgenommen. In Tabelle 13.2 sind die entsprechenden Korrelationskoeffizienten dargestellt.

Tabelle 13.2: Zusammenhänge zwischen Anpassungsstrategien, Bildungsstand, vorheriger Arbeitslosigkeit und Übernahme/-wahrscheinlichkeit sowie psychosomatischen Beschwerden

	Aussicht auf Festanstellung bei T1 (45 ≤ n ≤ 48)	Übernahme bei T2 durch Einsatzunternehmen (22 ≤ n ≤ 25)	Psychosomatische Beschwerden (T1) (45 ≤ n ≤ 48)	Psychosomatische Beschwerden (T2) [a] (22 ≤ n ≤ 25)
Soziale Fertigkeiten	.28*	.32⁺	-.16	-.20
Inkonsistenz	- .15	-.21	.63***	.49*
Networking	.36**	.41*	-.14	-.21
Selbstzweifel bei Fehlern	-.25⁺	-.39*	.68***	.62**
Bildungsabschluß	.01	.23	-.11	-.37⁺
Vorherige Arbeitslosigkeit [b]	.15	-.13	-.04	.05

Anmerkungen: ⁺p < .10; *p < .05, **p < .01, ***p < .001. [a] Bei Kontrolle von "Übernahme bei T2" bleiben die signifikanten Zusammenhänge zwischen den unabhängigen Variablen und den psychosomatischen Beschwerden (T2) bestehen. D.h. die psychosomatischen Beschwerden zum zweiten Meßzeitpunkt sind nicht durch das Ausbleiben einer Übernahme zu erklären. [b]Es ergaben sich keine Mittelwertsunterschiede zwischen Zeitarbeitnehmern, die vorher arbeitslos waren und jenen, bei denen keine Arbeitslosigkeit vorlag, hinsichtlich "sozialen Fertigkeiten", "Inkonsistenz", "Networking", "Selbstzweifeln" oder dem Bildungsstand.

Aus Tabelle 13.2 läßt sich entnehmen, daß vor allem soziale Fertigkeiten und Networking einen starken Zusammenhang mit der Übernahme durch ein Einsatzunternehmen aufweisen. Dies entspricht unseren Annahmen.

Inkonsistenz erwies sich im Gegensatz zu sozialen Fertigkeiten nicht als förderlich für die berufliche Integration der Zeitarbeitnehmer. Es zeigte sich kein Zusammenhang zwischen dem Ausmaß an Inkonsistenz und der Übernahme durch ein Einsatzunternehmen zum zweiten Meßzeitpunkt. Inkonsistentes Verhalten ging allenfalls mit erhöhten psychosomatischen Beschwerden einher.

Erwartungsgemäß zeigte sich ein negativer Zusammenhang zwischen einer selbstreflexiven Mißerfolgsverarbeitung und der Übernahme sowie eine positive Beziehung von selbstreflexiver Mißerfolgsverarbeitung und psychosomatischen Beschwerden. Zeitarbeitnehmer, die in Mißerfolgen vor allem ihr eigenes Unvermögen zu erkennen glauben, leiden stärker unter psychosomatischen Beschwerden. Außerdem war es ihnen weniger gelungen, von einem Einsatzbetrieb übernommen zu werden.

Interessanterweise zeigte sich, daß der Bildungsabschluß weniger Varianz der Übernahme aufklärte als soziale Kompetenzen, Networking und die Misserfolgsverarbeitung. Außerdem hing vorherige Arbeitslosigkeit nicht mit unseren abhängigen Variablen zusammen. Wobei hier lediglich untersucht wurde, ob die Arbeitnehmer vor ihrer Tätigkeit arbeitslos gewesen waren, eine weitere Differenzierung wurde aufgrund der kleinen Stichprobe nicht vorgenommen (z.B. Dauer der Arbeitslosigkeit).

Übernahme und psychosomatische Beschwerden

Im folgenden wird der Zusammenhang zwischen Übernahme und psychosomatischen Beschwerden untersucht. Da man davon ausgehen kann, daß die Übernahme vorrangiges Ziel der Zeitarbeitnehmer ist (in unserer Stichprobe gaben 90% an, daß die Übernahme durch ein Einsatzunternehmen ihr Ziel sei), untersuchten wir die Bedeutung einer Übernahme (T2) bzw. die Aussicht auf eine Übernahme (T1) für das Befinden der Zeitarbeitnehmer. Von den 25 Teilnehmern des zweiten Meßzeitpunktes waren 12 Personen immer noch bei dem gleichen Zeitarbeitsunternehmen beschäftigt, weitere 11 Personen waren in ein Normalbeschäftigungsverhältnis übergegangen, davon waren zehn von einem ehemaligen Einsatzunternehmen übernommen worden; zwei Personen waren arbeitslos.

Der Zusammenhang zwischen der Übernahme und dem Befinden der Arbeitnehmer ist nicht nur wichtig vor dem Hintergrund, daß es sich hierbei um das vorrangige Ziel der Arbeitnehmer handelt, sondern auch im Hinblick auf die allgemeinen Auswirkungen von Zeitarbeit auf das Befinden der Arbeitnehmer. So kann sich in der zweiten Messung der psychosomatischen Beschwerden zum einen niederschlagen, inwiefern die Arbeitnehmer ihre Ziele erreicht sehen, zum anderen könnte sich hierin auch erkennen lassen, wie sich diese Beschäftigungsform über die Dauer auf das Befinden der Zeitarbeitnehmer auswirkt.

Aus Tabelle 13.3 ist zu entnehmen, daß bereits die Aussicht auf eine Übernahme zum ersten Meßzeitpunkt signifikant mit dem Befinden der Zeitarbeitnehmer korreliert. So litten Zeitarbeitnehmer, die ein Übernahmeangebot in Aussicht gestellt bekommen hatten, zum ersten wie zum zweiten Meßzeitpunkt weniger unter psychosomatischen Beschwerden. Dies ergibt sich auch dann, wenn die tatsächliche Übernahme statistisch kontrolliert wird. Außerdem zeigt sich, daß eine erfolgte Übernahme zum zweiten Meßzeitpunkt mit geringeren psychosomatischen Beschwerden (zum ersten und zum zweiten Meßzeitpunkt) einhergeht. Da auch für den ersten Meßzeitpunkt gilt, daß Personen, die über stärkere psychosomatische Beschwerden berichten, weniger Aussicht auf eine Festanstellung haben, und es zudem weniger wahrscheinlich ist, daß sie übernommen werden, ist nicht klar, welche Ursache-Wirkungskette hier zugrunde liegt. Es ist durchaus möglich, daß Personen mit hohen psychosomatischen Beschwerden schlechtere Chancen auf eine Übernahme haben aufgrund ihrer Beschwerden, ebenso ist denkbar, daß das Ausbleiben eines Angebotes sich negativ auf das Befinden der Zeitarbeitnehmer auswirkt.

Betrachtet man die hohe Korrelation zwischen Selbstzweifeln bei Fehlern und den psychosomatischen Beschwerden (Tabelle 13.2) sowie den negativen Zusammenhang zwischen Selbstzweifeln und der Übernahmewahrscheinlichkeit, so könnten Selbstzweifel als erklärende Drittvariable für den Zusammenhang von psychosomatischen Beschwerden und der Übernahme angenommen werden. Eine Partialkorrelationsberechnung bestätigt dies: Der Anteil der erklärten Varianz der unabhängigen Variablen verringert sich deutlich (siehe kursive Korrelationskoeffizienten in Tabelle 13.3), wenn "Selbstzweifel bei Mißerfolgen" kontrolliert werden. Es kann daher davon ausgegangen werden, daß das Ausbleiben einer Übernahme ebenso wie die psychosomatischen Beschwerden im wesentlichen von der Mißerfolgsverarbeitung der Zeitarbeitnehmer abhängen. Klar ist jedoch nicht, inwiefern hier auch vermittelte Wirkzusammenhänge zugrunde liegen bzw. weitere Konstrukte diesen Zusammenhang erklären können (z.B. Neurotizismus).

Weitere differentielle Untersuchungen einzelner Belastungsfaktoren, die mit Zeitarbeit verbunden sind (z.B. Häufigkeit der Einsatzwechsel, Güte der Einarbeitung in den Einsatzunternehmen, Passung von Arbeitnehmer und Arbeitsplatz etc.), könnten genaueren Aufschluß über die Rolle dieser Beschäftigungsform für das Wohlbefinden der Arbeitnehmer geben. Ebenso sollte die Messung der psychosomatischen Beschwerden sehr früh zu Beginn der Zeitarbeit erfragt werden, um sicherzustellen, daß weder ein implizites noch explizites Übernahmeangebot erfolgen konnte, das wiederum Auswirkungen auf das Wohlbefinden hätte. Weiterhin müßte untersucht werden, inwiefern Arbeitnehmer, die zwar generell an einer Übernahme interessiert sind, in Unternehmen eingesetzt wurden, die ihnen gar nicht attraktiv erscheinen für eine Dauerbeschäftigung, so daß eventuelle Übernahmeangebote keinen substantiellen Beitrag zur Befindensverbesserung beitragen können.

Tabelle 13.3: Zusammenhänge zwischen psychosomatischen Beschwerden und der Übernahmewahrscheinlichkeit

	Psychosomatische Beschwerden (T1)	Psychosomatische Beschwerden (T2)
Aussicht auf Festanstellung bei T1	-.36* / *(-.30)*	-.49*/ *(-.20)*
Übernahme bei T2 durch Einsatzunternehmen	-.31⁺ / *(.09)*	-.27 / *(-.04)*

Anmerkungen: ⁺p < .10; *p < .05. In Klammern werden Partialkorrelationen unter Kontrolle von "selbstreflexiver Mißerfolgsverarbeitung" berichtet.

13.4 Zusammenfassung und Fazit

Die psychologische Forschung zur Zeitarbeit konnte bisher kaum Aussagen über die Auswirkungen dieser Beschäftigungsform auf die individuelle Entwicklung von Arbeitnehmern machen. Dabei stellt die Zeitarbeit ein besonders interessantes Forschungsfeld dar. Sie unterscheidet sich deutlich von konventionellen Arbeitsverhältnissen, sowohl was die Arbeitsgestaltung als auch was die Karrieremöglichkeiten angeht. Bei kaum einer Beschäftigungsform kann sich die Bewährung am Arbeitsplatz so schnell auswirken wie bei der Zeitarbeit, wo dies zu einer Übernahme durch ein Einsatzunternehmen führen kann. Die Übernahme war bei unserer kleinen Stichprobe das Ziel der meisten Zeitarbeitnehmer.

In unserer Untersuchung hat sich gezeigt, daß die Übernahme von Zeitarbeitnehmern maßgeblich durch Strategien der Anpassung und der Verarbeitung von Mißerfolgen bestimmt wird. Die Anpassung gelingt, wenn Zeitarbeitnehmer sozial kompetent sind und Netzwerke aufbauen, um sich auf diese Weise einen Platz im Unternehmen zu sichern. Es scheint sich allerdings nicht zu bewähren, sich "um jeden Preis" anzupassen. Inkonsistenz geht allenfalls mit psychosomatischen Beschwerden einher, aber nicht mit erhöhten Übernahmechancen. So scheint es, daß Anpassung vor allem im Sinne von Integration, denn als Assimilation unter Negierung der eigenen Bedürfnisse, zum Erfolg führt. Während Kilduff und Day (1994) chamäleonartigen (inkonsistenten) Führungsnachwuchskräften besonderen Erfolg unterstellen, stellt sich die Situation bei Zeitarbeitnehmern anders dar. Sie profitieren nicht davon, sich durch Verstellung anzupassen.

Der Mißerfolgsverarbeitung kommt im Hinblick auf die Übernahmewahrscheinlichkeit sowie dem Wohlbefinden der Zeitarbeitnehmer eine zentrale Rolle zu. Zeitarbeitnehmer, die Mißerfolge ungünstig verarbeiteten, litten in unserer Stichprobe vermehrt unter psychosomatischen Beschwerden und wurden seltener übernommen. Bei diesem Ergebnis gilt es jedoch zu bedenken, daß das tatsächliche Auftreten von Mißerfolgen nicht erfragt wurde. So könnte eine selbstreflexive Mißerfolgsverarbeitung das Resultat einer tatsächlichen Häufung von Mißerfolgen sein. D.h. Personen, die oft Fehler provozieren und Mißerfolge erleben, zweifeln möglicherweise stärker an sich selbst als Personen, bei denen weniger schief geht. Die reduzierte Übernahmewahrscheinlichkeit wäre dann allerdings nicht auf die ungünstigen Attributionsprozesse, denn auf die tatsächliche Häufung von Mißerfolgen und entsprechenden Reaktionen des Umfelds zurückzuführen. Da die Items zur Erfassung der Mißerfolgsverarbeitung jedoch vor allem überdauernde Gewohnheiten thematisieren statt die Reaktion auf kürzlich erlebte Mißerfolge, halten wird diese Alternativerklärung eher für unwahrscheinlich.

Da sich Zeitarbeit mehr und mehr durchzusetzen scheint, sollten weitere Schritte unternommen werden, um die differentiellen Auswirkungen dieser Beschäftigungsform für die Arbeitnehmer hinsichtlich ihrer beruflichen und persönlichen Entwicklung zu untersuchen. Es gilt herauszufinden, wie sich das "Job-Nomadentum" auf die Arbeitnehmer auswirkt und welche Strategien ihnen dabei helfen können, seßhaft zu werden, sofern ihnen daran gelegen ist.

Literatur

Bode, I., Brose, H.-G. & Voswinkel, S. (1994). *Die Regulierung der Deregulierung. Zeitarbeit und Verbändestrategie in Frankreich und Deutschland.* Opladen: Leske + Budrich.

Brose, H.-G., Schulze-Boeing, M. & Wohlrab-Sahr, M. (1987). Diskontinuität und Berufsbiographie: Das Beispiel der Zeitarbeit. *Soziale Welt, 38*, 498-521.

Bundesverband Zeitarbeit Personal-Dienstleistungen e.V. (BZA). (2000). In: http://www.bza.de.

Burt, R. S., Jannotta, J. E. & Mahoney, J. T. (1998). Personality correlates of structural holes. *Social Networks, 20*, 63-87.

Caldwell, D. F. & O'Reilly, C. A. (1982). Boundary spanning and individual performance: The impact of self-monitoring. *Journal of Applied Psychology, 67*, 124-127.

Davis-Blake, A. & Uzzi, B. (1993). Determinants of employment externalization: A study of temporary workers and independent contractors. *Administrative Science Quarterly, 38*, 195-223.

Ditges, F. (2000). *Zeitarbeit. Chancen und Risiken einer modernen Beschäftigungsvariante.* Berlin: Deutscher Industrie und Handelstag (DIHT).

Feldman, D. C., Doerpinghaus, H. I. & Turnley, W. H. (1995). Employee reactions to temporary jobs. *Journal of Managerial Issues, 7*, 127-141.

Hacker, W. (1986). *Arbeitspsychologie.* Bern: Huber.

Junggeburt, J. H. F. (1999, Juni). *Leiharbeit in den Niederlanden – Mythos und Wirklichkeit.* Vortrag auf dem Workshop "Zeitarbeit/Leiharbeit für Verleiher, Entleiher und Leiharbeitskräfte optimal gestalten" der Projektgruppe MenBit der Universität Wuppertal, Dortmund.

Kilduff, M. & Day, D. V. (1994). Do chameleons get ahead? The effects of self-monitoring on managerial careers. *Academy of Management Journal, 37*, 1047-1060.

Klock, K. (1990). *Die austauschbare Belegschaft. Flexibilisierung durch Fremdfirmen und Leiharbeit.* Köln: HBS Bund Verlag.

Kluger, A. N. & DeNisi, A. (1996). The effects of feedback interventions on performance: A historical review, meta-analysis, and a preliminary feedback intervention theory. *Psychological Bulletin, 119*, 254-284.

Kotter, J. P. (1982). What effective general managers really do. *Harvard Business Review, 60*, 156-167.

Krausz, M., Brandwein, T, & Fox, S. (1995). Work attitudes and emotional responses of permanent, voluntary, and involuntary temporary-help employees: An exploratory study. *Applied Psychology: An International Review, 44*, 217-232.

Kuhl, J. (1981). Motivational and functional helplessness: The moderating effect of state versus action orientation. *Journal of Personality and Social Psychology, 40*, 155-170.

Luthans, F., Rosenkrantz, S. A. & Hennessy, H. W. (1985). What do successful managers really do? An observatory study of managerial activities. *Journal of Applied Psychology, 82*, 359-375.

Mielke, R., & Kilian, R. (1990). Wenn Teilskalen sich nicht zu dem ergänzen, was die Gesamtskala erfassen soll. Untersuchungen zum Self-Monitoring Konzept. *Zeitschrift für Sozialpsychologie, 21*, 126-135.

Mohr, G. (1986). *Die Erfassung psychischer Befindensbeeinträchtigungen bei Industriearbeitern* (Europäische Hochschulschriften, Reihe 6, Psychologie, Bd. 172). Frankfurt: Lang.

Moser, K. (in Druck). Sozialisation und berufliche Entwicklung. In H. Schuler (Hrsg.), *Enzyklopädie der Psychologie D/III/3 und 4*. Göttingen: Hogrefe.

Moser, K., Diemand, A. & Schuler H. (1996). Inkonsistenz und Soziale Fertigkeiten als zwei Komponenten von Self-Monitoring. *Diagnostica, 44*, 3-19.

Moser, K., Galais, N. & Kuhn, K. (1999). Selbstdarstellungstendenzen und beruflicher Erfolg selbständiger Handelsvertreter. In L. v. Rosenstiel & T. Lang-von-Wins (Hrsg.), *Existenzgründung und Unternehmertum* (S. 181-195). Stuttgart: Schäffer/Poeschel.

Moser, K. & Zempel, J. (in Druck). Personalmarketing. In H. Schuler (Hrsg.), *Lehrbuch der Personalpsychologie*. Göttingen: Hogrefe.

Nowack, W. & Kammer, D. (1983). *Self-Monitoring: Construction and validation of a German two-factor scale* (Bielefelder Arbeiten zur Sozialpsychologie, Nr. 104). Bielefeld: Universität Bielefeld.

Nowack, W. & Kammer, D. (1987). Self-presentation: Social skills and inconsistency as independant facets of self-monitoring. *European Journal of Personality Psychology, 1*, 61-77.

ÖTV- Hintergrund, Info-DienstEine, Bezirksverwaltung NW I. (2000). *Arbeitslosigkeit: Endlich auf der Straße die neue "A-Klasse"*. In: http://www.oetv-nw1.de/INFO/arbeitslos/Leiharbeit.htm, 10.09.2000.

Projektgruppe MenBit (1999). *Workshop "Zeitarbeit/Leiharbeit für Verleiher, Entleiher und Leiharbeitskräfte optimal gestalten"*. Dortmund: Universität Wuppertal.

Rogers, J. K. (1995). Just a temp: Experience and structure of alienation in temporary clerical employment. *Work and Occupations, 22* (2), 137-166.

Schröder, E. (1997). *Arbeitnehmerüberlassung in Vermittlungsabsicht* (Beiträge zur Arbeitsmarkt- und Berufsforschung, Beitrag AB 209). Nürnberg: IAB Bundesanstalt für Arbeit.

Schuler, H. & Barthelme, D. (1996). Soziale Kompetenz als berufliche Anforderung. In B. Seyfried (Hrsg.), *"Stolperstein" Sozialkompetenz* (2. Aufl., S. 77-116). Berlin: Bertelsmann.

Sias, P. M., Kramer, M. W. & Jenkins, E. (1997). A comparison of the communication behaviors of temporary employees and new hires. *Communication Research, 24*, 731-754.

Snyder, M. (1974). Self-monitoring of expressive behavior. *Journal of Personality and Social Psychology, 30*, 526-537.

Snyder, M. (1979). Self-monitoring processes. In L. Berkowitz (Ed.), *Advances in experimental social psychology* (Vol. 12, pp. 86-131). New York: Academic Press.

Snyder, M. & Copeland, J. (1989). Self-monitoring processes in organizational settings. In R. A. Gialcone & P. Rosenfeld (Eds.), *Impression management in the organization* (pp. 7-19). Hillsdale, NJ: Erlbaum.

Sypher, B. D. & Sypher, H. E. (1983). Perception of communication ability. Self-monitoring in an organizational setting. *Personality and Social Bulletin, 9*, 297-304.

Vanselow, A. & Weinkopf, C. (1996). *Sozialverträgliche Arbeitnehmerüberlassung als arbeitsmarktpolitisches Instrument – die bisherigen Erfahrungen mit START Zeitarbeit NRW* (Erster Zwischenbericht der fachlichen Begleitung von Juli 1996, Projektbericht des Instituts Arbeit und Technik 96/11). Gelsenkirchen: Institut Arbeit und Technik.

Voswinkel, S. (1995). Die Regulierung der Leiharbeit. Zeitarbeit zwischen Arbeitsvermittlung und überbetrieblicher Beschäftigung, In B. Keller & H. Seifert (Hrsg.), *Atypische Beschäftigung, Verbieten oder gestalten?* (S. 108-138). Köln: Bund-Verlag.

Wolff, H. G. & Moser, K. (1999, September). *Networking – Explikation eines Konstruktes und Skalenvalidierung.* Vortrag bei der 1. Tagung der Fachgruppe Arbeits- und Organisationspsychologie, Marburg.

14 Arbeitsstiftungen als Instrument der aktiven Arbeitsmarktpolitik in Österreich – Ergebnisse einer Absolventenbefragung

Hansjörg Seckauer & Joachim Gerich

14.1 Das Modell "Arbeitsstiftung"

Arbeitsstiftungen sind ein Instrument zur sozialen Abfederung von Massenkündigungen und werden in Österreich seit der zweiten Hälfte der 1980er Jahre eingesetzt, als man im Zuge der Umstrukturierungen in der Stahlindustrie neue Wege suchte, um den gekündigten Mitarbeitern eine geeignete Anschlußperspektive zu eröffnen.[1] Arbeitsstiftungen sind eine *Weiterentwicklung des Sozialplans*. Sozialpläne haben ihren Ursprung in freiwilligen Abgangsentschädigungen bestimmter Unternehmen für aus betrieblichen Gründen gekündigte Mitarbeiter und sind seit 1974 im österreichischen Arbeitsrecht verankert (§ 109 in Verbindung mit § 97 (1) ArbVG). Traditionelle Sozialpläne beinhalten vornehmlich Regelungen über Abfindungszahlungen bei Entlassungen (sog. "Abfindungsformeln"), Ruhegeldzahlungen, Gratifikationen, Werkswohnungen etc., d.h. sie dienen vor allem der materiellen Absicherung von aus betrieblichen Gründen gekündigten Mitarbeitern (Hemmer, 1988). Auch Arbeitsstiftungen sind stets ein Resultat von Sozialplanverhandlungen, d.h. sie werden gemeinsam vom Unternehmen und der betrieblichen Arbeitnehmervertretung (Betriebsrat) in Übereinstimmung mit den überbetrieblichen Sozialpartnern (Gewerkschaften, Arbeiterkammer, Wirtschaftskammer, Industriellenvereinigung) eingerichtet. Auf einen Sozialplan kann somit, muß aber keine Arbeitsstiftung folgen.

Arbeitsstiftungen liegt der Gedanke zugrunde, daß im Falle einer Kündigung den freigesetzten Arbeitnehmern mit einer finanziellen Entschädigung allein oft nicht geholfen ist, sondern daß insbesondere in Zeiten massiver struktureller Veränderungen[2] zudem *arbeitsmarktpolitische Maßnahmen*, insbesondere Qualifizierungsmaßnahmen, gesetzt werden müssen, um die Wiederbeschäftigungschancen der Gekündigten zu erhöhen. Arbeitsstiftungen basieren somit auf einem "Kunstgriff", nämlich der *Kombination von Sozialplan und arbeitsmarktpolitischen Maßnahmen*, wobei diese Maßnahmen "gebündelt" zum Einsatz kommen (näheres s.u. Abschnitt 14.2). Dieser "Kunstgriff" schlägt sich auch in der *Finanzierung* der Arbeitsstiftungen nieder, die sich im wesentlichen aus betrieblichen Mitteln (aus dem Sozialplan) einerseits, sowie aus öffentlichen Mitteln (vor allem aus dem Budget der Arbeitsmarktverwaltung) andererseits zusammensetzt. Die Durchführung der Maßnahmen wird dabei primär durch den Betrieb finanziert und ermöglicht (z.B. durch die Bereitstellung von Büros und Schulungsräumlichkeiten), dagegen wird die Existenzsicherung der Teilnehmer während der Dauer ihrer Teilnahme (maximal vier Jahre) primär durch die öffentliche Hand sichergestellt, und zwar durch das sog. "Schulungsarbeitslosengeld" gemäß § 18 (5) AlVG, das mehr als die Hälfte der stiftungsbezogenen Aufwendungen ausmacht.[3] Den Stiftungs-

---

1 Im Zuge der sog. "Verstaatlichtenkrise" kam es seit den 1980er Jahren zu massiven Beschäftigungsrückgängen in der österreichischen Stahlindustrie (von ca. 40.000 Beschäftigten Anfang der 1980er Jahre auf ca. 15.000 Beschäftigte Mitte der 1990er Jahre). Ausführlich zu diesem Prozeß und seinen Ursachen siehe Neuhofer, Seckauer und Weidenholzer (1994).

2 Stichworte: Deindustrialisierung; Flexibilisierung der Produktion; Tertiärisierung. Ausführlich dazu siehe Seckauer (1997).

3 Zudem müssen laut Gesetz im Stiftungskonzept (vom Stiftungsträger bereitzustellende) *Stipendien* vorgesehen sein. Diese können pro Teilnehmer monatlich bis zu 5.000 ATS (715 DM; 14 mal jährlich) betragen.

betreibern steht es allerdings frei, weitere Finanzierungsquellen zu erschließen. Dies ist insbesondere dann notwendig, wenn die aus dem Sozialplan zur Verfügung gestellten Mittel für die ordnungsgemäße Durchführung der Stiftungsmaßnahmen nicht ausreichen (vgl. auch Abschnitt 14.2.4). Als zusätzliche Finanzierungsquellen kommen vor allem weitere öffentliche Stellen (Landesregierung, Kommunen, EU/ESF[4]) in Frage. Bei manchen Stiftungen sind zudem Eigenbeiträge der Teilnehmer und/oder Solidaritätsbeiträge der im Unternehmen verbleibenden Belegschaft vorgesehen. Diese Beiträge sind allerdings in der Regel quantitativ von untergeordneter Bedeutung und haben insofern eher symbolischen Charakter.

Als *Stiftungsträger* fungiert in den meisten Fällen ein gemeinnütziger Verein (in seltenen Fällen eine GmbH), mitunter sind mehrere Stiftungen unter dem rechtlichen Dach eines Vereines zusammengefaßt. Arbeitsstiftungen sind somit üblicherweise keine Stiftungen im rechtlichen Sinn, dies war nur die erste österreichische Arbeitsstiftung, die VOEST-Alpine-Stahlstiftung – daher der Name "Arbeitsstiftung".

Die Teilnahme an einer Arbeitsstiftung ist freiwillig, d.h. die gekündigten Arbeitnehmer können zwischen einer finanziellen Abfindung und der Teilnahme an den Stiftungsmaßnahmen wählen. Voraussetzung für Letzteres ist allerdings die einvernehmliche Auflösung des Dienstverhältnisses. Der Anteil der Stiftungsteilnehmer an den Gekündigten (Nutzungsquote) beträgt in den von uns untersuchten Arbeitsstiftungen (vgl. Abschnitt 2) mehrheitlich um die 50%, nur in einem Fall, wo bei Eintritt in die Arbeitsstiftung eine finanzielle Eigenleistung zu erbringen war (in der Höhe von ca. 20.000 öS), ist die Nutzungsquote deutlich niedriger (18,5%). Durch die Teilnahme an der Arbeitsstiftung werden weder neue Ansprüche aus der Arbeitslosenversicherung erworben, noch werden die bestehenden Ansprüche dadurch konsumiert, sondern bleiben davon unberührt.

14.1.1 Maßnahmen

Zentrales Element der Arbeitsstiftung sind die in ihrem Rahmen möglichen arbeitsmarktpolitischen Maßnahmen, die teilweise ineinandergreifen bzw. einander ergänzen. Die Maßnahmen stellen eine *Kombination aus Persönlichkeitsentwicklung und fachlicher Aus- und Weiterbildung* dar, wobei diese auf die jeweiligen Bedürfnisse der Teilnehmer individuell abgestimmt werden können. Wenngleich die Maßnahmenkombination grundsätzlich offen ist, d.h. „alles erlaubt [ist], was der Reintegration in den Arbeitsprozeß dient“ (Slupetzky, 1994, S. 4), haben sich mittlerweile folgende sechs Maßnahmeformen herausgebildet, die in ihrem Zusammenwirken die Wiederbeschäftigungschancen der Teilnehmer erhöhen sollen: Berufsorientierung, aktive Arbeitssuche, Aus- und Weiterbildung, betriebliche Praktika, Unternehmensgründung und Intensivbetreuung.[5]

---

4 Auf Grundlage der (alten) Ziele 3 (Bekämpfung der (Langzeit-)Arbeitslosigkeit sowie die Förderung der Integration von Jugendlichen und Frauen ins Erwerbsleben) und 4 (Erleichterung der Anpassung von Arbeitskräften an die industriellen Wandlungsprozesse). Der maximale EU-Finanzierungsanteil beträgt 50%.

5 Hier werden die in den Arbeitsstiftungen nunmehr üblichen Bezeichnungen verwendet.

14.1.1.1 Berufsorientierung

Zu Beginn der Teilnahme an der Arbeitsstiftung sollen in einem Berufsorientierungskurs die beruflichen Perspektiven abgeklärt bzw. entwickelt werden. Die Berufsorientierung erfolgt durch entsprechend ausgebildete Trainer und unter der Mitwirkung des Arbeitsmarktservice (AMS). Aufgabe der Trainer ist es in dieser Phase, den Teilnehmern beim Erkennen eigener Interessen, Fähigkeiten und Stärken behilflich zu sein. Im allgemeinen werden zu diesem Zweck Berufsinteressentests durchgeführt mit dem Ziel, jene Tätigkeitsfelder herauszufiltern, die den jeweiligen individuellen Interessen am ehesten entsprechen. Von den Mitarbeitern des lokalen AMS werden den Teilnehmern in der Folge berufs- und arbeitsmarktbezogene Informationen zur Verfügung gestellt, die sie beim Entwerfen bzw. Festlegen konkreter neuer Berufsziele unterstützen sollen. Am Ende der Berufsorientierung wird für jeden Teilnehmer ein *individueller Maßnahmenplan* erstellt, der die weiteren im Rahmen der Arbeitsstiftung zu durchlaufenden Schritte darlegt. Die Berufsorientierung dauert üblicherweise sechs Wochen, maximal drei Monate. Die Teilnahme an der Berufsorientierung entfällt häufig bei Personen, die bereits vor Stiftungsbeginn eine Ausbildung begonnen haben und diese im Rahmen der Stiftung weiterführen wollen.

14.1.1.2 Aktive Arbeitssuche

Diese Teilmaßnahme, die verschiedentlich auch als Outplacement, Implacement oder Replacement bezeichnet wird, soll die Begründung eines neuen Beschäftigungsverhältnisses erleichtern. Zu diesem Zweck werden hier professionelle Bewerbungsstrategien vermittelt. Die Bewerbungsstrategien beinhalten Selbstmarketing und Präsentation sowie Selbstreflexion und Selbstanalyse. Die Teilnehmer sollen die eigenen Möglichkeiten, Fähigkeiten und Eigenschaften richtig einschätzen lernen sowie über den Bewerbungsmarkt und über die Beschäftigungschancen Bescheid wissen. Die für eine erfolgreiche Bewerbung notwendige Infrastruktur (Telefon, Computer, Faxgerät etc.) wird den Teilnehmern von der Arbeitsstiftung zur Verfügung gestellt. Die aktive Arbeitssuche wendet sich an Teilnehmer nach einer Ausbildung oder nach der Berufsorientierung, wenn eine Qualifizierung als nicht erforderlich angesehen bzw. von den Teilnehmern nicht gewünscht wurde. Die maximale Dauer der aktiven Arbeitssuche beträgt vier Monate.

14.1.1.3 Aus- und Weiterbildung

Zur Verbesserung bestehender sowie zur Erlangung neuer beruflicher Qualifikationen können die Stiftungsteilnehmer Aus- und Weiterbildungsmaßnahmen absolvieren. Diese stellen das am häufigsten genutzte Element im Rahmen von Arbeitsstiftungen dar.[6] Grundsätzlich gibt es hier *drei Optionen:* Den Erwerb einer Qualifikation in einem neuen Beruf durch *Ausbildung*, die Weiterbildung in einem angestammten Beruf durch *Höherqualifizierung* sowie die Erweiterung der fachlichen Kompetenz durch eine *Auffrischung* verschütteter bzw. im Zuge beruflicher Dequalifizierungsprozesse verlorengegangener Kenntnisse und Fertigkeiten. Gewählt werden können dabei folgende *Ausbildungsgänge:* Kurse der Erwachsenenbildungseinrichtungen, Kurse privater Schu-

---

6 Gemäß der Untersuchung von Gerich (1998) nahmen 82% der befragten Stiftungsabsolventen an Aus- und Weiterbildungsmaßnahmen teil.

lungseinrichtungen, stiftungsinterne Kurse, Lehrberufe, Studienberechtigungslehrgänge[7] sowie berufsbezogene schulische und universitäre Einrichtungen.

Stiftungsinterne Kurse werden zumeist nur ergänzend angeboten (Rhetorikkurse, Nachhilfeunterricht für Schulbesucher u.ä.), d.h. die Qualifikationsmaßnahmen werden im allgemeinen in Bildungseinrichtungen außerhalb der Stiftung absolviert. Dem Inhalt nach unterliegt die Palette des Bildungsangebots grundsätzlich keiner Einschränkung, die Stiftungsteilnehmer können diesbezüglich auch selbst Vorschläge einbringen. Die Bildungsmaßnahme muß jedoch, um vom Arbeitsmarktservice als solche genehmigt zu werden, "arbeitsmarktbezogen" sein. Durch diesen dehnbaren Begriff hat es der Arbeitsmarktservice in der Hand, das Bildungsangebot zu steuern. Nicht gewährt werden sog. "Hobbyausbildungen" und esoterische Ausbildungen. Was darunter zu verstehen ist, liegt im Ermessen des zuständigen Sachbearbeiters beim Arbeitsmarktservice.[8] Über ihre Ausbildungsfortschritte müssen die Stiftungsteilnehmer adäquate Leistungsnachweise (Zeugnisse) erbringen. Zwar kann im Rahmen der Arbeitsstiftung grundsätzlich nur ein Ausbildungsziel verfolgt werden, in "begründeten Einzelfällen" besteht allerdings auch die Möglichkeit einer "Zielkorrektur" (Köfler, zitiert nach Pilz, 1998), d.h. wenn sich bald nach Beginn einer Ausbildung herausstellt, daß offensichtlich der falsche Weg eingeschlagen wurde, kann diese kurzfristig beendet und eine zweite Ausbildung begonnen werden (manche Bildungspläne sehen daher a priori eine zweite Ausbildungsvariante vor). Die Gesamtdauer der Aus- und Weiterbildungsmaßnahmen ist auf maximal vier Jahre begrenzt. Falls eine Ausbildung länger dauert (z.B. manche Studiengänge), muß der Teilnehmer für den restlichen Zeitraum im Normalfall selbst aufkommen.

14.1.1.4 Betriebliche Praktika

Mit der Ausbildung sind in der Mehrzahl der Fälle betriebliche Praktika verknüpft. Die Praktika stellen entweder – aufgrund des dualen Ausbildungssystems – einen Teil der Lehrausbildung dar, oder sie werden von Schulbesuchern während der Ferien (verpflichtend oder freiwillig, einmalig oder mehrmalig) absolviert. Die Teilnehmer stehen während dieser Zeit den Betrieben kostenlos zur Verfügung. Es wurde daher der Vorwurf laut, daß hier mit arbeitsmarktpolitischen Mitteln Wirtschaftsförderung betrieben werde. Andererseits muß festgehalten werden, daß die betrieblichen Praktika nicht selten die Vorstufe für eine spätere dauerhafte Anstellung darstellen, zumal sie den Stiftungsteilnehmern Gelegenheit geben, sich ohne Druck in einer neuen beruflichen Situation zurechtzufinden und sich die Arbeitgeber während dieser Zeit über die Praktikanten und ihre Arbeitsleistung in Ruhe ein Urteil bilden können.[9]

---

7 Studienberechtigungslehrgänge dauern üblicherweise ein Jahr. Ihr erfolgreicher Abschluß berechtigt zum Studium an einer bestimmten Fakultät.

8 Beispielsweise wurde in einem Fall eine Shiatsu-Ausbildung (Ausbildung in japanischer Heilmassage) als "esoterisch" qualifiziert und daher nicht genehmigt.

9 Eine Quantifizierung der durch die Praktika bewirkten Übernahmen konnte aufgrund der Datenlage nicht durchgeführt werden. Immerhin gibt es den Angaben des Leiters der Braunauer ALU-Stiftung zufolge Großbetriebe in der Region Braunau, die bislang "noch jeden [Praktikanten] übernommen haben" (Simböck, zitiert nach Seckauer, 1997, S. 225).

14.1.1.5 Unternehmensgründung

Teilnehmer, die im Rahmen der Arbeitstiftung ein eigenes Unternehmen gründen wollen, können zunächst für drei Monate an der Erstellung eines entsprechenden Konzepts arbeiten. Zudem ist ein persönlicher Bildungsplan zu erstellen, der den im Hinblick auf die zukünftige Tätigkeit noch bestehenden qualifikatorischen Defiziten Rechnung trägt. Nach Prüfung der Machbarkeit und entsprechend positiver Beurteilung durch den Arbeitsmarktservice kann für maximal drei Jahre an der Realisierung des Konzepts gearbeitet werden. Begleitend dazu werden die gewählten Weiterbildungskurse absolviert. Sowohl bei der Konzepterstellung, wie auch bei der Umsetzung werden die Teilnehmer von einer Gründungsberatungsagentur unterstützt. Es entschließen sich allerdings nur wenige Stiftungsteilnehmer (rund ein Prozent in den von uns untersuchten Stiftungen) zur Gründung eines eigenen Unternehmens. Bei den gegründeten Unternehmen handelt es sich mehrheitlich um Klein- und Kleinstbetriebe, die keine oder nur wenige Mitarbeiter beschäftigen, und deren zukünftige Existenz häufig unsicher ist.

14.1.1.6 Intensivbetreuung

Die Intensivbetreuung hat die Wiedereingliederung älterer Teilnehmer in den Arbeitsmarkt zum Ziel und stellt im wesentlichen eine modifizierte – d.h. auf die spezifische Situation älterer Teilnehmer abgestimmte – Form der aktiven Arbeitssuche dar. Die Gesamtdauer der Intensivbetreuung ist auf maximal vier Jahre begrenzt. Die Intensivbetreuung wird im allgemeinen nur in größeren Stiftungen mit einem entsprechend großen Anteil älterer Teilnehmer durchgeführt. Sie soll in erster Linie verhindern, daß die Arbeitsstiftung für Ältere zu einem bloßen "Warteraum für den Pensionsantritt" wird (Pilz, 1998, S. 11). Die Erfolge der Maßnahme ließen – nicht zuletzt aufgrund der mangelnden Bereitschaft vieler Unternehmen, ältere Arbeitnehmer zu beschäftigen – bislang jedoch zu wünschen übrig.[10]

14.1.2 Modellvarianten

Arbeitsstiftungen kamen in Österreich – wie erwähnt – ursprünglich zur Bewältigung des Beschäftigtenabbaus in der (ehemals) verstaatlichten Industrie zur Anwendung. In weiterer Folge wurden Arbeitsstiftungen auch bei Beschäftigungseinbrüchen in der Privatwirtschaft eingesetzt. Ausgehend von der Unternehmensstiftung, der "Urform" der Arbeitsstiftung, haben sich mittlerweile eine Reihe weiterer Modellvarianten herausgebildet. Aufgrund der gesetzlichen Bestimmungen (§ 18 Abs. 5 bis 7 AlVG) können nunmehr *vier Typen von Arbeitsstiftungen* (Unternehmensstiftung, Insolvenzstiftung, Branchenstiftung, Regionalstiftung) unterschieden werden. Zudem besteht für den Arbeitsmarktservice die Möglichkeit, sogenannte "stiftungsähnliche Maßnahmen" einzurichten.

14.1.2.1 Unternehmensstiftung

Bei der Unternehmensstiftung, der nach wie vor gängigsten Form der Arbeitsstiftung, gründen und finanzieren die Arbeitgeber und die Arbeitnehmer(vertretung) eines von einem größeren Personalabbau betroffenen Unternehmens die Arbeitsstiftung (im we-

[10] Gemäß Interview mit Herrn Simböck, dem Leiter der ALU-Stiftung, zit. in Seckauer (1997, S. 236).

sentlichen) selbst. Die Planung und Durchführung der Stiftungsmaßnahmen erfolgt hier mit den Ressourcen des Unternehmens. Unternehmensstiftungen können sowohl als permanente Einrichtungen im Falle eines sukzessiven Personalabbaus wie auch als temporäre Einrichtungen im Falle der Schließung eines Zweigbetriebes oder eines einmaligen, regional bedeutsamen Personalabbaus geschaffen werden.

14.1.2.2 Insolvenzstiftung

Insolvenzstiftungen werden im Gefolge von Insolvenzen gegründet und sind insofern durch den Ausfall der Unternehmensseite gekennzeichnet. Damit entfällt der sozialpartnerschaftliche Verhandlungspartner auf betrieblicher Ebene, die fehlenden Ressourcen müssen daher anderweitig aufgebracht werden: Die materiellen Ressourcen durch öffentliche Förderungen (insbesondere auch durch AMS-Zuschüsse zu den Maßnahmen) und die organisatorischen Ressourcen durch ein externes Management. Als Stiftungsträger fungiert entweder eine regionale Gebietskörperschaft (i.d.R. Gemeinde) oder eine andere geeignete juristische Person (z.B. Verein, Betriebsrats-Fonds). Beispiel für eine Insolvenzstiftung ist die in unsere Untersuchung miteinbezogene KTM-Stiftung. Das Stiftungsmanagement wurde hier durch eine andere Stiftung, die ALU-Stiftung wahrgenommen, die Finanzierung erfolgte im wesentlichen durch die oberösterreichische Landesregierung und das Sozialministerium.

14.1.2.3 Branchenstiftung

Wenn es in einer Branche aufgrund von Strukturveränderungen zu einem generellen Beschäftigungsrückgang kommt, können Arbeitgeber- und Arbeitnehmerseite eine auf eine gesamte Branche oder auch auf eine bestimmte Region begrenzte Branchenstiftung kollektiv-vertraglich[11] (d.h. auf überbetrieblicher Ebene) festlegen. Insofern besteht ein wesentlicher Unterschied zur Unternehmensstiftung, als dort die Stiftungsgründung aufgrund einer Betriebsvereinbarung erfolgt. Eine Branchenstiftung wird von mehreren Unternehmen gemeinsam getragen. In der Regel werden ein zentrales Management und mehrere Regionalstellen (vor Ort) eingerichtet. Zur Durchführung der Maßnahmen wird häufig auf bereits bestehende Strukturen (i.d.R. auf andere Arbeitsstiftungen) zurückgegriffen. Bundesweite Branchenstiftungen wurden in Österreich vor allem im Vorfeld des österreichischen EU-Beitritts 1995 eingerichtet, um allfällige dadurch bewirkte Beschäftigungseinbrüche in bestimmten Branchen (Speditionen, Lebensmittelproduktion) aufzufangen. Die negativen Auswirkungen des EU-Beitritts für den Lebensmittelbereich wurden jedoch offenbar überschätzt, da die Teilnehmerzahl der Lebensmittelstiftung AUFLEB deutlich hinter den Erwartungen zurückblieb.[12]

14.1.2.4 Regionalstiftung

Regionalstiftungen werden eingesetzt, wenn mehrere Unternehmen einer Region einen Personalabbau vornehmen. Wie bei Insolvenzstiftungen sind auch bei Regionalstiftungen AMS-Zuschüsse zu den Maßnahmen (bis zu 25% der Maßnahmenkosten) gestattet. Zudem müssen die Wohnsitzgemeinden der Teilnehmer zur Finanzierung beitragen. Die Regionalstiftung ist insofern die komplexeste Form der Arbeitsstiftung, da für die Realisierung nicht nur die Unternehmen und die Sozialpartner, sondern auch

---

11 Der Kollektivvertrag ist das österreichische Pendant zum Tarifvertrag in Deutschland.
12 Ausführlich zu Branchenstiftungen siehe Pilz (1998).

Lokalpolitiker aktiv eingebunden werden müssen. Ihr Zustandekommen ist daher nicht immer leicht zu bewerkstelligen. Andererseits werden Regionalstiftungen in jüngster Zeit stark forciert, da häufig die aufgrund der Sozialplanverhandlungen zur Verfügung gestellten betrieblichen Mittel für die Finanzierung einer Arbeitsstiftung nicht ausreichen und – über die Konstruktion einer Regionalstiftung – weitere Finanzierungsquellen (AMS; Wohnsitzgemeinden) erschlossen werden müssen, um das Zustandekommen einer Arbeitsstiftung zu ermöglichen.

Eine Weiterentwicklung des bisherigen Stiftungsmodells ist in der *Implacementstiftung* zu sehen. Bei dieser Form wird das herkömmliche Stiftungsmodell gewissermaßen "auf den Kopf gestellt", da hier der Anknüpfungspunkt zu den Betrieben nicht die Kündigung bzw. der vorangehende Arbeitsplatz, sondern der zukünftige Arbeitsplatz ist. Welche Arbeitsplätze zur Verfügung stehen, wird bei den Unternehmen der betreffenden Region erhoben, im Anschluß daran werden entsprechende Qualifizierungsmaßnahmen für arbeitslose Personen, die dafür in Frage kommen und Interesse zeigen, durchgeführt, d.h. es kommt hier zu einer Abstimmung ("Matching") zwischen Arbeitsangebot und -nachfrage. Seit Juli 1999 existiert ein diesbzgl. – als Regionalstiftung eingerichtetes – Pilotprojekt in Graz speziell für Arbeitssuchende ab 45 Jahren.[13]

14.1.2.5 Stiftungsähnliche Maßnahmen

Stiftungsteilnehmer sind aufgrund der hier vorgestellten Möglichkeiten gegenüber anderen Arbeitslosen bevorzugt. Um diese Unterschiede auszugleichen, wurden sog. stiftungsähnliche Maßnahmen ins Leben gerufen, die zur Gänze aus Mitteln der öffentlichen Hand (gem. §§ 19 bis 23 AMSG) finanziert werden, und die – grundsätzlich – allen Arbeitslosen einer Region offenstehen. Die Festlegung der Kriterien für die Teilnahme und die Auswahl der Teilnehmer erfolgen durch den Arbeitsmarktservice. Das Maßnahmenspektrum wurde weitgehend dem der Arbeitstiftungen nachgebildet, allerdings ist in stiftungsähnlichen Maßnahmen das Angebot an Weiterbildungsmaßnahmen im wesentlichen auf Lehrausbildungen und Kurse der beruflichen Erwachsenenbildung beschränkt. Schulische Ausbildungen werden nur in Ausnahmefällen gewährt, Fachhochschul- und universitäre Ausbildungen überhaupt nicht. Die Benachteiligung der übrigen Arbeitslosen (in Vergleich zu den Stiftungsteilnehmern) wurde durch stiftungsähnliche Maßnahmen somit zwar gemildert, allerdings nicht zur Gänze aufgehoben.

Dennoch ist festzuhalten, daß das Konzept der Arbeitsstiftungen über die stiftungsähnlichen Maßnahmen gewissermaßen Eingang ins Regelprogramm des Arbeitsmarktservice gefunden hat, da sich die neueren arbeitsmarktpolitischen Integrationsmaßnahmen in Österreich mehrheitlich wie die stiftungsähnlichen Maßnahmen aus den vier Modulen Orientierung/Zielfindung, Aus- und Weiterbildung, betriebliche Praktika und aktive Arbeitssuche zusammensetzen, wobei die Module im Sinne eines geeigneten "Case-Management" nach Maßgabe der jeweiligen individuellen Bedürfnisse kombiniert werden können.[14]

---

13 Im Unterschied zu in ähnlicher Weise agierenden privaten Arbeitsvermittlungsinstituten in anderen Ländern handelt es sich hier um eine von staatlichen Stellen (Land Steiermark, Arbeitsmarktservice) initiierte und getragene Einrichtung.

14 Ausführlich zu stiftungsähnlichen Maßnahmen siehe Angerer (1998).

14.2 Ergebnisse der Absolventenbefragung

14.2.1 Problemstellung und Zielsetzung der Untersuchung

In den folgenden Abschnitten werden Ergebnisse einer Befragung von Absolventen oberösterreichischer Arbeitsstiftungen präsentiert. Die primäre Zielsetzung dieser Untersuchung lag einerseits in einer Deskription der Stiftungsteilnahme, zum anderen in der Beleuchtung der zentralen Dimension "Stiftungserfolg".

Dem intentionalen Charakter des Begriffs "Erfolg" entsprechend muß die Analyse dieser Dimension in Abhängigkeit von den zugrundeliegenden Zielen und der jeweiligen Realisierung erfolgen. Für den Bereich der Arbeitsstiftungen wurden vier theoretische Ebenen der Zieldefinition angenommen (siehe Tabelle 14.1).

Tabelle 14.1: Zielebenen von Arbeitsstiftungen

Zielebene	Beispiele
1 – persönliche Ziele	Wiederbeschäftigung (und Stabilität), materielle Absicherung, Höherqualifizierung, Umorientierung, Verwirklichung langgehegter Berufswünsche, soziale Abfederung der Folgen von (drohender) Arbeitslosigkeit
2 - Stiftungsziele	Orientierung, Qualifizierung, Wiederbeschäftigung, Stabilisierung
3 - organisationseigene Ziele	Erhalten eines hohen Stiftungserfolges, dadurch eventuell vorherige "Auslese" der Stiftungsteilnehmer; möglicher Versuch einer besseren Selbstdarstellung
4 - volkswirtschaftliche bzw. gesamtgesellschaftliche Ziele	Niedrighalten von Kosten und Nutzungsdauer, Maximierung der Wiederbeschäftigungsraten, langfristige Stabilisierung, Koordinierung mit den aktuellen Stellenressourcen

Die Zieldimensionen der einzelnen Ebenen können sich zwar prinzipiell decken, es kann jedoch ebenfalls zu inhaltlichen Kollisionen kommen[15]. Da die Studie auf einer Befragung von Stiftungsabsolventen basiert, ist einerseits zu berücksichtigen, daß die nachfolgenden Ergebnisse bereits aus einem komplexen Aushandlungsprozeß der Akteure der dargestellten Ebenen resultieren. Des weiteren sind schon durch die Wahl des Untersuchungsdesigns die damit betrachteten Perspektiven des Stiftungserfolges eingeschränkt: Die zentrale Analyseebene dieser Untersuchung stellt die der Stiftungsteilnehmer dar. Der betrachtete Stiftungserfolg ist daher primär der persönliche Erfolg der Teilnahme, wenngleich dennoch Schlußfolgerungen für andere Ebenen des Stiftungserfolges gezogen werden können. Es ist jedoch klarzustellen, daß nicht allen dargestellten Zielaspekten Rechnung getragen wurde, sondern nur einem Ausschnitt davon.

Darüber hinaus ist festzuhalten, daß aufgrund des zeitlichen und finanziellen Rahmens ausschließlich Absolventen von Stiftungen befragt wurden und die Untersuchung daher als Querschnitts- und nicht als Längsschnittuntersuchung angelegt ist.

[15] Ein Beispiel dafür wäre etwa, wenn die Koordination mit den aktuellen Stellenressourcen – als Zielelement der Ebene 4 – die Realisierung langgehegter Berufswünsche (persönlichen Zielebene) aufgrund einer expliziten Aushandlung oder einer impliziten Annahme der Teilnehmer einschränkt.

Unser Anliegen bestand vor allem darin, Stiftungserfolg nicht ausschließlich durch Wiederbeschäftigungsquoten zu beschreiben. Diese wären insbesondere nur bedingt dazu geeignet, die nachhaltige arbeitsmarktpolitische Wirkung der Maßnahme (d.h. relativ dauerhafte persönliche Stabilisierung im Erwerbsprozeß) zu erfassen. Für die nachhaltige Wirkung der Maßnahme sind neben exogenen Faktoren, die hier nicht untersucht werden können (z.B. Arbeitsmarktentwicklung), vor allem qualitative Veränderungen ausschlaggebend. Von Stiftungserfolg soll daher in dieser Untersuchung dann gesprochen werden, wenn (a) durch die Stiftungsmaßnahme qualifikatorische Voraussetzungen für eine nachhaltige arbeitsmarktpolitische Wirkung vermittelt werden, (b) Wiederbeschäftigung erzielt und/oder (c) diese nachhaltig abgesichert wird.

Unter qualifikatorischen Voraussetzungen sind in diesem Zusammenhang sowohl fachliche (z.B. Ausbildungsabschlüsse) als auch überfachliche Qualifizierungen (z.B. Erwerb von Schlüsselqualifikationen) zu verstehen. Die nachhaltige Absicherung hängt u.a. von den Merkmalen der beruflichen Tätigkeit ab: Es wird angenommen, daß die Verbesserung von Arbeitsbedingungen oder eine Erhöhung des Entgeltes an einem neuen Arbeitsplatz zu einer persönlichen Stabilisierung und einer längeren Verweildauer beitragen.

Die drei genannten Elemente des Stiftungserfolges sind allerdings nicht unabhängig voneinander zu bewerten. Der Erwerb von Schlüsselqualifikationen kann beispielsweise sowohl im Lichte einer qualifikatorischen Voraussetzung (da es sich um arbeitsmarktrelevante, persönliche Eigenschaften handelt), als auch als Beitrag zur nachhaltigen Absicherung verstanden werden. Der Erwerb von qualifikatorischen Voraussetzungen ohne Wiederbeschäftigung ist prinzipiell möglich. Inwieweit eine ausschließliche Höherqualifizierung als Stiftungserfolg zu bewerten ist, ist hingegen umstritten. Der persönliche Stiftungserfolg wurde im Rahmen der Studie in Abhängigkeit von den vorbiographischen Ausgangsbedingungen (Bildungsressourcen, emotionale Bindung an den Arbeitsplatz und Wahrnehmung der Situation drohender Arbeitslosigkeit) einerseits und der Art der Nutzung der Stiftungselemente auf der anderen Seite aufgefaßt.

14.2.2 Stichprobe und Durchführung der Befragung

Die Datenerhebung erfolgte mittels einer postalischen, standardisierten Befragung der Absolventen fünf oberösterreichischer Arbeitsstiftungen[16]. Sämtliche Personen der Grundgesamtheit wurden angeschrieben. Die Befragung erfolgte Ende August 1996 und wurde ergänzt durch telefonische Erinnerung.

---

16 Es handelt sich um folgende Stiftungen: ALU: Ausbildungs-, Leistungs- und Unterstützungsverein (Braunau), SAKOG: Salzburger Kohlegesellschaft (St. Pantaleon, Bezirk Braunau), TEMIC: Telefunken Mikroelektronik (Vöcklabruck und Braunau), KTM: Firma KTM (Braunau) und KRETZ: Firma Kretz Technik (Frankenburg, Bezirk Vöcklabruck).

Die Gesamtrücklaufquote betrug 35,5%. In 23 Fällen der 256 zurückgesandten Fragebögen war aufgrund der Angaben nicht gesichert, ob es sich tatsächlich um Absolventen handelt, wodurch sich letztlich die Stichprobengröße auf n = 233 reduziert[17].

Zur Prüfung möglicher Verzerrungen der Stichprobe sind keine Validierungskriterien verfügbar[18]. Eine mögliche Abschätzung besteht jedoch darin, die Antworten jener Befragten, die ihren Fragebogen erst nach der telefonischen Erinnerungsmaßnahme retourniert haben ("Spätantworter"), mit den übrigen Befragten zu vergleichen. Es zeigt sich dabei, daß Spätantworter zwar keine signifikanten Unterschiede in der Wiederbeschäftigung aufweisen, jedoch einen deutlich geringeren persönlichen Nutzen in der Stiftungsteilnahme sehen. Insgesamt ist also zu vermuten, daß eine Verzerrung durch nicht zurückgesandte Fragebögen entstanden ist, die bewirkt, daß "Erfolge" durch die Stichprobe überschätzt werden[19]. Die Folge davon ist, daß bei quantitativen Aussagen über Stiftungserfolge, die unmittelbar aus der Häufigkeitsverteilung dieser Untersuchung gewonnen werden, tendenziell mit einer positiven Verzerrung zu rechnen ist. Für vergleichende und kausale Aussagen (also z.B. Gründe für einen Stiftungserfolg oder Mißerfolg) ist diese Verzerrung allerdings von geringerer Bedeutung.

14.2.3 Beschreibung der Stichprobe

Die Stichprobe läßt sich anhand demographischer Merkmale folgenderweise kurz beschreiben: Die befragten Personen sind zum überwiegenden Teil (rund 90%) männlich. Die Altersgruppe mit der größten Häufigkeit ist jene des mittleren Erwerbsalters (41% der Befragten sind zwischen 31 und 40 Jahre alt). Insgesamt sind rund 70% aller befragten Absolventen jünger als 40 Jahre. Das monatliche Nettoeinkommen der befragten Absolventen bewegte sich am letzten Arbeitsplatz vor Stiftungseintritt überwiegend im mittleren Bereich (41% verdienten 15.000 bis 20.000 öS, insgesamt verdienten 70% zwischen 10.000 und 20.000 öS). Absolventen der KTM Stiftung zeichnen sich diesbezüglich durch geringere Einkommen am letzten Arbeitsplatz aus: 78% dieser Personen verdienten weniger als 15.000 öS. Absolventen der ALU und SAKOG Stiftung weisen jeweils etwas höhere Anteile bei den höheren Einkommenskategorien auf.

Der überwiegende Anteil der Befragten ist den Gruppen "angelernte Arbeiter" und "Facharbeiter" (76%) zuzurechnen. Für die einzelnen Stiftungen gilt, daß Absolventen der ALU Stiftung signifikant häufiger dem Kreis der angelernten Arbeiter und weniger den Facharbeitern zuzurechnen sind (Absolventen der SAKOG Stiftung waren, bedingt durch die Organisationsform des Bereichs Kohle- und Bergbau, häufiger Facharbeiter).

---

17 Da die Rücklaufquoten zwischen den einzelnen Stiftungen deutlich variieren (Absolventen der ALU-Stiftung sind signifikant überrepräsentiert, jene der KTM-Stiftung unterrepräsentiert), wurde zur Auswertung der Daten eine Gewichtung der Datensätze vorgenommen. Die Gewichtung der Datensätze erfolgt so, daß die Anteile der Befragten an den einzelnen Stiftungen den Anteilen in der Grundgesamtheit entsprechen. Die Stichprobengröße insgesamt wird dadurch nicht geändert, die Fallzahlen können jedoch aufgrund der Rundungen zwischen n = 232 und n = 234 variieren.

18 Bei postalischen Befragungen können Stichprobenausfälle nur eingeschränkt erfaßt werden. Da über die nähere Beschaffenheit der Grundgesamtheit keine Informationen vorhanden sind, können auch eventuell aufgetretene systematische Stichprobenausfälle nicht kontrolliert werden.

19 Die persönliche Einschätzung des Nutzens kann sich vom "tatsächlichen" Nutzen zwar unterscheiden; entscheidend ist jedoch dennoch, daß sich die beiden Teilpopulationen – zumindest auf einer Wahrnehmungsebene – signifikant unterscheiden.

Die berufliche Stellung vor Stiftungseintritt war bei den Absolventen der KRETZ Stiftung häufiger die der einfachen Angestellten und der einfachen Bürokräfte.

14.2.4 Stiftungseintritt und Erwartungen an die Teilnahme

In der Untersuchung wurde angenommen, daß die Erwartungen, welche die Personen an die Stiftungsteilnahme gestellt haben, einerseits die jeweilige Nutzung der Stiftungselemente, aber auch den Stiftungserfolg beeinflussen. Operationalisiert wurden "harte" (Qualifizierung, Wiederbeschäftigung, finanzielle Unterstützungen) und "weiche" (soziale und psychische Konsolidierung, emotionale Neuorientierung) Erwartungen an die Teilnahme.

Analysiert man die Antworten der Befragten, können diese Erwartungsdimensionen weiter differenziert werden. Es können dabei im wesentlichen die Motive "Qualifizierung und berufliche Neuorientierung" (Nutzung zur Aus-/Weiterbildung, berufliche Neuorientierung und Nutzung von Praktika), "soziale Abfederung" (finanzielle und soziale Absicherung) und "Jobpriorität" (Erwartung von Unterstützungen bei der Arbeitsplatzsuche, Zusagen einer anschließenden Wiederbeschäftigung und die Möglichkeit das Auftreten und die Bewerbungsformen zu trainieren) unterschieden werden. Werden die Gesamtpunktewerte der Items der drei Erwartungsdimensionen gebildet, zeigt sich, daß die häufigste Erwartung an die Stiftungsteilnahme in der "Qualifizierung und beruflichen Neuorientierung" liegt (rund 80% Zustimmung[20]). Motive der Dimension "Jobpriorität" werden von rund 56%, Erwartungen der "sozialen Abfederung" von rund 54% der Absolventen genannt.

14.2.5 Die Stiftungsteilnahme und deren Bewertung

Die primäre Qualifikationsorientierung von Arbeitsstiftungen, die sich in den Erwartungshaltungen zeigt, spiegelt sich auch in der Absolvierung der einzelnen Stiftungsmaßnahmen wider. Die am häufigsten genutzte Maßnahme ist die der Qualifizierung (82% aller Teilnehmer), gefolgt von der Teilnahme an der Berufsorientierungsphase (rund 71%), den Praktika (69%, 19% freiwillige und 50% Pflichtpraktika als Teil einer Ausbildung) und den Outplacementmaßnahmen (41%). Die Maßnahme Outplacement stellt in der Regel das zeitlich letzte Element des Stiftungszyklus dar und wird dementsprechend weniger genutzt. Betrachtet man die Kombination der absolvierten Maßnahmen, so zeigt sich, daß rund ein Viertel aller Personen alle Maßnahmen absolvierten.

14.2.5.1 Berufsorientierungsphase

Die Berufsorientierungsphase ist in der Regel die erste Stiftungsmaßnahme, die von den Teilnehmern durchlaufen wird. Die Bewertung durch die Befragten verdeutlicht, daß diese Maßnahme für die Teilnehmer unterschiedliche Funktionen erfüllt. Für jeweils rund ein Fünftel der Befragten liegt die Funktion in der *Orientierung* (21%, der nachher eingeschlagene Weg wurde tatsächlich erst in dieser Phase festgelegt), in der *Bestärkung* (20%) bereits angestrebter Vorhaben bzw. in der *Revision* (18%) ursprünglicher Ziele. Dennoch stand für den relativ größten Teil der Teilnehmer (rund 41%) der einzu-

---

[20] Wenn die Ausprägungen "sehr wichtig" und "wichtig" zusammengefaßt werden.

schlagende Weg im Rahmen der Stiftungsteilnahme bereits vor der Berufsorientierungsphase fest.

Diese wahrgenommenen Funktionen der Berufsorientierungsphase stehen dabei in engem Zusammenhang mit den Stiftungserwartungen: Für Personen, deren Erwartungen stärker auf der Dimension "Jobpriorität" liegen, erfüllt diese Phase häufiger Orientierungsfunktion, für Personen die ihre Stiftungserwartungen stärker in Qualifizierung und beruflicher Neuorientierung setzen, erfüllt die Berufsorientierungsphase häufiger Bestärkungsfunktion. Aus diesem Blickwinkel kann daher ein positiver Effekt des Instruments der Arbeitsstiftungen festgehalten werden: Durch die Anlage als Maßnahmenbündel besteht prinzipiell die Möglichkeit auf individuelle Anforderungen Rücksicht zu nehmen, wodurch nicht die Wiederbeschäftigung oder Qualifizierung alleine im Zentrum der Maßnahme steht, sondern auch entsprechende Motivations- bzw. Orientierungsleistungen angeboten werden können.

14.2.5.2 Qualifizierung und Qualifikatorische Voraussetzungen

14.2.5.2.1 Qualifizierungsmaßnahmen

Die Stiftungsphase der Qualifizierungsmaßnahmen wurde von 82% der befragten Stiftungsabsolventen durchlaufen und stellt damit das am häufigsten genutzte Element dar. Tabelle 14.2 zeigt die begonnenen und abgeschlossenen Aus- und Weiterbildungsmaßnahmen.

Den größten Anteil stellen Lehrausbildungen, gefolgt von allgemeinen Kursen dar. Werden alle Kursausbildungen (allgemeine Kurse, EDV, Sprache, Führerschein) zusammengefaßt, ist jedoch der deutliche Schwerpunkt (rund 41%) dieser Ausbildungsform ersichtlich. Dementsprechend werden die Aus-/Weiterbildungsmaßnahmen zum überwiegenden Teil (rd. 49%) an sozialpartnerschaftlichen Bildungseinrichtungen (BFI, WIFI, etc.) absolviert. Höhere Schulen, Hochschulstudien und dgl. werden im Rahmen der Stiftungsteilnahme kaum besucht. Dies dürfte jedoch in erster Linie darauf zurückzuführen sein, daß diese Ausbildungsformen in der Regel den zeitlichen Rahmen der Stiftungsteilnahme sprengen würden bzw. bei manchen Stiftungen gar nicht gewählt werden können.

Rund 20% der Befragten gaben an, den Wunsch nach einer Ausbildung gehabt zu haben, der im Rahmen der Stiftungsteilnahme nicht möglich war. Bei diesen Ausbildungswünschen handelt es sich allerdings nur zu einem geringen Teil (weniger als 20%) um höhere Schulausbildungen oder Universitätsstudien. Der größere Teil dieser Ausbildungen betrifft solche, bei denen offenbar persönliche Barrieren bestanden, da sie im Rahmen von Stiftungen durchaus üblich sind (z.B. CAD-Kurse, Schweißerausbildung) oder Ausbildungen, die offensichtlich (vom AMS oder der Stiftungsleitung) abgelehnt wurden (Esoterikkurse, Pilotenausbildung, künstlerische Kurse etc.).

Die durchschnittliche Dauer der Qualifizierungsphase, d.h. die Dauer aller gewählten Aus- und Weiterbildungsmaßnahmen, liegt bei 16,8 Monaten. 50% der Stiftungsteilnehmer nehmen an Ausbildungen im Umfang von bis zu 14 Monaten teil, 80% aller Teilnehmer stehen bis zu 24 Monate in der Ausbildung. Die durchschnittliche Dauer einer einzelnen Ausbildung beträgt 13 Monate. Ältere Personen ziehen dabei Ausbildungen von kürzerem zeitlichen Ausmaß vor.

Tabelle 14.2: Aus- und Weiterbildungsmaßnahmen der Stiftungsteilnehmer[21]

	Ausbildung begonnen		Ausbildung abgeschlossen	
	absolut	%	absolut	%
Pflichtschule	1	0,4	-	-
Lehre	43	19,0	39	19,2
Meister	17	7,5	16	7,9
Mittlere technische Schule	1	0,4	1	0,5
Mittlere kaufmännische Schule	1	0,4	1	0,5
Sonstige mittlere Schulen	-	-	-	-
AHS	-	-	-	-
HTL	9	4,0	8	3,9
HAK	3	1,3	-	-
Sonstige höhere Schulen	-	-	-	-
Akademie / Fachhochschulen	-	-	-	-
Universität	1	0,4	-	-
Kurse allgemein	34	15,0	32	15,8
Sprachkurse	6	2,7	5	2,5
EDV	25	11,1	24	11,8
Gesundheit / Pflege	20	8,8	18	8,9
Führerschein / Staplerschein	27	11,9	26	12,8
Technische Ausbildung	32	14,2	28	13,8
Landwirtschaft / Urproduktion	1	0,4	1	0,5
Kaufmännische Ausbildung	6	2,7	4	2,0
Dienstleistung (z.B. Fremdenverkehr)	-	-	-	-
gesamt	227	100	203	100

Auf der Basis des zeitlichen Umfangs der Ausbildungen im Rahmen der Stiftungsteilnahme (Gesamtdauer absolvierter Qualifizierungsmaßnahmen) ist allerdings festzuhalten, daß die Stiftungsmaßnahmen vermutlich zu keiner Um- bzw. Neuverteilung von Bildungskapital führen: Der Umfang der Aus-/Weiterbildungsmaßnahmen ist unabhängig von der Vorqualifikation der Teilnehmer. Es zeigt sich im Gegenteil, daß Fachkräfte etwas längere Ausbildungszeiten im Rahmen der Stiftungsteilnahme aufweisen. Da sich Fachkräfte (Facharbeiter, Vorarbeiter) häufiger dadurch auszeichnen, daß sie über verschiedene zusätzliche Ausbildungen verfügen, liefert dieses Ergebnis eher den Hinweis dafür, daß Personen, die schon bisher die Möglichkeit für zusätzliche Ausbildungen nutzten, auch im Rahmen der Stiftung umfangreichere Ausbildungsprogramme absol-

[21] Da Stiftungsteilnehmer die Möglichkeit haben, mehrere Ausbildungen zu absolvieren, entsprechen die Absolutangaben in der Tabelle nicht den Personen, sondern den Ausbildungen. "Kurse allgemein“ betrifft Kurse, deren Inhalt zu keiner sonstigen angeführten Kategorie zugeordnet werden konnte. Die Kategorie "EDV“ stellt die allgemeinere Kategorie technischer Ausbildungen dar: Hierunter wurden alle Angaben wie "PC-Kurs“, "EDV“, "MS-Excel-Kurs“ etc. eingereiht. Speziellere Angaben, wie "CAD-Kurs“ oder "CNC-Programmierung“ wurden in die Kategorie "technische Ausbildung“ eingeordnet.

vieren. Dies läßt sich noch weiter verdeutlichen, wenn die drei Dimensionen der Eingangserwartungen an die Stiftung in ihrem Zusammenhang mit der Ausbildungsdauer analysiert werden: Personen, die der Zieldimension "Qualifizierung und berufliche Neuorientierung" zustimmen, weisen signifikant längere Ausbildungszeiten in der Qualifizierungsphase auf. Es sind also jene Personen, die schon vor Beginn der Stiftungsmaßnahmen eine entsprechende Möglichkeit bzw. eine hohe Motivation zur Weiterbildung aufweisen, die im Rahmen der Stiftung zeitaufwendige Ausbildungen in Angriff nehmen. Ein positiver Umverteilungseffekt ist dennoch dahingehend zu verzeichnen, daß Personen mit niedriger Ausbildungshöhe vor Stiftungseintritt im Rahmen der Stiftungsteilnahme häufig Lehrausbildungen abschließen und somit den Baustein einer wesentlichen Verbesserung ihrer Stellung am Arbeitsmarkt erwerben.

14.2.5.2.2 Betriebliche Praktika

In der Chronologie der Stiftungsteilnahme folgt auf die Phase der Qualifizierungsmaßnahmen in der Regel die Praktikumsphase. Diese Phase wurde von rund 70% der befragten Absolventen genutzt. Von diesen Teilnehmern absolvierte der Großteil (72%) Pflichtpraktika, d.h. Praktika, die Teil der Aus-/Weiterbildungsmaßnahme waren, sowie rund 28% freiwillige Praktika. Freiwillige Praktika werden durchschnittlich in geringerem zeitlichen Ausmaß (∅ 18 Wochen) besucht als Pflichtpraktika (∅ 44 Wochen).

Im Rahmen der Untersuchung wurde die Möglichkeit in Betracht gezogen, daß in erster Linie Unternehmen davon profitieren könnten, kostenlose Arbeitskräfte in beträchtlichem Ausmaß zur Verfügung zu haben. Dazu ist anzumerken, daß sich zwar tatsächlich rund ein Drittel der Praktikanten vom Unternehmen "ausgenutzt fühlten", es wurden jedoch kaum Hinhaltetaktiken angewendet, indem etwa eine fixe Anstellung in Aussicht gestellt wurde (lediglich 12% der Befragten hatten diesen Eindruck). Die Praktika wurden dagegen überwiegend als "angenehm" empfunden (76%). Rund 83% konnten dabei fachliche Qualifikationen erwerben.

14.2.5.2.3 Erwerb von Schlüsselqualifikationen

Schlüsselqualifikationen werden in unserem Kontext als eigenständige Dimension des Stiftungserfolgs betrachtet, da sie zum einen zusätzliche Qualifikationselemente darstellen und daher der Person Vorteile am Arbeitsmarkt bieten, zum anderen wird angenommen, daß der Erwerb von Schlüsselqualifikationen die berufliche Stabilität positiv beeinflußt. Schlüsselqualifikationen werden im theoretischen Kontext dieser Untersuchung sowohl als "qualifikatorische Voraussetzungen" einer arbeitsmarktpolitischen Wirkung ("Bildungseffekt") als auch als Instrument zur "Absicherung" der arbeitsmarktpolitischen Wirkung ("Stabilisierungseffekt") behandelt. Schlüsselqualifikationen können dabei "solche Kenntnisse, Fähigkeiten und Fertigkeiten [sein], welche nicht unmittelbaren und begrenzten Bezug zu bestimmten, disparaten praktischen Tätigkeiten erbringen, sondern vielmehr

(a) die Eignung für eine große Zahl von Positionen und Funktionen als alternative Optionen zum gleichen Zeitpunkt, und
(b) die Eignung für die Bewältigung einer Sequenz von (meist unvorhersehbaren) Änderungen von Anforderungen im Laufe des Lebens darstellen' (Mertens, zitiert nach Bochow, 1980, S. 97).

Der Erwerb dieser Qualifikationen konnte im Rahmen dieser Untersuchung jedoch nur in Form einer Selbsteinschätzung der Befragten erhoben werden[22]. Aus der jeweils angegebenen Anzahl erworbener Fähigkeiten wurde für die weiteren Analysen ein additiver Gesamtindex gebildet. Für eine detailliertere Beschreibung der Analyse sei auf den Untersuchungsbericht verwiesen. Es soll jedoch festgehalten werden, daß der erlebte Nutzen aus den einzelnen Stiftungselementen in engem Zusammenhang mit dem Erwerb von Schlüsselqualifikationen steht: Je größer der empfundene Nutzen aus den Stiftungsphasen Qualifizierung, Praktika und Outplacement angegeben wurde, desto größer ist auch die Anzahl der erworbenen Schlüsselqualifikationen. Es ist also anzunehmen, daß im Rahmen der Qualifizierungsmaßnahmen selbst auch die größte Chance zum Erwerb von Schlüsselqualifikationen liegt. Da für die Berufsorientierungsphase kein derartiger Zusammenhang feststellbar ist wird angenommen, daß dieser Phase für den Erwerb derartiger Qualifikation geringere Bedeutung zukommt.

14.2.5.3 Outplacement

Die Outplacementphase als in der Regel letzte Maßnahme der Stiftungsteilnahme wird nur mehr in geringem Ausmaß (zu 41%) genutzt. Aus der Bewertung der Gründe für die Teilnahme an dieser Stiftungsphase ist ersichtlich, daß zwar rund 42% angaben, einfach teilgenommen zu haben, weil sie die Stiftungsteilnahme noch nicht beenden wollten, bzw. 52% schlicht dachten, daß "es nichts schaden" könnte. Überwiegend steht jedoch die – noch nicht erreichte – Wiederbeschäftigung im Vordergrund: Rund 80% erhofften sich durch die Teilnahme Unterstützung bei Bewerbungen, 84% Unterstützung bei der Arbeitssuche. Rund 78% nannten als Teilnahmegrund, keine Arbeitsstelle in Aussicht gehabt zu haben.

Mehr als die Hälfte der Teilnehmer an dieser Maßnahme (rund 56%) hat schließlich die Maßnahme aufgrund einer Wiederbeschäftigung beendet. 36% nutzten den zeitlichen Stiftungsrahmen aus ("es war nicht länger vorgesehen"), rund 8% beendeten die Teilnahme, weil sie keinen Sinn mehr darin sahen.

14.2.6 Stiftungserfolg

14.2.6.1 Bewertung der Stiftungsteilnahme

Der persönliche Nutzen, der aus der Stiftungsteilnahme gezogen wird, wird insgesamt von 90% der Teilnehmer als positiv bezeichnet ("großer Nutzen" bzw. "eher positiv"). Die Bewertung hinsichtlich der einzelnen Maßnahmen unterstreicht wiederum die Zentralität der Qualifizierung: Der Qualifizierungsphase wird eindeutig der größte Nutzen zugeschrieben (92%), gefolgt von Berufsorientierung (81%), Praktika (80%) und Outplacement (70%).

14.2.6.2 Wiederbeschäftigung

Hinsichtlich der Wiederbeschäftigung kann zusammenfassend festgehalten werden, daß seit Beendigung der Stiftungsteilnahme 87% der Befragten eine Erwerbstätigkeit aufge-

---

[22] Der Erwerb wurde anhand von zehn Items (Kreativität, Selbstpräsentation, Ausdruck, Konfliktlösungs- und, Organisations-, Konzentrations- und Teamfähigkeit, Verantwortungsbewußtsein, Selbsteinschätzung und Zuverlässigkeit) erhoben.

nommen haben. Rund 90% davon waren auch zum Befragungszeitpunkt noch beschäftigt, das sind rund 78% der Absolventen. Die zwischenzeitliche Wiederbeschäftigung variiert zwischen den einzelnen Stiftungen, was jedoch auf die unterschiedliche Sozialstruktur innerhalb der Stiftungen, insbesondere die Altersverteilung zurückzuführen ist[23].

Hinsichtlich des Lebensalters der Absolventen wird deutlich, daß die Wiederbeschäftigung ab dem 40. Lebensjahr deutlich sinkt (82% dieser Altersgruppe waren seit Beendigung der Stiftungsteilnahme jemals erwerbstätig) und bei Personen über 50 Jahren ein starker Einbruch (40% jemals erwerbstätig seit Stiftungsende) in der Wiederbeschäftigung zu beobachten ist. Letzteres ist auch z.T. dadurch erklärbar, daß 4 Absolventen im Anschluß an die Stiftungsteilnahme in den Ruhestand übergegangen sind.

Darüber hinaus kann auch festgestellt werden, daß die Teilnahme an Qualifizierungsmaßnahmen im Rahmen der Stiftungsteilnahme (Qualifizierungen und Praktika) die Chance einer Wiederbeschäftigung erhöht. Von jenen Stiftungsabsolventen, die an Qualifizierungsmaßnamen teilgenommen haben, waren rund 92% zwischenzeitlich erwerbstätig, bei denen, die nicht an Qualifizierungsmaßnahmen teilnahmen (n = 39), liegt der Anteil nur bei 74%. Teilnehmer von Praktika gaben zu rund 95% eine zwischenzeitliche Erwerbstätigkeit an, jene die kein Praktikum absolviert haben nur zu rund 77%.

Die Teilnahme an der Berufsorientierung hat keine Auswirkung auf die Wiederbeschäftigung. Für den Fall des Outplacements gilt, daß mit zunehmender Dauer dieser Stiftungsphase die Wiederbeschäftigungsrate geringer wird[24].

14.2.6.3 Zusammenfassende Betrachtung des Stiftungserfolgs

Die Versuche zur Klärung des zentralen Untersuchungsschwerpunktes – der persönliche Stiftungserfolg – führten zu einer Klassifizierung der Absolventen in der Form von fünf Erfolgstypen, die sich in Gruppen mit eher günstigem und eher ungünstigem Erfolg aufteilen. Die Klassifikationsvariablen der Gruppenmerkmale wurden auf der Basis von Pfadanalysen gewählt, deren Ergebnisse hier nicht näher dargestellt werden können (siehe dazu Gerich, 1997). Die Gruppenvergleiche und Häufigkeiten der Erfolgstypen sind in Tabelle 14.3 dargestellt und basieren auf den Ergebnissen einer Clusteranalyse.

Als Typen eines eher günstigen Stiftungserfolges können die Gruppen "Qualitätsgewinner" und "Gewinner" bezeichnet werden. Als "Qualitätsgewinner" sind jene rund 26% der Absolventen zu bezeichnen, die berufliche Veränderungen vollzogen haben, eine hohe Anzahl an Schlüsselqualifikationen erwerben konnten und deren neuer Arbeitsplatz mit einer hohen Qualitätssteigerung verbunden ist. Diese Gruppe hat Einkommensverluste hinnehmen müssen, die allerdings offensichtlich durch bessere Arbeitsplatzbedingungen substituiert werden. Als "Gewinner" wurden rund 24% der Absolventen bezeichnet. Sie zeichnen sich durch relativ starke Einkommens- und Qualitätsgewinne aus, haben berufliche Veränderungen vollzogen und ein durchschnittliches Ausmaß an Schlüsselqualifikationen erworben. Die Gruppe der "Gewinner" sind im wesentlichen jüngere Personen ohne Jobpriorität mit relativ klaren Zielen schon vor

---

23 Wird das Alter als Kontrollvariable eingeführt, ist kein signifikanter Unterschied in der Wiederbeschäftigung zwischen den einzelnen Stiftungen ersichtlich.

24 Da der Grund zur Teilnahme an Outplacementmaßnahmen häufig darin liegt, daß Teilnehmer noch keinen Arbeitsplatz gefunden haben (s.o.), ist dieser Zusammenhang zu erwarten, da es sich dann offensichtlich um Personen mit geringeren Chancen am Arbeitsmarkt handelt.

Stiftungsbeginn und der Erwartung von sozialer Abfederung während der Stiftungsteilnahme.

Zur Gruppe mit eher ungünstigem Stiftungserfolg sind die Typen "Qualitätsverlierer", "berufliche Absteiger" und Personen "ohne Wiederbeschäftigung" zu zählen. "Qualitätsverlierer" (17%) konnten ihr Einkommen im Vergleich zur letzten Beschäftigung vor Stiftungsbeitritt zwar halten oder leicht erhöhen, haben jedoch Qualitätsverschlechterungen hinnehmen müssen, haben weniger Schlüsselqualifikationen erwerben können und haben keine berufliche Veränderung vollzogen. Dieser Gruppe gehören häufiger Bürokräfte an, die ihre Ausbildung als Vertiefung und weniger aus Interesse absolvierten. "Berufliche Absteiger" (20%) sind Absolventen, die zwar eine berufliche Veränderung vollzogen haben und ein durchschnittliches Ausmaß an Schlüsselqualifikationen erwerben konnten, die aber sowohl starke Einkommensverluste als auch hohe Qualitätsverluste erfahren haben. Es sind vor allem jene Personen zu dieser Gruppe zu zählen, die "Jobpriorität" als wesentliche Erwartung an die Stiftungsteilnahme angaben und die häufiger nicht an Outplacementmaßnahmen teilnahmen. Personen ohne Wiederbeschäftigung (13%) sind älter, haben ihre Ausbildung sowohl aus Interesse begonnen als auch als pragmatische Lösung angesehen und haben in geringerem Ausmaß Praktika absolviert.

Tabelle 14.3: Clusteranalyse[25] der Erfolgsvariablen: Gruppenvergleich und Häufigkeiten.

	Name	Einkommensveränderung	Berufliche Veränderung	Schlüsselqualifikation	Qualitätsveränderung	n	%	% ohne KA
C5	Ohne Wiederbeschäftigung					29	12,5	12,8
C1	"Qualitätsverlierer"	+	--	--	-	38	16,4	16,8
C4	"Berufliche Absteiger"	--	++	<>	--	44	19,0	19,5
C2	"Gewinner"	++	++	<>	++	56	24,2	24,8
C3	"Qualitätsgewinner"	-	++	++	++	59	25,4	26,1
KA						6	2,5	-
Σ						232	100,0	100,0

[25] Es wurde ein K-Means-Verfahren mit standardisierten Klassifikationsvariablen durchgeführt. Die Gruppe C5 ("ohne Wiederbeschäftigung") basiert nicht auf der Clusteranalyse.
Anmerkungen:
Clustermittelwert der Variablen im Vergleich +: hoch bzw. Zuwachs; ++: sehr hoch bzw. starker Zuwachs; -: niedrig bzw. Verlust; --: sehr niedrig bzw. starker Verlust; <>: mittlere Ausprägung bzw. unverändert.
Aus der Clusteranalyse gingen nur C1-C4 hervor. In C5 sind jene Absolventen enthalten, die angaben seit Stiftungsende nicht erwerbstätig gewesen zu sein. Sie können daher auch nicht nach den Erfolgsvariablen klassifiziert werden.
KA: keine Angabe (in der Variable "jemals erwerbstätig"); n: absolute Häufigkeit; %: relative Häufigkeit inklusive "kein Wert"; % ohne KA: relative Häufigkeit ohne "keine Angabe".

Personen, die seit Stiftungsende nicht erwerbstätig waren, sind ebenso zu den Absolventen mit ungünstigem Stiftungserfolg zu zählen. Das individuelle "Ausmaß" des Verlustes muß in dieser Gruppe allerdings auch unterschiedlich bewertet werden (z.B. Pensionierung im Anschluß an die Stiftungsteilnahme). Für diese Gruppe sind vor allem das höhere Lebensalter, aber auch die geringere Teilnahme an betrieblichen Praktika kennzeichnend.

14.3 Resümee

Arbeitsstiftungen sind in Österreich mittlerweile ein bewährtes Instrument der Arbeitsmarktpolitik, das vorrangig zur sozialen Abfederung von Massenkündigungen infolge von Betriebsschließungen und Produktionsverlagerungen eingesetzt wird. Im Unterschied zu anderen arbeitsmarktpolitischen Maßnahmen werden Arbeitsstiftungen allerdings nicht vom Arbeitsmarktservice – der in Österreich hierfür an sich zuständigen Institution – ins Leben gerufen, sondern sie sind Resultat einer sozialpartnerschaftlichen Einigung, die sowohl auf betrieblicher Ebene (Abschluß eines Sozialplans zwischen Betriebsrat und Unternehmensleitung) als auch auf überbetrieblicher Ebene (Zustimmung der Interessensvertretungen der Arbeitnehmer- und der Arbeitgeberseite) erfolgen muß.

Aus diesem Umstand ergeben sich vor allem finanzielle Vorteile: Da die kündigenden Unternehmen aufgrund der Sozialplanvereinbarungen in die Finanzierung der Stiftungsmaßnahmen miteingebunden sind, sind Arbeitsstiftungen für die öffentliche Hand kostengünstiger als andere vergleichbare Maßnahmen der Arbeitsmarktpolitik. Ein weiterer Vorteil liegt in der Aufrechterhaltung des sozialen Friedens, insbesondere auch in kritischen Situationen, da die Zustimmung der Arbeitnehmerseite zu einer Stiftungsgründung gleichzeitig den Verzicht auf Kampfmaßnahmen (wie sie in anderen Ländern bei Betriebsstillegungen nicht unüblich sind) bedeutet. Dieser Verzicht ist für die Arbeitnehmerseite jedoch im allgemeinen akzeptabel, da die gekündigten Arbeitnehmer aufgrund der hier gebotenen Möglichkeiten zur Qualifizierung und zur beruflichen Neuorientierung von der Stiftungsteilnahme grundsätzlich profitieren.

Damit befinden sich die Stiftungsteilnehmer allerdings gegenüber anderen Arbeitslosen, denen die Stiftungsteilnahme verwehrt bleibt (da sie sozusagen vom "falschen Betrieb" gekündigt wurden), in einer privilegierten Situation, womit der wesentliche Nachteil der sozialpartnerschaftlichen Fundierung von Arbeitsstiftungen angesprochen ist. Um dieses Manko auszugleichen wurden sog. stiftungsähnliche Maßnahmen ins Leben gerufen, die grundsätzlich allen Arbeitslosen einer Region offenstehen. Allerdings ist hier das Leistungsspektrum im Qualifizierungsbereich im Gegensatz zu Arbeitsstiftungen auf nicht-schulische Ausbildungsgänge beschränkt, so daß die relative Privilegierung der Stiftungs-Arbeitslosen durch stiftungsähnliche Maßnahmen zwar gemildert, aber nicht gänzlich aufgehoben wurde. Dennoch ist festzuhalten, daß die für Arbeitsstiftungen charakteristische Kombination aus persönlichkeitsbildenden Maßnahmen und Qualifizierungsmaßnahmen über die stiftungsähnlichen Maßnahmen Eingang ins Regelprogramm des Arbeitmarktservice gefunden hat.

Aus den Ergebnissen der in zwei oberösterreichischen Bezirken (Braunau, Vöcklabruck) durchgeführten Befragung von Stiftungsabsolventen ist ersichtlich, daß eine im Rahmen der Stiftungsteilnahme erfolgte berufliche Neuorientierung bei entsprechender motivationaler Voraussetzung bzw. bei entsprechender motivationaler Unterstützung für ein positives individuelles Stiftungsergebnis überwiegend von Vorteil ist: Berufliche Veränderungen sind häufig mit Qualitätsgewinnen und bei jüngeren Personen auch mit Einkommensgewinnen verbunden.

Es wird dabei vermutet, daß eine hohe erlebte Qualität am neuen Arbeitsplatz, vollzogene berufliche Veränderungen und Einkommensgewinne zusammen mit dem Erwerb von Schlüsselqualifikationen zu einer höheren Stabilität der Beschäftigungssituation führen. Es ist im weiteren aus den Ergebnissen dieser Untersuchung abzuleiten, daß aufgrund der spezifischen Vorteile der Arbeitsstiftungen, die sich aus ihrer Anlage als Maßnahmenbündel ergeben, verstärkt auf die Möglichkeit der individualisierten Betreuung bedacht genommen werden sollte, da die Untersuchung Hinweise dafür liefert, daß sich die Motivationsstrukturen der Teilnehmer aufgrund der Erwartungen zu Beginn der Teilnahme direkt auf den Stiftungsverlauf und den Erfolg auswirken. Erwartungen, die als "Qualifizierung und Neuorientierung" bezeichnet wurden, sind in direkter Weise mit Qualitätsgewinnen und einem zusätzlichen Erwerb von Schlüsselqualifikationen verbunden. Erwartungen in der Form "Jobpriorität" stellen Motivationsstrukturen dar, die sich eher ungünstig auf den individuellen Stiftungsverlauf und -erfolg auswirken. Diese Personen sind häufiger mit Qualitätsverlusten und Einkommensverlusten konfrontiert und sind häufiger der Gruppe der beruflichen Absteiger und weniger der Gruppe der "Gewinner" zuzurechnen. Im Rahmen der Stiftung gilt es, diese Motivationsstrukturen zu erkennen und – eventuell durch den Einsatz professioneller Trainer – unterstützende Leistungen für diese Personen zur Verfügung zu stellen.

Einen Ansatzpunkt zur funktionalen Flexibilisierung von Stiftungsstrukturen könnte die Gestaltung der Berufsorientierungsphase darstellen: Für rund 30% der Teilnehmer war das zeitliche Ausmaß dieser Stiftungsphase "zu kurz" oder "zu lang" bemessen. Es wäre also durchaus denkbar, die Dauer dieser Eingangsphase verstärkt an die Bedürfnisse und Voraussetzungen der Teilnehmer anzupassen: Für Teilnehmer mit relativ klar strukturierten Vorstellungen und der Bereitschaft zur Neuorientierung könnte sich diese Phase auf eine kurze Verifizierung und motivationale Untermauerung ihrer Vorhaben beschränken. Für Teilnehmer mit geringem Orientierungsgrad (z.B. Personen, die dem Erwartungstyp "Jobpriorität" entsprechen) sollte diese Phase intensiv zu einer psychischen Konsolidierung genutzt werden, um die motivationale Basis einer Neuorientierung zu schaffen. Für diese Personen wird dieses vordringlichste Ziel in der Anfangsphase der Stiftungsteilnahme zu erfüllen sein, um die dargestellten – eher ungünstigen – Effekte dieser spezifischen motivationalen Ausgangslage auf den Stiftungserfolg abzufangen.

Insgesamt kann dem Instrument Arbeitsstiftung eine nachhaltige arbeitsmarktpolitische Integrationswirkung bescheinigt werden. Einschränkend ist jedoch anzumerken, daß diese Wirkung durch eine relativ aufwendige Maßnahme erreicht wird (Dauer bis zu vier Jahren). Im weiteren können auch Hinweise dafür gefunden werden, daß Mitnahmeeffekte nicht auszuschließen sind (rund 40% gaben an, daß die Weiterführung oder Beendigung einer bereits begonnenen Aus/Weiterbildung einen Anreiz zur Stiftungsteilnahme darstellte) und die Maßnahme von vier Personen (2%) zum gleitenden Übergang in den Ruhestand genutzt wurde. Auch wenn die Wiederbeschäftigungsrate nicht als alleiniges Erfolgskriterium herangezogen werden kann, so scheint aber dennoch eine zum Befragungszeitpunkt feststellbare Beschäftigungsquote von 78% ein deutlicher Indikator der arbeitsmarktpolitischen Wirkung der Arbeitsstiftungen zu sein.

Literatur

Angerer, D. (1998). *Stiftungsähnliche Maßnahmen. Eine Analyse von stiftungsähnlichen Maßnahmen in Oberösterreich im Kontext aktiver Arbeitsmarktpolitik.* Unveröffentlichte Diplomarbeit, Universität Linz.

Bochow, M. (1980). *Bildung und Arbeit. Sozialwissenschaftliche Begründungsversuche bildungspolitischer Strategien.* Berlin: Spiess.

Gerich, J. (1997). *Arbeitsstiftungen. Eine Analyse von Arbeitsstiftungen in Braunau und Vöcklabruck. Endbericht II: Absolventenbefragung.* Unveröffentlichter Projektbericht, Johannes Kepler Universität Linz.

Gerich, J. (1998). Qualifizierungseffekte von Arbeitsstiftungen. In C. Stelzer-Orthofer (Hrsg.), *Strategien gegen Arbeitslosigkeit* (S. 141-164). Linz: Sozialwissenschaftliche Vereinigung.

Hemmer, E. (1988). *Sozialplanpraxis in der Bundesrepublik.* Köln: Deutscher Institutsverlag.

Neuhofer, M., Seckauer, H. & Weidenholzer, J. (1994). *Bedeutung der Linzer Betriebe der VOEST-Alpine für die Entwicklung des oberösterreichischen Zentralraums.* Unveröffentlichter Projektbericht des Forschungsinstituts für Sozialplanung, Linz.

Pilz, A. (1998). *Arbeitsstiftungen. Offene Arbeitsstiftung Steyr – AUFLEB – AUSPED. Perspektiven aktiver Arbeitsmarktpolitik.* Unveröffentlichte Dissertation, Johannes Kepler Universität Linz.

Seckauer, H. (1997). *Arbeitsstiftungen. Eine Analyse von Arbeitsstiftungen und stiftungsähnlichen Maßnahmen in Braunau und Vöcklabruck (OÖ).* Unveröffentlichter Projektbericht, Johannes Kepler Universität Linz.

Slupetzky, W. (1994). *Maß nehmen für Maßnahmen. Qualitätskriterien für Arbeitsstiftungen.* Wien: ÖSB-Unternehmensberatungs-GmbH.

15 Arbeitsamt der Stadt Zürich: Bildungsprojekte für Erwerbslose

Cornelia Jacomet & Brigitte Steimen

15.1 Einleitung

Die neunziger Jahre waren in der Schweiz von einer starken Rezession geprägt. Eine für die Schweiz ungewöhnlich hohe Arbeitslosigkeit[1] war die Folge. Der daraus resultierende Anstieg der Arbeitslosigkeit hat das Schweizer Parlament 1995 veranlaßt, das aus dem Jahre 1983 stammende Arbeitslosenversicherungsgesetz (AVIG)[2] zu revidieren.

Zusätzlich zur Arbeitslosenentschädigung – Entschädigung des Einkommensausfalls wegen Arbeitslosigkeit – sieht das neue Gesetz weitere Maßnahmen vor, um die möglichst rasche und nachhaltige Wiedereingliederung Arbeitsloser[3] in den Erwerbsprozeß zu erreichen:

1. Die Arbeitslosenversicherung fördert durch Finanzierungsbeiträge Maßnahmen zur Umschulung, Weiterbildung und Eingliederung Arbeitsloser, sofern deren Vermittlung aus arbeitsmarktlichen Gründen erschwert oder unmöglich ist.
2. Die Arbeitslosenversicherung verpflichtet die Kantone, eine bestimmte Menge an arbeitsmarktlichen Maßnahmen[4] bereitzustellen.
3. Zur Verbesserung der Beratung und Vermittlung Arbeitsloser sind die Kantone neu verpflichtet, regionale Arbeitsvermittlungszentren (RAV) zu betreiben. Bis 1995 waren die Gemeinden für die Betreuung verantwortlich.

Der Kanton Zürich hat als wirtschaftlich bedeutsamster Kanton der Schweiz eine spezielle Regelung. Er führt bis Ende 2000 zwei Stellen *Logistik arbeitsmarktlicher Maß-*

---

1 Informationen zum Schweizer Arbeitsmarkt der neunziger Jahre siehe Staatssekretariat für Wirtschaft (2000), Economiesuisse (2000) oder unter info@seco.admin.ch.

2 Das Bundesgesetz über die obligatorische Arbeitslosenversicherung (Arbeitslosenversicherungsgesetz) ist in der Schweiz erst im Jahre 1984 in Kraft getreten. Vorher gab es keine nationale Regelung. Eine vollständige Übersicht siehe Verband Schweizerischer Arbeitsämter (2000).

3 Die Arbeitslosenquote in der Schweiz ist im internationalen Vergleich immer sehr tief gewesen: 0,2% 1980, 0,5% 1990, 4,2% 1993, 5,2% 1997, 2,5% Ende 1999. Eine nationale Regelung bezüglich der Bereitstellung einer bestimmten Menge arbeitsmarktlicher Maßnahmen wurde erst mit der Gesetzesrevision von 1995 in Kraft gesetzt. Die Maßnahmenquote lag bei höchstens 25% der Erwerbslosen.

4 Die Arbeitslosenversicherung, eine Abteilung des Staatsekretariates für Wirtschaft (seco), hat die Ausführungen der gesetzlichen Regelungen an die 26 Kantone der Schweiz delegiert. Diese sind verantwortlich für die Bereitstellung eines bedarfsgerechten Angebotes an arbeitsmarktlichen Maßnahmen. Jeder Kanton hat deshalb eine Fachstelle für Bildungsmaßnahmen, *Logistik arbeitsmarktlicher Maßnahmen*, damit beauftragt, Bildungs- und Beschäftigungsmaßnahmen bereitzustellen, die auf die regionalen und lokalen Begebenheiten Rücksicht nimmt.
Als *arbeitsmarktliche Maßnahmen* bezeichnet werden alle Maßnahmen zur Umschulung, Weiterbildung und Eingliederung Arbeitsloser, sofern deren Vermittlung aus arbeitsmarktlichen Gründen unmöglich oder stark erschwert ist. Bedingung ist, daß dadurch die Chancen der betreffenden Arbeitslosen, wieder eine Stelle zu finden, verbessert werden können. Diese Maßnahmen können bereits bei von Arbeitslosigkeit bedrohten Personen eingesetzt werden und beinhalten folgende Möglichkeiten: Weiterbildung, Umschulung, Ausbildung, Programme zur vorübergehenden Beschäftigung, Zuschüsse an Lohnkosten des Arbeitgebers, Pendlerkostenbeiträge, Förderung der selbständigen Erwerbstätigkeit, Motivationssemester für Schulabgängerinnen und Schulabgänger.

nahmen, eine für die Landgemeinden, die andere für die Stadt Zürich[5]. Die Stadt Zürich hat ein eigenes Angebot an arbeitsmarktlichen Maßnahmen bereitgestellt, das auf die Besonderheiten von großstädtischen Verhältnissen eingeht.

Dieser Beitrag zeigt auf, mit welchen Qualitätsgrundsätzen und Strategien das Arbeitsamt der Stadt Zürich im Bereich der arbeitsmarktlichen Maßnahmen arbeitet, im Folgenden Bildungs- und Förderangebote genannt, die seit 1995 für Erwerbslose bereitgestellt wurden. Besonders ausführlich wird das Angebot im Bereich Deutschförderung und die Verbindung von Bildung und Beschäftigung dargestellt.

15.2 Qualitätsmanagement und Strategische Leitsätze des Arbeitsamtes der Stadt Zürich

Zusammen mit der Fachstelle *Logistik arbeitsmarktlicher Maßnahmen* des Kantons Zürich hat die Stadt Zürich ein umfassendes Qualitätsmanagement für das Bildungs- und Förderprogramm entwickelt. Folgende Grundsätze bilden die Grundlage der Qualitätsaktivitäten:

- Die Ausrichtung erfolgt am Bedarf und den Bedürfnissen der Beteiligten des Arbeitsmarktes (Unternehmungen, Versicherte, Staat, Interessenverbände) durch innovative und zukunftsorientierte Bildungs- und Förderangebote.
- Das Auswahlverfahren der Anbietenden der Bildungs- und Förderangebote erfolgt mit den geeigneten Instrumenten unter klaren und transparenten Kriterien zur Befriedigung der definierten Bedürfnisse und des Bedarfs.
- Die Zusammenarbeit mit den Anbietenden wird laufend unter Mitberücksichtigung aller Qualitätsaspekte überprüft und angepaßt.
- Aussagen über die Wirkung und Nachhaltigkeit von Bildungs- und Förderprogrammen können gemacht werden und fließen in den Qualitätsentwicklungsprozeß ein.
- Die definierten administrativen Abläufe sind für alle Beteiligten transparent gestaltet. Die Abläufe werden einfach gehalten.
- Bei den Anspruchsgruppen (Regionale Arbeitsvermittlungszentren, Versicherte, Ämter, Wirtschaft, Anbietende usw.) werden Rückmeldungen eingeholt und nötige Anpassungen vorgenommen.

Das Qualitätssystem ist praxisorientiert und deckt vorwiegend den Produktionsprozeß des Bildungs- und Förderangebotes ab. Der Produktionsprozeß ist in vier Schritte aufgeteilt.

1. Bedarfsabklärung (Fragebogen, Interviewleitfaden u.ä.)

---

[5] Zürich ist wie viele große Städte geprägt von einer überdurchschnittlich hohen Zahl von Armen, Alleinerziehenden, Asylsuchenden, Ausländerinnen und Ausländern. Der Anteil der ausländischen Bevölkerung beträgt in der Stadt Zürich 23 Prozent, der Anteil von fremdsprachigen Stellenlosen liegt bei 51 Prozent. Davon sind 41 Prozent Hilfskräfte, ein großer Teil weist schlechte Deutschkenntnisse auf. Für diese Zielgruppe (Hilfskräfte mit schlechten Deutschkenntnissen) wurde ein entsprechendes Förderprogramm zusammengestellt.

2. Auswahl von Bildungsangeboten und Bildungsanbietenden (Raster Anforderungsprofil, Kriterienraster zur Beurteilung von Offerten u.ä.)
3. Leitfaden Zusammenarbeit (Leistungsvereinbarungen, Rahmenvertrag u.ä.)
4. Wirkung und Nachhaltigkeit (standardisierte Datenerhebung noch nicht endgültig definiert)

Das Arbeitsamt der Stadt Zürich hält sich im Management von Bildungs- und Förderangeboten an folgende strategische Überlegungen:

- Die Reintegration der erwerbslosen Person steht im Mittelpunkt. Mit Hilfe von optimalen Bildungs- und Förderangeboten sollen die Erwerbslosen möglichst rasch in den Arbeitsmarkt integriert werden.
- Die Beratung von Erwerbslosen und die Bewilligung von Bildungs- und Förderangeboten ist arbeitsmarktgerecht. Dazu werden folgende Komponenten berücksichtigt: Die Situation auf dem Arbeitsmarkt, die Verbesserung der Vermittlungsfähigkeit, die Verwertbarkeit des Bildungs- oder Förderangebotes und die persönlichen Interessen der Erwerbslosen.
- Arbeitgeber sind unsere Kunden. Die Nähe zu den Arbeitgebern wird gefördert durch regelmäßige Kontakte und fundierte Bedarfsabklärungen. Die bereitgestellten Bildungsmaßnahmen sind bedarfsorientiert, d.h. sie verschaffen den Stellensuchenden das gesuchte Profil offener Stellen.
- Die Bildungs- und Förderangebote werden miteinander vernetzt, d.h. die einzelnen Angebote sind inhaltlich aufeinander abgestimmt.
- Eigeninitiative und Eigenverantwortlichkeit werden gefördert. Deshalb werden klare Spielregeln festgelegt, um die jeweiligen Ressourcen der Teilnehmenden zu aktivieren.
- Bildung und Beschäftigung werden – wenn sinnvoll – kombiniert.
- Grund- und Schlüsselqualifikationen werden – wo notwendig – integriert.

15.3 Das Bildungs- und Förderangebot

Der Arbeitsmarkt befindet sich im stetigen Wandel, entsprechend verändern sich auch die Anforderungen, die der Markt an die Stellensuchenden stellt. Mittels regelmäßig durchgeführter, meistens berufsfeldorientierter Bedarfsabklärungen[6] werden quantitative und qualitative Angaben über den Arbeitsmarkt eingeholt, die nicht nur für die Bereitstellung des Angebots, sondern auch für die kompetente Beratung Erwerbsloser die Grundlagen bilden.

Die Durchführung von Bedarfsabklärungen und die Beratung der Erwerbslosen wie auch das Management des Angebots erfolgt durch Fachleute, die in den entsprechenden Berufs- und Tätigkeitsfeldern ausgebildet sind, darin Berufserfahrung aufweisen und im Bereich der Erwachsenenbildung über eine fundierte Weiterbildung verfügen.

6 Bedarfsanalysen siehe Arbeitsamt Zürich (1999, 2000).

Das Bildungs- und Förderungsangebot des Arbeitsamtes der Stadt Zürich deckt folgende Berufsfelder ab:

- Kaufmännische Berufe
- Verkauf & Handel
- EDV Berufe
- Kommunikation
- Wirtschaft & Recht
- Bau & Bauhandwerk
- Gewerbe und Industrie
- Transport und Logistik
- Graphische Berufe
- Land- & Forstwirtschaft
- Sozialwesen & Erziehung
- Gesundheitswesen
- Gastgewerbe
- Hausdienst & Reinigung
- Kunst & Gestaltung.

Erwerbslosen, die sich mit dem Weg in die Selbständigkeit auseinandersetzen, bietet die Fachstelle für selbständig Erwerbende Unterstützung zum Beispiel mittels Unternehmerkursen, Beratung bei der Entwicklung einer Geschäftsidee sowie Hilfe bei Finanzierungsfragen.

Die Idee des Baukastensystems ist in der Schweiz im Ausbildungswesen weitgehend akzeptiert. In vielen Schulen und in diversen Wirtschaftsbereichen werden bereits modulartige Systeme angewandt. In Vorbereitung ist auf nationaler Ebene ein Baukastensystem[7], das einerseits nationale Standards setzt, andererseits auch an internationale Standards angepaßt wird.

Bei den Bildungs- und Förderangeboten für Erwerbslose arbeitet das Arbeitsamt der Stadt Zürich darauf hin, den Anschluß an Module zu ermöglichen, die im Bereich der beruflichen Weiterbildung anerkannt sind. So haben erwerbslose Personen die Möglichkeit, ein Modul zu besuchen, das ihnen für einen Berufsabschluß fehlt. Sie können aber auch während der Zeit der Arbeitslosigkeit ein oder mehrere Module besuchen, die den Anschluß an Berufsabschlüsse oder -ausbildungen ermöglichen. Der modulare Aufbau ist bereits in verschiedenen Berufsfeldern möglich. Am stärksten gefragt ist er im Bereich der Informatik, denn in der Schweiz herrscht gerade in dieser Branche ein ausgeprägter Mangel an ausgebildeten Fachkräften.

In der Regel ist der Bezug von Leistungen der Arbeitslosenversicherung auf zwei Jahre beschränkt. Der gesetzliche Anspruch setzt deshalb Grenzen für die Finanzierung mehrerer Module. Allerdings ist es oft so, daß die Erwerbslosen nach den ersten ein bis zwei Modulen eine Stelle finden und so unabhängig von der Finanzierung durch die Arbeitslosenversicherung werden.

---

7 Weiterführende Informationen siehe Schweizerische Modulzentrale (2000) oder Bundesamt für Berufsbildung und Technologie (BBT) (2000).

15.4 Das Bildungsangebot für fremdsprachige Hilfskräfte

Der Anteil an ausländischen Erwerbslosen in der Stadt Zürich ist überproportional hoch. Rund 20 Prozent der Bevölkerung in der Stadt Zürich sind ausländischer Nationalität. Deren Anteil bei den Stellensuchenden liegt bei knapp 50 Prozent. Darunter sind viele Menschen ohne Berufsausbildung, oft mit wenig Schulbildung und mangelnden Deutschkenntnissen. Der Anteil dieser für den heutigen Arbeitsmarkt oft ungenügend qualifizierten Personengruppe ist in den letzten Jahrzehnten kontinuierlich gestiegen.

Das Angebot im Bereich der Kurse, die auf fremdsprachige Hilfskräfte ausgerichtet sind, ist deshalb recht umfassend. In den Dienstleistungsberufen wie der Gebäudereinigung, dem Gastgewerbe, der Hauswartung, dem Verkauf aber auch in der Baubranche wurden Bildungs- und Förderangebote geschaffen, die es den Erwerbslosen ermöglichen, sich in den betreffenden Tätigkeitsfeldern zu qualifizieren.

Abbildung 15.1: Das System der Deutschförderung in Zürich

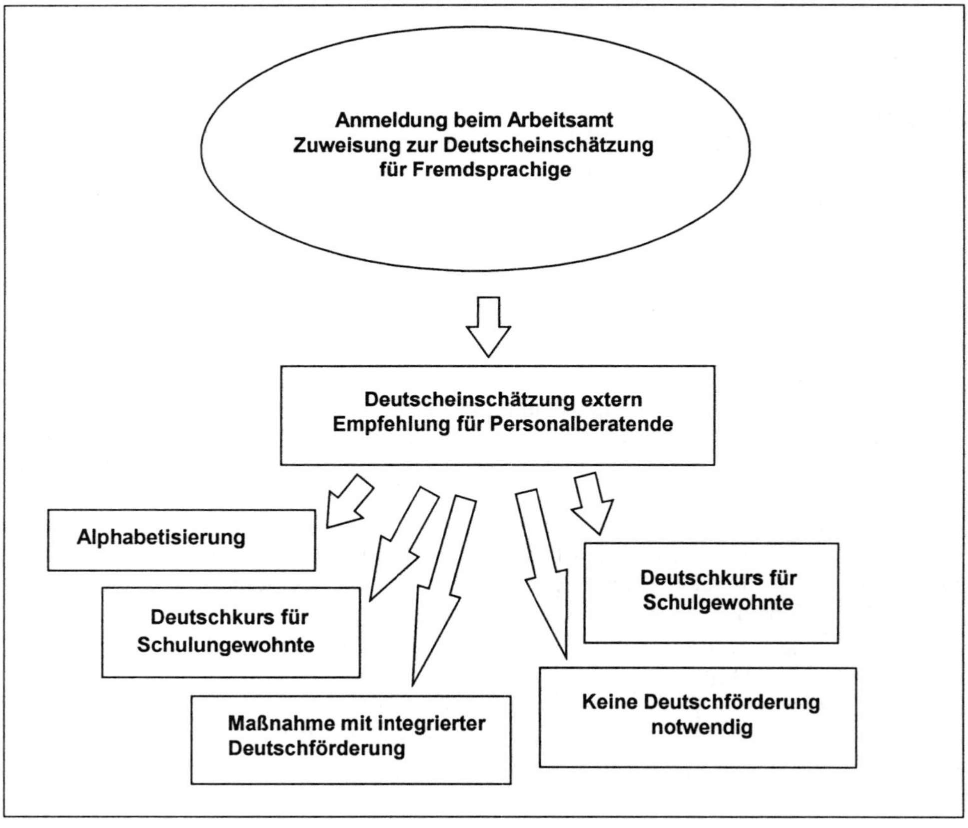

Aufgrund des hohen Anteils ausländischer Erwerbsloser mit mangelnden Deutschkenntnissen wird deshalb auch der Förderung von Deutschkenntnissen große Beachtung geschenkt. Der Arbeitsmarkt stellt in der heutigen Zeit auch an Angestellte mit einfachen Tätigkeiten immer höhere Anforderungen, was zur Folge hat, daß auch sie regelmäßig Neues lernen müssen. Fehlen jedoch die Grundlagen, so ist eine fachliche und persönliche Fort- und Weiterbildung schwierig. Daraus resultiert ein Bedarf an Grundausbildung. Über die Kenntnisse der deutschen Sprache und die Vermittlung von Lese-, Schreib- und Rechentechniken hinaus sind auch lösungsorientiertes Denken, sprachliche Ausdrucksfähigkeit, die personalen und sozialen Kompetenzen wie Lernfähigkeit und Teamfähigkeit zu fördern. Der Erwerb der Grundqualifikationen Lesen, Schreiben und deutsch Sprechen soll mit der Förderung von interkultureller Kompetenz und von Schlüsselqualifikationen verbunden sein und sich am beruflichen Alltag der Teilnehmenden orientieren, damit eine möglichst nachhaltige Wirkung erzielt werden kann. Nur so kann eine solide Basis für eine existenzsichernde Berufstätigkeit geschaffen werden. Aus diesen Grundüberlegungen heraus wurde ein umfassendes System aufgebaut.

Die Deutscheinschätzung ist für alle fremdsprachigen Stellensuchenden obligatorisch, wenn sie weder die Schul- noch die Berufsausbildung in einem deutschsprachigen Land absolviert haben. Bei der Deutscheinschätzung, die zu Beginn der Erwerbslosigkeit durchgeführt wird, werden die mündlichen und schriftlichen Deutschkenntnisse durch Fachkräfte erfaßt und gemäß einer Kodierung eingestuft, die dem europäischen Sprachenportfolio[8] entspricht. Ebenso werden die aktiven und passiven Mundartkenntnisse eingeschätzt, die im Hinblick auf die Anforderungen im Schweizer Arbeitsmarkt insbesondere für den Dienstleistungssektor erforderlich sind.

Die Fremdsprachigen werden in zwei Gruppen unterschieden: Schulgewohnte und Schulungewohnte.

Die Stellensuchenden werden über den Stand ihrer Deutschkenntnisse informiert. Somit können sie sich fundiert mit ihren Chancen bei der Stellensuche auseinandersetzen. Die Praxis hat gezeigt, daß die Anforderungen an die Deutschkenntnisse im Bewerbungsprozeß und in der Auseinandersetzung mit der beruflichen Neuorientierung in vielen Fällen größer geworden sind. Was jahrelang genügte, reicht nicht mehr aus. Die Deutscheinschätzung leistet deshalb einen wichtigen Beitrag zur Motivation der Betroffenen, sich für die Verbesserung ihrer Deutschkenntnisse einzusetzen.

Für das Bildungs- und Förderangebot ist ein Raster entwickelt worden, das die minimalen Sprachanforderungen für die jeweiligen Angebote festlegt. Mit Hilfe dieses Rasters können die Beratenden feststellen, ob die Deutschkenntnisse für ein entsprechendes Bildungs- oder Förderangebot ausreichen bzw. welche Angebote auf welcher Sprachstufe geeignet sind.

Schulgewohnte Fremdsprachige, deren Deutschkenntnisse für das anvisierte Berufsfeld nicht ausreichen, werden in Intensivkursen für Schulgewohnte gefördert.

Für schulungewohnte Fremdsprachige, die Merkmale aufweisen wie mangelnde mündliche Deutschkenntnisse, mangelnde Deutschkenntnisse bezüglich Lesen und Schreiben, mangelnde berufliche Qualifikation, oder einen Bedarf an Integrations-

---

8 Das Europäische Sprachenportfolio (ESP) ist ein Dokument, das dazu dient, die Kenntnisse in verschiedenen (in der Schule und außerhalb der Schule erworbenen) Sprachen sichtbar zu machen und zu dokumentieren. Mit Hilfe des Europäischen Sprachenportfolios können Jugendliche und Erwachsene ihre Sprachkenntnisse auf der Grundlage der vom Europarat erarbeiteten Skala von sechs Kompetenzniveaus selbst einschätzen und beschreiben. Der Europarat, der die Erarbeitung und Erprobung verschiedener Modelle ESP gefördert hat, plant dieses Instrument im Jahre 2001, dem Europäischen Sprachenjahr, europaweit zu lancieren.

maßnahmen bezüglich Bewältigung des Arbeitsalltags haben, sind spezielle Angebote zur Deutschförderung entwickelt und bereitgestellt worden.

Das erste Modul ist der Kurs *Grundlagen Deutsch im Arbeitsmarkt.* Es ist ein Intensivkurs, der acht Wochen dauert und in zwei Niveaugruppen durchgeführt wird. Im Vergleich zum herkömmlichen Deutschunterricht liegt der Schwerpunkt in der Förderung der Kommunikation im Hinblick auf die Stellensuche und der Vermittlung von elementaren Bewerbungstechniken. In der konkreten Umsetzung bedeutet das unter anderem: Es werden einfache Sätze trainiert, die im Bewerbungsprozeß und im Arbeitsalltag gebraucht werden. Trainiert werden auch Telefongespräche, insbesondere Anrufe auf Stelleninserate. Es wird aber auch ein Wortschatz mit Bezug zum Arbeitsmarkt und zum beruflichen Tätigkeitsfeld der Teilnehmenden aufgebaut und eingeübt. Ein zentrales Element bildet der Praxisbezug. Die Sprachförderung muß mit der Welt außerhalb des Kursraumes – besonders mit der Arbeitswelt – verbunden werden. Durch Außenkontakte, wie Betriebsbesichtigungen, werden konkrete Anwendungsmöglichkeiten geschaffen. Dabei hat die Förderung der sprachlichen Aktivitäten der Teilnehmenden durch Einbezug in die Vorbereitung der Außenkontakte, durch Nachbereitung und Handlungsanweisungen den gleichen Stellenwert wie die inhaltliche Dimension. Im Zentrum steht die Förderung der Eigenverantwortung der Stellensuchenden für ihren Lernprozeß. Der Kurs mit seinen Inhalten und methodischen Umsetzungen soll erste Schritte zum selbständigen Lernen ermöglichen. Analog der Deutscheinschätzung zu Beginn der Erwerbslosigkeit werden nach Kursende zu Händen der Beratenden Rückmeldungen verfaßt, die den neuen Stand der Deutschkenntnisse beschreiben, so daß ein weiterer Bedarf an Deutschförderung ersichtlich ist.

Gelingt die Integration in den Arbeitsmarkt nach dieser Deutschförderung noch nicht, haben fremdsprachige Erwerbslose mit genügenden Deutschkenntnissen die Möglichkeit, weitere Bildungs- und Förderangebote in Anspruch zu nehmen. Für die anderen stehen weitere Angebote mit Deutschförderung bereit wie Fachkurse mit Deutschförderung, Kurse mit Praktikum mit Deutschförderung, Programme zur vorübergehenden Beschäftigung mit Deutschförderung.

15.5 Die Kombination von Bildung und Beschäftigung

Das Prinzip der Kombination von Bildung und Beschäftigung hat sich sowohl bei Schulgewohnten wie bei Schulungewohnten als wirksam erwiesen. Die Angebote, die Bildung und Beschäftigung kombinieren, sind ergänzt und ausgebaut worden. Zwei Modelle werden hier vorgestellt, nämlich die Kurse mit Praktikum und die *vorübergehende Beschäftigung.*

Kurse mit Praktikum eignen sich sowohl für schulisch Hochqualifizierte wie auch für Erwerbslose mit wenig oder gar keinen beruflichen Qualifikationen. Bei den Hochqualifizierten geht es im Praktikum darum, das theoretische Wissen erstmals *on the job* umzusetzen. Beispiele solcher Programme: IDV-Technikerschule, SAP-Ausbildung.

Bei Erwerbslosen mit wenig oder gar keinen beruflichen Qualifikationen steht die Qualifizierung in Verbindung mit Berufspraxis im Vordergrund. Es geht um den Erwerb einer anerkannten Qualifikation, auch wenn diese nur Teile einer eigentlichen Berufsausbildung umfassen kann. In der Reinigung, Gastronomie, Grundpflege, Lagerbewirtschaftung stehen Angebote zur Verfügung.

In diesem Segment bestehen Kurse mit Praktikum aus folgenden Teilen: Fachunterricht, Persönlichkeitsentwicklung, Bewerbungstraining und Betriebspraktikum. Je nach Bedarf können weitere Elemente dazukommen, wie berufsbezogener Deutschunterricht und Bewerbungscoaching am Kursende. Der Praktikumseinsatz, das heißt Praktikumsbetrieb, Aufgaben, Betreuung, Ausbildung, muß der Zielsetzung des Kurses entsprechen – speziell den Lernzielen des Fachunterrichts. Er muß Gelegenheit geben, das Gelernte in die Praxis umzusetzen.

Folgende Voraussetzungen sind zur Durchführung notwendig: Die Anbietenden gewährleisten eine enge Vernetzung zum ersten Arbeitsmarkt und arbeiten mit Unternehmen, aber auch mit Fach-, Branchen- oder Berufsverbänden sowie gegebenenfalls mit Bildungsinstituten zusammen. Dadurch wird gesichert, daß die Ausbildung in der Praxis Anerkennung findet.

Für den Fachteil werden Kursleitende eingesetzt, die über ein fundiertes branchenspezifisches Wissen und über praktische Erfahrung auf dem entsprechenden Gebiet verfügen. Es stehen Infrastruktur und Methoden zur Verfügung, die eine praxisnahe Ausbildung zulassen und fördern, wie Demonstrationsräume, Maschinen, Modelle, Muster oder PC-Arbeitsplätze.

Ein Kurs mit Praktikum schließt mit einem Ausweis oder mit einem Zertifikat eines anerkannten Verbandes ab. Dies wird durch eine gemeinsame Trägerschaft von Kursveranstaltern und Verband garantiert. Ziel ist die Anerkennung eines Kurses mit Praktikum innerhalb einer modularisierten beruflichen Weiterbildung.

Zur Veranschaulichung des Kurses mit Praktikum dient das Angebot im Baugewerbe, ein Kurs zur beruflichen Wiedereingliederung von arbeitslosen ausländischen Arbeitnehmern aus dem Baugewerbe. Er richtet sich an nicht qualifizierte Arbeitnehmer. Der Kurs dauert 16 Wochen. Davon entfallen rund acht Wochen auf die theoretische Ausbildung, vier Wochen auf die praktische Ausbildung und vier Wochen auf ein Praktikum in einem Betrieb. Die Teilnehmer werden durch die ganze Kurszeit bei ihrer Arbeitssuche durch Vermittlung von Gesprächen mit den Unternehmen unterstützt. Nach Kursende werden die Teilnehmer in der Arbeitssuche begleitet. Zudem werden drei Coachings an den Kurs direkt anschließend durchgeführt.

Folgende drei Hauptschwerpunkte werden im Kurs *berufliche Wiedereingliederung Bau* gesetzt. Die theoretische berufliche Grundausbildung setzt bei der Vertiefung der Kenntnisse in der Bau- und Werkstofftechnik, der Fähigkeit des Lesens der Bauzeichnung und des Umgangs mit Maschinen ein. In der praktischen Ausbildung werden die handwerklichen Grundtechniken gelernt, die Ausbildung wird zusammen mit einem ordentlichen Maurerkurs durchgeführt und ist in einem Ausbildungszentrum für Berufslehren integriert.

Im Praktikum in einem Baubetrieb wird das Gelernte in der Praxis geübt und angewendet. Zugleich wird überprüft, inwieweit der Teilnehmer die Anforderungen der Unternehmen erfüllt und die Chancen einer Wiedereingliederung in den Sektor werden beurteilt.

Ein zweiter Teil beinhaltet die berufliche Neuorientierung, das Entwickeln von individuellen Strategien zur Wiedereingliederung ins Erwerbsleben, das Entwickeln der Schlüsselqualifikationen und das Anpassen an die Anforderungen eines modernen organisatorischen Umfelds. Sie üben die Techniken für die Stellensuche, indem sie lernen, die Lage auf dem Arbeitsmarkt und ihre persönliche Situation gründlich einzuschätzen,

Stelleninserate und Anforderungsprofile zu lesen und zu interpretieren, sowie Bewerbungsbriefe zu schreiben und Bewerbungsgespräche zu führen.

Drittens werden die Fähigkeiten in der beruflichen Kommunikation und die Deutschkenntnisse ausgebaut und gefestigt, sowie die verbalen kommunikativen Fähigkeiten und Grundkenntnisse der Sprache verbessert, indem die Fähigkeit des Lesens und Verstehens von berufsbezogenen Texten, Anzeigen, Erläuterungen zum Gebrauch von Werkstoffen und Ausfüllen von Formularen gezielt weiterentwickelt wird.

Das Konzept der guten Mischung zwischen Fachunterricht, Deutschförderung, Persönlichkeitsentwicklung und Unterstützung bei der Stellensuche hat sich bewährt. Es konnten in Folge dieser Maßnahme mehr Stellensuchende in den ersten Arbeitsmarkt und in Feststellen vermittelt werden als erwartet, darunter einige, die als schwer vermittelbar eingestuft waren.

Die *vorübergehende Beschäftigung* wird im Rahmen von Programmen öffentlicher oder privater, nicht auf Gewinn ausgerichteter Institutionen zur Arbeitsbeschaffung oder Wiedereingliederung ins Erwerbsleben angeboten. Die private Wirtschaft darf nicht unmittelbar konkurrenziert werden.

Angebote gibt es in praktisch allen Berufs- und Tätigkeitsfeldern sowohl für (hoch)-qualifizierte Berufsleute als auch für Hilfskräfte. Die Dauer der Programme für *vorübergehende Beschäftigung* beträgt sechs Monate. Die aktive Stellensuche ist integrierter Bestandteil des Programms. Teilnehmende, die eine Stelle finden, können das jeweilige Programm sofort verlassen. Dementsprechend ist bei offenen Plätzen der Eintritt jederzeit möglich.

Das *Workcenter* ist ein Programm zur *vorübergehenden Beschäftigung*, das sich an bildungsungewohnte Deutsch- und Fremdsprachige richtet. Die Zielgruppe der Deutschsprachigen umfaßt Erwerbslose, die zwar die obligatorische Schulzeit absolviert haben, die dann aber an ihrem Arbeitsplatz Lesen und Schreiben nicht mehr brauchten und es somit (teilweise) verlernt haben. Die Zielgruppe der Fremdsprachigen umfaßt sowohl Erwerbslose, die schon ein langes Berufsleben in der Schweiz hinter sich haben, als auch jüngere Personen, die möglicherweise nicht die ganze Schulzeit in der Schweiz absolviert haben und deshalb Sprach- und Ausbildungsdefizite aufweisen.

Bei den Deutsch- wie Fremdsprachigen sind es vorwiegend Erwerbslose aus unqualifizierten Hilfstätigkeiten. Diese Arbeitsplätze gibt es heute nicht mehr oder sie haben sich gewandelt und die Anforderungen an die Arbeitnehmenden sind gestiegen.

Das *Workcenter* ist in einem alten Fabrikareal untergebracht und umfaßt eine Holz- und Metallwerkstatt, eine Maler- und Gipsergruppe, ein Atelier für Bekleidung wie eines für Heimtextilien und Möbel, sowie einen unentgeltlichen Fahrradverleih.

Das Arbeits- und Bildungsangebot richtet sich an Frauen und Männer, die sich aufgrund möglicher beruflicher Perspektiven in verschiedenen Belangen qualifizieren oder requalifizieren wollen wie Schreiner, Hilfsschreiner, Möbelpacker, gelernte und angelernte Schlosser, Lüftungsmonteure, Hauswarte, Hilfsmaler, Schriftenmaler, Schneiderinnen und Gardinennäherinnen. Es wird bei der Gruppenbildung auf eine ausgewogene Verteilung der beruflichen Qualifikation geachtet, so daß jeweils je die Hälfte mit und ohne Erfahrungen im entsprechenden Berufsfeld sind. Arbeiten und Funktionen werden entsprechend verteilt. Das *Workcenter* ist bei sozialen Institutionen, wie Hilfswerken und Vereinen sowie bei gemeinnützigen Organisationen als Leistungsanbieter bekannt. Damit der Arbeitsmarkt nicht konkurrenziert wird, gilt der Grundsatz, daß Produkte und Dienstleistungen nur angeboten werden, wenn kein reguläres Budget vorhanden ist, das heißt, die Arbeit würde sonst nicht zur Ausführung kommen.

Im *Workcenter* wird eine möglichst realistische Arbeitsatmosphäre geschaffen. Arbeit und Bildung werden – in dem das Modell Lernstatt angewendet wird – stark miteinander verknüpft. Lernstatt – das zielgruppennahe Lernen vor Ort in der Werkstatt und im Atelier – ist anwendungs- und handlungsorientiert. Ziele sind:

- Die Verbesserung der fachlichen, methodischen und sozialen Kompetenzen,
- die Förderung des Qualitäts- und Verantwortungsbewußtseins,
- die Verbesserung der fachspezifischen Deutschkenntnisse,
- die Förderung der Motivation, sich mit seinem unmittelbaren Arbeitsort und seiner Arbeitsgruppe aktiv auseinanderzusetzen und Arbeitsplatzproblemen selbst Lösungen zu erarbeiten.

Die *Denkfabrik*, ebenfalls ein Programm zur vorübergehenden Beschäftigung, hat als Zielgruppen gut ausgebildete Erwerbslose, insbesondere Fachhochschul- und Hochschulabgänger, Frauen, die mehrere Jahre wegen der Familienarbeit nicht mehr berufstätig waren aber gut ausgebildet sind, sowie generell qualifizierte Erwerbslose, die sich in einer Phase der Neuorientierung befinden. Die Teilnehmenden der *Denkfabrik* kommen aus Bereichen wie Kunst, Unterricht, Erziehung, Technik, Architektur oder Medizin.

Die Teilnehmenden erhalten die Gelegenheit sich in der Projektarbeit und im Projektmanagement zu qualifizieren. Es handelt sich um ein Training *on the job*. Das Arbeits- und Bildungsangebot ist eng aufeinander abgestimmt. Der Beschäftigungsanteil weist einen Umfang von 70 Prozent, der Kursteil einen Umfang von 30 Prozent aus.

Die *Denkfabrik* hat in den letzten drei Jahren Dutzende von Projekten bearbeitet in den Bereichen

- Erwerbslosenprojekte,
- Betriebskonzepte,
- Soziokulturelle Projekte,
- Studien- und Marktabklärungen.

Für die Akquisition der Ideen mußte kein großer Aufwand betrieben werden. Auftraggebende Stellen waren unter anderem diverse Dienstabteilungen der Stadtverwaltung, insbesondere das Sozialdepartement, gemeinnützige Organisationen und Hilfswerke. Neben den Auftragsprojekten bearbeitete die Denkfabrik auch Ideen, die von Teilnehmenden in den Projektpool eingebracht wurden. Auch hier wurden ausschließlich Ideen realisiert, die sonst aus finanziellen Gründen nicht hätten ausgeführt werden können.

Zur Veranschaulichung einige Beispiele:

- Eine neue *vorübergehende Beschäftigung* im Pflegebereich wurde entwickelt und initiiert, die in der Startphase 60 Einsatzplätze zur Verfügung gestellt hat.
- Ein Sommercafé bei einem Museum am See wurde geplant und realisiert.

- In Zusammenarbeit mit der Gemeinwesenarbeit eines Wohnviertels wurden eine soziokulturelle Bestandsaufnahme des Viertels gemacht sowie der soziokulturelle Handlungsbedarf identifiziert.
- Unter dem Titel *Frauenpower-Arbeitslust* wurden die Situation und die Bedürfnisse erwerbsloser Frauen um die 40 beschrieben und die Formulierung von Empfehlungen aufgrund des bestehenden Marktangebotes gemacht.
- Die Grundlagen für die Einführung eines Qualitätsmanagementsystems für eine Anbieterin von vorübergehender Beschäftigung wurden erarbeitet.

15.6 Schlußbemerkung

Seit dem Frühling 1997 ist in der Schweiz ein permanenter Rückgang der Arbeitslosigkeit zu verzeichnen. Seit Januar 1998 sinken auch in der Stadt Zürich die Arbeitslosenzahlen, die Konjunktur- und Beschäftigungslage verbessert sich laufend. Beim Verfassen dieses Artikels Anfang des Jahres 2000 lag die durchschnittliche Arbeitslosenquote in der Schweiz noch bei 2,5 Prozent, in der Stadt Zürich bei 3,2 Prozent.

Das Staatssekretariat für Wirtschaft (Seco) rechnet für die kommenden Jahre mit einer weiteren Abnahme der Arbeitslosigkeit. Die verbesserte Wirtschaftslage wird in erster Linie auf die hohe Flexibilität des Schweizer Arbeitsmarktes zurückgeführt. Zur positiven Entwicklung hat aber auch die größere Effizienz der öffentlichen Arbeitsvermittlung beigetragen. Damit hat sich auch die Einstellung gegenüber den Bildungs- und Förderungsangeboten gewandelt. Im Gegensatz zu den Jahren mit hoher Arbeitslosigkeit herrscht zur Zeit eine zurückhaltendere Einstellung. Die Ausbildung der Mitarbeitenden wird wieder von den Firmen übernommen. Deshalb konzentrieren sich die Bildungs- und Förderangebote der Stadt Zürich, wie im Artikel aufgezeigt in zunehmendem Maß auf die schlechtqualifizierten Personen, die bei rückläufiger Konjunktur am ehesten von Arbeitslosigkeit bedroht sind und auch bei dem derzeit stattfinden Aufschwung am meisten Schwierigkeiten haben, eine Stelle zu finden.

Literatur

Arbeitsamt Zürich. (1999). *Arbeitsmarkttrends.* In: http://www.arbeitsamt-zuerich.ch, 15.09.2000.
Arbeitsamt Zürich. (2000). *Arbeitsmarkttrends.* In: http://www.arbeitsamt-zuerich.ch, 15.09.2000.
Bundesamt für Berufsbildung und Technologie (BBT). (2000). In: http://www.berufsbildung.ch, 12.09.2000.
Economiesuisse. (2000). In: http://www.statistik.ch, 12.09.2000.
Schweizerische Modulzentrale. (2000). In: http://www.modula.ch, 15.09.2000.
Staatssekretariat für Wirtschaft. (2000). In: http://www.seco-admin.ch, 12.09.2000.
Verband Schweizerischer Arbeitsämter. (Hrsg.). (2000). *Arbeitslosenversicherungsgesetz, Bundesgesetz und Verordnung* (7., vollständig überarbeitete Auflage). Bern: Verband Schweizerischer Arbeitsämter (VSAA).

16 Die Evaluation von Trainings für Erwerbslose

Jeannette Zempel & Klaus Moser

16.1 Einleitung

In diesem Beitrag stellen wir die Frage, wie die Wirksamkeit von Trainingsmaßnahmen für Erwerbslose evaluiert werden kann. Hierzu soll zunächst überlegt werden: Was wissen wir bereits über die Wirkung von Trainings, und können wir daraus bereits genug ableiten, um Bedingungen nennen zu können, unter denen Trainings für Erwerbslose wirksam sind? Wie sich in Abschnitt 16.2 zeigen wird, ist ein Rückgriff auf ein theoretisches Modell zum Trainings- und Transfererfolg und deren Einflußfaktoren zwar möglich, die bisherige Befundlage hierzu ist aber als sehr unvollständig einzuschätzen und zudem nur bedingt auf den spezifischen Kontext von Trainings für Erwerbslose übertragbar. Daher untersuchen wir im weiteren, wie eine Evaluation durchgeführt, also eine spezifische Trainingsmaßnahme für Erwerbslose evaluiert werden kann. Der Fachbegriff für Erfolgskontrolle lautet Evaluation (aus dem Englischen "value" = Wert) und läßt sich im Zusammenhang mit der Durchführung von Trainingsmaßnahmen nach Goldstein (1993) umschreiben als eine systematische Sammlung von Informationen, die herangezogen werden, um effektive Entscheidungen über die Auswahl, die Anwendung, den Wert und die eventuelle Modifizierung von Trainingsmaßnahmen zu treffen (zum Evaluationsbegriff allgemein vgl. Hager, Patry & Brezing, 2000). Es gibt zwei wichtige Fragen bei der Evaluation der Wirkung von Maßnahmen. Erstens muß geklärt werden, *woran* überhaupt erkannt werden kann, welche Wirkung eine Maßnahme hat, es sind also *Kriterien* festzulegen. Und zweitens ist darüber zu befinden, *wie* diese Kriterien zu erheben sind, damit die gewonnenen Ergebnisse aussagekräftig sind. Dies betrifft die Frage der konkreten Untersuchungsplanung. In unserem Beitrag werden wir uns im dritten Abschnitt mit der Frage auseinandersetzen, an welchen Kriterien der Erfolg von Maßnahmen – im konkreten Fall von Trainings für Erwerbslose – erkennbar ist. Auf Fragen der Untersuchungsplanung werden wir aus Platzgründen lediglich am Ende des Beitrags eingehen (vgl. hierzu weiterführend Hager, 2000).

16.2 Ein Trainings- und Transfermodell

Wenn wir fragen, ob ein bestimmtes Training für Erwerbslose wirksam ist, dann können wir dies zunächst dadurch zu beantworten versuchen, indem wir überprüfen, ob die relevanten Resultate der Trainingsforschung berücksichtigt wurden. Dabei gehen wir davon aus, daß es nicht nur das Ziel eines Trainings ist, daß die Teilnehmer im Training die Lerninhalte aufnehmen, behalten und beherrschen, sondern diese auch nach Abschluß des Trainings auf Situationen im eigenen Umfeld generalisieren und dauerhaft beibehalten. Lernen und Behalten lassen sich somit als *Trainingseffekte* verstehen, die am Ende des Trainings ermittelt werden, Generalisierung und Beibehaltung als *Transfereffekte*, die erst einige Zeit nach dem Training erfaßt werden können. Hinsichtlich des Transfers läßt sich dabei zwischen der Generalisierung des Erlernten auf Situationen und Anforderungen außerhalb des Trainingskontextes (Anforderungstransfer) und dem zeitlichen Transfer, d.h. der Dauer oder Persistenz des Erlernten nach Abschluß der Maßnahme unterscheiden (vgl. dazu im weiteren Hager & Hasselhorn, 2000). Faktoren, die auf den Trainings- und Transferprozeß einen Einfluß haben können, gibt es vielfältige. In dem Modell von Baldwin und Ford (1988) werden die empirischen Erkenntnisse möglicher Einflußfaktoren und ihrer Wirkung zu integrieren versucht (vgl. Abbildung 16.1).

Abbildung 16.1: Modell des Transferprozesses nach Baldwin und Ford (1988)

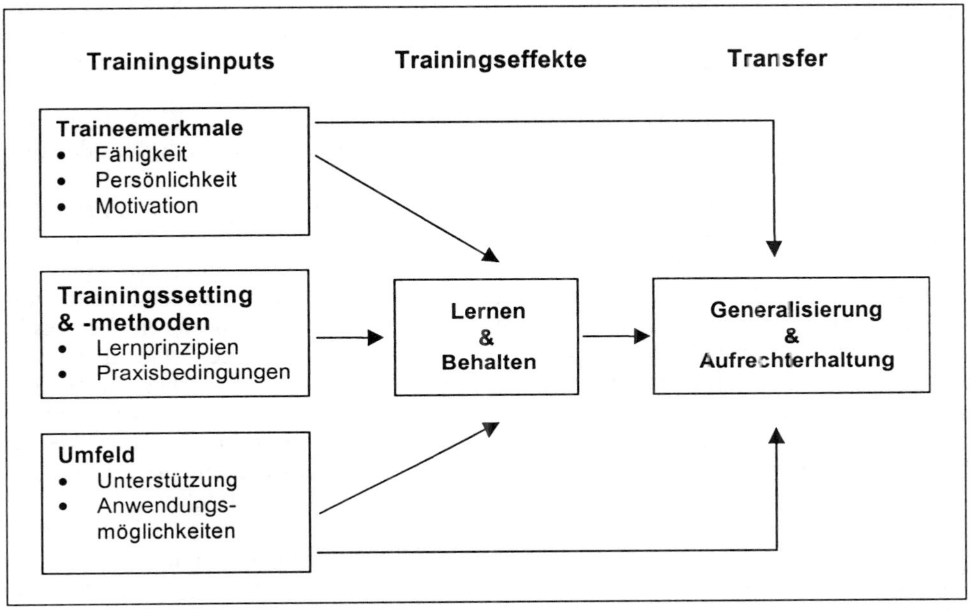

Baldwin und Ford (1988) unterscheiden drei Gruppen von Einflußfaktoren auf den Transferprozeß: Traineemerkmale, Trainingssetting und -methoden sowie das Umfeld. Diese drei Gruppen von Einflußfaktoren bilden die Bedingungen des Trainings und können jeweils unmittelbare "Trainingseffekte" haben, die nach Baldwin und Ford (1988) aus dem Umfang des Lernens im Training und dem Behalten des Trainingsinhalts nach Abschluß des Trainings bestehen. Ebenso kann es Einflüsse der Traineemerkmale und des Anwendungsumfelds auf den Transfer, also die Generalisierung und Aufrechterhaltung der erlernten Fähigkeiten und Fertigkeiten (im weitesten Sinne), geben. Und schließlich können die Trainingsbedingungen vermittelt über die Trainingseffekte (bestehend aus Lernen und Behalten) auf den Transfer (bestehend aus Generalisierung und Aufrechterhaltung) des Gelernten wirken.

16.2.1 Traineemerkmale

Zu den Traineemerkmalen zählen insbesondere die Fähigkeit, die Persönlichkeit und die Motivation, wobei der Motivation eine Schlüsselrolle zuzukommen scheint. Wenn die Trainees das Gelernte auf die eigene Situation übertragen sollen, erfordert dies motivationale Voraussetzungen; sie müssen für den Transfer des Gelernten der Meinung sein, daß die Anwendung des Gelernten möglich ist und sich dies für sie lohnt. Das ist dann eher zu erwarten, wenn die vermittelten Inhalte an die bisherigen Fähigkeiten und

Kenntnisse der Teilnehmer anknüpfen und die Teilnehmer neu Erlerntes und bereits Bekanntes verbinden können. So entstehen Verständnis und die Einsicht, daß sich eine aktive Auseinandersetzung mit der neuen Situation und den neuen Anforderungen lohnen könnte. Die aktive Auseinandersetzung mit neuen Aufgaben und Anforderungen erfordert Anstrengung, die dann eher aufgebracht wird, wenn es der Person lohnenswert erscheint, d.h. wenn sich aus Sicht des Teilnehmers mit der Anwendung des Gelernten bedeutungsvolle Ziele erreichen lassen. Der Transfer hängt damit sowohl von der Motivation des Trainees als auch von den Umgebungsbedingungen ab, die die Zielerreichung fördern oder hemmen können. Vor diesem Hintergrund ist auch zu vermuten, daß die Freiwilligkeit der Teilnahme an einer Maßnahme einen positiven Einfluß auf den Transferprozeß hat. Hicks und Klimowski (1987) konnten erste Belege hierfür demonstrieren.

Weitere Traineemerkmale, die relevant sein könnten, sind u.a. Intelligenz (Schmidt & Hunter, 1998) und Lernfähigkeit (Ghiselli, 1966), die beide den Transferprozeß fördern. Des weiteren berücksichtigen Personen mit einer internalen Kontrollüberzeugung, d.h. Menschen, die positive und negative Erfahrungen aus den Interaktionen mit der Umgebung in erster Linie auf ihr eigenes Verhalten beziehen, Feedback differenzierter und weisen auch bessere Transferleistungen auf (Noe, 1986). Personen mit einem hohen Job-Involvement, d.h. Menschen, die sich mit ihrer Arbeit identifizieren und für deren gesamtes Selbstbild die Arbeit ein wichtiger Teil darstellt (vgl. Moser & Schuler, 1993), weisen eine höhere Lern- und Transfermotivation auf (Noe & Schmitt, 1986) und bemühen sich auch stärker um einen neuen Arbeitsplatz, wenn sie von Erwerbslosigkeit betroffen sind (Wanberg, Kanfer & Rotundo, 1999).

Die vorgestellten Befunde zur Wirkung interindividueller Unterschiede auf Trainings- und Transfereffekte stammen vor allem aus der Forschung zu innerbetrieblichen Trainings. Zudem sind sie eher fragmentarisch zu nennen. Insofern genügen sie nur bedingt Generalisierbarkeitsansprüchen. So ist es beispielsweise höchst ungewiß, ob hohes Job-Involvement auch in der Phase bereits eingetretener Erwerbslosigkeit noch die Lernmotivation erhöht. Naheliegend ist es auch, daß die Intelligenz der Trainees in Trainings für Erwerbslose ein wichtiger Einflußfaktor ist, wobei hier allerdings zu beachten ist, daß Intelligenz nicht nur das unmittelbare Lernen im Training beeinflussen dürfte, sondern z.B. auch mit den Vermittlungschancen am Arbeitsmarkt einhergeht. Insgesamt ist aber noch zu wenig bekannt, um bereits mit einiger Sicherheit Aussagen zu den Effekten interindividueller Unterschiede auf den Erfolg von Trainingsmaßnahmen für Erwerbslose machen zu können.

16.2.2 Das Trainingssetting

Das Trainingssetting und die Trainingsmethoden lassen sich durch die in mehr oder weniger großem Umfang realisierte oder realisierbare Anwendung pädagogisch-psychologischer Lernprinzipien beschreiben: Klassische Merkmale transferförderlicher Trainingsumgebungen sind neben der Situationsähnlichkeit zwischen Trainings- und Transfersituation (z.B. Nachstellen eines Bewerbungsgesprächs) die Vermittlung allgemeiner Prinzipien (z.B. Kommunikationsregeln) und die multiple Darbietung des Lernstoffes ("Stimulus-Variabilität", z.B. wiederholtes Präsentieren von Verhaltensregeln für ein Bewerbungsgespräch).

Als transferförderlich wurden in den letzten Jahren zudem vermehrt *Praxisbedingungen*, wie z.B. Feedback (durch Trainer, andere Trainees oder mittels Videoaufnahmen) und aktive Übung (z.B. in Form von Rollenspielen), herausgearbeitet. Hinsichtlich der Praxisbedingungen konnte bisher festgestellt werden, daß sich Feedback über den Lernerfolg während des Trainings günstig auf die Lernmotivation und den Lernfortschritt auswirken kann (Wexley & Thornton, 1972). Aktives Üben des Gelernten wird allgemein als eine sehr wirksame Methode zur Förderung des Lernfortschritts als auch des Transfers beschrieben (z.B. Bergmann, 1999; Baldwin & Ford, 1988). In dieser Form können unterschiedlichste Inhalte erlernt werden: Fakten, Begriffe, Fertigkeiten und Strategien. Deshalb kann ein positiver Zusammenhang zwischen dem Umfang der aktiven Übung des Gelernten und den erwartbaren Trainings- und Transfereffekten angenommen werden. Allerdings hat sich die bisherige Forschung unglücklicherweise oft nur auf kurze und motorisch einfache Aufgaben beschränkt. Erst in jüngster Zeit sind Beispiele bekannt geworden, in denen diese Prinzipien auch in Trainings für Erwerbslose erfolgreich angewandt wurden (Eden & Aviram, 1993).

16.2.3 Das Umfeld

Zu den Umfeldvariablen werden von Baldwin und Ford (1988) die subjektiv erfahrene Unterstützung (z.B. durch ehemalige Kollegen, Familie, Freunde und Personalberater) und die Möglichkeiten zur Anwendung des Gelernten im eigenen Umfeld gezählt. Am Beispiel des Umfelds läßt sich aber auch deutlich machen, daß das Modell von Baldwin und Ford (1988) kreativ ergänzt werden muß, um die Anwendbarkeit auf Trainings für Erwerbslose zu ermöglichen. Ist fachliche Fortbildung der Gegenstand solcher Trainings, dann kann zwar durchaus gefragt werden, ob denn am (zukünftigen!) Arbeitsplatz eine entsprechende Unterstützung durch Kollegen erfolgen wird oder Übungsmöglichkeiten bestehen werden. Im Falle verhaltens- oder persönlichkeitsorientierter Trainings, in denen etwa bestimmte Bewerbungstechniken vermittelt werden, "passen" diese Umfeldvariablen sicherlich nicht. Dennoch dürfte das Umfeld außerhalb des Trainingssettings eine Rolle spielen. So belegen Studien (Mallinckrodt & Fretz, 1988; Jackson, Stafford, Banks & Warr, 1983), daß die soziale Unterstützung durch das Umfeld negative psychische Folgen der Erwerbslosigkeit reduzieren kann. Dies legt die noch zu überprüfende Annahme nahe, daß auch spezifische Trainingsmaßnahmen von einer entsprechenden Unterstützung der Trainees profitieren könnten.

16.2.4 Fazit

Die bisherigen Ausführungen machen deutlich, daß es sich beim Lernen, Behalten, Generalisieren und Beibehalten von Trainingsinhalten um einen komplexen Transferprozeß handelt, der von einer Reihe an Faktoren beeinflußt werden kann. Die bisherige Forschungslage zur Effektivität von Einzelmaßnahmen und der Wirkung von weiteren Einflußfaktoren ist aber noch weitgehend fragmentarisch zu nennen. Zudem lassen sich einige Befunde (insbesondere zu den Traineemerkmalen und den Umfeldbedingungen) kaum auf die spezifische Situation Erwerbsloser übertragen. Neben den angeführten Befunden gibt es zwar zahlreiche Untersuchungen von Einzelmaßnahmen für Erwerbslose, diese bieten aber entweder kein ausreichendes Datenmaterial für Reanalysen oder genügen nicht wissenschaftlichen Kriterien. Als positive Ausnahmen seien hier die beiden Studien von Seckauer und Gerich (in diesem Band) oder Galais und Moser (in diesem Band) angeführt (vgl. Brinkmann, in diesem Band oder Meager & Evans, 1998). Das Datenmaterial erlaubt aber keine Einschätzung der Effektivität von spezifischen Trainingsmaßnahmen. Im folgenden wenden wir uns deshalb nun der Frage zu, wie eine Evaluationsmaßnahme von Trainings für Erwerbslose aussehen könnte, und beschränken uns dabei auf die Fragen, an welchen Kriterien die Wirkung einer Trainingsmaßnahme bewertet werden kann und was bei der Erhebung dieser Kriterien berücksichtigt werden sollte.

16.3 Evaluationskriterien

Die Kriterienproblematik soll zunächst durch einige einführende Überlegungen verdeutlicht werden. Als eine Möglichkeit, Informationen zu sammeln, um den Wert eines Trainings für Erwerbslose zu ermitteln, kommt die Wiederbeschäftigungsquote in Frage. Dieses typische "Ergebnismaß" ist allerdings nur mit Einschränkungen interpretierbar, da es in einem hohen Maße durch das aktuelle Angebot an Arbeitsplätzen auf dem Arbeitsmarkt bestimmt wird. Eine andere Möglichkeit besteht darin, den Umfang der im Training erworbenen Kenntnisse (z.B. anhand eines Wissenstests) zu ermitteln. Aber auch diese Vorgehensweise birgt Probleme. Insbesondere ist das in Trainings vermittelte Wissen oft "träge" und wird außerhalb bzw. nach dem Training nicht oder nur unzulänglich angewendet. Das heißt, daß der Kenntnisstand der Teilnehmer am Ende eines Trainings zunächst einmal wenig über dessen Umsetzung in der alltäglichen Anwendungssituation außerhalb des Trainings oder gar über deren dauerhafte Beibehaltung aussagt. Diese Überlegungen machen nochmals deutlich, daß ein Training für Erwerbslose hinsichtlich seiner kurz- und längerfristigen Effekte bewertet werden sollte, daß zwischen den unmittelbaren Effekten, die während und nach der Trainingszeit festzustellen sind (Trainingseffekte), und den Veränderungen, die sich nach Abschluß des Trainings feststellen lassen (Transfereffekte), zu unterscheiden ist.[1]

Trainings können auf unterschiedlichen Ebenen evaluiert werden. Im folgenden werden wir diese Überlegungen vertiefen und Evaluationskriterien nach dem klassischen 4-Ebenen-Modell von Kirkpatrick (1967) anhand des Beispiels der Trainingsziele von Trainings für Erwerbslose (vgl. dazu auch Jacomet & Steimen, in diesem Band) herausarbeiten. Das Modell von Kirkpatrick (1967) wurde aus der organisationalen Praxis heraus formuliert, was bedeutet, daß Trainings daraufhin betrachtet werden, ob durch sie die Trainees in die Lage versetzt werden, "bessere" Beiträge zum Erfolg der Organisation zu leisten. Bei Trainings für Erwerbslose ist solch eine Sichtweise zu kurz gegriffen. So meinen wir, daß jenseits einer institutionellen Perspektive weitere Kriterien entwickelbar sind und entwickelt werden müssen. Insbesondere läßt sich die Forderung formulieren, daß ausgehend vom Erkenntnisstand zu den individuellen Folgen der Erwerbslosigkeit (vgl. den Beitrag von Paul & Moser, in diesem Band) auch auf die Verbesserung und Stabilisierung der psychischen Befindlichkeit der Betroffenen Rücksicht zu nehmen ist. Wir meinen dies auch, weil sich Zusammenhänge etwa zwischen

---

[1] Ähnliches gilt auch für Trainingsmaßnahmen, die v.a. auf die Stabilisierung und Verbesserung von persönlichkeitsorientierten Merkmalen abzielen (psychisches Befinden, Schlüsselqualifikationen, Bewerbungsverhalten).

Befindlichkeit und Verhaltensweisen, die zu einer (Wieder-) Beschäftigung führen, annehmen lassen. Aber selbst wenn dies nicht der Fall wäre, verdient dieser Kriterienkomplex bei der Evaluation von Trainings volle Aufmerksamkeit.

Tabelle 16.1: Potentielle Evaluationskriterien eines Trainings für Erwerbslose in Anlehnung an die Evaluationsebenen von Kirkpatrick (1967)

Reaktion	
-	Gefallen
-	Wahrgenommene Anwendbarkeit
Lernen (Indikatoren für Trainingseffekte)	
-	Wissen (fachlich)
-	Wissen (Arbeitsmarktbedingungen)
-	Wissen (eigene Stärken und Schwächen)
Verhaltensrepertoire/Schlüsselqualifikationen	
-	Eigeninitiative
-	Kreativität
-	Selbstlernkompetenz
-	Teamfähigkeit
-	etc.
Einstellungen/Persönlichkeitsmerkmale	
-	Zielorientierung
-	Handlungsorientierung nach Erfolg
-	Handlungsorientierung nach Mißerfolg
-	Optimismus
-	Bereitschaft zum Berufswechsel
-	Selbstwirksamkeit
Verhalten und Einstellungen im Anwendungskontext (Indikatoren für Transfereffekte)	
-	Einstellungen/Persönlichkeitsmerkmale
-	Zielorientierung
-	Handlungsorientierung nach Erfolg
-	Handlungsorientierung nach Mißerfolg
-	Optimismus
-	Bereitschaft zum Berufswechsel
-	Selbstwirksamkeit
-	Bewerbungsverhalten
-	Eigeninitiative
-	Soziale oder alternative Aktivitäten
Resultate (Indikatoren für Transfereffekte)	
-	Kosten
-	Bewerbungssituation
-	Psychosoziale Situation

Wie läßt sich die psychosoziale Situation Erwerbsloser charakterisieren? Finanzielle Probleme und enttäuschte Hoffnungen nach einer erfolglosen Arbeitssuche ziehen Frustration und die Erfahrung eines Kontrollverlustes über den eigenen Erwerbsstatus nach sich (Frese, 1985). Der Theorie der erlernten Hilflosigkeit von Seligman (1975) folgend kann das Gefühl der Nichtkontrollierbarkeit der Stressoren zu Passivität und psychischen wie auch psychosomatischen Störungen führen. Ergebnisse einer Längsschnittstudie bestätigen dieses Bild (Frese, 1994; Zempel & Frese, 1997): Langzeitarbeitslose[2] waren im Vergleich zu Erwerbstätigen pessimistischer, verbitterter, depressiver und hatten ein wesentlich geringeres Selbstwertgefühl. Sie zeigten weniger Aktivität und Eigeninitiative, hatten eine passivere Einstellung und wirkten deutlich niedergeschlagener als Erwerbstätige oder Kurzzeiterwerbslose. Eine Beeinträchtigung der psychischen Gesundheit wurde bei Erwerbslosen in verschiedenen Studien wiederholt festgestellt (Moser & Paul, 2001). Diese psychischen Veränderungen gehen mit deutlich sichtbaren weiteren Einschränkungen im Verhalten einher: Die Eigeninitiative – eine wichtige Ausgangsbasis, um wieder eine Beschäftigung zu finden – läßt nach. Damit deutet sich eine schwierige Problematik für die Betroffenen an. Mit zunehmender Dauer der Erwerbslosigkeit sinkt die Eigeninitiative und mit geringerer Eigeninitiative nehmen die Chancen auf eine Wiederbeschäftigung weiter ab (Zempel & Frese, 2000). Ein Training für Erwerbslose sollte diesen negativen Entwicklungen präventiv entgegenwirken oder zumindest dazu beitragen, sie zu reduzieren. Dabei wird eine wichtige Zielsetzung eines Trainings für Erwerbslose deutlich: Die oben genannten Einstellungen, Verhaltensweisen und Befindensbeeinträchtigungen sind zu verbessern, um die Beschäftigungsfähigkeit von Erwerbslosen sicherzustellen.

Oberste Priorität aller arbeitsmarktpolitischen Maßnahmen ist die Erhöhung der Beschäftigung. Dabei stellt die Herstellung bzw. Sicherstellung der Beschäftigungsfähigkeit ein Kernelement der Beschäftigungsstrategie der europäischen Beschäftigungspolitik dar (Entschließung des Europäischen Rates über den Europäischen Beschäftigungspakt, vgl. Bundesministerium für Arbeit und Sozialordnung, 1999). Sie zielt auf die Wiedereingliederung von Erwerbslosen in den Arbeitsmarkt und auf die Unterstützung von im Arbeitsmarkt benachteiligten Personen ab. Beschäftigungsfähigkeit läßt sich damit als eine Ausgangsvoraussetzung für eine längerfristige Wiederbeschäftigung verstehen. Sie umfaßt neben fachlichen Qualifikationen und sozialen Fähigkeiten auch die psychophysische Gesundheit der Betroffenen. Im Einzelfall werden deshalb je nach Maßnahme äußerst unterschiedliche Unterziele verfolgt. Fachliche Umschulungs- und Weiterbildungskurse zielen bspw. auf die Vermittlung von Kenntnissen und Fertigkeiten ab, um die beruflichen Qualifikationen der Teilnehmer an die Erfordernisse des Arbeitsmarkts anzunähern. Zur Evaluierung fachbezogener Trainings bietet sich die Überprüfung des Kenntnisstands der Teilnehmer mit Hilfe von Tests an. Sofern die Kenntnisse einschlägig sind, tragen sie dazu bei, das Eignungsprofil dem Arbeitsmarkt anzupassen und so die Beschäftigungschancen zu erhöhen. Nichtfachbezogene Trainings zielen dagegen eher auf die Unterstützung der Entwicklung der Persönlichkeit der Teilnehmer ab, indem z.B. Schlüsselqualifikationen und arbeitsbezogenen Einstellungen entwickelt werden. Dabei wird angenommen, daß diese persönlichkeitsorientierten Merkmale Basis für weitere fachbezogene Umschulungs- oder Weiterbildungsmaßnahmen sowie für jegliche berufliche Tätigkeit sind. Die Entwicklung von Schlüsselkompetenzen wie soziales Auftreten, Teamfähigkeit, Flexibilität, Toleranz und Kompromißbereitschaft, Kommunikationsfähigkeit, Kreativität und Selbstlernkompetenz werden hier immer wieder genannt und stellen neben Einstellungen wie der Bereitschaft zum Berufswechsel, der internalen Kontrollüberzeugung[3] und der Handlungsorientierung nach Mißerfolgen häufige Ziele von persönlichkeitsorientierten Trainings-

---

[2] Als langzeiterwerbslos werden Personen bezeichnet, die länger als 1 Jahr erwerbslos sind.

[3] Die Überzeugung, daß positive und negative Ergebnisse der Interaktion mit der Umgebung auf das eigene Verhalten zurückgeführt werden können.

maßnahmen dar.[4] Für solche Trainings stellt sich die Frage, anhand welcher konkreten Kriterien sie bewertet werden sollten. Im folgenden werden wir ein solches Modell vorstellen, das auf den von Kirkpatrick (1967) vorgeschlagenen Evaluationsebenen Kriterien formuliert. Hierdurch soll sowohl die Effektivität eines Trainings für Erwerbslose hinsichtlich der Gewährleistung der Beschäftigungsfähigkeit bewertet werden können als auch auf die erwähnten Ergebnisse zu den psychosozialen Auswirkungen der Erwerbslosigkeit Rücksicht genommen werden.

Das Modell von Kirkpatrick (1967) unterscheidet vier Ebenen der Evaluation von Trainings: Reaktionen, Lernen, Verhalten/Einstellungen und Ergebnisse. Im folgenden verwenden wir diese vier Ebenen und erläutern verschiedene Kriterien sowie deren Aussagekraft für die Evaluation von Trainings für Erwerbslose.

16.3.1 Reaktionen auf das Training

Die Erfassung von Teilnehmerreaktionen ist eine verbreitete Methode zur Evaluation von Trainings. Sie erfordert relativ wenig Erhebungsaufwand. Die Ergebnisse bestehen aus Hinweisen auf die Zufriedenheit der Teilnehmer mit der Maßnahme sowie auf Verbesserungsmöglichkeiten. Diese Einschätzungen können spezifisch für Trainingsinhalte, den/die Trainingsleitende/n, die eingesetzten Methoden und die äußere Trainingssituation vorgenommen werden und werden üblicherweise zum Abschluß eines Trainings erhoben. Die Erfassung solcher Reaktionen kann dazu dienen, die bewerteten Aspekte zu optimieren, um das Interesse und die Motivation der Teilnehmer am Training zu sichern.

Allerdings sollte die Bedeutung der Messung solcher "Reaktionen" nicht überschätzt werden, da aus ihnen nur eingeschränkt Hinweise auf den tatsächlichen Lernerfolg, auf Verhaltensänderungen und auf die Dauerhaftigkeit von Effekten, d.h. auf Trainings- und Transfereffekte abgeleitet werden können (Alliger, Tannenbaum, Bennett, Traver & Shotland, 1997). Nützlich hat sich hier die Differenzierung zwischen affektiver Reaktion (eine typische Frage lautet: "Wie gut hat Ihnen das Training insgesamt gefallen?") und nutzenorientierter Reaktion erwiesen. Letztere bezieht sich darauf, ob die Teilnehmer glauben, einen praktischen Nutzen aus dem Programm ziehen zu können (eine typische Frage lautet: "War das Training für Ihren Arbeitsplatz relevant?"). Alliger et al. (1997) haben erste empirische Hinweise dafür gefunden, daß zwar affektive Reaktionen keine Zusammenhänge zu anderen Evaluationskriterien (z.B. Lernerfolg, Veränderung des Arbeitsverhaltens) aufweisen, nutzenorientierte Reaktionen hingegen sowohl mit dem Lernerfolg als auch dem zukünftigen Arbeitsverhalten in Zusammenhang stehen ($r = .18 - .26$). Fraglich ist nun aber, welche Aussagekraft eine subjektive Nutzensbewertung der Trainees im Falle von Trainings für Erwerbslose hat. Als hartes Validierungskriterium müßte für ein solches Evaluationskriterium die tatsächliche Gewährleistung der Beschäftigungsfähigkeit herangezogen werden. Während allerdings in

---

4 Meistens sind auch der Umgang mit der Bewerbungssituation und das Bewerbungsverhalten Trainingsinhalte: Nach Abschluß des Trainings sollen die Teilnehmer Stelleninserate lesen, interpretieren und Bewerbungen empfängerorientiert gestalten können, Bewerbungen aktiv angegangen haben, ihre beruflichen Stärken und Schwächen korrekt einschätzen können, den für sie relevanten Arbeitsmarkt kennen und über eine ausreichende Selbstdarstellungs- und Bewerbungskompetenz verfügen (Beispiele aus der Zielbeschreibung eines Trainings für Erwerbslose des Arbeitsamtes der Stadt Zürich, vgl. Zempel, Jacomet & Moser, 2000).

betrieblichen Trainings die Trainees ihren Arbeitsplatz vergleichsweise genau kennen, bleibt zu fragen, inwiefern Erwerbslose die Relevanz des Trainingsinhalts für den (zukünftigen) Arbeitsplatz abzuschätzen vermögen.

16.3.2 Lernen im Training

Lernkriterien dienen der Messung des vom Trainee erworbenen Wissens, der Fertigkeiten sowie des Verhaltensrepertoires. Zudem nehmen wir an, daß auch eine im Training stattgefundene Änderung von Einstellungen in diesen Bereich fällt. Für eine auf Wissensvermittlung ausgerichtete Schulung bieten sich schriftliche Tests an, für die Messung von arbeitsbezogenen Fertigkeiten v.a. Arbeitsproben, für die Ermittlung von Verhaltensänderungen kommen Verhaltensbeobachtungen in Rollenspielen und Gruppenübungen in Frage und für die Messung von Einstellungsänderungen läßt sich auf entsprechende Fragebögen zurückgreifen.

Für persönlichkeitsorientierte Trainings kann auf die Überprüfung von elementaren Fakten- und Regelkenntnissen, und damit auf Wissenstests, verzichtet werden. Komplexere *Wissensinhalte*, die in einem Training für Erwerbslose vermittelt werden sollen, wie die Kenntnisse eigener beruflicher Stärken und Schwächen oder auch des für die einzelnen Trainees relevanten Teil des Arbeitsmarktes, sind inhaltlich individuell sehr unterschiedlich gestaltet und einer standardisierten Erhebung nur schwer zugänglich. Für die Erhebung dieser Kenntnisse empfiehlt sich deshalb entweder eine qualitative Erhebungsmethode, bei der individuelle Bedingungen und Standards der einzelnen Berufsbranchen im Einzelfall erfragt werden können, oder die Wahl quantitativer Indikatoren, die auf eine Übereinstimmung zwischen den Kenntnissen der Teilnehmer und den Gegebenheiten des Arbeitsmarkts hinweisen (vgl. dazu auch Abschnitt 3.4).

Welche Kriterien lassen sich heranziehen, um die Effektivität eines Trainings von Erwerbslosen hinsichtlich ihrer Lernresultate im Bereich des *Verhaltensrepertoires* der Trainees zu bewerten? Entsprechend der o.g. empirischen Ergebnisse dürfte die Förderung der Eigeninitiative ein wichtiges Trainingsziel eines Trainings für Erwerbslose darstellen, und am Zuwachs der Eigeninitiative ließe sich ein solches Training bewerten.

Für die Integration der Erwerbslosen in den Arbeitsmarkt ist der Erwerb der vom Arbeitsmarkt geforderten Schlüsselqualifikationen unerläßlich. Neben der Eigeninitiative ist die im Zuge sich deutlich verändernder Berufsbilder und der Einführung neuer Technologien in allen Arbeitsbereichen immer wieder geforderte Selbstlernkompetenz (= die Fähigkeit, in einer neuen herausfordernden Situation sich seiner eigenen Kompetenzen zu besinnen, auf dieser Basis die Herausforderung anzunehmen und zu lernen) hier von Bedeutung. Daneben sind weitere Kompetenzen zu berücksichtigen, die vor allem mit neuen Arbeitsformen wie Projekt- und Teamarbeit verbundenen sind, z.B. Flexibilität, Kommunikationsfähigkeit, soziales Auftreten, Teamfähigkeit und Toleranz- und Kompromißbereitschaft (vgl. hierzu auch Marggraf, 1995). Die Trainingsziele des zu bewertenden Trainings sollten hier näheren Aufschluß über die konkreten Kompetenzbereiche und deren Anforderungen liefern, die durch das Training geschult werden.

Der wichtigste methodische Zugang zur Ermittlung dieser Kriterien ist die Beobachtung von Verhaltensweisen. Dies kann geschehen, indem Anforderungen in Form einer Gruppenaufgabe simuliert werden und das Verhalten der Trainees beobachtet wird. Offensichtlich ist die Beurteilung von Verhaltensweisen wesentlich aufwendiger als die des Wissens. Es bedarf einer genauen Festlegung des psychologischen Bedeutungsgehalts der einzelnen Kompetenzen und einer klaren Definition der entsprechenden Anforderungen in Form von Verhaltenstermini mit einer genauen Beschreibung verschiedener Ausprägungsstufen und Ankerbeispielen typischer Verhaltensweisen. Diese Punkte werden in einer Beurteilungsskala zusammengestellt, anhand derer das beobachtete Verhalten dann von geschulten Beobachtern beurteilt werden kann (vgl. dazu Schmidt, 1995; Zempel et al., 2000).

An welchen Kriterien läßt sich einschätzen, wie effektiv ein Training für Erwerbslose hinsichtlich der Lernresultate im Bereich der *Einstellungen* ist? Personen, die länger als ein Jahr arbeitslos sind, verfolgen kaum noch langfristige Ziele und neigen dazu, sich von Dingen, die sie sich vorgenommen haben, immer wieder ablenken zu lassen ("Zielorientierung", vgl. Zempel & Frese, 1997). Die Verbesserung des Umgangs mit Erfolg und Mißerfolg kann ebenfalls als wichtiges Trainingsziel für ein persönlichkeitsorientiertes Training für Erwerbslose genannt werden. Hier können Handlungsorientierung nach Erfolg und nach Mißerfolg als Indikatoren dienen. Handlungsorientierte Personen richten nach einem Mißerfolg als auch nach einem Erfolg ihre Aktivität und Aufmerksamkeit auf die nächste Handlung und Aufgabe, während wenig handlungsorientierte Personen eher über ihre aktuelle Lage und Befindlichkeit reflektieren.

Ziel-, Plan- und Handlungsorientierung der Trainees sind nicht nur im Hinblick auf die Erarbeitung einer individuellen beruflichen Zielsetzung für eine Bewerbungsstrategie im Training, sondern auch für die Beendigung der Erwerbslosigkeit von Bedeutung. Ob die Steigerung einer optimistischen Grundhaltung durch das Training durchwegs unproblematisch ist, sollte allerdings abgewogen werden. Bei guten Vermittlungsaussichten kann eine Steigerung des Optimismus dienlich für das psychische Befinden als auch für die Selbstdarstellungsfähigkeit des Erwerbslosen in Bewerbungsgesprächen sein. Bei schlechten Vermittlungschancen ist jedoch anzunehmen, daß enttäuschte Hoffnungen nach dem Training zu Frustration und negativen psychischen Beeinträchtigungen führen können. Um solchen Effekten vorzubeugen, ließe sich die Effektivität eines Trainings für Erwerbslose auch daran bewerten, inwieweit sich die Entwicklung des Optimismus in Abhängigkeit von den Vermittlungschancen am Arbeitsmarkt vollzieht.

Längerfristig Erwerbslose haben häufig nur eine Chance auf eine Integration in den Arbeitsmarkt, wenn sie eine flexible Einstellung zu ihrer eigenen Berufstätigkeit zeigen. Entwickeln sie während des Trainings eine Umstellungsbereitschaft hinsichtlich der beruflichen Weiterentwicklung und der Art des Arbeitsplatzes, kann das als Hinweis für die Effektivität des Trainings gewertet werden. Die Bereitschaft zum Berufswechsel stellt damit ein weiteres Evaluationskriterium für den Bereich der Einstellungen dar.

Länger andauernde erfolglose Arbeitsuche ziehen Frustration und die Erfahrung eines Kontrollverlustes über den eigenen Erwerbsstatus nach sich (Frese, 1985). Das Selbstwertgefühl (Moser & Paul, 2001) und insbesondere die Selbstwirksamkeitserwartung, d.h. die Überzeugung, die Ereignisse, die das eigene Leben betreffen, in die gewünschte Richtung beeinflussen zu können, sinken während der Erwerbslosigkeit im Verlauf dieser Erfahrungen (Zempel & Frese, 1997). Die Trainingswirkung kann damit auch anhand der Entwicklung dieser Einstellungen eingeschätzt werden. Erhöhtes Selbstwertgefühl und insbesondere erhöhte Selbstwirksamkeit stellen damit weitere mögliche Evaluationskriterien im Einstellungsbereich dar. Ein Beispiel hierfür stellt die

Studie von Eden und Aviram (1993) dar. Hier wurde der (unmittelbare) Erfolg des Trainings für Erwerbslose an der Zunahme der Selbstwirksamkeit gemessen.

Die Abschätzung der Trainingseffekte im Bereich der Einstellungen und Persönlichkeitsmerkmale ist schwieriger als die Erfassung von Wissensveränderungen. Für viele Institutionen, die mit Trainings befaßt sind, ist deren Erhebung auch ungewöhnlicher als die Ermittlung von Akzeptanz oder Wissen. Hinzu kommt, daß Einstellungsentwicklung und -änderung länger dauernde Prozesse sind und deshalb nur ansatzweise unmittelbar nach dem Training erfaßt werden können. Das Training stellt hier oft nur einen Startpunkt dar, der individuelle Lernprozesse auslöst. Die Veränderungen finden aber u.U. erst nach Abschluß des Trainings statt.

16.3.3 Verhalten und Einstellungen im Anwendungskontext

Die bisher besprochenen Lernresultate betreffen in der Hauptsache den Lernfortschritt *während* der Trainingsmaßnahme, d.h. es handelt sich hier in erster Linie um Trainingseffekte, die zeitlich während oder kurz nach Abschluß des Trainings festgestellt werden können. Der Lernerfolg besteht allerdings oft nur im "Können", d.h. der Trainee ist innerhalb oder direkt im Anschluß an das Training in der Lage, das Gelernte wiederzugeben oder zu zeigen. Diese Art von Lernerfolg garantiert aber noch nicht, daß das Gelernte auch nach Abschluß des Trainings oder außerhalb des Trainingskontexts umgesetzt und dauerhaft beibehalten wird. Bei den Kriterien der *Verhaltensebene* geht es darum, ob das im Training erworbene Wissen, Verhaltensrepertoire und die Einstellungen/Merkmale auf das eigene alltägliche Umfeld angewandt und auch nach dem Training beibehalten werden (Transfereffekte). Aussagen zu dieser Ebene können daher oft erst eine gewisse Zeit nach Abschluß des Trainings erfolgen, nachdem die Trainees ausreichend Gelegenheit hatten, das Erlernte anzuwenden, auszuprobieren und u.U. auch zu optimieren.

Als Evaluationskriterien kommen zum einen abermals die Kriterien des Einstellungs-/Persönlichkeitsbereichs in Frage, die bereits im Zusammenhang mit der Evaluation des Lernfortschritts vorgestellt wurden. Werden sie zur Ermittlung von Transfereffekten herangezogen, sind sie entweder außerhalb des Trainingskontexts, im alltäglichen Anwendungskontext oder einige Zeit nach Abschluß des Trainings zu erheben. Im weiteren sind es naheliegenderweise alle Verhaltensweisen im Kontext konkreter Bemühungen um die Wiedererlangung eines Arbeitsplatzes, also Bewerbungsverhalten wie etwa die Zahl der Telefonate, gelesener Inserate, geschriebener Briefe oder aufgesuchter Vermittlungsstellen. Bei der Anzahl der Bewerbungen ist allerdings zu bedenken, daß sie als ein Indikator für den Umfang der Bewerbungsaktivitäten überhaupt betrachtet werden kann, daß sich daraus aber noch keine Hinweise zur Qualität der Bewerbungen oder der Kenntnis der eigenen Stärken und Schwächen oder des relevanten Arbeitsmarktes entnehmen lassen. Auch wenn es erwägenswert sein mag, bereits diese Aktivitäten als "Resultate" zu werten, meinen wir, daß es sich doch vornehmlich um Verhaltensweisen handelt, die zu weiteren Resultaten (s.u.) führen können. Ähnlich verhält es sich mit weiteren sozialen oder alternativen Aktivitäten, zu denen ein Training für Erwerbslose ermuntern kann (z.B. Mitarbeit in Institutionen oder Vereinen, Weiterqualifizierung und Do-it-yourself-Aktivitäten).

16.3.4 Resultate im Anwendungskontext

Auf der Ergebnis- oder Resultatebene von Trainings wird üblicherweise das "Abzähl- und Meßbare" angesiedelt. Als erstes Kriterium der Evaluation könnten die Kosten von Trainings (z.B. pro Trainee) betrachtet werden. Ob diese Kosten dann in einem angemessen Verhältnis stehen, läßt sich anhand des Vergleichs mit Alternativen, z.B. anderen arbeitsmarktpolitischen Maßnahmen, bestimmen. Weiter geht ein Ansatz, in dem versucht wird, den ökonomischen Wert der vermittelten Kompetenzen zu bestimmen und ihn in Relation zu den Kosten zu setzen. So ließe sich denken, die in Zukunft entrichteten Versicherungsbeiträge, Steuern und Abgaben aufgrund der nun besseren Qualifikation in Relation zu den Kosten der Maßnahme zu setzen.

Eine zweite Möglichkeit besteht darin, die (veränderte) Bewerbungssituation der Erwerbslosen als Resultat des Trainings zu betrachten. Kriterien sind hier insbesondere die Anzahl der Einladungen zu Vorstellungsgesprächen, die Anzahl der Zweitgespräche oder Einladungen zu einem Probearbeitstermin, die Wiederbeschäftigungsquote und die Arbeitssituation (z.B. Befristung des Beschäftigungsverhältnisses, Höhe der Bezahlung und Qualifikationsniveau). Die Anzahl der Vorstellungsgespräche kann sowohl als Indikator für die Qualität der Bewerbungsaktivitäten als auch für die Kenntnis der relevanten Arbeitsmarktverhältnisse herangezogen werden. Bei einer mangelhaften Qualität der Bewerbung oder einer falschen Einschätzung des Arbeitsmarktes ist nicht damit zu rechnen, daß es zu einem Vorstellungsgespräch kommt. Die Anzahl der Zweitgespräche oder Termine für eine Probearbeit kann als Indikator für eine Übereinstimmung des Stellenprofils mit dem beruflichen Profil des/der Teilnehmer und dessen/deren Selbstdarstellungsfähigkeit gewertet werden. Anzumerken bleibt, daß alle Kriterien der Bewerbungssituation unter Berücksichtigung der jeweiligen Arbeitsmarktlage interpretiert werden müssen. Kann angenommen werden, daß sich die Arbeitsmarktlage während einer Trainingsmaßnahme nicht gravierend verändert, lassen sie eine Bewertung der Wirksamkeit eines Trainings zu, während ansonsten solche Maßzahlen erheblich von der Anzahl offener Stellen am Arbeitsmarkt beeinflußt werden, so daß sie kaum sinnvoll als Kriterien zur Evaluation von Trainings für Erwerbslose verwendbar sind.

Als dritte Möglichkeit der Evaluation auf der Ergebnisebene führen wir die psychosoziale Situation an. Eine Vielzahl empirischer Studien belegt, daß psychosoziale Beeinträchtigungen als Folgen der Erwerbslosigkeit auftreten (Fryer & Payne, 1986; Winefield, 1995; Murphy & Anthanasou, 1999; Moser & Paul, 2001) und im weiteren auch die Chancen auf eine Wiederbeschäftigung reduzieren (Moser & Paul, 2001). Zu den vielfältigen Kriterien, die hier herangezogen werden können, zählen unter anderem Depressivität, Selbstwertgefühl, psychosomatische Beschwerden oder Lebenszufriedenheit. Maßnahmen, die den Umgang mit der Situation der Erwerbslosigkeit selbst zum Inhalt haben, werden sich auf solche Kriterien konzentrieren (vgl. etwa Creed, Machin & Hicks, 1999).

16.3.5 Zusammenstellung von Kriterien und Instrumenten

Um die vorangegangen Ausführungen zu konkretisieren, fassen wir im folgenden die bisher ausgeführten Kriterien tabellarisch zusammen. Dabei wird kurz erläutert, was mit dem jeweiligen Kriterium erfaßt werden soll. Empfehlenswerte Instrumente zur Erfassung werden mit einem Beispiel oder einem Quellenverweis angeführt.

Tabelle 16.2: Evaluationskriterien und Instrumente für die Bewertung eines Trainings für Erwerbslose

Kriterium	Indikator für ...	Instrument	Beispiele oder Quellen
REAKTIONSEBENE			
Gefallen	Zufriedenheit mit der gesamten Maßnahme oder verschiedenen Teilaspekten	Standardisierter Fragebogen zur Selbsteinschätzung durch Trainees	"Wie gut hat Ihnen das Training insgesamt gefallen?" "Wie zufrieden waren Sie mit ....?"
Wahrgenommene Anwendbarkeit	Wahrgenommene Nützlichkeit und Anwendbarkeit des Erlernten insgesamt oder verschiedener Teilaspekte	Standardisierter Fragebogen zur Selbsteinschätzung durch Trainees	"War das Training für Ihren Arbeitsplatz relevant?" "Hat Ihnen das Training bei der Suche nach einem Arbeitsplatz geholfen?"
LERNEBENE			
Wissen (fachlich)	Fachlichen Kenntnisstand	Schriftlicher Leistungstest oder Arbeitsprobe	Allgemeiner Test nicht verfügbar, abhängig vom Fach
Wissen (Arbeitsmarktbedingungen)	Kenntnis der Bedingungen im Arbeitsmarktsegment, das für das eigene Potential relevant ist	Qualitatives Interview oder quantitativer Indikator mittels standardisiertem Fragebogen	Z.B. Anzahl[a] der Einladungen zu einem Vorstellungsgespräch
Wissen (eigene Stärken und Schwächen)	Kenntnis des eigenen Potentials	Qualitatives Interview oder quantitativer Indikator mittels standardisiertem Fragebogen	Anzahl[a] der Einladungen zu einem Zweitgespräch oder Termine für ein Probearbeiten
Verhaltensrepertoire / Schlüsselqualifikationen im Kontext der Arbeitsplatzsuche	Bspw. Eigeninitiative, Kreativität, Selbstlernkompetenz	Situatives Interview	Frese, Fay, Hilburger, Leng & Tag (1997)
Verhaltensrepertoire / Schlüsselqualifikationen im Kontext von Projekt- und Teamarbeit	Bspw. Flexibilität, Teamfähigkeit, Toleranz und Kompromißbereitschaft, soziales Auftreten	Verhaltensbeobachtungen, z.B. im Rahmen einer Gruppenübung	Schuler & Barthelme (1995); Schmidt (1995)
Einstellungen / Persönlichkeitsmerkmale im Kontext der Bewältigung und Überwindung der Erwerbslosigkeit	Zielorientierung, Handlungsorientierung nach Erfolg u. Mißerfolg, Optimismus, Bereitschaft zum Berufswechsel, Selbstwirksamkeit	Standardisierte Fragebögen zur Selbsteinschätzung durch Trainees	Frese, Stewart & Hannover (1987); Kuhl (1983); Scheier & Carver (1985); Frese & Plüddemann (1993); Speier & Frese (1997)

Fortsetzung Tabelle 16.2

VERHALTENS- UND EINSTELLUNGSEBENE IM ANWENDUNGSKONTEXT			
Einstellungen / Persönlichkeitsmerkmale und Verhaltensrepertoire entsprechend der Lernebene gemessen nach Trainingsabschluß oder bezogen auf Kontext außerhalb des Trainings	Vgl. dazu Lernebene	Vgl. dazu Lernebene	Vgl. dazu Lernebene
Bewerbungsverhalten	Umfang der Bewerbungsaktivitäten	Standardisierte Fragebögen	Anzahl der Telefonate, gelesener oder aufgegebener Inserate, Briefe oder aufgesuchter Vermittlungsstellen
Soziale oder alternative Aktivitäten im Kontext der Bewältigung und Überwindung der Erwerbslosigkeit	Umfang alternativer Aktivitäten	Standardisierte Fragebögen zur Selbsteinschätzung durch Trainees	Zeitlicher Umfang unentgeltlicher Mitarbeit in Institutionen oder Vereinen, Art und zeitlicher Umfang von Weiterqualifizierungen oder Do-it-yourself-Aktivitäten
RESULTATEBENE			
Kosten	Angemessenheit der Kosten	Rechnerische Analyse der Kosten des Trainings und alternativer arbeitsmarktpolitischer Maßnahmen	Differenz zwischen den Kosten einer alternativen Maßnahme und den Trainingskosten pro Trainee
Bewerbungssituation	Resultate des Bewerbungsverhaltens	Standardisierte Fragebögen zur Selbsteinschätzung durch die Trainees oder die Veranstalter der Trainingsmaßnahme	Anzahl Vorstellungsgespräche, Anzahl Zweitgespräche oder Probearbeitstermine, Wiederbeschäftigungsquote[a] der Trainees, Qualität der Arbeitssituation
Psychosoziale Situation	Umfang psychischer Befindensbeeinträchtigungen wie Depressivität, Selbstwertgefühl, psychosomatische Beschwerden, Lebenszufriedenheit	Standardisierte Fragebögen zur Selbsteinschätzung durch die Teilnehmer	Mohr (1986)

Anmerkung: [a] Interpretation nur unter Berücksichtigung der Arbeitsmarktlage angemessen.

16.4 Fazit

In diesem Beitrag haben wir zwei Problemstellungen im Rahmen der Evaluation von Trainings für Erwerbslose näher untersucht. Zum einen wurde ein Trainings- und Transfermodell vorgestellt, anhand dessen der bis dato leider nur begrenzt nutzbare Forschungsstand zur Wirkung von Trainingsmaßnahmen erörtert wurde. Zum anderen haben wir einen Kriteriumskatalog zur Evaluation von Trainings für Erwerbslose diskutiert (vgl. für weiterführende Überlegungen zu allgemeinen Gütekriterien von Interventionsmaßnahmen u.a. Hager & Hasselhorn, 2000).

Bis zu dieser Stelle sollte deutlich geworden sein, daß sich zahlreiche Evaluationskriterien entwickeln lassen, an denen die Wirksamkeit von Trainings für Erwerbslose gemessen werden kann (vgl. zu allgemeinen Standards der Evaluation auch Schiffler & Hübner, 2000). Die Entwicklung zuverlässiger und gültiger Meßinstrumente stellt daher die Ausgangsbasis einer Evaluationsstudie dar. In den vorherigen Abschnitten wurde diese Methodenproblematik, also die Frage, *wie* die Kriterien erfaßt werden sollten, jeweils beispielhaft diskutiert. Aus Platzgründen wollen wir hierauf an dieser Stelle nicht ausführlicher eingehen. Ebenfalls nur mit einem Hinweis können wir aus dem gleichen Grund auf die Wahl des jeweils wünschenswerten, zumindest aber notwendigen Untersuchungsdesigns eingehen: Bei der Planung und Durchführung einer Evaluationsstudie als auch bei der Interpretation der Ergebnisse sollten die Dynamik des Lern- und Transferprozesses und die vielfältigen Einflußfaktoren wie die Charakteristika der Trainees, Umgebungsbedingungen und das Trainingsdesign berücksichtigt werden. Für die Analyse von Trainings- und Transfereffekten ist deshalb ein längsschnittliches Untersuchungsdesign empfehlenswert. Aus untersuchungsplanerischer Sicht ist es zudem wünschenswert, Trainings in Form eines Kontroll- bzw. Vergleichsgruppendesigns durchzuführen, das heißt, Trainierte und Untrainierte vergleichen zu können. Hierdurch läßt sich insbesondere eine ganze Reihe alternativer Erklärungen für die gefundenen Trainingseffekte überprüfen (vgl. weiterführend Moser, in Druck; Hager, 2000). Solche Kontrollgruppendesigns bieten sich dann an, wenn die Trainings ohnehin nicht alle gleichzeitig durchgeführt werden können. Die Bildung einer Kontroll- bzw. Vergleichsgruppe kann aber aus praktischen als auch aus ethischen Gründen problematisch sein. Häufig steht keine ausreichend große Personengruppe parallel zur Trainingsmaßnahme zur Verfügung. Zum anderen ist die Enthaltung einer Maßnahme, die eine potentielle Unterstützung bei der Bewältigung und Überwindung der Erwerbslosigkeit darstellen kann, alleine zu Forschungszwecken ethisch nicht zu rechtfertigen.

Aus den Ausführungen in diesem Kapitel dürfte deutlich geworden sein, daß eine aussagekräftige Evaluation aufwendig ist und damit auch Zeit und Kosten in Anspruch nimmt. Für die quantitative Evaluation sind hier v.a. Ressourcen für die Kriterienentwicklung bzw. -anpassung, die Erhebungen an einer ausreichend großen und charakteristischen ("repräsentativen") Teilnehmerstichprobe als auch für die Analyse und Interpretation der Daten zu berücksichtigen. Zum Abschluß dieses Kapitels wollen wir auf einige Besonderheiten bei der Evaluation von Trainings für Erwerbslose eingehen.

Mortalität. Aus Sicht der Betroffenen ist es naheliegenderweise wünschenswert, wenn möglichst viele Trainees am besten schon während der Interventionsmaßnahme oder direkt im Anschluß daran wieder eine Beschäftigung finden. Für eine Evaluationsstudie hat dies häufig zur Folge, daß sie aus der Untersuchungsstichprobe ausscheiden. Das im Sinne der Interventionsmaßnahme teilweise sogar erwünschte Ausscheiden von

Teilnehmern kann für die Aussagekraft der Evaluationsstudie aber problematisch sein. So sind Konsequenzen für die Gültigkeit der Ergebnisse zu erwarten, wenn gerade diejenigen Trainees ausscheiden, bei denen das Training einen relativ schnellen positiven Effekt hatte oder aufgrund einer hohen Lernfähigkeit im Laufe der Interventionsmaßnahme noch haben könnte. Deshalb sollte eine weitere Erhebung von Daten von aus der Trainingsmaßnahme ausgeschiedenen Trainees angestrebt werden. Das Ausscheiden aus der Interventionsmaßnahme geht aber häufig mit einer reduzierten Bereitschaft der Trainees, an zusätzlichen (wiederholten) Datenerhebungen teilzunehmen, einher. D.h. die Mortalität in der Untersuchungsstichprobe hängt vom Zeitpunkt des Ausscheidens der Trainees aus der Trainingsmaßnahme ab. Ursachen für die geringe Teilnahmebereitschaft an der Evaluation nach dem Ausscheiden könnten sein, daß die Trainees sich kontrolliert fühlen oder es als wenig "gerecht" empfinden, immer wieder als Datenlieferanten dienen zu sollen, ohne weitere Vorteile von der Maßnahme zu haben. Die spezifischen Gründe für die Mortalität sind naheliegenderweise oft nur mit erheblichem Aufwand – und gelegentlich überhaupt nicht – zu ermitteln.

Norm- oder kriteriumsorientierte Messung. Die Ermittlung der Trainings- und Transfereffekte kann aus zwei Sichtweisen erfolgen. Zum einen kann die Messung des Zielerreichungsgrads bzw. des Grads der Annäherung an ein angestrebtes Kompetenzniveau am Ende des Trainings bzw. der Transferphase stattfinden und zum anderen kann eine Veränderungsmessung in Form der Abschätzung des erreichten Lernfortschritts durch einen Vergleich des Niveaus vor dem Training mit dem Niveau Ende des Trainings bzw. der Transferphase vorgenommen werden. Zwar ließen sich für die Wiederaufnahme eines neuen Arbeitsplatzes Mindeststandards der Ausprägung an Schlüsselqualifikationen hinsichtlich der Anforderungen des Arbeitsmarkts für verschiedene Berufsbilder definieren. Ein eher persönlichkeitsorientiertes Training für Erwerbslose umfaßt demgegenüber sehr komplexe Trainingsinhalte und die Voraussetzungen und Vorkenntnisse der Trainees sind sehr unterschiedlich. Ein absoluter Maßstab, der in dem Training von den Teilnehmern erreicht werden kann, ist deshalb nur schwer zu definieren. Überlegenswert ist es daher, ob in Zukunft für solche Trainings ein Lernzielkatalog entwickelt werden kann.

Negativer Transfer. Idealtypisch können nach Abschluß eines Trainings drei unterschiedliche Entwicklungen auftreten und unterschieden werden. Fall 1 ist, daß Erlerntes auf die alltägliche Situation übertragen und dort mit Erfolg angewandt wird. Beispielsweise könnte Person A gelernt haben, wie prospektive Arbeitgeber telefonisch zu kontaktieren sind, um eine Einladung zu einem Vorstellungsgespräch zu erhalten, und sie nutzt diese Möglichkeiten auch erfolgreich. Fall 2 ist, daß das Gelernte nicht in der alltäglichen Situation angewandt wird. Person B könnte etwa das Gleiche wie Person A gelernt haben, sieht jedoch keinen Sinn darin, das entsprechende Verhalten zu zeigen. Fall 3 schließlich ist besonders kritisch, nämlich wenn Erlerntes auf die alltägliche Situation übertragen wird, in seiner Anwendung allerdings zu einer Verschlechterung der Situation führt. Person C könnte etwa ebenfalls prospektive Arbeitgeber telefonisch zu kontaktieren versuchen, sich aber von den Mißerfolgen entmutigen lassen und womöglich eine Zunahme psychischer Befindensbeeinträchtigungen aufweisen. Ebenso könnten veränderte Einstellungen oder Verhaltensweisen auf das Unverständnis der Familie oder der Freunde treffen und zu sozialen Konflikten führen. Sicherlich stellen bei einem Teil der Trainees solche Probleme Anfangsschwierigkeiten dar, offen ist aber, ob bei anderen einige Maßnahmen nicht sogar Schaden anrichten können.

Datenerhebungsmethoden. Das Thema "Datenerhebungsmethoden" wurde in diesem Beitrag nur exemplarisch erörtert, weshalb wir an dieser Stelle auch nur darauf aufmerksam machen wollen, daß sich in Trainings für Erwerbslose oft Personen finden, die Merkmale aufweisen, welche die Anwendbarkeit bestimmter Methoden erschweren. So sind einige im Umgang mit Fragebögen ungeübt oder gar der deutschen Sprache nur bedingt mächtig. Zu prüfen ist dann jeweils, welche Methoden noch zu aussagekräftigen Ergebnissen führen und unter welchen Bedingungen Adaptationen der Meßinstrumente an die spezifische Erhebungssituation notwendig sind.

Optimismus. Wir haben bereits auf das Problem hingewiesen, wie die Wirksamkeit eines Trainings bei Trainees zu bewerten ist, für die sich zeigt, daß sie geringe Wiedereingliederungschancen haben. Zu überprüfen wäre, ob die Förderung positiver Einstellungen zu Arbeit und Wiederbeschäftigung im Falle der Nichtvermittlung zu zusätzlichen negativen psychischen Beeinträchtigungen führt, ein möglicher Effekt, dem in Zukunft vermehrt Aufmerksamkeit geschenkt werden sollte.

Abschließend läßt sich feststellen, daß neben den Problemen und Besonderheiten, die bei einer Untersuchungsplanung einer solchen Evaluationsstudie beachtet werden müssen, es sehr wohl möglich ist, eine Reihe inhaltlich aussagekräftiger Kriterien zu entwickeln und zu operationalisieren, anhand derer die Effektivität spezifischer Trainingsmaßnahmen für Erwerbslose bewertet werden kann. Allerdings muß aber auch festgehalten werden, daß der Zusammenhang der verschiedenen Kriterien sowohl theoretisch als auch empirisch weiter zu untersuchen ist, um zu einem validen und möglichst sparsamen Indikatorenkatalog zu gelangen.

Literatur

Alliger, G. M., Tannenbaum, S. I., Bennett, W. Jr., Traver, H. & Shotland, A. (1997). A meta-analysis of the relations among training criteria. *Personnel Psychology, 50*, 341-357.

Baldwin, T. T. & Ford, J. K. (1988). Transfer of training: A review and directions for future research. *Personnel Psychology, 41*, 63-105.

Bergmann, B. (1999). *Training für den Arbeitsprozeß. Entwicklung und Evaluation aufgaben- und zielspezifischer Trainingsprogramme* (Schriftenreihe Mensch – Technik – Organisation, Band 21). VDF Hochschulverlag: Zürich.

Bundesministerium für Arbeit und Sozialordnung (1999). *Für ein soziales und wirtschaftlich starkes Europa: Bericht über die Ergebnisse der deutschen EU-Präsidentschaft im 1. Halbjahr 1999 im Bereich des Arbeits- und Sozialrates.* In: http://www.bma.de/download/broschueren/a223.htm, 11.01.2001.

Creed, P. A, Machin, M. A. & Hicks, R. E. (1999). Improving mental health status and coping abilities for long-term unemployed youth using cognitive-behaviour therapy based training interventions. *Journal of Organizational Behavior, 20*, 963-978.

Eden, D. & Aviram, A. (1993). Self efficacy training to speed reemployment: Helping people to help themselves. *Journal of Applied Psychology, 78*, 352-360.

Frese, M. (1985). Zur Verlaufsstruktur der psychischen Auswirkungen von Arbeitslosigkeit. In T. Kieselbach & A. Wacker (Hrsg.), *Individuelle und gesellschaftliche Kosten der Massenarbeitslosigkeit* (S. 224-241). Weinheim: Beltz.

Frese, M. (1994). Psychische Folgen von Arbeitslosigkeit in den fünf neuen Bundesländern: Ergebnisse einer Längsschnittstudie. In L. Montada (Hrsg.), *Arbeitslosigkeit und soziale Gerechtigkeit* (S. 193-213). Frankfurt a.M.: Campus.

Frese, M., Fay, D., Hilburger, T., Leng, K. & Tag, A. (1997). The concept of personal initiative: Operationalization, reliability and validity of two German samples. *Journal of Occupational and Organizational Psychology, 70,* 139-161.

Frese, M. & Plüddemann, K. (1993). Umstellungsbereitschaft im Osten und Westen Deutschlands: Inflexibilität als Gefahrenzeichen. *Zeitschrift für Sozialpsychologie, 24,* 198-210.

Frese, M., Stewart, J. & Hannover, B. (1987). Goalorientation and planfulness: Action styles as personality concept. *Journal of Personality and Social Psychology, 52,* 1182-1194.

Fryer, D. & Payne, R. (1986). Being unemployed: A review of literature on the psychological experience of being unemployed. In C. L. Cooper & I. Robertson (Eds.), *International Review of Industrial and Organizational Psychology* (pp. 235-278). Chichester: Wiley.

Ghiselli, E. E. (1966). *The validity of occupational aptitude tests.* New York: Wiley.

Goldstein, I. W. (1993). *Training in organizations* (3rd ed.). Pacific Grove, CA: Brooks/Cole.

Hager, W. (2000). Planung von Untersuchungen zur Prüfung von Wirksamkeits- und Wirksamkeitsunterschiedshypothesen. In W. Hager, J. L. Patry & H. Brezing (Hrsg.), *Evaluation psychologischer Interventionsmaßnahmen* (S. 202-239). Bern: Huber.

Hager, W. & Hasselhorn, M. (2000). Psychologische Interventionsmaßnahmen: Was sollen sie bewirken können? In W. Hager, J. L. Patry & H. Brezing (Hrsg.), *Evaluation psychologischer Interventionsmaßnahmen* (S. 41-85). Bern: Huber.

Hager, W., Patry, J. L. & Brezing, H. (Hrsg.). (2000). *Evaluation psychologischer Interventionsmaßnahmen.* Bern: Huber.

Hicks W. D. & Klimowski, R. J. (1987). Entry into training programs and its effects on training outcomes: A field experiment. *Academy of Management Journal, 30,* 542-552.

Jackson, P. R., Stafford, E. M., Banks, M. H. & Warr, P. (1983). Unemployment and psychological distress in young people: The moderating role of employment commitment. *Journal of Applied Psychology, 68,* 525-535.

Kirkpatrick, D. L. (1967). Evaluation of training. In R. L. Craig & L. R. Bittel (Eds.), *Training and development handbook* (pp. 88-111). New York: McGraw Hill.

Kuhl, J. (1983). *Motivation, Konflikt und Handlungskontrolle.* Berlin: Springer.

Mallinckrodt, B. & Fretz, B. R. (1988). Social support and the impact of job loss on older professionals. *Journal of Counseling Psychology, 37,* 149-152.

Marggraf, C. (1995). Teamkompetenz: Ein Qualifikationsziel der Berufsausbildung. In C. Marggraf (Hrsg.), *Soziale Kompetenz und Innovation* (S.11-104). Frankfurt/Main: Peter Lang.

Meager , N. & Evans, C. (1998). *Employment and training papers: The evaluation of active labour market measures for the long-term unemployed.*
In: http://www.ilo.org/public/english/employment/strat/publ/etp16-1.htm, 04.01.2001.

Mohr, G. (1986). *Die Erfassung psychischer Befindensbeeinträchtigungen bei Industriearbeitern.* Frankfurt/Main: Peter Lang.

Moser, K. (in Druck). Planung und Durchführung organisationspsychologischer Untersuchungen. In H. Schuler (Hrsg.), *Lehrbuch Organisationspsychologie.* Bern: Huber.

Moser, K. & Paul, K. (2001). *Arbeitslosigkeit und seelische Gesundheit* Unveröffentlichtes Manuskript, Friedrich-Alexander-Universität Erlangen-Nürnberg.

Moser, K. & Schuler, H. (1993). Validität einer deutschsprachigen Involvementskala. *Zeitschrift für Differentielle und Diagnostische Psychologie, 14,* 27-36.

Murphy, G. C. & Anthanasou, J. A. (1999). The effect of unemployment on mental health. *Journal of Occupational and Organizational Psychology, 72,* 83-99.

Noe, R. A. (1986). Trainee's attributes and attitudes: Neglected influences on trainings effectiveness. *Academy of Management Review, 11,* 736-749.

Noe, R. A. & Schmitt, N. (1986). The influence of trainee attitudes on training effectiveness: Test of a model. *Personnel Psychology, 39,* 497-523.

Scheier, M. F. & Carver, C. S. (1985). Optimism, coping and health: Assessment and implications of generalized outcome expectancies. *Health Psychology, 4,* 219-247.

Schiffler, A. & Hübner, S. (2000). Allgemeine Standards für die Evaluationspraxis. In W. Hager, J. L. Patry & H. Brezing (Hrsg.), *Evaluation psychologischer Interventionsmaßnahmen* (S. 141-152). Bern: Huber.

Schmidt, J. (1995). Psychologische Meßverfahren für soziale Kompetenzen. In Bundesinstitut für Berufsbildung, Der Generalsekretär. B. Seyfried (Hrsg.), *"Stolperstein" Sozialkompetenz* (S. 117-136). Bielefeld: Bertelsmann.

Schmidt, F. L. & Hunter, J. E. (1998). The validity and utility of selection methods in personnel psychology: Practical and theoretical implications of 85 years of research findings. *Psychological Bulletin, 124,* 262-274.

Schuler, H. & Barthelme, D. (1995). Soziale Kompetenz als berufliche Anforderung. In Bundesinstitut für Berufsbildung, Der Generalsekretär. B. Seyfried (Hrsg.), *"Stolperstein" Sozialkompetenz* (S. 77-116). Bielefeld: Bertelsmann.

Seligman, M. E. P. (1975). *Helplessness.* San Francisco: Freeman.

Speier, C. & Frese, M. (1997). Generalized self-efficacy as a mediator and moderator between control and complexity at work and personal initiative. *Human Performance, 10,* 171-192.

Wanberg, C. R., Kanfer, R. & Rotundo, M. (1999). Unemployed individuals: Motives, job-search competencies, and job-search constraints as predictors of job seeking and reemployment. *Journal of Applied Psychology, 84,* 897-910.

Wexley, K. N. & Thornton, C. L. (1972). Effect of verbal feedback of test results upon learning. *Journal of Educational Research, 66,* 119-121.

Winefield, A. H. (1995). Unemployment: Its psychological costs. In C. L. Cooper & I. T. Robertson (Eds.), *International Review of Industrial and Organizational Psychology* (pp. 169-212). Chichester: Wiley.

Zempel, J. & Frese, M. (1997). Arbeitslose: Selbstverantwortung überwindet die Lethargie. *Psychologie Heute, 24,* 35-41.

Zempel, J. & Frese, M. (2000). Prädiktoren der Erwerbslosigkeit und Wiederbeschäftigung. *Verhaltenstherapie & Psychosoziale Praxis, 32* (3), 181-185.

Zempel, J., Jacomet, C. & Moser, K. (2000). *Trainings- und Transfereffekte eines persönlichkeitsorientierten Trainings für Erwerbslose: Kurzbericht zu einer Längsschnittstudie.* Zürich: Arbeitsamt der Stadt Zürich.

17 Outplacement – Chancen und Potentiale eines Konzeptes gegen drohende Erwerbslosigkeit

Walter Hofmann

17.1 Aktualität von Outplacement

Das heutige wirtschaftliche Geschehen ist einem vielfältigen ökonomischen Strukturwandel ausgesetzt: Globalisierung, Verschärfung des internationalen Wettbewerbs, Mergers & Acquisitions, Restrukturierungen sind nur einige wahrnehmbare Phänomene, die die gegenwärtige wirtschaftliche Entwicklung kennzeichnen (vgl. Jaeger, 2001). Dieser Wandel ist nicht ohne Folgen für das Personal geblieben. Ankündigungen über Personalabbau gehören fast schon zum normalen Ton von Tageszeitungen und Nachrichtensendungen. Im Zeitraum von 1993 und 1996 bauten allein die 100 größten deutschen Unternehmen ca. 560.000 Arbeitsplätze ab[1]. Im Jahre 1998 erreichten die Unternehmensinsolvenzen in Gesamtdeutschland nach Angaben des Statistischen Bundesamtes mit 27.828 Unternehmen eine neue Rekordmarke (Ziegler & Hochmuth, 1999, S. 685). Hinzu kommen die durch den Zusammenbruch des früheren politischen und wirtschaftlichen Systems ausgelösten Massenentlassungen in Ostdeutschland. So wurden in nur vier Jahren etwa 40% der Arbeitsplätze, die noch 1989 in Ostdeutschland vorhanden waren, zerstört (Knuth, 1999, S. 9). Es entspricht den Spielregeln einer freien Marktwirtschaft, daß es auf Dauer keine sicheren Arbeitsplätze geben kann. Der "Lebensarbeitsplatz" in einem Unternehmen, wie er in früheren Zeiten in Großunternehmen existierte, gehört sicherlich der Vergangenheit an. Arbeitsplatzsicherheit zu garantieren ist unter den heutigen wirtschaftlichen Bedingungen nicht mehr möglich. Damit wird auch der bisherige psychologische Vertrag – der Arbeitgeber bietet langfristige Beschäftigungssicherheit, im Gegenzug entwickelt der Arbeitnehmer eine hohe Loyalität und hohen Arbeitseinsatz – brüchig (vgl. Volk, 2000, S. 48ff.). Infolge der oben aufgezeigten Entwicklungen nimmt die Suche nach Lösungswegen zu, wie die bei Massenentlassungen drohende Erwerbslosigkeit der Mitarbeiter verhindert werden kann. In der betrieblichen Praxis haben sich eine Reihe von Instrumenten zur Gestaltung der Trennungssituation herausgebildet, zu denen u.a. das Outplacement zu zählen ist. Outplacement ist eine freiwillige, vom Arbeitgeber finanzierte und i.d.R. durch öffentliche Mittel kofinanzierte Personaldienstleistung, die zum Ziel hat, die von Personalabbau betroffenen Mitarbeiter und Mitarbeiterinnen durch verschiedene Beratungs- und Trainingsleistungen in eine neue Beschäftigung zu transferieren. Der vorliegende Beitrag beschäftigt sich mit Formen und Erfahrungen mit der Dienstleistung Outplacement, insbesondere mit dem Konzept Gruppenoutplacement, und zeigt Chancen und Potenziale dieses Ansatzes auf.

17.2 Entwicklungslinien des Outplacementkonzeptes

Über die Entstehung von Outplacement existieren unterschiedliche Deutungen und Vorstellungen. Die Anfänge von Outplacement lassen sich bis in das Jahr 1917 zurückverfolgen, als die britische Organisation Coutts gegründet wurde, um die Auflösung des britischen Empires zu unterstützen und den Heimkehrern aus den Kolonien zu einer neuen Beschäftigung zu verhelfen (Smith, 1993, S. 202). In den USA finden sich For-

[1] Quelle: Handelsblatt vom 30. Juni 1997, S. 11.

men der organisierten Wiedereingliederung in das Erwerbsleben seit 1939, als die Vereinigung "The 40 Plus Club" sich zum Ziel setzte, älteren arbeitslosen Menschen Hilfestellung beim Suchen eines neuen Arbeitsplatzes zu leisten (Gooding, 1979, S. 21). Es ist eine der ältesten und eine der bekanntesten Non-Profit-Organisationen in den USA, die Unterstützung bei der Job-Suche anbietet. Erfahrungen mit Reintegrationsmaßnahmen im großen Stil erwarb man in den 40er Jahren, als die US-Regierung Programme zur Integration von Soldaten in das Zivilleben auflegte (Rundstedt, 1999, S. 344). Die "Society for Advancement of Management" bereitete damals Kriegsveterane auf den zivilen Arbeitsmarkt vor (Becht, 1998). Als Vater des modernen Outplacements gilt der Brite Bernhard Haldane, der inspiriert von den amerikanischen Integrationsprogrammen 1947 den "Executive Job Counselor" gründete (Becht, 1998; ebenso Redstrom-Plourd, 1998, S. 35). Andere Interpretationen sehen die "geistigen" Wurzeln von Outplacement in der Wiedereingliederung von Mönchen in das weltliche Leben im Zuge der vom Zweiten Vatikanischen Konzil ausgelösten Erneuerungswelle in den 60er Jahren (Röttig, 1993, S. 185). Haldane bezeichnet ein Projekt im Jahre 1961 bei Humble Oil Company in Bayonne/New Jersey als das erste industrielle Projekt in der noch jungen Outplacementgeschichte (Redstrom-Plourd, 1998, S. 28; ebenfalls Meyer, J.L. & Shadle, C.C., 1994, S. 267). Im Anschluß daran erfuhr Outplacement-Counseling Ende der 60er Jahre seine erste große "Feuertaufe", als bei Standard Oil of New Jersey (heute Exxon) unter der Leitung von Saul G. Groner und in der Luftfahrtindustrie Personalfreisetzungen in großem Umfang stattfanden (von Rundstedt, 1999, S. 344; 1994, S. 458). Das erste Gruppenoutplacement wird in der Fachliteratur auf das Jahr 1969 datiert und soll von der Beratungsgesellschaft Drake Beam Morin durchgeführt worden sein (Bush, 1996, S. 61). Anfang der 70er Jahre begann sich Outplacement in den USA zu etablieren, als sich im Rahmen der Ölkrise (1973 – 1975) die "Nachfrage" nach dieser Personaldienstleistung deutlich erhöhte.

In den USA hat sich seitdem Outplacement als personalwirtschaftliches Instrument fest im Personalmanagement etablieren können. Nach einer Umfrage der American Management Association aus dem Jahre 1993 boten rund 80% der befragten Unternehmen ihren entlassenen Mitarbeitern Outplacement an. 1990 waren es "nur" 50% der Unternehmen (Redstrom-Plourd, 1998, S. 6). Ein wesentlicher Grund für die dortige Akzeptanz ist in der schlechteren materiellen Basis bei Kündigungen zu sehen. In den USA gibt es keinen allgemeinen Kündigungsschutz und es existieren dort auch kürzere Kündigungsfristen (Thau, 1999, S. 119 ff.). Deshalb wird die Dienstleistung Outplacement häufig schon im Arbeitsvertrag verankert.

Von Amerika kommend bahnt sich die Outplacementberatung ihren Weg über Großbritannien bis in die Beneluxländer hinein (Hartmann, 1997, S. 10). In Großbritannien und in den Niederlanden findet Outplacement seit Ende der 70er Jahre Anwendung (Hartmann, 1997, S. 10). Dort zählt Gruppenoutplacement auch zum Forderungskatalog der Gewerkschaften (Seidel, 1997, S. 1). Outplacement hat innerhalb Europas in den Niederlanden, im Verhältnis zur Einwohnerzahl, die stärkste Ausprägung erfahren, gefolgt von Großbritannien, Belgien und Deutschland (European Commission, 1999, S. 23). Anfang der 90er Jahre wurde in Belgien Outplacement rechtlich geordnet (Kibler, 1996, S. 366 ff.). In Frankreich begann sich Outplacement in den frühen 70er Jahren zu entwickeln. Zu Beginn der 80er Jahre wurden Personal abbauende Unternehmen zu mobilitätsfördernden Maßnahmen gesetzlich verpflichtet (Neumann & Spieß, 1995, S. 433). Die "Conventions de Conversion" (Transfervereinbarungen) sind das funktionale

Äquivalent zu den seit 1998 existierenden Sozialplanzuschüssen in Deutschland (Kirsch & Knuth, 2001, S. 36). In der Schweiz wurde 1982 das erste Outplacementberatungsunternehmen gegründet. Die Dienstleistung Outplacement hat seitdem dort einen relativ hohen Bekanntheitsgrad erreicht. In Ost-Europa startete 1996 das erste Outplacementprojekt, als das Mineralölunternehmen BP Amoco 300 Arbeitnehmern in Bulgarien, Polen und Rumänien kündigte und ihnen durch Outplacement Unterstützung bei der Arbeitssuche anbot[2]. Die Dienstleistung Outplacement existiert mittlerweile in allen europäischen Ländern, wenn auch die Anwendung und Umsetzung unter den kulturellen Eigenheiten des jeweiligen Landes ihren spezifischen Ausdruck findet (European Commission, 1999, S. 22 ff.; Rojot, 1997, S. 149). Als "ältestes" europäisches Outplacementberatungsunternehmen gilt die britische Coutts Career Consultants GmbH, die nach eigener Darstellung 1969 als erste Gesellschaft ein Konzept für Outplacement auf europäischen Boden entwickelte. Auch in einem Land wie Japan, dessen Unternehmen lebenslange Beschäftigungsgarantien proklamieren, wurden 1982 das erste Outplacementunternehmen gegründet (Kühne, 1997, S. 187). Mit Beginn der Rezession Anfang der 90er Jahre gewinnt Outplacement dort immer mehr an Bedeutung. Um die Dienstleistung Outplacement weiter zu professionalisieren, schuf man auf globaler Ebene "The Association of Outplacement Consulting Firms International (AOCFI)" mit Sitz in Washington D.C., die 1982 gegründet wurde mit dem Ziel, professionelle Standards und einen "code of ethics" für Outplacementberatung zu konstituieren. Innerhalb der AOCFI sind Outplacementgesellschaften aus über 30 Ländern der Erde vertreten (Stand 1997). 1996 wurde "The Association of Career Management Consulting Firms in Europe" (AOCFE) begründet, die ca. 350 Outplacement- bzw. Karriereberatungsunternehmen aus Mitgliedsstaaten der Europäischen Union umfaßt. Aus dem Wirtschaftsverband ACOFI ging 1989 der Berufsverband "The International Association of Outplacement Practitioner (IAOP)" hervor, welcher 1994 in "The International Association of Career Management Consultants (IACMP)" umbenannt wurde, um die Professionalisierung der Outplacementpraxis noch stärker zu fördern (Redstrom-Plourd, 1998, S. 83 f.). In Deutschland richtete der Bundesverband Deutscher Unternehmensberater (BDU) e.V. eine Fachgruppe Outplacementberatung ein, um die Dienstleistung Outplacement weiter zu professionalisieren bzw. die politischen, wirtschaftlichen und rechtlichen Rahmenbedingungen für Outplacement als Mittel zur Humanisierung der Arbeitswelt zu verbessern.

Outplacement etablierte sich in Deutschland relativ spät, wenn auch in manchen Sozialplänen der 60er und 70er Jahre schon vorgesehen war, Regelungen zur Vermittlung neuer Arbeitsplätze zu integrieren (Fritsch, 1976, S. 38ff.). In Deutschland faßte Outplacement als Dienstleistung erstmals 1979 Fuß. Als Nestor des Outplacement in Deutschland gilt Fritz Stoebe, der zu dieser Zeit die erste Outplacementberatung gründete (siehe hierzu Stoebe, 1993). Die rechtlichen Voraussetzungen für die Outplacementarbeit waren aufgrund des damaligen Vermittlungsmonopols der Bundesanstalt für Arbeit zunächst umstritten und konnten erst 1980 im Rahmen eines Rechtsstreits geklärt werden (Stoebe, 1993, S. 32 f.; Mayrhofer & Rundstedt, 1991, S. 42). Outplacementberatung durfte zu diesem Zeitpunkt nur als Hilfe zur Selbsthilfe praktiziert werden und mußte sich durch das bestehende Arbeitsvermittlungsmonopol der Bundesanstalt für Arbeit von der damals "unzulässigen" Arbeitsvermittlung durch private Dienstleister

[2] Quelle: Crossborder Monitor, March 10th 1999, p. 4.

scharf abgrenzen. Im Zuge von Lean-Management Anfangs der 80er Jahre und des daraus resultierenden Abbaus von Hierarchien und Personal sowie durch den umfangreichen Personalabbau in den neuen Bundesländern kam diese Dienstleistung auch in Deutschland langsam in Schwung. Durch die Reformierung des SGB III erhielt Outplacement in Deutschland einen weiteren Aufschwung, indem es als förderungswürdiges und beschäftigungswirksames Instrument vom Gesetzesgeber anerkannt wurde. Die Zahl der Anbieter läßt sich seit Anfang der 90er Jahre kaum noch überblicken. Dennoch ist es nicht überzogen, wenn bezüglich der Kenntnis über dieses Instrument sich Deutschland noch im Entwicklungsstadium befindet. Der Grund dafür ist hauptsächlich darin zu sehen, daß in Deutschland noch keine Tradition des geförderten und begleiteten Arbeitsmarktübergangs existiert (Kirsch, Knuth, Krone & Mühge, 1999, S. 2). Outplacement ist in Deutschland im internationalen Vergleich noch wenig verbreitet. Eine empirische Studie zur Entwicklung und Bedeutung von Einzeloutplacement aus dem Jahre 1992 bei 50 deutschen Unternehmen ergab, daß 96% der Unternehmen bisher nur selten und 4% nur gelegentlich von dieser Dienstleistung Gebrauch machen (Wonnemann, 1992, S. 259). Gleichwohl ist das Marktsegment Outplacement seit Anfang der 90er Jahre bis heute in Deutschland kontinuierlich gewachsen. Der Bundesverband Deutscher Unternehmensberater BDU e.V. schätzt in seiner Studie "Outplacement in Deutschland 1998" den Gesamtumsatz auf 65 Mio. DM im Jahr, basierend auf 30 spezialisierten Outplacementberatungen (Reinl, 1999, S. 43f.). Weltweit wird der Umsatz von Outplacementberatung auf 208,9 Mio. US $ beziffert (Rundstedt, 2000). Die größte Nachfrage von Outplacementdienstleistungen in Deutschland geht von Unternehmen des verarbeitenden Gewerbes aus (42%), gefolgt vom Kredit- und Versicherungsgewerbe (16%) und vom Handel- und Handwerk (9%) (Stand 2000) (Bröll, 2000). Insgesamt nahmen laut der jüngsten BDU-Studie 1.250 Führungskräfte an einer Einzelberatung und 11.500 Kandidaten an einer Gruppenberatung im Jahre 2000 teil (Bröll, 2000). Neben genuinen Outplacementberatungsgesellschaften, die Outplacement als Kernkompetenz vermarkten, und Anbietern, die Outplacement neben anderen Dienstleistungen im Bereich Personal- und Organisationsentwicklung anbieten, bearbeiten zunehmend auch private Arbeitsvermittler den Outplacementmarkt. Laut einer repräsentativen schriftlichen Befragung der Forschungsstelle für Betriebswirtschaft und Sozialpraxis e.V. bieten 36,4% der privaten Arbeitsvermittler neben der Kernkompetenz Personalbeschaffung Outplacement als Dienstleistung an (Dincher & Gaugler, 2000, S. 284). Outplacement wird laut einer Umfrage der Zeitschrift Personalwirtschaft und des ADP Employer Services in Deutschland zukünftig weiter an Akzeptanz gewinnen. Zwar arbeiten gegenwärtig nur 14 Prozent der Befragten mit Outplacementberatern zusammen, künftig erwägen es demgegenüber 36 Prozent der Personalverantwortlichen. Auch für mittlere und kleinere Betriebe gewinnt laut dieser Umfrage[3] das Thema Outplacement an Attraktivität. Die Bedeutung und Verbreitung von Outplacement wird auch nach einer Prognose von Schweizer Personalexperten bis 2010 weiter leicht zunehmen (Wunderer & Dick, 2000, S. 151). Die Dienstleistung Outplacement wird sich in Deutschland, angesichts des prognostizierten Wachstums der Branche, zukünftig vermutlich noch stärker professionalisieren und segmentieren. Neben der Öffnung der Outplacementberatung für Tarifmitarbeiter, u.a. im Rahmen von Transfer-Sozialplanmaßnahmen, ist auch eine Segmentierung dieser Dienstleistung für spezifische Ziel-

[3] Quelle: IT erobert die Personalabteilung (2000), Personalwirtschaft, 10, S. 28-35

gruppen zu beobachten (z.B. Outplacement für Schwerbehinderte in Hamburg, siehe dazu Ritz, 1999, S. 45 ff.).

Was die wissenschaftliche Auseinandersetzung mit der Dienstleistung Outplacement angeht ist in Deutschland weiterhin ein Forschungsvakuum zu konstatieren (s. als Ausnahmen die Dissertationen von Sauer, 1991; Mayrhofer, 1989; Dürndorfer, 1998; vgl. dazu ebenfalls die ähnliche Einschätzung von Berthel, 1998, S. 6). Die Betrachtung der gegenwärtigen Forschungslage erweckt den Eindruck, daß das Thema Personalabbau bzw. Outplacement vorwiegend tabuisiert wird. Nach Durchsicht von personalwirtschaftlichen Lehrbüchern vermerkten noch Deters, Karg & Rosenberg 1985, daß der Mensch „nur solange Gegenstand des Lehr- und Forschungsinteresses (ist), als er in den betrieblichen Produktionsprozeß einbezogen ist und damit von direktem wirtschaftlichen Nutzen ist“ (Deters et al., 1985, S. 201). Heute sieht die Situation etwas anders aus, da in neueren Auflagen personalwirtschaftlicher Lehrbücher stärker als bisher die Personalfreistellungsproblematik und die Folgewirkungen von Entlassungen thematisiert werden (vgl. beispielhaft Scholz, 2000, S. 550ff.; Ridder, 1999, S. 190ff.; Drumm, 2000, S. 295ff.; Schanz, 1993, S. 604ff.). Nach wie vor liegen aber die wissenschaftlichen Forschungsschwerpunkte im Personalmarketing, in der Personalauswahl und Personalentwicklung. Outplacement als letzte Stufe des Personalentwicklungszyklus wird aus wissenschaftlicher Perspektive immer noch zu wenig Beachtung geschenkt.

17.3 Inhalt und Bedeutung von Outplacement

Outplacement ist eine freiwillige, vom Arbeitgeber finanzierte Personaldienstleistung, die in der Regel durch betriebliche Sozialplanmittel und Zuschüsse aus öffentlichen Mitteln sowie Fördertöpfen kofinanziert wird.[4] Der Schwerpunkt von Outplacementberatung liegt neben der sachlichen und emotionalen Begleitung in der professionellen Beratung bei der beruflichen Neuorientierung von Mitarbeitern. Outplacement geht deshalb weit über ein reines Bewerbungstraining hinaus. Das Ziel von Outplacementmaßnahmen ist es, die von Personalabbau betroffenen MitarbeiterInnen noch vor bzw. in direktem Anschluß an den Verlust des Arbeitsplatzes in eine neue Beschäftigung zu transferieren. Die Zielsetzung, Mitarbeiter gar nicht erst arbeitslos werden zu lassen, erhält durch eine empirische Studie des Landesarbeitsamtes Hessen Nachdruck, die eine signifikante Verschlechterung der Vermittlung in ein neues Arbeitsverhältnis nach einer Arbeitslosigkeit von mehr als zwölf Monaten nachweist (Landesarbeitsamt Hessen, 1995, S. 9f.). Laut der Studie erzielen kurzfristig Arbeitslose mit einer Arbeitslosigkeitsdauer von bis zu zwei Monaten mit 70,4% eine deutlich höhere Eingliederungsquote als Arbeitslose mit einer Arbeitslosigkeitsdauer von 12 bis 23 Monaten, deren Eingliederungsquote bei 45,1% liegt.

Outplacement umfaßt eine Reihe von Dienstleistungen (siehe Abschnitt 17.5), die je nach Schwerpunktsetzung und Vorstellungen der Betriebsparteien an die jeweilige betriebliche Situation angepaßt werden müssen. Mit der Durchführung von Outplacement ergeben sich für das Unternehmen, die gekündigten Mitarbeiter und für die Arbeitsverwaltung eine Reihe von Vorteilen:

---

4 Vgl. beispielhaft die Fördermöglichkeiten nach §§ 175 ff. und §§ 254 ff. SGB III.

Vorteile für das Unternehmen:

- Einsparung von Kosten durch Abkürzung der Restlaufzeit von Verträgen,
- Reduktion bzw. Verminderung organisationaler und arbeitsrechtlicher Konflikte,
- Vermeidung von indirekten Kosten durch Imageverlust des Unternehmens bei Kunden, Bewerbern, Geschäftspartnern etc.,
- Wahrung des Betriebsklimas bzw. -friedens,
- Soziale Verantwortung des Unternehmens kommt imagebildend sowohl nach innen als auch nach außen zum Ausdruck,
- Vermeidung von Produktivitätsverlusten bei den in der Organisation verbliebenen Mitarbeitern[5],
- zum ausscheidenden Mitarbeiter wird eine positive Basis aufrechterhalten, was mikropolitische und imagebildende Konsequenzen hat.

Vorteile für die Mitarbeiter:

- Abfederung des Schocks und Hilfe bei der Verarbeitung des Arbeitsplatzverlustes,
- Hilfe zur Selbsthilfe, sich selbständig im Arbeitsmarkt zu orientieren,
- Intensive Beratung und Begleitung bei der Arbeitssuche,
- Förderung der beruflichen Weiterentwicklung durch Beratung bei Inanspruchnahme von Qualifizierungs- und Weiterbildungsmaßnahmen,
- direkte Wiedereingliederung in den Arbeitsmarkt.

Vorteile für die Arbeitsverwaltung:

- Einsparung von Kosten (Arbeitslosengeld, -hilfe) durch direkte Reintegration in den (ersten) Arbeitsmarkt,
- Vermeidung eines resignativen und beschäftigungsabweisenden Klimas in der Region,
- personelle Entlastung der Arbeitsverwaltung durch die Abwicklung über einen "externen" Dienstleister (z.B. Outplacementberatung).

Entgegen der hier skizzierten Vorteile befindet sich, wie schon oben angeführt, Outplacement in Deutschland noch im Entwicklungsstadium. Dies ist im wesentlichen auf die Tabuisierung des Themas "Kündigung" und auf eine fehlende mitarbeiterorientierte Trennungskultur zurückzuführen bzw. ferner darauf, daß in Deutschland keine Tradition des geförderten und begleiteten Arbeitsmarktübergangs existiert, wie sie etwa in anderen europäischen Ländern vorliegt. Weiterhin besitzt die relativ junge Dienstleistung Outplacement in Deutschland noch nicht die Bekanntheit, die einen größeren Einsatz dieses Instrumentes in der betrieblichen Praxis erwarten ließe. Von seiten der Unternehmensleitungen bestehen immer noch, aufgrund mangelnder Information, unterschiedliche Vorbehalte hinsichtlich der logistischen Kosten zur Umsetzung (Einsatz von internem Personal, Zeitbedarf, Koordinations- und Organisationsaufwand etc.) und der Finanzierung von "Transfersozialplänen", die Maßnahmen zur Wiedereingliederung von betroffenen Mitarbeitern vorsehen (siehe ebenso Kirsch et al., 2001, S. 56). Als Haupthindernis ist die mangelnde Information über verschiedene Möglichkeiten der aktiven Ausgestaltung von Sozialplänen zu sehen, so daß eher auf "bewährte" Wege der Sozial-

[5] Vgl. hierzu Berner (1999b), der die Reaktionen von Verbleibenden auf einen Personalabbau wissenschaftlich analysiert hat.

plangestaltung, i.d.R. Abfindungssozialpläne, zurückgegriffen wird (Kirsch et al., 2001, S. 56).

Welche Gründe sind für den Einsatz von (Einzel-) Outplacement in der Praxis relevant? In einer 1992 veröffentlichten Befragung bei 50 deutschen (überwiegend) Großunternehmen nannten 70% der befragten Unternehmen als Hauptgrund die psychologische Unterstützung des zu entlassenden Mitarbeiters, dicht gefolgt von der Einlösung der sozialen Verantwortung des Unternehmens (65%) (Wonnemann, 1992, S. 258). Welche Motive vermuten die Betroffenen hinter dem Angebot einer Outplacementberatung? In einer 1994 erschienenen (nicht repräsentativen) Erkundungsstudie gaben 59% der Befragten an, daß Arbeitgeber eine Outplacementberatung anbieten, um ihr Gewissen zu beruhigen (Kühlmann & Wesenberg, 1994, S. 602). 52% der Befragten vermuteten die Pflege des Unternehmensimages als Hintergrund für das Beratungsangebot. "Nur" 31% der Befragten sahen in der Erkundungsstudie von Kühlmann und Wesenberg (1994) die Hilfe bei der beruflichen Neuorientierung als Grund des Angebotes an.

17.4 Outplacementkonzepte

Die Begrifflichkeiten rund um das Thema Outplacement sind vorwiegend englischsprachlich besetzt. Weitere oft synonym verwendete Begriffe dafür sind Outplacement-Counseling, Executive Placement, Placement, Coaching into new jobs, Coaching out of the job, Career Continuation, Career Counseling, Relocation Counseling, Reemployment oder Transition Counseling. Bis heute hat sich keine deutsche Bezeichnung für den Begriff Outplacement etablieren können. "Neupositionierung", "Ausstellung", "Positionswechsel", "Sanfte Trennung" erwiesen sich als eher wenig befriedigende Übersetzungsversuche (Seiwert, 1989, S. 13). Wörtlich übersetzt bedeutet Outplacement "herausplazieren" ("Out" = *heraus, hinaus* und "Placement" = *plazieren*), was leider sprachlich das eigentliche Ziel, die Reintegration in den Arbeitsmarkt, nicht widerspiegelt (Kern, 1992, S. 455). Der Begriff "Outplacement" ist deshalb aufgrund seiner wahrgenommenen negativen Konnotation nicht ohne Kritik geblieben (Meyer & Shadle, 1994, S. XVII; Brammer & Humberger, 1984, S. 6). So gibt es einige Outplacementanbieter, die sich bewußt von der Begrifflichkeit abgrenzen und andere Bezeichnungen, wie z.B. Newplacement, berufliche Neuorientierung etc. verwenden. Andere Kritiker sehen im Begriff Outplacement eine sprachliche Schönfärberei und eine elegante Umschreibung für "Entlassung" und "Rausschmiß". Hierbei wird jedoch übersehen, daß Outplacement nicht den Kündigungsakt selbst umschreibt, sondern die Begleitung bei der Verarbeitung der Kündigung und die Beratung in der Phase der beruflichen Neuorientierung bis hin zur erneuten Arbeitsaufnahme.

Neben dem klassischen Outplacement, der Beratung und Begleitung von der Kündigung über die Phase der beruflichen Neuorientierung bis hin zur neuen Tätigkeit hin, finden sich in der Praxis verschiedene Varianten mit unterschiedlicher inhaltlicher Ausrichtung. Die folgenden Begriffe werden in der Literatur oft uneinheitlich verwendet:

– *Placement* = gezielte Vermittlung von freigesetzten Mitarbeitern in ein anderes Unternehmen (Drumm, 1995, S. 253).

- *Inplacement* = innerbetriebliches Placement/Versetzung innerhalb des Betriebes/Unterstützung des Klienten bei der innerbetrieblichen Neuorientierung (Freimuth, 1994).
- *Replacement* = Begleitung und Unterstützung des Kandidaten bis in das neue Arbeitsverhältnis hinein (z.B. bis zum Abschluß der Probezeit).
- *Partner Relocation Counseling* = Einbindung des Partners/der Partnerin in den Outplacementprozeß (Diemer, 1990, S. 7; Knowdell et al., 1994, S. 155)

Die einzelnen Outplacementvarianten zeigen auf, daß es nicht "das" Outplacement gibt. Grundsätzlich ist bei der Einführung von Outplacementaktivitäten immer zu klären, was die Betriebsparteien darunter verstehen (Kailer, 1998, S. 10).

Outplacement kann auf unterschiedlichen Wegen in zeitlicher wie organisatorischer Hinsicht zum Einsatz kommen. Das klassische Outplacement beginnt rechtzeitig vor dem Austritt des Mitarbeiters aus dem Unternehmen und findet begleitend zur Arbeitszeit statt. Häufig müssen die gekündigten Mitarbeiter bis zum Beschäftigungsende weiterarbeiten, um einen reibungslosen Ablauf der Produktion zu gewährleisten. Outplacement kann aber auch als integrierte Maßnahme in sogenannten Auffang-, Beschäftigungs- und Qualifizierungsgesellschaften zum Tragen kommen. Neben der organisatorischen Struktur des Outplacementprojektes sind ebenso der Projektzeitraum, die betroffenen Zielgruppen, die Anzahl der betroffenen Mitarbeiter, die organisatorische Unterstützung u.a. nicht unerhebliche Klärungsgrößen für die Entwicklung eines passenden Konzeptes.

In der Praxis wird zwischen Einzel- und Gruppenoutplacement unterschieden. Längst hat Outplacement sein Exklusiv-Image für Führungskräfte verloren. Während das Einzeloutplacement nach wie vor einigen wenigen Mitarbeitern vorbehalten ist, in der Regel Führungskräften der oberen bis zur mittleren Hierarchieebene, ermöglicht das Gruppenoutplacement, eine größere Zahl von Mitarbeitern in den Beratungs- und Begleitungsprozeß zu integrieren. Seit 1982 wird Gruppenoutplacement als Dienstleistung in Deutschland angeboten und kommt gegenwärtig für unterschiedliche Zielgruppen zum Einsatz (Lingenfelder & Walz, 1989, S. 262). Gruppenoutplacement stellt eine Weiterentwicklung des Einzeloutplacement dar und findet vorwiegend bei Massenentlassungen aus Kostengründen Anwendung. Es ist in der Regel als mehrtägige Veranstaltung konzipiert, wobei auf eine homogene Zusammensetzung der Teilnehmer und Teilnehmerinnen zu achten ist. Ende der 80er und Anfang der 90er Jahre konnte sich Gruppenoutplacement zu einem Ansatz etablieren, der bis zum ungelernten Mitarbeiter alle Hierarchiestufen umfaßt. In der betrieblichen Praxis findet häufig eine Kombination von Gruppenoutplacement und begleitender Einzelberatung mit einem Kontingent an Beratungsstunden statt, um die Effizienz und Qualität des Trainings- und Beratungsprozesses zu erhöhen (vgl. dazu die Erfahrungen und Ergebnisse einer schweizerischen Studie bei Haari, 1999; vgl. auch Egle & Bens, 2001, S. 237). Das Gruppenoutplacement weist für die Praxis eine Reihe von Vorteilen auf. Dazu zählen u.a. (Zijderveldt, 1995, S. 202):

- Abmilderung der Auswirkungen von Entlassungen durch soziale Unterstützung bzw. durch das gemeinsame Verarbeiten der Entlassungssituation und Frustration,
- Gemeinschaftsgefühl, im selben Boot zu sitzen,
- gegenseitiges Aufmuntern und Austausch von Ideen,

– der "Gruppendruck" animiert zu einem aktiven Verhalten im Arbeitsmarkt.

17.5 Das Leistungsprofil von Outplacement

Outplacementprojekte, die im Rahmen von Massenentlassungen aufgelegt werden, beinhalten in der Regel eine Reihe von Angeboten und Hilfestellungen, um die berufliche Neuorientierung zu unterstützen. Im Laufe der 90er Jahre hat sich das Leistungsprofil von Outplacementberatungen immer weiter ausgedehnt (Stricker, 1999). Zu diesen Angeboten gehören u.a.:

- Bewerbungstraining,
- Einzelberatung,
- Bewerbungscoaching,
- Qualifizierungsberatung,
- Qualifizierungsmaßnahmen,
- Anbahnung neuer Arbeitsverhältnisse (z.B. ‚Schnupperpraktika'),
- Externes Venture Management (z.B. Förderung von Ausgründungen/Management-Buy-Outs),
- Existenzgründungsberatung,
- Unterstützung bei der Arbeitssuche.

Der Leistungsbereich "Unterstützung bei der Arbeitssuche" kann z.B. so aussehen, daß hier dem Arbeitssuchenden unterschiedliche Unterstützungsmaßnahmen angeboten werden:

- Unterstützung beim Erstellen von individuellen Bewerbungsunterlagen im Rahmen von aktuellen Stellenangeboten und Initiativbewerbungen,
- Direktansprache von Unternehmen/aktive Unterstützung bei der Stellensuche (postalisch, telefonisch, persönlich, per Fax),
- Nachfassen bei angesprochenen, angeschriebenen Unternehmen,
- Sondierung des Zeitungs- und des elektronischen Stellenmarktes,
- Kontaktpflege: Persönlicher oder telefonischer (Dauer-) Kontakt mit dem Klienten.

Neben diesen Dienstleistungen bieten eine Reihe von Outplacementberatungen auch zusätzliche Service-Leistungen an, die den Prozeß vor und nach dem Bekanntgeben der Kündigung umfassen. Dazu gehören z.B.:

- Trennungsgespräche führen (Seminare für Führungskräfte)
- Revitalisierungsmaßnahmen
- Survivor-Werkshops (mit Führungskräften) u.a.

Im folgenden sollen zwei Hauptbereiche des Outplacement näher vorgestellt werden: die Einzelberatung und in das Outplacementprojekt integrierte Qualifizierungsmaßnahmen.

17.5.1 Einzelberatung

Ein Kernstück von Outplacement stellt die Einzelberatung dar. Die Einzelberatung zeichnet sich dadurch aus, daß sie sehr intensiv und individuell persönliche Anliegen und Fragestellungen der Mitarbeiter thematisiert. Die Beratungsphilosophie ist dadurch gekennzeichnet, daß sie "Hilfe zur Selbsthilfe" intendiert. Outplacement impliziert daher immer auch Selfplacement. Nahziel der Einzelberatung ist die Auslösung von Lernprozessen, die eine selbständige Bewältigung aktueller und zukünftiger Problemstellung ermöglicht. Das heißt z.B., daß der Berater nicht die Verantwortung für die Stellensuche übernimmt, wenn er auch hier Unterstützung anbietet. Die Aufgabe des Beraters ist die Förderung der Eigenaktivität des Klienten, die durch Begleitung, Beratung Coaching oder auch Training gestärkt werden kann. In der Praxis haben sich aber auch Modelle herausgebildet, die einen stärker vermittlungsorientierten Ansatz haben. Besonders wettbewerbsschwache Arbeitnehmer (z.B. Mitarbeiter mit besonderen Vermittlungshemmnissen: Mitarbeiter, die sich schwer "verkaufen" können, die gesundheitliche Einschränkungen aufweisen, die keine Ausbildung absolviert haben, die einen ungeraden Lebenslauf aufweisen, mit geringen deutschen Sprachkenntnissen usw.) sind im Bewerbungs- bzw. Vermittlungsprozeß zum Teil völlig auf die professionelle Unterstützung und Hilfe des Beraters angewiesen. Die Form der Beratung unterscheidet sich im einzelnen Falle jeweils dadurch, welches Anliegen der Klient thematisiert. Der erste Schritt der Einzelberatung stellt in der Regel die Orientierungsberatung dar, die dazu dient, den Klienten kennen zu lernen, Vertrauen zwischen Berater und Klient aufzubauen, die Trennungssituation aufzuarbeiten, den beruflichen Werdegang zu thematisieren, ein Stärken-/Schwächenprofil herauszuarbeiten, eine berufliche Standortbestimmung vorzunehmen, berufliche Entwicklungswege auszuloten usw. Die begleitende Einzelberatung thematisiert aktuell anliegende Problemstellungen (z.B. Bewerbungsstrategie reflektieren, Zeugnisse analysieren, Qualifizierungsbedarf analysieren, Reflektion von Vorstellungsgesprächen usw.), während die spezielle Einzelberatung (z.B. Existenzgründungsidee überprüfen, Existenzgründungsberatung usw.) von dafür vorgesehenen Spezialisten übernommen wird.

In Beratungskontakten werden Outplacementberater häufig auch mit offen angesprochenen oder verborgenen Problemlagen konfrontiert, z.B. mit familiären (z.B. Scheidung), finanziellen (z.B. Schulden) und psychischen Problemen (z.B. Depression) und physischen Einschränkungen (z.B. Krankheit, Behinderung). Outplacement hat hier nicht die Aufgabe zu therapieren, sondern bei Bedarf die Kooperation mit anderen Institutionen anzustreben und entsprechende Kontakte anzubahnen (z.B. Schuldnerberatung).

17.5.2 Qualifizierungsberatung/Qualifizierungsmaßnahmen

Ein weiteres Kernstück von Outplacement sind integrierte, berufsbegleitende Qualifizierungsmaßnahmen. Im Rahmen von Einzelgesprächen findet in der Regel eine bedarfsorientierte Qualifizierungsberatung statt. Grundprinzipen für die Inanspruchnahme von Weiterbildung sind:

Die Qualifizierungsmaßnahme sollte ...

- zielführend sein, d.h. die berufsspezifische Handlungskompetenz erweitern helfen;
- die Chancen auf dem Arbeitsmarkt erhöhen.

Outplacementprojekte mit integrierten, maßgeschneiderten Qualifizierungsmaßnahmen erhöhen die Vermittlungschancen erheblich. In der Beratungs- und Trainingspraxis werden deshalb gezielte Coaching- und Qualifizierungsmaßnahmen konzipiert, um die Chancen des Arbeitnehmers für den Arbeitsmarkt zu erhöhen. Qualifizierungsangebote sind in Zusammenarbeit mit Bildungseinrichtungen bedarfsorientiert und auf das spezifische Profil der Mitarbeiter hin zu entwickeln. Die Bandbreite der individuell organisierten Qualifizierungsmaßnahmen kann von Anpassungsqualifizierungen (wie z.B. EDV-Kurse: Word, Excel, Outlook, Power Point etc., BWL: Buchhaltung u.a.) über einzelne Lehrgänge bis hin zu Umschulungen (z.B. Umschulung zur Fachkraft für Lagerwirtschaft) reichen. Auch der Gesetzesgeber hat die zielorientierte Qualifizierung durch die §§ 77 ff. SGB III als förderungswürdig erkannt. Ein positiver Effekt von Outplacementberatung mit integrierten Qualifizierungsmaßnahmen ist, daß man Beschäftigte für Qualifizierungsmaßnahmen (z.B. Kurzzeit-Schulungen, Umschulungen) gewinnt, die in der Anonymität der Arbeitslosigkeit dafür nicht mehr zu motivieren sind (Bosch, 1990, S. 163). Die Auseinandersetzung mit sich selbst, mit seinen eigenen Stärken und Schwächen findet häufig in dieser kritischen Lebenssituation für einige Mitarbeiter in dieser Intensität zum ersten Mal im Leben statt. Das in Trennungssituationen entstehende Lernpotential gilt es daher konstruktiv zu nutzen und mit Hilfe professioneller Begleitung und Beratung auszuschöpfen (Kieselbach, 1995, S. 775). Gerade un- und angelernten Beschäftigten bieten Anpassungs- und Weiterqualifizierungsmöglichkeiten innerhalb einer Outplacementmaßnahme oftmals die einzige Möglichkeit, ihre Chancen auf dem Arbeitsmarkt zu erhalten bzw. zu verbessern. Sie verringern somit das Risiko eines dauerhaften Ausschlusses aus den Arbeitsmärkten erheblich. Hinzu kommt der verstärkende "Vermittlungseffekt" durch die ausscheidungsnahe Plazierung von Qualifizierungsmaßnahmen. Dem Berater kommt bei der Qualifizierungsberatung die wichtige Aufgabe zu, die Bedeutsamkeit von Qualifizierung im Sinne eines lebenslangen Lernens und Erhaltens der Beschäftigungsfähigkeit zu vermitteln, die Mitarbeiter für Qualifizierungsmaßnahmen zu motivieren und vorhandene Ängste zu nehmen (z.B. die Angst bei der Qualifizierungsmaßnahme zu versagen: "Das ist bestimmt zu theoretisch und zu schwierig", "Ich schaff' das nicht" usw.).

17.6 Erfolgskritische Faktoren von Outplacementprozessen

Bei der Gestaltung und Durchführung von Outplacementprojekten im Rahmen von Massenentlassungen haben sich aus der praktischen Erfahrung heraus eine Reihe von Faktoren als erfolgskritisch erwiesen, die den Erfolg eines Outplacementprojektes maßgeblich beeinflussen (Adensam, Hofmann & Jaeger, 2000, S. 28f.). Die hier dargestellten Faktoren lehnen sich z.T. an die klassischen Prinzipien eines erfolgreichen Organisationsentwicklungsprozesses an (vgl. French & Bell, 1995):

1. Die Betriebsparteien (Personalleitung und Betriebsräte) müssen das Konzept gemeinsam tragen und in enger Abstimmung mit der Arbeitsverwaltung sowie externen Bildungsträgern abstimmen (Kirsch, Knuth, Krone & Mühge, 2000, S. 53). Nur dadurch ist eine ausreichende Akzeptanz durch die Mitarbeiter sowie eine professionelle und reibungslose Umsetzung gewährleistet.
2. Die Auswahl und das Management der an der Projektdurchführung beteiligten externen Personen bedarf äußerster Sorgfalt. Insbesondere muß die "Chemie" zwischen den Beratern vor Ort und den zu betreuenden Mitarbeitern stimmen. Die Mitarbeiter befinden sich in einer angespannten Situation, in der nur 100%iges Vertrauen zum Erfolg führen kann.[6]
3. Der Prozeß bedarf einer kontinuierlichen Begleitung, in der die Berater als Begleiter und Ansprechpartner bis zum Abschluß der Probezeit der Mitarbeiter in ihren neuen Tätigkeitsbereichen zur Verfügung stehen.
4. Frühe Erfolge sorgen am wirkungsvollsten für eine breite Akzeptanz in der Belegschaft. Erste Vermittlungs- bzw. Bewerbungserfolge sowie der erfolgreiche Abschluß von Qualifizierungsmaßnahmen fördern das Vertrauen in den Outplacementprozeß und sind in ihrer Breitenwirkung bei den Mitarbeitern eine nicht zu unterschätzende Erfolgsgröße.
5. Gegenwärtige ökonomische Entwicklungen (z.B. dynamische Märkte, Unternehmenszusammenschlüsse) machen deutlich, daß Arbeitsplatzsicherheit künftig nicht mehr über die Sicherheit des Arbeitsplatzes zu gewinnen ist, sondern über die Weiterentwicklung der persönlichen Fähigkeiten und Kenntnisse mit dem Ziel, einstellungsfähig zu bleiben. Durch tätigkeitsbegleitende und auf Einzelpersonen spezifisch abgestimmte Qualifizierungsmaßnahmen kann die Employability bzw. Beschäftigungs- und Arbeitsmarktfähigkeit der Mitarbeiter und Mitarbeiterinnen im Rahmen von Outplacementprojekten wesentlich erhöht werden.
6. Ein rechtzeitiger Start des Outplacementprojektes vor dem Austrittsdatum der Mitarbeiter ist sicherzustellen, um eine optimale Beratungs- und Unterstützungshilfe sowie eine effektive und erfolgreiche Arbeitssuche und gegebenenfalls zeitlich vorlaufende Qualifizierungsmaßnahmen etc. zu ermöglichen. Ein zeitlicher Vorlauf von etwa 9 – 12 Monaten ist aus der praktischen Erfahrung heraus bei größeren Outplacementprojekten als erfolgskritische Größe anzusehen.
7. Eine ausreichende organisatorische Unterstützung der externen Parteien, z.B. durch Einrichtung eines eigenen Bewerberbüros mit moderner EDV-Ausstattung und eine angemessene Sekretariatsbetreuung, ist sicherzustellen. Durch die organisatorische Unterstützung gewinnt das Outplacementprojekt eine noch höhere Qualität, die durch die zeitliche Konzentration auf den Beratungsprozeß zum Ausdruck kommt.

---

6 Vgl. dazu die ähnlichen Erfahrungen aus anderen Outplacementprojekten, dargestellt bei Kailer (1998).

17.7 Outplacement und moderne Sozialplangestaltung durch das neue SGB III

In der gegenwärtigen Sozialplanpraxis ist immer noch der Trend zu beobachten, Arbeitnehmer allein mit dem "goldenen Handschlag" bzw. mit einer hohen Abfindung für den Verlust ihres Arbeitsplatzes zu entschädigen. Diese Vorgehensweise entläßt besonders gering Qualifizierte oder Arbeitnehmer mit Vermittlungshemmnissen meist ohne Perspektive in die Arbeitslosigkeit. Häufig bewegen sich gering qualifizierte Arbeitslose in dieser Situation nach Ansicht der Bundesanstalt für Arbeit in einer "Abfindungsfalle", die dadurch gekennzeichnet ist, daß die temporäre finanzielle "Absicherung" durch Abfindung und Arbeitslosengeld zum einen eine weitere Arbeitsaufnahme nicht sofort dringlich erscheinen läßt und somit nicht alle Vermittlungsangebote angenommen werden. Zum anderen erhalten sie im worst case in der Spätphase als Langzeitarbeitslose keine Angebote mehr (Wilke, 1999, S. 28). Um solchen Fehlentwicklungen gegenzusteuern, d.h. nur auf Abfindung zu setzen, haben die Betriebsparteien bei der Entwicklung von beschäftigungswirksamen Sozialplänen intensive Überzeugungsarbeit zu leisten, da Mitarbeiter oftmals eine Abfindung gegenüber Transfermaßnahmen (z.B. Outplacement) vorziehen (Hümmerich, 2000, S. 195). Abfindungen haben in erster Linie eine Entschädigungs-, Überleitungs- und Vorsorgefunktion, um mögliche Nachteile auszugleichen, die mit dem Verlust des Arbeitsplatzes einhergehen (Bengelsdorf, 1999, S. 93). Abfindungen werden aber nur der einen Seite der Medaille gerecht, da sie sich von ihrem Charakter her auf die berufliche Vergangenheit konzentrieren, damit keine neuen beruflichen Perspektiven schaffen und daher die berufliche Zukunft des Mitarbeiters ausgeblendet lassen (Kern, 2000, S. 66). Laut einer (nicht-repräsentativen) Expertenbefragung bei Gewerkschaften und Arbeitgeberverbänden besteht weitgehende Einigkeit in der Einschätzung, daß reine Abfindungssozialpläne den Problemlagen der von Entlassung betroffenen Arbeitnehmern nicht mehr gerecht werden (Kirsch et al., 2001, S. 55 f.). Durch die neuen steuerrechtlichen Regelungen verlieren ferner Abfindungen an Attraktivität, da die Freibeträge stärker als bisher gesenkt wurden. Ab dem 1.04.1999 sind von einer Abfindung nach Kürzung der Freibeträge durch das Steuerentlastungsgesetz (StEntlG) 1999/2000/2002 nur noch 16.000 DM steuerfrei. Dieser Freibetrag erhöht sich bei Mitarbeitern, die das fünfzigste Lebensjahr vollendet haben und länger als 15 Jahre im Betrieb waren, auf 20.000 DM. Erst bei einem Arbeitnehmer, der älter ist als fünfundfünfzig und mehr als zwanzig Jahre im Betrieb beschäftigt war, kann der bisherige Freibetrag von 24.000 DM beansprucht werden.

Die oben skizzierten Ausführungen machen deutlich, daß unter den gegenwärtigen Rahmenbedingungen der klassische Abfindungs-Sozialplan nur begrenzt "Ausgleich" und "Milderung" der wirtschaftlichen Nachteile im Sinne des § 102 BetrVG bieten kann. Damit kommt der Suche nach möglichen Gestaltungsalternativen und beschäftigungswirksamen Instrumenten eine besondere Bedeutung zu. Mit Wirkung vom 01.01.1998 wurde das seit 1969 bestehende Arbeitsförderungsgesetz (AFG) durch das neue Sozialgesetzbuch (SGB) III abgelöst, welches eine Reihe von Instrumenten zur Gestaltung von beschäftigungswirksamen Sozialplanmaßnahmen bereit hält. Durch die neuen Regelungen des SGB III und der darin enthaltenen Förderangebote soll eine Umorientierung in der bisherigen Sozialplanpraxis vom passiven zum aktiven Sozialplan eingeleitet werden. Wer seinen Betrieb restrukturiert und im Sozialplan das Gewicht auf beschäftigungswirksame Maßnahmen statt auf Abfindung legt, erhält vom Arbeitsamt strukturelles Kurzarbeitergeld gemäß §§175ff. SGB III oder Zuschüsse zu Sozialplanmaßnahmen gemäß §§ 254ff. SGB III. Allein das Landesarbeitsamt Nordrhein-Westfalen bewilligte bisher schon 9 Mio. DM für Outplacementprojekte in 13 Unternehmen (Berschens, 1999, S. 192). Die finanziellen Zuwendungen sind unterschiedlich, können bei Anwendung der §§ 254ff. SGB III bis zu maximal ca. 15.600 DM je Arbeitnehmer betragen (Stand 2000) (Deutscher Gewerkschaftsbund, 2000, S. 86). Zuständig für die Gewährung der Zuschüsse sind die jeweiligen Landesarbeitsämter. Die Erteilung von finanziellen Zuwendungen setzt voraus, daß sich das Unternehmen in angemessenem Umfang an den Kosten der Eingliederungsmaßnahmen beteiligt und kein Wahlrecht zwischen Abfindung oder Eingliederungsmaßnahme möglich ist. Häufig wird in der Sozialplanpraxis eine Kombination von Abfindung und Gruppenoutplacement gewählt. Mit der Reform des Arbeitsförderungsrechts hat der Gesetzgeber eine Basis geschaffen, die Aktivitäten zur Schaffung und Erhaltung von Beschäftigungsmaßnahmen Vorrang einräumt vor kompensatorischen Leistungen, die auf die soziale Absicherung bei Arbeitslosigkeit zielen (Wiskemann, 1999, S. 310). Seit der Einführung von Sozialplanzuschüssen sind bisher laut den Ergebnisse der Begleitforschung des Instituts Arbeit und Technik (Gelsenkirchen), insgesamt 148 Unternehmen gefördert worden (Stand: Juni 2000) (Kirsch et al., 2001, S. 3). Outplacementmaßnahmen waren seit Juni 2000 in insgesamt 115 von 148 Förderfällen eingeplant, was einem Anteil von 75% entspricht, und bildeten damit den eindeutigen Schwerpunkt der Förderung nach §§ 254 ff. SGB III (Kirsch et al., 2001, S. 67). Insgesamt bewilligten die Landesarbeitsämter seit Einführung des §§ 254 ff. SGB III ca. 35,9 Mio. DM an Zuschüssen zu Sozialplanmaßnahmen (Stand: Juni 2000) (Kirsch et al., 2001, S. 28). Die bisherige unerwartet geringe Inanspruchnahme des §§ 254 ff. SGB III durch die Betriebe sowie der relativ geringe zeitliche Umfang der Maßnahmen stehen im Kontrast zu den bisherigen positiven Erfahrungen der Beteiligten mit der flexiblen Handhabbarkeit und den ermutigenden Wiedereingliederungserfolgen der Teilnehmer (Kirsch et al., 2001, S. 147).

Als Alternativen zu den Zuschüssen zu Sozialplanmaßnahmen gemäß §§ 254ff. SGB III sind sogenannte Beschäftigungsgesellschaften zu sehen, die auch Outplacementmaßnahmen beinhalten können (Kirsch et al., 2000, S. 71). Den rechtlichen Rahmen erhalten Beschäftigungsgesellschaften durch den § 175 SGB III. Beschäftigungsgesellschaften sind rechtlich selbständige Organisationseinheiten. Sie dienen dem Ziel von Arbeitslosigkeit bedrohte Mitarbeiter zeitlich befristet zu beschäftigen und gegebenenfalls zu qualifizieren, um die Mitarbeiter in den Arbeitsmarkt zu reintegrieren oder die Chancen dafür zu verbessern. In den neuen Bundesländern existieren allein etwa 400 Arbeitsförderungs-, Beschäftigungs- und Strukturentwicklungsgesellschaften mit etwa 155.000 Beschäftigten (Stand 1997) (Evers, 2000, S. 20).

17.8 Ethische Aspekte von Outplacement

In der Gestaltung der Trennungssituation zeigt sich den gekündigten wie auch den in der Organisation verbliebenen Mitarbeitern, über welches Menschenbild der Arbeitgeber verfügt.

Es hat entscheidenden Einfluß auf die Motivation der verbleibenden Mitarbeiter, ob der entlassene Arbeitnehmer nur als "Manövriermasse" gesehen, d.h. menschlich kalt, formal und gefühllos behandelt wird, oder ob ihm in dem wohl am schwierigsten "fair" zu handhabenden Verfahren, wie es der Personalabbau darstellt, Respekt, Gerechtigkeit und Unterstützung zuteil wird (Müller, 1998, S. 64f.). Werden Entlassungen als ungerecht oder als nicht nachvollziehbar erlebt, führt dies bei den in der Firma verbleibenden Mitarbeitern oft zu Reaktionen von Demoralisierung und Zynismus (Kieselbach, 1998, S. 239). Die Folgewirkungen werden in der Literatur als "Survivor sickness" oder "Survivor syndrom" beschrieben (vgl. Noer, 1993, S. 13 u. S. 71ff.; ebenso Meyer & Shadle, 1994, S. 31ff.). Dies hat nicht unerhebliche Auswirkungen auf die Produktivität des Betriebes, weshalb die Unternehmensführung ein besonderes Interesse an einer gerechten und transparenten Abwicklung des Trennungsprozesses sowie an einem folgenminimierenden Trennungsmanagement haben müßte. Forschungsergebnisse weisen z.B. nach, daß das Commitment der verbleibenden Mitarbeiter, welches vorher sehr hoch ausgeprägt war, insbesondere dann sehr stark sinkt, wenn die Entlassungen als unfair empfunden wurden (Brockner, Tyler & Cooper-Schneider, 1992). Die Wahrnehmung von Fairneß bzw. Gerechtigkeit bei Entlassungsprozessen ist eine nicht zu unterschätzende Größe bei den verbleibenden Mitarbeitern (Brockner et al., 1994, S. 399; Rutishauer, 1998, S. 237). Die Absicht zum freiwilligen Stellenwechsel steigt bei den Verbleibenden rapide an (Berner, 1999a, S. 100). Oftmals verlassen im Rahmen von Personalabbaumaßnahmen, wie die Praxis oft zeigt, gut qualifizierte und produktive Mitarbeiter zuerst das Unternehmen (Mone, 1994, S. 294).

Negative Auswirkungen im Hinblick auf den Personalabbau sind für das Unternehmen, „um so weniger wahrscheinlich,

1. je gerechter die Verteilung der knappen Ressource Arbeitsplatz von den im Unternehmen verbleibenden Mitarbeitern bewertet wird (Verteilungsgerechtigkeit);
2. je fairer der (formale) Prozeß des Personalabbaus von diesen wahrgenommen wird (Prozeßgerechtigkeit);
3. je mehr auf die sowohl Verteilungsaspekte als auch prozessuale Kriterien betreffende Interaktionsebene insbesondere bezogen auf vertikale Beziehungen geachtet wird (Interaktionsgerechtigkeit)“ (Seisl, 1998, S. 213ff.). Konkret heißt das, daß durch das Verhalten des direkten Vorgesetzten oder durch Vertreter der Unternehmensleitung (z.B. Personalabteilung) im Sinne von Respekt, Würde und Wertschätzung die Prinzipien von Prozeßgerechtigkeit und Verteilungsgerechtigkeit überkompensiert werden können.

Entlassungen stellen wohl einen der schwerwiegendsten Eingriffe in die Lebensumstände eines Mitarbeiters und seines sozialen Gefüges dar. Die Zunahme beruflicher Umbrüche, wie sie gegenwärtig durch die veränderte wirtschaftliche Realität hervorgebracht wird, und die daraus resultierenden Folgen sollten nicht einseitig dem Individuum überantwortet werden. Vielmehr muß es künftig gelingen, integrierte Konzepte und Rahmenbedingungen zu entwickeln, die eine enge Verzahnung von Arbeitsverwaltung und anderen gesellschaftlichen Organisationen sowie Unternehmen vorsehen, um die Bewältigungsressourcen des Einzelnen nicht zu überfordern (Kieselbach, 1998, S. 247f.). Durch Outplacement wird aus moralischer Perspektive unternehmensseitig soziale Verantwortung übernommen und eine sozialverträgliche Personalpolitik zum Ausdruck gebracht. Die soziale Verantwortung von Arbeitgebern als auch von Arbeitnehmern findet im "neuen" § 2 SGB III ihren besonderen Ausdruck. So haben die Arbeitgeber nach § 2 Absatz 1 SGB III bei ihren Entscheidungen verantwortungsvoll deren

Auswirkungen auf die Beschäftigung der Arbeitnehmer und von Arbeitslosen und damit die Inanspruchnahme von Leistungen der Arbeitsförderung einzubeziehen. Auf der anderen Seite wird von den Arbeitnehmern eine stärkere Selbstverantwortung gefordert, die sich insbesondere in der Anpassung der beruflichen Leistungsfähigkeit an sich ändernde Anforderungen zeigt (z.B. lebenslanges Lernen) (Clever, 1993, S. 32f.).

17.9 Erfolgsbilanz von Outplacementmaßnahmen

Der von Mayrhofer in einem 1987 veröffentlichten Artikel konstatierte Befund, daß der augenblickliche Stand der Erfolgskontrolle bei Outplacement nicht befriedigt, besitzt auch heute noch Gültigkeit (Mayrhofer, 1987, S. 166). Systematische, sozialwissenschaftliche Analysen zur Erfolgskontrolle von Outplacementmaßnahmen sind im deutschsprachigen Raum eher Mangelware. Verschiedene unveröffentlichte Diplomarbeiten zu einzelnen Outplacementprojekten stellen sicherlich die Ausnahme dar (s. den Hinweis von Panitzki, 2000, S. 35; Stroebe, 1994, S. 1). In den USA sieht die Forschungslage nicht besser aus, wenn auch hier die Forschung (Dissertationen, Studien etc.) zum Thema Outplacement insgesamt gesehen weiter vorangeschritten ist als in Deutschland (Wanberg et al., 1996, S. 28 f.). Auch dort dominieren i.d.R. Praxis- und Erfahrungsberichte von Outplacementanbietern. Grundsätzlich ist bei der Frage nach der Erfolgsbilanz von Outplacementmaßnahmen zu klären, wie Erfolg definiert wird (Smith, 1993, S. 204). Ist die rasche Wiedereingliederung in einen neuen, aber eher "schlechten" Arbeitsplatz durch Outplacement schon als Erfolg zu werten? Gilt dies ebenfalls für einen neuen Arbeitsplatz mit 20% Gehaltsabschlag? Ob Outplacementmaßnahmen Erfolg zeitigen, ist neben "erfolgskritischen" Merkmalen der von Personalabbau betroffenen Arbeitnehmer wie Ausbildung, Qualifikationsniveau, Alter, körperliche Einschränkungen, vorhandene Mobilität, persönliche Einstellung (resignativ versus zuversichtlich) etc. sowie der Professionalität der Dienstleister (Trainer/Berater), der Berater-Klienten-Relation, Dauer der Maßnahme als auch von außerbetrieblichen Rahmenbedingungen, wie z.B. der Arbeitskräftenachfrage auf dem regionalen Arbeitsmarkt, abhängig (Kirsch et al., 2000, S. 63). Eine der wenigen veröffentlichten empirischen Studien im deutschsprachigen Raum zur Effektivität von Gruppenoutplacement führte das COPLAN-Institut in Basel durch, welches 70 Teilnehmer und Nicht-Teilnehmer (Kontrollgruppe) befragte. Die Studie kommt zu dem Ergebnis, daß die größte Wirkung von Gruppenoutplacement sich beim Erfolg bei der Stellensuche zeigt: 23% der Besucher des Gruppenoutplacements, aber 49% der Nicht-Besucher (Kontrollgruppe) erhielten in den jeweils letzten vier Wochen des Befragungszeitpunktes nur Absagen auf ihre Bewerbungen (Haari, 1999, S. 172). Diese positive Tendenz konnte auch in der Quote für das Erreichen eines neuen Arbeitsverhältnisses bestätigt werden. Eine neue Stelle erhielten 59% der Besucher des Gruppenoutplacements und 35% der Nichtbesucher. 22% der Besucher und 31% der Nicht-Besucher blieben im Untersuchungszeitraum (1 Jahr) ohne Beschäftigung. Am meisten profitierten von einem Gruppenoutplacement laut der COPLAN-Studie vor allem Teilnehmer mit einem Berufsabschluß und mit häufiger Fort- und Weiterbildung während der Berufstätigkeit. Allerdings raten die Autoren der Studie bei Stellenbewerbern mit lediglich befriedigenden Sprachkenntnissen und bei schulungsungewohnten Mitarbeitern von Gruppenoutplacement ab. Hier wird aufgrund der Datenlage für eine gezielte individuelle Betreuung während der Arbeitssuche plädiert (z.B. durch individuelle Unterstützung bei der Auswahl der Stelleninserate und durch Betreuung bei der Erstellung der Bewerbungsunterlagen) (Haari, 1999, S. 173). Die von professionellen Beratungsgesellschaften veröffentlichten Erfolgsquoten sind mit Vorbehalt zu interpretieren, da Marketingerwägungen hier eine nicht unerhebliche Rolle spielen (Kieselbach, 1998, S. 244).[7] Die publizierten "Erfolge" von Outplacementmaßnahmen beziehen sich in der veröffentlichten Literatur in der Regel auf "harte" Daten, wie z.B. die Wiederbeschäftigungsquote, die Beratungsdauer bis zur erneuten Arbeitsaufnahme, die erfolgreiche Absolvierung einer Qualifizierungsmaßnahme. Die Wiederbeschäftigungsquote ist das Kriterium, an dem i.d.R. die Outplacementberatung bzw. der Berater in erster Linie gemessen wird. Unberücksichtigt bleiben jedoch im allgemeinen "weichere" Daten, wie z.B. die psychische Bewältigung des Arbeitsplatzverlustes, die psychische Entlastung, die emotionale Befindlichkeit während einer Outplacementmaßnahme, die Qualität des neuen Arbeitsplatzes. Für Einzeloutplacement werden von den großen Outplacementberatungen Erfolgsraten von durchschnittlich 95% genannt. Einer aktuellen Studie des Bundesverbandes Deutscher Unternehmensberater zufolge finden 96% der Klienten spätestens nach einem Jahr eine neue Position oder schaffen den Sprung in die Selbständigkeit (Buchhorn, 2000, S. 344, 346). Interventionsmaßnahmen der Arbeitsverwaltung weisen im Vergleich dazu für Deutschland Übergangsraten in den Arbeitsmarkt zwischen 12% und 40% der Teilnehmer auf (Kieselbach, 1998, S. 244). Dies liegt darin begründet, daß es zum einen die Arbeitsverwaltung oft mit Fällen zu tun hat, die besondere Vermittlungshemmnisse aufweisen, zum anderen sind die Gründe auch in der zahlenmäßigen Relation von Berater und Arbeitssuchenden zu suchen, die eine intensive Beratungs- und Betreuungsmöglichkeit z.T. unmöglich machen. Im Rahmen der Begleitforschung zu den seit 1998 beantragbaren Zuschüssen zu Sozialplanmaßnahmen nach §§ 254 ff. SGB III konnten durch das Institut Arbeit und Technik (IAT Gelsenkirchen) bei einer schriftlichen Verbleibsbefragung kurz nach Ende der Sozialplanmaßnahmen Wiedereingliederungsquoten von 59% (54,1% Vollzeit, 3,4% Teilzeit und 1,7% Selbständigkeit) erhoben werden (Kirsch et al., 2001, S. 77). Mehr als ein Viertel der Befragten (26,8%) waren nach Beendigung der Maßnahme arbeitslos, während 9% in weiterführende Maßnahmen (z.B. Weiterbildungsmaßnahmen des Arbeitsamtes, Übergang in Beschäftigungsgesellschaften) wechselten (Kirsch et al., 2001, S. 76). Zum Zeitpunkt der Befragung hatten 243 Personen (von 444 antwortenden Befragungsteilnehmer/innen) eine neue Beschäftigung gefunden, die ebenfalls nach der Suchdauer für eine neue Beschäftigung befragt wurden. 25% der befragten Personen fanden eine neue Beschäftigung ohne eine Phase der Arbeitslosigkeit zu durchlaufen. 72% fanden innerhalb von zwei Monaten Suchzeit eine neue Beschäftigung, während 24% zwischen zwei und sechs Monaten benötigten. Vier Prozent der Befragten suchten länger als ein halbes Jahr (Kirsch et al., 2001, S. 77). Angemerkt sei, daß die Forscher des IAT im Rahmen ihrer Evaluationsstudie auf eine schmale Datenbasis zurückgreifen mußten, die auch hinsichtlich ihrer Repräsentativität nicht kontrollierbar war (Knuth, 2000, S. 12). Letztlich konnten aufgrund mehrfach wirksamer Filter nur 7% der Zielgruppe erreicht werden (Kirsch et al., 2001, S. 32).

In der Regel weist Gruppenoutplacement beim Vorliegen entsprechender Rahmenbedingungen (siehe Abschnitt 6) eine relativ gute Erfolgsquote auf. Zu beachten ist

---

7 Eine Marktübersicht "Outplacement" ist zu finden bei Wagner-Moog (2000).

bei den veröffentlichten Erfolgsquoten, ob es sich hierbei um zeitlich begrenzte Outplacementberatungsangebote handelt, was i.d.R. für Gruppenoutplacementmaßnahmen gilt, oder um zeitlich unbefristete, die erst dann enden, wenn ein neuer Arbeitsvertrag unterzeichnet bzw. die Probezeit abgeschlossen ist (z.B. bei Einzeloutplacement). Ob Outplacementmaßnahmen Erfolg zeitigen, ist neben "erfolgskritischen" Merkmalen der von Personalabbau betroffenen Arbeitnehmer wie Qualifikationsniveau, Alter, körperliche Einschränkungen etc. sowie der Professionalität der Dienstleister (Trainer/Berater) auch von außerbetrieblichen Rahmenbedingungen, wie z.B. der Arbeitskräftenachfrage auf dem regionalen Arbeitsmarkt, abhängig (Kirsch et al., 2000, S. 63).

17.10 Ausblick und Perspektiven

Ist Outplacement ein wirksames Instrument gegen drohende Erwerbslosigkeit? Zumindest signalisieren dies die bisher publizierten Erfolge (siehe Abschnitt 9) im Rahmen von Einzel- als auch Gruppenoutplacement. Jüngste Evaluationsstudien zu den Zuschüssen zu Sozialplanmaßnahmen nach §§ 254 ff. SGB III kommen zu dem Ergebnis, daß der Beschäftigtentransfer durch Outplacement wirksam unterstützt wird (Kirsch et al., 2000, S. 64).

Durch die Reformierung des SGB III erhielt Outplacement in Deutschland einen Aufschwung, indem es als förderungswürdiges und beschäftigungswirksames Instrument vom Gesetzesgeber anerkannt wurde. Dennoch ist Deutschland, was die Verbreitung von Outplacement angeht, noch als Entwicklungsland zu bezeichnen. Eine vertiefte wissenschaftliche Auseinandersetzung mit dem Thema Outplacement ist sicherlich wünschenswert, da das Konzept aufgrund praktischer Erfahrungen und der Publikationen zu dessen Erfolgen über gutes Potential verfügt. Für die empirische Forschung ergeben sich zum aktuellen Stand interessante Fragestellungen, die es zu untersuchen sicherlich lohnt:

- Verringern Outplacementmaßnahmen die Dauer der erfolgreichen Arbeitsplatzsuche?
- Sind Teilnehmer von Outplacementmaßnahmen erfolgreicher bei der Arbeitsplatzsuche als Nicht-Teilnehmer?
- Welchen Einfluß haben Geschlecht, Alter, Ausbildung, Berufsposition u.a. auf die Arbeitsplatzsuche?
- Welche Persönlichkeitsmerkmale beeinflussen wie stark die Arbeitsplatzsuche?
- Welches sind die Erfolgsdimensionen bzw. erfolgskritischen Beratervariablen im direkten Berater-Klienten-Kontrakt? (z.B. Vertrauen, Kompetenz, Beratungsintensität, emotionale Begleitung?)
- Wie stellt sich Outplacement aus Sicht der Betroffenen dar? (z.B. eher positiv, neutral, abwartend oder eher negativ?)
- Wie zufrieden sind die betroffenen Mitarbeiter mit den angebotenen Outplacementmaßnahmen?
- Welche Faktoren sind für den Erfolg eines Outplacementprojektes maßgeblich? (z.B. Dauer, Beratungsintensität, vorhandene Trainingsangebote?)
- Wie hoch ist die Stabilität der Wiederbeschäftigung bzw. wie hoch ist die dropout-Rate bei den Wiederbeschäftigten?

- Wie verarbeiten die betroffenen Mitarbeiter den Arbeitsplatzverlust mit und ohne das Angebot einer Outplacementmaßnahme (z.B. psychische Bewältigung des Arbeitsplatzverlustes, die psychische Entlastung, die emotionale Befindlichkeit während des Trennungsprozesses mit und ohne Unterstützung durch Outplacementmaßnahmen)?
- Wie erleben die in der Organisation verbleibenden Mitarbeiter das Outplacementangebot? (z.B. als sozial verantwortete Maßnahme des Unternehmers oder als Imagepflege?)
- Wie ist die Befindlichkeit der Führungskräfte, die die Kündigung aussprechen müssen?
- Wie werden solche Situationen (Kündigungsgespräche, Personalabbau) von den dafür verantwortlichen Führungskräften bewältigt und verarbeitet?
- Wie ist die Akzeptanz für und Einstellung zu Outplacement bei Geschäftsleitungen, Personalleitungen, Betriebsräten und Mitarbeitern in Deutschland?

Die Bewältigung der Arbeitslosigkeit ist und bleibt mit die größte Herausforderung unserer Gesellschaft. Neben den hohen Kosten sind es in erster Linie die psychischen, sozialen und die gesundheitlichen Folgen, die die Arbeitslosigkeit hervorbringt und die es zu bewältigen gilt. Im Zuge der wirtschaftlichen und gesellschaftlichen Entwicklungen kommt jedem Arbeitnehmer zukünftig verstärkt die Aufgabe zu, seine "employability" bzw. Einstellungs- und Beschäftigungsfähigkeit zu erhalten bzw. zu steigern. Aus diesem Grunde wird sich Outplacement immer mehr auch zur Karriereberatung in persönlichen Veränderungs- und Orientierungsprozessen hin entwickeln müssen, analog der Entwicklung in den USA, bei der sich Outplacementberatungen zunehmend als "career transition firms" verstehen (Berner, 1999b, S. 26). Ferner ist eine Ausweitung dieser Personaldienstleistung im Bereich Organisationsentwicklung absehbar, da zunehmend nicht nur die individuelle Beratung und Begleitung von entlassenen Mitarbeitern eine wichtige Rolle spielt, sondern auch die organisationale Verarbeitung von Entlassungen der sensiblen und folgenminimierenden Begleitung bedarf, wie es die Forschungsarbeiten um die Verbleibenden eines Personalabbaus deutlich herausgearbeitet haben. Die Entwicklung von ganzheitlichen Outplacementkonzepten wird daher an Bedeutung gewinnen.

Outplacementberatung kann einen wichtigen Beitrag in kritischen Lebenssituationen leisten, indem es zusammen mit den Betroffenen das Potential einer beruflichen Neuorientierung konstruktiv nutzt. Personalabbau muß nicht zwangsläufig in die Perspektivenlosigkeit für die davon betroffenen Mitarbeiter führen.

Literatur

Adensam, F., Hofmann, W. & Jaeger, M. (2000). Transfer-Sozialplan mit integriertem Qualifikationskonzept. *management & training, 10*, 26-29.

Becht, M. (1998, 13. Februar). "Happy face" trotz Jobverlust und Sinnkrise. *Handelsblatt*, S. K2.

Bengelsdorf, P. (1999). *Aufhebungsvertrag und Abfindungsvereinbarungen* (3. Aufl.). München: Beck.

Berner, S. (1999a). Auswirkungen von Personalabbaumaßnahmen auf die "Survivors". In B. Badura, M. Litsch, C. Vetter (Hrsg.), *Fehlzeiten-Report 1999. Psychische Belastungen am Arbeitsplatz* (S. 98-106). Heidelberg: Springer.

Berner, S. (1999b). *Reaktionen der Verbleibenden auf einen Personalabbau*. Unveröffentlichte Dissertation, Universität St. Gallen.

Berschens, R. (1999, 04. März). Kein großer Aufwand. *Wirtschaftswoche, 10,* S. 192.

Berthel, J. (1998). *Förderung der beruflichen Neuorientierung bei Personalabbau: Konzeptionelle Überlegungen und empirische Befunde*. Lohmar: Eul Verlag.

Bosch, G. (1990). *Qualifizieren statt entlassen: Beschäftigungspläne in der Praxis*. Opladen: Westdt. Verlag.

Brammer, L. M. & Humberger, F. E. (1984). *Outplacement and inplacement counseling*. Englewood Cliffs, NJ: Prentice Hall.

Brockner, J., Konovsky, M., Cooper-Schneider, R., Folger, R., Martin, C. & Bies, R. J. (1994). Interactive effects of procedural justice and outcome negativity and survivors of job loss. *Academy of Management Journal, 37* (2), 397-409.

Brockner, J., Tyler, T. R. & Cooper-Schneider, R. (1992). The influence of prior commitment to an institution on reactions to perceived unfairness: The higher they are, the harder they fall. *Administrative Science Quarterly, 37*, 241-261

Bröll, C. (2000, 09. Dezember). Im mittlerem Management ist Outplacementberatung kein Tabu mehr. *Frankfurter Allgemeine Zeitung,* S. 67.

Buchhorn, E. (2000). Sanfte Trennung. *Manager magazin, 11,* 342-350.

Bush, G. (1996). Lessons learned from outplacement practice and experience. In R. Broderick (Ed.), *Issues in civilian outplacement strategies: Proceedings of a workshop* (S 61-71). Washington: National Academy Press.

Clever, P. (1998). Neue Wege der gesetzlichen Beschäftigungsförderung. In: Bayer-Stiftung (Hrsg), *Beschäftigungsförderung durch neues Arbeits- und Sozialrecht: Fachtagung der Bayer-Stiftung für deutsches und internationales Arbeits- und Wirtschaftsrecht am 7. November 1997* (S. 29-39). München: Beck.

Deters, J., Karg, W. & Rosenberg, T. (1985). Personalabbau in der Personalwirtschaftslehre. *Betriebswirtschaftliche Forschung und Praxis, 37* (3), 254-272.

Deutscher Gewerkschaftsbund, Abt. Arbeitsmarktpolitik (Hrsg.). (2000). *Handlungshilfe für Betriebsräte. Wenn Personalabbau droht. Hilfen des neuen Arbeitsförderungsrechts bei betrieblichen Krisen*. Düsseldorf: Deutscher Gewerkschaftsbund, Abt. Arbeitsmarktpolitik.

Diemer, G. (1990). Outplacement und Karriereplanung: Problemlos in eine neue Karriere. *Gablers Magazin, 3*, 6-8.

Dincher, R. & Gaugler, E. (2000). Personalvermittlung. *Personal, 6,* S. 281-284.

Drumm, H.-J. (1995). *Personalwirtschaftslehre* (3. Aufl.). Heidelberg: Springer.

Drumm, H.-J. (2000). *Personalwirtschaftslehre* (4. Aufl.). Heidelberg: Springer.

Dürndorfer, M. (1998). *Freisetzung und Neuplazierung von Führungskräften: Eine Analyse der Identitätslogik von Outplacement-Beratungen aus theoretischer und empirischer Perspektive*. Hamburg: Kovac.

Egle, F. & Bens, W. (2001). *Talentmarketing. Strategien für Job-Search und Selbstvermarktung*. Wiesbaden: Gabler.

European Commission (1999). *Deregulation in placement services: a comparative study for eight EU countries*. Employment & European Social Research, Fund Papers.

Evers, A. (2000). Kommunale Beschäftigungspolitik. Ziele, Organisations- und Kooperationsformen. *Sozialwissenschaftliche Informationen 29* (1), S. 18-27.

Freimuth, J. (1994). Inplacement. Ein Beitrag zu einer antizyklischen Strategie in betrieblichen Beschäftigungskrisen. In C. Scholz & H. Oberschulte (Hrsg.), *Personalmanagement in Abhängigkeit von der Konjunktur* (S. 75-88). Mering: Hampp.

French, W. I. & Bell, C. H. (1995). *Organization development*. Englewood Cliffs, N J.: Prentice Hall.

Fritsch, W. (1976). *Die Ausgestaltung von Sozialplänen – eine rechtstatsächliche Untersuchung*. Unveröffentlichte Dissertation, Universität Bochum.

Gooding, J. (1979). Out-Placement. *Across the Board, 16* (4), 14-22.

Haari, R. (1999). Was leistet das Gruppen-Outplacement? *Grundlagen der Weiterbildung, 10* (4), S. 170-173.

Hartmann, F. (1997). *Outplacement-Beratung (Beratung zur beruflichen Neuorientierung). Modernes Instrument im Personalmanagement – schafft es neue Perspektiven?.* Düsseldorf: Hans-Böckler-Stiftung.

Hilb, M. (1998). *Management der Human-Ressourcen: Neue Führungskonzepte im Praxistext.* Neuwied: Luchterhand.

Hümmerich, K. (2000). Job statt Handgeld. *Manager magazin, 1*, 194-195.

Jaeger, M. (2001). *Mergers & Akquisitions – eine besondere Herausforderung an das Human Resources Management.* Neuwied: Luchterhand-Verlag.

Kailer, N. (1998, März). *Outplacement – Stellenwert im Kontext veränderter Personalentwicklungsarbeit, Gestaltungsmöglichkeiten und offene Fragen.* Materialienreader zum Workshop: Präventive betriebliche Personal- und Beschäftigungspolitik am Beispiel Outplacement, Ruhr-Universität Bochum.

Kern, U. (1992). Outplacement – Ein neues Instrument einer verantwortungsbewußten Personalentwicklung. In H.-C. Riekhof (Hrsg.), *Strategien der Personalentwicklung* (S. 453-465). Wiesbaden: Gabler.

Kern, U. (2000). Die Besten gehen zuerst. *Personalwirtschaft, 8*, 66.

Kibler, F. (1996). Outplacement – ein neues Instrument der Personalwirtschaft. *Recht der Arbeit, 6*, 366-374.

Kieselbach, T. (1995). Perspektiven eines zukünftigen Umgangs mit beruflichen Umbrüchen. *WSI-Mitteilungen, 12*, 769-776.

Kieselbach, T. (1998). Die Verantwortung von Organisationen bei Personalentlassungen: Berufliche Transitionen unter einer Gerechtigkeitsperspektive. In G. Blickle (Hrsg.), *Ethik in Organisationen: Konzepte, Befunde, Praxisbeispiele* (S. 233-250). Göttingen: Verl. für Angewandte Psychologie.

Kirsch, J. & Knuth, M. (2001). Berufliche Neuorientierung bei Arbeitsplatzverlust – Ein deutsch-französischer Vergleich. *WSI-Mitteilungen, 1*, 36-41.

Kirsch, J., Knuth, M., Krone, S. & Mühge, G. (1999, 19. April). Vorerst geringe Inanspruchnahme, Konzentration auf Kleinbetriebe, Nothilfe in Konkursfällen (Erster Zwischenbericht der Begleitforschung zu den Zuschüssen zu Sozialplanmaßnahmen nach §§ 245ff. SGB III). *IAB Werkstattbericht, 5.*

Kirsch, J., Knuth, M., Krone, S. & Mühge, G. (2000, 18. Juli). Ein Instrument mit vielen Gesichtern (Zweiter Zwischenbericht der Begleitforschung zu den Zuschüssen zu Sozialplanmaßnahmen nach §§ 254ff. SGB III). *IAB Werkstattbericht, 7.*

Kirsch, J., Knuth, M., Krone, S., Mühge, G. & Müller, A. (2001). *Zuschüsse zu Sozialplanmaßnahmen. Langsame Fortschritte bei der Gestaltung betrieblicher und beruflicher Umbrüche.* Nürnberg: Eigenverlag BA.

Knowdell, R. L., Branstead, E. & Moravec, M. (1994). *From downsizing to recovery: Stratetic transition options for organizations and individuals.* Palo Alto: CPP Books.

Knuth, M. (1999). Der Preis des Wandels (Graue Reihe des Instituts für Arbeit und Technik 1999-09). Gelsenkirchen: Instituts für Arbeit und Technik.

Knuth, M. (2000). Zuschüsse zu Sozialplanmaßnahmen. Selten genutzt, zeitlich gestutzt – und dennoch erfolgreich. *IAB Materialien, 4*, 12-13.

Kühlmann, T. & Wesenberg, M. (1994). Outplacement: Die Perspektive der Betroffenen. *Personal, 12*, 600-605.

Kühne, H.-J. (1997). Private Arbeitsvermittlung von Führungskräften und Spezialisten in Japan. In A. Tonn & H.-J. Kühne (Hrsg.), *Personalsuche in Japan* (S. 125-285). Hamburg: Deutsch-Japanische Juristenvereinigung.

Landesarbeitsamt Hessen (1995). *Erfolgsbeobachtung beruflicher Weiterbildung in Hessen. Ergebnis einer Verbleibsuntersuchung von Weiterbildungsabsolventen des 1. Halbjahres 1995.* Frankfurt: Landesarbeitsamt Hessen.

Lingenfelder, M. & Walz, H. (1989). Struktur und Bewertung von Gruppenoutplacement. *Personal, 7*, 258-262.

Mayrhofer, W. & Rundstedt, E. von. (1991). Trennung ohne Kündigung. Outplacement als Instrument des modernen Personalmanagements. *Zeitschrift für Führung und Organisation, 1*, 42-48.

Mayrhofer, W. (1987). Der gegenwärtige Stand der Outplacement-Diskussion. *Zeitschrift für Personalforschung, 1* (2), 147-180.

Mayrhofer, W. (1989). *Trennung von der Organisation – Vom Outplacement zur Trennungsberatung.* Wiesbaden: DVU.

Meyer, J. L. & Shadle, C. C. (1994). *The changing outplacement process: New methodes and opportunities for transition management.* Westport, CT: Quorum Books.

Mone, M. A. (1994). Relationships between self-concepts, aspirations, emotional responses, and intent to leave a downsizing organization. *Human Resource Management, 33,* 281-298.

Müller, G. F. (1998). Prozedurale Gerechtigkeit in Organisationen. In G. Blickle (Hrsg.), *Ethik in Organisationen: Konzepte, Befunde, Praxisbeispiele* (S. 57-70). Göttingen: Verl. für Angewandte Psychologie.

Neumann, G. & Spieß, B.-G. (1995). Ansätze betriebsbezogener Arbeitsmarktpolitik. *WSI-Mitteilungen, 7,* 431-438.

Noer, D. M. (1993). *Healing the wounds: Overcoming the trauma of layoffs and revitalizing downsized organizations.* San Francisco: Jossey-Boss.

Panitzki, A. (2000). Trennungsprozesse managen – mehr als nur Abfindungen aushandeln. *Personal Profi. Das Monatsmagazin für Personalabteilung und Management, 1,* 34-35.

Redstrom-Plourd, M. A. (1998). *A history oft the outplacement industry 1960-1997. From job search sounseling to career management. A new curriculum of adult learning.* Disseration of the faculty of the Virginia Polytechnik Institute and State University.

Reinl, K. (1999). Zunehmende Akzeptanz. *Personalwirtschaft, 11,* 42-45.

Ridder, H.-G. (1999). *Personalwirtschaftslehre.* Stuttgart: Kohlhammer.

Ritz, H. G. (1999). Outplacement für Schwerbehinderte in Hamburg. *Sozialer Fortschritt, 1-2,* 45-49.

Rojot, J. (1997). Outplacement. In R. Blanpain (Ed.), *Private employments agencies: The Impact of ILO Convention 181 and the Judgment of the European Court of Justice of 11 December 1997* (S. 147-153). Bulletin of comparative labour relations, Issue 36. The Hague: Kluwer Law Int.

Röttig, P. F. (1993). *Humaner Personalabbau: Visionen eines erfahrenen Personalmanagers.* Wien: Überreuter.

Rundstedt, E. (1994). Outplacement – Trennen ohne Konflikte. In R. Dahlem (Hrsg.), *Handbuch des Führungskräfte-Managements* (S 457-475). München: Beck.

Rundstedt, E. (1999). Outplacement-Beratung. In T. Sattelberger (Hrsg.), *Handbuch der Personalberatung: Realität und Mythos einer Profession* (S. 344-355). München: Beck.

Rundstedt, E. (2000). *Die konstruktive Variante: Outplacement statt Abfindung.* http://www.bdu.de/beraterauswahl/fach/fach/83.htm, 19.4.2001.

Rutishauer, S. (1998). Auswirkungen von Massenentlassungen auf die Weiterbeschäftigten. In M. Hilb (Hrsg.), *Management der Human-Ressourcen: Neue Führungskonzepte im Praxistext* (S. 231-242). Neuwied: Luchterhand.

Sauer, M. (1991). *Outplacementberatung: Konzeption und organisatorische Gestaltung.* Wiebaden: Gabler.

Schanz, G. (1993). *Personalwirtschaftslehre: Lebendige Arbeit in verhaltenswissenschaftlicher Perspektive.* München: Vahlen.

Scholz, C. (2000). *Personalmanagement: Informationsorientierte und verhaltenstheoretische Grundlagen.* München: Vahlen.

Seidel, G. (1997, 03. September). Trotz Jobverlust nicht arbeitslos. Gruppen-Outplacement als Ausweg bei der Auflösung von ganzen Unternehmensbereichen. *Blick durch die Wirtschaft,* S. 1.

Seisl, P. (1998). *Der Abbau personeller Überkapazitäten: Unternehmerische Handlungsspielräume – Folgewirkungen – Implikationen für ein Trennungsmanagement.* Berlin: E. Schmidt Verlag.

Seiwert, L. J. (1989). Outplacement als Instrument des Personalmangements. In D. Schulz, W. Fritz, D. Schuppert, L. J. Seiwert & I. Walsh (Hrsg.), *Outplacement: Personalfreisetzung und Karrierestrategie* (S. 11-18). Wiesbaden: Gabler.

Smith, M. (1993). Outplacement: Die menschliche Seite des Personalabbaus. *Zeitschrift für Arbeits- und Organisationspsychologie, 37,* (4), 201-204.

Stoebe, F. (1993). *Outplacement: Manager zwischen Trennung und Neuanfang.* Frankfurt: Campus Verlag.

Stoebe, F. (1994, 05. Mai). Entlassene Manager mit Outplacement meist zufrieden. *Blick durch die Wirtschaft*, S. 1.

Stricker, M. (1999). *Personalabbau mit Perspektive: Ansätze zur Förderung der beruflichen Neuorientierung vor dem besonderen Hintergrund von Restrukturierungen*. Lohmar: Eul Verlag.

Thau, J. T. (1999). US-amerikanisches Arbeitsrecht – flexibler als das deutsche? *Arbeit und Arbeitsrecht, 3*, 119-121.

Volk, H. (2000). Wenn der psychologische Vertrag zerbricht. *Managementberater, 4*, 48-49.

Wagner-Moog, A. (2000). Marktübersicht Outplacement. *management & training, 9*, 26-29.

Wanberg, C. R. & Hough, L. M. (1996). Unemployment and outplacement: An organizational psychology perspective. In R. Broderick (Ed.), *Issues in civilian outplacement strategies: Proceedings of a workshop* (S. 14-32). Washington: National Academy Press.

Wilke, M. (1999). *Inplacement*. Kassel: BTQ.

Wiskemann, G. (1999). *Strategisches Human Resource Management und Arbeitsmarkt. Personalplanung als Grundlage eines systematischen Beschäftigungsmanagements*. Baden-Baden: Nomos.

Wonnemann, C. (1992). Entwicklung und Bedeutung von Outplacement in Deutschland. *Personal, 6*, 256-259.

Wunderer, R. & Dick, P. (2000). *Personalarbeit 2010 – Quo vadis?*. Neuwied: Luchterhand Verlag.

Ziegler, A. & Hochmuth, E. (1999). Im Spannungsfeld von Unternehmenspleiten und Früherkennung. Beispiele zur Bewältigung von Unternehmenskrisen in Ostdeutschland. *Gewerkschaftliche Monatshefte, 11*, 684-692.

Zijderveldt, C. (1995). Der Kommentar des Praktikers. In M. Hilb (Hrsg.), *Personalmanagement auf dem Prüfstand: Praktiker kommentieren neueste Forschungsergebnisse* (S. 199-203). Zürich: Verl. Industrielle Organisation.

18 Arbeitsförderung nach dem Sozialgesetzbuch III: Neuansätze und Evaluation

Christian Brinkmann

18.1 Hintergrund

Es ist Bewegung gekommen in die Arbeitsförderung[1] der Bundesanstalt für Arbeit (BA), und das nicht erst durch das Sozialgesetzbuch III (SGB III), das Anfang 1998 das seit 1969 geltende Arbeitsförderungsgesetz (AFG) abgelöst hat. Im Rahmen des Organisationskonzepts "Arbeitsamt 2000" wurden die grundlegenden Organisationsziele neu bestimmt (Kundenorientierung, Wirksamkeit, Wirtschaftlichkeit und Mitarbeiterorientierung) und Handlungsfelder abgeleitet, zu denen ausdrücklich die Einführung von Controlling zählt (Bundesanstalt für Arbeit, 1995, 1996a, 1996b; Kulozik, 1998).

Die Leistungen der aktiven Arbeitsförderung[2] – neben Vermittlung und Beratung vor allem die "großen" Instrumente Förderung der beruflichen Weiterbildung (FbW) und Arbeitsbeschaffungsmaßnahmen (ABM) – wurden verändert und ergänzt: Ausgehend von einschlägigen Erfahrungen im Ausland wurde schon 1986 das Überbrückungsgeld als Starthilfe für den Sprung aus der Arbeitslosigkeit in die Selbständigkeit eingeführt und später in den Konditionen deutlich verbessert. Nach einer Erprobungsphase wurde Anfang 1994 mit dem § 62d AFG eine Projektförderung für besonders schwer vermittelbare Arbeitslose verankert.[3] Vor allem die Erfahrungen in Ostdeutschland haben zu den jetzt "Strukturanpassungsmaßnahmen" (SAM) genannten pauschalierten Lohnkostenzuschüssen geführt, mit denen Arbeitsbeschaffung mehr an die Beschäftigung im regulären Arbeitsmarkt gekoppelt werden soll.[4] Hinzugekommen ist weiterhin die gemeinnützige Arbeitnehmerüberlassung.

Mit dem SGB III wurde u.a. die schon vorhandene Palette betriebsbezogener Einstellungshilfen um neue Instrumente erweitert (Stichworte: Eingliederungsvertrag, Einstellungszuschuß bei Neugründungen, vgl. Jaenichen, 1999). Besonders zu erwähnen ist schließlich die nach holländischem Vorbild gerade auch im kommunalen Bereich nunmehr praktizierte Vermittlung nach der sog. "Maatwerk"-Methode, bei der private Vermittlungsagenturen für erfolgreiche Vermittlungen Prämien erhalten.

Zudem wird anders als früher in deutschen Landen nunmehr auch im Bereich der Arbeitsmarktpolitik viel experimentiert – nicht im Sinne von echten Experimenten, sondern im Sinne von Modellversuchen und der Erprobung neuer Ansätze.[5] Zusätzlich zu einem schon mehrere Jahre existierenden BMA-Haushaltstitel[6] und zusätzlich zu den aus EU-Mitteln finanzierten (transnationalen) Modellprojekten der Gemeinschafts-

1 Dieser Begriff wird im SGB III zur Umschreibung der arbeitsmarktpolitischen Aktivitäten der BA verwendet.

2 Hierzu zählen nicht die (passiven) Lohnersatzleistungen.

3 Allerdings nur zeitlich befristet und zunächst nicht in dieser Form in das SGB III übernommen. Nach Gesetzesänderung wurde ab 01.01.1999 solch eine Projektförderung im Rahmen der Freien Förderung nach § 10 SGB III wieder zugelassen.

4 Zur Zeit auf fünf Jahre im SGB III befristet verankert. Die "klassischen", durch Mittel der Strukturpolitik kofinanzierten SAM wurden in Ostdeutschland auf Wirtschaftsunternehmen ausgeweitet (vgl. Jaenichen, 1999).

5 Umfangreiche Modellversuche gab es z.B. früher schon in den Bereichen der Bildungspolitik und Jugendpolitik.

6 Förderung der Erprobung zusätzlicher Wege in der Arbeitsmarktpolitik (früher "... neuer Wege ...", nunmehr "... innovativer Ansätze ..."

initiativen[7] kann nun auch die "Freie Förderung" nach § 10 SGB III als "Innovationstopf" genutzt werden, und zwar mit einem beachtlichen Haushaltsvolumen.[8]

Mit der Freien Förderung dürften sich wie mit den Strukturanpassungsmaßnahmen neue Kofinanzierungs- bzw. Fördermodelle erschließen lassen, auch solche mit strukturpolitischem Hintergrund. Soweit es sich um "Modellprojekte" handelt, bedürfen auch sie der systematischen Begleitung und Evaluation, um überregionale Lernprozesse in Gang setzen zu können (vgl. Abschnitt 18.6).

Das Sozialgesetzbuch III hat den laufenden Veränderungen in der Arbeitsverwaltung neue Impulse gegeben und einen Rahmen gesetzt, der sich mit den Stichworten neue Förderphilosophie, neue Instrumente, Dezentralisierung und Regionalisierung umschreiben läßt. Es enthält neue Vorgaben für Controlling und Evaluation, wobei ein innerer Zusammenhang zwischen diesen Komponenten zu erkennen ist.

Die neue "Förderphilosphie" interessiert an dieser Stelle weniger, sie hat sich auch nur partiell im Instrumentarium niedergeschlagen (Ammermüller, 1997; Brinkmann & Kress, 1997). In einem insgesamt sehr heterogenen Zielsystem[9] wird mehr als früher der unmittelbare Arbeitsmarktausgleich in den Vordergrund gerückt, d. h. vorrangig individuelle Förderung von Problemgruppen des Arbeitsmarktes (§ 7 Abs. 3); und dies wird nochmals weitgehend eingeschränkt auf Beitragszahler und Empfänger von Lohnersatzleistungen nach dem SGB III.[10] Diese Grundkonstruktion hat ihre (durchaus ambivalente) Parallele in einer Verstärkung der beschäftigungspolitischen Verantwortung von Kommunen.

Auch auf die neuen Förderinstrumente ist an dieser Stelle nicht näher einzugehen. Gerade mit Neuansätzen zur beruflichen Eingliederung von Arbeitslosen oder den Zuschüssen zu Sozialplanmaßnahmen verbindet sich Evaluationsbedarf – dies aber nur am Rande.[11]

Mit dem neuen Instrument der Freien Förderung wurde bereits ein wesentlicher Baustein dessen angesprochen, was mit dem SGB III an erweiterten regionalen Kompetenzen der örtlichen Arbeitsämter angelegt ist. Vor einigen weiteren Aspekten hierzu zunächst eine begriffliche Differenzierung, die zur Einordnung hilfreich sein kann. In einem engeren Sinne bedeutet Regionalisierung Freigabe von Entscheidungsspielräumen, während Dezentralisierung eine Verlagerung der Implementation vorgegebener Programme auf die räumlich niedrigere Ebene meint (Hild, 1997, S. 224). Mit dem neuen Gesetzeswerk wurde in diesem Sinne Arbeitsförderung der Bundesebene in wesentlichen Teilen dezentralisiert, es wurden aber auch Entscheidungsspielräume

---

7 Gemeinschaftsinitiativen BESCHÄFTIGUNG und ADAPT, in der neuen Förderperiode ab 2000 Gemeinschaftsinitiative EQUAL.

8 Maximal 10% des Eingliederungstitels von gegenwärtig über 25 Mrd. DM pro Jahr (s. u.). In den Haushaltsplanungen für 2000 wurden deutlich mehr als 1 Mrd. DM für die Freie Förderung veranschlagt.

9 Vgl. hierzu Abschnitt 18.5.

10 Erweitert wird der Kreis der förderfähigen Personen durch den Europäischen Sozialfonds (ESF), der Maßnahmen auf Bundes- wie auf Landesebene kofinanziert (Deeke, 1999; Deeke, Hülser & Wolfinger, 1997).

11 Zum weiteren Spektrum betriebsbezogener Einstellungshilfen hat das IAB 1998 zwei längerfristig angelegte repräsentative Evaluationsprojekte begonnen (Jaenichen, 1999). Dabei geht es auch um die Abschätzung von Netto-Eingliederungseffekten durch Kontrollgruppenbildung. Zu den Sozialplanmaßnahmen führt das Institut Arbeit und Technik in Gelsenkirchen im Auftrag des IAB eine Begleitforschung durch (Kirsch, Knuth, Krone & Mühge, 1999).

verlagert. Ausgesprochene (und eingeschränkte) Zielsetzung war in diesem Zusammenhang, Effektivität und Effizienz der Arbeitsverwaltung zu erhöhen (Brinkmann, 1998a).

Nach § 9 SGB III sollen die Leistungen der Arbeitsförderung vorrangig durch die örtlichen Arbeitsämter erbracht werden. Sie haben dabei mit den Beteiligten des örtlichen Arbeitsmarktes zusammenzuarbeiten.

Diese im Vergleich zum AFG gar nicht so ganz neuen Formulierungen gewinnen dadurch Gewicht, daß weitere Änderungen im Sozialgesetzbuch (§ 71b SGB IV) festschreiben, daß die Ermessensleistungen der Arbeitsförderung in einem einzigen Eingliederungstitel zusammengefaßt werden und die darin veranschlagten Mittel (mit kleineren Ausnahmen) den Arbeitsämtern zur eigenverantwortlichen Bewirtschaftung zuzuweisen sind. Deren Verwaltungsausschüsse sind nach § 378 (3) SGB III zuständig für die Aufteilung der im Eingliederungstitel zusammengefaßten Mittel. Die Arbeitsämter müssen für jede Art der gesetzlich definierten Ermessensleistungen Mittel zur Verfügung stellen, wobei Lage und Entwicklung des regionalen Arbeitsmarktes zu berücksichtigen sind. Sie sind aber – ganz anders als früher – frei in der Festlegung der Gewichte, mit denen z.B. in der Region Qualifizierung, Maßnahmen zur Arbeitsbeschaffung oder betriebsbezogene Einstellungshilfen zur Anwendung kommen sollen.

Damit haben die Arbeitsämter (AÄ) weitgehende Entscheidungsbefugnisse erhalten, so weitgehende, daß schon Befürchtungen laut wurden, der politische Druck könnte zu kurzsichtigen Entscheidungen führen, d. h. rasche und sichtbare (vermeintliche) Erfolge könnten zu Lasten einer adäquaten Zielgruppenförderung gehen. Solche Befürchtungen verknüpfen sich z.B. mit einem Unbehagen an die im folgenden näher zu behandelnden Eingliederungsbilanzen.

Darauf hinzuweisen ist, daß noch weitere Entwicklungslinien im Umfeld der Arbeitsmarktpolitik zu einer Stärkung bzw. stärkeren Inanspruchnahme der regionalen Ebene führen:

Zu erwähnen ist zum einen der komplementäre Ausbau des Sozialhilferechts in Richtung verstärkter Arbeitsförderung arbeitsloser Sozialhilfeempfänger durch Kommunen – dies vor dem Hintergrund einer über die Jahre deutlich anwachsenden Zahl von Arbeitslosen, die keine Ansprüche nach dem AFG bzw. dem SGB III haben oder deren Lohnersatzleistungen unter Sozialhilfeniveau liegen.

Zu erwähnen ist zum anderen die Aufhebung des Vermittlungs- und Beratungsmonopols der Bundesanstalt für Arbeit, zum Teil schon vor der Einführung des SGB III. Dies macht eine Neukonzeption von Beratungs- und Vermittlungsaktivitäten der AÄ erforderlich. So geht es im Sinne eines Stufenkonzepts mehr als früher um die Förderung der Eigeninitiative und Eigenverantwortung von Arbeitsuchenden und Ratsuchenden, wie an verschiedenen Stellen des SGB III betont wird (§ 2, § 19).

Wichtiger im vorliegenden Zusammenhang: Nach § 37 SGB III kann nunmehr auch das Arbeitsamt zu seiner Unterstützung mit Einwilligung des Ausbildungssuchenden oder Arbeitsuchenden Dritte an der Vermittlung beteiligen. Dritte können Kammern, Verbände, Sozialämter oder private Vermittler sein. Es können Vermittlungsagenturen (z.B. auch gemeinsam vom Arbeitsamt und Sozialamt) gegründet oder bestehende beauftragt werden. Intensivberatung, Betreuung und ggf. auch Vermittlung besonders schwervermittelbarer Arbeitsloser, für die in den Arbeitsämtern und auch in den Sozialämtern nicht hinreichend Personalkapazitäten zur Verfügung stehen, können an Dritte vergeben werden, um das erforderliche "case-management" zu ermöglichen.

18.2 Evaluationserfordernisse

Dezentralisierung in den Verwaltungsabläufen, regionale Verantwortung und zunehmende Kooperationsnotwendigkeiten, um Arbeitsvermittlung und Förderung sinnvoll zu gestalten: All dies hat u.a. zur Voraussetzung, daß Transparenz hergestellt wird, auch um Fehlentwicklungen zu erkennen und Erträge feststellen zu können.

Deshalb legt § 280 SGB III nunmehr erstmals gesetzlich fest, daß die Bundesanstalt für Arbeit nicht nur Lage und Entwicklung am Arbeitsmarkt, sondern auch "... die Wirkungen der aktiven Arbeitsförderung zu beobachten, zu untersuchen und auszuwerten (hat), indem sie

1. Statistiken erstellt,
2. Arbeitsmarkt- und Berufsforschung betreibt und
3. Bericht erstattet."

Die Gesetzesformulierung läßt deutlich erkennen, daß Erfolgsbeobachtung und Evaluation im SGB III-Zusammenhang nicht nur Aufgabe des zur BA gehörenden Instituts für Arbeitsmarkt- und Berufsforschung (IAB) bzw. der Wissenschaft ist, sondern Aufgabe aller in der BA, und zwar auf allen Ebenen.

Hierzu ein einschlägiges Zitat (Lenk, 1993, S. 91):

> „Ohne ausgebautes Verwaltungscontrolling sind Evaluationen Kraftakte. Verstärkte Institutionalisierung der Vollzugsbeobachtung und des Monitoring ..., beides im Sinne vieler kleiner und mittlerer Managementkreisläufe, wäre die erste Forderung. Die intelligence der Verwaltung beginnt ganz unten, sie muß nach oben blubbern. Ihre Ergebnisse zu verdichten ist eine weitere, schon ältere Forderung. Die verdichteten Daten besser fließen zu lassen, die institutionellen Grenzen der Verwaltungsträger dabei zu überspielen, ist ebenfalls ein altes Petitum. Aber es muß erstaunen, wie wenig die besseren methodischen und technischen Möglichkeiten ... dazu geführt haben, daß über eine der Komplexität angemessene neue politische Wissensordnung nachgedacht wird."

Im Hinblick auf die rapiden Veränderungen innerhalb der BA (organisatorisch, informationstechnisch, konzeptionell) mag diese allgemeine Einschätzung von Lenk überholt erscheinen, sie vermittelt gleichwohl eine Vorstellung von der Vielfalt der erforderlichen, aufeinander abgestimmten Evaluationsaktivitäten.

18.3 Das sich entwickelnde Monitoring-System

18.3.1 Eingliederungsbilanzen

Im unmittelbaren Zusammenhang mit diesen Entwicklungen sind die Arbeitsämter in Deutschland nun verpflichtet, sog. Eingliederungsbilanzen über die Ermessensleistungen der aktiven Arbeitsförderung zu erstellen. Diese wurden Mitte 1999 erstmals (für das Geschäftsjahr 1998) veröffentlicht (Bundesanstalt für Arbeit, 1997, 1999).

Nach den detaillierten Vorgaben von § 11 SGB III enthält eine Eingliederungsbilanz *insbesondere* (nicht abschließend definiert) Angaben über

- Umfang und Verteilung der Geldmittel,
- Durchschnittsausgaben je geförderten Arbeitnehmer,
- Umfang und Verteilung der einzelnen Ermessensleistungen sowie Beteiligung besonders förderungsbedürftiger Personengruppen,
- Frauenbeteiligung,
- Vermittlungsquote,
- Verbleibsquote,
- Rahmenbedingungen des regionalen Arbeitsmarktes,
- Entwicklung der Maßnahmen im Zeitverlauf.

Kernstück der Bilanzen sind Angaben zum Verbleib der Arbeitnehmer "in angemessener Zeit im Anschluß an die Maßnahme". Nach groben Maßnahmebereichen weist demnach jedes Arbeitsamt aus, wie viel Geförderte ein halbes Jahr nach Abschluß der Maßnahme arbeitslos gemeldet sind (ein Verbleib in Beschäftigung bzw. in nicht geförderter Beschäftigung, wie ursprünglich angestrebt, ist in der vorgegebenen kurzen Zeit nicht flächendeckend ausweisbar). Differenziert wird soweit wie möglich auch nach besonders förderungsbedürftigen Personengruppen. Das werden im Hinblick auf die statistische Datenlage und die notwendige Übersichtlichkeit zunächst nur sein: Langzeitarbeitslose, Schwerbehinderte/Gleichgestellte, Ältere (50 Jahre und älter) sowie Berufsrückkehrer/-innen. Frauen werden gesondert ausgewiesen. Für einen großen Teil der im einzelnen aufgeführten (groben) Maßnahmefelder wurden bereits in der ersten Bilanz Mitte 1999 Verbleibsquoten ausgewiesen (Bundesanstalt für Arbeit, 1999).

Eingliederungsbilanzen sind ein Schritt in die richtige Richtung: Erstmals gibt es regelmäßig im Sinne von Verlaufsstatistiken für alle wesentlichen Bereiche der Arbeitsmarktpolitik auf der Ebene von "Brutto-Ergebnissen" Informationen zum Verbleib von Maßnahmeteilnehmern, und das in standardisierter Weise. Bislang gab es solche Grundinformationen nur punktuell, in größeren Zeitabständen für einzelne Instrumente über aufwendige Sonderuntersuchungen.

"Brutto-Ergebnisse" heißt: Informationen zum Verbleib von Geförderten, ohne daß dies ohne weiteres als Wirkung des Instruments interpretiert werden darf. Diese wird erst erkennbar, wenn geklärt ist, wie viel Personen auch ohne die Förderung eine Arbeit aufgenommen hätten – eine der schwierigsten Evaluationsfragestellungen. Erst wenn solche Personen "herausgerechnet" werden, erhält man (kausalanalytisch interpretierbare, d. h. dem Instrument zurechenbare) "Netto-Ergebnisse", in diesem Falle zum Verbleib.[12] Häufig wird dieser wesentliche Unterschied übersehen.

Läßt man die ambitionierte Zielsetzung, die der Gesetzgeber mit der Eingliederungsbilanz verbindet[13], außer Betracht, und sieht man von der durchaus möglichen und naheliegenden Fehlinterpretation (Brutto = Netto) einmal ab, so ist diese Bilanz zu begrüßen. Sie wird im Rahmen eines notwendigerweise immer differenzierter

---

12 Zu beachten ist auch die "Zeitkomponente": Mit der Maßnahme wird eine möglichst frühzeitige Wiedereingliederung angestrebt, d. h. zu einem früheren Zeitpunkt, als ohne die Förderung zu erwarten gewesen wäre. Aus der Zeitdifferenz ergibt sich der Netto-Effekt der Förderung.

13 Eingliederungsbilanzen sollen ein zentrales Instrument sein, um Leistungsvergleiche zwischen den Arbeitsämtern ("managed competition") zu ermöglichen (Deutscher Bundestag, 1996).

werdenden Monitoring-Systems ihren unverzichtbaren Stellenwert haben, obwohl sie in der veröffentlichten Form[14] für unmittelbare Controlling-Zwecke, d. h. für die Steuerung des Maßnahmeeinsatzes im Laufe eines Geschäftsjahres, zu spät kommt.

Eingliederungsbilanzen werden aber mit den konkreten gesetzlichen Vorgaben auch zu Problemen führen: Sie enthalten zwangsläufig zunächst nur Ergebnisse zum kurzfristigen Eingliederungserfolg, wobei zu berücksichtigen ist, daß einzelne Maßnahmen (z.B. Vorschaltmaßnahmen) nur mittelbar eine Eingliederung zur Folge haben können, daß längerfristige Eingliederungsaspekte und qualitative Veränderungen der beruflichen Situation im Zusammenhang mit den Maßnahmen ausgeblendet bleiben und daß mit den Maßnahmen z. T. auch weitere Ziele (berufliche Stabilisierung und Verbesserung der Vermittlungsfähigkeit, Strukturverbesserung am Arbeitsmarkt u.a.) verfolgt werden und weitere (zunächst nicht intendierte) Nutzenaspekte eine Rolle spielen können.[15]

Unterschiedliche Arbeitsmarktstrukturen können sehr viel stärker auf die Eingliederung durchschlagen als die Handhabung der Förderung durch ein einzelnes Arbeitsamt. Insofern ist die Wiedereingliederung eines ABM- oder Qualifizierungsteilnehmers zumindest auch eine Frage der Verfassung des örtlichen Arbeitsmarktes (Blaschke & Nagel, 1999). Die in der Bilanz erst nachträglich aufgenommenen Rahmenbedingungen des regionalen Arbeitsmarktes können in der notwendigerweise verkürzten Form nur "Merkposten" für diese Problemlage sein. Hinzu kommt, daß Zeitvergleiche häufig aussagefähiger sind als die zunächst im Mittelpunkt stehenden Querschnittsvergleiche. Auch hierauf können die (gegenüber den ursprünglichen Vorstellungen ebenfalls nachträglich aufgenommenen) Angaben zur Entwicklung der Maßnahmen im Zeitverlauf nur erste Hinweise geben.

Nach allen bisherigen Untersuchungen zum Eingliederungserfolg geht eine Verstärkung der Zielgruppenorientierung – ceteris paribus – zu Lasten der Eingliederungsquote (Blaschke & Nagel, 1995). Wirkungsanalysen und im Vorfeld hiervon Arbeitsförderungsbilanzen, die auf kurzfristige Eingliederungsbilanzen verkürzt werden, führen im Wettbewerb um höchste Eingliederungsquoten mit großer Wahrscheinlichkeit zu einer Benachteiligung derjenigen Personen mit den größten Vermittlungshemmnissen. Der fast durchgängige Ausweis "besonders förderungsbedürftiger Personengruppen" rückt das Problem in den Blick, heilt es aber nicht, weil sich hinter jeder dieser statistischen Kategorien sehr unterschiedliche Problemlagen und Eingliederungsschwierigkeiten verbergen können. Entsprechende Entwicklungen – auch forschungsmäßig – im Blick zu behalten, wird eine entscheidende Aufgabe im Umgang mit den Eingliederungsbilanzen sein. Die grundsätzlichen Probleme, die sich mit den vorgegebenen Eingliederungsbilanzen ergeben können, werden in Tabelle 18.1 zusammengefaßt.

---

[14] BA-intern stehen die Daten auch unterjährig zur Verfügung.

[15] Vgl. hierzu Bach und Spitznagel (1992), Bach et al. (1997) und Kleinhenz et al. (1998).

Tabelle 18.1: Eingliederungsbilanz (§ 11 SGB III)

I. *Vorzüge*

- Transparenz als Voraussetzung für wirksameren Einsatz
- Vergleichbarkeit, "managed competition"
- neue Datenzugänge

II. *Kritikpunkte*

- nur kurzfristiger Verbleib (arbeitslos ½ Jahr)
- keine qualitativen Zieldimensionen ("employability", qualifikationsadäquate Beschäftigung, Vermittlung gewichtet nach Schwierigkeitsgrad, z.B. Dauer der vorausgegangenen Arbeitssuche)
- nur am Rande Arbeitsmarktwirkungen (Entlastungswirkung wurde einbezogen, "Strukturverbesserung" fehlt)
- Brutto- statt Netto-Effekte
- Gefährdung von Zielgruppenerreichung ("creaming"-Effekte)
- Mögliche Verzerrungen beim Querschnittsvergleich (Einfluß von regionalen Arbeitsmarktstrukturen)

III. *Fazit*

- ein schwieriger Schritt in die richtige Richtung
- darf nicht isoliert gesehen werden
- bedarf der Ergänzung und Weiterentwicklung

Wichtig für Wirkungsforschung (s. u.): Eingliederungsbilanzen machen das Zusammenspiel unterschiedlicher Dateien innerhalb der BA erforderlich. Damit wird eine Entwicklung gestützt, die im Ergebnis dazu führen wird, daß – datenschutzrechtlich abgesichert – über eine einheitliche personenbezogene Kundennummer alle Aktivitäten der Arbeitsämter (Beratung, Vermittlung, Einsatz von Maßnahmen) festgehalten und der Verbleib einzelner in Arbeitslosigkeit oder in Beschäftigung über Datenabgleiche verfolgt werden kann – eine Zielsetzung, die weit über das kurzfristige Monitoring hinausgeht.

18.3.2 Geschäftspolitische Schwerpunkte

Eingliederungsbilanzen enthalten sog. Input- und Output-Indikatoren (Ausgaben, Verbleib) vorrangig zum Instrumenteneinsatz und nur am Rande zur Vermittlung selbst. Sie stellen allenfalls mittelbar und über ergänzende Informationen auf arbeitsmarktbezogene Wirkungen als "Outcome" ab.

Hier setzt nun als zweiter Entwicklungsstrang das 1999 eingeführte Ziel-Controlling der BA an. Es handelt sich um die zunächst als Bundesziele entwickelten geschäftspolitischen Schwerpunkte, die im Vorfeld mit den regionalen Organisationseinheiten abgeklärt wurden, und um regionale Zielsetzungen ergänzt werden können. Später sollen sie flächendeckend in förmliche Zielvereinbarungen einmünden, wie sie jetzt bereits in Modellarbeitsämtern praktiziert werden.

Grundsätzlich geht es um die Steuerung des Verwaltungshandelns (Vermittlung, Beratung, Einsatz arbeitsmarktpolitischer Instrumente) über verbindliche, quantitative, auf den Arbeitsmarkt bezogene Wirkungsziele.[16] Diese Ziele werden in einem komplexen Zielfindungsprozeß unter Beteiligung aller Ebenen der Gesamtorganisation entwikkelt und vorgegeben, die Zielerreichung wird periodisch über das "Controlling-System" überprüft, Zielabweichungen werden im dialogischen Verfahren zum Anlaß genommen, Verhaltensänderungen vorzunehmen.

Geschäftspolitische Schwerpunkte für das Jahr 2000 mit den entsprechenden Handlungsfeldern sind (für alle Organisationseinheiten verbindliche Bundesziele, die regional ergänzt werden können):

- Langzeitarbeitslosigkeit senken (mehr Langzeitarbeitslose in Arbeit bringen, Übertritte in Langzeitarbeitslosigkeit verhindern)
- Jugendarbeitslosigkeit senken (Ausbildungsstellenakquisition verbessern, Jugendliche in Ausbildung oder Beschäftigung bringen)
- Vereinbarkeit von Beruf und Familie für Männer und Frauen verbessern (mehr "Mobilzeit"[17] als Beschäftigungsvariante anbieten, mehr Berufsrückkehrerinnen und Berufsrückkehrer in Arbeit bringen)
- Beschäftigungsmöglichkeiten marktgerecht erschließen (Einschaltung intensivieren, Ausschöpfung erhöhen)

Auch hier sind kritische Fragen zu stellen (Tabelle 18.2). Zum einen geht es um die Aussagekraft einiger der Indikatoren, ihre Validität und die Frage, inwieweit es möglich ist, realistische Erwartungswerte zu bilden, um Zielwerte sinnvoll definieren zu können, z.B. hinsichtlich des Zugangs in die Langzeitarbeitslosigkeit oder der Laufzeit der offenen Stellen.

Zum anderen geht es um ein Grundsatzproblem: Solche Monitoring-Systeme sind zwangsläufig auf routinisierbare, quantifizierbare und i.d.R. kurzfristige Wirkungen (lediglich kurzfristiger Verbleib in Beschäftigung, nicht Qualität der Beschäftigungsverhältnisse wie Dauerhaftigkeit) beschränkt (Auer & Kruppe, 1996). Controlling und Evaluation müssen über solches Monitoring hinausgehen, wollen sie alle wichtigen Zieldimensionen von Arbeitsförderung im allgemeinen und von Vermittlung und Beratung im besonderen mit umfassen.

---

16 Weitere Steuerungsebenen sind die gesetzlichen Rahmenbedingungen (Normen) und die Zuteilung von Ressourcen (verfügbares Budget).

17 Teilzeitarbeit und flexible Formen der Arbeitszeitgestaltung.

Tabelle 18.2: Geschäftspolitische Schwerpunkte der Bundesanstalt für Arbeit

I.	*Vorzüge*	
	-	arbeitsmarktbezogene Wirkungsziele
	-	an mittelfristigen Problemlagen des Arbeitsmarktes orientiert
	-	orientiert an beschäftigungspolitischen Leitlinien der EU sowie der Bundesregierung
	-	hohes Ausmaß an Objektivierbarkeit
II.	*Kritikpunkte*	
	-	weitgehendes Fehlen realistischer "Erwartungswerte" für die Bildung von Zielen ("Soll-Werten")
	-	Fixierung auf kurzfristig erreichbare Zielsetzungen
	-	Fehlen von qualitativen Wirkungsdimensionen wie - Erhöhung der Berufswahlkompetenz - dauerhafte Eingliederung in das Erwerbsleben - qualifikationsadäquate Beschäftigung (u.a. nach FbW) - Verbesserung der regionalen Angebotsbedingungen
	-	Ausblenden weiter Bereiche des BA-Handelns aus dem "obersten" Zielsystem (Beratungsdienstleistungen)
III.	*Fazit*	
		Entwicklungsarbeit zur Behebung der Defizite (Ableitung von "Erwartungswerten", "Objektivierung" von Zielerreichung im Bereich qualitativer Wirkungsdimensionen, Ergänzung um längerfristige Erfolgsaspekte), Verknüpfung weiterer Controlling-Instrumente zu einem (umfassenderen) System arbeitsmarktbezogener Wirkungsziele

18.4 Wirkungsforschung

Wie verortet sich nun Wirkungsforschung im Evaluationssystem der BA (das noch gar nicht so systematisch ist, aber werden soll)? Wirkungsforschung ist primär kausalanalytisch orientiert und dem Ziel-Controlling zuzuordnen, wie Abbildung 181 erkennen läßt.[18] Sie ersetzt nicht, sondern ergänzt notwendigerweise die sich entwickelnden Monitoring-Aktivitäten. Zur Evaluation der Arbeitsförderung müssen Monitoring, Wirkungsforschung und qualitative Wirkungsanalysen von Wissenschaft und Praxis zusammenkommen.

Mit der Einführung von Eingliederungsbilanzen wird auch ein neues "Datum" für Wirkungsanalysen zu den Instrumenten der Arbeitsförderung gesetzt. Die neuen prozeßproduzierten Dateien enthalten differenzierte Strukturinformationen von Maßnahmeteilnehmerinnen und -teilnehmern, sie werden längerfristige Datenabgleiche (z.B. mit der Datei über sozialversicherungspflichtig Beschäftigte) ermöglichen und es werden über die mit ihnen entstandenen DV-Systeme Stichproben gezogen werden können (zur Befragung von Geförderten usw.).

[18] Ziel-Controlling ist zu unterscheiden vom Haushalts-Controlling, Kosten-Controlling und Organisations-Controlling (Postlep, 1994).

Abbildung 18.1: Evaluation als "joint venture"

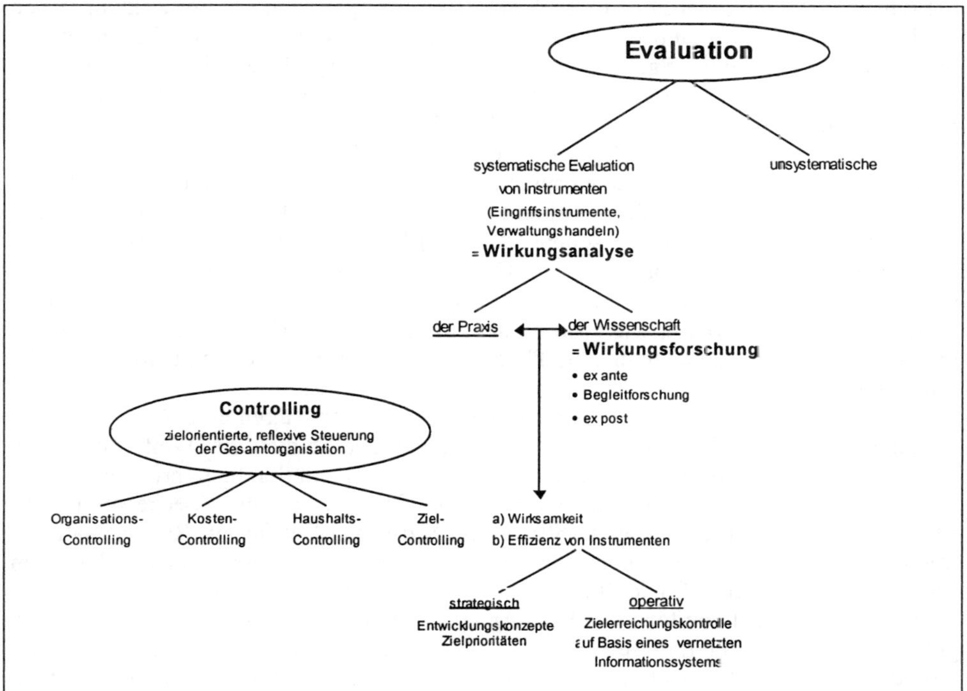

Durch die routinemäßige Verfügbarkeit von Brutto-Informationen zum kurzfristigen Verbleib von Geförderten und die dafür erforderliche Weiterentwicklung der Datenverarbeitung und -verknüpfung werden wichtige Informationslücken geschlossen. Im Hinblick auf die im Aufbau befindlichen Eingliederungsbilanzen und die erwartete routinemäßige Verfügbarkeit von individuellen Datensätzen der Maßnahmeteilnehmer wurden in den letzten Jahren keine weiteren Sonderuntersuchungen des IAB über die großen "Standardinstrumente" des AFG bzw. SGB III (Qualifizierung, ABM, SAM "klassisch") durchgeführt. Sie wären angesichts des Aufwands und der knappen Kapazitäten zwischenzeitlich nicht zu rechtfertigen gewesen, haben nun aber hohe Priorität erhalten und werden vorbereitet (als Pilotprojekt hierzu vgl. Bender & Klose, 2000).

In Wirkungsanalysen zum (individuellen) Eingliederungserfolg der Arbeitsförderung (als einer zentralen Zielsetzung des SGB III) setzt das IAB mehr als früher[19] auf das datenschutzrechtlich abgesicherte Zusammenführen von Dateien und den Aufbau von Historikdateien, soweit es nicht um Begleitforschung zu einzelnen Modellvorhaben geht. Eine grundsätzliche Schwierigkeit, auf diesem Wege Netto-Effekte der Förderung zu ermitteln, besteht darin, daß die Dateien – notwendig wie sie sind – für Evaluationszwecke nur unvollkommene Informationen enthalten, so daß die benötigten "Kontrollgruppen" nicht ohne weiteres gebildet werden können. Für anspruchsvolle

---

[19] Zu den Anfängen und der zunehmenden Bedeutung von Wirkungsforschung im IAB vgl. Mertens, Reyher und Kühl (1981) und Institut für Arbeitsmarkt und Berufsforschung (IAB) (1996).

repräsentative Wirkungsforschung mangelt es gegenwärtig nicht an Konzepten und statistischen Verfahren, allerdings ist auch kein Königsweg erkennbar. Entwicklungsarbeit an dieser Stelle betrifft zum einen das nachträgliche Rekonstruieren von Teilen der Erwerbsbiographie (Almus, Egeln, Lechner & Pfeiffer, 1998; Klose & Bender, 2000) wie auch die Ergänzung der verfügbaren Prozeßdaten um valide Einschätzungen von Vermittlungshemmnissen durch Fachkräfte in den Arbeitsämtern (Jaenichen, 1999, 2000).

Wirkungsforschung des IAB wird sich in Kooperation mit weiteren Instituten auf diese neue Datenquellen stützen, entsprechende Aktivitäten wurden bereits eingeleitet.[20] Sie ist Teil eines umfassenden Evaluationssystems in der BA, das zunehmend auch externen Anforderungen (z.B. seitens der EU)[21] und Kooperationsnotwendigkeiten (Verknüpfung mit Arbeitsförderung von Bund, Ländern und Gemeinden wie mit Strukturpolitik auf allen Ebenen) Rechnung tragen muß. Das IAB wirkt mit am arbeitsmarktbezogenen Ziel-Controlling wie auch an der Ausgestaltung von Eingliederungsbilanzen und der Entwicklung eines Indikators für die regionale Mittelverteilung beim Eingliederungstitel.

Weitgehend außerhalb des IAB wurden in den letzen Jahren eine Reihe "mikroökonometrischer"[22], d. h. multivariater mikroanalytischer Studien zur Weiterbildung in Ost- und Westdeutschland sowie zu ABM in Ostdeutschland durchgeführt. Eine synoptische Aufbereitung und Zusammenfassung von Fitzenberger und Speckesser (2000) zeigt, daß sie bis auf die erwähnte Studie von Klose und Bender auf Repräsentativbefragungen der Erwerbsbevölkerung basieren mit in der Regel sehr kleinen Zahlen von Maßnahmeteilnehmern (Sozio-ökonomisches Panel, Arbeitsmarktmonitor Ostdeutschland, Arbeitsmarktmonitor Sachsen-Anhalt). Für die angestrebte Kontrollgruppenbildung enthalten diese Dateien zu wenige Informationen über die Struktur der Teilnehmer und Nichtteilnehmer (Kontrolle der "Selektivität") und keine Möglichkeit, die Unterschiedlichkeit von Maßnahmen (die "Heterogenität") zu berücksichtigen.

Trotz hoch entwickelter statistischer Verfahren (zur Kontrolle „nicht beobachteter Heterogenität") sind diese Studien mit großen Unschärfen und methodischen Risiken behaftet. Im Ergebnis liegen, wie ein Blick auf die Synopse von Fitzenberger und Speckesser zeigt, keine konsistenten und für die Steuerung von Maßnahmen hinreichend differenzierten Befunde vor. Ob auf dieser Basis die Feststellung von Fitzenberger und Speckesser (2000, S. 357), „mögliche positive Effekte (können) nicht sehr stark sein ..., da sie sonst vermutlich trotz unterschiedlicher Methoden und unzureichender Daten empirisch hätten identifiziert werden können", trägt, mag dahingestellt sein – es ist eine Vermutung.

---

20 Zunächst einmal ging es darum, im Rahmen oder im Vorfeld des sich entwickelnden "Data-Warehouse" der BA die zentrale Verfügbarkeit der in den Arbeitsämtern entstehenden Individualdatensätze (einschließlich Verbleibinformationen im Sinne der Eingliederungsbilanzen) sicherzustellen. Beginnend mit dem 01.01.2000 werden nun alle Förderfälle (Bestände, Zu- und Abgänge) in eine neu entstehende "Maßnahme-Teilnehmer-Grunddatei" mit Strukturdaten über Maßnahmen wie Teilnehmer eingestellt. Für die Förderung der beruflichen Weiterbildung läßt sich dies allerdings nur mit Zeitverzug realisieren. Diese Grunddatei soll soweit datenschutzrechtlich möglich auch externen Forschern zugänglich sein.

21 Vgl. European Commission (1998) und Tronti (1998).

22 Die Begriffe "makroanalytisch" und "mikroanalytisch" sind tragfähiger als die häufig verwendeten "makroökonometrisch" und "mikroökonometrisch", weil das in den Sozial- und Wirtschaftswissenschaften gleichermaßen verwendete Analyse-Instrumentarium keiner Disziplin zuzuordnen ist.

Zur Wirkung der arbeitsmarktpolitischen Instrumente wurden auch einige makroanalytische Studien durchgeführt. Solche Studien ("aggregierte Wirkungsanalysen") untersuchen länderübergreifend oder differenziert nach Regionen in der Bundesrepublik Netto-Effekte der Arbeitsmarktpolitik auf aggregierte Größen (Arbeitslosenquote, Langzeitarbeitslosigkeit, Beschäftigung, Löhne u.a.). Dabei werden nicht nur Mitnahmeeffekte, sondern explizit oder implizit auch Verdrängungs- und Substitutionseffekte berücksichtigt, die dadurch entstehen können, daß die erfolgreiche Förderung einer Person möglicherweise die Chancen anderer am Arbeitsmarkt (auch auf den Gütermärkten) beeinträchtigt. Auch solche Studien stoßen schnell an methodische Grenzen, weil viele benötigte Informationen nicht zur Verfügung stehen und der relative Einfluß von Arbeitsmarktpolitik im Vergleich zu anderen Einflüssen in der Regel vergleichsweise gering ist. Bei internationalen Vergleichen sind zudem sehr unterschiedliche institutionelle Regelungen zu berücksichtigen.

Schmid u.a. (1999) folgend sind "...die Ergebnisse makroökonometrischer Studien Analysen ambivalent". Auch die Zusammenstellung von Fitzenberger und Speckesser (2000) ergibt kein einheitliches Bild, was auf die geschilderten methodischen Probleme zurückverweist.

Auffällig ist im übrigen, daß nur wenige größere sozialwissenschaftliche Studien zur Arbeitsförderung vorliegen. Mit ihnen ließen sich weitere, über den unmittelbaren Eingliederungserfolg hinausweisende mögliche Wirkungsdimensionen (Nutzen und dysfunktionale Effekte auf der psychosozialen Ebene, berufsbiografische Fernwirkungen) analysieren, auf die vereinzelt hingewiesen wird (vgl. Meier, 1998). Dabei geht es nicht darum, durch solche Aspekte unter Eingliederungsgesichtspunkten schlechte Maßnahmen „schön zu rechnen“. Es geht auch um mögliche negative Effekte des Maßnahmeneinsatzes bei bestimmten Personengruppen in bestimmten Konstellationen (z.B. bei ostdeutschen Frauen mittleren Alters in "Maßnahmekarrieren"; sie haben kaum Eingliederungschancen, für sie wurden aber bislang auch keine alternativen Hilfestellungen entwickelt; vgl. Lutz, Ketzmerick & Wiener, 1999, S. 271ff).

18.5 Evaluation als "joint venture" von Wissenschaft und Praxis

Von einem umfassenden Evaluationssystem der aktiven Arbeitsförderung nach dem SGB III und darin fest verankerter Wirkungsforschung sind wir noch weit entfernt. Das Ziel umfassender Kosten-Nutzen-Analysen auf der Mikro- wie auf der Makro-Ebene (teilnehmer- bzw. arbeitsmarktbezogen) mit Teilbeiträgen aus den sich entwickelnden Monitoring-Systemen und ergänzenden Aktivitäten von Wissenschaft und Praxis, bleibt zunächst noch Fernziel, obwohl die eingeschlagene Richtung stimmt.

Gründe hierfür sind auf verschiedenen Ebenen zu sehen, Verbesserungen setzen systematische Evaluationssysteme unter Einschluß von Wissenschaft und Praxis voraus, an denen gegenwärtig gearbeitet wird:

1. *Komplexität des Zielsystems*, das im Spannungsfeld steht von kurz- und langfristig zu erzielenden Wirkungen auf der individuellen Ebene, aber auch auf der Ebene des Arbeitsmarktes insgesamt, wobei es sich teils um (noch) nicht quantifizierbare "qualitative" Wirkungen handelt. Im Vordergrund der Rahmenzielsetzungen (§§ 1, 5 – 8 SGB III) steht der (kurz- wie langfristige) Ausgleich am Arbeitsmarkt unter

Betonung der individuellen Eingliederungszielsetzung namentlich für besonders förderungsbedürftige Personengruppen. Gefordert wird aber auch weiterhin die Einbettung der Arbeitsförderung in die beschäftigungspolitischen Zielsetzungen der Bundesregierung (Ammermüller, 1997, S. 6), wobei es um "globale" und strukturelle Wirkungen am Arbeitsmarkt geht. Hinzu kommen instrumentenspezifische Zielsetzungen. So sollen mit ABM und Strukturanpassungsmaßnahmen (SAM) ausdrücklich auch Beiträge zum Entstehen neuer Arbeitsplätze geleistet werden, Zielsetzung ist weiterhin die Vorbereitung und Ergänzung strukturverbessernder Arbeiten, Verbesserung von sozialer Infrastruktur und Umwelt oder (nach jüngster Gesetzesnovellierung) der wirtschaftsnahen Infrastruktur (§§ 260, 273, 415 SGB III). Bei der beruflichen Weiterbildung sollen u.a. Kenntnisse an die technische Entwicklung angepaßt werden (§ 87 SGB III). Bei Beratung und Vermittlung gehört zu den Rahmenzielsetzungen, daß berufliche Entscheidungen sowie Auswahl- und Suchprozesse optimiert werden (§§ 30, 33, 34ff. SGB III).

2. *Heterogenität von Maßnahmen*, die sich nur scheinbar als "Arbeitsförderung" insgesamt oder als "Weiterbildungsmaßnahmen" usw. sumarisch evaluieren lassen. Ohne daß bislang hinreichend Kenntnisse vorliegen über Wirkungsketten hinsichtlich einzelner Interventionsformen, werden Maßnahmen doch zumindest ansatzweise sehr unterschiedlich und "paßgenau" für unterschiedliche Zielgruppen und Teilzielsetzungen eingesetzt. Aussagen über den durchschnittlichen Erfolg von Maßnahmen, selbst wenn sie in Form von Netto-Ergebnissen der Förderung vorliegen (was z.B. bei Eingliederungsbilanzen noch gar nicht der Fall sein kann), ermöglichen keine abschließende Beurteilung, sondern können (und müssen) Ausgangspunkt für Differenzierungen und weiterführende Fragen für den unverzichtbaren Dialog aller Beteiligten sein.
3. *Heterogenität von Zielgruppen*, die je nach Zielsetzung für bestimmte Maßnahmen und nicht für andere in Frage kommen. So können ABM und nunmehr insbesondere Strukturanpassungsmaßnahmen (SAM) für ältere Arbeitslose eingesetzt werden, nicht um eine spätere reguläre Beschäftigung ohne Förderung vorzubereiten, sondern um einen für den Betroffenen erträglichen Übergang in den Ruhestand zu ermöglichen, mit dem sich zugleich Wertschöpfung verbindet.

Abgesehen von der unzulänglichen Datenbasis, die in der Vergangenheit ein differenziertes Monitoring und aussagefähige kausalanalytische Forschung wesentlich erschwert hat, ist die Vernachlässigung der aufgeführten Gesichtspunkte Grund dafür, daß viele Studien bislang nur zu wenig praktisch verwertbaren Ergebnissen kommen. Dies gilt namentlich für eine Reihe neuerer mikroökonometrischer Studien, die trotz ausgefeilter Evaluationsmethoden die angestrebte Kontrolle "nicht beobachteter Heterogenität" nicht zu leisten vermögen.

Auch für Länder mit ausgeprägter "Evaluationskultur" und langjährigen Erfahrungen mit (überwiegend ökonometrischen) Evaluationen wie die USA werden die bislang erzielten Ergebnisse unter methodischen Gesichtspunkten sehr zurückhaltend beurteilt. Für die USA stellen Heckman, LaLonde und Smith (1999) zusammenfassend fest: "Too much emphasis has been placed on formulating alternative econometric methods for correcting for selection bias and too little given to the quality of the underlying data.

Although it is expensive, obtaining better data is the only way to solve the evaluation problem in a convincing way."

Verbesserungen lassen sich nur durch gemeinsame Anstrengungen als "joint venture" erzielen: Es geht um differenziertere und validere Prozeßdaten für Monitoring und Forschung, um bessere Vergleichs- oder Kontrollgruppenbildung (z.B. durch Rekonstruktion von Teilen der Biographie als Indikator für Eingliederungsschwierigkeiten, oder um entsprechende Einschätzungen durch Fachkräfte oder Betroffene), um die Einbeziehung weiterer, im Zielsystem enthaltener Wirkungsdimensionen und um ergänzende Forschung über Einflußketten und günstige Rahmenbedingungen für einen erfolgreichen Einsatz der Arbeitsförderung.

18.6 Anhang: Modellversuche im Rahmen der Freien Förderung

Wie sieht es nun hinsichtlich der zunehmenden Zahl von Modellversuchen und ihrer Evaluation (auf Projektebene, die bislang ausgespart wurde) aus? Namentlich im Rahmen der Freien Förderung entwickelt sich z.Z. ein breites und vielfältiges Spektrum von "Produktinnovationen" und "Prozeßinnovationen" (z.B. hinsichtlich der Kommunikations- und Kooperationsstrukturen der beteiligten Akteure), das hier nur angedeutet werden kann (Tabelle 18.3).

Tabelle 18.3: Entwickelte Förderansätze der Arbeitsämter in der Freien Förderung nach § 10 SGB III

- Zuschüsse zur Aufnahme einer betrieblichen Ausbildung
- Förderung individuell zugeschnittener Qualifizierungselemente als Voraussetzung zur Aufnahme einer versicherungspflichtigen Beschäftigung, die nicht über FbW bzw. Trainingsmaßnahmen förderbar sind
- Umwandlungsprämien für versicherungspflichtige Beschäftigungen
- Flankierung/Unterstützung von Existenzgründern
- Bereitstellung flankierender Hilfen zur sozialen Stabilisierung
- Unterstützung der Vermittlung durch Dritte
- Zuschüsse zur betrieblichen Eingliederung
- Förderung von Bewerberpools für Saisonbeschäftigungen
- Gewährung von Mobilitätshilfen als notwendige Voraussetzung zur Aufnahme einer versicherungspflichtigen Beschäftigung
- Förderung der Beschäftigungsaufnahme im europäischen Ausland

Freie Förderung ist zunächst als "regionaler" Teil der Regelförderung zu verstehen, als ihr am wenigsten regulierter Teil und damit nicht nur als bundesweiter Experimentiertopf. Nur aus diesem Spannungsfeld heraus läßt sich das beachtliche Finanzvolumen rechtfertigen, das die Notwendigkeit von klassischen Modellversuchen ja um ein Vielfaches überschreitet.

Wesentliche Neuerungen bedürfen allerdings der systematischen Evaluation, was nicht immer wissenschaftliche Begleitung heißen muß. Es wurden aber Vorkehrungen dafür getroffen, daß hierfür in begrenztem Umfang Mittel zur Verfügung stehen. Das IAB selbst kann aus Kapazitätsgründen nur bei einem besonderen inhaltlichen oder methodischen Interesse regionale Modellmaßnahmen evaluieren oder an ihrer wissenschaftlichen Begleitung aktiv mitwirken (Brinkmann, 1998b; Brinkmann & Schmitt, 1999). Als durchaus herausragendes Beispiel ist hier auf ein Projekt einzugehen, das im Arbeitsamt Siegen durchgeführt und von Trube und Mitarbeitern (Universität Siegen) evaluiert wird. Das Projekt heißt "EVA" als Abkürzung für "Entwicklungs- und Vermittlungsassistenz". Mit ihm sollen paßgenau Unterstützungsdienstleistungen zur Arbeitsmarkteinmündung von ansonsten chancenlosen Erwerbslosen entwickelt werden. Es ist ein Kooperationsprojekt mit der Kreis-Sozialverwaltung und zielt auf die Gruppe der Langzeit-Leistungsbezieher des Arbeitsamtes mit aufstockender Sozialhilfe. Tabelle 18.4 führt die Bausteine des modular aufgebauten Unterstützungssystems auf.

Tabelle 18.4: Modellprojekt "Entwicklungs- und Vermittlungsassistenz" (EVA)

Die Unterstützungsdienstleistungen werden in fünf – prinzipiell voneinander unabhängige – Module aufgegliedert. Ihr Einsatz erfolgt individuumsbezogen:

Modul 1:	Personenbezogenes Clearing motivationaler, kognitiver und sozialer Barrieren bzw. Potentiale
Modul 2:	Individuelles Assessment der persönlichen Eignungen, z.B. anhand arbeitsfeldbezogener Praxiserprobungen
Modul 3:	Paßgenaue Hilfeplanung mit bilateralen Entwicklungsvereinbarungen, regelmäßiger Kontrolle und ggf. Anpassung der Hilfevereinbarungen
Modul 4:	Personenbezogene Vermittlungsassistenz zum Abbau individueller, sozialer und betrieblicher Einmündungsbarrieren
Modul 5:	Nachgehendes Stabilisierungsmanagement als Monitoring des Integrationsprozesses

Quelle: Luschei und Trube, 1999, S. 10.

Ein in der Tat experimentelles Untersuchungsdesign mit Kontrollgruppenbildung durch Zufallsauswahl soll es ermöglichen, Netto-Effekte der Förderung zu ermitteln, und das innerhalb eines komplexen Zielsystems. Komplexes Zielsystem heißt, daß eine Reihe unterschiedlicher Qualitätsdimensionen und unterschiedliche Sichtweisen von Akteuren Berücksichtigung finden (Abbildung 18.2) – durchaus in Abgrenzung zu verkürzten und eher "eindimensionalen" Erfolgsbetrachtungen. Die Unterscheidung von prozeß- und procederebezogenen Erfolgsdimensionen ist nicht ganz üblich, macht aber Sinn. Unter Prozeßqualität wird z.B. jenseits der Frage des Verbleibs nach der Maßnahme (Produkt) gemessen, inwieweit es einen Zuwachs an Selbstvertrauen oder eine Stabilisierung sozialer Kontakte gibt. Procedere-Qualität bezieht sich darauf, inwieweit die Arbeitsweisen den fachlichen Standards (state of the art) entsprechen.

Abbildung 18.2: Qualitätsdimensionen und Beurteilungen

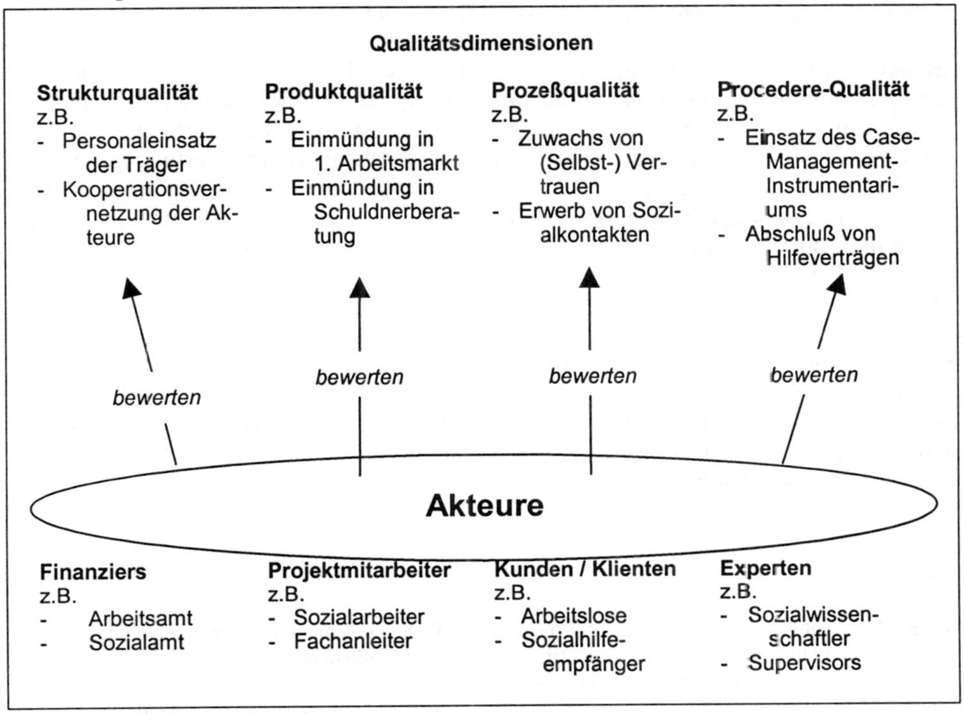

Quelle: Luschei und Trube, 1999, S. 6.

Neben der Experimentalgruppe wurden zwei Kontrollgruppen gebildet (jeweils 50 Personen): Kontrollgruppe 1 wurde zu einer Informationsveranstaltung über die geplante Maßnahme, nicht aber zur Teilnahme an der Maßnahme eingeladen, so daß auch Ankündigungseffekte erfaßt werden können; Kontrollgruppe 2 bekam keinerlei Informationen über die geplante Maßnahme. Ergebnisse werden in Kürze erwartet. Von der methodischen wie auch von der inhaltlichen Seite her handelt es sich um eine sehr anspruchsvolle Evaluation, die auch beispielhaft sein will für Qualitätsmanagement in der Arbeitsmarktpolitik und lokalen Beschäftigungsförderung (Luschei & Trube, 1999, 2000).

Evaluation durch "echte" Feld-Experimente hat es im Rahmen der deutschen Arbeitsmarktpolitik früher nicht gegeben.[23] Im Hinblick auf die erkennbaren methodischen Probleme "quasi-experimenteller" Kontrollgruppenbildung durch ökonometrische Verfahren sind sie aber zumindest auf Projektebene ernsthaft in Betracht zu ziehen – bei unklaren Erfolgschancen und nicht abschätzbaren Kosten-Nutzen-Relationen dürften

---

[23] In einem weiteren Projekt zur Entwicklung eines Früherkennungssystems hinsichtlich des Risikos von Langzeitarbeitslosigkeit ("Profiling", vgl. Rudolph, 1998), das z.Z. mit IAB-Beteiligung in drei Arbeitsamtsbezirken durchgeführt und evaluiert wird, erfolgt die Kontrollgruppenbildung ebenfalls durch Zufallsauswahl. Zur Problematik experimenteller Ansätze vgl. Schmid, O'Reilly und Schömann (1996).

dem auch keine ethischen Probleme entgegenstehen (Ausschluß von einer möglichen Hilfeleistung, deren Nutzen aber noch gar nicht feststeht).

Zur Evaluation einzelner Ansätze der Freien Förderung wie auch anderer Modellprojekte wird nur in Ausnahmefällen solch ein aufwendiges Forschungsdesign in Frage kommen. Häufig geht es zunächst nur um systematischere Informationen zur Zielgruppenerreichung, zur Akzeptanz und zur Implementation von Maßnahmen. Hierfür steht ein weites Spektrum quantitativer und qualitativer Methoden zur Verfügung, möglich sind z.B. auch Expertengespräche. Bei vielen weniger gewichtigen Varianten "paßgenauer" Unterstützung der Arbeitssuche durch auf den Einzelfall zugeschnittene Vermittlungshilfen dürfte (gewissermaßen als Gegenpol) vielfach auch die "Selbstevaluation" durch die beteiligten Fachkräfte hinreichen, wenn sie nur systematisch und offen (hinsichtlich des Ergebnisses) durchgeführt wird.

Wissenschaftliche Begleitung ist aufwendig und teuer, sie ist nur in ausgewählten Fällen möglich. Unabhängig davon aber, wer eine Evaluation mit welchen Mitteln durchführt, immer wird es dabei auch um die Frage nach dem "Kontrafaktischen" gehen müssen: Was wäre ohne die Maßnahme geschehen (zur Einschätzung der Wirksamkeit), und stehen die Kosten in angemessener Relation zum Nutzen (zur Einschätzung der Effizienz der Maßnahme).

Literatur

Almus, M., Egeln, J., Lechner, M. & Pfeiffer, F. (1998). Die gemeinnützige Arbeitnehmerüberlassung in Rheinland-Pfalz – eine ökonometrische Analyse des Wiedereingliederungserfolgs. *Mitteilungen aus der Arbeitsmarkt- und Berufsforschung (MittAB, 3)*, 558-574.

Ammermüller, M. (1997). *Reform der Arbeitsförderung – Grundlinien, Bundesarbeitsblatt 7-8*. Stuttgart: Kohlhammer.

Auer, P. & Kruppe, T. (1996). Monitoring of labour market policy in EU member states. In G. Schmid, J. O'Reilly & K. Schömann (Eds.), *International handbook of labour market policy and evaluation* (S. 899-922). Chaltenham: Edward Elgar Ltd.

Bach, H.-U., Blaschke, D., Blien, U., Brinkmann, C., Gutsche, M., Möller, U., Kühl, J., Schnur, P., Spitznagel, E., Steckel, W. & Wolfinger, C. (1997, 21. Februar). Arbeitsmarktentwicklung und aktive Arbeitsmarktpolitik im ostdeutschen Transformationsprozeß 1990-1996. *IAB-Werkstattbericht, 5*.

Bach, H.-U. & Spitznagel, E. (1992). Arbeitsmarktpolitische Maßnahmen – Entlastungswirkungen und Budget-Effekte. In C. Brinkmann & K. Schober (Hrsg.), *Erwerbsarbeit und Arbeitslosigkeit im Zeichen des Strukturwandels* (Beiträge zur Arbeitsmarkt- und Berufsforschung (BeitrAB), 163). Nürnberg: Eigenverlag BA.

Bender, S. & Klose, C. (2000). Back to work? Comparing the employment histories of participants and non-participants in publicly financed off-the job training. *Mitteilungen aus der Arbeitsmarkt- und Berufsforschung (MittAB), 2*.

Blaschke, D. & Nagel, E. (1995). Beschäftigungssituation von Teilnehmern an AFG-finanzierter beruflicher Weiterbildung. *Mitteilungen aus der Arbeitsmarkt- und Berufsforschung (MittAB, 2)*, 195-213.

Blaschke, D. & Nagel, E. (1999). Statistische Explorationen im Vorfeld der Eingliederungsbilanz – Monitoring der Verbleibsquoten. *Mitteilungen aus der Arbeitsmarkt- und Berufsforschung (MittAB, 2)*, 185-203.

Brinkmann, C. (1998a). Regionalisierung der Arbeitsmarktpolitik. *ibv – Zeitschrift für berufskundliche Information und Dokumentation, 17*, 1763-1776.

Brinkmann, C. (1998b, 08. Mai). Wissenschaftliche Begleitung innovativer Ansätze der Arbeitsmarktpolitik, die mit Mitteln der "freien Förderung" nach § 10 des Sozialgesetzbuches III gefördert werden. *IAB-Werkstattbericht, 3.*

Brinkmann, C. & Kress, U. (1997). Reformierung der Arbeitsförderung – Sozialabbau oder Finanzierung des Strukturwandels. ibv – *Zeitschrift für berufskundliche Information und Dokumentation, 30*, 2279-2290.

Brinkmann, C. & Schmitt, W. (1999). Evaluation und Potentiale zur Weiterentwicklung der "Freien Förderung" nach § 10 SGB III. ibv – *Zeitschrift für berufskundliche Information und Dokumentation, 1*, 51-59.

Bundesanstalt für Arbeit (1995). Leistungsorientierte Förderung in der Bundesanstalt für Arbeit (Zwischenbericht der Fachprojektgruppe), Unveröffentlichtes Manuskript, Bundesanstalt für Arbeit, Nürnberg.

Bundesanstalt für Arbeit (1996a). *Arbeitsamt 2000*, Unveröffentlichtes Manuskript, Bundesanstalt für Arbeit, Nürnberg.

Bundesanstalt für Arbeit (1996b). Leistungsorientierte Förderung in der Bundesanstalt für Arbeit (Zwischenbericht der Fachprojektgruppe), Unveröffentlichtes Manuskript, Bundesanstalt für Arbeit, Nürnberg.

Bundesanstalt für Arbeit (1997). *Eingliederungsbilanz nach § 11 SGB III, Dienstblatt-Runderlaß 54/97 vom 17. November 1997.* Nürnberg: Bundesanstalt für Arbeit.

Bundesanstalt für Arbeit (1999). *Daten zu den Eingliederungsbilanzen 1998* (Sondernummer der Amtlichen Nachrichten der Bundesanstalt für Arbeit, Nürnberg, 31. Juli 1999). Nürnberg: Bundesanstalt für Arbeit.

Deeke, A. (1999, 30. September). Vier Jahre ESF-BA-Programm. Die Umsetzung der ergänzenden Förderung zum AFG und SGB III aus dem Europäischen Sozialfonds (ESF) von 1995 bis 1998. *IAB-Werkstattbericht, 17.*

Deeke, A., Hülser, O. & Wolfinger, C. (1997). *Zwei Jahre "AFG-Plus". Zwischenbilanz zur ergänzenden Förderung zum AFG aus dem Europäischen Sozialfonds* (Beiträge zur Arbeitsmarkt- und Berufsforschung (BeitrAB), 208). Nürnberg: Eigenverlag Bundesanstalt für Arbeit.

Deutscher Bundestag (1996). Entwurf eines Gesetzes zur Reform der Arbeitsförderung (Arbeitsförderungs-Reformgesetz-AFRG). *BT-Drucksache 13/4941.*

European Commission (1998, 25. Juni). *Monitoring the employment guidelines: Common policy indicators.* Brussels: Eigenverlag Bundesanstalt für Arbeit.

Fitzenberger, B. & Speckesser, S. (2000). Zur wissenschaftlichen Evaluation der Aktiven Arbeitsmarktpolitik in Deutschland: Ein Überblick. *Mitteilungen aus der Arbeitsmarkt- und Berufsforschung (MittAB), 3*, 357-370.

Heckman, J. J., LaLonde, R. J. & Smith, J. A. (1999). The economics and econometrics of active labor market programs. *Handbook of labor economics, Vol. 3 A, chap. 31*, 1865-2097.

Hild, P. (1997*). Netzwerke der lokalen Arbeitsmarktpolitik.* Berlin: edition sigma.

Institut für Arbeitsmarkt und Berufsforschung (1996). *Sechstes mittelfristiges Schwerpunktprogramm des IAB. Ziele und Aufgaben der Arbeitsmarkt- und Berufsforschung 1996-2000.* Nürnberg: Eigenverlag Bundesanstalt für Arbeit.

Jaenichen, U. (1999, 28. April). Betriebliche Einstellungshilfen. Erste Ergebnisse zu Förderstrukturen und betrieblichen Rahmenbedingungen. *IAB-Werkstattbericht, 6.*

Jaenichen, U. (2000). Selektivität beim Zugang in Förderung durch betriebliche Einstellungshilfen. *Mitteilungen aus der Arbeitsmarkt- und Berufsforschung (MittAB), 3*, 445-461.

Kirsch, J., Knuth, M., Krone, S. & Mühge, G. (1999, 19. April). Vorerst geringe Inanspruchnahme, Konzentration auf Kleinbetriebe, Nothilfe in Konkursfällen. *IAB-Werkstattbericht, 5.*

Kleinhenz, G. et al. (1998, 28. September). IAB-AGENDA'98. *IAB-Werkstattbericht, 10.*

Klose, C. & Bender, S. (2000). Berufliche Weiterbildung für Arbeitslose – ein Weg zurück in Beschäftigung? Analyse einer Abgängerkohorte des Jahres 1986 aus Maßnahmen zur Fortbildung und Umschulung mit einer ergänzten IAB-Beschäftigtenstichprobe 1975-1990. *Mitteilungen aus der Arbeitsmarkt- und Berufsforschung (MittAB), 3*, 421-444.

Kulozik, E. (1998). Modell 'Arbeitsamt 2000' im Arbeitsamt Dortmund – eine Zwischenbilanz. *Arbeit und Beruf, 9.*

Lenk, K. (1993). Evaluationsbedarf? Evaluationsprobleme beim GAO. In H.-U. Derlien (Hrsg.), *Programm "Gemeinschaftswerk Aufschwung-Ost" – Planung, Vollzug, Evaluation* (Werkstattbericht der Gesellschaft für Programmforschung in der öffentlichen Verwaltung e.V., Nr. 15, S. 81). München: Eigenverlag.

Luschei, F. & Trube, A. (1999, 21. Mai). Qualitätsmanagement in der Arbeitsmarktpolitik und lokalen Beschäftigungsförderung. Grundsätzliche Überlegungen und exemplarische Darstellungen anhand eines Praxisprojektes. *IAB-Werkstattbericht, 7.*

Lutz, B., Ketzmerick, T. & Wiener, B. (1999). Ausschlußrisiken und Grenzen herkömmlicher Arbeitsmarktpolitik – Einige Lektionen aus der ostdeutschen Entwicklung seit 1990/91. In E. Wiedemann, C. Brinkmann, E. Spitznagel & U. Walwei (Hrsg.), *Die arbeitsmarkt- und beschäftigungspolitische Herausforderung in Ostdeutschland* (Beiträge zur Arbeitsmarkt- und Berufsforschung (BeitrAB), 223, S. 267-284). Nürnberg: Eigenverlag Bundesanstalt für Arbeit.

Meier, A. (1998). Ungeplanter Nutzen – Zum Funktionswandel von Fortbildung und Umschulung. *Berliner Journal für Soziologie, 8,* 91-105.

Mertens, D., Reyher, L. & Kühl, J. (1981). Ziele und Möglichkeiten von Wirkungs-Analysen. *Mitteilungen aus der Arbeitsmarkt- und Berufsforschung (MittAB), 3,* 209-223.

Postlep, R.-D. (1994). Controlling zur Rationalisierung in der Kommunalpolitik. In J. Bunde & R.-D. Postlep (Hrsg.), *Controlling in Kommunalverwaltungen*. Marburg: Metropolis-Verlag.

Rudolph, H. (1998, 19. November). Risiko von Langzeitarbeitslosigkeit frühzeitig erkennen. Berechnung der Verbleibswahrscheinlichkeit für Arbeitslose. *IAB-Werkstattbericht, 14.*

Schmid, G., O'Reilly, J. & Schömann, K. (1996) (Eds.). *International handbook of labour market policy and evaluation.* Chaltenham: Edward Elgar Ltd.

Schmid, G., Mosley, H., Hilbert, C. & Schütz, H. (1999). Zur Effektivität aktiver Arbeitsmarktpolitik. Erfahrungen aus einer integrierten Wirkungs- und Implementationsstudie. *Mitteilungen aus der Arbeitsmarkt- und Berufsforschung (MittAB), 4,* 547-563.

Tronti, L. (1998). Benchmarking: Performanz von Arbeitsmärkten und Arbeitsmarktpolitik. *inforMiSEP, 61,* 35.

19 Gibt es ein Recht auf Arbeit und eine Pflicht zur Arbeit?

Karl Albrecht Schachtschneider

Leben heißt wesentlich arbeiten. Das Prinzip Arbeit ist zumindest in der westlichen Kultur tief verwurzelt. Wenn das Leben „köstlich gewesen, so ist es Mühe und Arbeit gewesen", hat *Martin Luther* den Vers 10 des 90. Psalms übersetzt. „Die Arbeit als 'Beruf' hat für alle gleichen Wert und gleiche Würde", hat das Bundesverfassungsgericht zweimal ausgesprochen (BverfGE (Bundesverfassungsgerichtsentscheidungen)) 7, 377 (387); 50, 290 (362)).

Das Recht auf Arbeit meint nicht das Recht, überhaupt arbeiten zu dürfen, das nicht alle Menschen im Lande haben, auch nicht das Recht, im Rahmen eines Arbeitsverhältnisses die vertragsgerechte Tätigkeit ausüben zu dürfen, auch nicht das eigentumsmäßige Recht am Arbeitsplatz, sondern das Recht, ein Arbeitsverhältnis, einen Arbeitsplatz zu haben. Dieses Recht besteht gegenüber dem Staat. Soweit er es nicht verwirklichen kann, entfaltet es sich als Pflicht des Staates, eine Politik der Vollbeschäftigung zu betreiben.

19.1 Texthinweise

Ich darf zunächst auf die wichtigsten Texte zum Recht auf Arbeit, aber auch zur Pflicht zur Arbeit hinweisen:

Art. 23 der Allgemeinen Erklärung der Menschenrechte von 1948

„1. Jeder Mensch hat das Recht auf Arbeit, auf freie Berufswahl, auf angemessene und befriedigende Arbeitsbedingungen sowie auf Schutz gegen Arbeitslosigkeit.

2. Alle Menschen haben ohne jede unterschiedliche Behandlung das Recht auf gleichen Lohn für gleiche Arbeit.

3. Jeder Mensch, der arbeitet, hat das Recht auf angemessene und befriedigende Entlohnung, die ihm und seiner Familie eine der menschlichen Würde entsprechende Existenz sichert und die, wenn nötig, durch andere soziale Schutzmaßnahmen zu ergänzen ist.

4. Jeder Mensch hat das Recht, zum Schutze seiner Interessen Berufsvereinigungen zu bilden und solchen beizutreten."

Art. 1 der Europäischen Sozialcharta von 1961

„Um die wirksame Ausübung des Rechts auf Arbeit zu gewährleisten, verpflichten sich die Vertragsparteien,

1. zwecks Verwirklichung der Vollbeschäftigung die Erreichung und Aufrechterhaltung eines möglichst hohen und stabilen Beschäftigungsstandes zu einer ihrer wichtigsten Zielsetzungen und Aufgaben zu machen;

2. das Recht des Arbeitnehmers wirksam zu schützen, seinen Lebensunterhalt durch eine frei übernommene Tätigkeit zu verdienen;

3. unentgeltliche Arbeitsvermittlungsdienste für alle Arbeitnehmer einzurichten oder aufrecht zu erhalten;

4. eine geeignete Berufsberatung, Berufsausbildung und berufliche Wiedereingliederung sicherzustellen oder zu fördern."

Art. 6 des Internationalen Paktes über wirtschaftliche, soziale und kulturelle Rechte von 1966

„(1) Die Vertragsstaaten erkennen das Recht auf Arbeit an, welches das Recht jedes einzelnen auf die Möglichkeit, seinen Lebensunterhalt durch frei gewählte oder angenommene Arbeit zu verdienen, umfaßt, und unternehmen geeignete Schritte zum Schutz dieses Rechts.

(2) Die von einem Vertragsstaat zur vollen Verwirklichung dieses Rechts zu unternehmenden Schritte umfassen fachliche und berufliche Beratung und Ausbildungsprogramme sowie die Festlegung von Grundsätzen und Verfahren zur Erzielung einer stetigen wirtschaftlichen, sozialen und kulturellen Entwicklung und einer produktiven Vollbeschäftigung unter Bedingungen, welche die politischen und wirtschaftlichen Grundfreiheiten des einzelnen schützen."

Von den Landesverfassungen zitiere ich die

Bayerische Verfassung von 1946

Art. 166 (Schutz der Arbeit)

„(1) Arbeit ist die Quelle des Volkswohlstandes und steht unter dem besonderen Schutz des Staates.

(2) Jedermann hat das Recht, sich durch Arbeit eine auskömmliche Existenz zu schaffen.

(3) Er hat das Recht und die Pflicht, eine seinen Anlagen und seiner Ausbildung entsprechende Arbeit im Dienste der Allgemeinheit nach näherer Bestimmung der Gesetze zu wählen."

Art. 167 (Schutz der Arbeitskraft)

„(1) Die menschliche Arbeitskraft ist als wertvollstes wirtschaftliches Gut eines Volkes gegen Ausbeutung, Betriebsgefahren und sonstige gesundheitliche Schädigung geschützt.

(2) Ausbeutung, die gesundheitliche Schäden nach sich zieht, ist als Körperverletzung strafbar.

(3) Die Verletzung von Bestimmungen zum Schutz gegen Gefahren und gesundheitliche Schädigungen in Betrieben wird bestraft."

Art. 168 (Arbeitslohn, Fürsorge)

„(1) Jede ehrliche Arbeit hat den gleichen sittlichen Wert und Anspruch auf angemessenes Entgelt. Männer und Frauen erhalten für gleiche Arbeit den gleichen Lohn.

(2) Arbeitsloses Einkommen arbeitsfähiger Personen wird nach Maßgabe der Gesetze mit Sondersteuern belegt.

(3) Jeder Bewohner Bayerns, der arbeitsunfähig ist oder dem keine Arbeit vermittelt werden kann, hat ein Recht auf Fürsorge."

und die **Verfassung von Berlin von 1950**

Art. 12 Abs. 1 S. 1 und 2 (Recht auf Arbeit, Schutz von Frauen, Jugendlichen und Körperbehinderten im Arbeitsverhältnis)

„(1) Jedermann hat das Recht auf Arbeit. Dieses Recht ist durch eine Politik der Vollbeschäftigung und Wirtschaftslenkung zu verwirklichen."

Aber auch die Verfassung des Landes Brandenburg von 1992 (Art. 48, Abs. 1), die Verfassung des Landes Hessen von 1946 (Art. 28, Abs. 2), die Verfassung des Landes Mecklenburg-Vorpommern von 1993 (Art. 17, Abs. 1), die Verfassung für das Land Nordrhein-Westfalen von 1950 (Art. 24, Abs. 1, S. 3), die Verfassung für Rheinland-Pfalz von 1947 (Art. 53, Abs. 2), die Verfassung des Saarlandes von 1947 (Art. 45), die Verfassung des Freistaates Sachsen von 1992 (Art. 39, Abs. 1) und die Verfassung des Freistaates Thüringen von 1993 (Art. 36, Abs. 1, S. 1) regeln das Recht auf Arbeit meist im Sinne einer Pflicht zu einer Politik der Vollbeschäftigung.

Die Verfassung der Deutschen Demokratischen Republik von 1968/74 hatte in Art. 24 das Recht und die Pflicht zur Arbeit verbunden.

„1. Jeder Bürger der Deutschen Demokratischen Republik hat das Recht auf Arbeit. Er hat das Recht auf einen Arbeitsplatz und dessen freie Wahl entsprechend den gesellschaftlichen Erfordernissen und der persönlichen Qualifikation. Er hat das Recht auf Lohn nach Qualität und Quantität der Arbeit. Mann und Frau, Erwachsene und Jugendliche haben das Recht auf gleichen Lohn bei gleicher Arbeitsleistung.

2. Gesellschaftlich nützliche Tätigkeit ist eine ehrenvolle Pflicht für jeden arbeitsfähigen Bürger. Das Recht auf Arbeit und die Pflicht zur Arbeit bilden eine Einheit.

3. Das Recht auf Arbeit wird gewährleistet

   - durch das sozialistische Eigentum an den Produktionsmitteln;
   - durch die sozialistische Leitung und Planung des gesellschaftlichen Reproduktionsprozesses;
   - durch das stetige und planmäßige Wachstum der sozialistischen Produktivkräfte und der Arbeitsproduktivität;
   - durch die konsequente Durchführung der wissenschaftlich-technischen Revolution;
   - durch ständige Bildung und Weiterbildung der Bürger
   und
   - durch das einheitliche sozialistische Arbeitsrecht."

Außer Deutschland und Österreich kennen alle Mitgliedstaaten der Europäischen Union das Recht auf Arbeit, meist verbunden mit der Pflicht zur Arbeit und oft näherhin als Vollbeschäftigungsprinzip ausgestaltet.

19.2 Das Sozialprinzip als Grundlage des Rechts auf Arbeit

Das Grundgesetz nennt in seinem Text kein Recht auf Arbeit, aber auch keine Pflicht zur Arbeit, sondern schützt im Rahmen der Berufsfreiheit des Art. 12 Abs. 1 Grundgesetz (GG) das Recht, „den Arbeitsplatz frei zu wählen", und schreibt in Absatz 2 dieser Vorschrift vor, daß „niemand zu einer bestimmten Arbeit gezwungen werden" dürfe, „außer im Rahmen einer herkömmlichen allgemeinen, für alle gleichen öffentlichen Dienstleistungspflicht", und verbietet in Absatz 3 des Art. 12 GG die „Zwangsarbeit", die „nur bei einer gesetzlich angeordneten Freiheitsentziehung zulässig" sei.

Das Recht auf Arbeit, wenn auch nur als subjektives verfassungskräftiges Recht auf bestmögliche Beschäftigungspolitik, ist in Deutschland streitig (vgl. Schachtschneider, 1999a, S. 775 ff., mit Hinweisen in Fn. 234). Eine Rechtsgrundlage findet das Recht auf Arbeit in dem fundamentalen Sozialprinzip des Art. 20 Abs. 1 GG (zum Sozialprinzip siehe Schachtschneider, 1974; 1994, S. 234 ff.; Zacher, 1987, § 25, S. 1045 ff.), das auch in Art. 28 Abs. 1 S. 1 GG und Art. 23 Abs. 1 S. 1 GG, den bundesstaatlichen bzw. der integrationsrechtlichen Struktursicherungs- oder Homogenitätsklauseln, genannt ist. Das Sozialprinzip ist das Prinzip der Brüderlichkeit oder das der Solidarität, welches logisch aus dem Grundprinzip jeder menschlichen Gemeinschaft, des Friedens und der Gerechtigkeit in der Welt folgt, dem republikanischen Freiheitsprinzip (dazu Schachtschneider, 1994, S. 1 ff., 7 ff., 253 ff., 324 ff., 410 ff., 441 ff., 519 ff., 978 ff.; 1997b, S. 829 ff.; 2001b), welches Substanz der unantastbaren Menschenwürde ist (BVerfGE 5, 85 (204); Schachtschneider, 1986, S. 99 ff., 138 ff.), die Art. 1 Abs. 1 S. 1 GG zur Grundlage auch des Lebens in Deutschland macht. Die Freiheit ist für alle Menschen gleich, also allgemein. Sie läßt sich nur verwirklichen, wenn die Menschen als Brüder oder Schwestern, also solidarisch, leben; denn Freiheit duldet keinen Herren

(Schachtschneider, 1994, S. 71 ff.), auch nicht die Herrschaft von Unternehmen und Parteien. Freiheit, Gleichheit, Brüderlichkeit sind die Grundprinzipien des gemeinsamen Lebens im Recht, nicht erst seit der Französischen Revolution, aber seither der Menschheit unauslöschlich in das Bewußtsein geschrieben. Demgemäß erklärt Art. 1 der Allgemeinen Erklärung der Menschenrechte:

> „Alle Menschen sind frei und gleich an Würde und Rechten geboren. Sie sind mit Vernunft und Gewissen begabt und sollen einander im Geiste der Brüderlichkeit begegnen.“

Keine Verfassung darf das Sozialprinzip mißachten, genauso wenig wie das Rechtsprinzip, hat das Bundesverfassungsgericht im Bodenreform-Urteil (BVerfGE 84, 90 (121)) ausgesprochen. Wenn wir unser Gemeinwesen danach ordnen wollen, müssen wir viel ändern. Die Maximen des Sozialprinzips sind die Menschenrechte. Wenn die Menschheitlichkeit der Menschenrechte Wirklichkeit ist, ist das Gemeinwesen sozial, d. h. brüderlich oder für alle frei. Folglich hat das Menschenrecht auf Arbeit auch in Deutschland Verfassungsrang, ja höchsten Verfassungsrang; denn die Menschenrechte sind unteilbar. Es gibt keinen Kern von Menschenrechten, der wichtiger wäre als eine weiche Schale von Menschenrechten. Das haben die Vereinten Nationen zu betonen nie nachgelassen. Freilich müssen neben dem Recht auf Arbeit auch die anderen Menschenrechte verwirklicht werden, insbesondere die auf freie Entfaltung der Persönlichkeit, zu dem insbesondere das Recht auf freie Wahl des Berufes (Art. 23 Nr. 1 AEMR (Allgemeine Erklärung der Menschenrechte, 1948), Art. 6 Abs. 1 IPWirtR (Internationaler Pakt über wirtschaftliche, soziale und kulturelle Rechte, 1966) gehört, aber auch das Menschenrecht auf Gewährleistung des Eigentums (Art. 17 AEMR, Art. 1 Zusatzprotokoll EMRK (Konvention zum Schutze der Menschenrechte und Grundfreiheiten, 1950)). Allerdings schützt die menschenrechtliche Eigentumsgewährleistung wegen ihres „personalen Bezuges“ nicht den neoliberalen Kapitalismus, soweit er die soziale Verantwortung vermissen läßt (Schachtschneider, 1999a, S. 786 ff.; vgl. i.d.S. BVerfGE 50, 290 (340 f.), st. Rspr. (ständige Rechtssprechung)), was man schon in der Bayerischen Verfassung, nämlich in Art. 157, lesen kann.

> „(1) Kapitalbildung ist nicht Selbstzweck, sondern Mittel zur Entfaltung der Volkswirtschaft.
>
> (2) Das Geld- und Kreditwesen dient der Werteschaffung und der Befriedigung der Bedürfnisse aller Bewohner.“

Anerkannt ist auch in Deutschland, daß aus dem Sozialprinzip die Pflicht des Staates folgt, das gesamtwirtschaftliche Gleichgewicht zu wahren und zu fördern (i.d.S. BVerfGE 8, 274 (338 f.); 100, 271 (284 f., 287); Hankel, Nölling, Schachtschneider & Starbatty, 1998, S. 200 ff.). Das gesamtwirtschaftliche Gleichgewicht ist nicht teilbar. Ein eigenständiges Prinzip der Preisniveaustabilität, wie manche es im Europäischen Gemeinschaftsrecht verankert sehen, ist mit dem Grundgesetz nicht vereinbar. Neben dem genannten Prinzip stabiler Preise gehört zum gesamtwirtschaftlichen Gleichgewicht das Prinzip des außenwirtschaftlichen Gleichgewichts, das Wachstumsprinzip, vor allem aber das Prinzip des hohen Beschäftigungsstandes. Es gibt keine rechtmäßige Stabilität, wenn der Beschäftigungsstand Not leidet (Hankel et al., 1998, S. 206 ff.). Eine Politik der hohen

Beschäftigung, am besten eine Vollbeschäftigungspolitik, ist Verfassungspflicht des Staates aus dem Sozialprinzip (BVerfGE 100, 271 (284, 287); Hankel et al., 1998, S. 200 ff., 206 ff.). Jeder Arbeitslose hat, gestützt auf das verfassungsbeschwerdefähige allgemeine Freiheitsrecht des Art. 2 Abs. 1 GG, das mit dem Sozialprinzip untrennbar verbunden ist und das nur durch eine sozialgerechte Politik verwirklicht wird, ein subjektives Verfassungsrecht auf eine Vollbeschäftigungspolitik. Er ist in seiner Menschheit verletzt, wenn eine solche Politik, wie gegenwärtig, unterbleibt.

Der wirtschaftspolitische Internationalismus verhindert eine Vollbeschäftigungspolitik (Schachtschneider, 2000b, S. 3 ff.). Der Globalismus, zu dem auch die Integrationspolitik der Europäischen Union gehört, läßt im wesentlichen nur Deregulierungen zu, welche den neoliberalistischen Kapitalismus unausweichlich zur Folge haben und von den Großbanken, Großversicherern und Großindustrien betrieben wird. Für globale sozialpolitische Regulierungen mangelt es an der wirtschaftlichen Homogenität in der Welt. Vor allem aber gibt es global keine Demokratie. Eine gelebte Demokratie ist wegen der „Offenheit und Prozeßhaftigkeit" des Sozialen der wichtigste Motor der sozialen Realisation (Zacher, 1987, § 25, Rdn. 65 ff., 86 ff.). Daß die sozialen Besitzstände auch in Deutschland reduziert werden können, ist Beweis, daß die reale plurale Parteienoligarchie in Deutschland nicht demokratisch ist (Schachtschneider, 1994, S. 1060 ff.; 2000a, S. 141 ff.). Paternalismus aber ist Despotie, wie Immanuel Kant gelehrt hat (Über den Gemeinspruch, S. 146). Wir leben nicht in einer Demokratie, d. h. in einer durch die wirkliche Freiheit definierten res publica (Schachtschneider, 1999b, S. 119 ff.), sondern in einer Oligarchie von internationalistischen Wirtschafts- und Parteiführern, also in einer Oligarchie (noch) sanfter Despotie. Diese fesselt die Menschen durch den und an den Fernsehapparat, das wichtigste Instrument der "Verhausschweinung" des Menschen (Lorenz, 1983, etwa S. 52, 224 ff.). Die Oligarchie ist aber an einer Verwirklichung von Freiheit, Gleichheit und Brüderlichkeit nicht interessiert; denn sie macht eine entgegengesetzte Politik, nämlich eine solche der Globalisierung.

Wenn eine Politik der Vollbeschäftigung gemacht würde, wäre dem Recht auf Arbeit Genüge getan; denn mehr folgt aus diesem Recht nach allen Texten, aber auch nach den Möglichkeiten, welche freiheitliche Gemeinwesen haben, nicht; denn die Wirtschaft soll marktlich und wettbewerblich sein. Das ist nicht nur (relatives) Effizienzprinzip des Europäischen Binnenmarktes, Art. 4 Abs. 1 EVG (Vertrag zur Gründung der Euorpäischen Gemeinschaft) (Hankel et al., 1998, S. 200 ff.), sondern auch nach aller Erfahrung ökonomisches Effizienzprinzip. Es ist im übrigen auch Prinzip der grundgesetzlichen Wirtschaftsverfassung, nämlich der marktlichen Sozialwirtschaft (nicht etwa der sozialen Marktwirtschaft). Das Bundesverfassungsgericht hat ausgesprochen, daß mit dem Grundrecht der freien Wahl des Arbeitsplatzes weder „ein Anspruch auf Bereitstellung eines Arbeitsplatzes eigener Wahl noch eine Bestandsgarantie für den einmal gewählten Arbeitsplatz verbunden" sei, wohl aber aus Art. 12 Abs. 1 GG eine Schutzpflicht zugunsten des Arbeitsplatzes folge, „der die geltenden Kündigungsvorschriften hinreichend Rechnung tragen" (BVerfGE 84, 133 (146 f.)). In der Sozialwirtschaft muß jedoch das Recht jedes Menschen auf Arbeit bestmöglich verwirklicht werden. Das Arbeitsförderungsgesetz (SGB (Sozialgesetzbuch) III) mindert demgegenüber das Recht auf Arbeit weitestmöglich. § 1 Abs. 2 SGB III lautet:

> „(2) Die Leistungen der Arbeitsförderung sind so einzusetzen, daß sie der beschäftigungspolitischen Zielsetzung der Sozial-, Wirtschafts- und Finanzpolitik der Bundes-

> regierung entsprechen sowie der besonderen Verantwortung der Arbeitgeber für Beschäftigungsmöglichkeiten und der Arbeitnehmer für ihre eigenen beruflichen Möglichkeiten Rechnung tragen und die Erhaltung und Schaffung von wettbewerbsfähigen Arbeitsplätzen nicht gefährden."

Das ist der Kotau vor dem kapitalistischen Neoliberalismus, dem das Recht auf Arbeit ein Dorn im Fleisch der shareholder ist. Der Entwurf der Charta der Grundrechte der Europäischen Union vom 28. Juli/21. September 2000 hat denn auch vermieden, ein Recht auf Arbeit in den Katalog des mit „Solidarität" überschriebenen Kapitels IV aufzunehmen und den allgemeinen Menschenrechtsstandard, insbesondere den der Europäischen Sozialcharta von 1961, verlassen. Es gibt aber kein Recht auf höchstmöglichen Gewinn. Die Unternehmen haben in der Republik eine dienende Aufgabe (Schachtschneider, 1999, S. 414 ff., 418 f., 426 ff., 430 ff.). Das steht der Sache nach auch in der Verfassung des Freistaats Bayern, Art. 151 Abs. 1:

> „(1) Die gesamte wirtschaftliche Tätigkeit dient dem Gemeinwohl, insbesondere der Gewährleistung eines menschenwürdigen Daseins für alle und der allmählichen Erhöhung der Lebenshaltung aller Volksschichten."

Solche Erklärungen pflegt man als Programmsätze abzutun. Art. 16 des genannten Entwurfs der Grundrechtscharta aber erkennt ausdrücklich die "unternehmerische Freiheit" an, erstmals in der Grundrechtsgeschichte.

Die Wirtschaftsführer haben sich längst zu den neuen Herren erhoben und die Völker zu ihren Dienern degradiert (in aller Offenheit Ohmae, 1992, insb. S. 28 ff., 230 ff., 242 ff.). Die Staaten, welche die besten Ausbeutungsmöglichkeiten bieten, werden durch Investitionen belohnt, die auch Arbeitsplätze schaffen, freilich Arbeitsplätze, welche zunehmend ihren menschenwürdigen Status einbüßen. Montesquieu hat diese Unternehmenspolitik bereits beschrieben:

> „Gerade in den freiheitlichen Ländern stößt der Handelsmann auf Einreden und Widerstände ohne Zahl. Nirgends kommen ihm die Gesetze weniger in die Quere als in geknechteten Ländern" (Vom Geist der Gesetze, Kap. 20, 12).

Das Postulat der Wirtschaftslogik der „globalen Revolution des Kapitals" aus dem Hause McKinsey (Bryan & Farell, 1997, S. 1 ff., 161 ff.) lautet: „Befreiung des globalen Kapitalismus". Arbeit beläßt dieser Kapitalismus in den Ländern, welche die Arbeitsverhältnisse, also das Arbeitsrecht, den Interessen des Kapitals anpassen, d. h. die auch in den entwickelten Volkswirtschaften auf die Arbeit angewiesenen Menschen gefügig machen. Die Arbeitsmöglichkeiten sind demgegenüber immens und ermöglichen Arbeit für alle, die arbeiten können und auf Arbeit angewiesen sind, wenn die Arbeit richtig verteilt wird. Eine menschenwürdige Wirtschaftsordnung können jedoch nur die Völker durchsetzen, weil nur die Völker die politischen Voraussetzungen erfüllen, nämlich die Solidarität und als „kleine Einheiten" die Chance der Demokratie (Schachtschneider, 1997a, S. 172 ff.). Die Arbeitslosigkeit ist ein Problem der Politik, nicht der Ökonomik. Die Politik ist aber dem Sozialprinzip verpflichtet, dessen Verwirklichung Not leidet, solange die allgemeine Freiheit nicht durchgesetzt ist.

19.3 Die Eigentumsgewährleistung als Grundlage des Rechts auf Arbeit

Auch die Eigentumsgewährleistung etwa des Art. 14 Abs. 1 GG ist eine Rechtsgrundlage des Rechts auf Arbeit (dazu und zum Folgenden Schachtschneider, 1999a, S. 775 ff.); denn sie begründet ein Recht auf Eigentum.

John Locke hat vorgeschlagen, jedem das als Eigentum zuzugestehen, was er selbst erarbeitet habe, weil das „Werk seiner Hände" von Natur aus in der Hand des Menschen bleibe und ihm darum gehöre, freilich nur soweit er das, was er durch Arbeit erworben habe, für sein Leben nutzen könne, weil dieses Maß an Eigentum niemanden schaden könne (Über die Regierung, Kap. 5, S. 28 ff.). Nach Johann Gottlieb Fichte wird „jedem Bürger sein verhältnismäßiger Anteil an allen Produkten und Fabrikaten des Landes gegen seine ihm anzumutende Arbeit, ebenso wie den öffentlichen Bediensteten ohne sichtbares Äquivalent, zugesichert", also das Eigentum gemäß dem Beitrag zum Gemeinwohl durch Arbeit verteilt (Der geschlossene Handelsstaat, 7. Kapitel). Das Bundesverfassungsgericht erkennt „die eigene Leistung als besonderen Schutzgrund für die Eigentümerposition" an (BVerfGE 1, 264 (277 f.); 97, 350 (371), st. Rspr.). Eigene Leistung ist vor allem Arbeit.

Voraussetzung des Eigentums durch Arbeit sind Arbeitsverhältnisse. Wenn und weil Arbeit und Fleiß immer noch die stärkste Rechtfertigung für den Erwerb von Eigentum sind, gewinnt die Eigentumsgewährleistung neben dem Sozialprinzip Relevanz für das Postulat eines allgemeinen Rechts auf Arbeit (Häberle, 1972, S. 85 f., 101 f.). Das Arbeitsverhältnis ist für die meisten Menschen, zumal in der Arbeitnehmergesellschaft, die Grundlage der Selbständigkeit (zur Selbständigkeit als Postulat der Freiheit Kant, Metaphysik der Sitten, S. 432 ff.; Schachtschneider, 1989, S. 12 ff.; 1994, S. 234 ff.). Nach Art. 163 Abs. 2 WRV (Weimarer Reichsverfassung, 1919) sollte jedem Deutschen „die Möglichkeit gegeben werden, durch wirtschaftliche Arbeit seinen Unterhalt zu verdienen". Sonst sollte für einen „Unterhalt gesorgt" werden. „Arbeitskraft ist heute das Eigentum des Bürgers" – „Die Arbeit ist ... das soziale Äquivalent des Eigentums" (Häberle, 1972, S. 100 f.).

Arbeit bieten vornehmlich Unternehmen, wegen des Konzentrationsprozesses zunehmend große und sehr große Unternehmen, zumal globalisierende, internationalistische Unternehmen. Die Menschen aber bedürfen, um ein bürgerliches Leben in Selbständigkeit führen zu können, meist des Arbeitsverhältnisses. Daraus wächst ihnen im Rahmen ihrer Fähigkeiten das genannte Recht auf Arbeit zu, welches die Menschenrechtstexte jedem Menschen zubilligen. Dieses Recht läßt sich nur durch eine Politik der Vollbeschäftigung erfüllen, weil das Recht auf Arbeit nur gegen den Staat, nicht aber gegen bestimmte Unternehmer bestehen kann, der Staat jedoch nicht über die erforderlichen Arbeitsplätze verfügt und auch nicht verpflichtet ist oder auch nur berechtigt wäre, Beschäftigung zu finanzieren, die er nicht benötigt. Staatliche Beschäftigungsunternehmen sind wegen des Privatheitsprinzips (Schachtschneider, 2001a, S. 51 ff.), aber auch wegen des marktlichen Wettbewerbsprinzips fragwürdige Ausnahmen. Sinnlose Beschäftigung verletzt die Würde des Menschen und das Eigentum der Steuerzahler. Nur schließt diese Lage nicht das Recht auf Arbeit aus, welches vielmehr jedem Arbeitslosen auch aus der Eigentumsgewährleistung des Grundgesetzes das Recht gibt, eine Politik der Vollbeschäftigung einzuklagen, die auch durch Wachstumspolitik gefördert werden kann, jedenfalls nicht durch restriktive Geldpolitik im Interesse allein des stabilen Preisniveaus behindert werden darf. Beschäftigungspolitik ist nicht nur durch das Sozialprinzip einschließlich des Prinzips des gesamtwirtschaftlichen Gleichgewichts (Art. 109 Abs. 2 GG) gebotene Aufgabe des Staates, sondern, gestützt auf Art. 14 Abs. 1 GG, Menschenrecht und Bürgerrecht.

Bedenkenswert ist es, das Recht auf Arbeit auf die Berufsfreiheit des Art. 12 Abs. 1 GG zu stützen (Scholz, 1981, Art. 12, Rdn. 44 ff.), zumal die ebenso vielzitierte wie fragwürdige Formel des Bundesverfassungsgerichts, „Art. 14 Abs. 1 GG schütze das Erworbene, das Ergebnis der Betätigung ('das Ergebnis geleisteter Arbeit'), Art. 12 Abs. 1 GG dagegen den Erwerb, die Betätigung selbst" (BVerfGE 30, 292 (334 f.); 84, 133 (157), st.Rspr.), dazu verleiten könnte, weil der Erwerb, die Betätigung aller Deutschen geschützt sein müßte. Nur formuliert die sogenannte Berufsfreiheit (BVerfGE 7, 377 (397 ff.), st. Rspr.) das Recht, Beruf, Arbeitsplatz und Ausbildungsstätte frei zu wählen, und den Gesetzesvorbehalt für die Berufsausübungsregelungen, gewährleistet aber nicht allen Deutschen den Beruf, den Arbeitsplatz und die Ausbildungsstätte ihrer Wahl (BVerfGE 84, 133 (146 f.)), während Art. 14 Abs. 1 GG das Eigentum gewährleistet, nicht nur objektiv als Rechtsinstitut, sondern auch subjektiv, also allen Bürgern, die in ihrer Vielzahl nicht zu Eigentum kommen können, wenn sie keine Arbeit haben. Die freiheitliche Eigentumsgewährleistung wird nur durch eine soziale Eigentumsordnung verwirklicht, weil der Eigentumsbegriff wegen des Sozialprinzips der Verfassung der Freiheit sozial zu dogmatisieren ist und nur durch Gesetze, die dem Sozialprinzip genügen, materialisiert werden darf (Schachtschneider, 1999a, S. 755 ff., insb. S. 773 ff.). „Inhalt und Schranken" des Eigentums „regeln die Gesetze", stellt Satz 2 des Art. 14 Abs. 1 GG klar, weil als Eigentum nur das Eigene geschützt wird, welches die Bürgerschaft durch ihre Gesetze als allgemeinverträglich anerkennt; denn der Gebrauch des Eigenen als Möglichkeit des Handelns darf anderen nicht schaden, wenn er mit dem Prinzip der allgemeinen Freiheit vereinbar sein soll. Was aber nicht schadet oder eben als Handlung anderer hingenommen werden soll, können nur die Menschen, die miteinander leben, bestimmen (i.d.S. Kant, Metaphysik der Sitten, S. 365 f., 366 ff., 412 f., 419, 423, 430 f., 464). Dafür geben sie sich Gesetze, die freilich nur zum Recht führen, wenn sie dem Sittengesetz gerecht werden (Schachtschneider, 1994, S. 279 ff., 519 ff., 725 ff., 978 ff.; 1993, S. 195 ff.). Das erfordert Moralität der Vertreter des Volkes in der Gesetzgebung. Es erfordert aber auch Respekt vor dem Menschenrecht am und auf Eigentum, vor der objektiven Dimension der Eigentumsgewährleistung; denn ohne Eigentum ist der Mensch nicht selbständig, also nicht frei. Gerade deswegen gebietet die Eigentumsgewährleistung eine Gesetzgebung, welche jedem eine Chance zur selbstverantworteten Selbständigkeit gibt, also ein Recht auf Arbeit, wenn und weil diese Selbständigkeit nur durch Arbeit erreicht zu werden vermag (Schachtschneider, 1999a, S. 767 ff., 775 ff.; 2001b, S. 336 ff., 349 ff.).

Wenn Bürger ihre Arbeit und damit ihre Selbständigkeit in Unternehmen suchen müssen, die weitestgehend unabhängig von ihrer Republik sind, ist ihr Arbeitsverhältnis nicht dem Sozialprinzip gemäß gesichert und damit ihr Recht auf Eigentum gefährdet. Bürger verlieren den politischen, gesetzgeberischen Einfluß auf die Unternehmen. Auch der gewerkschaftliche Einfluß wird schwächer. Mit ihrer durch das Arbeitsverhältnis begründeten Selbständigkeit büßen die Arbeitnehmer ihre Bürgerlichkeit ein und werden zu expropriierten Untertanen. Zugleich verlieren die Völker ohne Unternehmen an Eigenständigkeit und damit an existentieller Staatlichkeit (zu diesem Begriff Schachtschneider, 1995, S. 75 ff.; 1997a, S. 153 ff.).

Die strukturelle Arbeitslosigkeit durch die fortgeschrittenen Produktionsverhältnisse läßt es nicht mehr zu, auf die Arbeitsleistung als einzigem oder auch nur wesentlichem Prinzip der Zuteilung des Eigentums zurückzugreifen. Legitime Alternativen eines eigentumspolitischen Zuteilungsprinzips sind nötig, aber außer dem Bedarfsprinzip und dem Marktprinzip nicht recht erkennbar (Schachtschneider, 1999a, S. 755 ff., insb. S. 775 ff., 780 ff.). Die Teilung des knappen Gutes Arbeit ist ein nicht immer befriedigender Notbehelf, zumal die Befähigung, auf die es mehr und mehr ankommt, nicht teilbar ist. Ausbildung wird damit zunehmend zum existentiellen Eigentum (im weiteren Sinne). Aber ein Zurück zur Natur, d. h. eine technische Kehre in die Vergangenheit, um etwa in der Landwirtschaft Arbeit zu beschaffen, ist dem Fortschrittsgedanken der Menschheit zuwider (Kant, Zum ewigen Frieden, S. 259; Idee zur allgemeinen Geschichte in weltbürgerlicher Absicht, S. 47), der auch mit dem Sozialprinzip verbunden ist (Schachtschneider, 1974, S. 31 ff., 40 ff.). Allemal bietet die Welt (noch) genügend Arbeit für alle. Die Arbeit muß aufgegriffen werden, aber der liberalistische Kapitalismus hindert das, weil die wenigen genug zu haben scheinen und an der Wohlfahrt der vielen wenig Interesse zeigen.

19.4 Pflicht zur Arbeit

Die Bayerische Verfassung spricht die Pflicht zur Arbeit in Art. 166 richtig an. Der Mensch ist sich selbst verpflichtet. Er soll für sich selbst sorgen. Der Mensch ist aber auch dem Gemeinwesen verpflichtet. Er darf seinen Mitmenschen nicht zur Last fallen, wenn er fähig ist, für sich selbst zu sorgen.

Auf dieser Pflicht beruht das Subsidiaritätsprinzip des Sozialrechts. Danach wird die Sozialhilfe nachrangig als Hilfe zur Selbsthilfe gewährt. § 9 SGB I lautet:

> „Wer nicht in der Lage ist, aus eigenen Kräften seinen Lebensunterhalt zu bestreiten oder in besonderen Lebenslagen sich selbst zu helfen, und auch von anderer Seite keine ausreichende Hilfe erhält, hat ein Recht auf persönliche und wirtschaftliche Hilfe, die seinem besonderen Bedarf entspricht, ihn zur Selbsthilfe befähigt, die Teilnahme am Leben in der Gemeinschaft ermöglicht und die Führung eines menschenwürdigen Lebens sichert."

§ 2 BSHG (Bundessozialhilfegesetz) lautet:

> „(1) Sozialhilfe erhält nicht, wer sich selbst helfen kann oder wer die erforderliche Hilfe von anderen, besonders von Angehörigen oder von Trägern anderer Sozialleistungen erhält.
>
> (2) Verpflichtungen anderer, besonders Unterhaltspflichtiger oder der Träger anderer Sozialleistungen, werden durch dieses Gesetz nicht berührt. Auf Rechtsvorschriften beruhende Leistungen anderer, auf die jedoch kein Anspruch besteht, dürfen nicht deshalb versagt werden, weil nach diesem Gesetz entsprechende Leistungen vorgesehen sind."

Der Sozialhilfeanspruch geht, wenn zumutbare Arbeit verweigert wird, verloren (§ 25 BSHG). Die aktive Arbeitsförderung hat ebenfalls Vorrang vor den Leistungen zum

Ersatz des Arbeitsentgelts bei Arbeitslosigkeit (§ 4 Abs. 1 SGB III). Einem Arbeitslosen sind alle seiner Arbeitsfähigkeit entsprechenden Beschäftigungen zumutbar, soweit allgemeine oder personenbezogene Gründe der Zumutbarkeit einer Beschäftigung nicht entgegenstehen (§ 121 Abs. 1 SGB III). Arbeitslosenhilfe setzt nach § 193 SGB III die Bedürftigkeit voraus. Diese Vorschrift lautet:

> „(1) Bedürftig ist ein Arbeitsloser, soweit er seinen Lebensunterhalt nicht auf andere Weise als durch Arbeitslosenhilfe bestreitet oder bestreiten kann und das zu berücksichtigende Einkommen die Arbeitslosenhilfe nicht erreicht.
>
> (2) Nicht bedürftig ist ein Arbeitsloser, solange mit Rücksicht auf sein Vermögen, das Vermögen seines nicht dauernd getrennt lebenden Ehegatten oder das Vermögen einer Person, die mit dem Arbeitslosen in eheähnlicher Gemeinschaft lebt, die Erbringung von Arbeitslosenhilfe nicht gerechtfertigt ist."

Der Mensch, dessen Würde in seiner Freiheit liegt (Kant, Grundlegung zur Metaphysik der Sitten, S. 69), ist sich selbst verantwortlich. Sonst ist er nicht selbständig. Selbständigkeit aber ist Voraussetzung seiner Freiheit, wie Kant gelehrt hat (Metaphysik der Sitten, S. 432 ff.). Die Selbständigkeit des Menschen hat die Rechtsordnung insgesamt zu fördern. Dieses Postulat bestimmt auch die Materie der Eigentumsgewährleistung, welche deswegen auch das Recht auf Eigentum verheißt (Schachtschneider, 1999a, S. 755 ff.). Aber auch alle anderen Grundrechte dienen, zumal in ihrer objektiven Dimension, der Selbstverantwortung und Selbständigkeit des Menschen.

Demgemäß sind nach Kant die Tugendpflichten: Eigene Vollkommenheit – fremde Glückseligkeit (Metaphysik der Sitten, S. 515 ff.). Zur eigenen Vollkommenheit gehört, daß der Mensch alle seine Kräfte einsetzt, um für sich selbst zu sorgen, also seine Persönlichkeit bestmöglich zu entfalten. Das macht seine Freiheit aus. Die andere Seite der äußeren Freiheit, der „Unabhängigkeit von eines anderen nötigender Willkür" (Kant, Metaphysik der Sitten, S. 345), ist die innere Freiheit, die Sittlichkeit (Kant, Grundlegung zur Metaphysik der Sitten, S. 81 ff.; Kritik der praktischen Vernunft, S. 141 ff., 191 ff., 218). Pflicht zur Arbeit ist sittliche Pflicht. Die Rechtsordnung legt diese für bestimmte, bereits genannte Rechtsfolgen des Sozialrechts zugrunde, ja baut insgesamt auf das Prinzip der Selbständigkeit und Selbstverantwortung des Menschen auf, welches seine Würde ausmacht. Wiederum die Bayerische Verfassung sagt in Art. 153 S. 3:

> „Der Aufstieg tüchtiger Kräfte aus nichtselbständiger Arbeit zu selbständigen Existenzen ist zu fördern."

Das war die Sicht 1946. Die heutigen Wirtschaftsverhältnisse lassen eine unternehmerische Selbständigkeit der Menschen noch weniger zu als 1946. Aber das Arbeitsverhältnis begründet die freiheitsrechtlich geforderte Selbständigkeit, weil es, richtig dogmatisiert, Eigentum ist. Die sittliche Pflicht zur Selbständigkeit und Selbstverantwortung verpflichtet, wenn sie nicht anders erfüllt werden kann, zur Arbeit. Wer aus seinem Vermögen leben kann, ist nicht zur Arbeit genötigt und dazu auch nicht verpflichtet. Wer Sorge für die Familie im Hause trägt, muß seinen Unterhalt nicht in einem Arbeitsverhältnis verdienen. Im übrigen müht er sich, meist unermüdlich, arbeitet also (im weiteren Sinne). Für die Frage der Pflicht zur Arbeit läßt sich der Begriff der Arbeit nicht auf die Erfüllung von Arbeitspflicht aus Arbeitsverhältnissen reduzieren.

Einer Pflicht zur Arbeit, deren Erfüllung erzwungen werden könnte, steht Art. 12 Abs. 2 GG entgegen (dazu Breuer, 1989, § 147, Rdn. 88 ff.). Eine allgemeine Rechtspflicht zur Arbeit, wie sie in Art. 24 der (sogenannten) Verfassung der DDR stand, kann es nicht geben, weil die Möglichkeiten, das Leben selbständig und selbstverantwortlich zu bewältigen, vielgestaltig sind. Auch in der DDR waren nicht alle Menschen, die arbeitsfähig waren, verpflichtet zu arbeiten. Das allgemeine sittliche Prinzip ist nicht das der Pflicht zur Arbeit, sondern das zur selbstverantwortlichen Selbständigkeit. Jedenfalls ist jeder Mensch, sittlich um seiner Würde willen, zur Arbeit verpflichtet, bevor er seine Mitmenschen und sein Gemeinwesen für seinen Unterhalt in Anspruch nimmt, wenn und soweit er zu arbeiten fähig ist (Subsidiaritätsprinzip, Nachrang der Sozialhilfe). Jede Arbeit ist zumutbar; denn jede Arbeit hat die gleiche Würde, sagt, wie zitiert, das Bundesverfassungsgericht, erneut im Anschluß an die Bayerische Verfassung, deren Art. 168 Abs. 1 S. 1 lautet:

> „Jede ehrliche Arbeit hat den gleichen sittlichen Wert und Anspruch auf angemessenes Entgelt."

Freilich muß das Gemeinwesen auch die Chance geben, der Würde des Menschen gemäß zu leben und zu arbeiten. Das Recht auf Arbeit muß, wie zu II und III ausgeführt, allseitig verwirklicht werden. Das ist sittliche Pflicht der Republik, sittliche Pflicht der Politik, sittliche Pflicht des Gesetzgebers. Die Interessen des Kapitals sind demgegenüber ohne Rang.

Die thematisierte Frage beantworte ich so: Jeder Mensch hat aus dem Sozialprinzip als Teil des Freiheitsprinzips und aus dem Eigentumsprinzip ein Recht auf Arbeit und ist zur Arbeit verpflichtet, wenn er seinen Lebensunterhalt nicht anders bestreiten kann. Der Staat verwirklicht das Recht zur Arbeit durch eine bestmögliche Beschäftigungspolitik, welche auf Kapitalinteressen keine besondere Rücksicht nehmen darf.

Literatur

Breuer, R. (1989). Freiheit des Berufs. In J. Isensee & P. Kirchhof (Hrsg.), *Handbuch des Staatsrechts der Bundesrepublik Deutschland* (Bd. VI, Freiheitsrechte, § 147, S. 877 ff.). Heidelberg: C. F. Müller Juristischer Verlag.

Bryan, L. & Farell, D. (1997). *Der entfesselte Markt.* Wien: Überreuter.

Fichte, J. G. (1800). *Der geschlossene Handelsstaat.* Fichtes Werke, F. Medicus (Hrsg.) (1922, Dritter Band, Schriften von 1797- 1891). Leipzig: Meiner.

Häberle, P. (1972). Grundrechte im Leistungsstaat. *Veröffentlichungen der Vereinigung der Deutschen Staatsrechtslehrer*, Heft 30, 43 ff.

Hankel, W., Nölling, W., Schachtschneider, K. A. & Starbatty, J. (1998). *Die Euro-Klage. Warum die Währungsunion scheitern muß.* Reinbeck: Rowohlt.

Kant, I. (1784). *Idee zur allgemeinen Geschichte in weltbürgerlicher Absicht.* Werkausgabe, W. Weischedel (Hrsg.) (1968, Bd. 9, S. 31 ff.). Darmstadt: Wissenschaftliche Buchgesellschaft.

Kant, I.(1785/86). *Grundlegung zur Metaphysik der Sitten.* Werkausgabe, W. Weischedel (Hrsg.) (1968, Bd. 6, S. 7 ff.). Darmstadt: Wissenschaftliche Buchgesellschaft.

Kant, I. (1788). *Kritik der praktischen Vernunft.* Werkausgabe, W. Weischedel (Hrsg) (1968, Bd. 6, S. 103 ff.). Darmstadt: Wissenschaftliche Buchgesellschaft.

Kant, I.(1793). *Über den Gemeinspruch: Das mag in der Theorie richtig sein, taugt aber nicht für die Praxis*. Werkausgabe, W. Weischedel (Hrsg.) (1968, Bd. 9, S. 125 ff.). Darmstadt: Wissenschaftliche Buchgesellschaft.

Kant, I. (1997/98). *Metaphysik der Sitten*. Werkausgabe, W. Weischedel (Hrsg.) (1968, Bd. 7, S. 303 ff.). Darmstadt: Wissenschaftliche Buchgesellschaft.

Kant, I. (1795/96). *Zum ewigen Frieden*. Werkausgabe, W. Weischedel (Hrsg.) (1968, Bd. 9, S. 191 ff.). Darmstadt: Wissenschaftliche Buchgesellschaft.

Locke, J. (1690). *Über die Regierung*. Übersetzung von D. Tidow, P. C. Mayer-Tasch (Hrsg.) (1983). Stuttgart: Reclam.

Lorenz, K. (1983). *Der Abbau des Menschlichen* (2. Auflage).München: Piper.

Montesquieu, Ch. de (1748). *Vom Geist der Gesetze*. Übersetzung von K. Weigand (Hrsg.) (1965). Stuttgart: Reclam.

Ohmae, K. (1992). *Die neue Logik der Weltwirtschaft. Zukunftsstrategien der internationalen Konzerne*. Hamburg: Hoffmann u. Campe.

Schachtschneider, K. A. (1974). *Das Sozialprinzip. Zu seiner Stellung im Verfassungssystem des Grundgesetzes*. Bielefeld: Gieseking.

Schachtschneider, K. A. (1986). *Staatsunternehmen und Privatrecht, Kritik der Fiskustheorie, exemplifiziert an § 1 UWG*. Berlin: De Gruyter.

Schachtschneider, K. A. (1989). *Frei - sozial - fortschrittlich*. Privatdruck, Lehrstuhl für Öffentliches Recht, Universität Erlangen-Nürnberg.

Schachtschneider, K. A. (1993). Das Sittengesetz und die guten Sitten. In B. Becker, H.P. Bull & Seewald (Hrsg.), *Festschrift Werner Thieme zum 70. Geburtstag* (S. 195-225). Köln: Heymanns-Verlag.

Schachtschneider, K. A. (1994). *Res publica res populi. Grundlegung einer Allgemeinen Republiklehre. Ein Beitrag zur Freiheits-, Rechts- und Staatslehre*. Berlin: Duncker & Humblot.

Schachtschneider, K. A. (1995). Die existentielle Staatlichkeit der Völker Europas und die staatliche Integration der Europäischen Union. Ein Beitrag zur Lehre vom Staat nach dem Urteil des Bundesverfassungsgerichts zum Vertrag über die Europäische Union von Maastricht. In W. Blomeyer & K. A. Schachtschneider (Hrsg.), *Die Europäische Union als Rechtsgemeinschaft* (S. 75-139). Berlin: Duncker & Humblot.

Schachtschneider, K. A. (1997a). Die Republik der Völker Europas. *ARSP-Beiheft, 71*, 153-177.

Schachtschneider, K. A. (1997b). Republikanische Freiheit. In M. Kriele (Hrsg.), *Staatsphilosophie und Rechtspolitik. Festschrift für Martin Kriele zum 65 Geburtstag* (S. 829-857). München: Beck.

Schachtschneider, K. A. (1999a). Das Recht am und das Recht auf Eigentum. Aspekte freiheitlicher Eigentumsgewährleistung. In J. Isensee & H. Lecheler (Hrsg.), *Freiheit und Eigentum. Festschrift für Walter Leisner* (S. 743-796). Berlin: Duncker & Humblot.

Schachtschneider, K. A. (1999b). Demokratiedefizite in der Europäischen Union. In W. Nolling, K. A. Schachtschneider & J. Starbatty (Hrsg.), *Währungsunion und Weltwirtschaft. Festschrift für Willhelm Hankel* (S. 119-148). Stuttgart: Lucius & Lucius.

Schachtschneider, K. A. (1999c). Eigentümer globaler Unternehmen. In B. N. Kumar, M. Osterloh & G. Schreyögg (Hrsg.), *Unternehmensethik und die Transformation des Wettbewerbs. Festschrift für Horst Steinmann* (S. 409-440). Stuttgart: Schäffer-Poeschel.

Schachtschneider, K. A. (2000a). Der republikwidrige Parteienstaat. In D. Murswiek, U. Storost & H. A. Wolff (Hrsg.), *Staat - Souveränität - Verfassung. Festschrift für Helmut Quaritsch zum 70. Geburtstag* (S. 141-161). Berlin: Duncker & Humblot.

Schachtschneider, K. A. (2000b). Republikanismus versus Globalismus, exemplifiziert an der Kapitalverkehrsfreiheit. *Zeitschrift für Sozialökonomie, 126*, 3-14.

Schachtschneider, K. A. (2001a). *Der Anspruch auf materiale Privatisierung des staatlichen und kommunalen Vermessungswesens in Bayern*. Berlin: Duncker & Humblot.

Schachtschneider, K. A. (2001b). *Freiheit in der Republik*. Berlin: Duncker & Humblot.

Scholz, R. (1981). Kommentierung des Art. 12 GG. In Th. Maunz & G. Dürig (Hrsg.), *Grundgesetz Kommentar* (S. 1-236). München: Beck.

Zacher, H. F. (1987). *Das soziale Staatsziel.* In J. Isensee & P. Kirchhof (Hrsg.), *Handbuch des Staatsrechts der Bundesrepublik Deutschland* (Bd. I, Grundlagen von Staat und Verfassung in der Bundesrepublik Deutschland, § 25, S. 1045 ff.). Heidelberg: C. F. Müller Juristischer Verlag.

20 Sozialer Konvoi und nachhaltige Beschäftigungsfähigkeit: Perspektiven eines zukünftigen Umgangs mit beruflichen Transitionen

Thomas Kieselbach

20.1 Einleitung

Die Arbeitslosenforschung war sowohl in den 30er als auch seit Mitte der 70er Jahre (als die Arbeitsmarktprobleme in den hochindustrialisierten Ländern erneut bedrohliche Ausmaße angenommen hatten) primär darauf ausgerichtet, die individuellen Folgen und die Schwierigkeiten bei der Wiedergewinnung einer Beschäftigung zu untersuchen. In diesem Beitrag soll der Versuch unternommen werden, zukünftige Antworten von sozialen Institutionen, von Firmen als auch von Individuen zu formulieren, die sich auf eine sich schnell verändernde soziale Realität beziehen. Diese ist vorrangig darin zu sehen, daß die zeitweise Ausgliederung aus bezahlter Beschäftigung für eine zunehmende Zahl von Menschen zu einer normalen Erfahrung geworden ist. Indem wir einen solchen Perspektivenwechsel vornehmen, versuchen wir gleichzeitig das psychologische Problem Arbeitslosigkeit aus einer salutogenetischen Perspektive zu betrachten (Antonovsky, 1987), indem wir nämlich herauszufinden versuchen, welches die gesellschaftlichen Voraussetzungen sein müssen, die es dem Einzelnen ermöglichen, mit den skizzierten zukünftigen Entwicklungstendenzen eines prekarisierten Arbeitsmarktes und des damit verbundenen Anstiegs der Häufigkeit beruflicher Umbrüche für den Einzelnen umzugehen.

Während der vergangenen Jahre entwickelte sich eine weltweite Debatte unter Sozialwissenschaftlern und Ökonomen darüber, ob wir in eine "Post-Job-Ära" eintreten, das "Ende der Arbeit" (Rifkin, 1995) erreichen oder – um einen weiteren einschlägigen Titel anzuführen – ob wir eine "joblose Zukunft" zu gewärtigen haben (Aronowitz & DiFazio, 1994). Was diese Prognosen der Arbeitsmarktentwicklung gemeinsam aufweisen ist der Versuch, eine allgemeine Perspektive für die Zukunft der Arbeitsmärkte in den hochindustrialisierten Ländern aufzuzeigen. Ihr Ausgangspunkt liegt in der Tatsache begründet, daß in den meisten westlichen, insbesondere jedoch in den europäischen Ländern seit Anfang der 80er Jahre in jedem ökonomischen Abwärtszyklus der Anstieg der Arbeitslosenrate ein höheres Plateau als vorher erreichte – trotz einer z.T. deutlichen Zunahme der Beschäftigtenzahlen. Zum anderen finden sich weit verbreitete Tendenzen von Deregulation und Flexibilisierung, die in zahlreichen Ländern zu einer deutlichen Prekarisierung des Arbeitsmarktes führten.

Erst in den 90er Jahren zeigten sich aber auch gegenläufige Trends, z.B. in den USA, den Niederlanden, Dänemark und Großbritannien, wo es, z.T. allerdings auch begleitet durch massive Veränderungen der Erfassungskriterien der Arbeitsmarktstatistik, primär aber durch neue kreative Instrumente wie Teilzeitarbeit (Niederlande), attraktive Qualifizierungsangebote für Beschäftigte (Dänemark) oder die Schaffung von gering bezahlter Beschäftigung (USA) gelungen ist, die Arbeitslosenzahlen z.T. drastisch zu reduzieren.

20.2 Arbeitslosigkeit und Viktimisierung

In einer um Arbeit zentrierten Gesellschaft stellt die Berufstätigkeit die wichtigste Verknüpfung mit der gesellschaftlichen Realität dar. Sie beinhaltet neben der Funktion des Gelderwerbs zum selbständigen Lebensunterhalt vielfältige andere psychische Funktionen: Sie stellt eine durch Vertrag vereinbarte verbindliche Aktivität dar, welche soziale Kontakte außerhalb des engeren sozialen Netzes vermittelt, in der Verfolgung gemeinsamer Ziele, welche über individuelle Ziele hinausgehen; zudem bietet sie Möglichkeiten zum Erwerb oder der Anwendung von Fähigkeiten, läuft innerhalb einer vorgegebenen Zeitstruktur ab und ist verknüpft mit einem sozialen Status, welcher Berufsprestige mit dem zentralen gesellschaftlichen Bewertungssystem Geld verbindet. Diese psychischen Funktionen sind nur schwer – vor allem nicht gebündelt wie in Erwerbsarbeit – durch andere gesellschaftliche Angebote zu ersetzen (Jahoda, 1983).

Gesundheitliche Belastungen, die aus Arbeitsbedingungen und -anforderungen resultieren, lassen sich nicht gegen die gesundheitlichen Folgen von Arbeitslosigkeit aufrechnen. Statt dessen müssen wir von einem kreisförmigen Zusammenhang dieser komplementären Belastungsquellen ausgehen: Gesundheitlich belastende Arbeitsplätze erhöhen langfristig das Risiko gesundheitlicher Einschränkungen und daraus resultierend wiederum das Risiko eines Arbeitsplatzverlustes. Bereits gesundheitlich belastete Arbeitslose sind gegenüber dem Streß der Arbeitslosigkeit zusätzlich verletzlich – da diese die Effekte anderer eigenständiger belastender Lebensereignisse verstärkt. Ein Wiedereinstieg in den Arbeitsmarkt ist jedoch für Arbeitslose mit gesundheitlichen Einschränkungen erheblich erschwert; ihre Arbeitslosigkeit dauert durchschnittlich länger an. Langzeitarbeitslose wiederum haben mit zunehmender Dauer der Arbeitslosigkeit abnehmende Chancen der Wiedereingliederung. Empirisch durchaus beobachtbare Verbesserungen der körperlichen Gesundheit bei Teilgruppen in der Anfangsphase von Arbeitslosigkeit ("*Gesundheitsgewinn*", s. Brinkmann & Potthoff, 1983) lassen auch einen Rückschluß auf die vorgängigen Arbeitsbelastungen zu. Ein anfänglich möglicher Erholungseffekt wird jedoch im weiteren Verlauf durch die Zunahme belastender Faktoren überlagert.

Psychosozialer Streß infolge von Arbeitsplatzverlust und andauernder Arbeitslosigkeit setzt auf unterschiedlichen Ebenen an (Kieselbach, 1998a, 1998b):

1. Die mit der Arbeitstätigkeit verbundenen Momente von ökonomischer Sicherheit, sozialer Einbindung, Selbstwertgefühl, Zeitstrukturierung sowie externen Anforderungen schwächen sich ab oder gehen verloren (primäre Viktimisierung).
2. Erfahrungen von Alltagsproblemen wie finanziellen Sorgen, Zukunftsunsicherheit und sozialer Stigmatisierung führen zu einer Verstärkung von Belastungen (*sekundäre Viktimisierung*).
3. Sozial als unangemessen angesehene Formen der Bewältigung werden den Betroffenen selbst angelastet (*tertiäre Viktimisierung*):
   – zum einen jenen Menschen, die aufgrund des Mangels an persönlichen und sozialen Ressourcen mit ihrer Situation nur sehr unzureichend fertig werden und gravierende psychosoziale Probleme aufweisen;
   – zum anderen jenen positiven Bewältigern der Arbeitslosigkeit, die "zu gut" mit der Situation fertig werden und denen deshalb Selbstverschulden und Mißbrauch des sozialen Sicherungssystems vorgeworfen wird.

Zweifellos gibt es keine bei allen gleichförmigen Reaktionen auf Arbeitslosigkeit: Arbeitslosigkeit deckt ein breites Panorama unterschiedlicher Lebenslagen ab, die von demographischen, sozialen, kulturspezifischen und individuellen Faktoren bestimmt werden. Für den Einzelnen verbergen sich dahinter sehr unterschiedliche psychosoziale

Problemlagen. Zwischen belastungsfreien Bewältigungsformen bei selbstgewählten beruflichen Übergängen und dramatischen Zuspitzungen als Folge einer Sumierung alltäglicher Belastungen sowie einem Verstärkungseffekt von Arbeitslosigkeit bei psychosozialen Krisen finden sich vielfältige Formen individueller Bewältigung (Kieselbach, 1991, 1994, 2000a, b; Kieselbach, Heeringen, Lemkow, Sokou & Starrin, 2001; Kieselbach & Wacker, 2000).

Für die Moderation der individuellen Bewältigung spielen demographische, soziale und individuelle Faktoren eine wichtige Rolle, wie

- individuelle Einstellungen und Fähigkeiten, z.B. die Arbeits- und Berufsorientierung, das Bewältigungsverhalten in kritischen Lebenssituationen sowie die Verfügbarkeit und die Angemessenheit sozialer Unterstützung,
- Normen und Werte der Gesellschaft oder Gemeinschaft wie Arbeitsethik, die Arbeitslosenrate, d.h. das Ausmaß der Normalität von Arbeitslosigkeit,
- die finanzielle Situation in der Arbeitslosigkeit,
- die Phase, in der sich jemand innerhalb des Arbeitslosigkeitsprozesses befindet: Starke Streßreaktionen zu Beginn werden von gemäßigten im ersten Jahr der Arbeitslosigkeit abgelöst, wonach bei einigen eine (häufig jedoch resignative) Anpassung an die Arbeitslosigkeit folgen kann, bei anderen sich die Gesundheitssituation hingegen weiter verschlimmert (s. WHO, 1989).

Im Durchschnitt wirken sich jedoch die Verringerung der finanziellen Mittel, der Verlust der positiven Funktionen von Arbeit sowie die mit ansteigender oder anhaltender Massenarbeitslosigkeit zunehmende Perspektivlosigkeit vieler Arbeitsloser äußerst negativ auf ihre psychische und körperliche Gesundheit aus (Catalano, 1993). Die nachgewiesenen psychosozialen Folgen von Arbeitslosigkeit wie Depressivität, Ängstlichkeit, Schlaflosigkeit, Reizbarkeit, allgemeine Nervosität und Konzentrationsstörungen können, wenn die Arbeitslosigkeit längere Zeit andauert, auch eine Beeinträchtigung der körperlichen Gesundheit zur Folge haben. Bei arbeitslosen Jugendlichen konnten klinische Untersuchungen eine gravierende Zunahme von behandlungsbedürftigen psychiatrischen Störungen nachweisen (Finlay-Jones & Eckhardt, 1984). Zusammenfassend gibt es eine weitgehende Übereinstimmung unter Arbeitslosenforschern, daß Langzeitarbeitslose generell eine soziale Gruppe mit hohem Risiko für gesundheitliche Schädigungen als Folge von Arbeitslosigkeit sind (WHO, 1989).

20.3 Zur Notwendigkeit einer gesellschaftlichen Begleitung beruflicher Transitionsprozesse

Der Umbau der Beschäftigtenstruktur (Seitchik & Zornitsky, 1989), der Zwang zur Erhöhung der Wettbewerbsfähigkeit unter der Voraussetzung einer globaler gewordenen Weltwirtschaft, der gesellschaftliche Individualisierungsprozeß und die Zunahme sog. beruflicher Patchwork-Biographien in prekären Beschäftigungsverhältnissen (Rodgers & Rodgers, 1989) werden berufliche Übergänge von einem Beschäftigungsverhältnis in ein anderes, oft unterbrochen durch Phasen von Re- oder Umqualifizierung, für den Einzelnen zu einem "normaleren" Ereignis werden lassen. Hierfür müssen jedoch Formen gesellschaftlicher Begleitung als auch Bewältigungsfähigkeiten auf Seiten des

Individuums ausgebildet werden, die bislang noch zu wenig im Zentrum von Sozialisationsprozessen stehen, wie beispielsweise Eigeninitiative, Selbstvertrauen oder die Fähigkeit zur Selbstorganisation (Frese, 1996) oder zum Selbstmanagement (Kuhnert, Dudda & Kastner, 2000).

Die zukünftigen Entwicklungen berufsbiographischer Verläufe und ihre individuellen Konsequenzen lassen sich folgendermaßen skizzieren: Die allgemeine Zunahme beruflicher Übergänge führt zu einer größeren Häufigkeit transitionsbedingten Streßerlebens i.S. einer primären Viktimisierung. Stigmatisierungseffekte von Transitionszuständen wie Arbeitslosigkeit verstärken darüber hinaus das individuelle Streßerleben (sekundäre Viktimisierung) und fordern von den Betroffenen größere Bewältigungsleistungen. Die dafür notwendigen personalen Ressourcen (individuelle Bewältigungskompetenzen) und sozialen Ressourcen (soziale Unterstützung) sind oft jedoch nicht hinreichend ausgebildet oder z.B. aufgrund zunehmend individualistisch gewordener Lebensformen häufig nicht ausreichend vorhanden, wodurch eine angemessene Bewältigung beruflicher Transitionen verhindert werden kann.

Aufgrund dieser Faktoren besteht die Notwendigkeit einer gesellschaftlichen Beratung und Begleitung zur Normalisierung und Entstigmatisierung solcher beruflichen Übergänge, wodurch eine wichtige Grundlage zur Verbesserung der individuellen Bewältigung beruflicher Transitionsprozesse geschaffen werden könnte (Kieselbach & Klink, 1997). Zentrale Voraussetzung hierfür ist jedoch die Möglichkeit, solche Transitionsphasen individuell sinnvoll ausfüllen zu können, sie nicht lediglich als „Leerstellen" in der eigenen beruflichen Biographie erfahren zu müssen.

Auf dem Hintergrund dieser vorgängigen Überlegungen sollten integrierte Konzepte entwickelt werden, welche

- unterschiedliche Dimensionen von Beratung und Begleitung systematisch aufeinander beziehen,
- berufliche Übergänge als qualifikations- und persönlichkeitsbezogenes Moratorium fassen,
- beim Einzelnen die Angst vor einer ungewissen Zukunft soweit verringern, daß er handlungsfähig bleibt,
- ihm eine akzeptierte soziale Identität für den Zeitraum des Überganges vermitteln sowie
- gesellschaftliche Rahmenbedingungen schaffen, in denen soziale Verantwortung als Ausgleich für die subjektiv erlebte Ungerechtigkeit der Arbeitslosigkeit deutlich wird.

Beratung für Arbeitslose i.S. einer Transitionsbegleitung muß aber sensibel von stigmatisierenden Effekten freigehalten werden, um die bei Arbeitslosen vorhandenen Barrieren gegenüber dem Aufsuchen oder Annehmen von Hilfe zu überwinden.

Gesellschaftliche Angebote der Begleitung beruflicher Transitionen wären demnach als ein sozialer Geleitschutz zu konzipieren mit

- Brücken aus der Arbeitstätigkeit heraus (*Outplacement*),
- Pontons in der Phase der Arbeitslosigkeit in Form von Qualifizierungs- oder sozialen Unterstützungsangeboten und

- Brücken in den ersten Arbeitsmarkt zurück in Form von Reintegrationshilfen (*Replacement*), die auch bis in die Phasen von Wiederbeschäftigung hineinreichen (*Inplacement*), welche ja oft zu Mißerfolg und damit erneuter Arbeitslosigkeit führen, weil nach längerdauernder Arbeitslosigkeit und der Entwöhnung von Arbeitsroutinen die neue Berufstätigkeit einen eigenständigen Stressor darstellt, für den die vorhandenen persönlichen Ressourcen nicht ausreichend sein können.

Ein Ansatzpunkt der Übernahme von Verantwortung für Entlassungen durch die entlassende Organisation selbst ist in jenen unter dem (allerdings ziemlich problematischen) Begriff "Outplacement" entwickelten Beratungsansätzen zu sehen. Ziel von Outplacement ist die Entwicklung eines von beiden Seiten als fair angesehenen Konzeptes des Austritts aus der Organisation sowie die Erleichterung des Übergangs in eine neue Beschäftigung. Im Rahmen einer prozeßbegleitenden Unterstützung, die auf der Basis von Einzelgesprächen mit dem Betroffenen, aber auch mit seinem sozialen Umfeld, die Kündigung bewältigen hilft, werden seine individuellen Fertigkeiten, Fähigkeiten und Kompetenzen sowie seine Schwachstellen analysiert, Arbeitsmarktchancen thematisiert und konkrete Bewerbungsstrategien entwickelt (Kieselbach, 1998c).

20.4 Vorteile integrierter Outplacement/Replacement-Konzepte

Eine oben bereits angesprochene Veränderung des Diskurses in der Arbeitslosenforschung von der Dokumentation der individuellen Folgen von Arbeitsplatzverlust und fortdauernder Arbeitslosigkeit in Richtung der gesellschaftlich verantwortlichen Gestaltung beruflicher Übergänge führt uns zur Beschäftigung mit Konzepten, die frühzeitig in den Prozeß der Entlassung eingreifen und dem Einzelnen unter Bündelung unterschiedlicher Ressourcen Hilfestellung im beruflichen Übergang aus einer Beschäftigung in Arbeitslosigkeit oder Nicht-Beschäftigung bis zu einer angemessenen Wiederbeschäftigung leisten. Solche Ansätze finden wir in integrierten Ansätzen der Outplacement/Replacement-Beratung, die sich in einer Reihe von Ländern bereits etabliert haben, in der Bundesrepublik jedoch immer noch eher eine Außenseiterrolle spielen.

20.4.1 Vorteile für die Entlassenen

Mit dem Arbeitsplatzverlust und einer daraus resultierenden Arbeitslosigkeit können vielfältige Streßerfahrungen verbunden sein. Die Annahme erscheint gerechtfertigt, daß die angemessene Antizipation solcher Stressoren sowie professionelle Hilfe als Form sozialer Unterstützung von Bewältigungsprozessen beim betroffenen Individuum psychosoziale Schädigungen zumindest verringern kann (Klink, Waldmann & Kieselbach, 1995; Kieselbach, 1999; Kieselbach, Klink, Scharf & Schulz, 1998). Solche individuellen Effekte integrierter Outplacement/Replacement-Konzepte (OP/RP) können in folgenden Bereichen angenommen werden:

- Entindividualisierung beruflicher Transitionen,
- Abfederung des Schocks, der durch eine Entlassungsankündigung ausgelöst wird,
- verstärkte Gefühle von Sicherheit hinsichtlich der persönlichen beruflichen Zukunft durch die Antizipation sozialer Unterstützung im beruflichen Übergang,

- Reduzierung des psychosozialen Streß in der Arbeitslosigkeit aufgrund einer professionellen Beratung, die sich bezieht auf die Klärung finanzieller Probleme,
- Immunisierung gegen den Arbeitslosigkeitsstreß durch Informationen über und die Thematisierung potentieller Schädigungen aufgrund der Arbeitslosigkeit,
- Analyse persönlicher Ressourcen und Defizite hinsichtlich Qualifikationen, Interessen, Motivationen etc.,
- Analyse regionaler Optionen hinsichtlich aktueller und zukünftiger Arbeitsmarktanforderungen und -entwicklungen, vorhandener Interventions- und Qualifizierungsangebote etc.,
- gemeinsame Erarbeitung persönlicher beruflicher Entwicklungspläne, die individuelle als auch soziale Ressourcen und Optionen verbinden.

Die Entwicklung eines solchen integrierten Konzeptes von OP/RP-Beratung läßt sich als ein sozialer Geleitschutz ("social convoy" i.S. von Antonucci, 1985) interpretieren, der die individuelle Bewältigung beruflichen Wandels erleichtert. Jenen Personen, die von Arbeitsplatzverlust infolge industrieller Umstrukturierungen betroffen sind, werden damit soziale Ressourcen zur Verfügung gestellt. Diese können sie befähigen, in einer schwierigen persönlichen Umbruchsituation aktiv das Wachstumspotential zu nutzen, welches in beruflichen Transitionen ebenfalls vorhanden sein kann, statt daß sich diese Menschen lediglich als soziales Opfer einer wirtschaftlichen Umstrukturierung fühlen.

Ein integriertes OP/RP-Konzept muß allerdings viele der Beschränkungen überwinden, die mit dem klassischen Outplacement verknüpft sind, welches für einen langen Zeitraum das Image einer besseren "betrieblichen Sterbebegleitung" hatte, die vorrangig dazu diente, organisationsbezogene Reibungsverluste zu verringern, welche mit Personalentlassungen verknüpft sind. Erst wenn auch das Interesse des Individuums, als Ergebnis der OP/RP-Beratung eine äquivalente Wiederbeschäftigung zu erlangen, als gleichberechtigt akzeptiert und einbezogen wird, kann ein solches Instrument ein respektiertes Image gewinnen und in organisationalen und industriellen Settings im Konsens angewendet werden.

20.4.2 Vorteile für die Organisation

Worin könnten die Gründe für eine Organisation bestehen, Ansätze einer integrierten Beratung und Begleitung beruflicher Transitionen der Beschäftigten anzuwenden? Unter der Perspektive einer fortschrittlichen Management-Philosophie muß das soziale Kapital der Belegschaft als zentrale Bedingung einer hohen Produktivität angesehen werden. Wenn Firmen eine umfassende Transitionsberatung im angesprochenen Sinne anbieten, kann dieses die Übernahme sozialer Verantwortung für notwendige Prozesse industrieller Umstrukturierung im Interesse der Erhaltung von Wettbewerbsfähigkeit dokumentieren. Während die Antizipation einer möglichen Entlassung durch die Firma im allgemeinen eher zu einer Verringerung des Engagements für die Firma führt, kann das Angebot einer Transitionsberatung im Gegenteil auch zu einer höheren Identifikation beitragen.

Die Antizipation einer professionellen und umfassenden Beratung im Fall einer unvermeidbaren Trennung von der Organisation kann eine Verringerung des Antizipationsstreß beim Arbeitsplatzverlust bewirken und gleichfalls langfristig die negativen Gesundheitseffekte von Arbeitsplatzunsicherheit im allgemeinen positiv beeinflussen.

Konzipiert als formale Verpflichtung der Organisation, die auch in Arbeitsverträgen festgelegt ist (wobei der Anspruch des Arbeitnehmers auf umfassende Transitionsberatung verbindlich festgeschrieben wird), könnte dies Gefühle wechselseitiger Verantwortung und Verpflichtung begünstigen.

Auf diese Weise würde ein legitimer Anspruch die Grundlage von Hilfe bilden: Die zu beratende Person muß sich nicht zwangsläufig erst als unfähig zur eigenständigen Lösung ihrer beruflichen Probleme darstellen und insofern auch nicht ihr Hilfesuchen im Beratungsprozeß als Hinweis auf persönliche Defizite eröffnen (Kieselbach, 1990), sondern kann eine professionelle Beratung als legitimen und garantierten Bestandteil ihres Arbeitsverhältnisses akzeptieren.

Die Vorteile einer umfassenden Transitionsberatung für die Organisation sind in folgenden Bereichen zu sehen:

- die Vermeidung oder Reduktion organisationsbezogener (z.B. auch juristischer) Konflikte bei Entlassungen,
- die organisationale Abfederung von Personalabbaumaßnahmen,
- eine größere Transparenz im Prozeß des Personalabbaus,
- die Vermeidung von Produktivitätsverlusten als Folge von Demotivation, geringerem Engagement für die Organisation und Tendenzen inneren Rückzugs von Seiten der nicht-entlassenen Beschäftigten als "survivors-of-layoffs",
- die Übernahme sozialer Verantwortung durch das Unternehmen und die Organisation als Bestandteil der Firmenkultur in ihrer Innen- und Außenwirkung.

Es soll an dieser Stelle betont werden, daß mit dem hier dargelegten, gegenwärtig eher noch programmatischen Konzept nicht intendiert ist, die Verantwortung für berufliche Transitionen und deren gesellschaftliche Begleitung einseitig den entlassenden Organisationen zu überantworten. In der Forderung nach integrierten Konzepten ist beinhaltet, daß eine enge Verzahnung von bereits bewährten Interventionsmaßnahmen der Arbeitsverwaltung und von Institutionen der Sozialverwaltung als auch des psychosozialen Sektors mit einer neu zu konturierenden Verantwortung der Firmen vorgenommen wird. Die Verknüpfung solch unterschiedlicher Beratungsangebote könnte ein Herausfallen von betroffenen Individuen aus dem institutionellen Kontext des bisherigen Betriebes auffangen, so daß das Risiko einer längerfristigen Unterbrechung der beruflichen Entwicklung vermindert wird. Im Bereich der strukturellen Kurzarbeit, der Schaffung von know-how-Pools qualifizierten Personals außerhalb des entlassenden Betriebes sowie der Initiierung von Beschäftigungsgesellschaften (vorrangig in den neuen Bundesländern) oder Arbeitsstiftungen (wie in Österreich, siehe dazu den Beitrag von Seckauer & Gerich, in diesem Band) zum Auffangen entlassener Beschäftigter gibt es hier gerade in den letzten Jahren erfolgversprechende Ansätze, die es hinsichtlich der dabei gemachten Erfahrungen kritisch zu analysieren gilt.

Die Hauptverantwortung für die Bewältigung des Problems Arbeitslosigkeit sollte demnach weiterhin bei der Arbeitsverwaltung liegen, diese sollte jedoch in stärkerem Maße als bislang auch von Synergieeffekten profitieren, die bei einer engeren Verschränkung von betrieblicher Personalpolitik mit Qualifizierungsmaßnahmen im Bereich Weiterbildung und Ansätzen psychosozialer Beratung zu erwarten sind.

20.5 Sozialer Konvoi und nachhaltige Beschäftigungsfähigkeit

Eine Konzipierung des Verhältnisses zwischen Arbeitslosen und der Gesellschaft auf der Basis legitimer Ansprüche würde die psychosoziale Lage von Arbeitslosen erheblich erleichtern. Sie wären dann nicht mehr Objekt altruistischer Fürsorge, sondern Partner von Beratung und Betreuung in einer beruflichen Transitionsphase (s. auch Montada, 1994). Grundlage ihres Verhältnisses zur Gesellschaft und ihren Institutionen wäre demnach die Annahme, daß die Kosten industrieller Umstrukturierungen (die in der Regel mit erzwungenem Arbeitsplatzwechsel verbunden sind), die zur Erhaltung der Wettbewerbsfähigkeit und langfristigen Überlebensmöglichkeiten unserer Volkswirtschaft als unumgänglich angesehen werden, auch solidarisch getragen werden müssen und nicht jenen individuell aufgebürdet werden sollten, die davon persönlich betroffen sind.

Aus einer gesundheitspsychologischen Perspektive ließe es ein hier vorgeschlagener Diskurswechsel in Richtung einer Normalisierung von beruflichen Transitionen mit temporären Arbeitslosigkeitsphasen möglich erscheinen, daß die individuelle Bewältigung des potentiellen Stressors Arbeitsplatzverlust weniger psychosoziale Schädigungen verursacht. Sowohl die primäre Bewertung seines bedrohlichen Charakters bereits in der Antizipationsphase als auch die sekundäre Bewertung personaler und sozialer Ressourcen für die Bewältigung eines bereits eingetretenen Stressors könnte sich dadurch positiv verändern (Lazarus & Folkman, 1987). Auf diese Weise könnte eine potentiell schädigende Situation nicht mehr nur als Bedrohung wahrgenommen werden, wobei der Aufmerksamkeitsfokus auf der möglichen Schädigung liegen würde, sondern diese könnte auch als Herausforderung wahrgenommen werden; hierbei läge die Betonung auf dem Gefühl der Meisterung einer schwierigen Situation oder des persönlichen Wachstums (Wortman, 1983). Die berufliche Transition erschiene dem Einzelnen dann zwar nicht völlig kontrollierbar, jedoch in stärkerem Maße durch ihn selbst beeinflußbar. Hierin könnte ein wesentlicher Ansatzpunkt zur Entschärfung der gesundheits- und sozialpolitischen Hypothek von Massenarbeitslosigkeit und Arbeitsplatzunsicherheit liegen.

Die Anpassung an eine massiv veränderte ökonomische Realität, die bereits die Wahrscheinlichkeit individueller beruflicher Umbrüche deutlich erhöht hat, welche zukünftig noch zunehmen werden, sollte nicht einseitig den betroffenen Individuen aufgebürdet werden. Die aus einer größeren Unternehmenseffizienz resultierenden individuellen Probleme, die mit einer größeren Arbeitsmarktflexibilität verknüpft sind, sollten nicht nur der Verantwortung der Gesellschaft allgemein übertragen sein, sondern gleichfalls stärker in die Verantwortung jener Unternehmen gelegt werden, welche Prozesse von Personalabbau und in diesem Zusammenhang grundlegende Veränderungen der Zusammensetzung ihrer Belegschaften durchlaufen. Organisationen sollten Umgebungsbedingungen entwickeln, die nicht ausschließlich Effizienzkriterien betonen, sondern gleichzeitig individuelle Bewältigungsanstrengungen im Umgang mit diesen neuen beruflichen Anforderungen dahingehend erleichtern, daß die persönlichen Ressourcen nicht überfordert werden. Dies erfordert Arbeitsumgebungen, welche berufliche Zonen von Innovation – die notwendig zur Erhöhung der Wettbewerbsfähigkeit der Organisation sind – und berufliche Zonen von Routine, die dem Einzelnen ein Gefühl von Sicherheit vermitteln (Nicholson & West, 1989), ausbalancieren, um damit sowohl das Individuum als auch die Organisation zu befähigen, von den beschriebenen sozialen Veränderungen zu profitieren.

20.5.1 Nachhaltige Beschäftigungsfähigkeit als Schlüsselkategorie der zukünftigen Arbeitsmärkte

Die langfristigen Perspektiven eines sozial verantwortlichen Umgangs mit der industriellen Restrukturierung und den unvermeidlichen begleitenden beruflichen Transitionen kann im Konzept der nachhaltigen Beschäftigungsfähigkeit (sustainable employability) gesehen werden (Gazier, 1998). Dieser Begriff, entwickelt in der EU-Debatte über die Zukunft der Beschäftigung, spricht sowohl die Qualifikationen und Kompetenzen des Individuums an, die vorhandenen Jobs und die darin nachgefragten Qualifikationen, die Arbeitsorganisation als auch das Erziehungs- und Ausbildungssystem. Es ist deshalb eine Zielkategorie, die Veränderungen nicht nur vom Individuum, sondern gleichfalls von der Organisation des Schul- und Ausbildungssystems, der innerbetrieblichen Weiterbildung als auch der Regulationen auf dem Arbeitsmarkt erfordert. Eine Veränderung des Fokus auf employability impliziert jedoch auch eine massive Veränderung der Arbeitsverwaltung bzw. jener sozialen Unterstützungssysteme, die für Arbeitslose zuständig sind. Diese sollten personell so ausgestattet sein, daß sie die Entwicklung verschiedener Berufe sowie potentieller lokaler Arbeitsmärkte bewerten können sowie die Koordinierung der Aktionen der unterschiedlichen Akteure zu leisten imstande sind, die auf eine Integration der Arbeitslosen am Arbeitsmarkt abzielen (Euzéby, 1999).

Wichtig erscheint hier eine Abgrenzung gegen einen oberflächlichen Begriff von Beschäftigungsfähigkeit, der diese eher als einseitige Anpassung des Individuums an die Gegebenheiten des Arbeitsmarktes begreift. Da der Begriff Beschäftigungsfähigkeit noch weitgehend offen ist für unterschiedliche Interpretationen, ist er auch nicht gegen die Inanspruchnahme i.S. einer einseitigen Anpassung des Individuums an die Entwicklung des Arbeitsmarktes gefeit. Wenn man ihn jedoch komplexer definiert, sowohl Adaptation als auch Akkommodationsprozesse umgreifend (wie sie z.B. in einem Konzept der aktiven Professionalisierung von Berufsfeldern verstanden werden), läßt er sich positiv auch gegen Kritikansätze behaupten, die darin lediglich die Anforderung einer grenzenlosen Flexibilität sehen (wie es z.B. in dem Buch "Der flexible Mensch" von Sennett (1997) getan wird).

Für die Arbeitsmarktpolitik bedeutet ein hier entwickeltes Verständnis beruflicher Transitionen, daß sie stärker vorausschauende Ansätze formulieren und damit eine präventive Orientierung entwickeln muß. Aus welchen Elementen könnte eine solche Arbeitsmarktpolitik bestehen, die zu verhindern sucht, daß aus der Beschäftigungskrise des Einzelnen eine individuelle Katastrophe wird?

1. *Barrieren zwischen Arbeitsplatzverlust und Langzeit- oder Dauerarbeitslosigkeit:* Um zu verhindern, daß sich durch einen Mangel an sozialer Unterstützung in Form von Beratung und Betreuung die Erfahrung von Arbeitsverlust von einer krisenhaften Erfahrung zu einer katastrophalen Zuspitzung psychosozialer Probleme entwickelt, sollten die für die primäre Viktimisierung bedeutsamen Charakteristika von Chronizität und Unkontrollierbarkeit des Stressors Arbeitslosigkeit durch gesellschaftliche Ansätze, wie z.B. das von der EU-Kommission für Beschäftigung Mitte der 80er Jahre erstmalig entwickelte Konzept der sozialen Garantie, beseitigt

werden (MISEP, 1986; Mawson, 1986). Damit ist gemeint, daß Arbeitslose, falls ihre Bemühungen um Wiederbeschäftigung bis dahin noch nicht erfolgreich waren, nach einer bestimmten Dauer der Arbeitslosigkeit (gestaffelt für Jugendliche und ältere Arbeitslose) einen Anspruch auf eine Beschäftigung im kommunalen Bereich oder in modifizierten Konzepten zumindest auf die Teilnahme an einer Qualifizierungsmaßnahme erlangen (Kempe, 1998).

2. *Nachhaltige Beschäftigungsfähigkeit als die zukünftige Arbeitsplatzsicherheit:* Die Arbeitsplatzsicherheit der Zukunft wird in eher geringerem Maße explizit in Arbeitsverträgen garantiert sein, sondern mehr durch ein Konzept wie das der Beschäftigungsfähigkeit erfaßt werden, welche in den EU-Beschäftigungsrichtlinien eine der vier Säulen repräsentiert. Sie wird nach dieser Annahme die in arbeitsrechtlichen Regulierungen inkorporierte Arbeitsplatzsicherheit zumindest teilweise ablösen.

Wenn Globalisierungsprozesse unzweifelhaft dazu beitragen, daß Arbeitsverhältnisse prekärer, d.h. für den Einzelnen weniger planbar und berechenbar werden, sollten wir dennoch aus der Tradition einer europäischen Sozial-, Arbeitsmarkt- und Industriepolitik heraus versuchen, Konzepte zu entwickeln, die nicht ausschließlich dem Ziel der Wettbewerbsfähigkeit um jeden Preis verpflichtet sind, sondern ein europäisches Konzept eines neuen Gesellschaftsvertrages formulieren, das individuelle Entwicklungsmöglichkeiten mit den Anforderungen industrieller Wettbewerbsfähigkeit in Übereinstimmung bringt. Die umwälzenden Veränderungen, die allein unsere Ökonomie aufgrund der Entwicklung der Kommunikationstechnologie durchlaufen hat, veränderten - den Bereich der Qualifikation der Beschäftigten, d.h. in der Regel den Bereich der betriebsinternen Qualifikation bereits drastisch. Wenn wir jedoch Individuen befähigen wollen mit einer geringeren Arbeitsplatzsicherheit leben zu lernen, wie sie sich bereits in den letzten Jahrzehnten zu entwickeln begonnen hat, müssen wir überlegen, über welche Kompetenzen Beschäftigte zukünftig verfügen sollten, um angemessene Bewältigungsformen mit diesen Arbeitsverhältnissen auf Zeit und unter deutlich weniger gesetzlich geregelten Bedingungen herauszubilden.

Das europäische Modell ist im Unterschied zum nordamerikanischen Modell erheblich stärker durch eine Orientierung auf soziale Verantwortung gekennzeichnet. Globalisierungsprozesse, die wenig gesellschaftlich gesteuert werden, bergen die Gefahr in sich, Umorientierungen ausschließlich in Richtung der Übernahme individueller Verantwortung vorzunehmen, die eher für das nordamerikanische Modell normativ sind. Das hier vorgetragene Konzept des sozialen Konvois bei beruflichen Transitionen scheint mir am ehesten geeignet zu sein, einer solchen Gefahr zu begegnen.

Generell sind allerdings die gegenwärtigen europäischen Unterstützungssysteme von Arbeitslosen sehr stark statisch und wenig transitionsorientiert ausgerichtet (Euzéby, 1999). Ihre vorrangige Prämisse besteht darin, daß Menschen, die entlassen worden sind, wieder einen neuen Job im Bereich ihrer erworbenen Qualifikationen bekommen. Wenn sich jedoch die rapiden Veränderungen bei Qualifikationsanforderungen auch in der Struktur der Sicherungssysteme von Arbeitslosigkeit niederschlagen sollen, müßten diese stärker unter einer Perspektive von 'employability' Qualifizierung und Transitionsbegleitung i.S. des sozialen Konvois beinhalten.

1. Welches sind nun zusammenfassend die längerfristigen gesellschaftlichen Zielperspektiven und Voraussetzungen für die Bewältigung beruflicher Transitionen? Als Arbeitsplatzsicherheit der Zukunft ist eher ein Konzept wie das der nachhaltigen Beschäftigungsfähigkeit anzusehen.
2. Dabei kommt der Schaffung sozialer Ressourcen für die Bewältigung beruflicher Transitionen, wie es im Konzept des sozialen Konvoi konzipiert ist, wesentliche Bedeutung zu.
3. Grundvoraussetzung für eine angemessene individuelle Bewältigung beruflicher Transitionen ist die Entwicklung personaler Ressourcen wie persönliche Initiative, Selbstorganisationsfähigkeit, Selbstmanagement und Entrepreneurship, die zukünftig eine Schlüsselrolle einnehmen werden.
4. Deren Entwicklung sollte auch durch veränderte Sozialisationsziele und -inhalte gesellschaftlicher Institutionen im Hinblick auf gesellschaftliche Veränderungen, insbesondere im Arbeitsmarktbereich, gefördert werden (z.B. durch eine Neudefinition der Aufgaben gesellschaftlicher Institutionen, wie z.B. der Schule).
5. Ergänzt werden muß dieses durch Konzepte der "lernenden Organisation", die im Rahmen beruflicher Bildung als kontinuierliche prospektive Entwicklung und Anpassung von Qualifikationen und Kompetenzen an zukünftige berufliche Anforderungen abzielen.

Hierbei ist allerdings auch der gesellschaftliche Kontext von erheblicher Bedeutung, in dem Menschen auf neue Anforderungen und Veränderungen reagieren. Wir haben beispielsweise in einem binationalen Vergleich 22 Fallstudien mit mittleren Managern in Italien und Deutschland durchgeführt, die wir zu ihren Umgangsformen mit Arbeitsplatzunsicherheit befragten. Das erste verblüffende Ergebnis war – wir haben die Auswertung jedoch noch nicht abgeschlossen –, daß, obwohl die Firmentypen in Italien und Deutschland vergleichbar waren, die individuellen Reaktionen deutlich nationale Differenzierungen wiederspiegelten: Während die italienischen Manager die instabile Situation viel eher als Herausforderung und Öffnung gegenüber Neuem interpretierten, tendierten die Reaktionen der deutschen Manager durchgängig in Richtung einer Bewertung von Arbeitsplatzunsicherheit als massiver Bedrohung (Kieselbach, Bagnara, Allansdottir, Stitzel & Lami, in press).

Wenn wir ein zukünftiges europäisches Beschäftigungsmodell entwickeln wollen, in dem sich wesentliche Charakteristika von gesellschaftlicher Verantwortung mit verstärkten Flexibilitätsanforderungen verknüpfen, ist es wichtig, sich mit den Ergebnissen der Forschung zur individuellen Bewältigung von Arbeitsplatzunsicherheit kritisch auseinanderzusetzen. Dabei gilt es, jene Momente herauszuarbeiten, die es dem Einzelnen ermöglichen, mit instabilen Situationen konstruktiv umzugehen. Nur wenn hier eine Balance gefunden wird zwischen Rahmenbedingungen, die förderliche Momente zur individuellen Bewältigung sozialen und beruflichen Wandels beinhalten, und der Entwicklung individueller Kompetenzen wie Selbstorganisationsfähigkeit und persönlicher Initiative, läßt sich von einer sozial verantwortlichen Gestaltung industrieller Umstrukturierung sprechen.

Für ein solches umfassenderes Verständnis der Gestaltung beruflicher Übergänge ist jedoch auch eine veränderte Sichtweise der Aufgaben des betrieblichen Arbeits- und Gesundheitsschutzes unabdingbar. Dieser müßte sich zukünftig verstärkt auch mit Problemen der innerbetrieblichen Ausgestaltung von Personalabbaumaßnahmen, ihrer Verknüpfung mit Anpassungsqualifizierungen sowie einer über die Beschäftigung in der bisherigen Firma hinausreichenden Begleitung befassen. Erste Ansätze finden sich hierzu in den Überlegungen der Working Group "Unemployment and Health" des International Committee on Occupational Health (ICOH). Sie führte die erste internationale Tagung zu diesem Thema in Paris im September 1998 durch, bei der state--of-the-art-Berichte aus 15 Ländern vorgetragen wurden. Die Ergebnisse der Tagung wurden unter einer Überschrift publiziert, die den Zusammenhang zwischen den Fragestellungen der Arbeitslosenforschung und dem Bereich Occupational Health prägnant formulierte: "Le chômage – est-il une maladie professionelle?" (Bertran & Claussen, 1999). Dieser Titel formuliert recht anschaulich die enge Beziehung zwischen der Arbeitslosenforschung und dem Bereich beruflicher Gesundheit (d.h. des betrieblichen Arbeits- und Gesundheitsschutzes). Diese Gruppe wurde von der ICOH auf dem letzten Weltkongreß in Singapur Anfang September 2000 als Wissenschaftskomitee institutionalisiert.

20.5.2 Ein europäisches Forschungsprojekt und sein Beitrag zur EU-Beschäftigungspolitik: Sozialer Geleitschutz und nachhaltige Beschäftigungsfähigkeit: Innovative Strategien von Outplacement/Replacement-Beratung (*SOCOSE*)

Wir führen mit einer Gruppe von europäischen Wissenschaftlern (Psychologen, Soziologen, Arbeitsrechtlern und Wirtschaftsethikern aus 5 Ländern) von Juli 2000 bis Juni 2003 ein internationales Forschungsprojekt durch, welches von der Universität Bremen koordiniert wird, in dem es genau um die Entwicklung eines solchen Konzeptes zur Begleitung von Menschen in beruflichen Transitionen geht (SOCOSE, 1999). Dieses im 5. Rahmenprogramm vom Generaldirektorat Forschung der EU-Kommission im Programm "Verbesserung der sozio-ökonomischen Wissensgrundlagen" geförderte Projekt[1] mit dem Titel "Sozialer Geleitschutz und nachhaltige Beschäftigungsfähigkeit: Innovative Strategien von Outplacement/Replacement-Beratung" (SOCOSE) verfolgt folgende Hauptziele.

Es soll einen Beitrag leisten zu den EU-Beschäftigungsrichtlinien im Bereich:

- Nachhaltige Beschäftigungsfähigkeit,
- sozialer Geleitschutz in beruflichen Umbrüchen (Transitionen),
- Entwicklung von passiven Kompensationszahlungen zu aktiven Sozialplänen,
- Schaffung einer neuen Balance von individueller und gesellschaftlicher Verantwortlichkeit für die individuellen und sozialen Konsequenzen von industrieller Umstrukturierung, der Flexibilisierung des Arbeitsmarktes und einer allgemeinen Unsicherheit von Beschäftigung (`mosaic´ society),
- Schaffung von Konzepten zur Stimulierung persönlicher Initiative, Selbst-Management und Selbstorganisations-Kompetenzen.

[1] Koordinator: Thomas Kieselbach.

Dazu werden empirische Studien durchgeführt zu

- Analysen von unternehmensbezogenen Ansätzen von Outplacement/Replacement-Konzepten;
- Analysen der Bewältigung von Arbeitsplatzunsicherheit von Beschäftigten in unterschiedlichen Beschäftigungsverhältnissen (nach Privatisierung, nach Fusionen, in Krisenbranchen);
- Analysen individueller Erfahrungen von erfolgreich wiederbeschäftigten Personen nach einer Outplacement-Beratung;
- Experteninterviews mit Verantwortlichen für Entlassungsentscheidungen sowie Verantwortlichen für die Durchführung von Outplacement-Beratungen.

Insofern haben wir uns zur Aufgabe gemacht, einen Beitrag zu einer Europäischen Agenda mit dem Ziel zu formulieren:

- Die Bewältigung beruflicher Umbrüche zu erleichtern;
- die schädlichen Effekte eines Arbeitsplatzverlustes abzufedern und damit das Risiko zu verringern, daß sich aus Arbeitsplatzverlust Langzeitarbeitslosigkeit entwickelt;
- die individuellen Erfordernisse zu verstärken, die für die Bewältigung von Umbrüchen (Transitionen) förderlich sind (persönliche Initiative, Selbstwertgefühl, Entrepreneurship);
- ein neues Verständnis von Beschäftigungsverhältnissen zu entwickeln, die Transitionen ermöglichen, ohne die Ressourcen des Einzelnen zu überfordern und damit auch die Wettbewerbsfähigkeit in einer globalisierten Ökonomie zu verbessern, und
- die Ergebnisse des Projektes in arbeitsrechtliche und tarifvertragliche Regelungen sowie entsprechende Empfehlungen und Direktiven auf EU-Ebene einfließen zu lassen.

Literatur

Antonovsky, A. (1987). *Unraveling the mystery of health. How people manage stress and stay well.* San Francisco, CA: Jossey-Bass.

Antonucci, T. C. (1985). Social support: Theoretical advances, recent findings and pressing issues. In J. G. Sarason & R. B. Sarason (Eds.), *Social support: Theory, research and applications* (pp. 21-38). Dordrecht: Martinus Nijhoff.

Aronowitz, S. & DiFazio, W. (1994). *The jobless future. Sci-tech and the dogma of work.* Minneapolis: Univ. of Minneapolis Press.

Bertran, J. & Claussen, B. (Eds.). (1999). The ICOH working group unemployment and health. *International Archives of Occupational and Environmental Health* (Special Issue), *72*, 1-48.

Brinkmann, C. & Potthoff, P. (1983). Gesundheitliche Probleme in der Eingangsphase der Arbeitslosigkeit. *Mitteilungen aus der Arbeitsmarkt- und Berufsforschung, 16* (4), 378-389.

Catalano, R. A. (1993). Gesundheitseffekte wirtschaftlicher Unsicherheit: Ein analytischer Überblick. In T. Kieselbach & P. Voigt (Hrsg.), *Systemumbruch, Arbeitslosigkeit und individuelle Bewältigung in der Ex-DDR* (S. 84-94). Weinheim: Deutscher Studien Verlag.

Euzéby, C. (1999). Denkansätze zu einer friedlichen Revolution der Arbeit. In F. Edding & E. J. Lorang (Hrsg.), *Wege aus der Arbeitskrise* (S. 181-187). Luxembourg: Saint-Paul.

Finlay-Jones, R. & Eckhardt, B. (1984). A social and psychiatric survey of unemployment among young people. *Australian and New Zealand Journal of Psychiatry, 18* (2), 135-143.

Frese, M. (1996, June). *Preparing work and organizational psychology for the 21st century: Self-reliance at work.* Inaugural speech at the University of Amsterdam, 5th June 1996. Amsterdam: Author.

Gazier, B. (1998). *Employability. Final Report 1998* (Employment Observatory. Research Network). Berlin: Institute for Applied Socio-Economics.

Jahoda, M. (1983). *Wieviel Arbeit braucht der Mensch? Arbeit und Arbeitslosigkeit im 20. Jahrhundert.* Weinheim: Beltz.

Kempe, M. (1998). *Die Jobwende. Wie man Arbeit schafft.* Frankfurt/M.: Fischer.

Kieselbach, T. (1990). Help-seeking and coping with unemployment. In R. A. Young & W. A. Borgen (Eds.), *Methodological approaches to the study of career* (pp. 163-184). New York: Praeger.

Kieselbach, T. (1991). Unemployment. In R. Lerner, J. Brooks-Gunn & A. C. Petersen (Eds.), *Encyclopedia of adolescence* (pp. 1187-1201). Philadelphia: Garland.

Kieselbach, T. (1994). Arbeitslosigkeit. In R. Asanger & G. Wenninger (Hrsg.), *Handwörterbuch der Psychologie* (5.Aufl., S.42-51). Weinheim: Beltz.

Kieselbach, T. (1998a). Arbeitslosigkeit. In Statistisches Bundesamt (Hrsg.), *Gesundheitsbericht für Deutschland* (Kap. 4.10, S. 116-121). Stuttgart: Metzler-Poeschl.

Kieselbach, T. (1998b). Unemployment and experienced injustices: The social responsibility of the organization for cushioning the process of downsizing. In H. Lange, A. Löhr & H. Steinmann (Eds.), *Working across cultures: Ethical perspectives for intercultural management* (Issues in Business Ethics, Vol. 9) (pp. 191-210). Dordrecht: Kluwer Publishers.

Kieselbach, T. (1998c). Die Verantwortung von Organisationen bei Personalentlassungen: Berufliche Transitionen unter einer Gerechtigkeitsperspektive. In G. Blickle (Hrsg.), *Ethik in Organisationen* (S. 233-250). Göttingen: Verlag für Angewandte Psychologie.

Kieselbach, T. (1999). Interventions to counteract health effects of unemployment in Germany. In J. Bertran & B. Claussen (Eds.), *Proccedings of the ICOH working group unemployment and health.* (International Archives of Occupational and Environmental Health, 72) (pp. 20-22).

Kieselbach, T. (Ed.) in collaboration with K. van Heeringen, M. La Rosa, L. Lemkow, K. Sokou & B. Starrin (2000a). *Youth unemployment and health. A comparison of six European countries* (YUSEDER publications, No. 1, Psychology of social inequality, Vol. 9). Opladen: Leske + Budrich.

Kieselbach, T. (Ed.) in collaboration with K. van Heeringen, M. La Rosa, L. Lemkow, K. Sokou & B. Starrin (2000b). *Youth unemployment and social exclusion. A comparison of six European countries* (YUSEDER publications, No. 2, Psychology of social inequality, Vol. 10). Opladen: Leske + Budrich.

Kieselbach, T., Bagnara, S., Allansdottir, A., Stitzel, A. & Lami, L. (in press). *Coping with job insecurity among middle managers in Germany and Italy – Results of a qualitative study.* Universities of Siena / Bremen.

Kieselbach, T., Heeringen, K. van, Lemkow, L., Sokou, K. & Starrin, B. (Eds.). (2001). *Living on the edge – An empirical analysis on long-term youth unemployment and social exclusion in Europe* (YUSEDER publications, No. 3, Psychology of social inequality, Vol. 11). Opladen: Leske + Budrich.

Kieselbach, T. & Klink, F. (1997). Interventionen bei Arbeitsplatzverlust und Arbeitslosigkeit. In L. v. Rosenstiel, C. M. Hockel & W. Molt (Hrsg.), *Handbuch der Angewandten Psychologie* (Kap. 5.-6.4). Landsberg: Ecomed.

Kieselbach, T., Klink, F., Scharf, G. & Schulz, S.-O. (1998). *"Ich wäre ja sonst nie wieder an Arbeit rangekommen!" Evaluation einer Reintegrationsmaßnahme für Langzeitarbeitslose* (Psychologie sozialer Ungleichheit, Bd. 7). Weinheim: Deutscher Studien Verlag.

Kieselbach, T. & Wacker, A. (2000). Arbeitslosigkeit. In G. Wenninger (Hrsg.), *Lexikon der Psychologie* (Bd. 1, S. 114-120). Heidelberg: Spektrum.

Klink, F., Waldmann, H. & Kieselbach, T. (1995). Interventionsmaßnahmen bei Arbeitslosen: Kurse nach §41a AFG und 'Job-Club'- Ansatz. In T. Kieselbach & A. Wacker (Hrsg.), *Bewältigung von Arbeitslosigkeit im sozialen Kontext – Programme, Initiativen, Evaluationen* (2.Aufl., S. 121-134). Weinheim: Deutscher Studien Verlag.

Kuhnert, P. Dudda, F. & Kastner, M. (2000). Selbstmanagment-Beratung für Arbeitslose. Ein Präventions- und Interventionskonzept zur Bewältigung der Arbeitslosigkeit. *Verhaltenstherapie und psychosoziale Praxis, 32* (3), 401-414.

Lazarus, R. S. & Folkman, S. (1987). Transactional theory and research on emotions and coping. *European Journal of Personality, 1,* 141-169.

Mawson, T. (1986). Ausbildung von Langzeitarbeitslosen. *Soziales Europa, 2,* 86-88.

MISEP (1986). Beschäftigungspolitik in den Mitgliedstaaten. Dänemark: Ergebnisse der Existenzgründungs- und Ausbildungsprogramme im Rahmen der Arbeitsplatzgarantie für Arbeitslose. *Soziales Europa, 3,* 110-111.

Montada, L. (1994). Arbeitslosigkeit – ein Gerechtigkeitsproblem?. In L. Montada (Hrsg.), *Arbeitslosigkeit und soziale Gerechtigkeit* (S. 53-86). Frankfurt/M.: Campus.

Nicholson, N. & West, M. (1989). Transitions and the concepts of careers. In M. B. Arthur, D. T. Hall & B. S. Lawrence (Eds.), *Handbook of career theory* (pp. 181-201). London: Cambridge University Press.

Rifkin, J. (1995). *The end of work.* New York: Putnam's Sons.

Rodgers, G. & Rodgers, J. (Eds.). (1989). *Precarious jobs in labour market regulation: The growth of atypical employment in Western Europe.* Brussels: International Institute for Labour Studies (ILO).

Seitchik, A. & Zornitsky, J. (1989). *From one job to the next: Worker adjustment in a changing labour market.* Kalamazoo, Mich.: Upjohn Institute for Employment Research.

Sennett, R. (1997). *Der flexible Mensch.* Frankfurt: Fischer.

SOCOSE (1999). *Social Convoy and Sustainable Employability: Innovative Strategies of Outplacement/Replacement Counselling* (Contract No.SERD-1999-00150). Bremen: Universität, Institut für Psychologie der Arbeit, Arbeitslosigkeit und Gesundheit.

WHO (1989). *Unemployment and methodology and theory for research: International comparisons* (Report on a study group). Kopenhagen: WHO, Regionalbüro (EUR/ICP/HSR822).

Wortman, C. (1983). Coping with victimization: Conclusions and implications for future research. *Journal of Social Issues, 39,* 195-221.

21 Marienthal und die sozialwissenschaftliche Arbeitslosenforschung – ein historischer Rück- und Ausblick

Alois Wacker

21.1 Einleitung

Daß die zeitgenössische Arbeitslosenforschung eine Geschichte hat, wird jedem aufmerksamen Leser und jeder aufmerksamen Leserin der einschlägigen Literatur spätestens nach der Lektüre eines der zahlreichen Sammelreferate (z.B. Morris & Cook, 1991; Winefield, 1995; Kasl, Rodriguez & Lasch, 1998) oder einer der einschlägigen Monographien, die den aktuellen Erkenntnisstand zusammenfassen, klar (z.B. Feather, 1990; Mohr, 1997): Früher oder später stößt er/sie unvermeidlich auf 'Die Arbeitslosen von Marienthal'. Diese Studie – so der Untertitel des Originals – handelt von einem 'soziographischen Versuch', die 'Wirkungen langdauernder Arbeitslosigkeit' zu entschlüsseln. 1933 erstmals in einem Leipziger Verlag publiziert, wurde diese österreichische Gemeindestudie bereits in den zeitgenössischen Rezensionen überwiegend wohlwollend besprochen (z.B. von Wiese, 1934). Später avancierte sie nicht nur zur wohl meist zitierten Veröffentlichung in der Arbeitslosenforschung; sie wurde zu einer Fundgrube für methodisch Interessierte und – in einer Befragung der Vorstandsmitglieder der Deutschen Gesellschaft für Soziologie in den 70er Jahren – mit deutlichem Vorsprung gegenüber anderen Arbeiten zu einem Klassiker empirischer Sozialforschung geadelt (von Alemann, 1984, S. 308).

Bedingt durch die politischen Verhältnisse und Vorbehalte des Untersuchungsleiters Paul Lazarsfelds steigerte der im Original nur 78 Seiten umfassende Untersuchungsbericht erst mit einiger Verzögerung seinen Bekanntheitsgrad in den 70er und 80er Jahren durch die Übersetzung in mittlerweile sechs Sprachen (amerikanisch, 1971; englisch, 1972; französisch, 1982; italienisch, 1986; spanisch, 1987; norwegisch, 1997) und – durch Vermittlung von Paul Neurath, einem Schüler von Paul Lazarsfeld – sogar ins Koreanische (1983). Allein im deutschen Sprachraum wurde die Studie in vier verschiedenen Verlagen gedruckt und erlebte ungezählte Neuauflagen. Und: Im Unterschied zu manchem anderen Klassiker wird die Marienthalstudie auch heute noch gelesen.

Kein Zweifel also: Die sozialwissenschaftliche Arbeitslosenforschung hat eine Geschichte und die Marienthalstudie ist international die zentrale Referenzarbeit der in diesem Forschungsbereich tätigen Sozialwissenschaftler/-innen und Psychologen/-innen. Manche Autoren – so z.B. der finnische Sozialwissenschaftler Lahelma (1989, S. 13) und die deutsche Psychologin Gisela Mohr (1997, S. 15ff.) – vertreten sogar die Auffassung, die Marienthalstudie habe die Arbeitslosenforschung erst begründet. Leser spricht von ihr als einer „Pioniertat der modernen sozialwissenschaftlichen Forschung", einem „Klassiker, der trotz inzwischen erreichter methodischer Verbesserungen und Verfeinerungen des Instrumentariums nichts von seiner Vorbildlichkeit verloren" habe (Leser, 1990, S. 97).

Schaut man sich den eigentlichen Forschungsbericht näher an, so fällt auf, daß er – für eine empirische Studie eher ungewöhnlich – keinen einzigen Verweis auf verwandte Studien enthält. Ihr Vorhaben scheint den Autoren so neuartig erschienen zu sein, daß sie glaubten, auf keinerlei Vorarbeiten zurückgreifen zu können oder zu müssen. Der Piliercharakter, den Leser der Arbeit zuspricht, scheint daher auch für die Selbstwahrnehmung der Wiener Forschergruppe gegolten zu haben. Neurath, der lange Zeit mit Lazarsfeld in den USA zusammenarbeitete, stellt dies in einem neueren Referat auch so dar: „Für diese Art der Untersuchung gab es damals noch kaum irgendwelche Vorbilder .... Die Autoren von ‚Marienthal' mußten also nicht nur vieles von der grundlegenden Begriffsbildung, sondern vor allem das meiste von der Methodik für ihre Studie erst selbst entwickeln“ (Neurath, 1991, S. 4-5.). Die sozialwissenschaftliche Arbeitslosenforschung – so die naheliegende und verbreitete Schlußfolgerung – beginnt mit der Marienthalstudie.

Der Untersuchungsbericht wurde allerdings bereits in der Erstveröffentlichung durch eine längere methodische Einleitung und ein umfangreiches Nachwort ergänzt, damit ein ‚richtiges' Buch zustande kam. Wie Zeisel später hinsichtlich des Nachwortes offenherzig zugab: „Wir haben [ein Nachwort] verfaßt, um den intellektuellen Stammbaum unserer Forschung zu erweitern“ (zitiert nach Oberschall, 1981, S. 17).

21.2 Die noch unaufgearbeitete Geschichte der empirischen Arbeitslosenforschung

Während in den USA und in Deutschland mittlerweile zwei umfangreiche Monographien zur Geschichte der Arbeitslosigkeit erschienen sind, die sich vor allem auf die sozialgeschichtlichen Aspekte des Themas konzentrieren (Garraty, 1978; Niess, 1979), existiert m.W. bisher keine einzige Arbeit, die speziell die Geschichte der empirischen sozialwissenschaftlichen Arbeitslosenforschung systematisch aufgearbeitet hätte. In einschlägigen Monographien oder Sammelreferaten werden bestenfalls einleitend – und meist mehr oder minder kursorisch – Ergebnisse der Forschungsliteratur aus der Zeit der Weltwirtschaftskrise in den 30er Jahren referiert und manchmal den Ergebnissen und methodischen Verbesserungen der neueren Forschung gegenübergestellt (z.B. Mayring, König, Birk & Hurst, 2000, S. 17ff.).

Gisela Mohr unterscheidet in ihrer Arbeit „vier Perioden sozialwissenschaftlicher Erwerbslosigkeitsforschung“ (1997, S. 22ff.; Mohr, 1995, S. 58ff.), die sie aber – mit einer 20jährigen Unterbrechung in den 1950er und 1960er Jahren – einfach chronologisch in Jahrzehnten seit Erscheinen der Marienthalstudie mißt:

1. Die Periode der klassischen Arbeiten in den 30er und 40er Jahren mit der Formulierung von Typologien und Phasenmodellen,
2. die Periode der 70er Jahre, in der methodisch Querschnittsstudien dominierten und Arbeitslosigkeit als kritisches Lebensereignis konzeptualisiert wurde,
3. die 80er Jahre mit einer Zunahme von Längsschnittstudien und damit die Betonung des Prozeßcharakters von Arbeitslosigkeit und eine erneute Einbeziehung mittelbar Betroffener (erste neuere Familienstudien),
4. eine neuere Phase, die durch die Ausweitung des Forscherblicks auf die sog. Antizipationsphase und eine Einbeziehung von 'Noch-Beschäftigten' (Arbeitsplatzunsicherheit) gekennzeichnet sei.

Da sich diese Periodisierung am chronologischen Zeitablauf orientiert und nicht auf einer systematischen Auswertung der einschlägigen Forschungsliteratur beruht und zudem unklar bleibt, auf welchen geographischen Raum sie sich bezieht, kann diese Einteilung m.E. bestenfalls als heuristischer Leitfaden und der groben Orientierung dienen. So basiert z.B. die Wiederentdeckung der Antizipationsphase durch Pelzmann in Österreich auf Untersuchungen, die bereits in der ersten Hälfte der 80er Jahre durchgeführt wurden (Pelzmann, 1988). Zuvor hatten Ende der 1960er Jahre bereits Strotzka und Leitner (1969) am Beispiel einer drohenden Betriebsschließung auf die erhöhte psychosomatische Symptombelastung im Vorfeld einer Betriebsschließung hingewiesen. Die bekannte Cobb und Kasl-Studie aus den USA, die physiologische Streßindikatoren gleichfalls vor der eigentlichen Entlassung nachwies, datiert von Mitte der 70er Jahre (Cobb & Kasl, 1977).

Mayring et al. (2000, S. 17ff.) sprechen von „drei 'Wellen' der Erforschung der psychosozialen Auswirkungen von Arbeitslosigkeit“[1]; diese entsprechen weitgehend dem Mohrschen Schema. Im allgemeinen Überblick konstatieren die Autoren einen Wandel von der Belastungs- zur Prozeßforschung.

Zurück in die 1930er Jahre: Nur selten wird wahrgenommen, daß eigenständig und unabhängig von der Marienthalstudie in anderen Ländern zeitgleich empirische Studien durchgeführt wurden, so z.B. die lange Zeit kaum beachtete Studie Bakkes in Großbritannien (Bakke, 1933; vgl. hierzu insbesondere O'Brien, 1985). Im selben Jahr publizierte Bloodworth in den USA eine Studie über die Wirkungen der Langzeitarbeitslosigkeit auf der Basis von 500 Fällen (Bloodworth, 1933). Auch wenn eine gründliche Aufarbeitung der human- und sozialwissenschaftlichen Arbeitslosenforschung vor und während Marienthal noch aussteht, läßt sich doch schon jetzt mit Sicherheit sagen, daß sich der Gründungsmythos der Marienthalstudie kaum aufrecht erhalten lassen dürfte.

Die späte Karriere, die der Studie in der Rezeption zuteil wurde, haben auch die Autoren nicht vorhergesehen und vorhersehen können. Bekanntlich beurteilte der Projektleiter Lazarsfeld die Bedeutung dieser Studie lange Zeit eher skeptisch. So soll er Zeisel gegenüber gegen Ende der Erhebungsarbeiten in Marienthal bemerkt haben – „So wie es jetzt ausschaut, ist Marienthal in jeder Hinsicht ein wenig zu dünn. Warum untersuchst Du nicht die Geschichte der Soziographie und machst einen Anhang daraus?“ (zitiert nach Oberschall, 1981, S. 16).[2]

Zeisel erwähnt in dem von ihm verfaßten Anhang, in dem er ausführlich die allgemeine Geschichte der Soziographie abhandelt, nur zwei thematisch einschlägige Vorläuferarbeiten: Einmal die 1911 in Großbritannien publizierte Studie von Rowntree und Lasker 'Unemployment – a social study'; er geht aber weder auf die Methode noch auf die Ergebnisse des über 300 Seiten starken Werkes ein.[3]

---

1 Sie fassen die 70er und 80er Jahre zu einem Block zusammen (Mayring et al., 2000, S. 18).

2 Zeisel hat ebenso wie Lazarsfeld (1932!) bereits vor dem Erscheinen des Buches einen kleinen Aufsatz über Marienthal verfaßt. Er stellt dort die Studie in den historischen Kontext soziographischer Forschung (Zeisel, 1933).

3 Auch bei dieser Studie handelt es sich um eine Gemeindeuntersuchung. Allerdings besaß York damals ca. 82.000 Einwohner (Rowntree & Lasker, 1911, S. 8), während Marienthal ein kleines Fabrikdorf mit 1.486 Einwohnern war. Arbeitslos waren nach den Kriterien der Autoren in York 1.278 Personen.

Abbildung 21.1: Der Haushaltserhebungsbogen aus der Untersuchung in York – Abschrift des Interviewerleitfadens

Number. Name. Address. Age. Relation to head of the household.

Last regular occupation:
Its nature. Earnings per week. Duration. Name an address of employer. Date and cause of leaving.

Previous employments:

Nature.	Lasted		Name and Address of Employers.	Cause of Leaving.	Followed by unemployment lasting for
	From	To			

Earnings at best time:
Earnings when out of regular Employment: Occupation. Amount per week.

Member of:
Trade Union? Friendly Society? Church or other organization?
Which?
Entitled to benfit?
Drawing benefit?

Birthplace: How long in York? At what age left school? Which Standard?

First employments: What training?
Continuous education? Army or Navy?
When?
How long?

What occupation looked for? How?

Other members of family.	Relation to head	Sex.	Age.	Occupation (or if at school, which standard?)	Earnings per week.

Conditions of street and house. Number and size of rooms. Rent.

Total earnings of household. Other sources of income (gifts, charities, poor relief)? Credit ?

Disposal of furniture, clothing etc.? Are children fed at school?

Physical condition of unemployed. Of family.

Character of unemployed. Of family. How does unemployed spend his time?

Moral effect of unemployment on unemployed. On family. Special circumstances.

Date. Signature of investigator. Information supplied by.

Quelle: Rowntree, 1922, S. 11.

Zum zweiten verweist er – gleichfalls nur kursorisch – auf eine Studie aus Deutschland, in der die mittelbaren Auswirkungen von Arbeitslosigkeit am Beispiel der Schulleistungen von Kindern aus Arbeitslosenfamilien untersucht werden.[4] Außerdem erwähnt Zeisel die Armutsstudie Rowntrees aus dem Jahre 1899, die dieser als Vollerhebung (Haushaltsbefragung) in seiner Heimatstadt York durchgeführt hatte. Alle diese Verweise bleiben jedoch, was die Darstellung der Wirkungen der Arbeitslosigkeit angeht, thematisch unausgefüllt; und es gehört daher nicht viel Mut zu der These, daß – wie mittlerweile bekannt – die Autoren zur Vorbereitung ihrer Erhebung keinerlei systematische Literaturrecherche anstellten, weil sie eher zufällig auf das Thema ‚Arbeitslosigkeit' gestoßen wurden (s. z.B. Jahoda & Greffrath, 1979).
Einige Belege:

– Der von Zeisel erwähnte B. Seebohm Rowntree gehörte zur Gruppe der sog. britischen Schokoladensoziologen (Marsh, 1982, S. 16; s. auch Hyman, 1979). Seine Familie war durch die Produktion hochwertiger Süßwaren zu Reichtum gekommen. Er war Quäker und gehörte der in England nicht ungewöhnlichen Spezies empirisch orientierter Sozialreformer an, die – auf der Basis sozialwissenschaftlicher Forschung – nach Wegen zur Bekämpfung sozialer Leiden wie Armut und Arbeitslosigkeit suchten. Rowntree selber beschreibt sich ganz in dieser Tradition der Sozialreformer als 'social physician' (Rowntree & Lasker, 1911, S. 311). Bereits in der älteren Armutsstudie beschäftigte er sich u.a. mit der bis heute diskutierten Frage nach dem Zusammenhang zwischen Arbeitslosigkeit und Armut. So stellte er fest, daß nur ca. 5% der Armen ohne Arbeit bzw. unterbeschäftigt waren, Arbeitslosigkeit also nicht das einzige, sondern bestenfalls ein *zusätzliches* Armutsrisiko darstellte (Rowntree, 1922, S. 152ff).[5] Berichte über ähnliche, z.T. noch frühere Befragungsaktionen gibt es auch vom Kontinent: So wurde bereits 1877 in Linden – heute ein Stadtteil von Hannover – eine Haushaltsbefragung aller Lindener Haushalte durchgeführt, um die Zahl der Arbeitslosen, ihre Einkünfte und ihre Lebenslage zu ermitteln – 'soziale Buchhaltung' im späteren Sprachgebrauch Jahodas (Jahoda, 1980).[6] Ziel der Lindener Befragungsaktion, bei der Polizisten als Rechercheure eingesetzt wurden, war die Abschätzung der Kosten, die

---

4 Gemeint ist der Aufsatz: Busemann, A. & Harders, G. (1932). Die Wirkung väterlicher Erwerbslosigkeit auf die Schulleistungen von Kindern. *Zeitschrift für Kinderforschung*, *40*, 89-100. Ein früherer Aufsatz zum selben Thema wird übersehen: Busemann, A. & Bahr, G. (1931). Arbeitslosigkeit und Schulleistungen. *Zeitschrift für Pädagogische Psychologie*, *40*, 417-432.

5 Bemerkenswerterweise weisen auch die Autoren der Marienthalstudie darauf hin, daß für die beschäftigten Marienthaler der Lohn „zum Teil niedriger als manche Unterstützungssätze" war: „Dieses Lohnniveau bringt es auch mit sich, daß die in der Umgebung arbeitenden Familien sich in ihrer äußeren Lebenshaltung von den Arbeitslosen kaum unterscheiden" (Jahoda, Lazarsfeld & Zeisel, 1960, S. 20). Allerdings besteht ein entscheidender Unterschied: Armut in York war vor allem unter den Gelegenheitsarbeitern und Tagelöhnern, also den instabil Beschäftigten verbreitet, die einen hohen Prozentsatz der Beschäftigten insgesamt ausmachten. In Marienthal wurde zuvor stabil Beschäftigten ihre Erwerbschance unerwartet und plötzlich genommen.

6 Siehe den Interviewerleitfaden in Abbildung 21.1. Die methodische Nähe der Marienthalstudie zum Vorgehen Rowntrees wird auch daran deutlich, daß in beiden Studien für jeden Einwohner ein separates Katasterblatt angelegt wurde. Während in der Marienthalstudie diese Forschungsstrategie nur allgemein beschrieben wird, werden die fallbezogenen Ergebnisse in den Rowntreeschen Veröffentlichungen seitenlang abgedruckt.

der damals noch kommunalen Armenfürsorge im bevorstehenden Winter voraussichtlich entstehen würden (Mignat, 1990).

- Eigene Recherchen weisen für die Zeit vor 1930 drei umfangreiche thematische Bibliographien nach, die von den Autoren zur Vorbereitung ihrer Untersuchung hätten genutzt werden können: Krüger, E. (1904). *Bibliographie der Arbeitslosenfürsorge. In dänischer, deutscher, französischer, holländischer, italienischer, norwegischer, portugiesischer, spanischer und tschechischer Sprache gesammelte Berichte.* Berlin: Verlag der Arbeiter-Versorgung. Taylor, I. F. (1909). *A bibliography of unemployment and the unemployed. With a preface of S. Webb.* London: King & Son. ILO (International Labour Office). (1926). *Bibliograpie du chomage. Bibliography of unemployment. Bibliographie der Arbeitslosigkeit* (Reihe Studien und Berichte, Nr. 12). Genf: ILO. Während die Krügersche Fleißarbeit vor allem Publikationen im Umfeld von Arbeitsmarkt- und Sozialpolitik aus den genannten Ländern zusammenträgt, nennt Taylor Arbeiten, von denen einige sich als 'sozialwissenschaftlich' im heutigen Verständnis klassifizieren lassen. Die mit 155 Seiten umfangreichste Bibliographie des Internationalen Arbeitsamtes ist nach Ländern gegliedert und umfaßt unterschiedliche Materialien aus 34 Ländern der Erde, u.a. auch aus Österreich.
- Besonders überrascht, daß eine 1932 in der 'Sozialärztlichen Rundschau' erschienene Arbeit des Wiener Arztes Paul Stein über die gesundheitlichen Auswirkungen der Erwerbslosigkeit auf Kinder in Arbeitslosenfamilien in verschiedenen Gemeinden Österreichs, u.a. aus Marienthal, keine Erwähnung findet, obwohl Stein im Vorwort zur Marienthalstudie als einer der Ärzte genannt wird, die unentgeltlich Sprechstunden in Marienthal abhielten, also mit den Autoren der Marienthalstudie persönlich bekannt war und mit ihnen kooperierte, und obwohl der Stein-Bericht als Ergebnis einer gemeinsamen Initiative der 'Kinderfreunde' und der Arbeitsgemeinschaft sozialdemokratischer Ärzte entstanden war, die Autoren der Marienthalstudie und Stein also im selben politischen Lager standen.
- Gerade im medizinischen Schrifttum hätten die Autoren zudem ein reichhaltiges Belegmaterial finden können, das es ihnen erlaubt hätte, ihre Beobachtungen vergleichend einzuordnen und sich über bereits bekannte gesundheitliche Auswirkungen der damaligen Erwerbslosigkeit zu informieren.
- Bereits 1923 war in Großbritannien ein Aufsatz zum Thema 'Unemployment and public health' erschienen (Ewart, 1923). In Deutschland wurde 1931 sowohl ein auf Krankengeschichten beruhender Artikel über die seelischen Auswirkungen der Arbeitslosigkeit publiziert (Juliusburger, 1931) als auch eine Denkschrift des sozialdemokratischen Abgeordneten Moses über die Folgen der Massenarbeitslosigkeit für die 'Volksgesundheit' (Moses, 1931). 1932 schrieb der Hamburger Arzt von Tyszka, der sich vor allem mit der dramatischen Ernährungslage von Arbeitslosen beschäftigte: „Die tragischste Folge der Arbeitslosigkeit ist aber wohl die seelische Wirkung ... Er [der Arbeitslose] verliert sein seelisches Gleichgewicht: Unruhe, Angst, Bitterkeit gegenüber dem Leben, Mutlosigkeit und Hoffnungslosigkeit bemächtigt sich seiner und macht ihn immer unfähiger, den Kampf ums Leben wieder aufzunehmen." Er ergänzt unter Verweis auf einige Quellen: „In einer großen Reihe von Aufsätzen schildern uns insbesondere Ärzte diese verheerenden seelischen Wirkungen der Arbeitslosigkeit" (von Tyszka, 1932, S. 184). Selbst die Hygienekommission des Völkerbundes sah sich veranlaßt, 1932 einen

Bericht zum Thema 'Wirtschaftskrise und Volksgesundheit' vorzulegen (Völkerbund, 1932; vgl. zusammenfassend Thomann, 1981).

Es kann also keinesfalls davon die Rede sein, daß vor Beginn der Marienthalstudie kaum etwas über die psychosoziale Situation Arbeitsloser und die psychosozialen Folgen von Langzeitarbeitslosigkeit bekannt gewesen sei. Für Großbritannien beschreiben Rowntee und Lasker (1911, S. 136) eindringlich, wie Arbeitslosigkeit und instabile Beschäftigung die Betroffenen zermürben und einen 'process of deterioration' einleiten – einen Prozeß des 'psychisches Hinabgleitens', wie ihn auch die Wiener Forschungsgruppe 20 Jahre später in Marienthal beobachten konnte. Und der Wiener Psychoanalytiker Federn nahm in einem 1933 publizierten Aufsatz über 'Nachbarhilfe für Arbeitslose' im Kern einige Dimensionen des späteren Jahodaschen Deprivationsmodells, das die 'seelischen Wirkungen der Arbeitslosigkeit' (von Tyszka) erklären will, im Grundsatz vorweg: „So entspringt das seelische Elend des Arbeitslosen dem Entfernen dreier Quellen der Existenz: des *Erwerbs*, der Quelle des Unterhalts, des *Arbeitens*, der Quelle von Tatkraft und Disziplin und der *Arbeitsstätte*, der Quelle des Standesgefühls." Er setzt kommentierend – ganz im Sinne der späteren Thesen Jahodas – hinzu: „Die Geldhilfe ersetzt nur notdürftig den Erwerb; seelisch leistet sie wenig" (Federn, 1933, S. 23).

Wie erwähnt konstatierte bereits Rowntree in seinen Arbeiten 'Demoralisierung' als eine Hauptfolge unsicherer Beschäftigung und unfreiwilliger Arbeitslosigkeit (z.B. Rowntree & Lasker, 1911, S. 309). Diese führte – in Verbindung mit der materiellen Notlage – in Zeiten wirtschaftlicher Depression im 19. Jahrhundert zu einem deutlichen Anstieg der Nahrungsmitteldiebstähle und zu anderen Formen der Notkriminalität, wie u.a. Roesner in einer Veröffentlichung aus dem Jahre 1931 feststellt. Für Österreich wies Höpler für die Jahre 1921 bis 1928 dagegen eine negative Korrelation zwischen der Arbeitslosenquote und der Diebstahls- und Eigentumsdeliktquote nach (Höpler, 1930). Die Autoren der Marienthalstudie wiederum konstatieren nicht nur die Zunahme einschlägiger Delikte, sondern auch eine erhöhte Toleranz gegenüber Mundraubdelikten durch die Ordnungsbehörden (Jahoda, Lazarsfeld & Zeisel, 1960, S. 22), so daß der Aussagewert der Polizeistatistik wegen der Dunkelfeldproblematik zweifelhaft bleibt.

Weder die thematisch einschlägigen Studien, noch die Bibliographien, noch die ärztlichen Erfahrungsberichte werden von der Wiener Forschergruppe systematisch aufgearbeitet, noch finden sie Eingang in den Forschungsbericht.[7]

---

7 Der eigenen Studie mußte dies nicht zwangsläufig zum Nachteil gereichen, wie auch Fleck feststellt: "Zweifellos besteht einer der gewichtigsten Vorzüge dieser Studie darin, daß sich das Forscherteam ... nicht von technischen Routinen leiten ließ. Die Fähigkeit, hellen Auges und wachen Sinnes ins Feld zu gehen, war weder damals noch später unter Sozialforschern eine weit verbreite Tugend" (Fleck, 1990, S. 172).

21.3 Arbeitslosenforschung als Armutsforschung

Dennoch greifen die Autoren der Marienthalstudie implizit bestimmte Traditionslinien der früheren Arbeitslosenforschung auf. So übernehmen sie die in Untersuchungen des 19. Jahrhunderts durch die realen Verhältnisse vorgezeichnete offenkundige Verknüpfung von Arbeitslosigkeit und Armut: Zeisel bezeichnete die Marienthal-Untersuchung in einer frühen Veröffentlichung einfach als einen Beitrag zur Armutsforschung (Zeisl, 1933). Und auch Jahoda schrieb Anfang der 80er Jahre, daß in den 30er Jahren die „Folgen der Erwerbslosigkeit unentwirrbar mit den Folgen der Armut verknüpft“ gewesen seien (Jahoda, 1982, S. 45).

Daß Arbeitslose hungern müssen – die zumindest partielle Gleichsetzung von Armut und Arbeitslosigkeit – läßt sich in der Karikatur noch bis in die 1970er Jahre unserer Zeit nachweisen (vgl. Abbildung 21.2). Beide Darstellungen, die länger als ein halbes Jahrhundert auseinander liegen, nutzten den leeren Teller als Symbol der durch Arbeitslosigkeit geschaffenen Notlage und tradieren so ein bestimmtes Bild der öffentlichen Wahrnehmung von Arbeitslosigkeit.

Abbildung 21.2: Die zeichnerische Darstellung der Arbeitslosigkeit – 1924 und 1978

Käthe Kollwitz: Arbeitslos (Kreide, 1924)

Hannoversche Allgemeine Zeitung (HAZ) vom 21./22.01.1978

Quelle: Niess, 1979, S. 222; eigene Sammlung.

In systematischer Betrachtung ist damit die bis heute umstrittene Frage aufgeworfen, ob sich die demoralisierenden Auswirkungen von Arbeitslosigkeit stärker durch die finanziell-materiellen oder durch die psychosozialen Aspekte der Lebenssituation 'Arbeitslosigkeit' erklären lassen.

Arbeitslosigkeit und ihre Folgen wurden im 19. Jahrhundert überwiegend aus der paternalistisch-fürsorglichen und zugleich moralisierenden Sicht des Bürgertums wahrgenommen mit der Konsequenz – Ächtung arbeitsunwilliger Arbeitsloser, Hilfe für unverschuldet in Not Geratene. Gleichgewichtig bestand ein Interesse an der Beherrschbarkeit der Gefahr, die der bürgerlichen Ordnung von den wirtschaftlich ausgegrenzten Massen ohne soziale Absicherung drohte: Vorrangig interessierte, ob hungernde Arbeitslose Lebensmitteldiebstähle oder gar Raubüberfälle begingen, ob die Selbstmordzahlen in Zeiten der Krise unverhältnismäßig anstiegen und ob Arbeitslose in der Öffentlichkeit rebellierten (vgl. Garraty, 1978; Niess, 1979; Wacker, 1981a). Arbeitslosenforschung im 19. Jahrhundert war daher zu hohen Anteilen zugleich *Devianzforschung* – eine Tradition, mit der die Marienthalstudie bricht.

Niess hat zu Recht auf die im 19. Jahrhundert weit verbreitete Auffassung hingewiesen, daß 'die Übergänge zwischen Arbeitslosigkeit und Asozialität' fließend seien und zitiert den liberalen Sozialpolitiker Otto von Boenigk, der 1895 in düsteren Farben seine Katastrophenphantasie der Versuchungen durch das arbeitslose Nichtstun ausmalte: „Er [der Arbeitslose] wird leicht den Mut verlieren und sich jenem fünften Stand, dem der Arbeitsscheuen, anschließen. Die aus der strammen Arbeit entspringende Befriedigung wird der Gewohnheit an ein dolce far niente Platz machen, das den Unglücklichen bald dem Branntwein, das heißt dem Verbrechen und seine Familie dem wirtschaftlichen Ruin entgegentreibt“ (zitiert nach Niess, 1979, S. 58).

Damit folgt die soziale Konstruktion der 'Arbeitslosigkeit' dem älteren und erprobten Wahrnehmungsmuster der Armut: Arme wurden seit dem Mittelalter mehr oder minder scharf in zwei Kategorien geschieden: „Vor allem hat sich die Unterscheidung des nicht arbeitsfähigen ('würdigen') vom arbeitsscheuen und deshalb 'unwürdigen' Armen durchgesetzt“ (Oechsle, 1986, S. 94). Arbeitslosigkeit wurde in dieser Tradition – zumindest für die Teilgruppe der heute sog. Problemarbeitslosen – als *moralisches* Problem und Problem der individuellen Arbeitsmoral wahrgenommen.

Rowntree und Lasker, die eigentlich gegen das Klischee des arbeitsscheuen Arbeitslosen anschreiben, formulieren dennoch als ein Ziel ihrer Erhebung: „We can ... say approximately in how far they [the unemployed] consist of capable men who are eager for work, but unable to obtain it, and in how far of men who are inefficient or disinclined for regular work, even if they could get it“ (Rowntree & Lasker, 1911, S. 6). Dieser Dualismus begegnet uns, allerdings ohne direkte Bezugnahme auf die Arbeitsmoral, in der Unterscheidung zwischen 'ungebrochenen' und 'gebrochenen' Arbeitslosenhaushalten in der Typologie der Marienthaler Forscher/-innen wieder (Jahoda, Lazarsfeld & Zeisel, 1960, S. 55). Aber 'Gebrochenheit' und die sich hieraus ableitenden Verhaltensweisen werden – wie schon bei Rowntree – nicht als persönlicher Defekt (= arbeitsscheubedingte Arbeitslosigkeit), sondern als Folge der Demoralisierung durch Arbeitslosigkeit interpretiert. Damit ist implizit auch das Heil- und Behandlungsmittel vorweggenommen: (Re-)integration in den gesellschaftlichen Arbeitsprozeß (z.B. Dybowski, 1983); und damit steht die Arbeitslosenforschung in der Tradition der seit dem Mittelalter bekannten und empfohlenen Strategie zur Armutsbekämpfung.

21.4 Sozialwissenschaftliche Arbeitslosenforschung vor Marienthal

Eine Antwort auf die in historischer Sicht immer problematische Frage der Datierung eines Ursprungs bleibt prinzipiell strittig. Sie hängt entscheidend davon ab, wie eng oder breit wir die Tradition der Arbeitslosenforschung definieren wollen. Daß Arbeitslosigkeit erst in der zweiten Hälfte des 19. Jahrhunderts in den Industriestaaten allmählich als eigenständiges, von Armut zu unterscheidendes soziales Problem erkannt wurde, ist unter Sozialhistorikern dagegen weitgehend unstrittig. Garraty führt als Beleg den Sprachgebrauch an und meint, der Begriff der 'Arbeitslosigkeit' habe sich sowohl in

Großbritannien wie in Deutschland erst gegen Ende des 19. Jahrhunderts allgemein durchgesetzt (Garraty, 1978, S. 4).[8]

Diese Unschärfe der Datierung gilt noch in einem anderen Sinne: Bekanntermaßen ist Arbeitslosigkeit i.S. eines punktuellen life events in bestimmter Hinsicht nur unzureichend bestimmt (s. zur Begründung z.B. Mohr, 1997, S. 16). Arbeitslosigkeit als vorübergehende Phase der Nichterwerbstätigkeit wird durch 'entry' und 'exit' umrahmt (s. Heinelt, Wacker & Welzer, 1987). Ein amerikanischer Autor hat von Arbeitslosigkeit im Sinne einer biographischen Episode anschaulich von einer zeitlich mehr oder minder ausgedehnten Situation des 'in-between' gesprochen (Statt, 1994, S. 144ff.) und damit ihren häufig transitorischen Charakter betont. Büchtemann spricht in seinen Arbeiten vom 'Arbeitslosigkeitsprozeß' und 'Arbeitslosenkarriere' (1983, 1984). Toni Hahn und andere unterscheiden zusätzlich zwischen Erwerbsstatus, Erwerbsdynamik und Erwerbsperspektive (Hahn & Schön, 1996, S. 28). (M.E. wäre Arbeitslosigkeitsprozeßforschung daher eine durchaus prägnante Bezeichnung für dieses Forschungsfeld, wenn nicht der Bezug auf die betroffenen Personengruppe verloren ginge und nicht ein solches Wortungetüm entstände.)

> Bereits Rowntree und Lasker (1911) wiesen auf die Schwierigkeiten und die unvermeidliche Willkür in der Abgrenzung der Lebenslage 'Arbeitslosigkeit' von anderen Lebenslagen hin: „Is a man to be considered unemployed who is practically unemployable? If so, is a man who has worked steadily all his life, but grown too old for further work, to be counted among the unemployed? If not, why count among them a young man who, through some physical defect, is no more employable than the veteran of labour? Again, is a man to be counted as unemployed who is ill, but whose employment is waiting for him when he recovers? Or is a trade unionist to be counted unemployed who cannot find work at the trade unions rate of wages, but who could do so if he would accept a farthing an hour less, or who could not find work in York, but could in Leeds if he would go there?“ (S. 13)

Zugespitzt läßt sich über die traditionelle Arbeitslosenforschung daher sagen, daß sie aus Gründen der Komplexitätsreduktion die Abgrenzungsprobleme und den Transitions- und Prozeßcharakter von Arbeitslosigkeit zwar konzeptionell zur Kenntnis genommen, aber methodisch nur unzureichend berücksichtigt hat. Erst in den Längsschnittstudien der 80er und 90er Jahre wurde der Prozeßcharakter konsequent in ein angemessenes Forschungs- und Auswertungsdesign umgesetzt.

Zur traditionellen Arbeitslosenforschung gehören umfangslogisch alle Arbeiten, die – unter Einsatz der je disziplintypischen wissenschaftlichen Arbeitsmittel – eine empirische Antwort auf die Frage 'What unemployment does to people' (Ginsburg, 1942) oder 'What unemployment means' (Sinfield, 1981) suchen. Arbeitslosenforschung in diesem Sinne ist primär *Belastungsforschung* und kreist um das Problem des „empirischen Nachweises der psychosozialen Schädlichkeit von Arbeitslosigkeit“ (Walter-Busch, 1983, S. 307).

Daß das Vorher (z.B. Beschäftigung) und das voraussichtliche Nachher (z.B. Wiederbeschäftigung, Umschulung oder Verrentung) auf subjektiver wie objektiver Ebene für die Verarbeitung und Bewältigung von Arbeitslosigkeit wichtig sind, konnte

---

[8] Das 1854 von den Gebrüdern Grimm herausgegebene *Deutsche Wörterbuch* führt unter dem Stichwort 'arbeitslos' die Formulierung 'dem arbeitslosen arbeit verschaffen' an und verweist als Quelle auf die Sittenlehre Fichtes, 1798 erstmals erschienen.

bereits die ältere Forschung zeigen. Anders formuliert: Wenn wir im Rahmen einer Arbeitslosigkeitsprozeßforschung anstelle des Übergangs 'Beschäftigung in Arbeitslosigkeit' (entry) bzw. des 'Aufenthalts in Arbeitslosigkeit' (in-between) den Übergang 'Arbeitslosigkeit in Beschäftigung/Rente usf. ' (exit) thematisieren, entstehen eine Reihe neuer Fragen, die die Arbeitslosenforschung näher an eine *Rehabilitationsperspektive* heranrücken können: Schon nach dem Ende des 1. Weltkrieges entstand in verschiedenen europäischen Ländern eine reichhaltige, aber bisher gleichfalls kaum aufgearbeitete Literatur über Maßnahmen zur Wiedereingliederung arbeitsloser Soldaten und Kriegsinvalider in den zivilen Arbeitsmarkt.

> An der damaligen TH Hannover übernahm z.B. David Katz, der bekannte Gestaltpsychologe, 1918 die psychotechnische Abteilung, um an der Konstruktion und Anpassung von Prothesen mitzuwirken, die der Wiederherstellung der Arbeitsfähigkeit versehrter Kriegsteilnehmer dienten (R. Seidel (Universitätsarchiv), persönl. Mitteilung, 13.01.1987). Rowntree weist für Großbritannien im Vorwort zur Neuauflage seiner York-Armutstudie darauf hin, daß Anfang der 20er Jahre die Gruppe der kriegsinvaliden Arbeitslosen durch Entschädigungszahlungen und Invalidenrente finanziell einigermaßen abgesichert gewesen seien (Rowntree, 1922, S. 8).

Diese üblicherweise nicht der Arbeitslosenforschung zugerechneten Studien können deutlich machen, daß sich hinter dem vereinheitlichenden Erwerbsstatuskonzept 'Arbeitslosigkeit' recht unterschiedliche Lebenslagen und Problemkonstellationen verbergen können, die nicht alle dem 'single issue' Arbeitslosigkeit im üblichen Verständnis geschuldet sind.

21.5 Der Einfluß der Marienthalstudie auf die weitere Forschung

Hat die Marienthalstudie – und wenn ja, in welcher Weise – in der sozialwissenschaftlichen, psychologischen und medizinischen Arbeitslosenforschung stilbildend gewirkt?

Ich denke, in vierfacher Hinsicht ist ein Einfluß nachzuweisen:

1. *Hinsichtlich der Zielsetzung*: Der Tradition der Soziographie entsprechend – umfassend zu beschreiben, was ist – war die Marienthalstudie *deskriptiv* angelegt. 1991 konstatierte Jahoda lapidar: Marienthal wurde „nicht mit einer Theorie, sondern mit Leitformeln abgeschlossen“ (Jahoda, 1991, S. 121). Bis in die 80er Jahre hinein galt der Vorrang der Beschreibung für die Mehrzahl der einschlägigen Arbeiten. Marie Jahoda z.B. formulierte ihr theoretisches Erklärungsmodell der *fünf latenten psychosozialen Funktionen der Erwerbsarbeit* erst Ende der 70er Jahre (Jahoda, 1979).
2. *Hinsichtlich der Fragestellung*: Arbeitslose gelten gemäß einer verbreiteten Optik entweder als Täter oder als Opfer unbeeinflußbarer Dynamiken und Strukturveränderungen der Wirtschaft und des Arbeitsmarktes; sie sind Betroffene von Entwicklungen, die sie selbst nicht zu beeinflussen vermögen. Auf diesem Hintergrund wird in der Forschung die Frage gestellt: Wie wirkt sich eine solche Erfahrung aus und wie gehen Individuen damit um? Das aus dieser Sichtweise resultierende Konzept einer Wirkungsforschung als *Belastungsforschung* umreißt – zu-

mindest in Sozialwissenschaften, Medizin und Psychologie – den beherrschenden Horizont der Fragestellungen in den meisten Studien.

3. *Hinsichtlich der Konzeption der Darstellung der Befunde*: Die immer wieder referierten Ergebnisse der Marienthalstudie betreffen zum einen die Vierer-Typologie ('Haltungstypen'), zum anderen das etwas wagemutig entworfene Phasenmodell eines allmählichen 'psychischen Hinabgleitens'. Die Autoren setzten damit für die weitere Entwicklung der Arbeitslosenforschung allerdings zwei divergierende Orientierungspunkte:
Während typologische Konzepte wie selbstverständlich von einer Vielfalt der individuellen Verarbeitungsweisen und Bewältigungsformen von Arbeitslosigkeit ausgehen, diese Vielfalt auch vor Augen führen und nach den Determinanten fragen lassen, legen Phasenmodelle die Annahme eines weitgehend uniformen Verlaufs und einer festen Abfolge der Auswirkungen im zeitlichen Ablauf nahe – verstärkt noch durch das fünf Jahre nach Erscheinen der Marienthalstudie publizierte einflußreiche Sammelreferat von Eisenberg und Lazarsfeld (1938), das das Modell eines einheitlichen und voraussagbaren Reaktionszyklus vom Schock zum Fatalismus für lange Zeit festschrieb, die Vorstellung also, daß Arbeitslosigkeit – als eine objektiv faßbare lebensverändernde Episode – mit quasi-naturwissenschaftlicher Gesetzmäßigkeit bei allen Betroffenen einen Prozeß der Persönlichkeitszerstörung und Verelendung einleite.[9] Noch Mitte der 80er Jahre erwarteten zwei britische Autoren, daß Phasenmodelle zum zentralen Forschungsparadigma der neueren Arbeitslosenforschung werden würden (Kelvin & Jarrett, 1985, S. 22).
4. *Hinsichtlich der Themen:* Neben den unübersehbaren materiellen Auswirkungen der Nichterwerbstätigkeit wurden in der Frühzeit der Arbeitslosenforschung immer auch die psychosozialen Folgen thematisiert. Diese Folgen lassen sich auf der Ebene des Bewältigungshandelns wie auf der Ebene der psychischen Befindlichkeit beschreiben. Beide Dimensionen werden in der Marienthalstudie angesprochen, wobei die bekannte Typologie vor allem auf den Zustand der Motivations- und Handlungslähmung (Apathie) abhebt. Diese Ausrichtung wurde in der neueren Forschung aufgegriffen, aber methodisch durch den Einsatz standardisierter Verfahren stärker hin zur Analyse der Folgewirkungen von Arbeitslosigkeit auf die psychische Gesundheit verschoben. Die große Mehrzahl der Studien in den 80er und 90er Jahren thematisiert diesen Zusammenhang, um zu prüfen, ob trotz der gewaltigen historischen Veränderungen Arbeitslosigkeit für die Betroffenen – wie in den 1930er Jahren – immer noch ein 'tragisches Geschenk' sei.

In dreifacher Hinsicht hat der Forschungsansatz der Marienthalstudie m.E.n. allerdings keine Fortsetzung erfahren:

1. *Interdisziplinarität*: Obwohl nicht alle Personen, die an der Datengewinnung in Marienthal beteiligt waren, namentlich bekannt sind – bekannt ist, daß sie über un-

---

9 Jahoda weist in einer späten Darstellung auf einen verdeckten Widerspruch in den Ergebnissen der Studie hin, der zwischen den biographischen Interviews und der Unterscheidung der Haltungstypen bestand: „Aus den Lebensgeschichten ging hervor, daß die Haltung ... schon vor der Arbeitslosigkeit in unterschiedlichen Lebensstilen zum Ausdruck kam.... Eine ökonomische Determiniertheit der Haltung war impliziert, als wir die durchschnittliche Höhe der Arbeitslosenunterstützung für jeden Typus errechneten" (Jahoda, 1991, S. 121).

terschiedliche fachliche Qualifikationen verfügten. Neben Psychologen und Studierenden verschiedener Fachrichtungen waren Soziologen, Juristen, Volkswirte und Ärzte vertreten.[10] Beiträge zur Arbeitslosenforschung entstammen zwar heute einer breiten Zahl von Disziplinen; z.B. Medizin, Geschichte, Massenkommunikationsforschung, Ökonomie, Soziologie, Psychologie, Pädagogik, Kriminologie, Anthropologie und Sozialepidemiologie, werden jedoch selten unter Überschreitung der disziplinären Grenzen produziert. Entsprechend vielfältig und z.T. widersprüchlich sind die Erkenntnisinteressen, Fragestellungen und methodischen Ansätze in diesem Forschungsbereich.

2. *Forschungsmethodisch*: Der Typus der Gemeindestudie und das Prinzip der Triangulation, das vor allem Lazarsfeld schon in den 30er Jahren hervorgehoben hatte – „Aber das subjektive Moment, das jeder Beschreibung eines sozialen Tatbestandes anhaftet, haben wir auf ein Minimum zu reduzieren gesucht, indem wir alle Impressionen wieder verwarfen, für die wir keine zahlenmäßigen Belege finden konnten" (Jahoda, Lazarsfeld & Zeisel, 1960, S. 2)[11] – findet sich in der späteren Arbeitslosenforschung eher selten.
3. *Aktionsforschungsperspektive*: Die Marienthaler Forschergruppe hat bekanntlich Wert darauf gelegt, die Bewohner Marienthals nicht als bloße Datenträger zu behandeln und daher eine Reihe aktionswissenschaftlicher Elemente in ihre Untersuchung eingebaut (Durchführung von Kursen, Veranstaltung eines Preisausschreibens, Kleideraktion u.a. m.) – eine Strategie, die bekanntlich die argwöhnische Beobachtung durch den örtlichen Polizeiposten nach sich zog (s. Fleck, 1997). Auch diese Vorgehensweise ist in der modernen Arbeitslosenforschung nur selten anzutreffen.

Ironischerweise ist das eigentliche Erkenntnisinteresse der Autorengruppe aus dem Untersuchungsbericht selbst nicht unmittelbar ersichtlich: Als aktive Sozialisten suchten sie – wie Jahoda später in einem Interview zu Protokoll gab – vor allem eine Antwort auf die Frage, ob Arbeitslosigkeit und Massenelend bei den Betroffenen eine rebellischen Stimmung oder aber Resignation und Apathie hervorrufen würden (z.B. Jahoda & Greffrath, 1979, S. 121f.) – also eine Überprüfung der krisenoptimistischen Doktrin der marxistischen Verelendungslehre (s. z.B. Wacker, 1981b). Obwohl diese Frage auch heute noch regelmäßig erneut auf einschlägigen Tagungen diskutiert wird (z.B. de Witte, 1992; Bacher in diesem Band), ist sie im Gesamtspektrum der Arbeiten doch mittlerweile eher an den Rand gerückt.

[10] Im Unterschied zu Lazarsfeld (vgl. Wacker, 1992, S. 10) hebt Jahoda die multidisziplinäre Zusammensetzung der Forschungsgruppe hervor (Jahoda, 1991, S. 120).

[11] Methodisch hätte sich die Wiener Forschungsgruppe auf Rowntree berufen können. Auch der bemühte sich bereits, Auskünfte der befragten arbeitslosen Beschäftigten durch zusätzliche Befragung der früheren Arbeitgeber zu bestätigen oder zu widerlegen (Rowntree & Lasker, 1911, S. 12).

21.6 Wo stehen wir heute? – Anmerkungen zum Stand der Forschung

Die im Titel eines Ende der 70er Jahre publizierten Aufsatzes von Hyman verbreitete Botschaft 'The effects of unemployment: a neglected problem in modern social research' (Hyman, 1979) kann mittlerweile historisch zu den Akten gelegt werden. Die international verfügbare Forschungsliteratur dürfte – vorsichtig geschätzt – zwischen 3.000 und 5.000 Einzeluntersuchungen umfassen.[12]

Bereits eine grobe Durchsicht eines Teils der Arbeiten läßt erkennen, daß sich der größte Teil von ihnen mit den Auswirkungen von Arbeitsplatzunsicherheit, Arbeitsplatzverlust und Arbeitslosigkeit auf die physische und psychische Gesundheit der Betroffenen beschäftigt bzw. – auf Makroebene – mit den Rückwirkungen von Massenarbeitslosigkeit auf ausgewählte Morbiditäts- und Mortalitätsindikatoren in der Bevölkerung. Diesen Schwerpunkten entsprechend stammt die Mehrzahl der vorliegenden empirischen Studien aus dem Bereich der sozialwissenschaftlichen, gesundheitspsychologischen und sozialmedizinischen Forschung.

Rantakeisu, Starrin & Hagquist (1997) sprechen unter Verweis auf Mills von der Doppelgesichtigkeit der Arbeitslosigkeit als 'private troubles' und public issue': „A private trouble is not necessarily also a public issue, but a public issue does have a private trouble element“ (S. 154). Nach dem Vorbild der Marienthalstudie, die Arbeitslosigkeit eindringlich als 'private trouble' porträtierte und Arbeitslosigkeit als 'public issue' der parallel betriebenen Politik überließ, hat sich eine bis heute andauernde Arbeitsteilung zwischen Ökonomie und den Human- und Sozialwissenschaften im engeren Sinne herausgebildet.

Die im engeren Bereich der sozialwissenschaftlichen Arbeitslosenforschung in den 80er und 90er Jahren durchgeführten Untersuchungen bis hin zu ersten Meta-Analysen (z.B. Murphy & Athanasou, 1999; Moser & Paul in diesem Band) belegen eindrucksvoll, daß im mittleren Trend der Effekte die klassische Belastungsperspektive ihre Berechtigung behält. Generell aber gilt: „... unemployment is a complex, multifaceted experience, richly embedded in a large matrix of other psychosocial variables and processes, and unlikely to have a uniform impact on all individuals“ (Kasl, Rodriguez & Lasch, 1998, S. 125f.). Diese Vielfalt hinsichtlich relevanter Moderatoren zu entschlüsseln bleibt daher eine gleichermaßen gewichtige Aufgabe.

Als zeitgenössisch modifizierte, in gewisser Weise aber traditionelle[13] Aufgabe stellt sich die Frage, welche Strategien und Techniken hilfreich sein können, den Eintritt in die Wiederbeschäftigung zu erleichtern und die Beschäftigungsfähigkeit i. S. Rowntrees zu erhöhen. Solche Strategien und Techniken in Kooperation mit Rehabilitationspsychologen und Berufspädagogen zu entwickeln und zu erproben, – diese Aufgabe wird angesichts des rapiden Umbaus des Beschäftigungssystems und des Qualifikationswandels in der Arbeitswelt sicherlich an Bedeutung zunehmen.

---

[12] Eine von der Dokumentationsstelle für Arbeitslosenforschung an der Universität Hannover kürzlich durchgeführte non-evaluative Literaturrecherche in den einschlägigen Datenbanken der Niedersächsischen Landesbibliothek Hannover hat allein für den Zeitraum 1985 – 1997 weltweit ca. 800 neue Veröffentlichungen zutage gefördert.

[13] Siehe den Hinweis auf die Rehabilitationsperspektive in Abschnitt 21.1.4 auf S. 406.

Literatur

Alemann, H. von. (1984). *Der Forschungsprozeß – eine Einführung in die Praxis der empirischen Sozialforschung* (2. Aufl.). Stuttgart: Teubner.

Bakke, E. W. (1933). *The unemployed man: A social study*. London: Nisbet.

Bloodworth, J. A. (1933). Social consequences of prolonged unemployment. An analysis of five hundred cases. *Bulletin of the University of Minnesota, 2* (5), 121-132.

Büchtemann, C. F. (Infratest Sozialforschung). (1983). *Die Bewältigung der Arbeitslosigkeit im zeitlichen Verlauf. Repräsentative Längsschnittuntersuchung bei Arbeitslosen und Beschäftigten 1978 – 1982*. Bonn: BMA.

Büchtemann, C. F. (1984). Der Arbeitslosigkeitsprozeß. Theorie und Empirie strukturierter Arbeitslosigkeit in der Bundesrepublik Deutschland. In W. Bonß & R. G. Heinze (Hrsg.), *Arbeitslosigkeit in der Arbeitsgesellschaft* (S. 10-53). Frankfurt: Suhrkamp.

Busemann, A. & Bahr, G. (1931). Arbeitslosigkeit und Schulleistungen. *Zeitschrift für Pädagogische Psychologie, 40*, 417-432.

Busemann, A. & Harders, G. (1932). Die Wirkung väterlicher Erwerbslosigkeit auf die Schulleistungen von Kindern. *Zeitschrift für Kinderforschung, 40*, 89-100.

Cobb, S. & Kasl, S. (1977). *Termination. The consequences of job loss* (No. 77-224). Cincinnati: NIOSH Research Report.

de Witte, H. (1992). On the social impact of youth unemployment: Political radicalisation and a decline of the work ethic? In C. H. A. Verhaar & L. G. Jansma (Eds.), *On the mysteries of unemployment: Causes, consequences and policies* (pp. 296-313). Dordrecht: Kluwer.

Dybowski, H. (1983). Zum Arbeitsplatz gibt es keine Alternative. *Sozialwissenschaftliche Informationen für Unterricht und Studium, 12* (2), 127-133.

Eisenberg, P. & Lazarsfeld, P. F. (1938). The psychological effects of unemployment. *Psychological Bulletin, 35*, 358-390.

Ewart, R. J. (1923). Unemployment and public health. *Journal of the Royal Sanitary Institute, 2*, 225-230.

Feather, N. T. (1990). *The psychological impact of unemployment*. New York: Springer.

Federn, P. (1933). Nachbarhilfe für Arbeitslose. *Blätter für das Wohlfahrtswesen, 32*, 21-23, 41-43, 49-51.

Fleck, C. (1990). *Rund um 'Marienthal'. Von den Anfängen der Soziologie in Österreich bis zu ihrer Vertreibung* (Österreichische Texte zur Gesellschaftskritik, Bd. 51). Wien: Verlag für Gesellschaftskritik.

Fleck, C. (1997). Marienthal. Die Polizei beobachtet die Sozialforscher, die die Auswirkungen der Arbeitslosigkeit beobachten. *AGSÖ-Newsletter, 16*, 3-7.

Garraty, J. A. (1978). *Unemployment in history. Economic thought and public policy*. New York: Harper & Row.

Ginsburg, S. W. (1942). What unemployment does to people. A study of adjustment to crisis. *American Journal of Psychiatry, 99*, 439-446.

Grimm, J. & Grimm, W. (1984). *Deutsches Wörterbuch* (1854). München: dtv.

Hahn, T. & Schön, G. (1996). *Arbeitslos – chancenlos? Verläufe von Arbeitslosigkeit in Ostdeutschland*. Opladen: Leske + Budrich.

Heinelt, H., Wacker, A. & Welzer, H. (1987). Arbeitslosigkeit in den 70er und 80er Jahren – Beschäftigungskrise und ihre sozialen Folgen. *Archiv für Sozialgeschichte, 27*, 259-317.

Höpler, W. (1930). Wirtschaftskrisen und Kriminalität. *Archiv für Kriminologie, 87*, 193-213.

Hyman, H. H. (1979). The effects of unemployment: A neglected problem in modern social research. In R. K. Merton, J. S. Coleman & P. H. Rossi (Eds.), *Qualitative and quantitative social research* (pp. 282-298). New York: Free Press.

ILO (International Labour Office). (1926). *Bibliograpie du chomage. Bibliography of unemployment. Bibliographie der Arbeitslosigkeit* (Reihe Studien und Berichte, Nr. 12). Genf: ILO.

Jahoda, M. (1979). The impact of unemployment in the 1930s and 1970s. *Bulletin of the British Psychological Society, 32*, 309-314.

Jahoda, M. (1980). Aus den Anfängen der sozialwissenschaftlichen Forschung in Österreich. *Zeitgeschichte, 8*, 133-141.

Jahoda, M. (1982). *Employment and unemployment – a social-psychological analysis*. Cambridge: Cambridge University Press.

Jahoda, M. (1991). Marie Jahoda, Paul F. Lazarsfeld & Hans Zeisel: 'Die Arbeitslosen von Marienthal'. In U. Flick, E. von Kardorff, H. Keupp, L. von Rosenstiel & S. Wolff (Hrsg.), *Handbuch Qualitative Sozialforschung* (S. 119-122). München: PVU.

Jahoda, M. & Greffrath, M. (1979). 'Ich habe die Welt nicht verändert' – Gespräch mit Marie Jahoda. In M. Greffrath (Hrsg.), *Die Zerstörung einer Zukunft – Gespräche mit emigrierten Sozialwissenschaftlern* (S. 103-144). Reinbek: Rowohlt.

Jahoda, M., Lazarsfeld, P. F. & Zeisel, H. (1960). *Die Arbeitslosen von Marienthal (1933)*. Konstanz: Verlag für Demoskopie.

Juliusburger, O. (1931). Seelische Auswirkungen der Arbeitslosigkeit und ihre Bekämpfung. *Deutsche Krankenkasse, 18*, 454-457.

Kasl, S. V., Rodriguez, E. & Lasch, K. E. (1998). The impact of unemployment on health and wellbeing. In B. P. Dohrenwend (Ed.), *Adversity, stress and psychpathology* (pp. 111-131). New York: Oxford University Press.

Kelvin, P. & Jarrett, J. E. (1985). *Unemployment. Its social psychological effects*. Cambridge: Cambridge University Press.

Krüger, E. (1904). *Bibliographie der Arbeitslosenfürsorge. In dänischer, deutscher, französischer, holländischer, italienischer, norwegischer, portugiesischer, spanischer und tschechischer Sprache gesammelte Berichte*. Berlin: Verlag der Arbeiter-Versorgung.

Lahelma, E. (1989). *Unemployment, re-employment and mental well-being. A panel survey of industrial jobseekers in Finland*. Helsinki: Yliopistopaino.

Lazarsfeld, P. F. (1932). An unemployed village. *Character and Personality, 1*, 147-151.

Leser, N. (1990). Jüdische Sozialwissenschaftler. In Liga der Freunde des Judentums (Hrsg.), *Österreichisch-jüdisches Geistes- und Kulturleben* (Bd. 3, S. 86-117). Wien: Literas-Universitätsverlag.

Marsh, C. (1982). *The survey method: The contribution of survey to sociological explanation*. London: Allen & Unwin.

Mayring, P., König, J., Birk, N. & Hurst, A. (2000). *Opfer der Einheit. Eine Studie zur Lehrerarbeitslosigkeit in den neuen Bundesländern* (Psychologie sozialer Ungleichheit, Bd. 8). Opladen: Leske + Budrich.

Mignat, J. (1990). Arbeitslosigkeit in Hannover 1877 bis 1989. *Hannoversche Geschichtsblätter, 44*, 79-132.

Mohr, G. (1995). *Erwerbslosigkeit und individuelles Erleben* (Kurseinheit 2). Hagen: Fernuniversität Hagen.

Mohr, G. (1997). *Erwerbslosigkeit, Arbeitsplatzunsicherheit und psychische Befindlichkeit*. Frankfurt: Lang.

Morris, J. K. & Cook, D. G. (1991). A critical review of the effect of factory closures on health. *British Journal of Industrial Medicine, 48* (1), 1-8.

Moses, J. (Hrsg.). (1931). *Arbeitslosigkeit, ein Problem der Volksgesundheit. Eine Denkschrift für Regierung und Parlamente*. Berlin: Scholem.

Murphy, G. C. & Athanasou, J. A. (1999). The effect of unemployment on mental health. *Journal of Occupational and Organizational Psychology, 72*, 83-99.

Neurath, P. (1991). *'Die Arbeitslosen von Marienthal' – Geschichte und Ergebnisse einer grundlegenden Untersuchung* (10.04.1991). Marienthal: Vortrags-Ms.

Niess, F. (1979). *Geschichte der Arbeitslosigkeit. Ökonomische Ursachen und politische Kämpfe: Ein Kapitel deutscher Sozialgeschichte*. Köln: Pahl-Rugenstein.

Oberschall, A. R. (1981). Paul F. Lazarsfeld und die Geschichte der empirischen Sozialforschung. In W. Lepenies (Hrsg.), *Geschichte der Soziologie* (Bd. 3, S. 15-30). Frankfurt: Suhrkamp.

O'Brien, G. E. (1985). Distortion in unemployment research: The early studies of Bakke and their implications for current research on employment and unemployment. *Human Relations, 9*, 877-894.

Oechsle, O. G. (1986). Armut, Armutsbegriff und Armenfürsorge im Mittelalter. In C. Sachße & F. Tennstedt (Hrsg.), *Soziale Sicherheit und soziale Disziplinierung* (S. 73-100). Frankfurt: Suhrkamp.

Pelzmann, L. (1988). *Wirtschaftspsychologie – Arbeitslosenforschung, Schattenwirtschaft, Steuerpsychologie* (2. Aufl.). Wien: Springer.

Rantakeisu, U., Starrin, B. & Hagquist, C. (1997). Unemployment, shame and ill health – an exploratory study. *Scandinavian Journal of Social Welfare, 6,* 13-23.

Roesner, E. (1931). *Der Einfluß von Wirtschaftslage, Alkohol und Jahreszeit auf die Kriminalität.* Berlin: Zentralstelle für das Gefangenenfürsorgewesen in Brandenburg.

Rowntree, B. S. (1922). *Poverty. A study of town life* (1898). London: Longmans, Green & Co.

Rowntree, B. S. & Lasker, B. (1911). *Unemployment: A social study.* London: Macmillan.

Sinfield, A. (1981). *What unemployment means.* Oxford: Robertson.

Statt, D. A. (1994). *Psychology and the world of work.* Basingstoke: Macmillan.

Stein, P. (1932). Erhebungen über gesundheitliche Wirkungen der Arbeitslosigkeit. *Sozialärztliche Rundschau, 3* (9), 140-142.

Strotzka, H. & Leitner, I. (1969). Sozialpsychiatrische Auswirkungen einer akuten ökonomischen Krise. *Wiener Medizinische Wochenschrift, 10,* 196-199.

Taylor, I. F. (1909). *A bibliography of unemployment and the unemployed. With a preface of S. Webb.* London: King & Son.

Thomann, K.-D. (1981). Die gesundheitlichen Auswirkungen der Arbeitslosigkeit. In A. Wacker (Hrsg.), *Vom Schock zum Fatalismus? Soziale und psychische Auswirkungen der Arbeitslosigkeit* (2. Aufl., S. 194-240). Frankfurt: Campus.

Tyszka, von. (1932). Die gesundheitlichen Schädigungen der Arbeitslosigkeit. *Die Medizinische Welt, 6* (50), 1802-1804.

Völkerbund (Hygienekommission). (1932). Wirtschaftskrise und Volksgesundheit. *Viermonatsbericht, 1* (3).

Wacker, A. (1981a). Arbeitslos und aggressiv? Zum Verhältnis von Arbeitslosigkeit, Aggression und Kriminalitätsentwicklung. In A. Wacker (Hrsg.), *Vom Schock zum Fatalismus? Soziale und psychische Auswirkungen der Arbeitslosigkeit* (2. Aufl., S. 241-264). Frankfurt: Campus.

Wacker, A. (1981b). '... und wir können den Zeitpunkt beinahe berechnen, wo die Arbeitslosen ihre Geduld verlieren' – Überlegungen zur Geschichte der Arbeitslosenbewegung. In H. Bosse, K. Horn, T. Leithäuser, O. Rammstedt & J. A. Schülein (Hrsg.), *Politische Psychologie* (S. 125-150). Frankfurt: Syndikat.

Wacker, A. (Hrsg.). (1992). *Die Marienthal-Studie – 60 Jahre später. Marie Jahoda zum fünfundachtzigsten Geburtstag.* Hannover: AGIS.

Walter-Busch, E. (1983). Sozialpsychologische Auswirkungen der Arbeitslosigkeit. *Wirtschaft und Recht, 35* (4), 295-314.

Wiese, L. von. (1934). 'Die Arbeitslosen von Marienthal'. *Kölner Vierteljahreshefte für Soziologie, 12,* 96-98.

Winefield, A. H. (1995). Unemployment: Its psychological costs. In C. L. Cooper & I. T. Robertson (Eds.), *International Review of Industrial and Organizational Psychology* (Vol. 10, pp. 169-212). Chichester: Wiley.

Zeisel, H. (1933). Zur Soziographie der Arbeitslosigkeit. *Archiv für Sozialwissenschaft und Sozialpolitik, 69* (1), 96-105.

22 Zurück in die Zukunft: Eine gemeindepsychologische Annäherung an Arbeitslosigkeit und psychische Gesundheit[1,2]

David Fryer

1 Der Autor möchte Emeritus Professor Marie Jahoda (†) für die Korrektur einiger Fehler in einer früheren Version dieses Textes danken. Jeder noch verbliebene Fehler liegt in der alleinigen Verantwortung des Autors. Für die Unterstützung durch die ESRC-Förderung RO0O 231798 während eines Teils der Vorbereitung dieser Arbeit wird herzlichst gedankt.

2 Die Übertragung ins Deutsche wurde von Karsten Paul vorgenommen. Hilfreiche Hinweise zur Übersetzung gab Alois Wacker.

22.1 Gemeindepsychologie, Arbeitslosigkeit und seelische Gesundheit

Nach meiner Überzeugung sind gemeindepsychologische Ansätze von entscheidender Bedeutung und haben grundlegende Implikationen für die Entwicklung einer interdisziplinären Sozialwissenschaft von Arbeitslosigkeit und seelischer Gesundheit. Sie sind für die Entwicklung einer differenzierten Wissenschaft der öffentlichen Gesundheit in einem allgemeineren Sinne sogar von entscheidender Bedeutung.

Grundsätzlich beziehen sich gemeindepsychologische Ansätze auf Themen wie die soziale Verursachung psychologischer Zustände, auf Wirksamkeit im sozialen Kontext, auf Macht und soziale Unterstützung sowie auf Kompetenz und Expertentum. Genauer gesagt geht es bei gemeindepsychologischen Ansätzen darum, ein emanzipatorisches Verständnis heikler sozialer Fragen zu entwickeln, es geht um die Prävention beziehungsweise Reduktion emotionaler Belastungen und psychischer Störungen sowie um die Förderung positiven Wohlbefindens. Gemeindepsychologie ist an psychologischen Problemen interessiert, die zumindest teilweise sozial verursacht sind, was praktisch alle Fragen von psychischer Gesundheit und Krankheit mit einschließt. Gemeindepsychologie beschäftigt sich in einem Mehr-Ebenen-Ansatz mit der Untersuchung, Analyse und Intervention bei Problemen, die von den Menschen in einem Gemeinde-Setting als problematisch definiert werden. Dies bedeutet eine gleichzeitige Beschäftigung mit vielen Aspekten der materiellen und der sozialen Welt auf individueller, familiärer, sozialer, organisationaler, insitutioneller und politischer Ebene. Es wird angenommen, daß die soziale und materielle Welt sowohl direkten Einfluß auf die Menschen nimmt, wie auch, und das ist das Entscheidende, über deren subjektive Bewertung der Welt. Dementsprechend bringt die Gemeindepsychologie solchen Forschungsmethoden hohe Wertschätzung entgegen, die sich Macht und Bedeutung entgegenstellen können, ob sie nun in der Sprache oder in anderen Aspekten der sozialen Umwelt abgespeichert sind. Gemeindepsychologie ist um partnerschaftliche Zusammenarbeit mit den Menschen bemüht, um Probleme in ihrem Kontext anzugehen, unter der Annahme, daß Einsichten in Lösungsmöglichkeiten häufig eher innerhalb als außerhalb von Gemeinwesen gefunden werden können. Gemeindepsychologie erfordert partnerschaftliche Zusammenarbeit zwischen Fachleuten und Laien, um die Stärken eines Gemeinwesens, Kompetenzen und Fertigkeiten identifizieren zu können; um gegenseitige soziale Unterstützung zu erleichtern sowie um die Teilnahme am Gemeinwesen und an kollektiven Unternehmungen zu erleichtern, die helfen können, Resourcen zu identifizieren und zu gewinnen, mit deren Hilfe man vergleichsweise machtlose Gruppen stärken kann. Gemeindepsychologie ist gekennzeichnet durch Respekt vor Verschiedenartigkeit, durch Verpflichtung zu sozialer Gerechtigkeit und Widerstand gegen Unterdrückung.

Ist der gemeindepsychologische Ansatz ein neuer, radikaler und utopischer Ansatz? Viele scheinen dies anzunehmen, wenn sie darauf hinweisen, daß die Anfänge der Gemeindepsychologie bis in die USA der 60er Jahre zurückverfolgt werden können (z.B. Bennett et al., 1966; Meritt et al., 2000). Ich möchte an dieser Stelle jedoch einwenden, daß *Marienthal*, ein facettenreiches Projekt im Europa der 30er Jahre, ein Beispiel für viele Aspekte dessen bietet, was man heute als gemeindepsychologischen Ansatz bezeichnen würde. Das Projekt wird dargestellt in: „Die Arbeitslosen von Marienthal: Ein soziographischer Versuch über die Wirkungen langdauernder Arbeitslosigkeit mit einem Anhang zur Geschichte der Soziographie“ (Lazarsfeld-Jahoda & Zeisel,

1933). Der Kürze wegen werde ich mich im folgenden auf dieses Buch als *Marienthal* beziehen.

Da der Begriff Gemeindepsychologie unbekannt war, als *Marienthal* geschrieben wurde, und angesichts der Tatsache, daß Marie Jahoda und Paul Lazarsfeld, die am stärksten in *Marienthal* involviert waren, bewußt den Begriff der "Sozialpsychologie" verwendeten, um ihren Ansatz in *Marienthal* zu beschreiben, mag es unsinnig erscheinen, nun von Gemeindepsychologie zu sprechen. Aber: Der Begriff `Sozialpsychologie´ wurde später von Marie Jahoda genau deswegen als in der Zeit von *Marienthal* nützlich beschrieben, „weil er den großen Vorteil hatte, sich auf einen damals vergleichsweise wenig definierten Wissenschaftsbereich zu beziehen“ (Jahoda, 1979, S. 4).

Der überwiegende Teil der Sozialpsychologie, die sich seit Jahodas Aufnahme des Begriffs in den 30ern entwickelt hat, beinhaltet entweder das experimentelle Studium kleiner, künstlich zusammengestellter Gruppen von Menschen, die triviale Aufgaben bearbeiten, oder in jüngerer Zeit die vorrangige Beschäftigung mit Diskursen und sozialen Repräsentationen. Da beides wenig Ähnlichkeit mit der Sozialpsychologie im Sinne Marie Jahodas und ihrer Mitarbeiter aufweist, ist es meiner Ansicht nach heutzutage irreführend, die Arbeit von *Marienthal* als "Sozialpsychologie" zu bezeichnen.

Im Forschungsfeld um Arbeitslosigkeit und psychische Gesundheit wurde *Marienthal* ausgiebig zitiert und gelobt; doch es sind im allgemeinen die durch die Lektüre von *Marienthal* angeregten Ideen für weitere Forschung und die Hypothesen, die daraus abgeleitet und dann mit modernen Methoden getestet werden können, die als die wichtigsten Errungenschaften dargestellt werden. Es scheint oft so, als würden die Befunde als faszinierend und einsichtsvoll angesehen, seien aber methodisch unausgegorenen Techniken abgetrotzt.

Meine wichtigste Absicht besteht in diesem Zusammenhang darin, zu belegen, daß die Forschung von *Marienthal* in methodischer, ethischer, ideologischer und konzeptueller Hinsicht eher *fortschrittlicher*, nicht *rückständiger* war als die moderne Arbeitslosigkeitsforschung. Ich bin in der Tat der Überzeugung, daß zeitgenössische Forscher von *Marienthal* sehr viel darüber lernen können, "wie man herausfindet, etwas herauszufinden", wie Paul Lazarsfeld es vielleicht formuliert hätte. Nach meiner Ansicht sind es diese methodischen Aspekte und die davon nicht zu trennenden konzeptionellen und ideologischen Schlußfolgerungen, die das wichtigste Vermächtnis von *Marienthal* darstellen und die die weitreichendsten Auswirkungen auf Forschung und Intervention haben.

22.2 Der sozio-historische Kontext der Untersuchung

> „In seiner Ausführung und seinen Ergebnissen war Marienthal das Produkt seiner Zeit und einer einzigartigen Konstellation von Umständen“ (Jahoda, 1983, S. 348-349).

Gemeindepsychologie geht Probleme in ihrem Kontext an. Ehe ich ein knappes Bild des arbeitslosen Gemeinwesens skizziere, mit dem die Marienthal-Forscher gearbeitet haben, der Schlußfolgerungen, die sie aus ihrer Arbeit gezogen haben und der gemeindepsychologischen Natur dieser Arbeit, möchte ich dementsprechend kurz den Kontext der Entstehung von *Marienthal* beleuchten.

> *„Arbeit oder Aufruhr, das eine oder das andere“ (Spruch auf einem Transparent, das von Demonstranten im Jahr 1908 getragen wurde).*

In Österreich stieg die Arbeitslosigkeit zwischen 1923 und 1933 von 8,3% auf 26%. Die politische und öffentliche Debatte wurden von der Frage beherrscht, ob die österreichische Massenarbeitslosigkeit zu einer Revolution führen würde.

Während man sich bevorzugt mit den Ereignissen in Österreich beschäftigte, waren sich viele in Wien durchaus auch dessen bewußt, was im Ausland, insbesondere in Großbritannien, geschah und geschehen war. Während heutzutage vielen Menschen in Großbritannien bekannt ist, daß der Generalstreik 1926 stattfand, wissen nur wenige, daß es in den Jahren 1886, 1903, 1904, 1905, 1907 und 1908 Massendemonstrationen arbeitsloser Männern und Frauen gab. Die nationale Bewegung arbeitsloser Arbeiter schloß sich 1921 Massendemonstrationen gegen die landesweite Aussperrung von Technikern an, und Hungermärsche zogen sich durch die Jahre 1922, 1927, 1928, 1929 und 1931/1932. Die Märsche und Demonstrationen wurden häufig verboten, von der Polizei zerstreut oder auch bekämpft, teilweise unter Einsatz von Maschinengewehren.

Es ist daher kaum überraschend, daß nach Marie Jahoda „das Interesse, das das Buch zum Zeitpunkt seiner Veröffentlichung hervorrief, nicht innovativen Ideen über die methodische Herangehensweise an Probleme zuzuschreiben war, sondern eher, weil es zeigte, wie ein bedeutendes soziales Problem durch die Sozialwissenschaft in einer Weise beleuchtet werden konnte, die über die Macht der zu dieser Zeit um die Arbeitslosigkeit wütenden öffentlichen Diskussion hinausging. Diese öffentliche Debatte produzierte Argumente für zwei nicht miteinander vereinbare Folgen umfangreicher Arbeitslosigkeit: Sie würde entweder ein revolutionäres Klima erzeugen oder sie würde zu allgemeiner Apathie führen. Marienthal brachte die Antwort: Apathie“ (Jahoda, 1979, S. 5).

22.2.1 Faschismus

Als Schüler hatte Paul Lazarsfeld sozialistische Zeltlager für benachteiligte Kinder aus der Unterschicht organisiert und geleitet und als Lehrer gearbeitet. Später wurde er stark von Friedrich Adler beeinflußt, einem bekannten Sozialisten, Pazifisten und Physiker, der nebenbei auch in erheblichem Ausmaß verantwortlich war für Lazarsfelds Interesse an Mathematik: Paul Lazarsfelds Doktorarbeit in angewandter Mathematik basierte auf Ideen von Einstein. Marie Jahoda hatte ebenfalls ein enges Verhältnis zum Sozialismus. Während ihrer Schulzeit an einem Wiener Mädchengymnasium wurde sie Vorsitzende der Wiener Vereinigung Sozialistischer Oberschüler. Sie traf Paul Lazarsfeld zum ersten Mal im Rahmen der sozialistischen Jugendbewegung und wurde 1925 Mitherausgeberin der Zeitschrift "Schulkampf". Ihre erste Veröffentlichung über Koedukation erschien im Schulkampf im Juni/Juli 1926. Dort entdeckte sie ein Thema für sich, das sie ihr ganzes Leben lang weiterentwickeln würde und schrieb: „Wir wollen junge Menschen, die ihre Kräfte für wirkliche Probleme gespart und bereit haben, seien dies zuletzt persönlicher oder sozialer Art“ (Jahoda, 1926, S. 3). Ab 1934 war Jahoda Mitglied des Zentralkomitees der Österreichischen Revolutionären Sozialistischen Partei.

Nach der österreichischen Revolution von 1918 kam es zu einer sozialistischen Regierungsbildung, die aber kurzlebig war. Unkontrollierte Inflation stürzte viele Menschen in Armut. Während die Forschungsarbeiten in Marienthal stattfanden, bewegte sich die politische Meinung in Wien mehrheitlich nach links, obwohl sie sich in den ländlichen Gebieten Österreichs außerhalb Wiens und in Deutschland nach rechts bewegte. „Im Februar 1934 stürzte die Konservative Partei in Österreich die Verfassung, ächtete die sozialistische Partei und errichtete einen Faschismus vom Typ des italienischen“ (Lazarsfeld, 1969, S. 276). Danach war die Linke beinahe vollständig auf Tätigkeiten im Widerstand beschränkt, während die Rechte versuchte, ihre Überreste zu zerstören. Es ist wichtig, sich daran zu erinnern, daß das Forscherteam von *Marienthal* beinahe ausnahmslos aus aktiven Mitgliedern der austromarxistischen Sozialdemokratischen Partei bestand. Es überrascht kaum, daß „die Dollfuss-Regierung ... die Aktivitäten der Forschungsstelle und ihr Personal als umstürzlerisch betrachtete, wahrscheinlich mit gutem Grund“ angesichts der austromarxistischen politischen Position der meisten ihrer Mitarbeiter (Lazarsfeld, 1969, S. 295).

Mithilfe eines Rockefeller-Reisestipendiums gelang es Paul Lazarsfeld, von Europa nach Amerika zu entkommen. Er kam 1933 an und ihm gelang es, auf Dauer Aufenthalt in den USA zu erlangen. Dagegen wurde Marie Jahoda im November 1936 wegen illegaler politischer Aktivitäten festgenommen und verhört. Nach acht Monaten Haft wurde sie zu drei Monaten Gefängnis und zwölf Monaten Schutzhaft verurteilt. 1937 wurde sie nach internationalen Appellen auf höchster Ebene aus dem Gefängnis entlassen, ihr wurde die österreichische Staatsbürgerschaft entzogen und sie hatte 24 Stunden Zeit, um das Land zu verlassen. Sie ging ins Exil nach Großbritannien und entkam damit gerade noch einer persönlichen Katastrophe, die ihr beinahe sicher gewesen wäre, wäre sie, als Österreich kurze Zeit später von den Nazis annektiert wurde, immer noch im Gefängnis gewesen.

Vom Vereinigten Königreich aus wurde sie Zeugin der kollektiven Katastrophe Europas, das in die Barbarei der Nazis stürzte; aber sie blieb keine untätige Zuschauerin: Von 1938 bis 1939 unterstützte sie als Leiterin der "Österreichischen Selbsthilfe" die österreichische Widerstandsbewegung. 1940 arbeitete sie für das Informations- und das Außenministerium. Sie war aktives Mitglied des Londoner Büros der österreichischen Sozialisten, von 1941 bis 1944 arbeitete sie als Sprecherin bei "Rotes Radio Wien" und übermittelte so Nachrichten an den österreichischen Widerstand.

22.2.2 Antisemitismus

Bereits vor der Annexion Österreichs durch Deutschland fiel den jüdischen Menschen in Wien der zunehmende Antisemitismus auf, dem sie ausgesetzt waren (Beller, 1989). Sowohl Jahoda als auch Lazarsfeld waren nicht nur bekannte sozialistische Intellektuelle und politische Aktivisten, sondern auch jüdisch. Beide beabsichtigten zunächst, eine politische Karriere zu verfolgen, wobei Jahoda davon träumte, eines Tages Erziehungsministerin in einer austromarxistischen Sozialdemokratischen Regierung zu werden. Angesichts des erschreckenden und sich weiter verschlimmernden Antisemitismus erkannten jedoch beide, daß, wenn sie ihre politischen Ziele überhaupt noch erreichen wollten, dies auf anderen Wegen geschehen mußte. Lazarsfeld schrieb: „Unter den widrigen ökonomischen Bedingungen in Österreich und der aufkommenden starken antisemitischen Strömung wäre eine reguläre akademische Karriere beinahe unmöglich gewesen“ (Lazarsfeld, 1969, S. 302). Der Antisemitismus hatte sogar die austromarxistische Sozialdemokratische Partei in seiner Gewalt. Jahoda äußerte über Lazarsfeld: „Ohne die dem Austromarxismus innnewohnenden Werte aufzugeben, lenkte er seine Talente in eine andere Richtung“ (Jahoda, 1983, S. 344). Ungefähr das gleiche traf auf Marie Jahoda selbst zu.

Marie Jahoda zufolge ging das Gerücht um, daß ein Großteil der ersten Auflage wegen der jüdischen Autoren der Bücherverbrennung zum Opfer gefallen sei, was sich aber als unwahr herausstellte. Der Sozialwissenschaftshistoriker Christian Fleck bestätigt, daß es keinen Beweis dafür gibt, daß *Marienthal* auf diese Weise verbrannt wurde (Fleck, 1998, S. 118, Fußnote 64).

22.2.3 Psychoanalyse

Marie Jahoda unterzog sich 1930 bis 1931, kurz bevor die Feldarbeit in Marienthal begann, einer Psychoanalyse. Ihr Analytiker war Heinz Hartmann, einer von nur zwei Analytikern, die ihre Lehranalyse bei S. Freud selbst erhielten. Sie war außerdem mit Anna Freud bekannt und erinnert sich daran, Tee mit Sigmund Freud getrunken zu haben. Jahoda war Mitglied eines Seminars, an dem auch Neurath, Carnap, Ichheiser und deren Mitarbeiter teilnahmen, das sich in Neuraths Museum „der Übersetzung von Freuds *Massenpsychologie und Ich-Analyse* in die Sprache des Positivismus widmete“ (Jahoda, 1983, S. 345). Lazarsfeld erinnert sich demgegenüber, daß seine „soziale Bezugsgruppe die Bewegung um Alfred Adler war, dessen Opposition zu Freud eine stark soziologische Färbung hatte“ (Lazarsfeld, 1969, S. 272).

Marienthal wurde in Leipzig in sehr kleiner Auflage im März 1933, kurz nachdem Hitler in Deutschland die Macht ergriffen hatte, veröffentlicht. Unter anderem wegen der Vorsicht des deutschen Verlegers angesichts der anschwellenden Welle von Antisemitismus und Faschismus, aber auch wegen der kollektivistischen Ausrichtung der Forscher, enthüllt das Titelblatt nicht die Namen der beiden jüdischen sozialistischen Autoren (Marie Lazarsfeld-Jahoda, die den Text schrieb, und Hans Zeisel, der den Anhang verfaßte). Statt dessen wurde die Verantwortlichkeit für den Inhalt der Österreichischen Wirtschaftspsychologischen Forschungsstelle zugeschrieben, obwohl das in Wien verfaßte Originalvorwort die Namen von Marie Lazarsfeld-Jahoda und Hans Zeisel aufführte.

Auch Paul Lazarsfeld wird heute allgemein als einer der Autoren von *Marienthal* betrachtet. Tatsächlich aber spielte der umfassend gebildete Mathematiker, Statistiker, Sozialwissenschaftler und sozialistische Aktivist (und für kurze Zeit Ehemann von Marie Jahoda), obwohl er stark an der Leitung der Untersuchung beteiligt war, keine Rolle beim Abfassen des Originalberichts und sein Name, der ihn als Drittautor in den englischsprachigen – und in den sich in mancher Hinsicht unterscheidenden – Übersetzungen aus den 70er Jahren ausweist, wurde erst Jahrzehnte später hinzugefügt.

Das Buch, das aufgrund seiner geringen Auflage bereits vor der Bücherverbrennung, durch die seine Anzahl weiter verringert wurde, selten war, wurde auf Papier gedruckt, das als Teil der neuen Entwicklungen in der Papierherstellung aus Holzbrei statt aus Textilbrei hergestellt wurde. Der Säuregehalt dieses Papiers war aber extrem hoch, mit dem Ergebnis, daß diejenigen Exemplare des Buches, die bis dahin unbeschädigt entkommen waren, sich seitdem buchstäblich selbst aufgefressen haben. Das Ergebnis scheint zu sein, daß sehr wenige Exemplare der Originalausgabe bis zum heutigen Tag überlebt haben.

22.3 Marienthal wird geschlossen

Die Spinnerei von Marienthal, einem Industriedorf nicht weit außerhalb Wiens, wurde im Juli 1929 stillgelegt. Die Druckerei folgte einen Monat später. Die Bleichfabrik schloß im September 1929. Die Webstühle selbst wurden im Februar 1930 angehalten. Die Demontage begann fast sofort. Im Herbst des darauffolgenden Jahres begann eine Gruppe von sozialistischen Wissenschaftlern mit ihrer Arbeit.

22.4 Entmachtung: Ein Ort fügt sich dem Niedergang

> „Und da der Einfluß, den die Marienthaler auf eine kollektive Besserung nehmen können, nur sehr bescheiden und indirekt ist, fügt sich der Ort dem Niedergang" (Jahoda, Lazarsfeld & Zeisel, 1972, S. 59).

In dem ersten veröffentlichten Bericht aus dem Jahre 1932 beschrieb Lazarsfeld die Gemeindemitglieder von Marienthal auf folgende Weise: „Ihr Seelenleben hat sich zusammengezogen; Eine Verengung der Bedürfnissphäre hat stattgefunden ... wir haben diese seelische Haltung als Resignation definiert" (Lazarsfeld, 1932, S. 149). Später berichteten die Forscher rückblickend: „So schälte sich zum Schluß unsere Formel von der Reduktion des Anspruchs- und Aktivitätsbereichs, vom Zeitzerfall und vom Hinabgleiten entlang der von uns dargestellten Haltungsreihe heraus" (Jahoda, Lazarsfeld & Zeisel, 1972, S. 2).

Bereits 1938 wurde auf *Marienthal* als die „allgemein bekannte Untersuchung über Arbeitslosigkeit" (Pilgrim Trust, 1938, S. X des Vorworts) Bezug genommen. Führende zeitgenössische Gelehrte im Bereich der Arbeitslosigkeitsforschung haben die Studie gefeiert. So bezog sich Warr auf *Marienthal* als „eine klassische Untersuchung" (Warr, 1987, S. 198). Feather beschrieb sie als „eine große Ideenquelle, einzigartig für ihre Zeit", die „noch immer ein exzellentes Beispiel dafür darstellt, was erreicht werden kann" (Feather, 1990, S. 10). O`Brien merkt an, daß sie lange als „die Hauptinformationsquelle über die emotionalen Auswirkungen langfristiger Arbeitslosigkeit" angesehen wurde (O`Brien, 1986, S. 186). So gilt *Marienthal* als eine der Schlüsselarbeiten über die Beziehung zwischen Arbeitslosigkeit und psychischen Gesundheitsproblemen: Sie wird allgemein als Pionierarbeit für weitere Untersuchungen in den folgenden sieben Jahrzehnten angesehen. Die Schlußfolgerungen des Buches über die negativen sozialen und psychologischen Auswirkungen der Arbeitslosigkeit, in ihrer Zeit bahnbrechend, wurden später durch Forscher überall in der Welt immer wieder im großen und ganzen bestätigt.

22.5 Folgen der Arbeitslosigkeit

„Der Ort fügt sich dem Niedergang“ (Jahoda et al., 1972, S. 59).

Zwei Prozent der Familien in Marienthal wurden als "verzweifelt" kategorisiert und litten unter „Verzweiflung, Depression, Hoffnungslosigkeit, das Gefühl der Vergeblichkeit aller Bemühungen“. Weitere fünf Prozent wurden als "apathisch" eingestuft. Sie zeigten „energieloses, tatenloses Zusehen. Wohnung und Kinder sind unsauber und ungepflegt, die Stimmung ist nicht verzweifelt, sondern indolent“. 70 Prozent der Familien wurden als "resigniert" kategorisiert. Die Zuweisungskriterien für diese letztgenannte Kategorie beinhalteten: „keine Pläne, keine Beziehung zur Zukunft, keine Hoffnungen, maximale Einschränkung aller Bedürfnisse, die über die Haushaltsführung hinausgehen“ (Jahoda et al., 1972, S. 53).

Es ist aber auch wichtig festzuhalten, was die Kriterien für Resignation zusätzlich zu diesen negativen Aspekten auch beinhalteten: „dabei aber Aufrechterhaltung des Haushaltes, Pflege der Kinder und bei alledem ein Gefühl relativen Wohlbefindens“ (Jahoda et al., 1972, S. 53). Überdies wurden 20 Prozent der Familien, "die Ungebrochenen" durch „Aufrechterhaltung des Haushalts, Pflege der Kinder, subjektives Wohlbefinden, Aktivität, Pläne und Hoffnung für die Zukunft, aufrechterhaltene Lebenslust, immer wieder Versuche zur Arbeitsbeschaffung“ charakterisiert (Jahoda et al., 1972, S. 53). Die Forscher geben außerdem zu verstehen, daß diejenigen Familien, die aus Marienthal auswanderten, sehr wahrscheinlich dieser Gruppe entstammten, und sie dadurch verkleinerten, da die Aktivität, die mit der Planung einer Auswanderung und der Umsetzung entsprechender Pläne verbunden ist, es erfordert, daß man "ungebrochen" ist.

Marienthal enthält einen Anhang über Soziographie, aber nur wenige, eher beiläufige Verweise auf andere Arbeitslosigkeitsliteratur. Kurz nach *Marienthal*, nachdem er sich in den USA niedergelassen hatte, nahm Paul Lazarsfeld einen systematischen Überblick über die Arbeitslosigkeitsliteratur (veröffentlicht als Eisenberg & Lazarsfeld, 1938) in Angriff. Obwohl wiederum das schlechte Befinden arbeitsloser Menschen betont wird, hob er auch hervor: „Einfach nur einen Job zu haben ist nicht so wichtig wie das Gefühl ökonomischer Sicherheit. Diejenigen, die ökonomisch nicht gesichert sind, ob erwerbstätig oder arbeitslos, haben ein schlechtes Befinden“ (Eisenberg & Lazarsfeld, 1938, S. 361). Eine genaue Lektüre von *Marienthal* zeigt dann, daß die Forscher die Erfahrung der Arbeitslosigkeit als facettenreich darstellen, großteils negativ, aber auch mit oft gleichzeitig bestehenden positiven und ambivalenten psychischen Zuständen verbunden.

Die neuere Forschung hat beinahe alle "Befunde" von *Marienthal* bestätigt. Die moderne Literatur spiegelt die Forschung von Marienthal durch den Bericht von Gegenbeispielen sogar als Norm wider. Insbesondere hat die zeitgenössische Forschung bestätigt, daß Arbeitslosigkeit eher eine schlechte seelische Gesundheit verursacht als nur Folge einer solchen zu sein.

Zeitgenössische Forschung ist charakteristischerweise international. Sie wurde durchgeführt in: *Australien* (z.B. Feather, 1990, Winefield, Tiggeman & Winefield, 1993); *Österreich* (z.B. Kirchler, 1985); *Belgien* (z.B. van Heeringen & Vanderplasschen, 1999); *Kanada* (z.B. Goldenberg & Kline, 1997); *Finnland* (z.B. Lahelma &

Kangas, 1989; Virtanen, 1993); *Irland* (z.B. Whelan, 1989); *Deutschland* (z.B. Kronauer, Vogel & Gerlach, 1993); *Italien* (z.B. Gatti, 1935; Pugliese, 1993); den *Niederlanden* (z.B. Engbersen et al., 1993; Verhaar et al., 1996); *Neuseeland* (z.B. Barnett, Howden-Chapman & Smith, 1995); *Norwegen* (z.B. Claussen & Bertran, 1999; Westin, 1990; Ytterdahl, 1999); *Spanien* (z.B. Varela Novo, 1999); *Schweden* (z.B. Brenner, Petterson, Arnetz & Levi, 1989; Janlert & Hammarström, 1992); den *USA* (z.B. Dooley, Catalano & Hough, 1992; Hamilton et al., 1993) wie auch in Großbritannien (siehe Fryer, im Druck; Fryer & Ullah, 1986; Smith, 1987; Warr, 1987).

Als Schlüsseluntersuchungen werden im allgemeinen Längsschnittstudien aufgefaßt, die große, sorgfältig ausgewählte Stichproben von Personen mit und ohne bezahlte Jobs von der Schule zur Erwerbstätigkeit oder zur Arbeitslosigkeit, von der Arbeitslosigkeit zur Erwerbstätigkeit etc. begleitet haben. Es hat sich wiederholt gezeigt, daß Gruppen von Personen, die im Verlauf einer Untersuchung arbeitslos werden, im Vergleich zu Gruppen kontinuierlich Erwerbstätiger eine Verschlechterung der durchschnittlichen psychischen Gesundheit aufweisen. Schlechte psychische Gesundheit hat sich überwältigend oft eher als die Konsequenz denn als die Ursache für Arbeitslosigkeit herausgestellt. Großangelegte Forschungsprogramme dieser Art, basierend auf dem Gebrauch standardisierter Meßverfahren, auf großen Zahlen von Versuchspersonen, repräsentativen Stichproben, längsschnittlichem Design und machtvollen statistischen Analysetechniken in Sheffield, Großbritanien, und Adelaide, Australien, waren besonders einflußreich. Nähere Details finden sich bei: Banks & Jackson, 1982; Feather, 1990; Fryer und Ullah, 1987; O`Brien, 1986; Payne, Warr und Hartley, 1984; Stafford, Jackson & Banks, 1980; Warr, 1987; Winefiled, Tiggeman und Winefield, 1993; sowie, als eine der relativ seltenen Ausnahmen, Hammarström, 1994.

Zeitgenössische Meta-Analysen bestätigen, daß soziale Verursachung eine Rolle spielt (vgl. dazu auch Paul & Moser, in diesem Band). Murphy und Athanasou (1999) fassen beispielsweise 16 Längsschnittstudien zusammen, von denen jede reliable und valide Meßverfahren verwendete und von denen jede innerhalb der letzten zehn Jahre in einer englischsprachigen wissenschaftlichen Zeitschrift mit kollegialem Begutachtungsverfahren veröffentlicht wurde. Sie kommen zu dem Schluß, daß „die Ergebnisse der 16 Längsschnittstudien dafür sprechen, daß Arbeitslosigkeit zuverlässig (negative) Auswirkungen auf die seelische Gesundheit hat“ und daß „die Informationen über die Stärke des Effekts dafür sprechen, daß ein Wechsel von der Arbeitslosigkeit in die Erwerbstätigkeit nicht nur zuverlässig zu einer Veränderung in der psychischen Gesundheit führt, sondern zu einer Veränderung, die 'praktisch bedeutsam' ist“.

Ich habe die Aufmerksamkeit bereits auf Lazarsfelds hellsichtige Anmerkung gelenkt, daß „einfach nur einen Job zu haben, nicht so wichtig ist wie das Gefühl ökonomischer Sicherheit. Diejenigen, die keine ökonomische Sicherheit haben, ob erwerbstätig oder arbeitslos, haben ein schlechtes Befinden“ (Eisenberg & Lazarsfeld, 1938, S. 361). Auch die zeitgenössische Forschung bestätigt dies. Formulierungen wie "flexible Arbeiterschaft" "aufgewühlter Arbeitsmarkt" "versteckte Arbeitslosigkeit", "Unterbeschäftigung" "abhängige Arbeitnehmerschaft", "Karrieren von Benachteiligung auf dem Arbeitsmarkt", "atypische Erwerbstätigkeit", "unsichere Erwerbstätigkeit", "nichtübliche Erwerbstätigkeit" (Beukema & Valkenburg, 1999; Cooper, 1998; Crompton, 1999; Delsen, 1991; Dooley & Catalano, 1999) beziehen sich in unterschiedlicher Weise auf die zunehmend unsicheren, befristeten Teilzeit- und psychologisch minderwertigen Jobs, in die Menschen von der Schule oder der Arbeitslosigkeit aus hineingeraten. Dooley und Catalano (1999) verweisen auf die Art, wie „die fortschreitende Umstrukturierung und Globalisierung der Wirtschaft die Natur der Arbeit verändert hat. An gut bezahlte, sichere Vollzeitstellen gewöhnte Arbeitnehmer stürzen zunehmend nicht in die Arbeitslosigkeit, sondern in weniger erstrebenswerte Formen der Arbeit“. Sie erklären überzeugend, daß die sich daraus ergebende „Unterbeschäftigung (unfreiwillige Teilzeittätigkeit oder Löhne auf Armutsniveau) sowohl als zunehmend üblich erscheint als auch Auswirkungen auf die Gesundheit haben dürfte, die mehr denen der Arbeitslosigkeit ähneln als denen angemessener Erwerbsarbeit“ (Dooley & Catalano, 1999).

22.6 Annahmen, Werte und Vorgehensweisen, die die Forschung von Marienthal charakterisierten

Focus eher auf dem Gemeinwesen als auf Individuen

„Vor allem ist unser Untersuchungsgegenstand das arbeitslose Dorf und nicht der einzelne Arbeitslose. Alles Charakterologische ist weggefallen, die ganze Psychopathologie fällt aus“ (Jahoda et al., 1972, S. 2). Motiviert wurden die Forscher zuallererst durch den „Wunsch, das Leben in einem arbeitslosen Dorf in all seinen Erscheinungsformen zu beschreiben“ (Jahoda, 1983, S. 348).

Naturalistische versus künstliche Forschung

Die Forschung war naturalistisch, „die Untersuchungsbedingungen wurden nicht zu Gunsten der Forschung künstlich hergestellt; vielmehr war das Ziel, den tatsächlichen Lebensraum der Individuen im sozialen Kontext zu erforschen“ (Jahoda, 1981, S. 211). Marienthal unterschied sich deutlich von der meisten "modernen" Forschung, die dazu tendiert, auf Individuen, Kohorten oder Stichproben zu fokussieren, aber nicht auf ganze, sich selbst definierende Gemeinschaften (als eine beachtenswerte Ausnahme sei auf Bostyn & Wight, 1987, verwiesen).

„Marienthal war atheoretisch“

Der größte Teil der Arbeitslosigkeitsforschung leitet sich, wie die meiste andere akademische psychologische Forschung, auf die eine oder andere Art von der positivistischen Psychologie ab. Sie neigt so dazu, mit einer Theorie oder theoretischen Positionen zu beginnen (manchmal einer "Mikro-Theorie" wie die Instrumentalitäts-Erwartungs-Wert-Theorie oder die Theorie der gelernten Hilflosigkeit und manchmal mit eher makrotheoretischen Positionen wie Mertons Ansatz der manifesten und latenten Funktionen); dann werden Hypothesen entwickelt, die anschließend getestet werden. Dies bedeutet, daß die Fragen, die gestellt und manchmal beantwortet werden, dazu tendieren, von Akademikern und anderen "Experten" aufgeworfen zu werden, deren Erfahrungen und Interessen sich typischerweise etwas unterscheiden von denen der arbeitslosen Menschen, die sie untersuchen, und manchmal inkompatibel mit ihnen sind. Jahoda hat rückblickend sehr deutlich klargestellt, daß Marienthal atheoretisch war und auf Vermutungen aufbaute, nicht auf "ausformulierten Konzepten".

Marie Jahoda war allerdings nicht nur an der einflußreichsten sozialwissenschaftlichen Feldstudie über Arbeitslosigkeit beteiligt, sondern ihr Name ist auch verbunden mit dem einflußreichsten Erklärungsansatz zu der Frage, was am Zustand der Arbeitslosigkeit es ist, das soziale und psychische Probleme verursacht. Dies ist die Erklärung durch die manifesten und latenten Funktionen der Erwerbsarbeit, manchmal auch als Erklärungsansatz durch psychische Deprivation bezeichnet (z.B. Fryer, 1986) oder als Erklärung durch den Zugang zu Erfahrungskategorien (z.B. Henwood & Miles, 1987). Es mag somit ziemlich falsch erscheinen zu behaupten, daß Jahoda stärker an sozialer Buchführung interessiert gewesen sei als an Sozialwissenschaft und deren vordringlicher Beschäftigung mit Erklärung und Theorie.

Die Lösung dieses offensichtlichen Rätsels liegt darin, daß der Erklärungsansatz der manifesten und latenten Funktionen tatsächlich erst lange nach Marienthal, 1948-49, entwickelt wurde, als Marie Jahoda mit Merton in New York arbeitete und stark durch seinen Artikel über manifeste und latente Funktionen beeinflußt wurde (Merton, 1949). Marie Jahoda benutzte den Begriff vorher nicht; es trifft allerdings zu, daß sich einige Anzeichen dieses Erklärungsansatzes in ihrer Arbeit über Mommoutshire finden (Jahoda, 1938/1987; Fryer, 1987), und daß verwandte Ideen auch in Otto Neuraths früher Arbeit über erweiterte Kosten-Nutzen-Analyse und in Paul Lazarsfelds sozialpsychologischer Reinterpretation des Begriffs der Ausbeutung 1931 zu finden sind. Der wichtige Punkt ist aber, daß sich keinerlei Anzeichen einer Theorie der psychischen Deprivation in *Marienthal* finden lassen. Tatsächlich liegt die Betonung dort sehr stark auf materieller Deprivation.

Schließlich sei, was die atheoretische Natur von *Marienthal* angeht, noch erwähnt, daß Jahoda selbst versicherte, daß die Forschung in *Marienthal* nicht zur Entwicklung von Theorien, sondern von "Leitformeln" führte. Lazarsfeld sagt in seiner Autobiographie (Lazarsfeld, 1969, S. 287), daß "Leitformel" ursprünglich als "Matrix-Formel" übersetzt, später aber die Übersetzung "integratives Konzept" als besser empfunden wurde. Anders gesagt hatte *Marienthal* nicht nur seine Ursprünge nicht in einer Theorie, sondern auch die Schlußfolgerungen führten nicht zu einer Theorie.

Problemmotivierte Forschung

Sich auf den "open-end-Ansatz" beziehend, „der zugleich der größte Vorzug und der größte Fehler" von *Marienthal* war, schrieb Jahoda, daß „sie problem- nicht methodenzentriert war" (Jahoda, 1992, S. 357). Marie Jahoda kontrastierte "Sozialwissenschaft" mit "sozialer Buchführung" und ordnete ihre Arbeit eher der letzteren als der ersteren zu. Was mag sie gemeint haben? 1933, als das Vorwort zu Marienthal geschrieben und das Buch veröffentlicht wurde, arbeitete Marie Jahoda als Assistentin im Sozial- und Wirtschaftsmuseum.

Die Zeit, während der sie in diesem von Otto Neurath gegründeten und geführten Museum arbeitete, hatte einen starken Einfluß auf Jahodas Denken. Jahoda beschrieb als ein grundsätzliches Ziel des Sozial- und Wirtschaftsmuseums (und auch des sozialdemokratischen Zentrums für Erwachsenenbildung) „die unsichtbare Vergangenheit für Millionen zugänglich zu machen" (Jahoda, 1983, S. 343).

Otto Neurath (1882-1945) war ein einflußreiches Mitglied im 'Wiener Kreis' logisch-positivistischer Philosophen. Zusätzlich zur Philosophie war Neurath aber auch umfassend gebildet mit Kenntnissen in Physik, Optik, Ökonomie und dem, was man heute Soziologie nennen würde. Er war außerdem ein bekannter Sozialist und hatte kurzzeitig das Amt eines Ministers in der Räteregierung Bayerns inne.

Es war ebenfalls Neurath, der als erster zwischen *sozialer Buchführung* (bei der deskriptive Statistiken, Steuerdaten usw. verwendet werden, um die Sozialpolitik zu beeinflussen) und *Sozialwissenschaft* unterschied. Wie Jahoda es später ausgedrückt hat, „zielt Sozialwissenschaft auf Erklärung und Theorie, soziale Buchführung auf die Beschreibung und Sichtbarmachung von Tatbeständen und Zusammenhängen, die für das bloße Auge unsichtbar sind" (Jahoda, 1983, S. 344). Jahoda gibt selbst an, daß sie „als Sozialbuchhalterin begann, nicht als Wissenschaftlerin" (Jahoda, 1983, S. 345). Der Umstand, daß sie ein 1986 veröffentlichtes Interview mit ihr mit "Die Sozialpsychologie des Unsichtbaren" (Jahoda, 1986) betitelte, legt nahe, daß sie sich weiterhin mit sozialer Buchführung identifizierte.

Tatsächliches Wissen

Anders als die meisten Sozialwissenschaftler waren die *Marienthal*-Forscher nicht an der Generalisierung von einer repräsentativen Stichprobe auf eine größere Population interessiert. Sie schrieben, daß man „allgemeinere Variationen (...) nicht finden" wird. „So geht es z.B. nur um den manuellen Arbeitslosen einer bestimmten Branche, bloß eine bestimmte Jahreszeit ist einbezogen" (Jahoda et al., 1972, S. 3).

Jahoda (1986) führte zum Begriff des tatsächlichen Wissens weiter aus: Eine Theorie „mag das Universum abdecken, aber sie sagt niemandem konkret, was erwartet werden kann oder was in irgendeiner konkreten Situation geschehen wird. Theorien sind Theorien aufgrund der Tatsache, daß sie eine Vielzahl von Phänomenen in verschiedenen Situationen abdecken. Woran ich als Sozialwissenschaftlerin interessiert bin, ist, etwas über spezifische Menschen und Situationen zu erfahren. Das ist es, was ich tatsächliches Wissen nenne" (Jahoda, 1986, S. 113).

Dies bedeutet nicht, daß *Marienthal* keine Schlußfolgerungen im Hinblick auf andere arbeitslose Dörfer zuließ. Ein Kommentator aus jener Zeit (McMurry, 1933, S. 18) schrieb: „Marienthal ist kein isolierter Fall. Es gibt im wahrsten Sinn des Wortes tausende von Marienthals allein in Mitteleuropa". Die Forscher selbst haben angemerkt, daß jede Untersuchung, wenn sie richtig „interpretiert und integriert"werde, „eine höhere Ebene von Verallgemeinerung" (Jahoda et al., 1972, S. XIII des Vorworts) beinhalte.

Erst forschen, dann lesen

Studenten, die ein psychologisches Forschungsprojekt in Angriff nehmen, wird üblicherweise geraten, sich vor dem Beginn der Feldarbeit einen Überblick über die Literatur zu verschaffen. Im Gegensatz dazu fällt auf, daß die Feldarbeit von Marienthal keine Wurzeln in der älteren empirischen Forschungsliteratur hatte. Zwar trifft es zu, daß das Buch einen von Hans Zeisel geschriebenen Anhang zur Soziographie enthält. Dieser Anhang bezeichnete Rowntree und Laskers Untersuchung in York von 1911 als die „erste systematische Soziographie über Arbeitslosigkeit" (Jahoda et al., 1972, S. 105). Er lobte auch die Arbeit von Le Play für „die (...) Einordnung des Beobachters in das Untersuchungsfeld, die peinliche Genauigkeit in der Protokollierung aller Vorgänge, die Forderung nach möglichst umfassendem Quellenmaterial" (Jahoda et al., 1972, S. 111), eine Formulierung, die ebenso zutreffend für *Marienthal* hätte verwendet werden können. Dennoch hat Marie Jahoda über diese Untersuchungen geschrieben, daß „ich auf eine systematische Art und Weise erst durch Zeisels Anhang etwas über sie gelernt habe" (Jahoda, 1983, S. 247), das heißt, erst nachdem die eigene soziographische Feldarbeit beendet war.

Kurz: *Marienthal* war eher durch Probleme als durch Theorien, Methoden oder durch frühere Literatur motiviert. Im Forschungsprozeß suchte man nach einem substantiellen, dem Problem und seiner Lösung angemessenen Verständnis.

Gemeinschaftliche Forschungsdefinition

Eine Hauptfrage problemmotivierter Forschung ist, aus wessen Perspektive Probleme konzeptualisiert werden. Lazarsfeld hatte zum damaligen Zeitpunkt ein Forschungsprojekt zur Freizeit in Planung, das er später in New Jersey tatsächlich in Angriff nahm. Nach Lazarsfeld wie auch, unabhängig davon, nach Zeisel, war es Otto Bauer, der Vorsitzende der Sozialistischen Partei, der ihnen Arbeitslosigkeit als Untersuchungsthema vorschlug.

Auch der Bürgermeister von Marienthal, Josef Bielkowski, der wie die meisten Marienthaler und die Forscher zur austromarxistischen Sozialdemokratischen Partei gehörte, spielte eine wichtige Rolle, um das Forschungsprojekt tatsächlich auf die Beine zu stellen; er stellte den Kontakt zu den kommunalen Stellen her.

Interdisziplinäre Forschung

Die tatsächliche Forschungsarbeit wurde von einer großen Zahl von Wissenschaftlern mit unterschiedlichem fachlichen Hintergrund zusammen mit einer Anzahl von Gemeindemitglieder in einer außerordentlichen gemeinschaftlichen Anstrengung verwirklicht. Bedenkt man den Namen "Soziographie", der gewählt wurde, um diesen Ansatz zu beschreiben, so ist interessant, daß „das Team selbst verschiedenen Fachrichtungen entstammte; Während es keinen einzigen Soziologen enthielt, gab es Studenten der Rechtswissenschaft, der Ökonomie, der Politikwissenschaft, der Psychologie sowie Mediziner" (Jahoda, 1979, S. 5).

Tatsächlich beteiligten sich an der Feldarbeit in der Gemeinde drei Studierende der Psychologie (von denen eine sechs Wochen lang in Marienthal lebte), einer der Politikwissenschaft, einer der Wirtschaftswissenschaften, einer der Rechtswissenschaft, einer der Rechts- und Wirtschaftswissenschaften, einer der angewandten Mathematik, einer der Sozialarbeit, vier Mediziner und ein politischer Aktivist aus Wien.

Forschung in Zusammenarbeit mit der Gemeinde

Der *Marienthal*-Bericht macht aber ebenfalls deutlich, daß durch einen Vertreter der Arbeiterkammer, der zu diesem Zweck in das Dorf kam, Haushalts-Statistiken gesammelt wurden; daß ein Lehrer Statistiken über den Inhalt der von den Kindern mitgebrachten Pausenbrote erstellte; daß Arbeitslose sich gemäß den "Instruktionen" der Forscher im Arbeiterheim Notizen über die dortigen Ereignisse machten; Bauern über Diebstähle von Feldfrüchten berichteten; Zeitungsverkäufer über ihre Umsätze etc. Der Bürgermeister und die übrigen Beteiligten werden gemäß einiger Berichte in der deutschen Erstausgabe mit einer Ausnahme aufgelistet: einer jungen Frau, die an dem Angebot für Turnunterricht beteiligt war, aber später der Zusammenarbeit mit den Nazis verdächtigt wurde.

Heterarchische Arbeitsbeziehungen

Diese und alle ferner Beteiligten sammelten nicht nur während der gemeinsamen Feldarbeit Informationen, sondern handelten auch ein gemeinsames Verständnis aus. Marie

Jahoda hat die wöchentlichen Arbeitstreffen beschrieben, bei denen alle, die an der Untersuchung als Feldforscher, Administratoren usw. beteiligt waren, zusammenkamen, um über ihre Beiträge und Einsichten zu berichten und zu gemeinsamen Schlußfolgerungen zu kommen. Paul Lazarsfeld leitete diese wöchentlichen Treffen und Jahoda schrieb im Lichte dessen, was hier gesagt worden war, den endgültigen Abschlußbericht, *Marienthal*. Jahoda notierte 1983, daß die Forschungsstelle außergewöhnlich war, weil „die sprichwörtliche österreichische Schlampigkeit, von der wir alle unseren Teil hatten, dort in eine flexible, anpassungsfähige und nicht-hierarchische Organisation transformiert worden war" (Jahoda, 1979, S. 5).

Kollektives politisches Engagement

Wie war dieser gemeinschaftliche Arbeitsstil möglich? Im wesentlichen, weil die Forscher sich in Weg und Ziel kollektiv politisch verbunden waren. Nach Jahoda „hatten" die Forscher fast alle „Paul Lazarsfelds Führungsstil in der Jugendbewegung erlebt und teilten seine sozialen und politischen Anliegen" (Jahoda, 1979, S. 5). Jahoda erklärte 1983: „Für viele von uns, die damals jung waren und an der Entwicklung der Sozialwissenschaften teilnahmen, war der Austromarxismus weniger eine Theorie als vielmehr eine Lebenshaltung ... eine Aktivität, die das Leben als Ganzes im Hier und Jetzt umfaßte" (Jahoda, 1983, S. 343). „Eine mögliche Erklärung dafür, warum diese unorthodoxe Organisation trotz bedeutender Widerstände funktionieren konnte, war die gemeinsame Weltsicht, die die meisten ihrer Mitglieder teilten" (Jahoda, 1983, S. 347).

Das ideologische und politische Engagement derer, die an *Marienthal* beteiligt waren, schuf also eine gemeinsame Basis. Im Falle Jahodas war dies sehr deutlich: „Mein sehr aktives Engagement in der sozialdemokratischen Partei in Österreich ... und mein Studium der Psychologie ... waren die beiden stärksten Einflüsse. Bei der politischen Aktivität ging es hauptsächlich um den Einfluß der Umwelt auf die Menschen, und beim Psychologiestudium hauptsächlich um die Entwicklung und Funktionsweise von Individuen" (Jahoda, 1986, S. 116). Allgemeiner gesagt: „Die aufgrund ihrer austromarxistischen Wurzeln an die Soziologie angelehnte österreichische Forschung wurde durch ihre Verbindung mit der Psychologie dazu gezwungen, sich systematisch mit komplexen subjektiven Erfahrungen zu befassen. Die Kombination von quantitativer und qualitativer Soziologie mit psychologischen Daten und Analysen, basierend auf Konzepten aus beiden Fachrichtungen, war, zu dieser Zeit, ein origineller Ansatz" (Jahoda, 1983, S. 347).

Relative Unabhängigkeit von Beschränkungen und Geldgebern

Auch die Not war ein Element, das erfinderisch machte. Heutzutage ist Forschung aufgrund der Fördermittelgewinnungs- und Fördermittelverwaltungskultur häufig bürokratisiert. Obwohl ein sehr kleiner Geldbetrag, der hauptsächlich zur stundenweisen Bezahlung gelegentlicher Mitarbeiter verwendet wurde, aus einer Rockefeller-Förderung für die Bühlers sowie von der Wiener Handelsvereinigung kam, wurde *Marienthal* praktisch nicht aus Fondsmitteln subventioniert. Das medizinische Personal, die freiwilligen Forscher sowie die koordinierenden Forscher, Lazarsfeld und Jahoda, wurden für ihre Arbeit an *Marienthal* nicht bezahlt. Wie Zeisel es ausdrückte: „Das einzige, was wir stets zeitgerecht bezahlten, war der Kaffee, den wir tranken, wenn wir an irgendeiner Untersuchung in einem versteckten Winkel eines Kaffeehauses arbeiteten." (Zeisel, 1979, S. 13) Wenn es auch zweifelsohne schwierig war, an einem so enormen Projekt nur für ein Butterbrot zu arbeiten, half es andererseits, die Forscher frei zu machen für einen Arbeitsstil, der diejenigen, die die heutigen Förderungsinstitutionen verwalten, über Nacht ergrauen lassen würde.

Triangulation

Marienthal beinhaltete ein Ausmaß an methodischer Triangulierung, das seither selten, wenn überhaupt wieder erreicht worden ist. Die Methoden schlossen die (reaktive und non-reaktive) Analyse von Dokumenten ein; Fragebogen; Interviews mit Schlüsselpersonen; Erhebung von Lebensgeschichten; Fallstudien von Familien; projektive Techniken; teilnehmende und nicht teilnehmende Beobachtung und Aktionsforschung. Psychometrische Tests waren geplant, wurden aber schließlich doch nicht durchgeführt.

Jahoda, Lazarsfeld und Zeisel (1972, S. XIV des Vorworts) waren sich sehr im klaren über das, was sie taten: „Um hinter etwas zu kommen, mußte zu jeder Untersuchungsfrage eine Vielfalt von Daten gesammelt werden, eben so, wie die wahre Position eines entfernten Objektes nur durch Triangulation gefunden werden kann, indem man von verschiedenen Seiten und Richtungen darauf blickt.“

Noch detaillierter, und um den Umfang der Untersuchung zu demonstrieren: Die non-reaktiv analysierten Dokumente schlossen Dokumente des Standesamtes bezüglich der Geburten, Todesfälle, Heiraten, Umzüge von und nach Marienthal mit ein, Schulakten, Akten des Sozialamts, die Mitgliederlisten von Vereinen und politischen Organisationen, das Leihverzeichnis der öffentlichen Leihbibliothek, Berichte und Beschwerden an die Bezirksindustriekommission, Denunziationen bei der Polizei, örtliche Wahlergebnisse, Zeitungsabonnements, Fabrikakten und Gesprächsprotokolle aus dem Gasthaus, Gesprächsprotokolle vom Fleischer, vom Schuster, vom Schneider, vom Friseur, aus der Konditorei, dem Lebensmittelmarkt. Dokumente, die speziell für Forschungszwecke in Auftrag gegeben wurden, schlossen Tagebücher über die Zeitverwendung ein, Haushaltsbücher, Familien-Tagebücher, die zu führen jede der 478 Familien gebeten wurde, sowie Aufsätze aus der Grund- und der weiterführenden Schule. Vierzig Familien wurden gebeten, alle ihre Mahlzeiten über eine ganze Woche zu dokumentieren. Achtzig Personen füllten Fragebogen über die Art, wie sie ihre Zeit verwendeten, aus. Interviews mit Schlüsselpersonen wurden mit dem Bürgermeister, dem Lehrer, dem Priester, Gewerkschaftsvertretern und einem für Haushaltsstatistiken zuständigen Funktionär von der Handelskammer durchgeführt.

Durch ausführliche biographische Interviews wurden die vollständigen Lebensgeschichten von 32 Männern und 30 Frauen erkundet. Für die 478 Familien in Marienthal wurde ein Kataster angelegt, das Material über die Wohnbedingungen, das Familienleben und die häusliche Situation enthielt. Jedes Familienmitglied hatte ein gesondertes Katasterblatt, auf dem persönliche Daten, Arbeitslosenhilfe und damit zusammenhängende Angelegenheiten dokumentiert wurden. Die Forscher verwendeten auch projektive Techniken, analysierten die Briefe von Kindern an das Christkind und setzten Preise für Aufsätze aus, so zum Beispiel einen für ältere Kinder über: "Wie ich meine Zukunft sehe": Der Gewinn war ein Paar neuer Hosen! Die Forscher bedienten sich verdeckter Beobachtungstechniken, beobachteten Dorfbewohner in der Gaststätte, die Geschwindigkeit mit der verschiedene Personen die Hauptstraße von Marienthal hinunterliefen und den Inhalt der Pausenbrote der Schulkinder. Teilnehmende Beobachtung wurde ebenfalls verwendet. Fast alle Forscher besuchten Marienthal regelmäßig und verbrachten einige Zeit dort. Eine Forscherin, Lotte Danziger, hielt sich kontinuierlich über sechs Wochen in Marienthal auf.

Aktionsforschung

Das Interessanteste von allem ist, daß das Forschungsteam die Aktionsforschung zum zentralen Bestandteil ihrer Arbeit machte. Nach Marie Jahoda „war unser durchgängig eingehaltener Standpunkt, daß kein einziger unserer Mitarbeiter in der Rolle des Reporters und Beobachters in Marienthal sein durfte, sondern daß sich jeder durch irgendeine, auch für die Bevölkerung nützliche Funktion in das Gesamtleben natürlich einzufügen hatte." (Jahoda et al., 1972, S. 4)

Das Forschungsteam schloß zwei Allgemeinärzte mit ein, einen Pädiater und eine Geburtshelferin. Diese Ärzte stellten im Austausch für das Einverständnis ihrer Patienten, daß ihre medizinischen Aufzeichnungen für die Forschung genutzt werden konnten, kostenfreie Beratung und kostenfreie Medikamente zur Verfügung. Lazarsfeld (1932) erwähnt auch, daß die Forscher eine Ambulanz zur Verfügung stellten, doch dies wird andernorts nicht bestätigt.

Das Forschungsteam sammelte, säuberte und reparierte second-hand-Kleidung, kaufte aus seinen eigenen Mitteln neue Schuhe und Socken und verteilte sie in der Gemeinde. Aber auch hierbei wurden die Kontakte nicht nur genutzt, um den Teilnehmern zu helfen, sondern auch, um die Erfahrung arbeitslosigkeitsbedingter Not in allen Einzelheiten für die Zwecke der Forschung zu untersuchen.

Die Forscher veranstalteten Näh- und Turnunterricht und boten Beratungsstunden zu Familien- und Erziehungsproblemen an. Auch hier bestand der Gedanke darin, eine Dienstleistung zur Verfügung zu stellen, aber auch Zugang zu finden und ein enges Verhältnis mit Frauen und jungen Menschen in Marienthal aufzubauen. Lazarsfeld berichtete später: „Von unseren Veranstaltungen war der Nähunterricht besonders unter jungen Frauen sehr populär, und das Führen von Haushaltsbüchern war besonders unpopulär. Nach einiger Zeit entschieden wir uns, den Nähunterricht nur fortzusetzen gegen das Versprechen, Haushaltsbücher zu führen, die uns wertvolles Material einbrachten" (Lazarsfeld, 1932, S. 148). „Wir schickten sogar Studenten mit unterschiedlichen politischen Überzeugungen aus, um als Organisationsfunktionäre in den verschiedenen politischen Gruppen mit zu wirken." (Lazarsfeld, 1932, S. 148)

Mehrebenen-Untersuchung

Charakteristisch an der Forschung in Marienthal war, daß es sich dabei um eine außergewöhnlich differenzierte Mehrebenen-Untersuchung handelte. Man erinnere sich beispielsweise an die Schlußfolgerung der Forscher, daß sich die ganze Gemeinde dem Niedergang gefügt hatte und daß es eine „Reduktion des Anspruchs- und Aktivitätsbereichs" gab, „Zeitzerfall" und ein „Hinabgleiten entlang der von uns dargestellten Haltungsreihe" (Jahoda et al., 1972, S. 2). Diese Schlußfolgerung wurde gestützt durch die genaue Übereinstimmung von Belegen auf einer Vielzahl von Ebenen. „Eine der Hauptthesen der Marienthal-Studie war, daß Langzeitarbeitslosigkeit zu einem Zustand der Apathie führt, in dem die Opfer sogar die wenigen Möglichkeiten, die ihnen geblieben sind, nicht mehr länger nutzen. Der Teufelskreis aus eingeschränkten Möglichkeiten und einem verminderten Niveau an Strebsamkeit blieb der Kernpunkt aller nachfolgenden Diskussionen. *Es ist eine Tatsache, daß diese Einsicht eine simultane Entdeckung war*" (Jahoda et al., 1972, S. VII des Vorworts; Hervorhebung des Autors). Man beachte die Bedeutung dessen: Die Struktur der Möglichkeiten innerhalb der sozialen Umwelt und die Struktur phänomenologischer Erfahrung werden auf eine für die Erklärung der Beziehung zwischen Handlungswirksamkeit und sozialer Struktur ungeheuer bedeutsame Weise gemeinsam artikuliert.

Die Forscher konzentrierten sich auf diese Prozesse im Hinblick auf die Ernährung: Über den Lehrer sammelten sie Informationen über das Schulmittagessen. Sie überredeten Familien dazu, wochenlang Aufzeichnungen über ihre Mahlzeiten anzufertigen. Sie erfragten das Ernährungsverhalten im Rahmen der kostenlosen ärztlichen Sprechstunden. Über den Fleischergehilfen entdeckten sie eine Verringerung des Fleischverkaufs und einen Anstieg im Verbrauch von Pferdefleisch. Sie analysierten die Umsätze in der Konditorei und dem Lebensmittelladen und verzeichneten mit zunehmender Schärfe der arbeitslosigkeitsbedingten Armut eine Verschiebung weg vom Kuchen- hin zum Mehlverkauf, von Butter zu Margarine, von Weizen- zu Roggenmehl, von Kaffee zu Kakao. Sie registrierten die soziale Funktion des Kaffeetrinkens, das zunehmend unmöglich wurde.

Die Forscher beleuchteten diese Prozesse auch dadurch, daß sie die Bedürfnisse nach Kleidung in den Brennpunkt rückten. Sie stellten fest, daß die lange Zeit der teilnehmenden Beobachtung Vertrauen zwischen den Forschern und den Arbeitern schuf. Ein Forscher besuchte 100 Familien, um etwas über die drängendsten Nöte herauszufinden, aber auch, um sich einen Eindruck von den Wohnverhältnissen zu machen. Die Forscher sammelten, reinigten und reparierten Kleidungsstücke aus zweiter Hand, kauften Socken und Schuhe aus ihren eigenen Mitteln, und verteilten sie in Zusammenarbeit mit einer örtlichen Wohltätigkeitsorganisation. Sie nutzten die Verteilung jedoch auch, um detaillierte Informationen zu sammeln: „Bei der Ausgabe der Kleider protokollierten wir dann genau das Verhalten der Beteiligten, so daß man über die verschiedene Art, wie sie sich zu dieser Fürsorge speziell und zu ihrer eigenen Not im allgemeinen einstellen, sehr aufschlußreiche Beobachtungen machen konnte“ (Jahoda et al., 1972, S. 45). Sie beobachteten die Menschen auch „bei unseren Kursen, in politischen Versammlungen, führten über sie und mit ihnen Gespräche“ (Jahoda et al., 1972, S. 45). Manchmal paßten die Informationen aus verschiedenen Quellen außerordentlich genau zusammen. Zum Beispiel erzählte ihnen eine Mutter, daß sie ihre Kinder im Winter nicht zur Schule lassen konnte, weil sie keine Schuhe hatten. Ein Lehrer beschrieb unabhängig davon, daß ein Kind nicht zur Schule geschickt wurde, wenn es regnete oder schneite. Der Lehrer erwähnte auch, daß Kindern mit Schuhen nicht länger erlaubt wurde, draußen zu spielen, falls sie sie beschädigt hatten. Bei der Erziehungsberatung dokumentierten die Forscher die Frage von Eltern, wie man Jungen vom Fußball spielen abhalten konnte, damit sie ihre Schuhe nicht beschädigten.

Forschungspraxis

Empirische Forschung, Interpretation und Schreiben waren aber nicht hermetisch voneinander getrennt. 1983 erinnerte sich Jahoda: „Ich hatte schon angefangen zu schreiben, als Hans Zeisel eine gute Idee kam. Er wollte die Gehgeschwindigkeit der Arbeitslosen mit einer Stoppuhr messen. Ein kurzer Ausflug nach Marienthal brachte die Daten bei, die leicht in das entsprechende Kapitel eingearbeitet wurden“ (Jahoda, 1983, S. 348).

22.7 Das gemeindepsychologische Vermächtnis von Marienthal

Um Marienthal in konzeptueller Durchdachtheit, empirischem Reichtum und praktischer Nützlichkeit nahe zu kommen, muß Arbeitslosigkeitsforschung

- sich eher auf eine Gemeinschaft als auf Individuen konzentrieren;
- eher naturalistische als künstliche Forschung betreiben;
- eher problemmotiviert sein als methoden-, theorie-, oder literaturmotiviert;
- sich eher um atheoretische, stichhaltige soziale Buchführung bemühen als um eine Forschung, in der Hypothesen getestet und generalisierbare Theorien entworfen werden;
- sich eher einer gemeinschaftlichen Problemformulierung verpflichten als einer von Experten dominierten Problemsicht;
- eher heterarchische, von Mitbestimmung geprägte als hierarchische, bürokratische Arbeitsverfahren übernehmen;
- eher Allianzen bilden, die fachliche und professionelle Grenzen überschreiten, als ausgrenzende professionelle Demarkationslinien zu ziehen;
- eher das Potential gemeinsamen politischen und ideologischen Engagements pflegen und nutzen, als politische und ideologische Neutralität anstreben;
- sich eher um relative Unabhängigkeit von den Beschränkungen der Geldgeber bemühen, als die, die am restriktivsten sind, als die statushöchsten zu behandeln;
- eher auf mehreren Ebenen und aus mehreren Blickwinkeln forschen und handeln als sich nur auf einer Ebene und aus einseitiger Perspektive zu engagieren;
- Forschung, die Leiden verringert, höher zu schätzen als solche, die dieses nur dokumentiert;
- zugleich empirisch forschen, die Daten interpretieren und schreiben;
- eher vorbeugen als behandeln.

Dies heißt aufzuzeigen, daß unsere soziale Ordnung in vielerlei Hinsicht pathogen ist. Es bedeutet, von den Praktiken des größten Teils der institutionell verankerten Sozialwissenschaft abzurücken, die im allgemeinen nicht relevant für die wirklichen Probleme ist und dort, wo sie Relevanz besitzt, häufig den Opfern die Schuld zuschiebt. Es bedeutet zuzugeben, daß Sozialwissenschaftler nicht die alleinigen Experten sind, sondern daß die Opfer unserer unterdrückenden sozialen Ordnung sowohl sehr große Einsicht und Stärke besitzen wie auch Verwirrung und Schmerz. Es bedeutet zu akzeptieren, daß Sozialwissenschaft ohne Beachtung der Subjektivität bloßes Rätsellösen ist, daß aber Aufmerksamkeit für subjektive Erfahrungen ohne gleichzeitige Beachtung des sozioökonomischen strukturellen Kontextes kurzsichtig ist. Es bedeutet nicht nur, zu akzeptieren, daß 'wertfreie' Sozialwissenschaft eine gefährliche Täuschung ist, die im Geheimen dem unterdrückenden Status Quo zuarbeitet, sondern daß eine von der Idee sozialer Gerechtigkeit freie Sozialwissenschaft moralisch bankrott und ideologisch ein Verbrechen ist.

Literatur

Banks, M. H. & Jackson, P. R. (1982). Unemployment and risk of minor psychiatric morbidity in young people: cross-sectional and longitudinal evidence. *Psychological Medicine, 12*, 789-798.

Barnett, P., Howden-Chapman. P. & Smith, A. (1995). Unemployment, work and health: opportunities for healthy public policy. *The New Zealand Medical Journal, 108*, 138-140.

Beller, S. (1989). *Vienna and the Jews 1867-1938: A Cultural History*. Cambridge: Cambridge University Press.

Bennett, C.C., Anderson, L.S., Cooper, S., Hassol, L., Klein, D.C. & Rosenblum, G. (Eds.). (1966). *Community psychology: a report of the Boston conference on the education of psychologists for community mental health*. Boston: Boston University Press.

Beukema, L. & Valkenburg, B. (1999). Atypical employment in the Netherlands. In J. Lind & I. H. Moller (Eds.), *Inclusion and Exclusion: Unemployment and Non-standard Employment in Europe* (pp. 111-129). Aldershot: Ashgate.

Bostyn, A.-M. & Wight, D. (1987). In S. Fineman (Ed.), *Unemployment: Personal and Social Consequences* (pp. 138-154). London: Tavistock Publications.

Brenner, S.-O., Petterson, I.-L., Arnetz, B. & Levi, L. (1989). Stress reactions to unemployment among Swedish blue-collar workers. In B. Starrin, P.-G. Svensson & H. Wintersberger (Eds.), *Unemployment, Poverty and Quality of Working Life* (pp. 101-114). Berlin: Sigma.

Claussen, B. & Bertran, J. (1999). The International Commission on Occupational Health Working Group "Unemployment and Health" 25 – 26 September, 1998. Paris, France. *Int Arch Occup Environ Health, 72* (Suppl.), 1-48.

Cooper, C. L. (1998). The changing nature of work (1). *Community, Work and Family*, 1(3), 313-317.

Crompton, R. (1999). Non-standard employment, social exclusion, and the household: evidence from Britain. In J. Lind & I. H. Moller (Eds.), *Inclusion and Exclusion: Unemployment and Non-standard Employment in Europe* (pp. 131-148). Aldershot: Ashgate.

Delsen, L. (1991). Atypical employment relations and government policy in Europe. *Labour, 7* (3), 73-91.

Dooley, D. & Catalano, R. (1999). Unemployment, disguised unemployment and health: The U.S. case. *Int Arch Occup Environ Health, 72* (Suppl.), 16-19.

Dooley, D., Catalano, R. & Hough, R. (1992). Unemployment and alcohol disorder in 1910 and 1990: drift versus social causation. *Journal of Occupational and Organisational Psychology, 65*, 277-290.

Eisenberg, P. & Lazarsfeld, P.F. (1938). The psychological effects of unemployment. *Psychological Bulletin, 35*, 358-390.

Engbersen, G., Schuyt, K., Timmer, J. & Van Waarden, F. (1993). *Cultures of Unemployment: A comparative look at long-term unemployment and urban poverty*. Oxford: Westview Press.

Feather, N. T. (1990). *The psychological impact of unemployment*. New York: Springer.

Fleck, C. (1998). *The choice between market research and sociography Or: what happened to Lazarsfeld in the United States. Paul Lazarsfeld (1901-1976) La sociologie de Vienne a New York*. Paris: Editions L'Harmattan.

Fryer, D. (1986). Employment deprivation and personal agency during unemployment. *Social Behaviour*, 1, 3-23.

Fryer, D. (1987). Monmouthshire and Marienthal: sociographies of two unemployed communities. In D. Fryer & P. Ullah (Eds.), *Unemployed People: Social and Psychological Perspectives* (pp. 74-93). Milton Keynes: Open University Press.

Fryer, D. (in press). Unemployment and health. In R. Schwarzer and J. House (Eds.) *International Encyclopaedia of the Social & Behavioural Sciences*. Oxford: Elsevier Science.

Fryer, D. & Ullah, P. (1987). *Unemployed People: Social and Psychological Perspectives*. Milton Keynes: Open University Press.

Gatti, A. (1935). Prima relazione sulla efficienza lavorativa dei disoccupati. *Italian Archives of Psychology, 13*, 67-91.

Goldenberg, S. & Kline, T. (1997). Canadian white-collar workers` views of their experience with downsizing or job loss. *Psychological Reports, 80* (3) Part 1, 707-719.

Hamilton, V. L., Hoffman, W. S., Broman, C. L. & Rauma, D. (1993). Unemployment, distress, and coping: a panel study of autoworkers. *Journal of Personality and Social Psychology, 65* (2), 234-247.

Hammarström, A. (1994). Health consequences of youth unemployment. *Public Health, 108* (6), 403-412.

Hartley, J. F., Jacobson, D., Klandermans, B., van Vuuren, T., Greenhalgh, L. & Sutton, R. (1991). *Job Insecurity: Coping with Jobs at Risk.* London: Sage.

Henwood, F. & Miles, I. (1987). The experience of unemployment and the sexual division of labour. In D. Fryer & P. Ullah (Eds.). *Unemployed People: Social and Psychological Perspectives* (pp. 94-110). Milton Keynes: Open University Press.

Jahoda, M. (1926, Juni/Juli). Koedukation. *Schulkampf*, 3.

Jahoda, (1938/1987), Unemployed men at work. In D. Fryer & P. Ullah (Eds.), *Unemployed People: Social and Psychological Perspectives* (pp. 1-73) Milton Keynes: Open University Press.

Jahoda, M. (1941). Some socio-psychological problems of factory life. *British Journal of Psychology, 31*, 191-206.

Jahoda, M. (1942). Incentives to work: a study of unemployed adults in a special situation. *Occupational Psychology, 16*, 20-30.

Jahoda, M. (1979). PFL: Hedgehog or Fox. In Merton, R. K., Coleman, J. S. and Rossi, P. H. *Qualitative and Quantitative Social Research* (pp. 3-22). New York: The Free Press.

Jahoda, M. (1981). To publish or not to publish. *Journal of Social Issues, 37*, 208-220.

Jahoda, M.(1983). The emergence of social psychology in Vienna: an exercise in long-term memory. *British Journal of Social psychology, 22*, 343-349.

Jahoda, M. (1986). The social psychology of the invisible: an interview with Marie Jahoda. *New Ideas in Psychology, 4* (1), 107-118.

Jahoda, M. (1992). Reflections on Marienthal and after. *Journal of Occupational and Organizational Psychology, 65*, 355-358.

Jahoda, M., Lazarsfeld, P. F. & Zeisel, H. (1972). *Marienthal: The Sociography of an Unemployed Community.* London: Tavistock.

Janlert, U. & Hammarström, A. (1992). Alcohol consumption among unemployed youths: results from a prospective study. *British Journal of Addiction, 87*, 703-714.

Kirchler, E. (1985). Job loss and mood. *Journal of Economic Psychology, 6*, 9-25.

Kronauer, M., Vogel, B. & Gerlach, F. (1993). *Im Schatten der Arbeitsgesellschaft: Arbeitslose und die Dynamik sozialer Ausgrenzung*. Frankfurt: Campus.

Lahelma, E. & Kangas, R. (1989). Unemployment, re-employment and psychic well being in Finland. In B. Starrin, P.-G. Svensson & H. Wintersberger (Eds.), *Unemployment, Poverty and Quality of Working Life* (pp. 135-163). Berlin: Sigma.

Lazarsfeld, P. F. (1932). An unemployed village. *Character and Personality, 1*, 147-151.

Lazarsfeld, P. F. (1969). An episode in the history of social research: a memoir. In D. Fleming & B. Bailyn (Eds.) *The Intellectual Migration: Europe and America, 1930-1960* (pp. 270-337). Cambridge, Mass: The Belknap Press of Harvard University Press.

Lazarsfeld-Jahoda, M. & Zeisel, H. (1933). *Die Arbeitslosen von Marienthal: Ein soziographischer Versuch über die Wirkungen langdauernder Arbeitslosigkeit mit einem Anhang zur Geschichte der Soziographie*. Leipzig: Hirzel.

McMurry, R. N. (1933, January 4th). When men eat dogs. *The Nation, Vol 136*, Number 3522, 15-18.

Meritt, D. N., Greene, G.J., Jopp, D. A. & Kelly, J. G. (2000). A brief history of Division 27 / The Society for Community Research and Action. In D. A. Dewsbury (Ed.), *Unification through Division: Histories of the Divisions of the American Psychological Association*, Volume III (pp. 73-99). Washington DC: American Psychological Association.

Merton, R. K. (1949). Manifest and latent functions. In R. K. Merton (Ed.), *Social Theory and Social Structure* (pp. 21-81). Glencoe, IL: Free Press.

Merton, R. K., Coleman, J. S. & Rossi, P. H. (1979). *Qualitative and Quantitative Social Research Papers in Honor of Paul F. Lazarsfeld*. New York: The Free Press.

Murphy, G. C. & Athanasou, T. A. (1999). The effect of unemployment on mental health. *Journal of Occupational and Organizational Psychology, 72*, 83-99.

O'Brien, G. E. (1986). *Psychology of Work and Unemployment.* Chichester: Wiley.

Payne, R. L., Warr, P. B. & Hartley, J. (1984). Social class and psychological ill health during unemployment. *Sociology of Health and Illness*, 6, 152-174.

Pilgrim Trust (1938). *Men Without Work*. Cambridge: Cambridge University Press.

Pugliese, E. (1993). The Europe of the unemployed. In M. Kronauer (Guest Editor), Unemployment in Western Europe [Special Issue]. *International Journal of Political Economy, 23* (3), 3-120.

Smith, R. (1987). *Unemployment and Health: A Disaster and a Challenge*. Oxford: Oxford University Press.

Stafford, E. M., Jackson, P. R. & Banks, M. H. (1980). Employment, work involvement and mental health in less qualified young people. *Journal of Occupational Psychology, 53*, 291-304.

van Heeringen, K. & Vanderplasschen, W. (1999). Unemployment and suicidal behaviour in perspective. *Int Arch Occup Environ Health, 72* (Suppl.), 42-45.

Varela Novo, M. (1999). Unemployment and mental health in Galicia, Spain. *Int Arch Occup Environ Health, 72* (Suppl.), 14-15.

Verhaar, C. H. A., de Klauer, P. M., de Goede, M. P. M., van Ophem, J. A. C. & de Vries, A. (Eds.). (1996). *On the Challenges of Unemployment in a Regional Europe*. Aldershot: Avebury.

Virtanen, P. (1993). Unemployment, re-employment and the use of primary health care services. *Scandinavian Journal of Primary Health Care, 11* (4) 228-33.

Warr, P. B. (1987). *Work, Unemployment and Mental Health*. Oxford: Clarendon Press.

Westin, S. (1990). The structure of a factory closure; individual responses to job-loss and unemployment in a 10-year controlled follow-up study. *Social Science and Medicine*, 31, 1301-1311.

Whelan, C. T. (1992). The role of income, life-style deprivation and financial strain in mediating the impact of unemployment on psychological distress: evidence from the Republic of Ireland, *Journal of Occupational and Organisational Psychology, 65*, 331-344.

Winefield, A. H., Tiggemann, M, & Winefield, H. R. (1993). *Growing Up with Unemployment: A longitudinal study of its psychological impact*. London: Routledge.

Ytterdahl, T. (1999). Routine health check-ups of unemployed in Norway. *Int Arch Occup Environ Health, 72*, (Suppl.), 38-39.

Zeisel, H. (1979). The Vienna Years. In R. K. Merton, J. S. Coleman & P. H. Rossi (Eds.), *Qualitative and Quantitative Social Research* (pp. 10-15). New York: The Free Press.

23 Marie Jahoda 1907 – 2001: Eine Würdigung[1]

David Fryer

Professor Marie Jahoda, die am 28. April 2001 verstorben ist, war eine der herausragendsten Psychologinnen in der Geschichte ihres Fachs. Sie veröffentlichte wichtige Arbeiten über psychische Gesundheit, Psychoanalyse, Vorurteile, Konformität, Antisemitismus, Autoritarismus, Erziehung, soziale und technologische Prognosen und über Forschungsmethodik, um nur auf einige wichtige Themen ihrer Arbeit hinzuweisen. Sie schrieb außerdem über Zeit, künstliche Intelligenz, Nationalitätenkonflikte und veröffentlichte vor kurzem ihre eigene vorzügliche Übersetzung von 24 erstmals im Jahr 1555 erschienenen Sonetten der französischen Dichterin Louize Labe.

So sehr die Quantität und Qualität dieser Arbeit auch beeindruckt, die Forschung für die Marie Jahoda wahrscheinlich am bekanntesten ist, wurde bisher noch nicht erwähnt. Seit den frühen 30er Jahren bis fast zum heutigen Tag schuf sie eine Reihe ungeheuer einflußreicher Bücher, Artikel, Interviews und Kommentare, die von ihren Versuchen zeugen, die schädlichen psychologischen Konsequenzen der Arbeitslosigkeit zu untersuchen, zu beschreiben, zu erklären und das Wissen darüber weiterzugeben.

Marie Jahoda wurde am 26. Januar 1907 geboren, als eines von vier Kindern einer bekannten Wiener Familie. Ihr Vater Carl war Ingenieur und Anhänger des sozialutopischen Reformers Josef Popper-Lynkeus. Ihre Mutter, Betty Probst, war eine engagierte Pazifistin. Ihr Onkel war der Verleger der einflußreichen Zeitschrift "Die Fackel" von Karl Kraus. Sie war 11 Jahre alt, als die österreichische Revolution stattfand, auf die bis zum Bürgerkrieg von 1934 die Ära der austromarxistischen Sozialdemokratie folgte, die Karl Polanyi als einen der Höhepunkte der westlichen Zivilisation bezeichnet hat. Wien wurde ein Schmelztiegel der Kreativität in der Kunst, den Geistes- und den Sozialwissenschaften: Psychologie, Psychoanalyse, Philosophie, Musik, Kunst, fortschrittliche Politik, alle erblühten. Marie Jahoda steuerte wichtige Beiträge zu vielen davon bei.

Marie Jahoda, von einem frühen Alter an in der sozialistischen Jugendbewegung aktiv, wurde zur Vorsitzenden des Bundes sozialistischer Oberschüler gewählt und wurde mit nur 18 Jahren Mitherausgeberin des verbandseigenen Zeitschrift *Schulkampf.*

Von 1926 an studierte sie am Psychologischen Institut der Universität Wien bei den Professoren Karl und Charlotte Bühler. Zu dieser Zeit war Karl Bühler stark mit Problemen der Konzeptintegration beschäftigt und Charlotte Bühler war damit befaßt,

[1] Die Übertragung ins Deutsche wurde von Karsten Paul vorgenommen.

die Tätigkeiten einer Vielzahl von Mitarbeitern zu koordinieren, um ein Forschungsprojekt abzuschließen. Marie Jahoda lernte viel von beiden.

1927 arbeitete sie mit Gustav Ichheiser im Berufsberatungszentrum der Stadt Wien zusammen, wo sie von ihm den Wert der Fähigkeit zu genauer phänomenologischer Analyse innerhalb des Kontextes der Analyse dessen erlernte, was in menschlichen Beziehungen für so selbstverständlich gehalten wird, daß es unbemerkt bleibt. Dies sollte das Gütesiegel ihrer eigenen Arbeit werden.

Marie Jahoda heiratete den brillanten jungen Mathematiker und Sozialisten Paul Lazarsfeld, der eine der zentralen Figuren der US-amerikanischen Soziologie des 20ten Jahrhunderts werden sollte. Marie und Paul hatten sich in der sozialistischen Jugendbewegung getroffen, als sie ungefähr 17 war. Sie lebten zusammen im neuen staatlichen Karl-Marx-Gebäudekomplex am Stadtrand von Wien, wo Marie Jahoda als Mitarbeiterin in der Arbeiterbibliothek tätig war. 1930 wurde ihre gemeinsame Tochter Lotte geboren. Marie erzählte gern die Geschichte, wie Lotte als Baby die ersten paar Seiten ihrer Doktorarbeit aufgegessen hatte, aber dennoch wurde ihr zwei Jahre nach Lottes Geburt der Doktorgrad in Psychologie verliehen für ihre Dissertation mit dem Titel: "Einzelfallstudien im Armenhaus".

1933 arbeitete sie als Assistentin von Otto Neurath im Sozialdemokratischen Zentrum für Erwachsenenbildung und im Sozial- und Wirtschaftsmuseum. Sie behauptete später, daß sie eher als eine Sozialbuchhalterin begann, die versucht, normalerweise nicht beachtete Tatsachen und Zusammenhänge aufzudecken, nicht als Wissenschaftlerin, die Erklärungen und Theorien anstrebt. Diese Unterscheidung sollte ebenfalls zu einem lebenslangen Thema für sie werden.

Die Psychoanalyse hatte einen bedeutenden Einfluß auf Marie Jahodas Leben. Obwohl der Kreis um die Bühlers und der Kreis um Freud im allgemeinen für sich blieben, traf Marie Jahoda Sigmund Freud, war bekannt mit Anna Freud und unterzog sich zwischen 1930 und 1931 einer Psychoanalyse bei Heinz Hartmann, einem von zwei Analytikern, die ihre Lehranalyse bei Freud selbst erhalten hatten. Otto Neurath, ein Mitglied des Wiener Kreises positivistischer Philosophen, lud Marie Jahoda zur Teilnahme an einem Versuch von Carnap, anderen aus dem Kreis oder dem Museum und ihm selbst ein, Freuds *Massenpsychologie und Ichanalyse* in logisch-positivistische Terminologie zu übersetzen. Sie nahm die Einladung an, doch der Versuch blieb erfolglos!

So wichtig die Psychoanalyse für Marie Jahoda auch war, sie bestand später darauf, daß ihr aktives politisches Engagement und ihr Studium der Psychologie den größten Einfluß auf ihr Leben genommen hatten. Ihre politischen Aktivitäten rückten insbesondere den Einfluß der Umwelt auf die Menschen in den Brennpunkt ihrer Aufmerksamkeit, ihre psychologischen Studien besonders deren Entwicklung und Funktionsweise.

Mit gerade einmal 24 Jahren begann Marie Jahoda jene Feldforschung, für die sie, zu ihrer eigenen Irritation, ihr ganzes Leben lang berühmt werden sollte: Die Untersuchung über den zerstörerischen Einfluß der Langzeitarbeitslosigkeit auf die arbeitslose Gemeinde von Marienthal. Obgleich schon 1933 veröffentlicht, ist es ein Zeichen für die Echtheit, Geschlossenheit, den Weitblick und die Kraft dieses Buches, daß es sogar noch nach beinahe siebzig Jahren sich anschließender Forschung allgemein als die Schlüsselarbeit des ganzen Forschungsgebiets betrachtet wird. Zudem gilt diese im Hinblick auf ihre Inhalte seit langem bekannte Forschung in sozialwissenschaftlichen

Kreisen zunehmend als Musterbeispiel methodischer Differenziertheit und Verfeinerung.

Marie Jahoda hatte ihre politische Aktivität die ganze Zeit über fortgesetzt und war Mitglied des Zentralkomitees der Österreichischen Revolutionären Sozialistischen Partei geworden. Aber während sie die Welt beobachtet hatte, hatte die Welt auch sie "beobachtet" und im November 1936 wurde Marie Jahoda festgenommen, wegen etwas, das als "illegale politische Aktivität" betrachtet wurde. Als jüdische austromarxistische Intellektuelle war sie in einer von zunehmendem Antisemitismus und Faschismus geprägten Zeit in besonderer Gefahr. Nach acht Monaten Haft wurde sie zu drei Monaten Gefängnis und einem Jahr Sicherungsverwahrung verurteilt, doch im Juli 1937 nach Interventionen von Großbritanien und präsidialen Appellen von Frankreich an Österreich wurde Marie Jahoda aus dem Gefängnis entlassen, bekam die österreichische Staatsbürgerschaft aberkannt und 24 Stunden Zeit, um das Land zu verlassen.

Marie Jahoda suchte in Großbritannien Zuflucht und begann unverzüglich, sich nach Wegen umzusehen, um sowohl ihre psychologische als auch ihre politische Arbeit fortzusetzen. In den nächsten drei Jahren führte sie in Monmouthshire, Wales, weitere klassische Studien zur Arbeitslosigkeitsforschung durch, trat ein zweijähriges Pinsent-Darwin-Stipendium in Cambridge unter der Leitung von Frederick Bartlett an und arbeitete an einer Reihe von mittlerweile klassischen Abhandlungen über das Fabrikleben. Gleichzeitig wurde sie, an der politischen Front, Leiterin der Österreichischen Selbsthilfe, arbeitete für das Britische Außen- und Informationsministerium und war aktives Mitglied im Londoner Büro Österreichischer Sozialisten. Zwischen 1941 und 1944 sandte sie über Rotes Radio Wien Rundfunknachrichten nach Österreich, um den Österreichischen Widerstand zu unterstützen.

1945 ging Marie Jahoda in die USA, wo sie als wissenschaftliche Assisstentin für das American Jewish Committee und das Committee on Community Interrelations zu arbeiten begann. Während der nächsten Jahre arbeitete sie mit Ackerman zusammen über Vorurteile und mit Merton am Columbia Bureau for Applied Social Research. Es war Robert Merton, bei dem sie das Konzept der manifesten und latenten Funktionen kennen lernte, aus dem heraus sie später den einflußreichsten Erklärungsansatz zu der Frage entwickeln sollte, was am Zustand der Arbeitslosigkeit soziale und psychische Probleme verursacht. 1949 wurde Marie Jahoda als Professorin für Sozialpsychologie an die Universität von New York berufen und wurde Direktorin des Research Center for Human Relations.

1958 kehrte Marie Jahoda ins Vereinigte Königreich zurück, wo sie ihren zweiten Ehemann, Austen Abu heiratete, einen Politiker, der in den 50er Jahren als Teil der intellektuellen Elite der Labour Party galt. Marie ließ sich nieder und übernahm einen Lehrstuhl für Psychologie an der Brunel-Universität, den sie sieben Jahre lang innehatte. Doch 1965 überzeugte sie die Universität von Sussex, den Stiftungslehrstuhl für Sozialpsychologie zu übernehmen. Zwischen 1968 und 1973 diente sie dem Innenministerium als Beraterin für ethnische Beziehungen und zwischen 1971 und 1984 war sie leitende Forschungsberaterin an der Science Policy Research Unit der Universität von Sussex.

Professorin Marie Jahoda wurde während ihres Lebens oft, wenn auch nicht genügend, geehrt. So verliehen ihr z.B. die Universitäten von Bremen, Leicester, Linz, Stirling und Sussex Ehrentitel. Die Universität Bochum richtete eine Marie-Jahoda-Gastprofessur ein. Von der Society for the Psychological Study of Social Issues wurde ihr der Kurt-Lewin-Preis zuerkannt. Die Deutsche Gesellschaft für Soziologie, die Österreichische Gesellschaft für Soziologie und die British Psychological Society machten sie alle zum Ehrenmitglied ihrer jeweiligen Organisation. Die American Psychological Association verlieh ihr einen Preis für ihren "herausragenden Beitrag zur Psychologie im Interesse der Allgemeinheit" und sie bekam den Orden "Commander of the British Empire (CBE)" verliehen.

Eine nur oberflächliche Vertrautheit mit Marie Jahodas Arbeit läßt an einen weiten und breit gefächerten Bereich ihrer Studien- und Forschungsinteressen denken. Die nähere Betrachtung offenbart jedoch ein einigendes und dauerhaftes Interesse, das ihrer Arbeit zugrunde liegt. Indem sie systematisch unter die Oberfläche des offen Sichtbaren eindrang, entwickelte sie das, was sie die Sozialpsychologie des Unsichtbaren nannte. Ihre Arbeit war gekennzeichnet durch Aufmerksamkeit für die spezifischen Probleme echter Menschen in der realen Welt. Statt – wie so viele Sozialwissenschaftler – mit einer Theorie, einer Methode oder einem Paradigma zu beginnen, versuchte Marie Jahoda in ihrer gesamten Forschung vielmehr, die wirkliche Welt zu verstehen und zur Lösung wirklicher Probleme beizutragen.

Marie Jahoda behandelte jeden, den sie traf, ob Kabinettsmitglied oder Küchenhilfe mit derselben respektvollen, interessierten und großzügigen Geisteshaltung. Sie berührte und bereicherte alle, denen sie begegnete, mit ihrer Redlichkeit und ihrer Brillanz – "brillant" war ein Wort, das sie bei anderen großzügig verwendete, das aber für sie alleine hätte vorbehalten sein sollen. Sie war ein warmer Quell der Bestätigung und Inspiration. Sie war außerdem eine weltkluge und hoch kultivierte Intellektuelle. Alle die in der Arbeitslosigkeitsforschung arbeiten, selbst jene, die mit dem, was sie schrieb, nicht übereinstimmen, stehen für immer in ihrer Schuld. Diejenigen, die mit ihr arbeiteten, werden sie niemals vergessen. Alle, die das Privileg einer Begegnung mit ihr hatten, werden sie schrecklich vermissen.

Marie Jahoda wurde am 26. Januar 1907 geboren und starb am 28. April 2001 in ihrem Haus in Sussex.

Autoren

Abele, Andrea E., geb. 1950, Dipl.-Psych. 1973 in Konstanz, Dr. rer. soc. 1976 in Konstanz, Dr. phil. habil. 1982 in Bielefeld, Univ. Professorin im Institut für Psychologie I in Erlangen. Forschungsschwerpunkte: Soziale Kognition, Wohlbefindensforschung, Berufliche Laufbahnentwicklung. Wichtige Veröffentlichungen: Abele, A. & Petzold, P. (1998). Pragmatic use of categorical information in impression formation. Journal of Personality and Social Psychology, 75, 347-358; Abele, A. E. (2000). A dual impact model of gender and career related processes. In T. Eckes & H.-M. Trautner (Eds.), The Developmental Social Psychology of Gender (pp.361-388). New Jersey: Erlbaum. Adresse: Universität Erlangen-Nürnberg, Lehrstuhl Sozialpsychologie, Bismarckstr. 6, D-91054 Erlangen, E-Mail: abele@phil.uni-erlangen.de.

Bacher, Johann, geb. 1959, Mag. rer. soc. oec. 1983 in Linz (Österreich), Dr. rer. soc. oec. 1986 ebenfalls in Linz, 1994 Habilitation im Fach Soziologie an der Universität Linz, seit 1998 Inhaber des Lehrstuhls für Soziologie an der WiSo-Fakultät in Nürnberg. Arbeitsschwerpunkte: Allgemeine Soziologie, Methoden der empirischen Sozialforschung, Wirtschaftssoziologie, Soziologie der Kindheit. Buchveröffentlichungen: Alternative Projekte zwischen Fortschritt und Anpassung (gem. mit H. Kreutz und G. Fröhlich, 1989); Disziplin und Kreativität. Sozialwissenschaftliche Computersimulation: theoretische Experimente und praktische Anwendung (gem. mit H. Kreutz, 1991); Handlungsfelder kommunaler Sozialpolitik (1993); Kindliche Lebenswelten (gem. mit L. Wilk, 1994); Clusteranalyse (1996). Adresse: Lehrstuhl für Soziologie, Universität Erlangen-Nürnberg, Findelgasse 7-9, D-90402 Nürnberg. E-Mail: bacher@wiso.uni-erlangen.de.

Beelmann, Gert, geb. 1971, Dipl. Soz.-Wiss. 1996 in Hannover, Wiss. Mitarb. am Institut für Psychologie der Arbeit, Arbeitslosigkeit und Gesundheit (IPG) der Universität Bremen. Forschungsschwerpunkte: Arbeitslosenforschung, Gesundheitspsychologie, Theorien von Gesundheit und Krankheit. Wichtige Veröffentlichung: Beelmann, G. & Kieselbach, T. (2001, in Druck). Finding good practices for interventions to combat long-term youth unemployment. In S. Mannila (Ed.), Good Practices in Finding Good Practices. Helsinki: Rehabilitation Foundation. Adresse: Universität Bremen, Institut für Psychologie der Arbeit, Arbeitslosigkeit und Gesundheit (IPG), Grazer Str. 2, D-28359 Bremen. E-Mail: beelmann@ipg.uni-bremen.de, Homepage: www.ipg.uni-bremen.de.

Brinkmann, Christian, geb. 1942, Dipl.-Soz. 1969 an der Freien Universität Berlin, seit 1969 wissenschaftlicher Mitarbeiter im Institut für Arbeitsmarkt- und Berufsforschung (IAB) der Bundesanstalt für Arbeit, Nürnberg, zunächst im Arbeitsbereich Soziologie, später im Bereich kurzfristige Arbeitsmarktanalyse und Arbeitszeitforschung, seit 1991 Leiter des Arbeitsbereichs „Wissenschaftliche Praxisbegleitung" im IAB. Veröffentlichungen u.a. zum Verlauf und zur Verarbeitung von Arbeitslosigkeit, zur Erwerbsbeteiligung, zu Arbeitszeitpräferenzen, zur kurzfristigen Arbeitsmarktvorausschau, zur Evaluation arbeitsmarktpolitischer Maßnahmen, Mitherausgeber des Schwerpunktheftes „Erfolgskontrolle aktiver Arbeitsmarktpolitik" in:

Mitteilungen aus der Arbeitsmarkt- und Berufsforschung (MittAB), H. 3/2000. Adresse: Institut für Arbeitsmarkt- und Berufsforschung der Bundesanstalt für Arbeit Regensburger Str. 104, D-90327 Nürnberg. E-Mail: Christian.Brinkmann@iab.de, Homepage: http://www.iab.de.

Fryer, David, geb. 1949, studierte Psychologie und Philosophie an der Universität London, Dissertation in theoretischer Psychologie an der Universität Edinburgh, nach zwei Jahren teilnehmender Beobachtung im Bereich Arbeitslosigkeit und Gelegenheitsarbeit Mitglied des Post-Doktoranden-Forschungsprogramms am Medical Research Council und Economic and Social Research Council in der Abteilung für Sozial- und Angewandte Psychologie der Universität Sheffield (England), heute Professor für Psychologie an der Universität Stirling (Schottland), Forschungsgebiet: verschiedene Facetten von Arbeitslosigkeit und psychischer Gesundheit, Fragen der Gemeindepsychologie und teilnehmende Forschungsmethoden, womit vor allem Bedeutungskomponenten weniger dagegen quantitative Aspekte erfaßt werden sollen. Weitere Informationen und die Liste der Publikationen sind der Web-Seite zu entnehmen. David Fryer, BA MA PhD, Chartered Psychologist, Fellow of the British Psychological Society, Fellow of the Society for Research and Action, Fellow of the Royal Society of Arts, Adresse: Community Psychology Group, University of Stirling FK9 4LA, Scottland. E-Mail: d.m.fryer@stir.ac.uk, Homepage: http://www.stir.ac.uk/Departments/HumanSciences/Psychology/Staff/dmf1/davids.htm.

Galais, Nathalie, geb. 1969, 1996 Diplom in Psychologie an der Universität Gießen, 1997 wissenschaftliche Mitarbeiterin an der Universität Gießen, seit 1998 wissenschaftliche Mitarbeiterin am Lehrstuhl für Wirtschafts- und Sozialpsychologie der Universität Erlangen-Nürnberg, Arbeitsschwerpunkte: Organisationale Entscheidungsprozesse, Feedbackverarbeitung und Selbstregulation, Entrepreneurship, Zeitarbeit. Adresse: Universität Erlangen-Nürnberg, Lehrstuhl für Psychologie, insb. Wirtschafts- und Sozialpsychologie, Lange Gasse 20, D-90403 Nürnberg. E-Mail: nathalie.galais@wiso.uni-erlangen.de.

Gerich, Joachim, geb. 1970, Mag. rer. soc. oec. (Linz 1995), Dr. rer. soc. oec. (Linz 2000), Universitätsassistent am Institut für Soziologie, Abteilung für empirische Sozialforschung an der Universität Linz. Arbeitsschwerpunkte: Methodenforschung, Arbeitsmarkt- und Jugendforschung. Wichtige Veröffentlichungen: Nichtparametrische Skalierung nach Mokken, Beiträge zur qualitativen Analyse quantitativer Daten. Sozialwissenschaftliche Materialien Band 38, Linz, 2001; Auswirkungen kommunaler Jugendbeteiligungsprojekte (gemeinsam mit Bacher, J., Lehner, R., Straßmeier, M., Wilk, L.). In Friesl, C., Hahn, M., Heinzlmaier, B., Klein, C. (Hrsg.), Erlebniswelten + Gestaltungsräume. Graz, Wien, 1999; Qualifizierungsaspekte von Arbeitsstiftungen. In Stelzer-Orthofer, C. (Hrsg.), Strategien gegen Arbeitslosigkeit. Sozialwissenschaftliche Vereinigung, Linz, 1998. Adresse: Johannes Kepler Universität Linz, Altenbergerstrasse 69, A-4040 Linz. E-Mail: joachim.gerich@jk.uni-linz.ac.at.

Hagen, Lutz M., geb. 1962, Dipl.-Kfm.-Univ. 1994 in Nürnberg, Dr. rer. pol. seit 1994 in Nürnberg, wissenschaftlicher Assistent am Lehrstuhl für Kommunikations- und Politikwissenschaft der Friedrich-Alexander-Universität Erlangen-Nürnberg. Forschungsschwerpunkte: Nachrichtentheorie und Nachrichten-Journalismus, Produktion, Rezeption und Wirkung von Wirtschaftsberichterstattung, Nutzung und Wirkung von Online-Medien, Methoden der empirischen Kommunikationsforschung – insbesondere Inhaltsanalyse, Computerunterstützte Inhaltsanalyse und Zeitreihenanalyse, Medienökonomie. Wichtige Buchveröffentlichung: Informationsqualität von Nachrichten: Meßmethoden und ihre Anwendung auf die Dienste von Nachrichtenagenturen, Opladen, Westdeutscher Verlag, 1995. Adresse: Lehrstuhl für Kommunikations- und Politikwissenschaft der Friedrich-Alexander-Universität Erlangen-Nürnberg, Findelgasse 7-9, D-90402 Nürnberg. E-Mail: lutz.hagen@wiso.uni-erlangen.de.

Hofmann, Walter, geb. 1966, Dipl.-Betriebspädagoge 1995 (Universität Koblenz-Landau), Organisationsberater am Institut für angewandte Betriebspädagogik (IfaBP) in Viernheim, Lehrbeauftragter an der Internationalen Hochschule Zittau (Lehrstuhl Sozialwissenschaften), Praxisschwerpunkte: Outplacement, Change Management, Kundenorientierung, PE-Beratung. Veröffentlichungen: Hofmann, W. & Theymann, W. (2001). Von der Personalentwicklung zur pädagogischen Führung. In Jetter, F. & Skrotzki, R. (Hrsg.), Management-Wissen Führungskompetenz. Düsseldorf (S. 87-103). Berlin: Metropolitan-Verlag; Hofmann, W., Adensam, F. & Jaeger, M (2000). Transfer-Sozialplan mit Qualifikationskonzept. management & training Magazin für Human Resources Development, 10, S. 26-29. Adresse: Institut für angewandte Betriebspädagogik (IfaBP), Klosterstraße 26, D-68519 Viernheim. E-Mail: whofmann@IfaBP.de, Homepage: www.IfaBP.de.

Jacomet, Cornelia, geb. 1954, Dipl. Sozialpädagogin, 1989, Zürich. Projektleiterin Arbeitsamt der Stadt Zürich 1996-2000. Publikation im Erwerbslosenbereich: Zempel J., Jacomet, C., Moser, K. (2000). Trainings- und Transfereffekte eines Trainings für Erwerbslose. Forschungsbericht, Universität Erlangen-Nürnberg. Adresse: Hottingerstr. 40, CH-8032 Zürich.

Kieselbach, Thomas, geb. 1944, Dipl.-Psych. 1973 in Münster, Dr. phil. 1977 in Bremen, Dr. phil. habil. 1989 in Bremen, Univ.-Prof. und Leiter des Instituts für Psychologie der Arbeit, Arbeitslosigkeit und Gesundheit (IPG) der Universität Bremen. Forschungsschwerpunkte: Arbeitslosenforschung, Gesundheitspsychologie, Arbeitspsychologie, Public Health-Forschung, Sozialpsychologie, Gemeindepsychologie. Wichtige Veröffentlichung: Kieselbach, T. (Ed.). (1997). Job loss, unemployment, and social injustices [Special issue]. Social Justice Research, 10 (2), 111-265. Adresse: Universität Bremen, Institut für Psychologie der Arbeit, Arbeitslosigkeit und Gesundheit (IPG), Grazer Str. 2, D-28359 Bremen. E-Mail: kieselbach@ipg.uni-bremen.de, Homepage: www.ipg.uni-bremen.de.

Maes, Jürgen, geb. 1958, Dipl.-Psych. 1987 in Trier, Dr. rer. nat. 1998 in Trier, Habilitation eingereicht 2001 in Trier. Wissenschaftlicher Mitarbeiter in der Abteilung „Pädagogische und Angewandte Psychologie“ (Lehrstuhl Prof. Montada) an der Universität Trier. Forschungsschwerpunkte: Psychologie von Gerechtigkeit und Verantwortung, Prozesse des Lehrens und Lernens in Schule und Weiterbildung, Egoismus und Altruismus, Emotionen, Tourismuspsychologie. Wichtige Veröffentlichung (als Koautor): Entwicklung und Erprobung von Modellen der Begabtenförderung am Gymnasium mit Verkürzung der Schulzeit, Verlag v. Hase & Köhler, Mainz 1997. Adresse: Universität Trier, Fachbereich 1 – Psychologie, Postfach 3825, D-54286 Trier. E-Mail: maes@uni-trier.de.

Mohr, Gisela B., geb. 1950, Dipl.-Psych. 1976 in Berlin, Dr. rer. nat. 1985 und habilitiert 1993 in Osnabrück, Univ.-Prof. für Arbeits- und Organisationspsychologie an der Universität Leipzig. Forschungsschwerpunkte: Erwerbslosigkeit, Streß am Arbeitsplatz, Führung. Wichtige Buchveröffentlichung: Erwerbslosigkeit, Arbeitsplatzunsicherheit und psychische Befindlichkeit. Peter Lang, 1997. Adresse: Universität Leipzig, Institut für Angewandte Psychologie, Hauptpostamt I, PF 920 04109 D-Leipzig. E-Mail: mohr@rz.uni-leipzig.de, Homepage: www.uni-leipzig.de/~apsycho/ ao_page.html.

Moser, Klaus, geb. 1962, 1981-1986 Studium von Psychologie und Wissenschaftslehre an der Universität Mannheim, von 1986-1995 wissenschaftlicher Angesteller an der Universität Hohenheim, Stuttgart, dort 1989 Promotion und 1994 Habilitation, von 1995-1998 Professor für Arbeits-, Betriebs- und Organisationspsychologie an der Universität Gießen, seit 1998 Professor für Psychologie, insbesondere Wirtschafts- und Sozialpsychologie an der Universität Erlangen-Nürnberg. Arbeitsschwerpunkte: Personalauswahl und -entwicklung, Markt- und Werbepsychologie, Mitarbeiterbefragungen. Adresse: Universität Erlangen-Nürnberg, Lehrstuhl für Psychologie insb. Wirtschafts- und Sozialpsychologie, Lange Gasse 20, D-90403 Nürnberg. E-Mail: moser@wiso.uni-erlangen.de, Homepage: http://wiso-psychologie.uni-erlangen.de.

Müntnich, Michael, geb.1965, Dipl.-Sozialwirt 1999 in Nürnberg, wissenschaftlicher Mitarbeiter am Institut für Arbeitsmarkt- und Berufsforschung (IAB) Fachbereich 10 (wissenschaftliche Praxisbegleitung). Forschungsschwerpunkt: Frühzeitiges Erkennen des Risikos längerfristiger Arbeitslosigkeit (Profiling) und Entwicklung neuartiger Verfahren zur Verringerung dieses Risikos durch systematisches Fall-Management. Veröffentlichungen: Bericht zur wirtschaftlichen und beruflichen Lage der Beratenden Ingenieure in Deutschland, Institut für Freie Berufe, Nürnberg, Oktober 1999; Was würden Freiberufler wählen? Eine empirische Analyse gegliedert nach freiberuflichen Berufsgruppen, Institut für Freie Berufe, Nürnberg, November 1999. Adresse: Institut für Arbeitsmarkt- und Berufsforschung, Regensburger Straße 104, D-90327 Nürnberg. E-Mail: michael.muentnich@iab.de.

Paul, Karsten Ingmar, geb. 1970 in Kaufbeuren, Germanistik-Studium in München, Psychologie-Studium in Gießen, Dipl.-Psych. 2000, wissenschaftlicher Angestellter am Lehrstuhl für Psychologie insb. Wirtschafts- und Sozialpsychologie, Universität Erlangen-Nürnberg. Forschungsschwerpunkte: Psychologie der Erwerbslosigkeit, Methoden der Forschungsintegration, Stimmungseffekte in der Eignungsdiagnostik. Adresse: Universität Erlangen-Nürnberg, Lehrstuhl für Psychologie insb. Wirtschafts- und Sozialpsychologie, Lange Gasse 20, D-90403 Nürnberg. E-Mail: paul.karsten@wiso.uni-erlangen.de.

Reichel, Richard, geb. 1961, Dipl.-Volksw. 1988 in Nürnberg, Dr. rer. pol. 1993 in Nürnberg, Dr. rer. pol. habil. 1999 in Nürnberg, Privatdozent am Volkswirtschaftlichen Institut der Universität Erlangen-Nürnberg. Forschungsschwerpunkte: Wachstums- und Entwicklungsökonomik, Internationale Wirtschaftsbeziehungen, Ordnungspolitik, Arbeitsmarkt und Sozialpolitik. Wichtige Buchveröffentlichung: Die Sparquote in Entwicklungs- und Schwellenländern, Haupt-Verlag, 1993. Adresse: Universität Erlangen-Nürnberg, Volkswirtschaftliches Institut, Lange Gasse 20, D-90403 Nürnberg. E-Mail: richard.reichel@wiso.uni-erlangen.de.

Schachtschneider, Karl Albrecht, Dr. iur., o. Prof., geb. 11.7.1940, 1969 Promotion zum Dr. iur. Freie Universität Berlin, 1969 – 80 Rechtsanwalt in Berlin, 1972 – 78 Professor für Wirtschaftsrecht an der Fachhochschule für Wirtschaft Berlin (Abendstudium), 1986 Habilitation für das Staats-, Verwaltungs- und das private und öffentliche Wirtschaftsrecht durch den Fachbereich Rechtswissenschaft I, Hamburg, 1978 – 89 Universitätsprofessor für Wirtschaftsrecht an der Universität Hamburg, seit 1989 Ordinarius für öffentliches Recht der Universität Erlangen-Nürnberg (Wirtschafts- und Sozialwissenschaftliche Fakultät, Zweitmitglied der Juristischen Fakultät). Forschungsschwerpunkte: Freiheits-, Rechts- und Staatslehre (kantianisch), Verfassungsrecht, Verwaltungsrecht, Wirtschaftsrecht, vor allem Europäisches Verfassungs- und Wirtschaftsrecht, Sozialrecht, Staatsunternehmensrecht, Arbeitsverfassungsrecht, Geld- und Währungsrecht, Umweltrecht, Medienrecht, Recht der deutschen Einheit, Weltrecht. Wichtige Prozesse als Verfahrensbevollmächtigter: Berliner Wahlprüfungsprozeß 1975; Maastricht-Prozeß, 1993; Altschulden-Prozeß, 1996; Prozeß um die Währungsunion, 1998; Prozeß um § 4 des Transplantationsgesetzes, 1999; Prozeß um die Abschaffung des Bayerischen Senats, 1999. Wichtige Veröffentlichungen: Staatsunternehmen und Privatrecht. Kritik der Fiskustheorie, exemplifiziert an § 1 UWG (1986); Res publica res populi. Grundlegung einer Allgemeinen Republiklehre. Ein Beitrag zur Freiheits-, Rechts- und Staatslehre (1994); Sozialistische Schulden nach der Revolution. Kritik der Altschuldenpolitik. Ein Beitrag zur Lehre von Recht und Unrecht (1996); Prinzipien des Rechtsstaates (2001); Freiheit in der Republik (i.E.); Rechtsfragen der Weltwirtschaft (Hrsg.), (i.E.); weitere siehe Homepage. Adresse: Friedrich-Alexander-Universität Erlangen-Nürnberg, Lehrstuhl für Öffentliches Recht, Lange Gasse 20, D-90403 Nürnberg. E-Mail: wsor01@wsns0.wiso.uni-erlangen.de, Homepage: www.wiso.uni-erlangen.de/wiso/wirecht/oere.

Schmal, Andreas, geb. 1962, Dipl.-Psych. 1990 in Trier, Dr. rer. nat. 1997 in Trier, wissenschaftlicher Assistent an der Universität Trier im Fach Arbeits-, Betriebs- und Organisationspsychologie. Forschungsschwerpunkte: Personalauswahl, Personalentwicklung und betriebliche Integrationsstrategien für Mitarbeiter/innen mit Handicaps. Buchveröffentlichung: Problemgruppen oder Reserven für den Arbeitsmarkt? Ältere Arbeitslose, ausländische Jugendliche, Berufsrückkehrerinnen und arbeitslose Akademiker, Campus, Frankfurt 1993. Adresse: Universität Trier, FB I – ABO-Psychologie, D-54286 Trier. E-Mail: schmal@uni-trier.de.

Schmitt, Manfred, geb. 1954, Dipl.-Psych. 1980 in Trier, Dr. rer. nat. 1988 in Trier, Habilitation 1996 in Trier, Univ.-Prof. im Fach Psychologie an der Universität Trier. Forschungsschwerpunkte: Soziale Gerechtigkeit, soziale Emotionen, Hilfsbereitschaft, interaktionistische Persönlichkeitsforschung, formale Modellierung von Theorien mittels Strukturgleichungsmodellen. Wichtige Buchveröffentlichungen: Konsistenz als Persönlichkeitseigenschaft, Springer 1989; Verantwortung, Gerechtigkeit und Moral (mit Reichle), Juventa 1998; Gerechtigkeitserleben im wiedervereinigten Deutschland (mit Montada), Leske + Budrich 1999. Adresse: Fachbereich I – Psychologie, Universität Trier, D-54286 Trier. E-Mail: schmittm@uni-trier.de.

Seckauer, Hansjörg, geb. 1961, Mag. rer. soc. oec (Linz 1990), Lektor am Institut für Gesellschafts- und Sozialpolitik der Johannes Kepler Universität Linz (Österreich), Redakteur der Zeitschrift KONTRASTE, Presse- und Informationsdienst für Sozialpolitik. Buchveröffentlichung (gemeinsam mit Josef Weidenholzer): Job Creation im Dienstleistungssektor. Haushaltsnahe Dienstleistungen in der beschäftigungspolitischen Diskussion, Sozialwissenschaftliche Vereinigung, Linz 1999. Adresse: Johannes Kepler Universität Linz, Institut für Gesellschafts- und Sozialpolitik, Freistädterstraße 315, A-4040 Linz. E-Mail: hansjoerg.seckauer@jk.uni-linz.ac.at.

Steimen, Brigitte, geb. 1964, lic. phil. I 1992 in Zürich, 1992-1994 Leiterin Arbeitsamt Rapperswil, 1994-1996 Leiterin Arbeitsvermittlung und Koordination der Regionalen Arbeitsvermittlungszentren RAV, Kantonales Amt für Wirtschaft und Arbeit St. Gallen, 1997-2000 Leiterin Abteilung Bildung und Transfer und Mitglied der Geschäftsleitung, Arbeitsamt der Stadt Zürich. Adresse: Im Tiergärtli 2, CH-8124 Maur.

Stelzer-Orthofer, Christine, geb. 1959, Mag. rer. soc. oec. 1984 in Linz, Dr. rer. soc. oec. 1996 in Linz, seit 2001 Ass. Prof. am Institut für Gesellschafts- und Sozialpolitik der Johannes Kepler Universität Linz. Forschungs- und Arbeitsgebiete: Armuts- und vergleichende Wohlfahrtsstaatsforschung, Arbeitsmarktpolitik. Buchveröffentlichungen: Armut und Zeit. Leske + Budrich, Opladen 1997; Herausgeberin des Sammelbands: Zwischen Welfare und Workfare, Soziale Leistungen in der Diskussion, Sozialwissenschaftliche Vereinigung, Linz. Adresse: Johannes Kepler Universität Linz, Institut für Gesellschafts- und Sozialpolitik, Freistädterstr. 315, A-4040 Linz. E-Mail: stelzer.orthofer@jk.uni-linz.ac.at.

Stief, Mahena, geb. 1971, Dipl.-Psych. 1997 in Eichstätt, seit 1997 Mitarbeiterin im Erlanger Forschungsprojekt „Berufliche Entwicklung von Akademikern und Akademikerinnen (BELA-E)“, Dr. phil. 2001 in Erlangen. Forschungsschwerpunkte: Berufliche Entwicklung, Selbstregulationsforschung, Gender-Forschung. Adresse: Universität Erlangen-Nürnberg, Lehrstuhl Sozialpsychologie, Bismarckstr. 6, D-91054 Erlangen. E-Mail: mastief@phil.uni-erlangen.de.

Traiser, Ute, geb. 1971, Dipl. Soz.-Wiss. 1998 in Bremen, Wiss. Mitarbeiterin am Institut für Psychologie der Arbeit, Arbeitslosigkeit und Gesundheit (IPG) der Universität Bremen. Forschungsschwerpunkte: (dynamische) Armutsforschung, Sozialpolitik, qualitative Forschungsmethoden. Wichtige Veröffentlichung: Leisering, L., Ludwig, M., Schwarze, U. & Traiser, U. (in Vorbereitung). Wege aus der Schuldenfalle. Reihe Soziologie und Sozialpolitik, Oldenbourg. Adresse: Universität Bremen, Institut für Psychologie der Arbeit, Arbeitslosigkeit und Gesundheit (IPG), Grazer Str. 2, D-28359 Bremen. E-Mail: utraiser@ipg.uni-bremen.de.

Voigt, Kai-Ingo, studierte nach abgeschlossener kaufmännischer Ausbildung von 1981 – 1986 Betriebswirtschaftslehre an der Universität Hamburg, promovierte dort 1991 mit einer Arbeit auf dem Gebiet der strategischen Unternehmensplanung, 1997 habilitierte er sich mit der Arbeit "Strategien im Zeitwettbewerb", die 1998 mit dem Werner-Kern-Preis für produktionswissenschaftliche Forschung ausgezeichnet wurde. Seit 1998 Professor für Industriebetriebslehre an der Universität Erlangen-Nürnberg mit den Schwerpunkten Strategisches Management, Technologie- und Innovationsmanagement sowie Entrepreneurship. Adresse: Universität Erlangen-Nürnberg, Lehrstuhl für Industriebetriebslehre, Lange Gasse 20, D-90403 Nürnberg. E-Mail: voigt@industriebetriebslehre.de, Homepage: http://www.industriebetriebslehre.de.

Wacker, Alois, geb. 1942, Dipl.-Psych. 1969 in Bochum, Dr. phil. 1976, Habilitation 1977 an der Universität Hannover, Univ.-Prof. am Fachbereich Geschichte, Philosophie und Sozialwissenschaften der Universität Hannover. Im Editorial Board des Journal of Community & Applied Social Psychology. Forschungsschwerpunkt: Sozialpsychologie der Arbeit und Arbeitslosigkeit, Methoden angewandter Sozialforschung. Wichtige Buchveröffentlichung: Kieselbach, Th. & Wacker, A. (Hrsg.). (1995). Bewältigung von Arbeitslosigkeit im sozialen Kontext – Programme, Initiativen, Evaluationen (2. Aufl.). Weinheim: Deutscher Studien Verlag; Wacker, A. (Hrsg.). (1981). Vom Schock zum Fatalismus? Soziale und psychische Auswirkungen der Arbeitslosigkeit (2. Aufl.). Frankfurt: Campus. Adresse: Universität Hannover, Psychologisches Institut, Im Moore 21, D-30167 Hannover. E-Mail: wacker@pih.uni-hannover.de, Homepage: http://sun1.rrzn.uni-hannover.de/DfA/.

Wießner, Frank, geb. 1968, Dipl.-Sozialwirt 1995 in Nürnberg, Dr. rer. pol. 2000 in Nürnberg, wissenschaftlicher Mitarbeiter im Institut für Arbeitsmarkt- und Berufsforschung (IAB) der Bundesanstalt für Arbeit. Forschungsschwerpunkte: Existenzgründungen, insbesondere aus der Arbeitslosigkeit, Evaluation aktiver Arbeitsmarktpolitik. Adresse: Institut für Arbeitsmarkt- und Berufsforschung, Regensburger Strasse 104, D-90478 Nürnberg. E-Mail: frank.wiessner@iab.de

Zempel, Jeannette, geb. 1967, Studium Psychologie und Informatik, Dipl.-Psych. 1995 an der Universität Gießen, 1996-1998 wissenschaftliche Mitarbeiterin am Lehrstuhl für Arbeits- und Organisationspsychologie, 1996-1997 auch am Lehrstuhl für Sozialpsychologie an der Universität Gießen, seit 1998 wissenschaftliche Assistentin am Lehrstuhl für Wirtschafts- und Sozialpsychologie der Universität Erlangen-Nürnberg. Veröffentlichungen und Forschungsschwerpunkte: Personalentwicklung und Trainingstransfer, Prädiktoren der Arbeitslosigkeit und Wiederbeschäftigung, Strategien der Handlungsplanung. Adresse: Universität Erlangen-Nürnberg, Lehrstuhl für Psychologie insb. Wirtschafts- und Sozialpsychologie, Lange Gasse 20, D-90403 Nürnberg. E-Mail: jeannette.zempel@wiso.uni-erlangen.de, Homepage: http://wiso-psychologie.uni-erlangen.de.

Zwick, Thomas, geb. 1968, Dipl.-Volkswirt 1993 in Regensburg, Dr. 1998 in Maastricht, wissenschaftlicher Mitarbeiter am Forschungsbereich Arbeitsmärkte, Personalmanagement und Soziale Sicherung am Zentrum für Europäische Wirtschaftsforschung (ZEW), Mannheim, Buchveröffentlichung zum Thema: Unemployment and Human Capital, 1998. Adresse: ZEW, L7, 1, D-68161 Mannheim. E-Mail: zwick@zew.de.